Marco Buch

Whatever work(s)
Karriere machen war gestern

mit Illustrationen von Ani Koprivlenska

Viele weitere Geschichten des Autors auf seinem Blog:
www.life-is-a-trip.com

Über das Buch:

Karriereplan, Festanstellung, 9 to 5? Rote Tücher für Marco Buch!
Getrieben vom Wunsch, das Konzept Arbeit von Grund auf anders anzugehen sowie dem Vorsatz, alles im Leben wenigstens einmal ausprobiert zu haben, stürzt sich der Lebenskünstler lieber in einen skurrilen Job nach dem nächsten. Fehlende Planung wird hierbei zum Prinzip erhoben, der permanente Jobwechsel als Bereicherung statt als Belastung gesehen. Learning by doing, trial and error - nicht bloße Floskeln, sondern Schlüsselbegriffe in diesem progressiven Lebensentwurf. Herausgekommen ist ein Kaleidoskop an Möglichkeiten, abseits der ausgetretenen Karrierepfade zu wandeln. Ein ungewöhnliches und inspirierendes Plädoyer für das Sich-Treiben-Lassen. Und: Ein ganz klares Bekenntnis gegen die Langeweile.
Marco Buch präsentiert 91 teils lustige, teils lehrreiche Erfahrungsberichte über ganz unterschiedliche, oft abenteuerliche Jobs in Berlin, in Deutschland und in der ganzen Welt. Tätigkeiten, von denen man zum Teil noch nie gehört hat. Mit Begegnungen, die überraschen. Und Lektionen, die man nicht erwarten würde.
Und so liest sich ‚Whatever works' wie ein alternativer Berufsratgeber, der jedem, der dafür offen ist, völlig neue Horizonte eröffnet.

Über den Autor:

Marco Buch ist ein neugieriger Mensch und viel unterwegs. Er liebt es Erfahrungen zu sammeln und später Anderen davon zu erzählen. Die Tradition des Geschichtenerzählens am Lagerfeuer versucht er mit seinem Blog ins digitale Zeitalter hinüberzuretten:
www.life-is-a-trip.com
Marco Buch nimmt sich selbst nicht so wahnsinnig ernst und denkt, dass die Welt eine bessere wäre, würden einige Menschen diesem Beispiel folgen.

Außerdem vom Autor bereits erschienen:

Making Moves - Ungewöhnliche Arten von A nach B zu gelangen

13 Arten der Fortbewegung, 20 verschiedene Länder - Menschen, Momente, Orte, Begegnungen und Eindrücke.
Erhältlich unter:
ISBN-13: 978-1494320218
ISBN-10: 1494320215

1. Auflage

ISBN-13: 978-1494320539
ISBN-10: 1494320533
Autor: Marco Buch, www.life-is-a-trip.com
Verlag: CreateSpace
Cover-Design und Illustrationen: Ani Koprivlenska
Layout und Satz: Lukas Kolar

„Hard work never killed anybody, but why take a chance?"
Edgar Bergen

„Live as if you were to die tomorrow. Learn as if you were to live forever."
Mahatma Gandhi

„Wer Arbeit liebt und sparsam zehrt, der sich in aller Welt ernährt."
Deutsches Sprichwort

Stellenmarkt

1. Programmbeleber im russischen Big Brother Container

Mein Freund Martin arbeitete als Aufnahmeleiter bei einer russischen TV-Produktion, die in den Wochen zuvor bereits mehrere Male in die Schlagzeilen geraten war. Die in Berlin produzierte Sendung war im Prinzip eine Kopie des Big Brother-Formats, hielt jedoch einige zusätzliche Herausforderungen für die Kandidaten bereit. Die Russen bewiesen einmal mehr, dass sie ein bisschen härter im Nehmen waren.

Zunächst einmal wusste zu Anfang der Serie keiner der Teilnehmer, in welchem Land sie sich aufhielten. Man hatte sie mit verbundenen Augen den langen Weg von ihrer Heimat in die deutsche Hauptstadt gebracht und ihnen die Augenklappen erst im Container selbst abgenommen. Sie konnten sich also nur anhand der Reisedauer in etwa den Radius ausrechnen, in dem sie sich von Zuhause entfernt hatten. Sofern man sie nicht auch betäubt hatte. Sicher konnte man da nicht sein. In ihrem vorübergehenden Zuhause angekommen gab es erst einmal tagelang nichts zu essen, bevor dann vier der jungen russischen Menschen irgendwo in Berlin ausgesetzt wurden, um vor laufenden Kameras zunächst herauszufinden, in welchem Land sie sich befanden und sich dann zu überlegen, wie sie wohl ohne Geld an etwas Essbares kommen konnten.

Menschenverachtend hatte die deutsche Presse das genannt, doch ich vertrat die Auffassung, dass Menschen, die sich solchen Strapazen für die Aussicht auf ein Preisgeld und ein wenig mediale Präsenz aussetzen, sich selbst schon genug verachten mussten. Letztendlich sollten sie daher auch selbst die Verantwortung dafür übernehmen.

Jedenfalls waren die Besucherzahlen in den letzten Wochen drastisch eingebrochen, seitdem die Kandidaten nicht mehr dem unmittelbaren Hungertod ausgesetzt waren. Die Zuschauer gierten offenbar nach Nervenkitzel und harten Schicksalen. Das alltägliche Gekabbel im Container interessierte nur noch rund eine Million Voyeure vor den russischen Bildschirmen.

Da kam der Produzent auf eine geradezu geniale Idee: Man würde einfach einheimische Menschen in den Container einschleusen, um die Story ein wenig aufzupeppen und ihr etwas Lokalkolorit einzuhauchen. Gott weiß, in welchem Zustand ihm diese Idee gekommen war. Schon früh hatte Martin mir erzählt, dass sich außer ihm meistens nur ein paar unscheinbare Techniker vor Ort aufhielten, die für das Funktionieren der Kameras verantwortlich waren. Die russische Produktionscrew selbst ließ sich nur sehr selten blicken. Diese Besuche jedoch waren offenbar stets ein imposantes Schauspiel, da sie nie ohne viel Wodka und zahlreiche Prostituierte vonstatten gingen, von rauen Mengen an Kokain mal ganz zu schweigen. Sie lebten den Russian Dream.

Martin, wie immer stets bemüht, die allerskurrilsten Möglichkeiten des Broterwerbs auf direktem Wege an mich durchzuwinken, hatte mich sofort angerufen, nachdem ihm der Produzent am Ende eines solchen Gelages seinen Geistesblitz vorgelallt hatte. Alles in allem durchschaute ich nach wie vor nicht, ob Martin mir mit den in regelmäßigen Abständen unterbreiteten Jobangeboten der seltsamen Art etwas Gutes tun wollte, oder ob er sich heimlich an meinem Leiden ergötzte, wenn ich mal wieder ja gesagt hatte. Doch dieser Vorschlag klang einfach zu bescheuert, um ihn nicht wenigstens etwas genauer in Augenschein zu nehmen.

Daher folgte ich der Einladung und nahm die S-Bahn in den tiefen Nordwesten Berlins, um mir die Sache vor Ort anzuschauen und mich mit dem Hauptrussen zu treffen. Nach ein paar Minuten des Suchens fand ich schließlich inmitten des Spandauer Industriegebiets den Ort, an dem die Skandalserie entstand. Er hatte etwas Surreales und Gespenstisches an sich. Mitten in eine alte Lagerhalle, die sonst komplett leer stand, hatte man eine Art multifunktionales Zelt integriert, dessen Plane von allen Seiten zugänglich war. Überall in der Außenhaut waren Fenster eingelassen, durch die man zwar in den Container hinein, nicht aber aus ihm heraus schauen konnte, und die von Kameras gesäumt waren.

Innen wirkte das Ganze wie eine völlig normale, einigermaßen geräumige Wohnung. Doch auch diese war selbstverständlich gut überwacht. Martin gab mir eine kleine Führung und zeigte mir auf den Monitoren, wo überall in diesem Container Kameras installiert waren. Sie waren im Grunde überall. Im Gegensatz zu den ersten deutschen Big Brother-Baracken schreckte man hier auch nicht vor Kameras im Bad zurück, ja, sogar im Whirlpool hatte man unter der Wasseroberfläche gleich zwei Linsen installiert, um auch die schlüpfrigsten Momente im Zusammenleben der jungen halbverhungerten Russen nicht zu verpassen. Schade nur, dass diese irgendwie nicht so richtig Lust darauf hatten, im muckelig warmen Wasser aneinander herumzuspielen. Vielleicht lag das am Nahrungsengpass, vielleicht versuchten sie aber auf diese Art auch lediglich, einen letzten Rest an Würde zu bewahren.

Hier jedenfalls kamen ich und mein Freund Cordt ins Spiel, den ich kurzerhand mit ins Boot geholt hatte. Er und ich waren in letzter Zeit des Öfteren zusammen auf Kleinkunstbühnen aufgetreten; wir hatten mit Gitarren musiziert und Cordt hatte dazu Gedichte gelesen. Ich wusste, auch er befand sich auf der permanenten Suche nach Dingen, die er vorher noch nie ausprobiert hatte, und ganz wie ich erwartet hatte, war er sofort Feuer und Flamme für diese absurde Idee gewesen.

Das kurzfristig umgeschriebene Drehbuch besagte, dass zwei Kandidatinnen uns bei einem ihrer seltenen Landgänge kennenlernen sollten. Wir würden daraufhin von den beiden in den Container eingeladen werden und dort gemeinsam mit allen Bewohnern musizieren, trinken und feiern. Für den Zuschauer sollte das selbstverständlich nicht inszeniert, sondern völlig authentisch, aus dem Leben gegriffen rüberkommen.

Trotz meiner nicht zu unterschätzenden Naivität ahnten wir beide durchaus, dass dieses unschuldige Vergnügen allein die Quote sicherlich nicht nach oben treiben würde. Zwei trinkende Deutsche, die auf Instrumenten klampften und womöglich auch noch selbstgeschriebene Gedichte zum Besten gaben? Das lockte bestimmt nicht mal einen Robbenjäger aus der Taiga hinter seinem Ofen hervor.

Was man von uns wirklich wollte, war, dass mindestens einer von uns beiden mit einer der attraktiven Russinnen abstürzte. Vor laufender Kamera, versteht sich, am besten nackt im überwachten Whirlpool. Cordt und ich hatten darüber gesprochen und schlossen diese Option zumindest nicht aus, so es denn wirklich zu einer reizvollen Situation kommen sollte. Nachdem ich erst kürzlich mit ihm um eine junge Dame konkurriert hatte, die dann zunächst mir und nur ein paar Tage später auch ihm den Laufpass gegeben hatte, gab es für uns beide nichts zu verlieren. Allerdings hatten wir uns bis dato nur wenige Gedanken darüber gemacht, welche

Tragweite ein amouröses Abenteuer im Container auf längere Sicht für alle Beteiligten haben konnte.

Der russische Produzent wirkte nach all den Gerüchten, die mir im Vorfeld zu Ohren gekommen waren, geradezu seriös. Lediglich seine billigen Schuhe, sowie seine rastlos darin umherwippenden Füße und sein stechender Blick ließen mich auf der Hut bleiben. In gebrochenem, russisch-englischem Singsang erklärte er mir, was Sache war. Geld würde es für unsere Bemühungen leider keines geben, doch das überraschte mich nicht sonderlich. Dafür würde aber natürlich eine Menge Ruhm winken, der nicht zu unterschätzen sei.

,You know, we Russians, we are many', sagte er mit Nachdruck und tippte mit einem Kugelschreiber auf den Schreibtisch aus Sperrholz.

,Maybe now not so many peoples watch our show now, but it still is one million peoples.' Er gab mir kurz die Gelegenheit, beeindruckt zu sein. Dann beugte er sich theatralisch nach vorne und sagte:

,This is chance of lifetime for you and you funny little friend! You play, you sing! So many Russians will see. You be famous very soon!'

,So you do want us to perform inside?', fragte ich zögerlich, da bisher nicht ganz klar gewesen war, ob unsere musikalischen Fähigkeiten tatsächlich Berücksichtigung finden würden.

,Of course, my friend. You good. Your friend good. Of course you play.' Nicht nur war klar, dass er noch nie auch nur einen Ton von uns gehört hatte. Es war auch mehr als offensichtlich, dass ihm das letztendlich reichlich egal war.

Doch die Redaktion war offenbar, als sie von unseren Fähigkeiten erfahren hatte, einhellig zu dem Schluss gekommen, dass wir unsere Instrumente unbedingt mit in den Container bringen sollten. So würde die ganze Aktion weniger gestellt aussehen und eventuelle Annäherungsversuche würde das sicherlich ebenfalls erleichtern. So weit die Theorie, die ich aus den kryptischen Ausführungen des fahrigen Russen heraushörte.

,See you soon, rockstar!', verabschiedete er mich mit rollendem R und zwinkerte mit einem Auge, als er mir mit seiner Rechten fast die Hand brach. Aus seinem Mund und in diesem Kontext hatte die Floskel ganz klar den Charakter einer Drohung. Mit einem leichten Schwindel verließ ich die Höhle des Löwen.

Ich wusste nicht genau warum, aber das Ganze machte mich zusehends nervös. Als ich mir nach dem Gespräch noch eine Stunde lang durch die Plastikfenster das resignierte Treiben im Container anschaute, wurde dieses Gefühl nicht gerade besser. Andererseits: Was gab es zu verlieren?

Cordt jedenfalls war zu allem bereit, auch nach den Schilderungen meiner zwiespältigen Erlebnisse in der Lagerhalle. Und so sagten wir schließlich zu und warteten auf den Tag der großen Party.

Zwei Wochen später war es soweit. In einem noch nicht in Betrieb genommenen U-Bahn-Schacht unter dem Potsdamer Platz veranstaltete man eigens für die Serie einen großen Rave mit semibekannten DJs, zu dem jedermann ganz offiziell Tickets erstehen konnte. Dem Zuschauer sollte das Ganze dann so verkauft werden, dass die beiden auserkorenen Teilnehmerinnen auf diesem rauschenden, ach-so-Berlin-typischen Techno-Fest wie zufällig Cordt und mich kennenlernten und daraufhin in den Container einluden, was der Produzent vermeintlich zähneknirschend genehmigen würde. Die darauffolgende, wirklich spannende Folge der Serie sollte unsere gemeinsame Party in ihrem vorübergehenden Zuhause aus Plastik zeigen. Man war sich sicher, der Serie mit diesem kleinen Kunstgriff wieder zu einem größeren Publikum zu verhelfen. Cordt und ich waren gewissermaßen der Deus ex Machina, um den Karren aus dem Dreck zu ziehen.

Wir trieben uns ein wenig auf der Party herum, die überraschend gut besucht war. Natürlich ließ man uns an der Schlange am Eingang vorbeilaufen. Die Feier wurde ja nicht zuletzt für uns veranstaltet. Bei diesem Gedanken zuckte ich kurz zusammen. Als wir die Katakomben aus Sichtbeton betraten, war ich doch erstaunt, was für einen Aufwand die Macher der Serie betrieben hatten. Vielleicht sollte hier zusätzlich noch ein wenig Geld gewaschen werden. Wenig erstaunt war ich über die unfassbare Geschmacklosigkeit, mit der alles gestaltet worden war. Viele der Gäste, die sich bereits gierig die ersten Freigetränke in den Hals schütteten, korrespondierten in ihrem Erscheinungsbild auf unschöne Weise mit der Flut aus billigen Lichteffekten und den Aufstellern dubioser russischer Sponsorenfirmen, die fast ausnahmslos für Energy-Drinks und verschiedene Sorten Wodka warben.

Ein junger Typ mit einem Clipboard in der Hand begrüßte uns hastig, gestikulierte in Richtung der beiden Mädels, die es kennenzulernen galt, und verschwand umgehend wieder in der Menge. Ich hatte wohl unbewusst gehofft, man hätte wenigstens die nicht ganz so hübschen Kandidatinnen für uns ausgewählt, doch das konnte man leider nicht im Ansatz behaupten. Cordt sah das wohl ähnlich und wollte sofort zu den beiden rübergehen und sich vorstellen. Doch ich schlug vor, noch etwas abzuwarten, die Beute gewissermaßen ein wenig zu umkreisen und die Szenerie erst einmal aus der Entfernung zu begutachten. Mir war noch immer mulmig zumute, mulmiger eigentlich als je zuvor. Außerdem konnten wir doch nicht einfach so loslegen, wer weiß ob die Kameras überhaupt schon liefen. Und sollte uns nicht wenigstens jemand den Ansatz einer Regieanweisung geben? Es war schon seltsam, dass außer dem kurz angebundenen Produktionsassistenten bisher noch nicht mal jemand mit uns gesprochen hatte. Ich fragte mich, ob die Bande einfach schlecht organisiert oder ob das Ungewisse Teil der Dramaturgie war.

Nach einer Stunde auf der Party wussten wir so wenig wie zuvor und meine Unruhe hatte sich bis an die Grenze zur Hysterie gesteigert. Unterbewusst spielte ich schon längst mit dem Gedanken, dem ganzen Spuk ein jähes Ende zu bereiten. Ich hatte die Nacht vor dem Ereignis so gut wie kein Auge zugemacht und mir im Halbdunkel meines Schlafzimmers immer neue Horrorszenarien ausgemalt. Ich sah mich mit einer einzigen Unterschrift all meine Rechte an den Beelzebub abtreten und plötzlich dazu verdammt, auf Lebenszeit im russischen Fernsehen nackt zur Werbepause Gitarre zu spielen. Man würde aus mir die possierlichere Version des Big Brother-Zlatko machen, das allseits beliebte deutsche Maskottchen aller Sesselpuper und Bewohner sozialer Brennpunkte. Ständig müsste ich Autogrammstunden in halbfertigen ukrainischen Einkaufszentren geben und mich mit Menschen ablichten lassen, die ich weder verstand, noch sonderlich mochte. Nach ein paar weiteren gedanklichen Steigerungen dessen, was mir unweigerlich bevorstand, wurde mir Angst und Bange, wenn ich an die bevorstehende Party dachte. Am Morgen war ich dermaßen gerädert aufgewacht, dass ich in meiner Verzweiflung gar bei meinen Eltern angerufen und um Rat gefragt hatte. Die sagten nur, ich solle auf mein Gefühl vertrauen. Manchmal muss man an die einfachsten Dinge erinnert werden.

Nachdem Cordt für Getränke angestanden und ich mir eine Weile lang alleine das Hirn zermartert hatte, begaben wir uns gemeinsam in Richtung Tanzfläche. Dort standen die beiden für uns vorgesehenen jungen Frauen und hatten sich doch tatsächlich bereits ihrer Oberteile entledigt. Ein mäßig begabter Bodypainter war gerade im Begriff, ihnen ein paar neonfarbene Blumen auf die zugegebenermaßen sehr hübschen Brüste zu pinseln. Neben den beiden Schönheiten lechzten bereits ein paar junge Typen aus der Provinz in schlechten Klamotten. Zwei Kameras umkreisten die vermeintlich erotische Szenerie.

Aus meiner Perspektive mutete das alles eher an wie die erste Szene eines sehr, sehr schlechten Pornofilms, bei dem auch später noch vor den Pissoirs kopuliert wird. Und da wurde mir schlagartig klar, dass das alles hier mit mir nicht laufen würde. Urinal-Pornografie in allen Ehren, aber ich wollte nicht Teil dieser Welt werden. So nahm ich Cordt beiseite und teilte ihm mit, dass ich die Nummer nicht durchziehen könne. Im gleichen Atemzug entschuldigte ich mich dafür, ihn erst so heiß gemacht zu haben und nun hängenlassen zu müssen. Er war zwar überrascht und enttäuscht, zugleich aber schätzte er meine klare Ansage und versuchte gar nicht erst, mich umzustimmen. Es war klar, dass meine Entscheidung final war und eigentlich schon viel eher hätte fallen müssen. Alleine würde er die Sache allerdings ebenso wenig zu Ende bringen, erklärte er mir.

Und so verließen wir gemeinsam auf diskrete Weise das Etablissement. Ich hatte keine Lust, meinen Gefühlsumschwung auch noch vor einer Schar brutaler Russen auf Koks rechtfertigen zu müssen. Es hatte zwischen uns nie einen Vertrag gegeben und wenn wir plötzlich weg waren, dann waren wir eben weg. Als wir uns über die lange Treppe wieder zurück auf den Potsdamer Platz gekämpft hatten, überkam mich ein überwältigendes Gefühl der Erleichterung. Selten hatte der Anblick des Sony Centers derart starke Gefühle in mir ausgelöst. Cordt und ich nahmen uns kurz in den Arm und lachten ungläubig über das gerade Geschehene und über das, was beinahe noch geschehen wäre. Im Grunde hatten wir das Abenteuer auch so schon erlebt, und das, ohne dafür unsere Seelen verkaufen zu müssen.

Natürlich dachte ich in den darauffolgenden Tagen noch ein paar Mal, dass ich soeben die Chance meines Lebens verpasst hatte. Ein völlig absurder Gedanke im Grunde, doch das ‚was wäre gewesen wenn‘ ist und bleibt einer der ausdauerndsten, unangenehmsten Peiniger der menschlichen Psyche. Aber je mehr Zeit verstrich und je mehr ehemalige Container-Kandidaten man an ihrem unverhofften Erfolg und dem gewöhnlich kurz darauf einsetzenden Niedergang verzweifeln sah, desto sicherer war ich, den richtigen Entschluss gefällt zu haben.

Auch Martin war nicht weiter sauer. Seinen Erzählungen zufolge hatten sich am Partyabend ziemlich schnell zwei Brandenburger gefunden, die unseren Part ungefragt und aus freien Stücken übernommen hatten. Vermutlich zwei der schlechtgekleideten Exemplare, die schon gesabbert hatten, als wir noch vor Ort waren. Die Beiden waren der Einladung in den Container blind gefolgt und hatten dort auch erwartungsgemäß ihrer Geilheit vor laufender Kamera freien Lauf gelassen. Und das ohne Gedichte oder mädchenhafte Ständchen auf der Gitarre. Den beiden fehlte zudem offenbar jegliche Reflexivität und Moral, was dem Produzenten natürlich deutlich besser in den Kram passte als zwei solche Sensibelchen, wie Cordt und ich es nun mal waren. Wir waren also allesamt recht gut aus der Sache herausgekommen.

Nichtsdestotrotz hatten sich die Zuschauerzahlen nicht erholt. Irgendwie war aus dem Format einfach die Luft raus. Oder es konnten eben in reizüberfluteten Zeiten wie diesen doch nur die fast verhungerten Menschen noch jemanden vor die Glotze locken.

Die deutsche Presse hatte nicht locker gelassen mit ihren Beschuldigungen über Verletzungen der Menschenrechte und darauf gepocht, dass, wenn jemand schon solchen Schmutz drehen wollte, er es doch bitte bei sich zu Hause tun solle. Zu guter Letzt hatten die Russen klein beigegeben, ihre Nutten und ihr ganzes Koks eingepackt und eine verwüstete Lagerhalle in Spandau zurückgelassen. Es war später in der Presse noch die Rede von Waffenfunden und einer ganzen Reihe unbezahlter Rechnungen.

Cordt und ich verloren uns schon bald aus den Augen. Ein paar Jahre später machte das Gerücht die Runde, dass er in Brasilien durch eine Verkettung glücklicher Umstände mit just jenem H&M-Model im Bett gelandet war, dessen Plakat zu Studentenzeiten wirklich jede WG-Toilette zierte. Chapeau! Heute lebt er meines Wissens nach in Paris. Ob er noch dichtet oder singt, ist nicht überliefert.

Neulich brannte in Spandau eine große Halle und ich hoffte innbrünstig, dass es jene sein möge, in der damals das russische Zelt gestanden hat. Des Karmas wegen.

Bezahlung: Keine.
Arbeitsaufwand: Körperlich gering, emotional hoch.
Gelernt fürs Leben: Höre auf Deinen Bauch, er ist das bessere Gehirn.

2. Straßen- und Barmusiker

Im Prinzip hatte ich mit diesem Job geliebäugelt, seit ich einigermaßen Gitarre spielen konnte. Damit begonnen hatte ich mit etwa 16 nach einem Sommercamp im Süden Frankreichs. Denn dort hatte ich zwei Wochen lang schmerzhaft mitansehen müssen, wie die süßesten Mädels geradezu Schlange standen bei einer Gruppe langhaariger Frankfurter, die allesamt Gitarre spielten und dazu auch noch sangen, während ich bei der Suche nach einer Knutschpartnerin zwei Wochen lang leer ausging. So hatte ich die Strategie dieser Jungs einfach kurzerhand übernommen. Ich ließ mir die Haare wachsen und brachte mir selbst die wichtigsten Akkorde auf der Gitarre bei. Das Singen lag mir ohnehin im Blut. Und tatsächlich ging mein Kalkül auf. Nur ein paar Jahre später blickte ich bereits auf einige wilde Abende zurück, an denen ich vor kleinen, aber auch großen Gruppen gespielt hatte, und das manchmal bis in den Morgen hinein. Ganz wie ich es vorgesehen hatte, reichte man mir an solchen Abenden ständig neue Getränke und nicht selten ließ sich ein Mädel aus dem Publikum am Ende meines Konzertes noch zu weniger musikalischen Aktivitäten überreden.

Straßenmusiker waren mir schon immer sympathisch gewesen und ich hinterließ jedes Mal ein paar Münzen, wenn ich etwas übrig hatte. Nun wollte ich aber auch selbst wissen, wie es sich anfühlt, ungefragt vor fremdem Publikum zu spielen. Eines Tages im Herbst nahm ich meinen ganzen Mut zusammen und platzierte mich mit meiner Gitarre mitten in der Mainzer Fußgängerzone. Wie die anderen Straßenmusiker legte ich meine Gitarrentasche geöffnet ein paar Meter vor mich und begann zu spielen. Und tatsächlich lief es ziemlich gut. Abgesehen davon, dass man auf diese Weise wirklich etwas Geld zusammenbekam, gefiel es mir, wenn ich Leute mit meinen Songs aus ihrem Alltagstrott herausreißen konnte. Immer mal wieder blieb jemand stehen und lauschte mir andächtig. Mädchen lächelten mich an und einmal stoppte gar ein Paar, um sich vor mir minutenlang zu küssen, während ich eine Ballade von Pearl Jam zum Besten gab. Das war ein Job nach meinem Geschmack.

In den folgenden Jahren spielte ich daher immer mal wieder auf der Straße. Ich präsentierte dabei ein Potpourri aus Songs der letzten 30 Jahre, die ich mir nach und nach angeeignet hatte. Ich verwandelte diese Songs jedoch in meine eigenen Versionen, was nicht zuletzt meinem Gitarrenspiel geschuldet war, das zwar rhythmisch einwandfrei, aber doch vergleichsweise simpel daherkam. Ein befreundeter Gitarrist fasste das einmal treffend zusammen mit den Worten: ‚Du hast wieder eine Bob-Dylan-Version daraus gemacht.'

Im Laufe der Jahre spielte ich nicht nur auf der Straße, sondern auch in diversen Bars und sogar bei kleinen privaten Feiern. Das Publikum war immer wieder anders und man musste sich zumindest ein bisschen auf die Leute einlassen, wollte man etwas Geld verdienen, ein wenig Applaus bekommen und nicht vorzeitig rausgeschmissen werden. Im Zusammenspiel mit meinem Publikum entstanden eine Menge unterhaltsamer Situationen.

An einem Abend etwa spielte ich in einer Bar in Friedrichshain, da ich ein paar Monate vorher eine Affäre mit der Kellnerin gehabt hatte. Drei Männern mittle-

ren Alters gefiel nicht nur besagte Kellnerin, sondern auch mein Programm dermaßen gut, dass sie mich nicht mehr gehen lassen wollten. Auch wenn ich mir dabei ein wenig schäbig vorkam, akzeptierte ich den angeberisch hingehaltenen Fünfziger als Bestechung und spielte in der Folge einfach immer weiter. Die drei hatten offenbar etwas zu feiern, da sie gleich eine ganze Flasche Whiskey orderten, von der sie mir großzügig abgaben. Als ich dann Stunden später wirklich keinen Song mehr im Repertoire hatte, den ich noch nicht gespielt hatte, ließen sie mich endlich aufhören. Hatte ich mich im Sitzen schon ziemlich betrunken gefühlt, merkte ich erst beim Aufstehen, wie schlimm es um mich stand. Kaum hatte ich den Laden verlassen, kotzte ich auch schon flächendeckend die Simon-Dach-Straße voll. Dabei musste ich wohl den braunen Schein direkt wieder verloren haben, ich konnte ihn am nächsten Tag jedenfalls nicht mehr auffinden.

Ein anderes Mal spielte ich in einer Reggae-Bar auf einer thailändischen Insel, nachdem man mich mittags am Strand beim Klampfen angesprochen und zu einem Konzert eingeladen hatte. Ich schleppte einige feierwütige Leute mit, die ich aus den letzten Tagen vor Ort kannte, und alle langten bei den Getränken ordentlich zu, sodass der Barbesitzer eigentlich froh sein konnte. Meine Getränke waren umsonst, was ich wieder einmal ohne Protest als alleinige Bezahlung akzeptiert hatte. Dann jedoch, als sich die Bar bereits etwas geleert hatte, meinte ich einen Hauch von Unmut im Blick des Barmanns zu erkennen, als ich mir noch ein weiteres Bier bestellte. Ich hatte derer bereits zahlreiche in mich hineingeschüttet, aber alles machte mir gerade so viel Spaß, dass ich gar nicht daran dachte aufzuhören. Nach den ersten zwei Schlucken dieses Biers dann wurde ich so müde, wie ich es noch nie erlebt hatte. Das war dann auch das Letzte, woran ich mich erinnern kann. Als ich wieder zu mir kam, lag ich auf einem Sitzkissen inmitten der Bar, meine Gitarre fest umklammert. Außer mir war da nur noch der Barmann, der entschuldigend zu lächeln schien. Ganz offensichtlich hatte man genug von meiner Musik gehabt und mich daher einfach betäubt. In der asiatischen Kultur steht es nicht sonderlich hoch im Kurs, seinem Gegenüber einfach die Wahrheit frei heraus ins Gesicht zu sagen, daher vermutlich hatte man diese Variante gewählt, um mich diskret zum Schweigen zu bringen.

In Berlin spielte ich im Laufe der Jahre in verschiedenen Locations, wo es allerdings oft auch nur Freibier für meine Bemühungen gab oder ich am Ende der Show meinen Lohn eigenhändig mit einem Hut in der Hand eintreiben musste, was nicht so ganz mein Ding war. Wie auch beim Musizieren auf der Straße verlief hier die Grenze zum Betteln ziemlich fließend. Außerdem wollte ich nicht jenen Straßenmusikern etwas wegnehmen, die es nötiger hatten als ich.

Nach einer WG-Party in Kreuzberg tat ich mit einem der Gäste zusammen, der Gedichte schrieb. Er hatte in jener Nacht die Idee zu diesem Konzept und er kannte ein paar Leute, die uns in ihren Bars damit auftreten ließen. Abwechselnd trugen wir an diesen Abenden unsere Sachen vor, er ein paar Texte, ich ein paar Lieder. Das war es sogar einer Bar in Mitte wert, uns zumindest minimal zu entlohnen. Jedoch waren diese Bars an Kleinkunst gewöhnt und das Publikum entsprechend schwer hinter dem Ofen hervorzulocken. Mein Komplize hatte es da mit seinen selbst geschriebenen Gedichten noch etwas leichter als ich, der ich ja letztendlich nur Cover-Versionen von bereits existierenden Songs darbot. Und so verlief unser Projekt schon bald im Sande.

Ein paar Jahre später lernte ich bei einem erneuten Besuch in Thailand Max kennen, einen unangepassten Rheinländer, der sehr gut Gitarre spielte, und gerade ein mehrwöchiges Thaibox-Trainingscamp absolvierte. Wir waren uns zu Anfang leicht suspekt, was vermutlich daran lag, dass wir uns recht ähnlich waren. Betrunken spielten wir einander in einer Bar einige Songs vor, wie um vor dem jeweils anderen das Revier zu markieren. Je länger wir aber musizierten und je mehr wir tranken, desto klarer wurde, dass unsere Fähigkeiten sich eigentlich perfekt ergänzten. Schon tags drauf traten wir daher gemeinsam auf dem Sunday Market, einem großen Straßenmarkt mit Souvenirs, Klamotten und Essen im Zentrum von Chiangmai auf. Das lief auf Anhieb dermaßen gut, dass wir von nun an einige Konzerte zusammen spielten. Von Max lernte ich dabei, dass man immer schon selbst ein paar Münzen in die Gitarrentasche legen musste, wollte man die Bereitschaft der Leute erhöhen, auch noch etwas dazu zu werfen. Eine leere Tasche signalisierte dem Publikum, dass da wirklich gar nichts ging.

Ich war zwar ein passabler Sänger, aber ich hatte bei meinen autodidaktischen Unterrichtseinheiten nie wirklich gelernt, Soli zu spielen, geschweige denn Noten zu lesen. Ich war ein klassischer Rhythmusgitarrist, tight, aber wenig experimentierfreudig. Max hingegen sang nicht ganz so gerne, spielte dafür jedoch geradezu wahnwitzige Soli, bei denen man seinen Fingern mit dem bloßen Auge kaum mehr folgen konnte. Musikalisch sozialisiert durch Bands wie AC/DC hatte er zwei ganze Jahre seiner Jugend eigentlich nichts anderes gemacht, als auf der Klampfe zu üben, bis die Finger bluteten, und dabei zu kiffen wie ein Bekloppter, was zwar einen Rausschmiss bei seiner Schule bewirkt, sich musikalisch aber doch wirklich ausgezahlt hatte. Ich konnte ihn zum Singen der Zweitstimme überreden und so bildeten wir gemeinsam eine fast vollwertige Band. Gerade die Tatsache, dass wir beide auf akustischen Westerngitarren spielten, kam beim Publikum ziemlich gut an. Für mehrere Tage in Folge spielten wir gemeinsam mit einem französischen Drummer und einem britischen Bassisten, die beide auf der Durchreise waren, und kamen mit dieser spontan gegründeten Band, der wir den Namen ‚Bunch of Bums‘ gegeben hatten, im schönen Chiangmai ganz gut rum. Es lief jedoch auch hier meistens auf eine Bezahlung in Bier und Spirituosen hinaus. Lange durchhalten konnte man das daher nicht und so zog ich nach ein paar Wochen weiter, da ich auch noch mehr von Südostasien sehen wollte als die Bars der nordthailändischen Metropole.

Doch Max und ich hielten den Kontakt und trafen uns ein paar Monate später im sommerlichen Berlin wieder. Gemeinsam mit Mäx, dem Gitarristen meiner früheren Band, der nun ein filigranes Kinderschlagzeug sein Instrument nannte, gründeten wir eine kleine Straßencombo und zogen durch die in diesem Sommer fast mediterran anmutende Stadt. Wir übernahmen den Bandnamen BoB (Bunch of Bums).

Das Beste an dieser Art des Geldverdienens war, wie man nachhaltig die Atmosphäre eines Ortes verändern konnte. Wir suchten uns erst mal einen gut frequentierten Platz, am besten in der Sonne, noch besser aber vor einem geschichtsträchtigen Monument, und luden unser Equipment aus, das wir in einem Fahrradanhänger transportierten. Dann baute Mäx sein winziges Schlagzeug auf und Max und ich stöpselten unsere Gitarren und das Mikro in einen eigens dafür gebauten Verstärker, der mit einer Batterie betrieben wurde. Kaum hatten wir dann die ersten Songs gespielt, versammelten sich auch bereits interessierte Zuhörer um uns. Viele legten eine kurze Pause ein, um unserer Musik zu lauschen, manchmal begannen die Leute sogar vor uns zu tanzen. Da wir nur ein Mikrofon anschließen konnten und man dieses nur hörte, wenn man sehr nah davor sang, spuckten Max und ich uns beim Singen der zweistimmigen Parts immer gegenseitig die Gesichter voll, worüber wir tatsächlich immer wieder aufs Neue lachen konnten. In unserer Gitarrentasche sammelten sich unterdessen die Münzen, die wir meistens direkt in einer Pause in Biernachschub investierten. Ein kaltes Bier neben sich, ein paar lächelnde, mitwippende Leute vor sich, und dann unsere Songs draußen in der Sonne spielen – viel besser konnte alles eigentlich kaum mehr sein.

In diesem Sommer zogen wir viel durch die Gegend. Auch in einigen Bars waren wir gern gesehene Gäste und wurden großzügig mit Freigetränken versorgt. Wie ich es schon früher bei meiner echten Band festgestellt hatte, spielte man zwar immer ungenauer, je betrunkener man wurde, aber dafür mit umso mehr Leidenschaft, was die Schwächen durchaus mehr als ausgleichen konnte. Und je später der Abend war, desto spendabler wurden natürlich auch die Zuschauer. An manchen Tagen hatten wir tatsächlich so viel eingenommen, dass jeder von uns ein paar Scheine mit nach Hause nehmen konnte. An einem seltsamen Tag hatte uns jemand gar unbemerkt einen 50-Euro-Schein in die Gitarrentasche gelegt, was wir kaum glauben konnten. Minutenlang suchten wir nach einer versteckten Kamera, tagelang spekulierten wir über die Identität des generösen Spenders.

Immer mal wieder ließen wir uns auch für Veranstaltungen buchen, was sich dann oft recht skurril gestaltete. Einmal musizierte ich auf Einladung eines Pärchens, das mich auf der Straße hatte spielen sehen, bei einer winzigen Geburtstagsfeier in einem Plattenbau in Marzahn. Nachdem der Anfang recht schwerfällig war, da es nur knapp zehn und dazu noch recht schüchterne Gäste gab, musizierte ich dann jedoch für knapp zwei Stunden und sah, dass die Leute das wirklich zu schätzen wussten. Man behandelte mich wie einen Rockstar und ließ mir bei der Auswahl der Songs komplett freie Hand. Am Ende dann gaben mir die Gastgeber einen Fünfziger und packten mir noch was vom leckeren selbstgemachten Essen ein, als ich die Party verließ. Auch wenn das alles nicht zusammenpasste, so hinterließ es doch ein durchweg positives Gefühl.

Ein anderes Mal hatten wir irgendwie unseren Weg in den tiefen Südosten der Stadt gefunden, wo eine Hippie-Kommune ein ehemaliges NVA-Gelände besetzt hielt. Man hatte uns gesagt, dass hier ein Festival stattfinden würde, was eine sehr geschönte Beschreibung gewesen war. Denn weder von Festival noch von Hippie-Idylle war irgendetwas zu sehen, als wir an dem trostlosen Ort ankamen. Leider war auch hier wie überall die Utopie schon lange gescheitert. Die Leute waren nicht nur ungewaschen, sondern auch noch reichlich frustriert und hatten aus dem eigentlich fantastischen Gelände mit seinen weitläufigen Bauten im Laufe der Jahre einen riesigen Müllplatz gemacht. Alle kifften ohne Unterlass und motzten nur so vor sich hin, der Umgang untereinander ließ eher auf Tiere als auf Menschen schließen. Wo die Leute nicht hinschissen, da taten es die Hunde, das ganze Gelände kam uns vor wie eine riesige Toilette. Wir verdrückten uns in den Wald und probten abseits dieses traurigen Fleckens unsere Stücke. Als es dann später ein spärliches Essen gab, musste man selbst als Musiker geradezu darum kämpfen, noch einen Bissen abzubekommen. Nicht alles, dass sich die Leute um die Mahlzeit prügelten, die noch dazu schmeckte wie Karton mit abgelaufenem Joghurt. Nach dem kargen Mahl dann spielten wir unsere Popsongs zwischen zwei Noisecore-Bands und unter den deutlich skeptischen Blicken der verfilzten Bewohner und sahen danach zu, dass wir Land gewannen.

Im folgenden Winter versuchten Max und ich dann, unseren Aufenthalt auf der Insel Ko Chang in Thailand ausschließlich mit unserer Musik zu finanzieren. Und wir stellten fest, dass man auf diese Art und Weise tatsächlich recht gut über die Runden kommen konnte. Wir lebten zusammen in einem sehr billigen, halb zerfallenen Bungalow, aßen nur auf den Märkten zu Thai-Preisen und konzentrierten uns ansonsten auf unsere Musik, das Meer und das allabendliche Ausgehen. Nach ein paar Tagen hatten wir uns alles recht gut eingerichtet. Mittags probten wir auf unserer Veranda, nur mit Badehosen bekleidet, neue Stücke und kümmerten uns um unsere Instrumente. Später dann zum Sonnenuntergang, als es etwas kühler wurde, trieben wir eine Stunde Sport. Direkt danach ging es bereits zu unserem ersten Engagement in einem schicken Restaurant im Hafen. Wir hatten uns ein uraltes Moped gemietet und legten die fünf Kilometer über Straßen entlang des Strandes auf diesem zurück. Ich fuhr und Max hielt auf jeder Seite eine Gitarre, die tropische Brise wehte uns um die Nasen. Der Besitzer des Restaurants hatte uns eines Abends spielen gehört und unsere Musik so sehr gemocht, dass er uns vom Fleck weg angestellt hatte. Bei unserer Ankunft gab es immer erst mal kostenlos etwas zu essen, meistens aß ich einen sehr delikaten Fisch, der mit Ingwer gefüllt war. Dann spielten wir zwei bis drei Stunden unsere Stücke auf einer kleinen Bühne, je nachdem wie viele Gäste es gab. Bier gab es für uns ohne Beschränkung und am Ende bekamen wir sogar jeder noch knapp 6 Euro, damals viel Geld an diesem Ende der Welt. Dann machten wir uns auf den Weg zurück zu unserem Strand, wo wir direkt danach in einer kleinen Bambusbar mitten im Dschungel aufspielten, in der sich die Touris mit Gras und Opium eindeckten. Die Bar war nicht viel mehr als ein bisschen zusammengenageltes Treibholz mit einem Bambusdach und ein paar Barhockern aus Baumstämmen. Der Betreiber Be war ein ziemlicher Freak aus Bangkok. Einen Abend konnte er der freundlichste und witzigste Typ sein, den man je gesehen hatte. Am nächsten Tag bedrohte er alle Gäste mit einem Schlachtermesser. Man wusste nie, wie er drauf sein würde. Seine Stimmung schien sehr von der Menge an Rum-Cola und Tee mit Opium abzuhängen, die er sich bisher zugeführt hatte, sowie natürlich von den unzähligen Tüten, die er rauchte wie andere Leute Zigaretten. Immer wieder kamen Neulinge, die bei ihm verschwörerisch nach Gras fragten, woraufhin er in der Regel einen ein Kilo schweren Block davon mit großem Lärm auf der Bar platzierte. Er konnte sich hier alles erlauben, seine Beziehungen zur Mafia verhinderten jedwedes Problem. Wir sahen daher zu, dass wir unserer Abmachung nachkamen und jeden Abend zumindest eine Stunde lang bei ihm musizierten, da er sich hiervon mehr Publikum versprach. Einmal waren wir nicht aufgetaucht und da hatte Be wenig Spaß verstanden.

Wir spielten fast immer vor einer sehr zugedröhnten Meute. Einige der Gäste schienen die live-Musik erst zu bemerken, als wir bereits mit unserem Programm am Ende waren. Doch die Stimmung war hier immer fantastisch. Die winzige Bar lag versteckt zwischen Kokospalmen und wir lockten mit unserer Musik immer wieder Leute an, die eigentlich auf dem Weg von einem Strand zum anderen waren, und sie auf andere Weise vermutlich nie entdeckt hatten. Nicht selten änderten diese dann ihre Pläne und blieben stundenlang. So kam auch Be auf seine Kosten. Be gab uns zu trinken, nach was unser Herz begehrte, und oft feierten wir hier schon eine sehr gute Party. Diese wurde jedoch später am Abend meist in jeweils jene Strandbar verlegt, in der ein Fest stattfand und sich alle Partyhungrigen der umliegenden Strände versammelten. Es war um Weihnachten rum und es herrschte Hochbetrieb in diesem Party-Paradies. Glücklicherweise zog die Insel aber nur wenige der Brachial-Feiertouristen mit ihren Neonbemalungen und ihren sehr schmalen Horizonten an. Die meisten der Leute an diesen Stränden waren Freigeister, Freaks und spirituell Interessierte.

Nach einer langen Nacht dann kehrten wir in unseren Bungalow oder in den einer gerade kennengelernten Schönheit zurück, um uns für den nächsten anstrengenden Tag als Barmusiker auszuruhen. Dann begann alles wieder von vorne.

Unser Monat vor Ort war wahrlich eine sorglose Zeit, ging aber auch an die Kondition. Und so zerschlug sich das Ganze, als das neue Jahr gekommen und es an unserem Strand auch deutlich ruhiger geworden war. Max musste zurück nach Deutschland, Be hatte sich offenbar nun doch zu weit aus dem Fenster gelehnt und man hatte ihm seine Bar abgefackelt. Ich machte mich auf in Richtung Norden, wo ich es erst mal etwas gemächlicher angehen wollte.

Im nordthailändischen Chiangmai hatte ich dann einen wöchentlichen Auftritt in einer Bar, die inmitten des belebten Sonntags-Marktes lag. Hier gab es zwar kein Geld, dafür aber ordentlich Freigetränke und einen nie versiegenden Nachschub an erlebnishungrigen Touristinnen. Die anderen Musiker, die dort bereits seit Jahren auftraten, behandelten mich mit Argwohn. Sie konnten nicht ganz verstehen, warum das Publikum mich für gewöhnlich mehr feierte als sie, obwohl meine Fähigkeiten sich nicht im Ansatz mit den ihren messen konnten. Es gab unter ihnen mehrere studierte Jazz-Musiker. Eines Abends kündigte einer von ihnen vollmundig die Interpreten des Abends an, um mich zu guter Letzt anzufügen mit den Worten ‚And then we have Marco, he does ... eh ... Marco stuff'.

In den folgenden Jahren musizierte ich immer mal wieder mit Max, wenn er gerade einmal in Berlin war. Manchmal ließen wir auch die alte Combo wieder aufleben. Bei einer Fete de la Musique, dieser jährlichen Veranstaltung, bei der jeder auf den Straßen musizierte, spielten wir einmal im Görlitzer Park in absoluter Dunkelheit. Schon bald versammelten sich Dutzende Leute um uns, stellten Kerzen auf und begannen zu tanzen. Es herrschte eine außergewöhnliche Stimmung und ich war wieder einmal dankbar, an der Entstehung solcher Momente auch noch aktiv mitwirken zu können.

Während der Zeit um die Fußball-WM hatte ich eine Menge Zeit und die Stadt war stets voller Leute. Ich hatte mir die Fußgängerbrücke zum Regierungsviertel als Stammplatz ausgesucht, die eigentlich bereits innerhalb der Bannmeile lag und somit jegliche Straßenmusik verbot. Doch ich wurde nie behelligt. Und an sonnigen Tagen konnte man hier locker 40 Euro die Stunde verdienen.

Ein paar Jahre später klingelte mein Telefon und tatsächlich machte mir eine Werbeagentur ein Angebot, mit der Straßenmusik einmal wirkliches Geld zu verdienen. Wir sollten Darsteller sein, aber im Prinzip nur das tun, was wir ohnehin taten, nämlich Musik auf der Straße spielen. Auf diese Art und Weise würden wir mit handgemachter Musik für die Konzerte von elektronischen Bands werben. Dieses Konzept hatte den Kunden Telekom vermutlich durch seine Ungewöhnlichkeit überzeugt. Das Ganze firmierte unter dem Label Electronic Beats, einem Marketing-Tool aus Konzerten, Magazinen, und kostenlosen DVDs. Damit konnte ich leben, zumal man uns mit 500 Euro entlohnen wollte, was seinerzeit für unsereins wirklich gutes Geld war. Nachdem ich sichergestellt hatte, dass niemand uns ins Lächerliche ziehen wollte und auch durchgesetzt hatte, dass wir selbst bestimmten, was wir spielen würden, freute ich mich auf diesen seltsamen Job. Ich holte mir schnell noch Mäx mit ins Boot, Max war leider gerade unterwegs in der großen weiten Welt. Es gab aber stattdessen einen Freund von Mäx, der zwar ein bisschen seltsam, aber ein ziemlich guter Bassist war. Tatsächlich hieß auch er Max. An einem kalten und sehr trüben Novembertag standen wir dann auf dem Alexanderplatz und gaben unsere Songs zum Besten, nachdem wir am Abend zuvor noch eine Generalprobe im Monbijoupark absolviert hatten, bis uns fast die Finger abgefroren waren. Nicht alles lief rund, aber da wir alles mehrmals spielten, konnte man später die besten Szenen zusammenschneiden. Schnell hatte sich eine kleine Traube an Leuten gebildet, die uns zujubelte. Wie in Berlin üblich, waren unter diesen auch einige Penner, die für diese Uhrzeit schon ordentlich getankt hatten. Bei denen musste man lediglich aufpassen, dass sie einem bei ihren unkoordinierten Tanzeinlagen nicht das Mikro und den Verstärker umwarfen, ansonsten waren sie stets Garanten für gute Stimmung. Zwei Jungs mit kompakten Kameras filmten uns knapp eine Stunde aus jedem Winkel, während die Agenturleute im Hintergrund standen und sich an der Genialität ihrer Idee weideten. Die Klamotten, die man uns angezogen hatte, durften wir auch noch behalten, was der Bassist direkt zum Anlass nahm, seine alten Sachen am Alexanderplatz zurückzulassen. So kamen auch die Penner noch auf ihre Kosten.

Das Video wurde später geschickt eingebaut in eine Online-Aktion, die das Haus- und Hoffestival des Magazins bewarb. Ich war zufrieden mit dem Ergebnis, denn letztendlich bekamen wir dadurch nicht nur Geld sondern auch noch Aufmerksamkeit. Zwar strebten wir ja keine große Karriere an, aber ein dermaßen professionelles Video zum Rumzeigen zu haben, das konnte man nur schwer nicht mögen. Als ich bei meinem letzten Aufenthalt in Asien nach langer Zeit wieder mal eine Gitarre in die Hand nahm, war die Freude nur von kurzer Dauer. Schon bald gesellten sich ein paar amerikanische Studenten zu uns und schlossen ungefragt ihren ipod an große Boxen an. Die Musik übertönte einfach den Song, den ich gerade angestimmt hatte. Niemand protestierte. Ich hatte ohnehin das Gefühl gehabt, dass manche der Kids nicht mal genau gewusst hatten, was dieses Ding mit den sechs Saiten ist, das ich da in der Hand hielt. Andere Zeiten.

Max und ich machen nach wie vor manchmal gemeinsam Musik, alleine spiele ich höchstens noch vor Freunden. Wenn er in der Stadt ist und es ist Sommer, dann machen wir uns noch immer auf die Suche nach guten Orten zum Musizieren, aber die besten Stellen in der Stadt sind mittlerweile hart umkämpft. So mussten wir uns erst kürzlich mit einer alten Zigeunerin rumschlagen, die sich immer wieder direkt neben uns setzte und auf ihrem Kinderkeyboard mitten im Sommer Weihnachtssongs anstimmte um zu demonstrieren, dass dieser Ort der ihre war.

Mäx baut heute Synthesizer aus Elektronikschrott, ich habe ihn seit Jahren nicht gesehen.

Bezahlung: Unterschiedlich.
Arbeitsaufwand: Gering.
Gelernt fürs Leben: Eine Menge über Menschen. Und eine Menge über Musik.

3. Englischlehrer in Spanien und Thailand

Während des einen Jahres, das ich auf Reisen verbracht hatte, hatte ich eine Menge Leute getroffen, die darauf schworen, als Englischlehrer jenes Geld zu verdienen, das sie an ihr nächstes Etappenziel brachte. Viele dieser Englischlehrer schienen mir weder sonderlich clever noch allzu gebildet zu sein. Die einzige Qualifikation, die sie mitbrachten, schien oftmals, in einem englischsprachigen Land geboren und daher der englischen Sprache wenigstens rudimentär mächtig zu sein. Ich selbst hatte Englisch studiert, die Sprache immer geliebt und ständig wurde mir schmeichelhaft versichert, dass ich ohne deutschen Akzent spräche. Nun, seit fünf Monaten zurück in Deutschland, den Winter drohend vor der Tür und nach wie vor nicht die leiseste Idee, was ich eigentlich als nächstes machen sollte, war der Zeitpunkt daher gekommen: Ich würde Englischlehrer werden!

Auch wenn Barcelona nicht gerade für seine hohe Dichte an Englischsprechern berühmt ist, so wollte ich doch dort meinen Trainings-Kurs absolvieren. Josh aus Indianapolis, ein Kollege während meines Jobs als Trekleader in den USA, hatte seinerzeit von mir den Floh zum Englischunterrichten ins Ohr gesetzt bekommen und sich nun Spanien als Ziel ausgeguckt. Sein Vorschlag, den Kurs mit ihm zusammen zu besuchen, fiel bei mir auf fruchtbaren Boden. So würde mir nicht nur der Job selbst eine unbeschwerte Zeit in einem warmen Land ermöglichen, ich würde die Sonne auch schon während meiner Ausbildung genießen können.

Mit Barcelona verband ich eine gewisse Erwartung, ein bestimmtes Lebensgefühl. Man wusste gar nicht so genau, was es dort eigentlich so gab, außer vielleicht Strände, Paella und eine große Latino-Gemeinde. Aber ständig erzählte einem ja jemand, wie toll es in der ehemaligen Olympiastadt sein musste. Im Prinzip exakt so, wie einem in Barcelona jeder ungefragt erzählt, wie toll es in Berlin ist. Aber das konnte ich zu diesem Zeitpunkt natürlich noch nicht wissen.

Als ich in Katalonien ankam, regnete es Hunde und Katzen und war nicht sonderlich wärmer als in Berlin. Das zumindest hatte ich mir schon mal anders vorgestellt. Ich hatte über einen alten Studienkollegen ein Zimmer bei einer Mittdreißigerin nahe des hügeligen Parks Montjuic klargemacht und stellte mich dort erst einmal vor. Für satte 300 Euro im Monat durfte ich etwa 6,5 Quadratmeter mein Eigen nennen. Entweder waren die Immobilienpreise hier unten wahnwitzig oder meine Vermieterin Christina war eine gute Geschäftsfrau. Zwischen dem Bett und dem Schreibtisch klaffte eine Lücke von etwa 12 Zentimetern; ein winziges Fenster ging ins dunkle, leicht schimmelige Treppenhaus. Küche, Bad und Wohnzimmer teilte ich mir mit meiner Vermieterin.

Christina war eine sympathische, wenngleich leicht resignierte Deutsche mit einem 4-jährigen Sohn und keinem Vater dazu. Das, so schien es mir schnell, war der Hauptknackpunkt in ihrem Leben, denn der leidenschaftliche Südländer hatte ihr dummerweise nicht nur ein Kind gemacht, sondern bei dieser Gelegenheit auch noch das Herz gebrochen. Und nun hing sie hier rum und verdiente ihr Geld mühsam in einem Callcenter; so hatte sie das seinerzeit sicherlich nicht geplant, als sie für ein Auslandssemester nach Spanien gekommen war. Aber wir verstanden uns gut und ihr Sohn war ein echter Wonneproppen. Ich fühlte mich wohl in meinem neuen Zuhause.

Tags drauf kam Josh in Barcelona an und wir suchten ihm umgehend am schwarzen Brett der Uni ein Zimmer. Da er bis dato keinerlei Spanisch konnte, übernahm ich die Konversationen mit den Einheimischen. Fündig wurden wir schon am folgenden Tag in einer Wohnung. die ganz bei mir in der Nähe lag und einer alten mexikanischen Diva gehörte. Eleonora kam aus Guadalajara und spielte während der Besichtigung auffällig mit ihren Reizen. Und das, obwohl sie schon deutlich jenseits der 60 war. Sie freute sich sichtlich über die Anwesenheit zweier junger Männer. Und so lud sie uns, nachdem wir den Mietvertrag für das Zimmer unterschrieben hatten, kurzerhand noch für den gleichen Abend zu einer Tanzveranstaltung ein. Leicht perplex, aber doch neugierig sagten Josh und ich zu.

Ich fand mich also am Abend erneut bei Josh ein und wir begossen das neue Kapitel unseres Lebens mit ein paar Dosenbieren. Als es um 23 Uhr klingelte und wir runter auf die Straße liefen, wartete dort nicht nur Eleonora, sondern auch noch ihre Freundin Marta, die nicht jünger war als sie, dafür aber noch eine Spur aufreizender angezogen. Wir ließen die Damen sich unterhaken und schlenderten durch die dampfenden spanischen Gassen. Das konnte ja heiter werden.

Im Club angekommen merkten Josh und ich schnell, dass wir mit Abstand die Jüngsten in dem Etablissement waren. Auch der Laden selbst hatte schon bessere Tage gesehen. Die Musik, die Deko, ja, sogar die Drinks - eine andere Epoche. Wir kompensierten die Tanzaufforderungen der beiden Ladies mit unmäßigem Whiskeygenuss, doch besser wurde das dadurch leider alles nicht. Als das Ablehnen ihrer Avancen bereits länger ging, als es der Anstand gebot, verabschiedeten wir uns höflich von unseren Begleiterinnen. Und leider sah es bei unserem Abschied tatsächlich so aus, als hätten sich die Damen doch etwas mehr von diesem Abend versprochen. Wir hofften, dass die Beiden noch zwei andere männliche Exemplare fanden und Joshs Mietverhältnis von unserem Abgang nicht negativ beeinflusst werden würde.

Da keiner von uns sich in der Stadt auskannte, stolperten wir in unserem Rausch einfach immer der nächsten Licht- oder Geräuschquelle entgegen. Doch nach einem guten Stück Gehweg entdeckte ich plötzlich ein verheißungsvolles Kellerloch mit Neonschild und winkte Josh hinunter. Wir hatten den richtigen Laden gefunden. Alternative Leute in unserem Alter tranken und rauchten, was das Zeug hielt, die Musik dröhnte aus den Boxen, das Bier floss in Strömen. Wir waren keine Stunde dort, als ich mich bereits gitarrespielend neben einem barbusigen Transvestiten wiederfand, während vor mir ein paar Unzurechnungsfähige ekstatisch tanzten und sich Josh lebhaft mit der schönsten Frau im Raum unterhielt: Jodie. Ein guter Einstand in die neue Stadt.

Dann begann unser Kurs. Vier Wochen voller Grammatik, Didaktik, Motivation und Spielchen. Jeden Tag hatten wir eine ordentliche Menge an Hausaufgaben zu erledigen. Tatsächlich ließ einem der Kurs kaum Zeit für andere Aktivitäten, außer vielleicht am Wochenende. Mit Josh und mir im Klassenraum: Zwei verzogene, aber nette Mädels von der Reicheninsel Nantucket sowie Katie, eine Rockerin aus Philadelphia. Auch die Lehrer an der Sprachschule kamen allesamt aus den USA, sodass ich der einzige Nichtamerikaner weit und breit war.

Es zeigte sich jedoch schon bald, dass es ein Vorteil war, dass ich Englisch wie meine zukünftigen Schüler von der Pieke auf hatte lernen müssen, während die

Muttersprachler sich schon immer im Englischen bewegten, ohne jemals genauer darüber nachdenken zu müssen, welche grammatische Regel wann griff. Nicht selten konnte nur ich erklären, warum man ein Wort auf diese oder jene Weise deklinierte oder konjugierte.

Trotz der ganzen Arbeit ging es am Institut recht entspannt zu. Unsere Lehrer waren selbst zum großen Teil ehemalige Schüler und in der kleinen Gruppe ließ es sich gut, aber auch unterhaltsam lernen. Das Einzige, was ich dabei mitunter als lästig empfand, war die ewig motivierende, übertrieben positive Art der Amis: ‚Good job... excellent work... wow, you are so talented!'

Diese Haltung widersprach einfach dem guten alten deutschen Grundpessimismus, da konnte sie am Ende des Tages noch so effizient sein.

Abends saß ich oft am Wohnzimmertisch und erledigte meine Aufgaben, während die kleine Familie um mich herumtollte. Manchmal ging ich danach noch auf ein Bier raus, aber das Wetter spielte weiterhin Winter und so verschanzte ich mich nicht selten in meiner kleinen Höhle. Der Klang des herunterprasselnden Regens auf das Glasdach des Treppenhauses drang durch mein Fenster und gab dem Raum so ein permanentes Grundsummen, das durchaus gemütlich war.

So teuer die Mieten in Barcelona waren, so erschwinglich war das Essen in den vielen kleinen Tavernen. Und so genoss ich es sehr, mich durch die katalanische Küche zu probieren. Ich aß auswärts, wann immer es mein Zeitplan zuließ. Ein Großteil des gesellschaftlichen Lebens in Spanien spielte sich draußen ab, auf der Straße war, wenn es nicht wieder einmal regnete, immer etwas los. An den Wochenenden ging ich feiern, meist mit Katie, da Josh nun mit Jodie zusammengekommen war und die beiden oft ihr eigenes Ding machten. Mit den anderen beiden Damen konnte man zwar mal zu Abend essen, aber damit war ihre Ausgehbereitschaft auch schon ausgereizt. Mit Katie hingegen ließ es sich gut durch die Bars ziehen und Leute beobachten.

Das Nachtleben in Barcelona begann spät. Essen ging man um 9, vielleicht auch erst um 10. Dann trank man sich gemächlich warm. Und bevor man endlich einen Club betrat, war es nicht selten 2 Uhr. Daher gab es nicht die geringste Chance, vor dem Morgengrauen zuhause zu sein, so sehr man sich auch anstrengte. Oft stolperte ich nach einer langen Nacht durch die Stadt und genoss die Morgenstimmung auf den Straßen mit all den angeschlagenen Partygängern und den Stadtarbeitern in Neongrün, welche die Straßen mit großen Wasserdüsen sauber spritzten. Mehrmals verlief ich mich im Morgengrauen, da Barcelona mit seinen ganzen diagonalen Straßen auch nach Wochen noch verwirrend sein kann. In solchen Fällen kehrte ich an unbekannten Orten auf Kaffee und frisches Gebäck ein, was mich mit der Eigenwilligkeit der Stadtplaner versöhnte.

Ab Woche 2 des Kurses bekamen wir jeden zweiten Tag eine Klasse mit echten spanischen Schülern vorgesetzt, die uns als Versuchskaninchen dienten. Diese profitierten auch selbst davon, da sie fast vollwertigen Unterricht erhielten, aber nichts dafür zahlen mussten. Während der meisten Stunden war einer unserer Ausbilder dabei, um unsere jeweilige Leistung zu evaluieren. Ich verstand mich gut mit der spanischen Gruppe und schon bald kristallisierte sich mein persönlicher Lehrstil heraus, der hauptsächlich auf interaktiven Spielchen basierte, da ich merkte, dass ich meine Leute so am Besten zum Überwinden ihrer Scheu vor dem

Englischsprechen bringen konnte. Und so verbrachte ich morgens während der Vorbereitungsstunden immer einige Zeit, um Wörter und Bilder aus Zeitschriften auszuschneiden und mir neue Arten anzulesen und auszudenken, wie man ein schwieriges Kapitel am Besten spielerisch vermitteln konnte.

Nach unseren Probestunden mussten wir in seitenlangen Abhandlungen unsere eigenen Leistungen objektiv bewerten. Das Gleiche tat der jeweilige Ausbilder. Diese beiden Einschätzungen mussten wir dann wiederum zuhause interpretieren und in neue Lernziele umwandeln. Ich konnte die Vorteile dieses Systems durchaus nachvollziehen, fand es aber doch mitunter etwas überambitioniert. Aber nicht umsonst rühmte sich meine Schule, eine der besten Ausbildungen in Spanien zu bieten. Und ordentlich Geld hatte dieser Kurs ja auch gekostet, alles in allem hatte ich fast 1500 Euro dafür hingeblättert.

Als meine Ausbildung dann schließlich zu Ende ging, hatte ich meine Entscheidung im Prinzip bereits getroffen. In vielerlei Hinsicht hatte ich mir von der Stadt mehr erhofft. Das Wetter war längst nicht so gut wie gedacht, die Parties konnten dem Vergleich mit Berlin nicht standhalten. Und leider hatten sich doch auch in den letzten Wochen nur wenige Freundschaften ergeben. Selbst die allgegenwärtigen Tapas, der katalanische Sekt Cava und die ganzen Gaudi-Bauten verloren schon bald an Attraktivität. Und war der unausgesprochene Plan auch gewesen, Barcelona doch für einige Zeit zu meiner Heimat zu machen, so hatten mich die letzten vier Wochen leider nicht davon überzeugt, unbedingt noch länger bleiben zu müssen. Noch vom Internet-Raum der Sprachschule aus buchte ich daher mein nächstes Ticket nach Thailand. Da ich bereits den gesamten letzten Winter in Südostasien verbracht hatte, wusste ich, was mich erwartete. Und dort konnte ich meinen neu erworbenen Titel als zertifizierter Englischlehrer genauso gut zur Anwendung bringen.

Mit allen meinen Mitschülern sowie zwei meiner Ausbilder feierten wir das Ende unseres Kurses und die nahende Abreise der meisten von uns in einer Cava-Bar im Ausgeh-Viertel El Borne. Auch die Mädels aus Nantucket würden irgendwo anders ihr Glück versuchen und Barcelona schon bald den Rücken kehren. Katie hatte sich von ihrem Freund, der in einer einigermaßen bekannten Band in Chicago sang, dazu überreden lassen, mit ihm zusammenzuziehen. Sie war sich nicht mal sicher, ob sie überhaupt unterrichten wollte. Lediglich Josh hatte schon die ersten Bewerbungen geschrieben und zog das südeuropäische Leben dem in seiner Heimat deutlich vor. Er wollte bereits wenige Wochen später von der Wohnung unserer gemeinsamen mexikanischen Freundin in die WG von Jodie umziehen.

An meinem letzten Tag joggte ich der Sentimentalität halber noch ein letztes Mal auf den Hügel Montjuic. Dann schnürte ich mein kleines Säcklein und wünschte Christina alles Gute. Ich kitzelte ein letztes Mal den Kleinen und verließ die Stadt wie ich sie vor ein paar Wochen zuvor betreten hatte, per Flughafen-Expressbus. Ein kurzer Flug nach Deutschland, ein längerer nach Bangkok, ein überfüllter Nachtbus in den Norden Thailands. Und schon war ich zurück in meiner Lieblingsstadt Chiangmai.

Nach ein paar Tagen des Akklimatisierens, in Chiangmai am Besten in einer der Dachterrassen-Bars zu bewältigen, begann ich, mich bei verschiedenen Sprachschulen in Thailand als Lehrer zu bewerben. Jedoch fühlte sich bereits das Sitzen im Internetcafé zum Verfassen meines Lebenslaufes und zur Recherche der verschiedenen Schulen auf unbestimmte Art falsch an. Ich wollte bei solchen Temperaturen eigentlich draußen sein, und zwar permanent. Es passte nicht ins tropische Klima, sich in geschlossenen Räumen aufzuhalten und ich war noch nie ein großer Freund von Klimaanlagen gewesen. Noch dazu musste ich schnell feststellen, dass die meisten Schulen Lehrer nur ab Einsätzen von mindestens sechs Monaten einstellten, was meiner Verbindlichkeits-Phobie diametral entgegen stand. Sechs Monate lang am selben Ort und dabei immer dasselbe machen? Das kam eigentlich nicht in die Tüte.

Doch das Schicksal meinte es gut mit mir. Zwar hatte ich meinen Lebenslauf mit einigen erfundenen Lehrerengagements in entlegenen europäischen Orten deutlich aufgewertet, mir in diesem gar eine amerikanische Mutter zurechtfantasiert, und ihn auch an bestimmt 30 Schulen im ganzen Land gesendet. Da ich aber gleich im ersten Satz des Anschreibens, ja bereits im ersten Wort einen dermaßen unakzeptablen Schnitzer drin hatte, hätte ich mir die Bewerbungen im Grunde auch gleich sparen können. Ich hatte noch kurz gestutzt, ob denn ‚Estimated ladies and gentlemen' tatsächlich eine gute Übersetzung für ‚Geschätzte Damen und Herren' wäre, dann aber dem Geruch eines gerade vor dem Internetcafé brutzelnden Red Currys den Vorzug vor einer genaueren Recherche gegeben, und das Anschreiben kurzerhand mit dieser Anrede abgeschickt, die zwar alles Mögliche war, aber sicherlich kein guter Start für einen angehenden Englischlehrer.

Dementsprechend mäßig war die Resonanz. Von allen angeschriebenen Schulen bekam ich genau von zweien eine Antwort. Die eine Schule versicherte mir, dass sie mich nur allzu gerne anstellen würde, die Stelle sei jedoch gerade eben weggegangen. Sie hatten mein Anschreiben offenbar nicht aufmerksam gelesen oder waren alles andere als wählerisch. In der E-Mail der zweiten Schule, die meine Anfrage beantwortete, hatte man nur einen Halbsatz meines Anschreibens kopiert, die Schriftfarbe auf rot gesetzt und zwei Satzzeichen hinzugefügt: ‚Estimated ladies and gentlemen?!'

Das war bis zum heutigen Tage das Ende meiner Karriere als Englischlehrer. Das Zertifikat gammelt in einem Ordner vor sich hin. Eltern und Großmutter bereuen ihre finanzielle Unterstützung dieses damals so vielversprechenden Karriereplans. Josh und Jodie haben drei Jahre später in der Nähe des beeindruckenden Klosters Montserrat in den Bergen nahe Barcelona geheiratet. Ich war Ehrengast auf der englisch-amerikanischen Hochzeit, da ja gleich mehrere meiner Empfehlungen zum Kennenlernen der Beiden geführt hatten. Sie haben mittlerweile zwei Kinder und betreiben eine gut gehende Sprachschule mitten in Barcelona.

Bezahlung: Keine. Stattdessen saftige Kosten.
Arbeitsaufwand: Einigermaßen hoch.
Gelernt fürs Leben: Englische Grammatik, amerikanischen Optimismus, spanische Lebensfreude und thailändische Küche.

4. Juror für Schönheitswettbewerbe in Großraumdiskotheken

Ich sah sofort, dass dieser Job den perfekten Gegenpol zum trockenen Rest der Woche bilden würde, während dem ich an der Fertigstellung meiner Magisterarbeit feilte.

Schon bei der Schulung in einem seltsam provinziell anmutenden Hotel am Flughafen Tegel wurde mir schnell klar, dass diese Aktion ein Spaß werden würde. Die Aufgaben, die Einsatzorte, meine Kollegen, alles schien zu passen. Selbst die Agentur-Leute sparten sich ihr übliches Gewäsch, erklärten uns nur kurz und knapp, was wichtig war und behandelten uns nicht wie Minderbemittelte, sondern alles in allem sehr respektvoll und freundlich. Unser Team bestand aus 6 Leuten, drei Jungs und drei Mädels. Man hatte die Schulung auch veranstaltet, damit wir uns schon mal beschnuppern konnten und die Firma sehen konnte, ob das einigermaßen harmonieren würde. Alle fanden, dass es das würde.

Jedes Wochenende in diesem Herbst war ich sodann im ganzen Land unterwegs. Unsere kleine Gruppe fuhr freitags morgens los und kehrte erst sonntags nach Berlin zurück. Zwei Abende, zwei Großraumdiskotheken, zumeist im Osten der Republik gelegen. Dort bemühten wir uns dann nach Kräften, der Jugend ,Asti Cinzano' schmackhaft zu machen, dieses Getränk, das man eigentlich nur noch aus dem Partykeller der Eltern oder aus Softpornos im Spätabendprogramm kannte. Nicht zuletzt deshalb hatte man uns angeheuert: Es galt, das angestaubte Image des Sektes aufzupolieren und ihn ins Hier und Jetzt hinüber zu retten.

Und so schrieb ich in den ersten Tagen der Woche immer an meiner trockenen wissenschaftlichen Arbeit, die sich mit den Effekten nonverbaler Kommunikation im Fernsehen beschäftigte. Ich verbrachte dabei die meiste Zeit in meiner Wohnung und hatte insgesamt nur wenig Kontakt zu anderen Menschen, Bedienstete in Bibliotheken einmal ausgenommen. Glücklicherweise hatte ich das Ganze so geschickt eingefädelt, dass ich keine empirischen Untersuchungen machen musste, sondern alle meine Daten aus schon erschienener Literatur zusammenklauben konnte. Aber die 100 Seiten mussten trotz allem geschrieben werden, daran führte kein Weg vorbei. Und so stellte sich in der Wochenmitte, nach langen Stunden voller Wörter und Buchstaben immer bereits eine gewisse Vorfreude ein auf drei Tage, die sich auf einem deutlich niedrigeren intellektuellen Niveau abspielen und mich wenigstens vorübergehend aus meinem Eremitentum herausreißen würden.

In zwei Autos machte sich unsere kleine Gruppe am Freitag auf in Richtung solch wohlklingender Städte wie Halberstadt oder Nörten-Hardenberg. Dort bezogen wir dann unser erstes Quartier. Die Agentur hatte uns zumeist in kleinen Pensionen eingebucht, was ungemein netter war als ein unpersönliches Hotel. Es war Herbst, aber meistens sonnig und an den Nachmittagen blieb uns immer etwas Zeit, die Gegend vor Ort zu erkunden. Waren es auch oft nur kleine unscheinbare Dörfer, in denen wir unterkamen, so freute ich mich doch immer darüber, neue Orte kennenzulernen und dafür auch noch bezahlt zu werden.

Dann suchten wir uns gemeinsam noch irgendwo etwas zu essen und holten danach unser Equipment an der Herberge. Am frühen Abend enterten wir dann die jeweilige Diskothek und begannen unsere Stände aufzubauen. Nicht selten wunderten wir uns über die Größe dieser Vergnügungstempel inmitten der beschaulichen Provinz. Die Läden profitierten von ihrer Monopolstellung. Schnell wurde einem hier zudem klar gemacht, worum es den Betreibern dieser Großraumdiskotheken ging. Vor der Tür standen, sauber aufgereiht, Neuwagen des örtlichen Autohauses, die Wände und Türen des Ladens waren geschmückt von Werbungen aller möglicher Sponsoren. Dazu kamen die Aushänge des jeweiligen Ladens selbst, auf denen Specials beworben wurden, die im Prinzip alle mit großen Mengen an Alkohol zu tun hatten. Die Gäste sollten also saufen und rauchen, was das Zeug hielt, aber zwischendrin schon auch mal über den Kauf ihres nächsten Wagens oder ihren nächsten Haarschnitt nachdenken. In Berlin hätte so etwas niemand mitgemacht, aber da es in den ländlichen Gebieten keine Alternativen zu den Tanztempeln gab, konnte man dort im Prinzip alles mit den Leuten veranstalten. Leider schlich sich bei mir auch oft das Gefühl ein, dass die Gäste das alles sogar irgendwie gut fanden. Wir für unseren Teil waren hier, um die Leute dazu zu bringen, mehr Asti zu trinken, dieses süffige Zeug, das nun mit neuen Etiketten und Plakaten daherkam. Hatte man sich mal vom alten Image des Sektes frei gemacht, schmeckte er sogar tatsächlich recht lecker. An der Quelle sitzend, hatten wir ausreichend Gelegenheit für ausschweifende Testreihen.

Als die Pforten des Tanztempels sich dann schließlich öffneten und eine Menge junger Leute in teilweise unsäglichen Klamotten und mit oft noch katastrophaleren Frisuren in die Halle spülten, standen wir bereit für unsere Mission. In hautengen, glitzernden Outfits, ganz in Cinzano-Farben gehalten, lächelten wir alle sechs von Ohr zu Ohr. Die Kostüme passten wie angegossen und gerade unsere Mädels präsentierten ihre Reize der testosterongeschwängerten Jugend auf dem Silbertablett. Ich war Ende 20 und hatte mittlerweile so meine Probleme damit, mein Gesicht in den Dienst einer Marke zu stellen. Aber hier hielt sich dieser Part in Grenzen und wir vertraten zudem ein Produkt, hinter dem ich irgendwie stehen konnte. Und letztendlich merkte ich, dass der Job nicht leichter von der Hand ging, wenn ich mir das Lächeln sparte.

Zunächst gaben wir nur kleine eisgekühlte Gläser aus, die mit einer Gratisprobe des süßen Getränks gefüllt waren. Dazu händigten wir Plastikchips aus, die man dann später für die Abstimmung beim Schönheitswettbewerb benutzen konnte, der unser großer Trumpf war, den wir im Ärmel trugen. Die Gäste, völlig ohne jedwede Berührungsangst gegenüber Werbeaktionen, tummelten sich nur so um unseren bunten Stand, aber da wir zu sechst waren und miteinander rumalberten, war das Ganze ein Kinderspiel.

Doch sobald sich der Laden dann vollends gefüllt hatte, startete der Schönheitswettbewerb und damit mein eigentlicher Job. Irgendwie hatte ich es mal wieder geschafft, mir das Sahnestückchen der ganzen Aktion abzugreifen. Vor einer kompakten Leinwand fotografierte ich alle Mädchen und Jungen, die daran interessiert waren, zur schönsten Person des ‚Fun‘, ‚Plaza‘ oder ‚Stella‘ gekürt zu werden. Und das waren erschreckenderweise fast alle, zumindest bei den Frauen. Die Jungs zierten sich ein wenig, es waren fast nur auffallend gestählte und gebräunte Exemplare, die den nötigen Mut aufbrachten, sich vor meiner Kamera zu profilieren. Aber die Mädels waren nahezu alle heiß darauf fotografiert zu werden. Eine nach der Anderen lichtete ich mit der Digitalkamera ab und freute mich darüber, wie sie mir schmachtend in die Linse blickten. Ich musste nicht mal etwas sagen, der Wettbewerb selbst gab ja die Spielregeln vor, und so präsentierte sich jede der jungen Frauen so sexy, wie es in ihrer Macht stand. Auf diese Art und Weise knipste und schäkerte ich mich durch den Abend und hatte nicht selten das Gefühl, dass einige der Gäste meinen Job auch umsonst gemacht hätten. Zwischendrin lud ich die Fotos auf den Laptop, der mit unserer Bewertungsmaschine verbunden war.

Doch der beste Part stand noch bevor. Mit Nummern versehen liefen nun alle Fotos, die ich gemacht hatte, in Heavy Rotation auf unserer Bewertungsmaschine, die eigentlich nicht viel mehr war als ein Monitor mit einem Bedienfeld, aber durch die Verkleidung aus schwarzem Holz hochmodern und digital daherkam. Die Gäste konnten nun die Plastikchips nutzen, die es eigentlich nur beim Kauf eines Getränks gab, die meine Kolleginnen aber umso großzügiger verteilten, je später es wurde. Diesen Chip musste man dann in unseren Automaten einwerfen und konnte daraufhin für jene Person abstimmen, die man am Hübschesten fand. Zum Glück merkte fast niemand, dass die Chips letztendlich völlig ohne Funktion waren, und man die Abstimmungstasten auch einfach so drücken konnte. In zwei Clubs fand das kurz vor Schluss jemand heraus, behielt es natürlich nicht für sich und schaffte es so fast, den ganzen Wettbewerb zu sabotieren.

Je näher die Siegerehrung gegen 2 oder 3 Uhr morgens rückte, desto mehr Mädels umschmeichelten mich, um mich zu überreden, die Abstimmergebnisse zu manipulieren. Hatte ich beim ersten Einsatz noch gedacht, dies sei ein regional bedingtes Verhalten, so musste ich schon bald feststellen, dass sich dieses entzückende Schauspiel überall wiederholte. Völlig schamlos unterbreiteten mir einige der Damen unmoralische Angebote, für die ich mich lediglich mit einer höheren Platzierung ihres Fotos erkenntlich zeigen sollte. Es war eine wahre Freude. Getränke waren für uns in den Läden stets umsonst und so stand ich immer ab einer gewissen Uhrzeit angetrunken in einer Flut aus bettelnden jungen Frauen. Die Typen konzentrierten ihre Bestechungsversuche auf meine Kolleginnen, die allerdings hart wie Stein blieben.

Insgesamt war es jedes mal wieder spannend zu sehen, wie sich die Stimmung im ganzen Laden durch den Alkohol, das Tanzen und die Musik kontinuierlich veränderte. Zwar gab es zu später Stunde auch immer Leute, die mit dem Alkohol nicht umgehen konnten und zu pöbeln anfingen, aber alles in allem wurde es mit jeder Stunde witziger in den Diskotheken. Zudem ließ sich erkennen, dass ein erhöhter Alkoholpegel sogar soziale und intellektuelle Unterschiede zu einem nicht unerheblichen Teil ausbügeln konnte. Fast wollte ich privat wiederkommen.

Dann endlich schlug die Stunde der Wahrheit. Meistens hatten sich zwei, drei Favoriten pro Geschlecht herauskristallisiert, die dann zum Ende hin in ein spannendes Kopf-an-Kopf-Rennen miteinander gingen. Ich war derjenige, der festlegte, wann die Sache endgültig entschieden war. Mit großer Geste schaltete ich dann die Bewertungsmaschine aus und gratulierte denjenigen Gewinnern, die gerade drumherum standen und sagte ihnen, dass sie sich bitte für die Siegerehrung bereithalten sollten. Tatsächlich wurde dafür meistens sogar die Musik im jeweiligen Hauptraum des Tanztempels kurz ausgeschaltet, wieder etwas, das man in Berlin genau einmal machen musste, um die Gäste allesamt zu vergraulen, hier jedoch von allen toleriert wurde. Dann riefen unser Teamleiter und eine Kollegin die Sieger,

Zweiten und Dritten auf die Bühne, wo ihnen die Preise überreicht wurden und sie sich von der ganzen Menge beklatschen lassen konnten. Die Jungs und Mädels freuten sich meistens sehr, vermutlich jedoch mehr über ihre Präsenz auf der Bühne als über das Zeitschriftenabo und die Flasche Asti, die sie gewonnen hatten.

Daraufhin begannen wir mit dem Abbau, der inmitten der ganzen Betrunkenen oft mehr als eine Stunde in Anspruch nahm. Zu guter Letzt nahmen wir drinnen dann noch ein paar Drinks und schauten uns das bekloppte Treiben noch ein Weilchen an. Dann fuhren wir zum Schlafen in unsere Pension. Am nächsten Abend ging dann alles wieder von vorne los.

Meine Kollegen waren zwar alle sehr unterschiedliche Charaktere, aber gemeinsam bildeten wir eine wirklich angenehme Truppe. An den freien Nachmittagen besuchten wir vor Ort Zoos und Museen und machten Spaziergänge, was einen interessanten Ausgleich zu den bescheuerten Nächten darstellte.

Als der Job nach 8 Wochen zu Ende ging, hatte ich eine Menge ostdeutscher Kleinstädte gesehen, mir einen guten Überblick über die Erlebniskultur auf dem Land verschafft und einige neue Telefonnummern im Notizbuch angesammelt. Tatsächlich hatte ich es außerdem in den Tagen zwischen unseren Einsätzen geschafft, meine Magisterarbeit zu beenden.

Asti Cinzano habe ich bewusst nie wieder getrunken, aber ich trinke Sekt grundsätzlich nur, wenn er umsonst ist und es keine Alternative gibt. Entgegen des vorübergehenden Impulses bin ich auch nie wieder in einer Großraumdiskothek gewesen.

Bezahlung: € 150/ Tag.
Arbeitsaufwand: Mittel.
Gelernt fürs Leben: Eitelkeit lässt Menschen ungewöhnliche Dinge tun.

5. Geschichtenjäger für einen krankenden Fernsehsender

Es war Winter und mein Studium ging nur schleppend voran. Die meiste Zeit lagen meine Mitbewohner und ich untätig in der Wohnung rum, kochten, musizierten und sahen uns britische TV-Serien an. Wir hatten uns eine eigene kleine Welt aufgebaut, in der es recht idyllisch zuging. Doch auch das zurückgezogenste Leben ist leider nicht kostenlos. Da kam mir die plötzliche Gelegenheit, etwas Geld zu verdienen, gerade recht. So hatte ich wenigstens ein glaubwürdiges Alibi für nicht geschriebene Hausarbeiten über Semiotik und Sprachgeschichte. Zumindest mir selbst gegenüber.

Diesmal würde ich im Namen des Fernsehsenders tm3 arbeiten. Zunächst mal musste man uns allen erklären, was das denn noch mal für ein Sender sei. Ursprünglich als ‚Frauensender' konzipiert, hatte man schnell erkennen müssen, dass dieses Konzept in Zeiten der Emanzipation nicht sonderlich erfolgversprechend war. Die Zuschauerzahlen gingen stetig runter, für anspruchsvolles Programm fehlte schon bald das Geld. Ein Teufelskreis, der erst mit dem Aufkauf des ganzen Ladens durch Rupert Murdochs ‚News Corporation' unterbrochen wurde.

Nun wehte frischer Wind durch die Marketingabteilung. Man entschloss sich, den Sender in einer Radikalkur weg vom alten Image zu führen, hinein in eine prosperierende Zukunft auf gleicher Augenhöhe mit etwa RTL oder Sat1.

Der erste Schritt in Richtung mehr Erfolg war der Kauf der Champions League -Rechte für sage und schreibe 850 Millionen DM im Jahre 1999. Hiermit war die Marschrichtung hin zu breiter gefächertem, aber auch deutlich männlicherem Publikum vorgegeben. Als nächstes startete man eine neue Serie, um in dieselbe Kerbe zu schlagen. Tatsächlich begründete der Sender mit dieser eine Welle eines neuen Genres mit, der Reality Soap.

In ‚Geld für Dein Leben' erhielten 14 Kandidaten aus ganz Deutschland eine Kamera und filmten ihr eigenes Leben - 24 Stunden am Tag, sieben Tage in der Woche. Die spannendsten und kuriosesten Beiträge wurden gezeigt, wobei jede ausgestrahlte Sekunde mit zehn Mark belohnt wurde. Sonntagabends fasste ein einstündiges Special die Ereignisse der Woche und den Kontostand der Kandidaten zusammen. Die Zuschauer entschieden dann per TED, welcher Kandidat aus dem Spiel ausschied und durch einen neuen ersetzt wurde. So war es natürlich für die einzelnen Kandidaten wichtig, ihre Beiträge so interessant wie möglich zu gestalten, da sie nur in diesem Fall Geld bekamen. Interessant war damals wie heute nackte Haut sowie jegliches sonstiges Verhalten abseits der Norm. Der Tabubruch war sozusagen implizit ins Konzept eingebaut und der Sender musste sich nicht mal selbst drum kümmern.

Damit kam der Sender sogar noch der ersten Staffel von ‚Big Brother' zuvor, hatte es aber leider nicht geschafft, auch nur ein annähernd vergleichbares Interesse bei den Zuschauern zu wecken. Letztendlich war das kein großes Problem, denn beide Sendungen stammten aus derselben Ideenfabrik, der holländischen Produktionsfirma Endemol.

Wir jedenfalls waren dafür angeheuert worden, die Leute für den Start der Serie zu sensibilisieren. Von Anfang an war klar, dass hier eine Menge Geld drin steckte. Die Schulung war geradezu pompös und man hatte uns dazu in einem netten Hotel in München untergebracht. Zwei Tage lang gab es fortlaufendes Programm, unterbrochen lediglich von wirklich gutem Essen und an beiden Abenden mit Parties abgerundet, bei denen ebenfalls alles inklusive war. Man machte uns mit dem Sender vertraut, veranstaltete Rollenspiele und stimmte uns ein auf eine ungewöhnliche Aktion. Statt mit unauffälligen Kleinwagen sollten wir unsere Touren mit großen Chevrolet Tahoe Geländewagen fahren, die noch dazu von oben bis unten aufwändig beklebt worden waren. Diese standen bereits wie eine große Verheißung während der Schulung aufgereiht vor dem Hotel.

Mein Teamleiter war ein Mittdreißiger, der recht nett war, aber doch irgendwie auch eine Persönlichkeitsstörung aufzuweisen schien. Das wiederum war, so viel hatte ich in den letzten Jahren gelernt, im Promotion-Business keine Seltenheit. Er lebte in einem Vorort von Frankfurt in einer kleinen Wohnung. Diese war komplett abgedunkelt und nur durch Schwarzlicht beleuchtet. Bei meinem ersten Besuch überkam mich sogleich eine schreckliche Beklemmung. Seinen richtigen Namen gab er nur ungern preis, er hatte sich selbst den Künstlernamen Geo gegeben, wobei das G am Anfang des Wortes portugiesisch weich ausgesprochen wurde. Ich hatte das Gefühl, er wollte seiner schlichten hessischen Natur mit diesem Namen einen weltmännischen Anstrich geben. Promotion war sein Leben, Geo hatte nie etwas anderes gemacht und er hatte es auch in Zukunft nicht vor. Bevor es losging, zog er sich stets noch mal auf ein Näschen Koks ins winzige Bad seiner Dunkelkammer zurück. Ich fragte mich, wie viel höher seine Gage als Teamleiter sein musste, damit sich eine solche Stimulierung wirklich rentieren konnte. Doch vermutlich ging ich da zu rational an die Sache heran.

In einem Team aus 5 Leuten, gemischt aus Jungs und Mädchen, fuhren wir dann durch Frankfurt und klapperten die wichtigen Bars ab, wo unser Auftraggeber die Meinungsmacher vermutete. Geo parkte den Wagen immer so, das er gut sichtbar war. Falschparken war der Aufmerksamkeit zuliebe geradezu erwünscht, Tickets dafür zahlte unser Auftraggeber gerne.

In den Bars angekommen verteilten wir uns auf die verschiedenen Tische. Dort forderten wir die Leute auf, uns ihre witzigste, skurrilste oder auch tragischste Geschichte in zehn Zeilen auf einer Karte aufzuschreiben. Die beste Geschichte am Tisch würde von uns belohnt werden. Hatten wir alle Tische durch, versammelten wir uns an der Bar und warteten ab. Dort gab es meistens etwas umsonst zu trinken und da Geo stets den SUV steuerte, schlugen wir anderen in der Regel hemmungslos zu.

Dann kehrten wir zurück an unsere Tische und sammelten die Karten ein. Viele Leute hatten natürlich gar nichts geschrieben, einige hatten stattdessen ejakulierende Penisse und sonstige Teenagermotive gezeichnet. Aber manche hatten auch wirklich interessante Geschichten zu erzählen. Es oblag mir, die interessanteste davon zu prämieren. Diese las ich dann mit Einverständnis des Verfassers laut vor, was in der Regel die Stimmung am Tisch deutlich aufheizte. Dann übergab ich dem Gewinner eine Rolle mit Pfennigstücken, versehen mit dem Logo der Sendung. 50 Pfennig für eine Geschichte, das hatte wohl eher einen symbolischen Wert. Doch im Gedächtnis blieben wir allemal.

Parallel zu unseren ‚Gastro-Einsatzteams' gab es noch die ‚Guerilleros', die sich, ebenfalls mit einem protzigen Wagen ausgerüstet, unangekündigt auf Plätze und an Kreuzungen in der Stadt stellten und das Logo der Sendung an Häuserwände projizierten, bis die Polizei kam und sie aufforderte das Feld zu räumen. Auch eventuelle Strafgelder hierfür waren im Budget mit einberechnet. Hatte ich die Guerilla-Teams zu Anfang noch beneidet, sah ich doch schon bald, dass sie ständig in der Kälte stehen mussten, während wir im Warmen Getränke und die Aufmerksamkeit einer Menge netter Menschen genießen durften.

Der Job machte viel Spaß. Man interagierte ständig mit Wildfremden und die meisten freuten sich über eine kleine Abwechslung. Viele Leute gewährten einem mit ihren kurzen Geschichten Einblicke in ihr Leben. Und selbst wenn nicht, so reichte die Aktion doch immer für ein wenig Herumalbern. Alles in allem bewegten wir uns ständig auf einer Welle ausgelassener Stimmung. Kamen wir irgendwo rein, veränderten wir die Atmosphäre des ganzen Ladens in nur kurzer Zeit. Meine Kollegen waren allesamt hübsche Menschen, die aber glücklicherweise auch größtenteils über Hirn und Witz verfügten. Und selbst Geo war im Grunde eine gute Seele, aller Profilneurosen zum Trotz.

Und so freute ich mich immer schon den ganzen Tag darauf, wenn wieder ein Einsatz anstand. Der Job zog sich über 2 Monate hin und endete erst kurz vor der Ausstrahlung der ersten Folge von ‚Geld für Dein Leben‘. Abgesehen davon, dass ich den Job nie als Arbeit, sondern immer als Vergnügen empfand, finanzierte er mir auch gleich noch den ganzen Sommer. So konnte das gerne öfter laufen.

Da ich tm3 nicht empfangen konnte, bekam ich nie auch nur eine einzige Folge der von mir so ausdauernd beworbenen Sendung zu sehen. Bereits zwei Jahre später ließ das tatsächlich durch Serien wie diese kurz aufgeflammte Interesse am Sender dann aber auch schnell wieder nach und er wechselte erneut den Besitzer. 2011 schließlich wurde der Sendebetrieb komplett eingestellt. Was wohl Geo heute so macht?

Bezahlung: DM 180 pro Einsatz.
Arbeitsaufwand: Sehr gering.
Gelernt fürs Leben: Jeder Mensch hat eine Geschichte zu erzählen.
                        Viele erzählen ihre gerne.

6. Komparse

Um den Job als Komparse kam man eigentlich gar nicht herum, wenn man in Berlin am Studieren und auch nur ein bisschen an Medien und Popkultur interessiert war. Fast jeder hegte den Wunsch, einmal live zu erleben, wie so ein Dreh oder ein Fotoshooting hinter den Kulissen ablief. Noch besser natürlich, wenn man am Ende auch noch auf einem Plakat zu sehen war, warb es nicht gerade für Abführmittel oder Opel. Das non-Plus-Ultra allerdings war natürlich ein Musikvideo einer Band, die man mochte. Es war jedoch um das Jahr 2001 und die Musikvideokultur lag bereits in ihren letzten Zügen. Nur so kann ich mir erklären, warum ich letztlich nie in einem mitgespielt habe. Eines Tages jedoch erzählte mir ein Freund von einem Fotoshooting, bei dem eine Konzertsituation dargestellt werden sollte. Das kam doch zumindest ziemlich nah an meine Vorstellungen heran. Es sollte zudem nur ein paar Stunden dauern und es sollte sogar Drinks umsonst geben. Das passte mir gut ins Konzept und schnell hatte ich noch ein paar Kumpels mit ins Boot geholt, die ich nicht lange hatte überreden müssen. Auf Konzerten standen wir eh dauernd rum und wir mussten uns nicht verkleiden, um wie ein Rock-Publikum auszusehen. Kostenloser Alkohol war ebenfalls ein nicht zu vernachlässigendes Argument und an einem Mittwoch hatte man als gewöhnlicher Student auch nicht gerade viele andere Verpflichtungen. Wir rückten zu fünft in dem Club an, wo das Ganze stattfinden sollte.

Leider war unser aller Naivität zu dieser Zeit geradezu grenzenlos und ich hatte nicht den leisesten Schimmer, wie wenig so ein Dreh letztlich mit dem zu tun hatte, was ich mir im Kopf dazu zurechtgesponnen hatte. Auch die Beschreibung, mit der man uns angeworben hatte, musste wohl eine Art ‚Stille Post'-Effekt durchlaufen haben, denn alles war bei weitem nicht so nett, wie das im Vorfeld geklungen hatte. Wir waren an die hundert Leute und der Fairness halber musste man sagen, das auch einige nette dabei waren. Auch hübsche Mädchen gab es viele. Aber leider kam man kaum dazu, sich miteinander zu unterhalten. Schnell wurde klar, dass wir nur Fleisch waren, das man zu benutzen trachtete, menschliche Requisiten, nicht viel mehr. Wir wurden von unseren Betreuern grob hin und her geschoben und man schrie uns durchs Megaphon ungehalten Anweisungen entgegen. Skurrilerweise hatte diese geradezu militaristische Behandlung zur Folge, dass wir den Anweisungen widerstandslos Folge leisteten. Die meisten waren wohl einfach zu perplex, um sich irgendwie wehren zu können.

Es wurde offensichtlich, dass hier jeder unter Zeitdruck stand. Auch damit hatte seltsamerweise keiner von uns gerechnet. Immer und immer wieder stellten wir dieselbe Situation dar, während der Fotograf die Szenerie aus immer neuen Perspektiven und mit jeweils leicht abgewandelter Ausleuchtung auf seine Kamera bannte. Auf der Bühne taten ein paar Jungschauspieler zum Playback aus der Anlage so, als wären sie eine angesagte Band. Bei den Versuchen des Protagonisten, der sich selbst ganz offensichtlich ziemlich gern mochte, einen Gitarristen zu imitieren, wusste ich nicht so genau, ob ich lachen oder weinen sollte. Dem Fotografen jedoch schien egal zu sein, wie der Hansel auf der Gitarre rumdrückte, vermutlich würde man das später am Computer korrigieren können. Echte Gitarristen jedenfalls sahen anders aus.

Getränke gab es für jeden exakt zwei. Und die durfte man sich auch nicht beide auf einmal genehmigen, sondern jeweils nur in den beiden kurzen Pausen zwischen den Takes. Dazu gab es ein paar Chips und Flips vom Billigsten sowie einen Trog mit preisgünstigen Haribo-Imitaten. Selbst das hatte ich mir irgendwie anders vorgestellt.

Zu Anfang machte das alles jedoch tatsächlich noch ansatzweise Spaß, da es für fast alle von uns etwas völlig Neues war. Doch schon bald waren die ewig gleichen Posen zu der ewig gleichen Musik einfach nur noch anstrengend. Wir sollten immerzu der vermeintlichen Kapelle zujubeln und dabei in die Hände klatschen. Das war gar nicht so leicht bei der banalen Musik, die in der Endlosschleife lief, und bei der schauerlichen Performance, welche die B-Schauspieler auf der Bühne dazu ablieferten. Dazu noch war es im Club fast unerträglich warm und durch die vielen Leute und die großen Scheinwerfer auch extrem stickig. Man fühlte sich wie in den Tropen. Dem Fotografen kam es zugute, dass wir alle schon bald völlig verschwitzt und kaputt aussahen, das zumindest musste er nicht mehr nachträglich in die Bilder einarbeiten. Ich schätzte, dass man den Laden genau aus diesem Grund absichtlich so aufgeheizt hatte. Wie es den Komparsen selbst dabei erging, das war letztendlich zweitrangig. Nur das Ergebnis zählte.

Mehr und mehr machte sich eine frustrierte Erschöpfung breit. Immer wenn es ‚Action' hieß, legten alle schwerfällig los, beim ‚Cut' sah man in den Gesichtern nur zu deutlich, das jede Euphorie mittlerweile nur noch gespielt war und längst einem Unglauben darüber gewichen war, was einem hier abverlangt wurde. Eine Handvoll Leute verließ den Laden protestierend vor Ende der vereinbarten Zeit, der Aufnahmeleiter machte jedoch unmissverständlich klar, dass es dafür dann auch kein Geld geben würde. Es hätte mich nicht mal gewundert, wenn er die Leute mit Gewalt am Gehen gehindert hätte, so streng und militaristisch mutete die ganze Organisation an. Meine Kumpels und ich jedenfalls zogen die Sache durch, nun wollten wir auch die Belohnung. Die Aktion dauerte am Ende knapp doppelt so lang wie angekündigt. Es stand nicht mal mehr zur Debatte, sich nach Ende des Shootings noch mit jemandem zu unterhalten. Niemand konnte mehr sprechen. Zudem waren selbst die hübschesten Mädchen nur mehr Schatten ihrer selbst, die man gar nicht mehr kennenlernen wollte. Als wir den Laden schließlich verließen, war ich völlig gerädert und sehnte mich nur noch irgendwohin, wo es keine Menschen gab.

Ein paar Monate später passierte ich auf meinem Fahrrad mitten in der Stadt plötzlich ein buntes Plakat und bremste abrupt, um das Ganze aus der Nähe zu betrachten. War das nicht die Firma, für die wir uns seinerzeit im Club abgerackert hatten? Ja, das war tatsächlich die Werbung, für die wir uns prostituiert hatten. Ich hatte die ganze Geschichte fast verdrängt, wenngleich sie für ein paar Parties gutes Erzählmaterial geliefert hatte.

Eine eingehende Begutachtung des Plakates ließ mich kopfschüttelnd zurück. Für dieses armselige Ergebnis hatte man all den Aufwand betrieben? Das hätte man doch sicherlich genauso gut komplett am Computer generieren können. Man sah im Prinzip nur den Haupttypen auf der Bühne, jenen, der so mittelmäßig versucht hatte, einen Gitarristen zu imitieren. Tatsächlich aber hatte man seine Handhaltung in Photoshop dermaßen korrigiert, dass der Betrachter durchaus glauben konnte, der Kerl verstünde wirklich etwas vom Spielen des sechssaitigen Instruments. Von den hundert Anderen konnte man gerade mal die Hinterköpfe sehen, und diese auch nur verschwommen. Selbst die ganze Schwitzerei war demnach eigentlich für die Füße gewesen. Doch bei noch genauerer Betrachtung musste ich feststellen, dass es mein Hinterkopf nicht mal aufs Plakat geschafft hatte. Es blieb unklar, ob ich im Moment des Abdrückens gerade einen Schnürsenkel zuband oder der Fotograf just in jenen eineinhalb Minuten seinen goldenen Schuss produziert hatte, in denen man mich meine Blase hatte entleeren lassen. Ich war jedenfalls nicht zu sehen. Von meinem Freund Alex konnte man zumindest ein Ohr sehen, sodass ich wusste, wo in etwa ich gestanden hatte. Und tatsächlich identifizierte ich mit viel Wohlwollen und Optimismus schließlich den Zeigefinger meiner rechten Hand am unteren Bildrand. Das hatte sich dann ja wirklich gelohnt!

Heutzutage arbeite ich des Öfteren mit Komparsen und versuche dabei, diese einigermaßen fair zu behandeln. Die Konzertsituation als Aufhänger für eine Werbung wird heute trotz aller Abnutzung nach wie vor oft bemüht. Man fragt sich manchmal, in was für einer der Realität entrückten Welt diese Marketing-Typen eigentlich leben.

Bezahlung: DM 80.
Arbeitsaufwand: Hoch.
Gelernt fürs Leben: **Glaube nichts, was Du auf einem Plakat siehst.**

7. DJ

Disk Jockey, der: Person, die verschiedene Tonträger individueller Auswahl vor einem Publikum abspielt

Der Job als DJ entstand fast ohne mein Zutun. Was als Leidenschaft begonnen hatte, weitete sich im Laufe der Jahre immer mehr zu einer Art Beruf aus, der je nach Situation lukrativ oder ehrenamtlich sein konnte, sich aber im Prinzip nie wie Arbeit anfühlte.

Schon als Kind verbrachte ich auf Parties von Freunden meiner Eltern gerne meine Zeit vor der Stereoanlage, wo ich mich gewissenhaft um die Auswahl der Musik kümmerte. Das geschah damals zunächst noch auf Kassetten und im besten Fall auf einem Tapedeck, welches gleich zwei Tapes abspielen konnte, sodass es nur zu kurzen Unterbrechungen zwischen den einzelnen Songs kam. Ich merkte schon damals intuitiv, dass die Pausen zwischen den Songs so kurz wie möglich gehalten werden mussten, wenn man nicht wollte, dass die Leute die Tanzfläche verließen.

Von Kindesbeinen an war ich sehr interessiert an Musik. Ich konnte Stunden damit zubringen, auf einem Kinderkeyboard Akkorde herauszuhören oder mit meiner Stimme die Frequenz des Staubsaugers nachzusingen. Waren wir im Urlaub, so mussten mich meine Eltern nicht selten zu später Stunde von der Tanzfläche der Hotelbar zerren, wenn sie endlich ins Bett wollten. Ich liebte es, Radio zu hören und verbrachte viele Stunden damit, Songs aus den Sendungen auf Kassetten aufzunehmen. Ich benutzte dazu Werbekassetten von meinem Vater, die ich mit einem Krümel Alufolie und etwas Tesafilm zu astreinen Leerkassetten umfunktionierte. Am Besten habe ich die Zeit um Weihnachten in Erinnerung, wenn der Hessische Rundfunk tagelang Hits aus allen Epochen spielte und dazu eigens ein mehrseitiges Programm in der Zeitung veröffentlichte. Während dieser Tage ergänzte ich immer meine Sammlung um alles, was ich das Jahr über verpasst hatte.

Ich kann mich noch gut daran erinnern, welch ein enthusiastisches Gefühl die Erfindung der CD damals in mir auslöste. Genau sehe ich noch den Moment vor mir, an dem ich meinen ersten Player sowie drei noch verschweißte CDs in den Händen hielt. Man fasste die silbernen Scheiben damals an wie ein rohes Ei und konnte kaum glauben, dass dort wirklich Musik drauf war. Ich war der erste in meiner Familie, der einen CD-Player besaß. Der Sound haute mich fast um, und das, obwohl es sich nur um eine Kompaktanlage handelte. Für mich kam dieses neue Medium einer Revolution gleich.

Im Laufe der Jahre merkte ich immer deutlicher, dass ich einfach ein Gespür dafür hatte, zu welchen Songs die Leute tanzten und zu welchen nicht. Eine verlässliche Messlatte dafür war mir schon damals, ob ich selbst mich dazu bewegen konnte und wollte. Rückblickend denke ich, dass mir ein eine Art Hit-Detektor mit in die Wiege gelegt worden war. Und so war schon bald ich derjenige, der die Kassetten kompilierte, die meine Freunde und ich in Urlaube mitnahmen, der meistens bei Parties auswählte, was gespielt wurde und der auch den Mädchen meiner Klasse die eine oder andere Zusammenstellung auf eine Leerkassette aufnahm. Schon bald gab ich meine Klebetechnik auf und ging dazu über, Leerkassetten zu kaufen, da diese doch noch eine Spur besser klangen. Man konnte sich mit anderen Musik-Enthusiasten schnell in eine Diskussion darüber verwickeln, welcher Hersteller die Kassetten mit dem besten Klang lieferte. Rückblickend vermute ich jedoch, dass man die Unterschiede mit bloßem Ohr kaum heraushören konnte. CD-Brenner jedenfalls waren noch eine ganze Weile entfernt und so blieb das Medium für selbst kompilierte Werke noch über Jahre die Leerkassette. Diese wurden mit der Zeit immer günstiger und ich stellte sicher, dass sich in meinem Schreibtischschrank stets ein ausreichender Vorrat befand.

Im Jahr meines Abiturs legte ich ständig auf irgendwelchen Feiern auf, nicht zuletzt, da ich auch im Organisationskomitee meines Jahrgangs saß. Nach wie vor tanzte ich gerne und es war mir ein großes Anliegen, auch andere Menschen in diesen Genuss zu bringen. Und so tingelte ich mit Plastiktüten voller CDs von einem Fest zum nächsten und spielte oft bis in den Morgen hinein die Songs meiner Wahl. Ich kann mich gut erinnern, dass sich gerade zu den Abiparties ein paar neue Lieder in meine Sammlung geschlichen hatten, Songs, die schon ein paar Jahrgänge vor uns auf allen Parties hoch- und runtergespielt worden waren und deren Hit-Potential ich mich leider nicht erwehren konnte. 80er-Jahre-Klassiker, hinter denen man heute nur noch mit Einschränkungen stehen kann. Einmal in diesem von Parties nur so gespickten Sommer nach dem Schulabschluss bat man mich gar zu einem großen Fest unserer Konkurrenzschule in einen alten Flugzeughangar. Hier offenbarte sich in aller Deutlichkeit, was meine musikalischen Selektionskünste von denen der anderen abhob: Ich spielte tendenziell eher jene Songs, welche die Leute auch wiedererkannten und scheute mich nicht vor allgemein akzeptierten Hits, während viele andere DJs möglichst ausschließlich Dinge spielten, die man nicht kannte, vermutlich um ihre Unabhängigkeit und ihr Musikwissen zu demonstrieren. Viele dieser Sachen kannte ich auch und hörte sie für mich privat gerne, aber dem Partyvolk setzte ich wirklich nur die echten Brecher vor. Man kann das betrachten, wie man will, Fakt ist, dass die Leute bei mir deutlich mehr tanzten. Und das war doch letztendlich das Einzige, was ich erreichen wollte.

Wenn es wirklich gut lief, musste ich mir nie darüber Gedanken machen, was ich als nächstes spielen würde, denn ich war komplett im Flow. Ich hatte dann immer schon die nächsten fünf Tracks im Kopf und die Ideen sprudelten nur so aus mir heraus. Die Auswahl der Lieder ging mir in solchen Fällen dermaßen leicht von der Hand, dass ich einen Großteil meiner Zeit hinter dem Pult dazu nutzen konnte, selber das Tanzbein zu schwingen. Oft baute ich mit meiner Auswahl, ganz ohne es zu merken, eine gewisse Dramaturgie in meine Sets ein, die bewirkte, dass sich die Ekstase immer weiter steigerte. Das Hochgefühl, dass sich einstellt, wenn einem dies gelingt, ist schwer zu toppen und gerade durch seine eingeschränkte Planbarkeit Gold wert. Doch nach diesem Sommer der Ekstase passierte erst mal einige Zeit lang nicht viel. Der Freundeskreis zerstreute sich in alle Himmelsrichtungen und ich zog erst mal für ein Jahr nach Bayern, wo ich mit meiner Musik nicht so richtig punkten konnte. Aber während eines kurzen Besuchs in Berlin 1996 dann beschloss ich, alles zu sammeln, was irgendwie tanzbar ist, nachdem ich den Song ,Tres Delinquentes' in einer Bar gehört und realisiert hatte, was für einen Unterschied gute Musik machen konnte. Ich wollte meine Fähigkeiten nicht ungenutzt lassen.

Seinerzeit bedeutete das Sammeln von Musik nicht einfach, einen Titel bei Google einzugeben und dann wahlweise gegen Geld oder kostenlos zu downloaden. Damals hieß es noch Stöbern, wann immer man irgendwo CD-Sammlungen, Elektromarkt-Angebote oder 2nd-Hand-Läden entdeckte. Und natürlich immer nachzufragen, wenn man irgendwo etwas hörte, das einem gefiel. Später konnte man dann die Songs seiner Wahl aus den verheißungsvollen Katalogen des Disc-Center Musikversands bestellen, deren Erscheinen ich immer zelebrierte wie einen Feiertag. Oft wurde ich aber gerade dann fündig, wenn ich es gar nicht erwartete, etwa an einem Wühlstand in einem Einkaufszentrum. Am Liebsten waren mir dabei heruntergesetzte Compilations, da man hier in der Regel das günstigste Hit-Preis-Verhältnis erwarten konnte. Selbst bei eigentlich schrecklichen Zusammenstellungen waren oft zwei oder drei gute Sachen dabei und eine CD kostete im Sonderangebot oft nur ein paar Mark. Und so wuchs meine Sammlung an Musik stetig. Ich ging dazu über, die CDs in leicht modifizierten Werkzeugkoffern aus dem Baumarkt aufzubewahren. Diese waren robust, abschließbar und es passten genau drei Reihen CDs nebeneinander. Es ging nichts über das Gefühl, einen dieser Koffer aufzuklappen, die ich thematisch sortiert hatte, und mit Blick auf die bunten Rücken der CDs sofort alle Lieder im Kopf zu haben.

Während meiner Studienzeit in Mainz legte ich immer mal wieder auf studentischen Parties auf. Außerdem bestritt ich einige Sendungen beim regionalen freien Radiosender. Zu dieser Zeit begannen auch die Einsätze auf Hochzeiten und sonstigen Festlichkeiten. Gerade wenn jüngere Leute die Veranstalter waren, die sich nicht mit der Auswahl eines Standard-DJs zufriedengeben wollten, deren Darbietung oft wie ein wahlloses Zusammenmischen von katastrophalen Bravo-Hits klang, kam man schnell auf mich. Denn ich spielte die echten Hits, hinter denen man auch stehen konnte, aus Elektronik, Indie, Grunge, Reggae, Hip Hop und 80ies. Mit den Festen begann sich das Ganze endlich auch mal finanziell auszuzahlen. Und immer nachdem ich bei einer dieser Feiern meine Fähigkeiten unter Beweis gestellt hatte, konnte ich fast sicher sein, dass sich daraus wieder mehrere neue Engagements ergeben würden. Hatte ich zu Anfang aufgrund fehlender Vergleichswerte für Spottpreise gespielt, so tastete ich mich nun nach und nach an die durchschnittliche Gage eines Veranstaltungs-DJs heran, die sich durchaus sehen lassen konnte und immer in bar beglichen wurde.

Doch das Auflegen bei Hochzeiten und anderen Feiern, bei denen Menschen unterschiedlichsten Alters zusammenkommen, stellte auch andere Anforderungen an mich als etwa in einem Club oder bei einer Party. Zum Einen bestand die Herausforderung darin, jeden der Gäste irgendwann mal auf die Tanzfläche zu locken, so alt diese auch sein mochten. Nur wenn auch die Großeltern mal kurz das Tanzbein geschwungen hatten, konnten sich alle Gäste am Ende des Tages darauf einigen, dass es ein gelungenes Fest gewesen war. Zum Anderen war natürlich ganz klar, dass ich als Dienstleister bis zu einem gewissen Maß den Wünschen des Gastgebers und der Gäste Folge leisten musste. Schließlich bezahlte man mich ja dafür. Das bedeutete leider auch, dass ich oft Lieder spielen musste, die ich persönlich untragbar fand. Ich hatte eine Abteilung in einem meiner Koffer für jene Songs, die ich eigentlich hasste, aber dennoch dabei haben musste, wollte ich Diskussionen mit meinen Auftraggebern aus dem Weg gehen. Wenn ich Glück hatte, erwischte ich eine Party, bei der eine kritische Masse der Gäste wenigstens einen Ansatz von Musikgeschmack aufwies. Dann ließ man mich in der Regel einfach gewähren, sobald man gemerkt hatte, dass ich schon das Beste aus dem Abend herausholen würde. Ähnlich gut war es, wenn keiner auf der Party auch nur irgendetwas über Musik wusste, denn dann wünschte sich auch keiner irgendwelche unzumutbaren Charthits und man vertraute mir blind. Schlimm war ein Publikum zwischen diesen beiden Extremen, denn bei einem solchen konnte man davon ausgehen, dass man es den Leuten nie hundertprozentig recht machen würde. Doch in der Regel schaffte ich es immer, die Gäste irgendwann zum Tanzen zu bringen.

Wenn man bei dieser Art Job auf irgendetwas Wetten abschließen kann, dann darauf, dass man vor dem eigentlichen Einsatz Probleme mit der Technik haben wird. Normalerweise bringt man als DJ das ganze technische Equipment mit, das man sich vorher irgendwo ausgeliehen hat. Hierbei darf man nie glauben, dass man vor Ort einfach alle Geräte anschließt und dann funktioniert das Ganze, auch wenn der Mietpreis noch so hoch gewesen ist. Ich habe schon fehlende Stromkabel mit Teilen aus einer Waschmaschine vom Speicher eines Hotels ausgeglichen und Boxen-Stative aus Ästen einer Birke gebaut. Ich habe streikende Anlagen mit bloßer Gewalt wieder zum Laufen gebracht und Mischpulte mit Klebeband am Auseinanderfallen gehindert. Dass immer, aber auch immer mindestens eine Nadel an den Plattenspielern fehlt, focht mich nie groß an, da ich vom Auflegen von CDs um die Jahrtausendwende auf das Auflegen von mp3s mit meinem Laptop umgestiegen war und mit Platten daher nichts am Hut hatte. Aber selbst für meine Art des Mediums musste ich erst mal sicherstellen, dass ich genügend Stromanschlüsse zur Verfügung hatte und zumindest die Grundfunktionen eines Mischpults auch wirklich funktionierten. Irgendwann ging ich dazu über, bei jedem Einsatz meinen ipod mit einem Klinkenkabel dabei zu haben. Wenn alle Stricke rissen, konnte ich so zumindest ein Weiterlaufen der Musik garantieren. Denn hatte man einmal mehr als fünf Minuten Stille auf der Tanzfläche, konnte man im Prinzip auch ganz zusammenpacken. Von diesem musikalischen Schock erholten sich nur die wenigsten Partygesellschaften.

Auf einer großen Geburtstagsfeier einer Tierärztin etwa hatte ich mich schon Stunden vor Beginn des Festes eingefunden, um alles aufbauen zu können. Zwei Stunden bevor die Gäste eintrafen, lauschte ich bereits einem astreinen Sound aus der Anlage und wog mich bei einem kleinen Auftaktbier in Sicherheit und zu den Klängen einer Calypso-Compilation. Doch buchstäblich als die ersten Gäste ihren Fuß auf die Treppe zum Tanzraum setzten, fiel mir ohne Vorwarnung die Bassbox der gemieteten Anlage aus. Ich musste schnell handeln. Würde ich an einem späten Samstagnachmittag in Königs Wusterhausen eine Ersatzanlage finden? Würde man mir meine Gage ausbezahlen, wenn ich der Jubilarin die Wahrheit beichtete? Ich beschloss, das Problem einfach komplett unter den Tisch zu kehren. In den paar Sekunden, die mir noch bis zum Einmarsch der Gäste blieben, kappte ich die Verbindung zur Bassbox vollständig und knallte alles, was ich an Bass hatte, auf die Hochtöner. So einen beschissenen Sound hatte ich schon lange nicht gehört. Als die ersten Gäste sich nach nur kurzer Zeit vorsichtig über das Krächzen und Fiepen der Boxen beschwerten, gab ich mich ahnungslos und sagte, die Anlage habe nie besser geklungen. Ich würde aber die Einstellungen sofort noch mal überprüfen. Was ich natürlich nicht tat, da es besser leider nicht werden konnte. Aber es ist doch letztlich alles nur Psychologie. Ein paar Drehungen an den Reglern vor und dann wieder zurück auf die Ausgangsposition, ein fachmännischer Blick auf die Rückseite der Boxen, dann einen nach oben gereckten Daumen in Richtung Publikum, der signalisierte, dass ich alles im Griff hatte. Und schon waren die Leute versöhnt, tanzten die ganze Nacht und versorgten mich großzügig mit Freigetränken. Als ich morgens um 6, die Taschen voller Bargeld und einen von den Teenager-Kindern der Gastgeberin spendierten Joint im Mund die Anlage abbaute, fiel ich mitsamt den Stativen die Wendeltreppe herunter. Karma. Schlechter Sound muss bestraft werden.

Eine der für alle Beteiligten gesundheitlich schlimmsten Hochzeiten war jene meiner ehemaligen Mitbewohnerin Claudia. Man hatte mich als musikalischen Alleinunterhalter für den Abend in diesem entlegenen Hotel im Taunus verpflichtet. Mittlerweile war ich bei solchen Festen auf alle Eventualitäten vorbereitet. Ich hatte beispielsweise ein Mikro mit Stativ sowie meterlange Kabel dabei, da immer plötzlich irgendjemand eine Rede halten wollte, niemand sich aber im Voraus Gedanken zur dafür benötigten Technik gemacht hatte. Immer sah man dann in solchen Momenten mich an, da man offenbar glaubte, ich sei für alles zuständig, was irgendwie Geräusche machte. So hatte ich stets mehr Equipment mit als nötig, um auch in solchen Situationen einen geschmeidigen Ablauf gewährleisten zu können und die Stimmung nicht unnötig anzuspannen. Diese Feier jedoch kam etwas schwer in Gang, nachdem die Mutter der Braut auf dem Weg zur Hochzeitstorte gestolpert war und sich doch allen Ernstes bei diesem Sturz den Arm gebrochen hatte. Doch ein paar Stunden später, die Ärmste nun wieder zurück aus dem Krankenhaus, war der Bann gebrochen und, einmal in Bewegung gekommen, fand die Hochzeitsgesellschaft fast kein Ende mehr. Selbst die Großmutter der Braut schwebte geradezu übers Parkett und auch die mittlerweile eingegipste Brautmutter konnte wieder lachen. Ich reizte die Lautstärke der Anlage bis zum Ende aus und das Personal im Hotel kam kaum mit den Getränkebestellungen hinterher. Nach exakt 53 Wodka Lemon mit meinen beiden Mitbewohnern fanden wir uns morgens um 7 im Hotelpool wieder, mitsamt Klamotten, Mobiliar und dem völlig derangierten Bruder der Braut. In Anbetracht der Schmerzen, die meinen Körper noch Tage danach plagten, hätte ich wohl eine Unmenge an Gage verlangen sollen. Ich fürchte jedoch, dass ich diesen Auftritt der Braut zum schönsten Tag ihres Lebens geschenkt hatte.

Mein Engagement im Berliner Fire Club ergab sich nach ein paar Jahren in der Stadt. Der Chef heuerte mich direkt nach einem Testabend an, zu dem ich ihn hatte überreden können, und der sich als voller Erfolg entpuppt hatte. Der Laden war brechend voll gewesen und die Meute hatte bis in den Morgengrauen getanzt. Von da an gab es meine ‚Lektionen in hektischer Hufrotation‘ jeden Donnerstag. Ich hatte mich auf den leicht ironischen DJ-Namen ‚Hula Horst‘ festgeschossen, und stand nun für die nächsten eineinhalb Jahre auch mit diesem Namen in allen großen Programmzeitschriften. Im Club spielte ich ein deutlich elektronischeres Programm. Es wurde zwar nie wieder so voll wie am ersten Abend, aber es gab doch immer mal wieder gute Nächte, in denen eine Menge Leute sich bis zum Umfallen amüsierte. Da ich am Umsatz beteiligt war, galt es um jeden Preis, die Leute zum Tanzen und so zum Schwitzen zu bringen, damit sie dann noch mehr Getränke in sich hineinschütten mussten. An manchen Abenden verdiente ich auf diese Weise stolze 300 Euro, die ich bar auf die Hand bekam, an anderen schleppte ich mich mit einem verknitterten Zwanni nach Hause. Egal wie viel Geld ich gemacht hatte, ich war stets ein Wrack, wenn ich im Morgengrauen aus dem gammligen Kellergewölbe rausfiel. Die Lautstärke, der Alkohol, die Schimmelsporen, gesund konnte das alles nicht sein.

In guten Nächten im Club legte ich von 22 bis 7 Uhr auf, also neun Stunden lang nonstop. Lange Songs boten mir genügend Zeit, um mal schnell pinkeln zu gehen oder neue Getränkebestellungen aufzugeben. Zu essen gab es maximal Erdnüsse und ich absolvierte mein komplettes Set im Stehen, was mir oft fiese Rückenschmerzen bescherte. Da immer jemand an der Bar arbeitete, den ich kannte, war mein Glas stets gut gefüllt und ich hatte am Ende einer solchen Nacht nicht selten eine komplette Flasche Scotch geleert. Beim Klang meines traditionellen 16-minütigen Rausschmeißers, einer meditativen Downbeat-Sitar-Nummer, mussten die Barfrau und ich dann erst die Besoffenen zum Verlassen des Ladens überreden und danach die Obdachlosen wecken, die im Seitenraum des Clubs eine warme Nacht verbracht hatten. Dann machte ich mich mit klingelnden Ohren und meist noch recht aufgewühlt auf den Weg nach Hause. Meine CD-Kisten holte ich für gewöhnlich erst am folgenden Tag, den man eigentlich selten als solchen bezeichnen konnte. Oft nahm ich noch einen Drink, wenn ich meine Koffer holte und manchmal hängte ich so gleich noch eine weitere Partynacht dran, diesmal jedoch vor statt hinter den Turntables.

Das Publikum im Club war recht alternativ, es wurde viel gekifft und sich wenig gewaschen. Es bestand aus einer Mischung aus Einheimischen und Touristen. Da der Club direkt an der Veteranenstrasse lag, die damals noch eine ganze Menge anderer Clubs miteinander verband, gab es auch eine Menge Laufpublikum, das mal eben kurz in den Laden reinschaute und blieb, wenn ihm die Musikauswahl zusagte.

Zwei Charaktere stachen besonders aus der illustren Gruppe aus Freaks hervor. Sie kreuzten immer wieder im Club auf, wenn man ihnen auch noch so oft Hausverbot aussprach. Zu Anfang des Abends kam zunächst Tarzan auf mich zu, ein Hüne, der nur wenige Zähne im Mund und den blanken Wahnsinn in den Augen trug. Als Urgestein der Mitte-Szene seit dem Mauerfall war er überall bekannt wie ein bunter Hund. Selten verstand jemand wirklich, was Tarzan genau sagte. Doch niemand traute sich nachzufragen, man konnte nie wissen, zu was er alles fähig war. Aber Tarzan redete augenscheinlich auch hauptsächlich mit sich selbst. Mich adressierte er meist mit einem Satz, aus dem ich mit viel Anstrengung das Wörtchen ‚Nebel‘ heraushören konnte. Wer war ich, dass ich mich diesem Wahnsinnigen widersetzt hätte? Unverzüglich händigte ich ihm die Bedienung für die Nebelmaschine aus, die er mir immer sogleich ungeduldig aus der Hand riss. Während er sodann improvisierte Texte in den Raum grölte, völlig egal, welchen Musikstil ich gerade spielte, ließ er den Knopf für den Nebel nicht mehr los, bis man seine eigene Hand nicht mehr vor Augen sehen konnte. Erst wenn man sich fühlte, als würde das ganze Haus in Flammen stehen und kaum mehr Luft zum Atmen bekam, ließ er von der Fernbedienung ab und diese meist einfach wortlos zu Boden fallen.

Dies war in der Regel der Moment, der Freak 2 auf den Plan rief, einen sehr kleinen Schwarzen mit Dreadlocks bis über den Hintern, der sich bei jedem seiner Besuche an seiner Trommel versuchte, jedoch stets an seinem fehlenden Taktgefühl scheiterte. Seinen Namen verriet der kleine Trommler mir nie. ‚Nicht so viel Rauch, nicht so viel Rauch‘, rief er mir stattdessen bettelnd zu. Ich verwies ihn diesbezüglich an Tarzan und fuhr sodann mit meinem Programm fort. Diese Szene wiederholte sich fast jede Woche nahezu identisch, sodass wir alle drei eine gewisse Routine entwickeln konnten.

Durch meine Kontakte im Club kam ich auch zu anderen Gigs bei Parties, bei Eröffnungen und sogar mal bei einer Weihnachtsfeier einer Werbeagentur. Manche Gigs waren bezahlt, manche nicht. Ein Höhepunkt dabei war das Auflegen auf einem der Wagen beim Karneval der Kulturen, einer langen jährlich stattfindenden Parade voller Kostüme und Musik. Zwar war die zur Bühne umgebaute Pritsche des Wagens leider etwas fehlkonzipiert, sodass ich unter der Plane, die man gegen den Regen über die Anlage gespannt hatte, vor lauter Abgasen kaum Luft bekam. Aber mit meinen Songs von einem sich bewegenden LKW aus ein ständig wechselndes Publikum zu beschallen und hinter dem Wagen eine Traube von tanzenden Mitläufern anzusammeln, das war wirklich eine außergewöhnliche Erfahrung. Als mich der nächste DJ ablöste, verstaute ich meinen Kram im LKW und schloss mich in meiner Euphorie einfach der tanzenden Gruppe an.

Im Laufe der Zeit sattelte ich komplett von CDs auf mp3 um, die ich auf meinem Laptop mit der Software ‚Traktor‘ zusammenmischte. Das hatte den großen Vorteil, dass zum Auflegen nun keine CD-Koffer mehr nötig waren, sondern ich lediglich den handlichen Computer und eine kleine externe Soundkarte mitbringen musste. So konnte man theoretisch fast überall spielen. Zwei Jahre lang plagte ich mich mit einer gecrackten Version der DJ-Software herum, die immer gerade dann nicht lief, wenn sie sollte. Nach einigen wirklich unangenehmen Situationen investierte ich schließlich in die Originalversion. Von nun an blieben mir Momente erspart wie jener, als ich auf einer wirklich gut bezahlten Hochzeit auflegte und das Programm einfach abstürzte, just als alle Gäste gerade auf die Tanzfläche gestürmt waren. Die fragenden Blicke von 80 Leuten auf mich geheftet, fiel mir nichts Besseres ein, als in der absoluten Stille ein kleines Liedchen anzustimmen, während ich den Computer neustartete. Tatsächlich verzieh mir die Hochzeitsgesellschaft auf diese Weise den technischen Fauxpas, ich jedoch stand kurz vor einem Nervenzusammenbruch.

Das Auflegen führte mich über die Jahre an die unterschiedlichsten Orte. Ich beschallte eine Homo-Party in Kreuzberg und wurde von einer Kampflesbe mit den Worten ‚Du zeigst mir jetzt, wie ich darauf tanzen soll‘ am Schlawittchen auf den Dancefloor geschleift. Ich spielte auf einer Hochzeit im Saarland vor ein paar Alt-68ern genauso enthusiastisch wie in einer Apres-Ski-Bar im französischen Les Coches vor einer völlig wahnwitzigen Meute Snowboarder. Ich legte vor sehr schicken asiatischen Jugendlichen auf in einer Dachbar im laotischen Vientiane und ich bespielte eine Hochzeit in den toskanischen Bergen, bei denen sich die Gäste aus mir unerfindlichen Gründen als Vögel verkleidet hatten. Ich spielte in Thailand, in Spanien und in der brandenburgischen Provinz. Und wenn mich der Teufel ritt, reichte mir sogar ein Ghettoblaster und mein ipod, um eine Party zu retten und die Leute in Ekstase zu versetzen. Mit den Pausen zwischen den Songs musste man dann eben leben.

Der Job bescherte mir eine Menge guter Nächte, für die ich am Ende dann oft auch noch entlohnt wurde. Meine Position professionalisierte das Feiern gewissermaßen und gab dem Nachtumdieohrenschlagen eine gewisse Rechtfertigung. Getränke gab es eigentlich immer umsonst und als DJ wird man naturgemäß umschmeichelt und mit allem versorgt, was man für eine gute Party braucht. Immer mal wieder brachte meine Fähigkeit, Menschen zum Tanzen zu bringen, junge Damen gar dazu, mir am Ende des Abends noch beim Sortieren meiner CDs zu helfen. Einmal verirrte sich gar eine Schönheit während eines Sets hinter das DJ-Pult und zeigte sich, unter meinen CD-Kisten kniend, gleich vor Ort für meine musikalischen Dienste erkenntlich.

Doch so oder so, man machte sich mit diesem Job einfach Freunde. Und wenn eine ganze Schar von Leuten eine gute Zeit hatte und man dafür zu einem großen Teil verantwortlich war, so verschaffte mir das immer aufs Neue eine große zusätzliche Befriedigung, die es oftmals egal machte, ob ich am Ende Geld dafür bekam.

In Zeiten von Spotify und YouTube wird der Job des Hochzeits- und Event-DJs leider zusehends überflüssig, da man heute praktisch zu jeder Zeit auf jeden Song zugreifen kann und das auch noch gratis. Die Leute vergessen dabei jedoch oft, dass es die Auswahl aus dieser Fülle ist, die letztendlich den Unterschied macht.

Einige Ehen, deren Entstehung ich bespaßen durfte, sind heute bestimmt schon wieder geschieden, so auch jene meiner damaligen Mitbewohnerin.

Noch heute versetzt mich der Geruch der CD-Koffer zurück in Zeiten, wo ich ganze Nächte lang mit aufgesetzten Kopfhörern verbrachte. Aber meine Einsätze werden zusehends rarer. Das Geld wiegt heutzutage nicht mehr ganz das Spielen unangenehmer Songs bei Hochzeiten auf. Und für komplette Nächte whisky-induzierten Wahnsinns fehlt mir heutzutage oft schlichtweg die Zeit.

Der Fire Club versuchte noch zwei Wiedergeburten an neuen Orten, hat aber mittlerweile komplett das Zeitliche gesegnet. Den kleinen Trommler mit den Dreadlocks sehe ich noch immer ab und an im Mauerpark. Er sieht nicht mehr sonderlich frisch aus, versucht sich aber nach wie vor auf seiner Trommel. Ich denke, dass ihm Leute vermutlich Getränke ausgeben, wenn er verspricht, mit seinem Spielen aufzuhören. Von Tarzan sagt man, dass er betrunken aus einem Fenster im zweiten Stock gefallen sei, was jedoch niemand wirklich bestätigen kann.

Bezahlung:	Unterschiedlich. Von € 0 bis € 600 pro Abend.
Arbeitsaufwand:	Körperlich oft hoch, aber es fühlte sich selten anstrengend an.
Gelernt fürs Leben:	Die Leute wollen Hits und keine Füller. Ich wiedrhole: Hits. Keine Füller.

8. Eventdesigner

2000 war für mich in vielerlei Hinsicht ein Jahr des Umbruchs. So konnte es irgendwie nicht weitergehen. Seit Jahren studierte ich auf maximal halber Kraft vor mich hin, ohne dass dies zu irgendwelchen Resultaten zu führen schien. Die Bandkarriere stagnierte ebenfalls. Auch die Liebe pausierte. Und sonst lagen mein Mitbewohner und ich nur bei uns in der Bude rum, musizierten, bauten Gras an und degustierten aberwitzige Kompositionen wie etwa Toastbrot mit Salatsauce. An einem kalten Märztag besuchte ich einen alten Freund im beschaulichen Worms, wo wir es auf eine Party des Studiengangs Touristik abgesehen hatten, da 80 % der hierfür eingeschriebenen Studenten weiblichen Geschlechts waren. Vermutlich aus demselben Grund stand dort ein Typ an der Bar, der mit seinen seltsamen Klamotten und einem in Mustern ausrasierten Backenbart so gar nicht ins Bild des provinziellen Studenten passen wollte. Neugierig wie ich bin sprach ich ihn nach einigen Getränken kurzerhand an. Aleksej war ein Halbrusse aus Berlin, der den Schalk im Nacken und einiges zu erzählen hatte. Nach nur wenigen Minuten war ich komplett von seinem Charisma eingenommen. Er bezeichnete sich selbst als Lichtkünstler. Wir waren uns auf Anhieb sympathisch, obwohl wir unterschiedlicher kaum hätten sein können. Schnell bot er mir an, ein Praktikum bei ihm zu machen, als ich ihm erzählte, dass ich mich nach Veränderungen sehnte. Seine Worte hallten nach.

Ein paar Wochen später flog ich kurzentschlossen nach Kreta, da mir in Mainz die Decke auf den Kopf zu fallen drohte und eine Reise immer für Aufmunterung gut war. Mit Zelt und Gitarre bewaffnet war ich mir sicher, in Griechenland eine gute Zeit zu haben. Auf Kreta jedoch musste ich feststellen, dass sich im März summa summarum nur ein Tourist auf der Insel aufhielt. Und dieser war ich. Als einziger Gast eines Campingplatzes spielte ich im trüben Wetter für mich selbst Gitarre, klaubte die Grasreste des letzten Festivals aus den Falten des Zeltbodens und schüttete mich abends mit Retsina zu. Doch nach ein paar sehr einsamen und nachdenklichen Tagen traf ich im ehemaligen Hippieort Matala, wo immer noch ein paar Übriggebliebene in Höhlen wohnten, den ebenfalls sehr charismatischen Holger, einen ehemaligen Dealer und Tausendsassa, der jetzt neuerdings auf Business machte und für den Software-Konzern Oracle mitunter Millionendeals abschloss. Er hatte ebenfalls eine kleine Auszeit gebraucht und im Last Minute-Reisebüro dasselbe Ziel erwischt wie ich. In den folgenden Tagen erkundeten wir gemeinsam die Insel und quatschten abends bei Oliven und flaschenweise Wein über Gott und die Welt. Zwanzig Jahre älter als ich und einige turbulente Jahre hinter sich, hatte Holger eine Menge Tipps fürs Leben parat, zahlte all unser Essen und unsere Drinks und wusch mir gründlich den Kopf, als ich ihm von meiner Unzufriedenheit berichtete. Denn diese hielt er komplett für hausgemacht. Er rang mir das Versprechen ab, zuhause weniger zu kiffen und das Praktikum in Berlin anzutreten. Und beide Versprechen sollte ich halten.

Im September zog ich also zu einer Bekannten nach Berlin und begann das 6-wöchige Praktikum bei Aleksej. Alles in Berlin war anders als in Mainz, so viel wurde schnell klar. Doch Aleksej genoss es, mich an die Hand zu nehmen und ich verdanke ihm einen ungewöhnlichen Crashkurs in Berliner Lebensart. Er war in der Stadt aufgewachsen und seit Jahren in der Partyszene aktiv. Er kannte alles und jeden und so bekam ich durch ihn Orte zu sehen, die andere Neuberliner erst nach Jahren in der Stadt oder unter Umständen nie entdeckten. Er lebte in einem riesigen Loft in der Pappelallee, für das er fast nichts bezahlte, da das ganze Haus am Auseinanderfallen war. Gerne erzählte er mir von den Jahren direkt nach dem Mauerfall, während derer man einfach umsonst in leerstehende Wohnungen einziehen konnte. In den höchsten Tönen schwärmte er von diesen geradezu gesetzlosen Zeiten, in denen alles möglich gewesen war. Eines Tages etwa hatte er einen riesigen Gelenkbus direkt am Kollwitzplatz geparkt und eine Bar darin eröffnet, die er dann fast zwei Jahre lang betrieb. Er hatte dafür keine Genehmigung und keinen Gesundheitspass, zahlte weder Miete noch irgendwelche Steuern. Und wegen zu hoher Lautstärke wurde man in diesen Jahren auch noch nicht angezeigt, besonders nicht im Prenzlauer Berg. Seine Zeit als Gastronom endete nur, weil ihm eines Nachts jemand den kompletten Bus wegklaute.

Nach Aleksejs Erzählungen erschien mir Berlin plötzlich wie eine Stadt der großen Verheißung, was im krassen Gegensatz zu meinen ersten eigenen Eindrücken vor Ort stand. Es war zwar erst September, aber es wehte bereits ein eisiger Wind durch die breiten Straßen. Und das Grau der Gebäude sowie die vielen Ruinen und Baulücken wirkten auf mich Landei doch alles in allem sehr abweisend. Zum ersten Mal in meinem Leben beheizte ich mein Zimmer mit einem Kohleofen und auch das machte nicht gerade Spaß. Jeden Tag trug ich die Asche in den Garten und eine neue Ladung Kohle aus dem Keller in den fünften Stock. Richtig warm wurde es trotzdem nie. So ähnlich musste sich Sibirien anfühlen.

Doch durch die Orte, an die mich Aleksej brachte und die ich niemals alleine entdeckt hätte, wurde mir die Stadt schon bald zu einer neuen Heimat und ich entschloss mich, nach dem Praktikum noch ein Semester meines Studiums hier zu absolvieren. Ich sah ständig Dinge, die ich so noch nie gesehen hatte und lernte alle naselang außergewöhnliche Menschen kennen. Eine neu Ära hatte begonnen. Meine Arbeit bei Aleksejs Firma war vielseitig. An einem Tag holten wir bei einem Gaswerk im tristen Norden der Stadt alte Plastikröhren, aus denen wir einen ausgefallenen Bürotisch bauten. An einem anderen Tag bastelte ich aus auf dem Flohmarkt erstandenen Armeebeständen einen Koffer für die Walkie Talkies, die bei großen Events zum Einsatz kamen. Dann wieder verbrachten wir einige Stunden in einer Industrieruine, wo ein paar Freaks an riesigen Monstern aus Metall herumschweißten, die in einem zukünftigen Projekt Aleksejs zum Einsatz kommen sollten. In der darauffolgenden Woche kreierte ich mit Grafikprogrammen und Effekten am Computer Bilder, die in den riesigen Bildfundus Einzug fanden, den Aleksej auf seinem Videomischpult verwendete. Dann wieder übersetzte ich die Texte auf der Website ins Englische oder machte auch einfach simple Besorgungen für die Firma und lernte dabei die Stadt besser kennen. Wenn ich morgens zur Arbeit erschien, wusste ich nie, was der Tag an Aufgaben bringen würde. Schnell merkte ich aber, dass ich in der Werkstatt mit den Schweißgeräten und den massiven Industriewerkzeugen nicht ganz so gut aufgehoben war, spätestens jedoch, als ich mir beim Zusammenschweißen von alten Metallrohren für eine Diaprojektor-Halterung die Netzhaut verbrannte, da ich meine Schutzbrille zwar auf den Kopf gesetzt, nicht jedoch vor die Augen geklappt hatte.

Gerade wegen der handwerklichen Aufgaben empfand ich die ersten Tage des Praktikums oft als eine Qual, da auch die Zeit nicht vergehen wollte. Hinzu kam, dass ich ja auch nach Feierabend im Prinzip nur etwas zu tun hatte, wenn Aleksej mich zu einer Veranstaltung mitnahm. Mein Zimmer war wirklich nur mit dem Nötigsten eingerichtet, ich hatte keine Freunde, und ich kannte in den ersten Wochen in der Stadt nicht mal eine Bar. Kam ich abends nach Hause, war der Ofen lange ausgegangen und es war eiskalt. Viel trostloser konnte ich mir mein Leben kaum vorstellen.

Doch dann gingen wir wieder in Clubs wie den Bastard oder das alte Cookies. Wir sahen uns eine Installation von hunderten Ghettoblastern direkt am Alexanderplatz an oder eine Performance im seinerzeit noch leerstehenden Haus des Lehrers. In diesen Momenten realisierte ich, was für ein Potential diese Stadt hatte und tauchte ganz in diesen Spirit ein, der mir völlig neu war. Nach einer solchen Nacht machte mir nicht einmal das Kohleschleppen mehr etwas aus.

Es kostete mich geraume Zeit, überhaupt erst mal komplett zu verstehen, was Aleksej, sein Mechaniker Raf mit den Dreadlocks bis zum Boden sowie die anderen Gestalten, die im Loft ein- und ausgingen, überhaupt machten. Seit Jahren verdingten sie sich als Lichtkünstler in den Clubs der Stadt. Seinerzeit gab es noch nicht viele Leute, die sich als solche bezeichneten. Schon gar nicht da, wo ich herkam. Es lief darauf hinaus, dass sie sich um die visuelle Gestaltung des jeweiligen Clubs kümmerten, und das meist in einer Symbiose mit der Musik. Aleksej selbst fungierte als VJ, das heißt er mixte live im Club Videos und Bilder zur vom DJ gespielten Musik zusammen, die dann irgendwohin projiziert wurden und so zur Gesamtstimmung des Clubs beitrugen. Raf war für das Erfinden neuer Projektionstechniken zuständig. Der ruhige Eigenbrötler baute aus Elektronikschrott Projektoren und Lampen, die für spezielle, nie dagewesene Effekte sorgten. Er hatte auch einen alten Postbus komplett umgebaut, sodass nun all die Dia- und Videoprojektoren, Kabel, Scheinwerfer und Werkzeuge in ihm ihren Platz fanden. Doch seit ein paar Jahren hatte Aleksej realisiert, dass in der Partyszene nicht wahnsinnig viel Geld zu holen war, die Arbeit aber nicht selten körperlich an die Substanz ging. Er hatte zugleich aber mitbekommen, dass immer mehr Firmen ihre Fühler in diese Richtung ausstreckten, um Events sprichwörtlich in neuem Licht erstrahlen zu lassen. Daher boten Aleksej und seine Leute von nun an Lichtprojektionen, VJing und Eventkonzepte für große Firmen und Institutionen an. Und das schien gerade ziemlich gut anzulaufen.

In meiner dritten Woche vor Ort verbrachten wir viel Zeit in Potsdam, wo Aleksej verantwortlich war für eine große Ausstellung zum Mauerfall. Seine Firma hatte sich von der Bildauswahl bis zur Konstruktion der Kuppel, in der die Besucher 360-Grad-Projektionen bewundern konnten, um alles gekümmert. Wir fuhren gemeinsam dorthin und installierten die letzten Projektoren und Lichteffekte. Ich war ausgesprochen beeindruckt, als ich endlich einmal die Ergebnisse seiner Arbeit zu Gesicht bekam. Nicht ohne Stolz präsentierte er mir die Rundum-Projektion, die aus den Bildern von 12 Projektoren zusammengesetzt war, was im Vorfeld natürlich viele Berechnungen der einzelnen Bilder erfordert hatte.

Auch ein großes Event in einem leerstehenden Barocksaal wurde komplett von

Aleksejs Firma beleuchtet. Gemeinsam mit 5 anderen Leuten überwachte ich während des Events die Abläufe. Als die Gäste kamen, waren wir schon mehr als 24 Stunden vor Ort um sicherzustellen, dass alles auch so funktionierte, wie es dem Kunden versprochen worden war. Ich sah, dass dieser Job zwar zu Anfang hauptsächlich Kreativität und künstlerische Arbeit bedeutete, man aber letztendlich bei einem solchen Event hauptsächlich schweres Gerät bewegen und schmutzige Kabel zusammenrollen musste.

Natürlich bestanden Aleksejs Kontakte zu den alten Partygenossen nach wie vor und so unterstützte ich ihn bei mehreren ehrenamtlichen Gigs in und vor Clubs. Einmal statteten wir das ‚No Ufos' am Alexanderplatz mit unzähligen Projektoren aus. Ein anderes Mal stand ich bei minus 15 Grad auf Aleksejs Multifunktions-Bus, bewaffnet mit einem Strahler, der mir bis zum Kinn ging, und beleuchtete das Partyschiff MS Stubnitz im Hafen von Rostock. Als wir dann halb erfroren endlich die riesigen Projektionen auf das Schiff abschalteten, wurden wir von den Freaks, die an Bord des Schiffes wohnten und Freunde von Aleksej waren, zur Belohnung herzlich aufgenommen und ausgiebig mit Wodka versorgt. Wir feierten noch die ganze Nacht im Bug des Schiffes, der als Techno-Club ausgebaut war.

Geld gab es für mich immer dann, wenn mal welches da war. Aleksej zahlte mich in Cash. Er verfolgte seinerzeit den Plan, jeden überschüssigen Pfennig zurück in die Firma zu stecken, um davon noch mehr und bessere Geräte zu kaufen. Doch bei der Bezahlung seiner Crew ließ er sich nicht lumpen.

Oft kamen Leute zu Besuch im ‚Freak Dungeon', wie ich Aleksejs Wohnung getauft hatte. Bis an die Decke war sie vollgestopft mit Skurrilitäten. Überall ließen sich interessante Dinge finden und Aleksej hatte mich angewiesen, mich ganz wie zu Hause zu fühlen. Die Besucher dieses außergewöhnlichen Ortes waren Musiker, Künstler oder sonstige Nonkonformisten, die im Nachtleben zuhause waren. Dann wurde meistens groß gekocht in der riesigen Küche, und nicht selten endete das Beisammensein in einem Fest. Oft trommelten wir auch stundenlang auf eigens für Aleksej angefertigten mannshohen Trommeln. Manchmal sahen wir uns nachts noch sehr schräge Filme an, die er auf eine Wand im Wohnzimmer projizierte. Es war ein mir damals völlig fremdes Leben, das ich jedoch genoss und geradezu inhalierte.

Gegen Ende meines Praktikums sprangen wir zu viert in den ausgebauten Postbus und fuhren zur Expo in Hannover. Drei Tage lang flanierten wir über das Gelände und ließen uns völlig treiben. Wir lebten von ein paar Tüten voller Vorräte, die wir uns im Türkenmarkt besorgt hatten und schliefen alle gemeinsam im Bus auf den Pritschen, auf denen sonst das ganze technische Gerät transportiert wurde. Während andere Leute Unmengen an Geld ausgaben, war der ganze Spaß für uns fast kostenlos. Aleksej holte sich bei den Installationen in den einzelnen Pavillons Inspirationen für seine nächsten Projekte und ich war froh, diese Ausstellung, die ohnehin schon beeindruckend war, mit ganz anderen Augen sehen zu können.

Als das Praktikum zu Ende ging, kannte ich mich schon einigermaßen gut aus in Berlin und hatte vor allem einige wertvolle Lektionen in alternativem Lifestyle genossen. Aleksej war zu einem Freund geworden, auch wenn wir beide irgendwann einsehen mussten, dass ich in seiner Firma keinen wirklichen Platz finden würde. Und so war ich nicht traurig, als die Zeit vorbei war. Von nun an trafen wir uns einfach so und immer mal wieder hatte er auch kleine Aufgaben für mich, etwa das Übersetzen von Exposés für neue Projekte. Er nahm mich immer noch oft mit zu Veranstaltungen, von denen sonst keiner wusste und ich blieb ein gern gesehener Gast im Freak Dungeon.

Ich halte bis heute mit Aleksej sporadischen Kontakt. Er ist mit seinen Lichtshows mittlerweile in der ganzen Welt unterwegs und hat für einige namhafte Unternehmen riesige Events ausgerichtet. Die Bars und Clubs im Prenzlauer Berg haben heutzutage alle Platz machen müssen für schicke Wohnungen, junge Familien und Bioläden. Ich wohne schon lange nicht mehr dort und würde ohnehin nie wieder in eine Wohnung mit Ofenheizung ziehen.

Bezahlung:	Immer mal wieder ein paar Scheine. Zusammengerechnet vermutlich etwa 500 Mark für 4 Wochen.
Arbeitsaufwand:	Gering.
Gelernt fürs Leben:	Die Offenheit für Neues sollte man sich immer bewahren.

9. Saftauspresser im Kinder-Cafe

Wie war ich nur in diesen Laden hineingeraten? Ach ja, ich hatte ein paar Wochen zuvor einmal in einer Bar Gitarre gespielt und im Anschluss an mein Konzert dem Betreiber gegenüber geäußert, dass ich gerade auf Jobsuche sei und außer Prostitution im Grunde eigentlich alles machen würde. Silvio betrieb mehrere gastronomische Einrichtungen und hatte mich umgehend in einem seiner anderen Läden untergebracht. Es war wahrlich eine Zeit, da ich jobmäßig nach jedem noch so dünnen Strohhalm griff.

Und so stand ich eines Sommernachmittags zum ersten Mal in diesem Kindercafé, und das auch noch mitten im Prenzlauer Berg, dem Gerüchten zufolge kinderreichsten Flecken der ganzen Republik. Vor mir standen junge Mütter, die in forderndem Ton gesunde Fruchtshakes bestellten, von der Seite bettelten schon wieder kleine Kinderhände nach den, zugegebenermaßen recht leckeren, Vollkorn-Keksen. Gerade hatte es draußen einen ordentlichen Regenguss gegeben und nun waren die ganzen gesundheitsbewussten Jungmütter und ihre Plagen zu mir in den engen Raum gekrochen. Eine Riesenidee, hier auch noch einen Indoor-Sandkasten reinzubauen. Vor lauter Geschrei verstand ich kaum die gewünschten Obstsorten. Der Laden war eine recht gute Idee von Silvio gewesen, der wie einige meiner Bekannten mal dies, mal jenes machte, illegale Parties organisierte und verschiedene heruntergekommene Orte im Osten der Stadt zwischennutzte. Zwischennutzung war das Wort der Stunde, denn zu Anfang des Jahrtausends wimmelte es in Berlin nach wie vor von leerstehenden Räumlichkeiten, die förmlich danach schrien, bespielt zu werden. Silvio war einer der Ersten gewesen, die dabei das Potential des Baby-Booms im Prenzlauer Berg erkannt hatten. Zu günstigen Konditionen hatte er eine alte Hütte auf dem Helmholtzplatz angemietet. Diese hatte bisher vor sich hingegammelt und der ‚Helmi‘ selbst war bis vor gar nicht langer Zeit ein Platz gewesen, wo man immer das beste Gras erstehen konnte, und wo stets ein buntes Völkchen aus Punkern, Obdachlosen und anderen jungen Taugenichtsen von morgens bis tief in die Nacht am Saufen und Herumgrölen war. Besonders ans Herz gewachsen war meinen Freunden und mir im Laufe der Jahre ein alter, stets adrett gekleideter Herr, der immerzu in ohrenbetäubender Lautstärke das Wort ‚Schwein‘ in die Gegend schrie und so zu seinem Spitznamen ‚Der Schwein‘ gekommen war. Niemand außer Silvio hatte beim Anblick des Platzes und solcher Stammgäste an Kinder, ihre Mütter und Latte Macchiatos gedacht. Er aber hatte kurzerhand einen Sandkasten und eine kleine Küche in die Hütte gebaut, hatte eine alte Stereoanlage installiert und alle seine Freunde nach Spielzeug gefragt, dass sie nicht mehr brauchten. Fertig war das ‚Kiezkind‘. Jetzt fehlten nur noch die Kinder, aber da hatte Silvio wirklich einen guten Riecher gehabt, denn gerade in diesem Kiez rund um den Platz schienen seinerzeit alle Frauen wie auf Kommando gleichzeitig zu gebären.

Nach einer Einarbeitungsschicht wusste ich, wie man die verschiedenen Obstsorten zu Saft machte, welche Macken der Wasserkocher und das CD-Laufwerk der uralten Anlage hatten und wo der Nachschub an Gratiskeksen zu finden war. Den Umgang mit den Leuten musste man mir nicht erst beibringen. Ich kam mit jedem klar, ob er nun Kinder hatte oder selbst noch ein Kind war. Selbst mit den letzten versprengten Hängern, die im Café immer mal wieder nach etwas Kostenlosem fragten, hatte ich kein Problem. Aus der Entfernung hörte ich es manchmal ‚Schwein' rufen und freute mich, dass der alte Herr wieder mal einen der fast arktischen Berliner Winter überlebt hatte und nicht mit seinen Traditionen brach.

In den darauffolgenden Wochen erwischte ich immer die besten Schichten, nämlich jene, wo fast niemand auftauchte. Zwar bedeutete das natürlich auch, dass ich keinerlei Trinkgeld bekam, aber ich hatte mir gleich nach der ersten Horrorschicht, als der Regen die Gäste in den Innenraum gespült hatte, akribisch ausgerechnet, in welchem Missverhältnis das zusätzliche Geld zur zusätzlichen Arbeit und dem unglaublichen Lärmpegel stand. Ich war OK damit, dass niemand kam. Sehr OK. Oft lag es am Wetter. Der Rekordsommer 2006 bot ständig Tage mit tropischen Temperaturen. Mehrmals wusch ein Gewitter alle Leute schlagartig von der Straße. Dann wieder lief gerade ein wichtiges WM-Spiel und ich konnte förmlich spüren, wie es um den Helmi herum sirrte und brodelte, nur im Kiezkind eben nicht.

Und so saß ich meistens draußen auf einem Stuhl, hörte meine Musik aus einer der großen Boxen und las dabei entspannt ein Buch. Vorsorglich hatte ich mir gleich mehrere Shakes gemixt, sodass ich später nicht mehr aufzustehen brauchte. Kam dann doch mal jemand, musste ich aufpassen, dass niemand bemerkte, wie sehr ich eigentlich meine Einsamkeit vorzog. Die Kinder waren meist völlig fertig von der Hitze. Mit meinem Gesichtsausdruck heuchelte ich Bedauern, doch tief in mir drin konnte ich mir nichts Besseres vorstellen als von den Temperaturen zum Schweigen und Stillsitzen gebrachte Gören. Ein, zwei Kekse aus der Dose, ein Shake für Mama, und schon ließ man mich wieder in Ruhe. Der Laden war zudem mit einem ganzen Arsenal an Spielzeugen ausgestattet und mit denen konnten die Kids von mir aus machen, was sie nur wollten, wenn sie später doch noch aus ihrer Hitzelethargie erwachten.

Im improvisierten Laden gab es natürlich keine Registrierkasse, sodass man auch am Ende des Tages nicht nachvollziehen konnte, was verzehrt worden war oder wie viele Leute insgesamt dagewesen waren. Es war mir immer etwas unangenehm, zum Ende meiner Schicht das Geld zu zählen und der verhuschten Leiterin des Cafés sodann die Kasse zu übergeben. Denn jedes Mal musste ich entschuldigend dazusagen, dass eben nicht so viel los gewesen war, was ja tatsächlich immer stimmte. Der Anfangs- und der Endbetrag in der Kasse ähnelten einander nicht selten zum Verwechseln.

Ich glaube, dass man mir das nach einer Weile einfach nicht mehr abnahm. Aus ein paar Äußerungen hörte ich heraus, dass man sich wunderte, warum denn immer dann so wenig Geld in der Kasse war, wenn ich arbeitete. Hierbei war mir nicht ganz klar, was man mir konkret unterstellte. Dass ich potentielle Kunden bewusst in die Flucht schlug, noch bevor sie etwas bestellen konnten? Oder, dass ich das ganze eingenommene Geld aus der Kasse in meine Tasche wandern ließ?

Nach einem Sommerurlaub wollte ich guter Dinge meine neuen Schichten erfragen, erreichte aber die Leiterin nicht. Kurz darauf schickte sie mir eine knappe sms, in der sie mir mitteilte, dass man beschlossen habe, mich nicht mehr im Team haben zu wollen. Sie hielt eine weitere Begründung offenbar für nicht notwendig. Ich versuchte noch ein paar Mal mit ihr zu sprechen, aber da sie meine Anrufe geflissentlich ignorierte, akzeptierte ich meinen Rausschmiss einfach irgendwann. Das war es wohl gewesen mit der ruhigen Kugel. Ich musste mir wieder einen neuen Job suchen.

Der Helmholtzplatz ist heute vollständig der Gentrifizierung zum Opfer gefallen. Alle Häuser wurden im Laufe der letzten Jahre saniert und mit netten Cafés bestückt. Wo man früher Gras kaufte, gibt es heute Bioläden und Boutiquen für Kleinkinder. Die pöbelnden Säufer, die über Jahre zum täglichen Bild des Platzes gehört hatten, hat man nach und nach erfolgreich herausgeekelt. Stattdessen sieht man dort nun junge Werber ihre neuesten Strategien diskutieren. ‚Der Schwein' habe ich seit Jahren nicht gesehen und frage mich oft, ob und wo er nun wohl lebt. Das Kiezkind aber gibt es noch immer und von weitem sieht es immer gut gefüllt aus. Ich habe mich dort nie wieder blicken lassen. Selbst wenn ich Nachwuchs hätte, würde ich mir vermutlich einen anderen Ort suchen.

Bezahlung: € 7,50/ Stunde.
Arbeitsaufwand: Mittel.
Gelernt fürs Leben: Ein Tropfen Olivenöl im Fruchtshake hilft bei der Vitaminaufnahme.

10. Hospitality Staff bei der Fußball-Weltmeisterschaft

Die Fußball-WM 2006 in Deutschland nahte. Zum ersten und vielleicht auch zum letzten Mal in meinem Leben würde diese Veranstaltung der Superlative auf heimischem Boden stattfinden. Schon seit drei Jahren hatte ich mir vorgenommen, rechtzeitig mit einer Idee aufzutrumpfen, die mich dann in den vier Wochen des Spektakels finanziell sanieren würde. Das konnte doch so schwer alles nicht sein. Ein neuartiger Fahnenhalter, ein außergewöhnliches Shirt, ein noch nie dagewesener Snack. Dann schnell 100 Studenten engagiert, die den Kram bundesweit für 10 Euro die Stunde überall dort vertrieben, wo sich die Fußballbegeisterten herumtrieben. Und schon hätte ich ausgesorgt. Zwar war mir die Nationaltümelei und eigentlich das ganze Brimborium rund um die WM zutiefst zuwider, aber ich war bereit, hier mal über meinen Schatten zu springen und mir von der Liebe der Deutschen zu ihrem Land im Allgemeinen und zum Ball im Besonderen meine Liebe zum süßen Nichtstun finanzieren zu lassen. So weit der Plan.

Nun waren es noch drei Monate bis zum Beginn des Spektakels und ich hatte leider immer noch keine zündende Idee gehabt. Zudem lag ich schon wieder in Südostasien am Strand, so würde das wohl alles nichts werden.

Ich entschied mich daher für Plan B und suchte online nach Jobs, die auf irgendeine Art und Weise mit der WM zu tun hatten. Ganz Deutschland stand Kopf, da musste es doch Möglichkeiten geben. Da mir ohnehin nicht ganz klar war, womit ich eigentlich nach meiner Rückkehr mein Geld verdienen wollte, hegte ich zudem die Hoffnung, dass dieser Job ein guter Neuanfang sein könnte. Ich wollte aber nichtsdestotrotz etwas Außergewöhnliches machen. Und ich wollte nur ungern einer jener 100 Studenten sein, welche die geniale Idee eines Anderen vertrieben. Da entdeckte ich den Job, der mir auf Anhieb am Vielversprechendsten erschien: Hospitality Staff, eine Art Nanny für Erwachsene. Es galt, mich um eine Gruppe internationaler Gäste zu kümmern, die den Aufenthalt zur WM in Berlin bei einem in ganz Europa veranstalteten Preisausschreiben gewonnen hatten. Der Gewinn war ein dreitägiger Aufenthalt in der Hauptstadt, gekrönt vom Besuch des Endspiels im Olympiastadion. Die Firma Gillette als Sponsor bezahlte das alles und daher hatte man eine ganze Truppe von Leuten aus der Zentrale in den USA nach Deutschland geschickt, um dieses Event auszurichten.

Aus den Dokumenten, auf die ich von meinem tropischen Eiland aus Zugriff hatte, bastelte ich mir schnell einen netten Lebenslauf, der an den relevanten Stellen Akzente setzte. Hier ein bisschen was gestrichen, dort ein bisschen was addiert, und der Fantasie ein wenig freien Lauf gelassen. Und schon war ich eigentlich der perfekte Bewerber für diesen Job. Bisher hatte das noch immer funktioniert. Das Wichtigste für diesen Job war ohnehin die englische Sprache, und ich hatte gerade ein weiteres halbes Jahr fast ausschließlich in dieser kommuniziert. Ich war zuversichtlich, dass das klappen würde.

Und tatsächlich bekam ich eine Einladung zum Vorstellungsgespräch, welches nur zwei Tage nach meiner Rückkehr nach Deutschland in Berlin stattfinden sollte. Ich hatte also kaum bei meinen Eltern nahe Frankfurt etwas meinen Jetlag ausgeschlafen, als ich mich auch schon auf den Weg nach Berlin machen musste. Dort absolvierte ich dann das Treffen. Soweit ich mich erinnern kann, war dies eines von insgesamt drei Vorstellungsgesprächen, die ich überhaupt je geführt hatte. Und es lief ziemlich gut. Es fühlte sich sogar so an, als sollte ich mein Englisch etwas zügeln, denn es schien mir flüssiger zu sein als das meines Gegenübers, der Dame, die mir die Fragen stellte.

Man nahm mich an. Eigentlich hatte ich zwar vorgehabt, während der kompletten WM-Zeit zu arbeiten, aber diese eine Woche hier war unter Umständen besser bezahlt als andere Jobs für den ganzen Zeitraum. Ich hatte zudem noch ein paar halb ausgegorene Zusagen für Barjobs und so sollte ich doch alles in allem erst mal über die Runden kommen. Gerne wäre ich natürlich in ganz Deutschland unterwegs gewesen, aber da ich ja gerade erst zurück war und in Berlin die Sonne strahlte wie selten zuvor, konnte ich mich auch damit arrangieren, fürs Erste hier zu bleiben.

Und so kam die WM und mit ihr einer der besten Sommer, die Deutschland seit langem gesehen hatte. Eine Woche lang ging ich in einem Mittelklassehotel nahe des Brandenburger Tors ein und aus, wo man unsere Gewinner untergebracht hatte. Außer mir bekleideten noch vier Mädels und ein weiterer Junge die Posten als Hospitality Staff. Sie waren alle nett, wenn auch teilweise etwas verspannt. Unsere amerikanischen Vorgesetzten hatten sich in einem der Konferenzräume des Hotels eine Art Hauptquartier eingerichtet und schienen sehr beschäftigt mit dem Organisieren der letzten Einzelheiten.

Unsere Aufgabe war schnell umrissen. Es ging hauptsächlich darum, den Gästen ein gutes Gefühl zu geben, positive Stimmung zu verbreiten und zu lächeln. Die Leute sollten sich für immer an die schöne Zeit in Berlin erinnern, ‚the time of their life' gewissermaßen. Daher war alles legitim, was diese Zeit noch erinnerungswürdiger machen würde und alles sollte vermieden werden, was das Erlebnis im Ansatz trüben konnte. Unsere Teamleiter erfüllten in puncto positiver Einstellung und Freundlichkeit jedes Klischee, das man von US-Amerikanern kannte. Kein Wort wurde ohne ein breites Lächeln präsentiert, es gab nichts, das man nicht hätte realisieren können. So anstrengend man diese Art manchmal findet, so muss man doch eingestehen, dass die Grundstimmung, die sie bewirkt, eine deutlich positivere ist, als man das vom durchschnittlichen Deutschen gewohnt ist, vom traditionell grantigen Berliner mal ganz zu schweigen.

Eine Sache, die mich etwas störte, war unsere Uniform. Alle waren vertraglich dazu verdonnert, Khaki-Hosen und unauffällige Turnschuhe tragen. Dazu gab es ein sehr dezent gehaltenes Poloshirt mit Gillette-Aufdruck, das allen viel zu groß war. Es ging um Unauffälligkeit und, wie mir schien, auch um eine Vermeidung jeglicher sexueller Attraktivität. Ich hatte diese Art der Kleidung schon oft an amerikanischem Service-Personal gesehen. Man sollte uns im Prinzip gar nicht als Menschen mit einem Geschlecht wahrnehmen, uns aber zumindest nicht ansatzweise anziehend finden. Die Sexualität in der amerikanischen Kultur - ein Thema für sich.

Nach dem ersten Vorbereitungstag landeten die Gäste nach und nach und wurden von den Fahrern im Hotel abgeliefert. Wir nahmen sie in Empfang, händigten ihnen Stadtpläne und Veranstaltungsabläufe aus und wünschten ihnen einen schönen Aufenthalt. Am Nachmittag dann gingen wir mit ihnen shoppen, Sehenswürdigkeiten anschauen, und halfen, wo wir nur konnten. Die Gewinner waren alle normale, auf dem Boden gebliebene Leute, die sich sichtlich freuten, diese paar Tage gewonnen zu haben und dies auch wirklich zu schätzen wussten. Es gab keine künstlich überhöhten Egos, die ständig etwas verlangten, vielmehr waren die Leute schon für die kleinsten Dinge dankbar, was die Arbeit wirklich zu einem echten Vergnügen machte. Sie kamen aus einer Menge an Ländern, aber einen Großteil der Gruppe schienen Italiener und Spanier auszumachen.

An einem Tag übernahm ich eine Gruppe Spanier auf einem Ausflug nach Potsdam, da ich mit meinen Sprachkenntnissen in der Landessprache geprahlt hatte. Dieser halbe Tag gestaltete sich dann jedoch etwas schwieriger als gedacht, denn ich konnte auf Spanisch zwar fluchen wie ein Kesselflicker und eloquent schmutzige Witze erzählen, aber die Ausführungen eines Reiseführers über historische und soziale Zusammenhänge simultan zu übersetzen, das war eine andere Sache.

Dann veranstaltete man ein großes Barbecue am Wannsee, welches mir besonders im Gedächtnis geblieben ist, da die Amerikaner fassungslos waren ob der Tatsache, dass die Leute am direkt nebenan liegenden Strand allesamt nackt badeten. Noch Tage später glaubten einige, wir hätten das extra arrangiert, um sie zu verunsichern. Da hatten sie dann jedenfalls ihrerseits ihr Klischee vom völlig schamlosen Deutschen bestätigt.

Immer gab es auch für uns gutes Essen sowie ständig Snacks und Getränke. War mal einer von uns nicht in der Lage, im Hotel an Essen zu kommen, so konnten wir auch problemlos woanders speisen und die Quittungen ohne große Bürokratie einreichen. Geld schien hier insgesamt nur eine untergeordnete Rolle zu spielen.

Dann kam der Tag des Endspiels. Witzigerweise hatte ich darüber bis zum Ereignistag gar nicht so genau nachgedacht. Klar, alle unsere Gewinner waren eigentlich hauptsächlich wegen dieses einen Tages nach Deutschland gereist. Sie genossen die Tage davor, aber im Prinzip fieberten sie doch hauptsächlich der finalen Partie entgegen. Aber was bedeutete das für uns? Erst am Morgen des Spiels dämmerte mir, dass wir eventuell ebenfalls mit ins Olympiastadion gehen würden. Und tatsächlich war das der Fall! Nachdem ich es zwei Bekannten erzählt hatte, behielt ich die Sache lieber für mich, denn diese beiden wurden ernsthaft sauer, als sie mich so flapsig davon erzählen hörten. Manche Leute hatten seit Monaten darum gekämpft an irgendein Ticket zu kommen, völlig egal, wer da gegen wen spielen würde. Viele hatten keines mehr ergattern können, ans Endspiel wagte kaum jemand zu denken. Der Hauptteil des freien Kontingents wurde durch Verlosungen zugeteilt. Und gerade ich, dem Fußball eigentlich mehr oder weniger egal war, bekam nun die Gelegenheit, das Endspiel im Stadion zu sehen. Und das nicht nur gratis, sondern auch noch als bezahlte Arbeitszeit. Das entbehrte nicht einer gewissen Ironie. Ich konnte den Ärger meiner Freunde nachvollziehen.

Deutschland war nach den ersten sehr guten Spielen leider ausgeschieden. Italien, das Deutschland besiegt hatte, stand im Finale gegen Frankreich. Wir begleiteten die Leute im Bus vom Hotel ins Olympiastadion und stellten sicher, dass keiner vor Ort verloren ging. Es war unglaublich, welche Menschenmassen sich schon Stunden vor Anpfiff ins Olympiastadion ergossen. Wir assistierten den deutlich aufgeregten Gewinnern noch bei Diesem und Jenem und führten sie dann alle bis ans Haupttor des Stadions, wo wir ihnen eine gute Zeit wünschten. Dann kehrten wir an die Busse zurück, um weitere Anweisungen zu erhalten. Dort grinsten unsere Teamleiter breit und teilten uns mit, dass wir eigentlich nun bis zum Abpfiff machen konnten, was wir wollten. Geradezu beiläufig händigten sie uns Bändchen aus, mit denen wir fast überall im Stadion hin konnten. Selbst ich als Fußball-Ignorant war begeistert!

Und so lief ich zunächst mal einfach mit einer Kollegin im Stadion herum. Wir holten uns Essen, machten hier und da ein paar Schnappschüsse und genossen die insgesamt außergewöhnliche Atmosphäre. Zwischendrin musste man sich immer wieder vor Augen führen, dass eine solche Situation sich sicherlich so bald nicht wiederholen würde. Sollte die WM noch einmal nach Deutschland kommen, dann wäre ich vermutlich bereits im Rentenalter. Ich fühlte, dass viele Leute so dachten und ihre persönliche Anwesenheit bei einem Event, das rund um den Planeten Abermillionen am Fernseher verfolgten, als echtes Privileg begriffen. Es lag ein Gefühl von Feierlichkeit in der Luft.

Dann begann das Spiel. Da ich keine Ahnung hatte, lag es natürlich nah, sich auf die Seite Frankreichs zu schlagen. Nicht nur, dass Italien Deutschland aus dem Turnier geworfen hatte, es hatte dies auch noch mit einem unschönen Spiel und viel Glück geschafft, was sogar ich als absoluter Laie beurteilen konnte. Und so griff von nun an der Schlachtruf, der den Franzosen zum Sieg verhelfen sollte: ‚Allez les bleus!'

Immer wieder suchten wir uns ein neues gutes Plätzchen, von dem aus man das Spiel verfolgen konnte. Immer wieder aber verjagte man uns, denn schließlich hatten wir keine Platzkarten. Aber egal, allein schon inmitten dieser Stimmung zu sein, war grandios. Und wie es der Zufall wollte, hatte ich sogar gerade einen sehr guten Platz ergattert, als Zinedine Zidane dem Italiener Mattarazzi seinen Kopf in die Magengrube bohrte.

Wir waren dazu angehalten worden, unsere Leute bei Spielende am Ausgang wieder in Empfang zu nehmen, und so mussten wir uns schon fünfzehn Minuten vor dem Abpfiff wieder in Richtung Haupttor machen. Das war kein Problem, ich hatte mir meine Dosis Weltmeisterschaft bereits einverleibt. Italien gewann schließlich nach Elfmeterschießen, aber das war nun auch egal. In ungewohnter Eintracht lagen sich draußen die Fans verfeindeter Lager in den Armen. Für viele war das alles ein insgesamt überwältigendes Ereignis, wen kümmerten da Farben und Nationalitäten? Auch unsere Gäste strahlten übers ganze Gesicht. Seltsamerweise fanden sogar alle gleich ihren Weg zurück zu den Bussen. Dann bahnten wir uns einen Weg durch die Feiernden, die ganz Berlin im Handumdrehen zu einem riesigen Straßenfest machten. Ich lief vom Hotel in der lauen Nachtstimmung nach Hause und gesellte mich auf dem Weg noch zu ein paar kleinen Festen.

Tags drauf trafen wir uns noch einmal für die Abwicklung, und um die Gäste zu verabschieden. Die Leute bedankten sich überschwänglich bei uns. Auch das erlebt man nicht in jedem Job. Wir standen gemeinsam mit unseren Teamleitern Spalier, als die Gäste sich auf den Weg zum Flughafen machten. Als dann alle Leute weg waren, brach man im Hotel umgehend die Zelte ab. Die Amerikaner hatten das Büro bereits geräumt und wollten nichts von den Büro-Utensilien mit in ihre Heimat nehmen. Wir mussten einpacken, so viel wir tragen konnten. Noch heute zehre ich von den Vorräten an post-its, Tackermunition und Tesafilm.

Am Abend hatte man dann noch ein großes Fest für alle Beteiligten organisiert. Außer unserer Gruppe gab es noch zwei Teams aus anderen Hotels sowie einige

Leute, die andere Positionen bekleidet hatten. Insgesamt waren wir an die 100 Leute. Im Hilton am Gendarmenmarkt gab es für uns zunächst ein 4-Gänge-Menü und danach eine Party, bei der tatsächlich alles umsonst war. Nur an einen DJ hatte man in all der Aufregung nicht gedacht. Und so fuhr ich noch mal kurz nach Hause und schnappte mir meinen Laptop. Dann spielte ich vor einer sehr betrunkenen, sehr ausgelassenen Meute stundenlang Hit um Hit. Selbst die Amerikaner gingen nun mal richtig aus sich raus. Nun nicht mehr in die Khaki-Polohemd-Uniform gekleidet, war manch einer von ihnen kaum wiederzuerkennen.

Zu allem Überfluss hatte man noch jedem von uns ein Zimmer in jenem Hotel gebucht, wo unsere Gäste logiert hatten. Zwar wohnte ich keine drei Kilometer entfernt, aber dieses Angebot ließ ich mir nicht entgehen. Betrunken, wie ich war, fiel ich in das hübsche Zimmer und benahm mich wie ein echter Hotelgast, indem ich die Minibar leertrank und mich mit PayTV-Kanälen vergnügte. Morgens beim Auschecken und leicht reumütig stellte ich zu meiner Verwunderung fest, dass die Amerikaner sogar diese Kosten übernahmen.

Das Geld kam schnell und zusätzlich machte man uns noch das Angebot, die Handys, die wir benutzt hatten, zum Vorzugspreis zu erstehen, denn auch diese wollten die Auftraggeber nicht mitnehmen. Ich kaufte gleich fünf davon und verdiente mir so noch etwas Geld hinzu. Das Ganze war somit eine unglaublich runde Nummer gewesen.

Meine Freunde haben mir meinen Besuch des Endspiels heute zum größten Teil verziehen. Ich habe jedoch nach wie vor keine Ahnung von Fußball. Aber wenn sich diese vorurteilslose Euphorie und Toleranz, die man während der paar Wochen in Deutschland erleben konnte, länger halten ließe, wäre das sicher ein Gewinn für die Menschheit.

Bezahlung: € 200/ Tag.
Arbeitsaufwand: Sehr gering.
Gelernt fürs Leben: Fußball ist tatsächlich mehr als nur ein Spiel.

11. Fruchtzerkleinerer

Aus Verlegenheit war ich einmal für einen Freund von mir eingesprungen. Dann hatte ich irgendwie einen Narren an diesem Job gefressen und machte ihn in der Folge ganze zwei Saisons lang. Es gab nicht wirklich eine Bezeichnung für das, was ich da tat. Es hatte mit Erdbeeren und mit Erdbeerbowle zu tun. Letztere wurde durstigen Menschen bei Konzerten und Festen in den Sommermonaten angeboten. Ich fungierte dabei gewissermaßen als Erdbeerkoordinator der Festivalsaison. Die meiste Zeit aber schnitt ich Erdbeeren in jeweils zwei Hälften.

Eine Sache, die mich faszinierte und mir als Grund für ein Wiederkommen diente, war der Trubel bei den großen Konzerten. Die geschäftige Atmosphäre zog mich komplett in ihren Bann. Aus diesem Grund sparte ich mir auch von Anfang an kleine Märkte und ähnliches, und sagte ausschließlich für Einsätze in Berlins größten Open-Air-Veranstaltungsorten zu, in der Wuhlheide oder der Waldbühne. Abgesehen davon ermöglichte mir diese Auswahl den kostenlosen Besuch von Konzerten, die ich nicht selten sowieso gerne gesehen hätte.

Der Tag begann für uns, lange bevor die ersten Gäste überhaupt das Festivalgelände betreten durften. Meist kam ich gegen Mittag im Stadion an, wo eine Menge Leute schon dabei war, alles vorzubereiten für den großen Auftritt von Bands wie Metallica oder den Ret Hot Chilli Peppers, aber auch für zweifelhafte 80er-Jahre- oder Schlagernächte von Berlins schlimmsten Radiosendern. Hinter den Kulissen parkten die schweren Technik-Trucks, auf der Bühne schwangen Leute an Sicherungsseilen hin und her und montierten noch ein paar Lichteffekte, an den Ständen wurden die letzten Vorbereitungen für Essen und Getränke getroffen. Die ganze Szenerie wurde beschallt mit Soundchecks, dazwischen hörte man die Leute wuseln und werkeln. Meistens erwischte ich Tage, an denen es warm und sonnig war. Erwartung und Aufregung lagen in der Luft.

Walter hatte es irgendwie geschafft, sich mit seiner Erdbeeridee dauerhaft bei den großen Veranstaltungsorten einzunisten. Niemand wusste wirklich, was er davor gemacht hatte oder woher er genau kam, jetzt jedenfalls war er einfach nur der Erdbeer-Walter. Immer eine dicke Zigarre im Mund, schälte er sich meist gut gelaunt aus seinem olivgrünen Geländewagen und begrüßte die ersten der insgesamt etwa zehn Leute, die für ihn arbeiteten. Man munkelte, er käme aus Süddeutschland und sein an einen Jäger erinnerndes Outfit in Grün schien dies zu bestätigen. Ansonsten hielt sich der füllige Mann von vielleicht Anfang 60 bedeckt. Seine Idee war so einfach wie genial und nicht selten nahm ich mir vor, mir etwas ähnlich Simples auszudenken, das ähnlich viel Geld abwarf. Flaschenweise Billigbowle wurde in große Behälter geschüttet, dazu wurden ein paar Stiegen frische Erdbeeren geschnitten. Ein Becher mit 0,2 l und durchschnittlich 6 halben Erdbeeren wanderte sodann für sage und schreibe 5 Euro über die Theke. Auch wenn manche Leute mal kurz schlucken mussten bei diesem Preis, es gab doch immer genügend Kunden. Walter machte sich die Tatsache zunutze, dass die Leute ein ausgefallenes Event besuchten, vermutlich eines der Highlights in ihrer Jahresplanung. Da sahen die meisten gerne mal über zu hohe Kosten hinweg. Man musste schon sagen, Walter war ein ausgefuchstes Kerlchen, ich schätzte seine Gewinnspanne auf knapp 1.000 %. Kein Wunder daher, dass er sich stets wie in Zeitlupe bewegte und meistens von einem Ohr zum anderen grinste.

Nachdem ich das Gelände einmal abgeschlendert war, begann mein Tag mit dem Entgrünen und Halbieren der Erdbeeren. Ganze Paletten der leckeren Früchte musste ich von ihrem Stil befreien und in handliche Stücke zerschneiden. Diese zwei bis vier Stunden gestalteten sich als ausgesprochen meditativ und ich führte sie zumeist in Walters Kühlanhänger aus. Während dieser Zeit aß ich genügend Erdbeeren für einen ganzen Monat. Daraufhin panschte ich die ersten Ladungen des Getränks in großen Eimern zusammen. Dann konnte es losgehen.

Nun waren auch die ganzen Mädels angekommen. Außer Walter und mir waren alle Angestellten weiblich. Wir begannen dann, die vier strategisch auf dem Gelände platzierten Stände zu bestücken und hübsch zu machen. Die Mädchen bereiteten die metallenen Stände vor, ich brachte ihnen die Eimer mit dem kostbaren Elixier sowie Gläser, Löffel und Strohhalme. Walter selbst lieferte ihnen zum Schluss noch die Kasse mit Wechselgeld.

War alles organisiert, hatte ich etwas Leerlauf. Meistens nahm mich Walter dann noch mal zur Seite und wir gingen gemeinsam essen. Aus einem mir unerfindlichen Grund hatte er mich ins Herz geschlossen. Er ließ mich schnell ein paar Flaschen Bowle aus dem Kühlanhänger holen und dann begaben wir uns zum Stand unserer Wahl, wo wir die Flaschen des billigen Fusels gegen Essen eintauschten. Das klappte fast immer. Kostete es doch mal Geld, bezahlte immer Walter. Ich gab mir Mühe, unsere Fresspausen stets vor den Mädels zu verheimlichen, da nur ich in diesen Genuss kam und bei meinen Kolleginnen keinen Unmut wecken wollte.

Dann gab es noch eine kurze Teambesprechung und nun wurden die Besucher aufs Gelände gelassen. Ich fand es immer wieder spannend zu sehen, welche Art Musik welche Art Leute anzog. Unnötig zu erwähnen, dass sich das Publikum einer Schlagernacht vom Metallica-Publikum unterschied wie die Ostsee von der Karibik. Letzteres war wesentlich unterhaltsamer, dafür aber auch deutlich anstrengender. Bevor Metallica überhaupt angefangen hatten, waren die Gebüsche rund um die Tribünen bereits voller Alkoholleichen, die gerade 80 Euro umsonst ausgegeben hatten, da sie den Rest des Abends selig in Urinpfützen Anderer durchschliefen, bis die Ordner das Gelände um Mitternacht räumten. Mein Mitleid hielt sich in Grenzen.

Während des eigentlichen Konzertes gab es immer mal sehr stressige Phasen, aber auch immer wieder genügend Zeit, um etwas lustzuwandeln, sich einen Teil des Konzertes anzuschauen oder mit meinen Kolleginnen herumzualbern. Alle außer mir hatten feste Standpunkte zugeteilt bekommen. Ich hingegen machte immer wieder meine Runde, fragte nach, was wo fehlte, und lieferte es dann in der nächsten Runde. Es war alles eine Frage der Logistik. Da ich diese schon nach kurzer Zeit zur Routine machte, blieb mir immer eine Menge Zeit, um mich anderen Dingen zu widmen. Da niemand kontrollieren konnte, wo ich gerade war, konnte auch niemand wissen, ob ich wirklich etwas arbeitete.

Meistens verflog die Zeit nur so. Zwischendrin musste ich mal Walter helfen, Nachschub aus einem anderen Anhänger zu holen oder auch noch mal ein paar Stiegen Erdbeeren nachschneiden. Und manchmal vertrat ich eine meiner Kolleginnen am Stand, während diese mal pinkeln, einen Happen essen oder etwas vom Konzert mitbekommen wollte.

Ich legte während eines Abends einige Kilometer zurück, meist beladen mit schweren Kisten und Eimern und so besaß das Ganze auch noch einen sportlichen Charakter. Am Ende half ich dann allen anderen beim Abbau, dem Reinigen der Theken und dem Zusammenpacken des Mülls. Dann versammelten wir uns alle, tranken gemeinsam noch eine Bowle und freuten uns über den Feierabend. War es besonders gut gelaufen, packte Walter kurzerhand noch einen Zehner für jeden obendrauf und eine Flasche Bowle gab es ohnehin meistens für jeden.

Getrübt wurde der Job, als mir meine Kolleginnen im zweiten Jahr erzählten, dass Walter sie begrapschte und ihnen ständig anzügliche Bemerkungen ins Ohr flüsterte. Er wusste das offenbar geschickt zu machen, denn ich hatte davon bis dato nichts mitbekommen. Nun fühlte ich mich unwohl, wenn er mich wieder zum Essen einlud, da ich dann mich wie sein Komplize fühlte. Und ich wusste, dass er wenig kritikfähig war, denn er war ein Besserwisser und ein Choleriker und das hätte mich sicherlich diesen leichten Job gekostet. Doch wollte man für so einen wirklich noch arbeiten? Nach und nach erzählten meine Kolleginnen mir davon, wie er ihnen beim Arbeiten wie nebenbei an die Brüste oder sogar zwischen die Beine fasste und ich konnte es kaum glauben. Seine längste Mitarbeiterin verschwand sogar immer mal mit ihm im Geländewagen, munkelte man.

Und so verabschiedete ich mich nach meiner zweiten Saison von der Welt der Erdbeeren. Ich stellte Walter bezüglich der Vorwürfe gegen ihn zur Rede, aber er hielt beharrlich an der Argumentation fest, die Geschichten seien alle der Fantasie der Damen entsprungen. Er lebte in seinem eigenen Universum.

Die Wuhlheide besuchte ich danach nur noch ein Mal, als zahlender Gast ein paar Jahre später. Ich ließ es mir natürlich nicht nehmen, mir meinen alten Arbeitsplatz anzusehen. Eine Erdbeerbowle enthielt nun noch weniger Erdbeeren als zuvor, dafür war der Preis noch etwas gestiegen. Zum Glück kannte ich noch eine der Verkäuferinnen, die mich den ganzen Abend kostenlos damit versorgte. Walter war an diesem Abend glücklicherweise nicht da.

Bezahlung: € 10/ Stunde.
Arbeitsaufwand: Mittel.
Gelernt fürs Leben: Wie man aus Scheiße Gold macht.

12. Kinderarbeit im Dorf-Discounter

Mein erster dauerhafter Job als Jugendlicher gab mir eine gute Einführung in den Kapitalismus. Ich war etwa 15 Jahre alt und es begann eine Zeit, in der man sich nach mehr Dingen sehnte, als die Eltern einem zu bezahlen bereit waren. Nachdem ich zwei mal Werbeblättchen ausgetragen, diesen Job aber umgehend wieder verloren hatte, nachdem ein Anwohner mitbekommen hatte, dass ein Großteil der bunten Konsum-Anreger sein Ende in einem lodernden Feuer am Rande unseres Dörfchens gefunden hatte, folgte ich dem Rat eines Schulfreundes und heuerte im örtlichen Edeka Markt an, dem einzigen Supermarkt unserer beschaulichen Gemeinde. Schnell wurde klar, dass sich der wirtschaftliche Erfolg des Marktleiters sowie sein Mittelklassewagen auf dem Kundenparkplatz zu einem guten Teil dadurch erklären ließen, dass weder ich noch die anderen dort arbeitenden Jugendlichen je etwas von Arbeitsrecht oder Jugendschutz gehört hatten und unsere Eltern offenbar diesbezüglich beide Augen beharrlich zudrückten.

Einmal die Woche schuftete ich von 17 Uhr bis weit in die Nacht hinein, um leere Regale aufzufüllen und die Produkte zuvor mit Hilfe eines klobigen Gerätes mit Preisschildern auszuzeichnen. Der Job verstieß nicht nur gegen das Nachtarbeitsverbot, sondern auch noch gegen jedes gängige Jugendrecht. Unnötig zu erwähnen, dass keiner von uns irgendwo registriert war und uns das wenige Geld schwarz ausbezahlt wurde. Kein Wunder also, dass der findige Marktleiter meistens bessere Laune hatte als sein Heer an jugendlichen Sklaven.

Schon bald kristallisierte sich mein Fachbereich heraus. Es waren Milchprodukte und Gebäck, Marmeladen und Brotaufstriche, gemeinhin im ersten Gang eines jeden Supermarktes zu finden. Hier stand, saß und lag ich mitunter vor den Regalen, um palettenweise Dosen, Kartons und Tüten ihr jeweiliges Preisschild aufzukleben und sie dann feinsäuberlich in den Regalen aufzureihen. Das Kernstück meiner Arbeit war dabei das riesige Regal voller Kondensmilch. Die nicht sehr zahlreichen Bewohner meines Dorfes schienen eine ausgeprägte Schwäche für dieses kalorienreiche Produkt zu hegen, denn von den kleinen Dosen musste ich stets hunderte auszeichnen.

Die Arbeit selbst war mit der an einem Fließband vergleichbar und ich meditierte mich durch die kleinen bunten Dosen, ohne damals das Wort Meditation überhaupt schon einmal gehört zu haben. Um an die untersten ranzukommen, musste man erst mal fünf andere zur Seite stellen. Es war ein wahres Stapeln und Balancieren. Ausdauernd puzzlete ich aus dem kaum versiegenden Nachschub an Metallzylindern unter bester Ausnutzung des Platzes im Regal einen an allen Seiten abschließenden Dosen-Würfel. Ich ahnte, dass ich ein Faible für Symmetrie und Ordnung hatte. Tatsächlich empfand ich auch die Dosen selbst, wie sie so rund und kalt in meiner Hand lagen, als angenehm. Den Würfel am Ende jedoch fand ich visuell ästhetischer. Bis er fertig war, vergingen jedoch nicht selten bis zu zwei Stunden. Bis heute frage ich mich, wer um Himmels Willen all diese Kondensmilch verzehrte. Jede Woche war der Vorrat so gut wie aufgebraucht. Rechnete man das auf die gerade mal 5000 Einwohner der Gemeinde runter, ergaben sich erstaunliche Pro-Kopf-Mengen des klebrig-süßen Kaffeezusatzes.

Die anderen Jugendlichen, die hier ihrer ungesetzmäßigen Arbeit nachgingen, waren, was Alter und soziale Herkunft angeht, wild gemischt, kamen jedoch fast alle aus meinem kleinen Dorf. Bei einigen meiner Kollegen war jedoch recht augenscheinlich, dass sie auf ihrer persönlichen Karriereleiter bereits auf einer der oberen Sprossen angelangt waren.

Doch man sprach ohnehin nicht viel miteinander während des Einsatzes. Meist waberten nur die Arbeitsgeräusche durch den Markt, manchmal lief dazu ein für die ländlichen Regionen typischer Radiosender, der sich durch das Schlimmste kämpfte, was die Musikindustrie je hervorgebracht hatte.

Wie ich es bei anderen Jobs dieser Art später öfters erlebte, nahm die Essenspause bei den Angestellten eine geradezu religiöse Bedeutung ein. Alle deckten sich im Markt selbst noch schnell mit Essen und Getränken ein; der Marktleiter muss doch wirklich ein Fuchs gewesen sein. Dann versammelte man sich im kleinen Pausenraum, der mit seinen kahlen Wänden und den paar Stühlen um einen metallenen Tisch eine unfassbare Trostlosigkeit versprühte. An den Flurwänden prangten Hinweise für die Belegschaft mit haarsträubenden Rechtschreibfehlern und ein paar auf Din A4 ausgedruckte allzu flache Witzchen über die Tücken des Lebens als Arbeitnehmer. Das repetitive Arbeiten hatte zur Folge, dass alle während der zwanzigminütigen Pause einen leicht debilen Eindruck machten, wobei ich bei manchen nicht mit Sicherheit sagen kann, ob das wirklich nur vom Arbeiten kam und wirklich nur temporär war.

Wenn abends dann alles fertig war, stellte sich ein Gefühl großer Erleichterung ein. Das Geld, das mir heute lächerlich wenig erscheint, war damals jedoch durchaus ebenfalls ein Grund zur Freude. Ich kann mich an sehr beschwingte Heimfahrten auf meinem Fahrrad in lauen Sommernächten erinnern. Leider träumte ich danach fast immer, dass ich einfach weiterarbeitete. Meistens sortierte ich im Traum einen unendlichen Vorrat an Kondensmilchdosen. So sehr ich mich auch hin- und herwälzte, ich konnte diesen Traum nicht loswerden.

Der Supermarkt ist heute ein Blumenladen. Der damalige Chef scheint viel Zeit in Kneipen zu verbringen. Meine Kollegen von damals habe ich wissentlich nie wieder gesehen.

Bezahlung: DM 6/ Stunde.
Arbeitsaufwand: Recht hoch.
Gelernt fürs Leben: Meditieren tut gut. Nachts arbeiten beschert Alpträume.

13. Statist bei einer Konferenz

Was für ein seltsamer Tag!

Morgens hatte ich noch in einem Hotdog-Kostüm im Foyer der Freien Universität Berlin meine Runden gedreht und mit dem Verteilen von Gutscheinen für die Sparkasse geworben. Um mich herum hatten Studenten, die wie jedes Jahr um diese Zeit wegen Mittelkürzungen streikten, Essen füreinander zubereitet, diskutiert, gekifft und Wurfzettel entworfen. Offenbar nannten die jungen Aufrührer den Flur des hässlichen Baus in Lankwitz schon seit einigen Tagen ihr Zuhause. Das schloss ich nicht nur aus dem Geruch nach ungespültem Geschirr und Schlafsäcken, die ebenfalls eine Wäsche nötig hatten. In meinem durch das Kostüm eingeschränkten Gesichtsfeld konnte ich in den Nischen, die typisch für die 60er-Jahre- Architektur der sogenannten Rostlaube waren, improvisierte Sitzgruppen, Kochnischen und Büros erkennen. Ja, der Eine oder Andere hatte offenbar sogar einen Wechsel-Kapuzenpullover mitgebracht.

Doch gegen Mittag nahm der Tag eine ungewöhnliche Wendung. Flink pellte ich mich aus meiner unbequemen Verkleidung und sprang in ein von meiner Agentur bereitgestelltes Taxi. Während der Fahrt quer durch Berlin schlüpfte ich in einen schwarzen Anzug, der mir vor einiger Zeit in Vietnam auf den Leib geschneidert worden war und den ich feinsäuberlich zusammengerollt in meinem Rucksack mitgebracht hatte. Schnell sprühte ich noch etwas Deo auf die vom Hotdog-Kostüm verschwitzten Achselhöhlen, während mich der Taxifahrer im Rückspiegel zusehends argwöhnischer beäugte. Als wir schließlich vor dem schicken Hotel in Berlin-Mitte hielten, war ich bereit für den nächsten seltsamen Job.

Erhobenen Hauptes betrat ich die Lobby und nannte einer der Hostessen meinen Namen. Sie wies mir den Weg in Richtung der Bühne, vor der die Stühle in Reihen aufgebaut waren. Während ich auf einem davon Platz nahm, musste ich mich erst noch einmal daran gemahnen, dass ich nun nicht mehr Wurst im Brötchen war, sondern für den Rest des Tages den Geschäftsmann und Aktionär mimte. Eine andere, deutlich perfidere Form der Maskerade.

Konspirativ hatte mich die Agentur am Vorabend angerufen. Man suchte händeringend nach Leuten, die eine Konferenz für Aktionäre gut besucht aussehen lassen sollten. Ich hatte kurz nachfragen müssen, ob ich mich nicht etwa verhört hatte. Doch, doch, ich hatte das schon richtig verstanden. Tatsächlich waren Statisten gefragt. Der Auftraggeber wollte bei seiner Anlegerversammlung gut dastehen und das ging nun mal deutlich überzeugender vor ausverkauften Rängen. Nur so würden sich die Anleger in guten Händen wissen. Diese Herangehensweise verblüffte mich, aber meine Neugierde war geweckt.

Die Anweisungen waren klar: Gepflegt auftreten, interessiert dreinschauen und gerne während der Vorträge der Referenten Notizen machen. Die allerwichtigste Regel aber besagte: Auf keinen Fall mit irgendwem reden! Man wollte wohl unter keinen Umständen riskieren, dass die ganze Sache aufflog. Denn das hätte dem Wörtchen kontraproduktiv vermutlich eine ganz neue Bedeutung gegeben.

Aber die Bezahlung stimmte und so erklärte ich mich schließlich dazu bereit, für ein paar Stunden meinen Mund zu halten. Die junge Projektleiterin in der Agentur war dermaßen erleichtert, dass sie noch jemanden gefunden hatte, der den Job machen wollte, dass sie mir auch die Bezahlung des Taxis zum Einsatzort zusicherte. Und da saß ich nun. Nicht nur geografisch war ich plötzlich weit entfernt von den streikenden Studenten; das Hotel lag am anderen Ende der Stadt. Auch das Ambiente meiner beiden Einsatzorte hätte unterschiedlicher kaum sein können. Statt von Studenten in abgeranzten Klamotten und in vergnügter Stimmung fand ich mich nun von Anzugträgern mittleren bis reifen Alters umringt, deren Lebensfreude an jene einer Trauergemeinde erinnerte. Statt angeregten Diskussionen und Fun-Punk aus klapprigen Kassettenrekordern lauschte ich nun der sonoren Stimme eines Redners, der gerade mit allen Mitteln der Kunst versuchte, dem Publikum die Betriebszahlen der Metro Group schmackhaft zu machen. Statt der gemütlichen Atmosphäre der ewig nach Filterkaffee und heiß gelaufenen Kopierern riechenden Fakultät umgab mich nun die fast antiseptische Aufgeräumtheit einer Hotelketten-Lobby.

Wie mir geheißen, schrieb ich einen Teil der Vorträge mit, obwohl ich weder etwas dessen verstand, was der Redner mit einer Powerpoint-Präsentation unterfütterte, noch mich auch nur ein Fünkchen dafür interessierte. Doch das musste ich schließlich auch nicht.

Während der zwei ermüdenden Stunden, die nun folgten, musste ich ein paar Mal ungläubig grinsen, wenn ich mir den bisherigen Tag in Erinnerung rief. Ich wünschte mir fast, jemand aus dem ernsten Publikum hätte mich nur ein paar Stunden früher in meiner anderen Rolle gesehen und wäre in der Lage, gemeinsam mit mir über meine Metamorphose zu staunen. Den ganzen Morgen lang hatte ich mich in Tippelschritten vorwärts bewegt, da mein Hot-Dog-Kostüm nicht nur völlig lächerlich, sondern auch noch viel zu eng geschnitten war. Sein Erschaffer musste wohl eine perverse Ader haben, denn die Hülle aus Schaumstoff umspannte alles an mir, alles, außer meinem Gesicht. Und so hatte mein Antlitz für ein paar Stunden auf einer überlebensgroßen Wurst in Brötchenhälften geprangt. Ich war angefeindet worden und ausgelacht, ignoriert und beschimpft. Mehrere Male hatte man sogar versucht, mich in meinem Kostüm umzuwerfen. Ich hatte das nur durch geschickte Balanceübungen verhindern können.

Keine drei Stunden später rief dasselbe Gesicht nun komplett andere Reaktionen unter meinen Mitmenschen hervor, da es nun nicht mehr auf einer Wurst, sondern auf einem elegant gekleideten Yuppie saß. Man behandelte mich respektvoll und zuvorkommend, niemand versuchte mich umzuwerfen, nicht mal im metaphorischen Sinne.

Ich kam nicht umhin mich zu fragen, wie mich die Menschen in diesem neuen Kontext behandeln würden, hätte ich mich nicht umgezogen. Es war wirklich schwer zu sagen, so anders war hier alles. War es nicht verrückt, wie sich die Lebensrealitäten verschiedener Menschen voneinander unterschieden? So drastisch hatte ich den Unterschied schon lange nicht mehr vor Augen geführt bekommen. Doch ich unterdrückte meine Amüsiertheit, denn ich wollte nicht Gefahr laufen, doch noch in ein Gespräch hineingezogen zu werden. Daher riss mich zusammen und blickte wieder konzentriert nach vorne. Selbst in meine Richtung geäußerte Floskeln erwiderte ich lediglich mit einem lakonischen Grunzen.

Dem ersten Vortragenden auf der Bühne folgten ein paar weitere. Die Redner berichteten geradezu inbrünstig davon, wie gut die Entwicklung des Konzerns im letzten Geschäftsjahr verlaufen sei. Nicht zuletzt sollten bei dieser Veranstaltung ja Anleger bei der Stange gehalten oder gar neue angeworben werden. Ich wurde dabei aber das Gefühl nicht los, dass die Vorträge an einigen Stellen bewusst unverständlich gehalten waren. Vielleicht sollte dem Publikum auf diese Weise das Gefühl gegeben werden, dass die Dinge gar nicht mal so einfach waren, wenn es um die Bilanzen eines multinationalen Unternehmens ging.

So schnappte ich am laufenden Band Schachtelsätze wie den folgenden auf: ‚Wesentliche Säulen dieser Strategie des profitablen Wachstums sind kontinuierliche Umsatzerhöhung, stete Optimierung des Portfolios und laufende Verbesserung der Vertriebskonzepte, damit man den Anforderungen des Marktes auch unter geopolitischen Gesichtspunkten...‘

Ich war nicht der Einzige, der diesem Fachchinesisch nicht für lange Zeit folgen konnte. Stets am etwa gleichen Punkt in den Vorträgen der unterschiedlichen Redner sah ich in den Gesichtern des Publikums im Grunde nur noch zwei Ausdrücke: Ratlosigkeit sowie an Bewusstlosigkeit grenzende Erschöpfung.

Doch die rhetorisch gewandten Referenten wussten, wie man die Zuhörer am Ende wieder einfing. Alle Vorträge wurden abgerundet durch eine nun wieder einfacher verständliche und zudem sehr positive Zusammenfassung. Die Aktionäre konnten also aufatmen. Ihr Vermögen befand sich in guten Händen, so groß die Herausforderungen auch sein mochten. Hier hatte jemand offenbar seine Psychologie-Hausaufgaben erledigt.

Der Pflichtteil der Veranstaltung erstreckte sich zwar nur über zwei Stunden, ich aber fühlte mich schon nach der Hälfte so ermattet, als hätte ich bereits mehrere Tage auf meinem unbequemen Stuhl zugebracht. Ich fragte mich, ob die Leute, die sich in Fußgängerzonen angemalt und unbeweglich als Statuen ausgaben, besser oder schlechter verdienten als ich in diesem Moment. Schließlich waren diese beiden Jobs durchaus vergleichbar. Durch seine Verkleidung von der eigenen Persönlichkeit abgekoppelt machte man gute Miene zum bösen Spiel und war dabei jeglicher Sprache beraubt. Wenigstens durfte ich ab und an meine Glieder strecken und musste meinen Lohn nicht in einer Blechdose einsammeln.

Doch irgendwann kam auch der letzte Redner zum Ende und mich erwartete die große Belohnung für meine ausdauernde Selbstbeherrschung: Das Buffet war eröffnet! Man hatte sich nicht lumpen lassen. Auf mehreren Tischen aufgebahrt gab es hier alles, was das Gourmetherz höher schlagen ließ. Die Drinks dazu konnte man sich an der Bar nebenan holen, auch diese waren allesamt kostenlos. Sicherlich Peanuts für den Konzern, aber den Aktionären würden diese Gaumenfreuden noch länger im Gedächtnis bleiben als die Vorträge.

Ich hatte den Job bis dato gut gemeistert. Ich hatte stets ein interessiertes Gesicht gemacht und seit meiner Ankunft hatte tatsächlich nicht ein einziges Wort meine Lippen verlassen. Jetzt durfte ich nicht auf der Zielgeraden noch ins Schlingern geraten. Auch am Buffet galt es daher, einen einigermaßen kultivierten Eindruck zu hinterlassen und die Köstlichkeiten in Schweigsamkeit zu genießen. Behutsam, aber doch mit Ausdauer schlug ich mir den Wanst so voll, wie es eben ging. Das opulente Mahl schloss ich mit ein paar eiskalten Drinks ab. Währenddessen kam ich zu dem Schluss, dass dies vermutlich der schrägste Arbeitstag des Jahres gewesen war.

Einige Male tauschte ich am Fresstisch wissende Blicke mit anderen Hungrigen. Nachlässig gebundene Krawatten oder fleckige Hosen verrieten sie auf den zweiten Blick als Statisten-Kollegen. Manche erkannte man auch einfach an ihren linkischen Bewegungen in dieser ihnen offenbar nicht vertrauten Umgebung. Verschwörerisch lächelte man sich kurz zu, stellte sich dann aber wieder in verschiedene Ecken, um die Tarnung nicht doch noch auffliegen zu lassen.

Satt und zufrieden machte ich mich kurz darauf auf den Weg nach Hause. Nicht nur hatte ich heute ganz gutes Geld verdient, ich war auch mal wieder um eine Erfahrung reicher.

Meiner Einschätzung nach müssen sich gut 20 Statisten unter den Gästen getummelt haben, was bei der recht geringen Gesamtbesucherzahl doch ein stattlicher Anteil ist. Bis heute weiß ich nicht, ob das Bezahlen von Statisten eine gängige Praxis ist, aber verwundern würde es mich nicht.

So intellektuell unterfordert ich mich auch bei diesem Job fühlte, so hätte ich ihn doch vermutlich noch öfter gemacht, wenn es eine Gelegenheit dazu gegeben hätte. Durch die verordnete Schweigsamkeit hatte er durchaus meditativen Charakter. Und der konspirative Part verlieh ihm ein leicht abenteuerliches Flair, dessen ich mich noch nie erwehren konnte.

Bezahlung: € 18/ Stunde.
Arbeitsaufwand: Sehr gering.
Gelernt fürs Leben: Kleider machen Leute. Es zahlt sich aus, sich in
                    unvertraute Situationen zu begeben.

14. Fahrkartenautomaten-Erklärer im Weihnachtsmannkostüm

Da war wieder einer dieser Jobs, die man gar nicht für möglich gehalten hätte. Tatsächlich ging es manchmal so weit, dass ich bei Anrufen dieser Art kurz in Erwägung zog, ein Freund habe vielleicht seine Stimme verstellt und versuchte mich mit diesem fingierten Jobangebot zu verarschen. Doch tatsächlich meinten die das immer ernst. Und wie immer sagte ich zu.

Dieses Mal arbeitete ich für die Deutsche Bahn. Am Wiesbadener Hauptbahnhof sollte ich Menschen, die mit Technik nicht viel am Hut hatten, die Ticketautomaten erklären, da diese gerade erst auf ein neues System umgestellt worden waren. Doch als wenn das nicht schon skurril genug gewesen wäre, sollte ich dabei auch noch in einem Weihnachtsmannkostüm stecken. Ja, es war demnächst Weihnachten, aber was bitte hatte das mit dem Erklären von Fahrscheinautomaten zu tun? Wie schon oft zuvor wünschte ich mich in eine jener Positionen, in denen sich Menschen solch haarsträubende Dinge ausdenken und dafür auch noch viel besser bezahlt werden als beispielsweise ich, der ich nun Rauschebart und rote Mütze tragen musste. Vielleicht gab es in diesen Agenturen gar kleine Wettbewerbe, bei denen gewann, wer es schaffte den skurrilsten Job bei einem Kunden unterzubringen. War das der Fall, hatte meine jetzige Aufgabe seinem Erfinder sicherlich eine Spitzenposition beschert.

Und so verbrachte ich einen Nachmittag in der Eingangshalle des Bahnhofs und sprach gezielt Menschen an, die am Automaten zu viel Zeit zu benötigen schienen. Es handelte sich hierbei vornehmlich um Rentner, die sich noch gerne an Zeiten erinnerten, als man seinen Fahrschein bei einem Schaffner aus Fleisch und Blut löste. Touchscreens waren diesen Menschen in etwa so fremd wie Teilchenbeschleuniger.

Viele Leute lehnten meine Hilfe ab, waren jedoch irgendwie angetan von meinem Umhang und meinem Bart. Ich hatte auch noch Gummibärchen dabei und die verteilte ich großzügig, auch an jene, die sich nicht helfen ließen.

Wenn ich dann doch mal einem erklären durfte, wie der Touchscreen funktionierte und welche Tastenkombinationen man drücken musste, um von A nach B zu gelangen, konnte ich überraschenderweise recht überzeugend vertuschen, dass ich selbst mit jeglicher Technik auf Kriegsfuß stand. Faszinierenderweise hatte mich die etwa 12-minütige Schulung offenbar auf alle Eventualitäten des Computers vorbereitet und ich arbeitete mich routiniert durch das Menü. Nachdem ich meine Ausführungen beendet hatte, gewann ich bei den Leuten deutlich an Achtung, ja, ich hatte fast das Gefühl, in den Rang eines Pfarrers oder gar Arztes aufzusteigen. Wer einen solchen Automaten beherrschte, musste etwas Besonderes sein.

So hatte der Job auf jeden Fall großen Unterhaltungswert. Was ihn mit vielen meiner anderen Jobs verband, war die Tatsache, dass ich mit Leuten in Kontakt trat, mit denen ich sonst niemals ein Wort gewechselt hätte. Und das fand ich jedes Mal aufs Neue wieder interessant und spannend, bekam man doch alle paar Minuten Einblick in eine völlig unterschiedliche Perspektive auf die Welt. Eine liebenswerte alte Dame etwa erzählte mir sehr unterhaltsam aus dem Alltag im Seniorenheim. Ein makellos gekleideter Herr erklärte mir ausführlich die verschiedenen Zug-Typen der Bahn.

Nach ein paar Stunden begann der Bart zu jucken und so langsam fror ich mir auch den Arsch ab, obwohl ich unter meine rote Kutte vorsorglich eine Winterjacke angezogen hatte. Immer wieder pausierte ich kurz, um mich am Lebkuchenstand mit verbilligtem Glühwein wieder auf Betriebstemperatur zu bringen. Wie konnte man einem Weihnachtsmann etwas abschlagen? Kehrte ich dann in die große Halle zurück, fühlte ich mich jedes mal noch ein bisschen mehr wie der echte Weihnachtsmann und bewegte mich zusehends mit feierlicher Eleganz.

Am Ende des Tages nutzte ich meine neu erworbenen Fähigkeiten am Touchscreen absichtlich nicht und fuhr unerkannt schwarz nach Hause, einen ganzen Sack voller Gummibärchen unter dem Sitz hortend.

Löse ich heute Fahrscheine, kann ich meine außergewöhnlichen Automaten-Fähigkeiten leider beim besten Willen nicht mehr heraufbeschwören. Auch aus diesem Grund fahre ich öfter mal ohne, und bin dazu übergegangen, bei Kontrollen einfach die Beine in die Hand zu nehmen. Glühwein schmeckt im Übrigen auch nicht schlecht, wenn man ihn in einer lauen Sommernacht kalt verzehrt.

Bezahlung: 10 DM/ Stunde.
Arbeitsaufwand: Gering.
Gelernt fürs Leben: Die Organisationsstruktur von Computern, die ich aber leider wieder verlernt habe.

15. Chauffeur

,Drive like hell!', sagte der betrunkene alte Norweger lallend zu mir. Und nichts Anderes hatte ich vorgehabt.

Ein anderer Fahrer war kurzfristig ab- und ich direkt in die Bresche gesprungen. Schnell den schwarzen Anzug aus dem Schrank geholt, den ich mir vor ein paar Jahren für 40 Euro in Vietnam hatte auf den Leib schneidern lassen. Ein bisschen die Falten rausgedrückt, denn ein Bügeleisen besaß ich nicht. Dann noch die schwarzen Schuhe vom Mitbewohner geliehen, den Führerschein eingesteckt und schon konnte es losgehen.

Da wir keine gewöhnlichen Fahrer, sondern sogenannte VIP-Shuttlefahrer waren, hatte man uns doch allen Ernstes schwarze Audi A 8 mit knapp 500 PS gemietet. Ich war noch nie ein großer Fan von Audi gewesen, aber wenn irgendwo 500 Pferde unter der Haube steckten, wurde mir die Marke reichlich egal. Als wir die Kisten tief im Westen von Berlin abholten, musste ich zuerst einmal die ganzen Schalter und Knöpfe im Cockpit verstehen. Im Vergleich zu meinem italienischen Kleinwagen wirkte das Cockpit des Audi wie das eines Raumschiffes. Doch als ich die wichtigsten Funktionen verinnerlicht hatte, gab ich dem Hobel die Sporen. Die brachiale Beschleunigung katapultierte mich auf die vierspurige Straße und ich hatte die Wirkung des Gaspedals dermaßen unterschätzt, dass ich fast die erste Leitplanke mitnahm. Nach zwei Kilometern jedoch hatte ich das Geschoss einigermaßen unter Kontrolle und genoss das tiefe Brummen des Motors.

Die Aufgabe war einfach. Wir sollten mit den sechs Limousinen vor dem zum Hotel Adlon gehörenden Felix Club stehen und auf heraustorkelnde Gäste warten. Diese mussten dann anhand eines roten Armbändchens zunächst beweisen, dass sie noch eine Ecke wichtiger waren als die anderen selbstverliebten Gäste der Party. Waren sie dazu in der Lage, so wurden diese ‚Super-VIPs' kostenlos von uns im Berliner Stadtgebiet hingefahren, wo auch immer sie hin wollten. Wie eine Veranstaltung im Felix nahelegt, hatte sich hier die Crème de la Crème der Protzer, Wichtigtuer und Möchtegerns eigefunden. Ein Gast war unsympathischer als der nächste und allesamt waren sie sehr bemüht, die Abgrenzung zum Pöbel, der ich als Fahrer in deren Weltbild ja nun mal angehörte, mit jedem Wort zu verdeutlichen. Ich ließ ihnen diesen kurzen Triumph und mich gar nicht erst auf irgendwelche Unterhaltungen ein.

Schnell hatte ich mir eine sehr pragmatische und somit weniger demütigende Art des Umgangs mit diesen Menschen überlegt. Ich fragte meine Passagiere höflich nach ihrem Bändchen, dann sagte ich während der ganzen Fahrt einfach gar nichts mehr. Stattdessen lauschte ich den Plattitüden, die diese Menschen auch betrunken noch von sich zu geben hatten. Es ging um Golf, um teure Autos, noch teurere Urlaube und natürlich darum, sich vor dem Gegenüber als Liebhaber mit der sexuellen Ausdauer eines Bisons zu präsentieren. Waren mehrere Leute an Bord, konnte ich es manchmal kaum glauben, mit welcher Offensichtlichkeit und Dreistheit diese Leute sich voreinander profilierten und einander in die Tasche logen, und das alles vom Gegenüber einfach stillschweigend hingenommen wurde.

Nun jedenfalls hatte ich tatsächlich mal zwei nette Typen im Auto, die mich zur Abwechslung auch noch respektvoll behandelten. Sie kamen aus Oslo und ich konnte mir nicht ganz erklären, wie sie überhaupt auf diese Arschloch-Party geraten waren. Sie hatten jedenfalls ordentlich getankt und jetzt wollten sie sehen, was der Audi so konnte. Vom ersten Moment an gab es kein anderes Thema als den PS-starken Wagen.

Tatsächlich nötigten sie mich immer wieder, vor grünen Ampeln langsamer zu fahren, um diesen eine Gelegenheit zu geben, auf Rot umzuspringen. Denn das wiederum gab uns dann die Gelegenheit, einmal mehr die markerschütternde Beschleunigung des Gefährts zu testen. In einigen wenigen Sekunden prügelte ich den Boliden von null auf hundert, um dann schnell wieder auf die vorgeschriebene Geschwindigkeit zurückzugehen. Die beiden Sauf-Skandinavier schlugen sich ausgelassen auf die Schenkel und freuten sich wie kleine Kinder. Und auch ich hatte wahrlich meinen Spaß. Ich musste nur aufpassen, dass ich für das bisschen Stundenlohn nicht auch noch meinen Führerschein verlor.

Meine Passagiere waren nicht nur lustig und bezahlten mir am Ende der Fahrt ein üppiges Trinkgeld. Sie brachten mich auch noch auf eine geniale Idee, wie ich mir für den Rest des Abends eine Menge Arbeit sparen konnte. Zum Einen überredeten sie mich ständig dazu, lange Umwege zu fahren, zum Anderen wohnten sie in einem Hotel am Rande der Stadt, sodass ich schließlich erst nach mehr als einer Stunde wieder am Club eintraf. Niemand nahm auch nur Kenntnis von mir, als ich mich wieder in die Schlange der Limousinen einreihte. Und so tat ich ab diesem Zeitpunkt einfach so, als wohnten alle Passagiere am Arsch der Welt und als nötigten mich alle zu ein paar Umwegen. In Wirklichkeit ging ich etwas essen, oder fuhr noch die eine oder andere spritintensive Vergnügungsrunde auf der Stadtautobahn, bevor ich wieder zum Ort des Geschehens zurückkehrte. So musste ich alles in allem deutlich weniger Vollidioten im Fond ertragen. Als dann die Leute zu späterer Stunde immer betrunkener wurden und sich Vorfälle häuften, bei denen auch die weniger wichtigen Leute mit gelben und blauen Bändchen ihr Recht auf Transport einforderten und dabei mitunter handgreiflich wurden, blies unser Teamleiter die ganze Sache ab und schickte uns nach Hause.

Ich habe bis heute das Felix nicht von innen gesehen. Nach all diesen Menschen, die ich in jener Nacht ertragen musste, gibt es auch wahrlich nicht den geringsten Anreiz dafür. Einen Wagen mit ähnlich viel Motorleistung habe ich leider bisher auch nicht wieder fahren dürfen. Daran hingegen sollte ich bald etwas ändern.

Bezahlung: **€ 12/ Stunde.**
Arbeitsaufwand: **Sehr gering.**
Gelernt fürs Leben: Wichtigtuer lassen sich am Besten mit Ignoranz ausbremsen.

16. PR-Berater in Laos

Der Winter war schrecklich hart und ich hatte fieberhaft, und das mitunter buchstäblich, überlegt, wie ich dieser Kälte entfliehen konnte. Einige email-Wechsel mit Bekannten in fernen Ländern hatten erst mal nicht sonderlich gefruchtet. Doch da trat Simon, der Bruder einer Ex-Freundin auf den Plan, dessen Vater irgendetwas mit Solaranlagen in Laos machte. In den nächsten Wochen schrieb ich mir mit ihm hin und her und schließlich saß ich nur kurze Zeit später im Flugzeug Richtung Südostasien, als der Frühling hier schon seine ersten zaghaften Fühler ausstreckte. Eigentlich fing dann alles ganz gut an. Direkt nach der Landung in Bangkok stürzte ich mich in den Songkran, das südostasiatische Fest zum Begrüßen der Regenzeit. Jung und alt begossen und beschossen sich hierzu mit Wasser und feierten drei Tage lang ausgelassen. Danach verbrachte ich ein paar weitere Tage in Bangkok mit einer alten Bekannten aus Hessen, die nun für die UN arbeitete und gemeinsam mit ihrem Freund, einem australischen Fotografen, am Ufer des eindrucksvollen Chao Praya Flusses in einem ehemaligen Kindergarten logierte. Dann ging es per Billigflieger rüber in die laotische Hauptstadt Vientiane, da ich die Überlandstrecke bereits zur Genüge kannte. Eine Nacht in einem gewohnt simplen Guesthouse und schon saß ich am Morgen meines Amtsantritts beim französischen Bäcker und ging noch mal mein Buch durch, die 'PR- und Pressefibel'. Wenn ich ganz ehrlich war, war dieses Buch auch schon das einzige, was meinen Aufenthalt hier rechtfertigte. Schreiben konnte ich vielleicht, aber sonst hatte ich im Bereich PR so gut wie keine Erfahrung. Klar, ich hatte während meines Studiums ein paar Seminare zu PR und Öffentlichkeitsarbeit absolviert, aber im Grunde konnte ich mich an keinen der Inhalte erinnern. Simon selbst hatte jahrelang in Laos gearbeitet, denn seinem Vater gehörte die Solaranlagenfirma. Simon steckte mittlerweile in den letzten Zügen seines Studiums und pendelte zwischen Bangkok und Singapur. Leider war er also nicht vor Ort und ich hatte nur seinen Vater Andy als Ansprechpartner.

Der Deal war einfach: Andy hatte meinen Flug bezahlt. Ich sollte mich dafür 6 Wochen lang bei ihm als PR-Berater versuchen. Seine Firma Sunlabob lief gut, aber er konnte jemanden gebrauchen, der ihre Bemühungen noch mehr ins Licht der Öffentlichkeit rückte. Am Ende meiner Zeit vor Ort würde man dann sehen, inwiefern meine Arbeit seiner Firma etwas gebracht hatte und ich würde dementsprechend bezahlt werden. Er hatte also auch nicht viel zu verlieren. Den Flug hatte er als Geschäftsmann sicherlich billiger bekommen und konnte diesen auch noch von der Steuer absetzen. Schon beim ersten Gespräch mit Andy hatte ich das Gefühl, dass er sich von mir doch ein wenig mehr Erfahrung versprochen hatte. Ich versuchte gar nicht erst zu bluffen, denn das würde ohnehin früher oder später auffliegen. Der Lebenslauf, den ich ihm im Vorfeld geschickt hatte, war nur minimal geschönt gewesen, aber trotz allem schien er einen echten PR-Spezialisten erwartet zu haben. Wäre ich ein solcher gewesen, hätte ich mich sicherlich nicht auf seinen schwammigen Deal eingelassen und zudem Besseres zu tun gehabt.

Schnell fiel mir wieder ein, dass Andy ein sehr dominanter Charakter war, sehr erfolgsorientiert und stets auf seine eigenen Interessen bedacht. Er war niemand, mit dem man mal eben etwas herumplänkeln konnte. Wenn er ein Gespräch führte, dann verfolgte er damit ein Ziel. Ich hatte von Anfang an nicht das Gefühl, dass die Zusammenarbeit mit ihm sich besonders angenehm gestalten würde.

Sunlabob war eine Art Nichtregierungs-Organisation, die aber von der Sache her wie eine gewinnbringende Firma aufgebaut war. Das bedeutete konkret, dass die Firma das Leben der Einheimischen verbesserte, aber damit tatsächlich auch noch Geld erwirtschaftete. Dies tat Sunlabob mit unterschiedlichen Sparten, aber der Hauptzweig waren an Einheimische verpachtete Solaranlagen. Durchschaute ich auch zu Anfang nicht, wie das im Detail ablief, so konnten sich die Ergebnisse der Firma doch wirklich sehen lassen. Tatsächlich hatte man mit diesem innovativen Konzept auch schon verschiedene Nachhaltigkeitspreise gewinnen können.

Das Büro der Firma lag in einem großen Haus mit weitläufigem Garten im Botschafterviertel der laotischen Hauptstadt. Im Erdgeschoß befanden sich die Schreibtische der etwa 20 Mitarbeiter, Andy und seine Frau bewohnten den ersten Stock. Ich residierte in einem Haus im Garten, das im ersten Stock über ein schönes großes Zimmer aus Holz verfügte. Während des immer wieder heftig herunterprasselnden Monsunregens fielen mir zwar immer die Kokosnüsse mit der Lautstärke einer Explosion aufs Blechdach, und ab und an hatte ich große Spinnen im Bad. Aber alles in allem war das doch eine sehr luxuriöse Art zu wohnen. Montag bis Freitag saß ich nun meine Zeit im Büro ab, das sich genau unterhalb meines Zimmers befand. Mit mir im Raum waren ein besserwisserischer Holländer im Forscherpraktikum, der keinen Hehl daraus machte, dass er nicht viel von mir hielt, sowie eine hübsche Laotin, die an ihrem Computer schrieb, als gäbe es kein Morgen. Oft hatte ich schlichtweg nichts zu tun. Zwar konnte ich immer mal wieder behaupten, ich müsse wegen Durchfall mal hoch auf meine Toilette. Und das war oft nicht mal gelogen. Jedoch wurde von mir schon erwartet, dass ich die Bürozeiten einigermaßen einhielt. Und so trieb ich mich meist im Internet herum, bis es mal wieder etwas zu tun gab. Vor dem klimatisierten Raum, indem wir saßen, gab es eine kleine Küche, wo ich mir während der ruhigen Momente gerne mal einen Tee zubereitete. Dort konnte man auch immer mindestens einen der vier Hunde treffen, die auf dem Gelände wohnten. Anfassen wollte man nicht alle davon, denn das tropische Klima hatte ihnen Hautprobleme und stinkendes Fell beschert. Zunächst schrieb ich eine Powerpoint-Präsentation um, die Andy mit zu einem Symposium in Malaysia nehmen wollte. Eine undankbare und noch dazu reichlich stumpfsinnige Aufgabe, wie ich fand. Ich hatte solche Präsentationen während meines Studiums immer zu vermeiden gewusst und musste mich daher erst mal in die Grundfunktionen der Software einarbeiten. Wäre nur meine Bekannte Denise hier gewesen. Sie hatte mir in Bangkok erzählt, dass eigentlich lediglich ihre Fähigkeit, Powerpoint-Präsentationen anzufertigen, sie für den Job bei den UN qualifiziert hatte. Schnell merkte ich, dass Andy ein Typ war, den man nur schwer zufriedenstellen konnte. Am Ende machte er die Sachen meistens noch mal selbst, so auch bei dieser Präsentation. Auch wenn ich täglich sah, dass er so mit all seinen Angestellten verfuhr, hinterließ das doch stets ein ungutes Gefühl. Nach der Präsentation machte ich mich ans Umschreiben einiger Texte, die schon lange unverändert auf dem Firmencomputer lagen. Andy war erst mal zum Symposium verschwunden und so musste ich mir wieder selbst Aufgaben stellen. Abgesehen von der Tatsache, dass ich mir meistens unterbeschäftigt vorkam, störte es mich auch, im tropischen Klima lange

Hosen tragen und in einem geschlossenen Raum sitzen zu müssen. Ich hatte diese Region in meiner Erinnerung ganz anders abgespeichert, halb nackt und barfuß an tollen Stränden, mit wenig mehr Aufgaben als jener, sich zu überlegen, wo man das nächste kalte Bier herbekam. Ein Bürojob schien hier irgendwie nicht herzupassen. Morgens hatte ich es mir zur Angewohnheit gemacht, zu einer belebten Kreuzung in der Nähe zu laufen, um mir ein Baguette zu holen. Diese waren hier mit allerlei Kräutern und exotischem Gemüse, aber durch den Einfluss der französischen Kolonialherren auch mit Paté belegt und sehr delikat. Leider war mein Stand des Vertrauens wohl nicht der hygienischste und so fing ich mir schon bald einen Magenvirus ein, der in den nächsten Wochen kam und ging, wie er gerade wollte.

Das laotische Essen war lecker wie in allen Ländern dieser Region, aber manchmal bekam man doch einigermaßen seltsame Dinge als Mahlzeit vorgesetzt. An einem Nachmittag etwa ließ ich mich von den Technikern, die immer zum Feierabend im Hinterhof Boules spielten, beim Biertrinken zum Genuss von Reis mit einer sehr speziell schmeckenden Sauce überreden. Erst als alles aufgegessen war, klärte man mich darüber auf, dass ich soeben das Halbverdaute aus einem Kuhmagen verzehrt hatte. ‚Shit sauce!‘, jubilierten die Laoten.

Vientiane war schon bei meinem ersten Besuch zwei Jahre zuvor nicht meine Lieblingsstadt in Südostasien gewesen. Dafür gab es hier einfach zu wenig zu tun und zu sehen. Man konnte sich aber durchaus mit ihr arrangieren. Die Sehenswürdigkeiten wie die goldene Stupa und den Nachbau des Triumphbogens hatte ich schnell abgehakt. Oft fuhr ich daher einfach ziellos mit meinem Fahrrad umher und bestaunte das Leben der Laoten in den kleinen Gassen. Die interessanteste Strecke führte dabei den Mekong entlang, der breit und braun in Richtung Kambodscha floss. Auf einem Feldweg radelte ich flußaufwärts und sah den Einheimischen in ihren Fischfarmen bei der Arbeit zu. Schon bald hatte ich auch verschiedene Orte, an denen ich auf meinen Touren immer stoppte und an denen mich die Laoten kannten. So gab es etwa eine kleine Bar im Zentrum, die unglaublich leckere Fruchtshakes zubereitete oder einen Markt, auf dem man immer wieder neue kulinarische Leckerbissen entdecken konnte. Freundlich wurde ich hier von den Verkäufern begrüßt. Eine willkommene Abwechslung bot die australische Botschaft mit ihrem ‚Recreation Center‘. Im Grunde fühlte man sich dort wie in einem amerikanischen Country Club. Es gab Sportmöglichkeiten, eine Bar und ein Restaurant sowie einen großen Pool. Die kleine Oase diente als Haupttreffpunkt für die in Vientiane lebenden Ausländer. Zwar hatte das Ganze doch mitunter einen sehr kolonialen Touch, da hier eigentlich nur Weiße Zutritt hatten und von den Einheimischen wie von Dienern umsorgt wurden. Aber zunächst auf dem Butterfly ein paar Muskelübungen mit Blick auf den Mekong zu absolvieren und dann noch eine Runde im Pool zu drehen, an dem die Botschafter-Gattinnen sich allabendlich die Cocktails reinzimmerten, war für mich doch stets eine tolle Art, den Tag zu beschließen. Als es auf die dritte Woche zuging, wurde es endlich spannender. Sunlabob hatte in einem kleinen Dorf im Norden des Landes einen Staudamm gebaut und eine völlig neue Art von Stromnetz installiert. Das Ganze war offenbar dermaßen revolutionär, dass sich hochrangige Politiker des korrupten Regimes sowie verschiedene Botschafter und Vorstände von Non Profit-Organisationen für den Eröffnungstag angekündigt hatten. Schon in der Woche davor feilte ich an Texten für die laotischen Medien sowie die Website. Und tatsächlich landete ein weitgehend von mir verfasster Artikel sogar auf der Titelseite der Vientiane Times. Um diese Leistung nicht abzuwerten, erspare ich mir weitere Kommentare zur Qualität der größten Tageszeitung in Laos. Wie es der Zufall wollte, hatte irgendwer für den Eröffnungstag abgesagt und so konnte ich sogar doch noch kurzfristig mitfliegen in das kleine Dorf. Wir legten die Strecke in einem uralten Helikopter zurück, in dem man sein eigenes Wort kaum verstand. Es roch stark nach Benzin und die Hitze aus dem Motorraum machte die ohnehin schon schwüle Luft unerträglich heiß. Die Ausstiegsluken waren notdürftig mit ein paar rostigen Bolzen gesichert, einige der Abgesandten wirkten nicht gerade zuversichtlich, dass wir unser Ziel wirklich erreichen würden. Als wir aber doch im Dorf ankamen, wurden wir sofort von einer großen Schar Kinder belagert. Ein Helikopter, der mitten auf dem Feld landete und eine ganze Ladung Langnasen ausspuckte, die zu allem Überfluss auch noch Kappen mit kleinen solarbetriebenen Ventilatoren trugen; das war etwas, das man hier nicht alle Tage zu Gesicht bekam! Schnurstracks ging es ins riesige Zelt, das man extra zu diesem Anlass aufgebaut hatte. Zwei Stunden lang wurde dann erst mal gegessen und getrunken, dann hielten verschiedene Leute kurze, feierliche Reden. Per Kleinbus legten wir sodann die verbleibenden Kilometer ins Dorf Nam Kha zurück. Da das Dorf in der Grenzregion zu Burma liegt, in der es immer wieder zu Unruhen kommt, hatten wir ein paar Teilzeitsoldaten dabei, die uns mit ihren halbautomatischen Gewehren auf Schritt und Tritt begleiteten. Dann kam es zur feierlichen Eröffnung des Kraftwerks. Das Band wurde durchschnitten, die Anlage in Betrieb genommen und die Presse schoss noch ein paar Erinnerungsfotos. Daraufhin gab es direkt wieder Essen und Schnaps. In meiner vorletzten Woche stattete ein junger Schweizer Sunlabob einen Besuch ab. Er war Abgesandter einer Nonprofit-Organisation und Andy wollte ihm am Beispiel eines anderen kleinen Dorfes zeigen, wie seine Firma arbeitete. Da dies eine gute Gelegenheit war, auch mir endlich mal näherzubringen, wie sich die ganze Theorie in der Praxis tatsächlich gestaltete, sollte ich mitfahren. Mit Andys Landcruiser jagten wir auf einer Staubpiste am Mekong entlang und die Siedlungen, die wir durchquerten, wurden immer kleiner.

Im Dorf, wo Andy jeden Interessierten hinbrachte, um sein innovatives Geschäftsmodell anschaulich erklären zu können, schienen die Uhren anders zu gehen. Man konnte sich hier leicht so fühlen, als lebte man vor 50 Jahren. Die Laoten im Dorf waren allesamt sehr herzlich und strahlten eine unvergleichliche Entspanntheit aus. Nachdem wir die Anlagen besichtigt hatten, schauten wir noch dabei zu, wie Reisschnaps gebrannt wurde und eine Gruppe älterer Damen aus Bambus die Stäbe für Räucherstäbchen schnitzte. Und hier war das nicht ein extra für Touristen inszeniertes Spektakel. Das war es tatsächlich, was diese Leute tagein, tagaus machten, um ihren kargen Lohn zu erarbeiten. Man ließ uns natürlich nicht abreisen ohne ein Essen mit dem Dorfältesten. Die Dorfbewohner hatten eigens dafür einen großen Fisch gefangen und auch sonst einige Leckereien zubereitet. Fast eine Stunde lang trug man immer neue schmackhafte Gerichte zu unserem Tisch, der im Freien unter vor Insekten nur so sirrenden Bäumen stand. Als alle satt waren, folgte der unvermeidliche Schnapsgenuss. Der alte Laote war nicht eher zufrieden, bevor wir zu viert die ganze Flasche Lao Lao, einen beißenden Reisschnaps, geleert hatten, und so fielen wir mit reichlich Schlagseite wieder zurück zum Geländewagen. Jetzt trat

Andy richtig aufs Gas und ich musste mich zusammenreißen, ihm bei dem ganzen Rausch, Staub und Geholper auf den Feldwegen nicht die Rückbank vollzukotzen. Der Job dümpelte leider weiter so vor sich hin und ich wurde immer unzufriedener. Zum Einen hatte ich das Gefühl, nicht das zu erfüllen, was von mir erwartet wurde. Zum Anderen war es nach wie vor so, dass mir niemand irgendwelche Informationen gab und ich daher oft nicht im Ansatz wusste, was ich überhaupt tun konnte. Die letzten Wochenenden wenigstens gestalteten sich einigermaßen spannend, da ich über einen Bekannten von Andy ein paar Leute kennengelernt hatte. Zunächst ging es meistens ins Bor Pen Yang (zu deutsch: Mach Dir keine Sorgen), wo immer recht gute laotische Coverbands spielten. Witzig war hier, dass man seine Drinks ausschließlich in kompletten Flaschen kaufen konnte. Am Ende des Abends bekam die halbausgetrunkene Flasche dann einen Aufkleber mit dem Namen des Gastes und so konnte man beim nächsten Besuch einfach da weitertrinken, wo man zuletzt aufgehört hatte. Direkt am Mekong gab es eine Bar mit Dachgarten, die einigermaßen cool war. Zumindest ließ sich hier immer ein angetrunkener Backpacker für eine Partie Billard finden. Über ein paar Kontakte hatte ich es eingefädelt, dass ich hier einen Abend lang meine Musik auflegte und das war wirklich ein Spaß. Die einzige wirkliche Disco Vientianes befand sich in einem ausgesprochen hässlichen Hotel am Mekong, einem Investitionsobjekt einer Hong Konger Firma. Man hörte im Zusammenhang mit dem Namen des Ladens auch immer mal wieder den Begriff Mafia und die Bewohner der Hauptstadt schienen nicht gerade gut auf das monströse Gebäude und deren Betreiber zu sprechen zu sein. Der Club selbst kam ebenfalls ziemlich schrecklich daher mit seiner Mischung aus heruntergekommenen Prostituierten, vor Geld nur so triefenden asiatischen Geschäftsleuten und volltrunkenen Touristen ohne Manieren. So man aber mit ein paar Leuten da war und selbst soff wie ein Loch, konnte man dort durchaus eine witzige Nacht verleben. Ab und an bekam ich das Moped von Andys Frau geliehen und konnte damit auf längere Entdeckungstouren gehen. So fuhr ich einmal zum sogenannten Buddha-Park, einem Park voller riesiger Statuen entlang des Flusses. Aber alleine der Weg zu meinen Ausflugszielen war oft schon ungewöhnlich und aufregend, da ich dann das alltägliche Leben der Laoten aus nächster Nähe bestaunen konnte. Nicht selten wurde ich kurzerhand zu einer Hochzeit eingeladen, bei der es, hatte ich das richtig verstanden, hauptsächlich darum ging, in kurzer Zeit so viel Bier wie möglich zu trinken. Die Hauptstraße Vientianes war während meiner gesamten Zeit dort eine einzige Baustelle. Jeden Tag musste man sich einen anderen Weg durch die aufgerissene Straße oder um sie herum suchen. Absperrungen wurden von allen Verkehrsteilnehmern geflissentlich ignoriert, der Schwall an Mopeds und alten Autos bahnte sich immer wieder neue Wege. Über der gesamten Strecke schwebte stets ein Staubvorhang von 30 Metern Höhe. Ich genoss daher besonders die nächtlichen Heimwege auf dem Fahrrad. Denn die Laoten selbst gehen allesamt früh zu Bett und so hatte man die Staubpiste des Nachts fast für sich alleine. An einem Wochenende machte ich einen Ausflug ins 6 Stunden entfernte Vang Vieng, das besonders für seine Tubing-Touren bekannt ist, bei denen man in alten LKW-Schläuchen sitzend mit viel Alkohol und Gras den Fluss hinuntertreibt. Da ich dieses Programm schon beim letzten Besuch absolviert hatte, verbrachte ich meine Zeit stattdessen beim sogenannten Rocket Festival. Einmal im Jahr basteln die Laoten aus Bambus und verschiedenen Chemikalien bis zu 3 Meter lange Raketen und schießen diese dann über den Fluss in Richtung Dschungel. Nebendran sitzen alte Dorfbewohner mit den Köpfen frisch geschlachteter Wasserbüffel auf dem Tisch. Und im Hintergrund schauen die märchenhaft anmutenden Berge aus dem Nebel. Ich genoss dieses Spektakel sehr und gesellte mich dann abends noch mit meiner Gitarre zu ein paar Backpackern.

In meiner letzten Woche dann leistete ich doch noch etwas Sinnvolles. Ich hatte irgendwo von Guerilla-Marketing gelesen und dies für unsere Zwecke adaptiert. Dafür gab ich mich in verschiedenen Foren über erneuerbare Energien als ein Laos-Reisender aus, der durch Zufall auf Sunlabob aufmerksam geworden war und sich gar nicht beruhigen konnte, was für eine tolle Firma das sei. So neu war diese Idee nun auch nicht, aber Andy schien sie zu gefallen. Ich hatte das Gefühl, dass ich mit dieser Idee nach den ertraglosen letzten Wochen zumindest einigermaßen meine Ehre gerettet hatte. Wir hatten es uns zur Gewohnheit gemacht, zwei, drei mal die Woche Squash spielen zu gehen. Zwar beherrschte ich diese Sportart so gut wie nicht, aber Andy schien froh zu sein, überhaupt einen Gegner zu haben. Am Ende meiner vierten Woche fragte ich ihn, als wir nach einem anstrengenden Spiel im Pool des Recreation Centre dümpelten, ob ich meine Zeit vor Ort wohl verkürzen könne. Es war ja alles schön und gut, aber ich wusste nun wirklich nicht mehr so recht, wohin mit mir. Andy wollte ohnehin ein paar Tage später für zwei Wochen verschwinden, was für mich nur bedeutete, dass ich gar nichts mehr zu tun hatte. Und so stimmte er meinem Vorschlag zu. In einem kleinen Rückblick auf die letzten Wochen machte er mir schnell klar, dass es wohl für meine Zeit vor Ort leider keine Bezahlung geben würde. Ich fand das OK, da ich auch nicht das Gefühl hatte, sonderlich viel geleistet zu haben. Andy erzählte von einem anderen Praktikanten, der auch ‚so ne Flitzpiepe' wie ich gewesen sei. Ich hatte den Eindruck, dass das nicht gerade ein wohlwollendes Abschlussurteil war, aber selbst das war nun zweitrangig. Denn ich war eigentlich nur noch froh, dass die ganze Chose bald zu einem Ende kommen sollte. Dass wir auch noch einigermaßen im Guten auseinander gingen, konnte dabei sicherlich nicht schaden. Ich flog umgehend zurück nach Bangkok, denn von Vientiane hatte ich nun wirklich die Schnauze voll. Ich hatte zwar geplant, nach meinem Praktikum noch ein wenig Urlaub zu machen, aber nun war mir seltsamerweise gar nicht mehr danach zumute. Zuhause warteten meine Freundin und der Frühling und zum ersten Mal freute ich mich auf meinen Heimflug. Sunlabob ist heute erfolgreicher denn je und wurde schon von einigen hochrangigen Leuten wie etwa Prince Charles mit Preisen ausgezeichnet. Andys Sohn Simon ist vor kurzem als Geschäftsführer eingestiegen. Für PR habe ich heute noch weniger übrig als damals. Laos hingegen habe ich wieder als das in Erinnerung, was es ist: Ein Land zum Reisen, nicht zum Arbeiten.

Bezahlung: **Ein Freiflug nach Südostasien.**
Arbeitsaufwand: **Eigentlich gering, trotzdem unangenehm.**
Gelernt fürs Leben: **Manche Orte sind nicht zum Arbeiten gedacht.**

17. Anpreiser von Telefonkarten

Wie hatte ich mich noch mal in diese Position bugsiert? Ich konnte es nicht mehr genau sagen. Da stand ich nun jedenfalls in Hemd und Krawatte, und versuchte, ahnungslose Menschen davon zu überzeugen, sich diese neuartige Karte zuzulegen, die ich in den Händen hielt und der ich in meiner Lobrede ein ganzes Sammelsurium an Funktionen zuschrieb. Es war in etwa 1997 und alles, was mit Telefonieren zu tun hatte, war gerade schwer en vogue. Ich kannte sogar schon jemanden mit einem Mobiltelefon! Mit diesem simplen Rechteck aus Plastik jedenfalls konnte man telefonieren und bezahlen, und dazu noch an allen Ecken und Enden Vergünstigungen abgreifen. ,Und was da in der Zukunft noch für Zusatzfunktionen hinzukommen! Das würde wirklich zu lange dauern, wollte ich Ihnen das alles hier und jetzt erzählen. Sie sollten es einfach mal ausprobieren. Kostet ja nichts!' Der letzte Teil meiner offensiven Marktschreierrede ließ sich nur mit Einschränkungen als wahr bezeichnen. Denn war die Karte auch tatsächlich ein paar Monate lang kostenlos, so rutschte man schon bald in eine Art Vertrag, der mit einer monatlichen Gebühr und allerhand Verpflichtungen gespickt war.

Meine Einsatzorte waren Einkaufszentren, Telekomfilialen sowie Messen im Großraum Frankfurt. Meine Zielgruppe umfasste im Prinzip alle mündigen und volljährigen Bürger. Von Anfang an fühlte ich mich in meinem Outfit irgendwie verkleidet. Ich hatte nie den großen Drang verspürt, mich jeden Morgen in einen Anzug zu zwängen. Und Krawatten hielt ich tatsächlich für eine Art moderner Fußfessel des Kapitalismus. Doch leider war eine der wenigen Vorgaben für meine Einsätze der Business-Dresscode.

Tatsächlich spürte ich während dieses Jobs jedoch einstweilen so etwas wie Ehrgeiz in mir aufkeimen, ein Gefühl, das ich sonst nur aus Erzählungen kannte. Ausschließlich auf Provisionsbasis bezahlt, hatte ich an einem diesigen Vorweihnachtstag in einem Einkaufszentrum in Neu-Isenburg fast 20 Verträge abgeschlossen. Daraus resultierten fast 300 Mark als Lohn, für meine Verhältnisse damals sehr viel Geld in sehr kurzer Zeit. Ich konnte mich nicht dagegen wehren, dass sich das unterschwellig gut anfühlte. Der Ehrgeiz wechselte jedoch ständig ab mit einem starken Drang, das Ganze einfach auf der Stelle hinzuschmeißen.

Aber diese Art Job funktioniert auf Dauer nur mit der nötigen Motivation. Damals hatte ich noch nichts von Neurolinguistischer Programmierung, sogenannter erfolgsorientierter Kommunikation gehört. Hier hätte sie mir vermutlich den Schlüssel zum Erfolg liefern können. Denn letztendlich ließen sich alle meine Gespräche auf psychologische Muster herunterbrechen. Es war zum Beispiel interessant zu sehen, wie die Leute im Prinzip wie eine Herde Schafe reagierten. Versuchte ich dem ersten Menschen in einer langen Schlange die Telefonkarte anzudrehen, und dieser sagte sehr entschlossen nein, dann konnte ich davon ausgehen, dass alle Personen hinter ihm in dieser Schlange ebenfalls nein sagen würden. Meistens äußerten diese gar mit ihrem Gesichtsausdruck Fassungslosigkeit darüber, wie ich mich nun erdreisten konnte, auch noch ihnen diesen Dreck anzubieten, nachdem doch der erste schon nein gesagt hatte.

Das Ganze funktionierte allerdings auch in umgekehrter Richtung. Blieb nur ein einziger stehen und bekundete mir gegenüber auch nur ein Mindestmaß an Interesse, so konnte ich mir der Aufmerksamkeit der Nachfolgenden gewiss sein. Noch besser aber war der uneingeschränkte Vertrauensbeweis eines Kunden - der Abschluss eines Vertrages. Hatte eine Person diesen unterschrieben, musste ich die Gunst der darauffolgenden Minuten nutzen, um den Sack gleich ein nächstes Mal zuzumachen. Oft gewann ich dann tatsächlich den Eindruck, als kämen die nächsten Interessenten von ganz alleine. Auch wenn ich mich sträubte zu akzeptieren, dass die menschliche Spezies wirklich dermaßen einfach gestrickt ist, die sich wiederholenden Tatsachen waren nicht von der Hand zu weisen.

Meistens versuchten wir zu zweit unser Glück am Telekom-Stand aus Plastik und Pappkarton, den man in nur wenigen Minuten am Einsatzort zusammenbasteln konnte. Interessanterweise war der erfolgreichste Drücker in unsere Kolonne ein dicker, bis an die Grenze zur Unzumutbarkeit ungepflegter Typ, der sich zudem auch noch alles andere als freundlich gebärdete. Grobschlächtig näherte er sich seinen Opfern, die Haare fettig, die Krawatte schief gebunden und voller Flecken. Sein Jacket hing auf halb acht, er war unrasiert und ihn umwehte ein übler Mundgeruch. Dann hielt er seine Opfer einfach sprichwörtlich fest, und zwar mit seinen schwitzigen Händen an deren Schlawittchen. Der Worte verlor er bei seinen Angriffen nicht viele. Aus seinem wenig artikulierten Gebrabbel konnte man in regelmäßigen Abständen lediglich die Worte ‚Hier unterschreiben' raushören.

Was die Leute dann auch tatsächlich taten, und zwar scharenweise. Stets aufs Neue fasziniert, beobachtete ich meinen Kollegen bei seiner ungewöhnlichen Arbeitsweise, die so wenig erfolgversprechend schien und sich doch als dermaßen effizient erwies. Er musste ein Magier sein. Oder aber ich hatte einfach noch nicht verstanden, worauf es beim Manipulieren von Menschen wirklich ankam.

Ich jedenfalls wollte so nicht weitermachen. Auch eine Position als Teamleiter schien mir nicht erstrebenswert und ich schlug das Angebot dankend aus. Denn in dieser Position war die Aufgabe nicht mehr, Passanten dazu zu ermutigen, unnütze Telefonkarten zu erwerben, sondern seine Untergebenen dazu, die Dinger an so viele Menschen wie möglich loszuwerden. Im Prinzip dasselbe in Grün. Und hier trug man erst Recht Anzug.

Nach insgesamt etwa 20 Einsätzen, an deren Ende ich stets völlig gerädert war, schmiss ich daher das Handtuch. Ich hatte zwar Tage gehabt, an denen ich auf einen Stundenlohn von damals exorbitanten DM 60 kam, es gab aber durchaus auch andere Tage, an denen ich fast ohne einen Pfennig nach Hause kam. An solchen Tagen schlug sich die Erschöpfung dann gleich doppelt nieder. Jedenfalls durfte man sich nicht von den wenigen verkaufsstarkern Tagen blenden lassen, im Schnitt war der Stundenlohn gerade noch so OK. Und dafür gestaltete sich der durchschnittliche Arbeitstag einfach eine Spur zu stressig für meinen Geschmack.

Eine Telefonkarte, wie wir sie damals bewarben, würde heute bei den Menschen nicht mehr als ein müdes Lächeln hervorrufen. Doch niemand konnte seinerzeit ahnen, wie drastisch sich Kommunikation in nur wenigen Jahren verändern würde. Mein unansehnlicher und übel riechender Kollege von damals dürfte heute wohl im Vorstand eines multinationalen Unternehmens sitzen, so er sich denn nicht noch vor der Jahrtausendwende zu Tode gefressen hat.

Auch wenn ich mich durch diesen und andere ähnliche Jobs auf gewisse Weise in Promoter hineinversetzen kann, die einen geradezu aggressiv von den Vorteilen eines Produktes überzeugen möchten, so bin ich doch heutzutage dazu übergegangen, wortlos und ohne jede Reaktion an diesen Menschen vorbeizulaufen. Ich bin jedes Mal glücklich darüber, dass ich nicht mehr an ihrer Stelle stehen muss.

Bezahlung: DM 14 Provision pro verkaufter Karte.
Arbeitsaufwand: Wenig Zeit, sehr viel Energie.
Gelernt fürs Leben: Dreistheit zahlt sich tatsächlich aus.

18. Persönlicher Assistent eines amerikanischen Regisseurs

In diesen Job war ich auf eine wirklich interessante Art und Weise hineingerutscht. Denn was zunächst als Aushilfstätigkeit auf unterstem intellektuellen Niveau und von nur ein paar Stunden Dauer aussah, entpuppte sich letztendlich als mehrjähriger, verantwortungsvoller Job in ganz unterschiedlichen Positionen. An einem Herbsttag rief mich Martin an, der bereits berüchtigt dafür war, seltsame Jobanfragen immer direkt an mich weiterzuleiten. Diesmal ging es um einen amerikanischen Regisseur, der etwas Hilfe bei seiner Ankunft in Berlin benötigte. Was ich dabei genau machen sollte, blieb zunächst mal unbeantwortet. Martin wusste, ich sprach gut Englisch und war nicht auf den Kopf gefallen. Und ich hatte Zeit. Das alleine genügte erst mal.

Adam war ein charismatischer, freundlicher Typ mit einem kleinen braunen Hund namens Buddy. Als er mich in seine noch leere, geräumige Wohnung in Berlin Mitte hereingewunken hatte, machte er mir erst mal einen guten Kaffee und umriss kurz, warum er nach Berlin gezogen war und was er genau brauchte. Ich hatte schon da das Gefühl, dass er nicht nur jemanden suchte, der ihm half, sondern auch jemanden, mit dem er ein bisschen quatschen konnte. Nachdem wir uns fast eine Stunde unterhalten hatten, gab es dann aber doch noch etwas Handfestes zu tun. Ich engagierte noch schnell einen Freund von mir und wir fuhren zu Ikea, um Adam ein paar Möbel zu besorgen. Dass dieser kurze Auftrag zu einer Zusammenarbeit in verschiedenen Ländern, einer rasanten Laufbahn im Filmbusiness und einer Freundschaft mit Adam führen würde, konnte ich zu diesem Zeitpunkt wahrlich noch nicht ahnen.

Schnell wurde klar, dass er nach einem persönlichen Assistenten suchte. Er hatte ihn in mir gefunden. Er sprach kein Deutsch, er wollte sich mit banalen Dingen grundsätzlich nicht auseinandersetzen und über Geld schien er in Hülle und Fülle zu verfügen. Da ich so flexibel war, wie man nur eben sein konnte, gerade wenig Geld hatte und er mit mir in seiner eigenen Sprache kommunizieren und herumscherzen konnte, war ich der richtige Mann für ihn. Ich tauschte für ihn Geld, trug Sachen durch die Gegend, ging mit seinem Hund spazieren, holte seine Post ab, baute für ihn Möbel auf, heuerte Putzfrauen an und führte Gespräche mit seinem Vermieter. Ich stellte ihm Sightseeing-Pläne zusammen, hütete seine Wohnung, während er im Ausland war, und gab ihm Feedback zu seinen neuesten Ideen.

Bald hatte es sich so eingebürgert, dass er sich einfach kurz bei mir meldete, wenn irgendetwas zu tun war. Wenn der jeweilige Auftrag dann ausgeführt war, bekam ich meine Kohle direkt von ihm in Cash. Nicht selten trafen wir uns aber auch einfach auf einen Kaffee. Wir verstanden uns blendend und Adam hatte immer neue haarsträubende Geschichten aus seinem außergewöhnlich aufregenden Leben zu erzählen. Ich bemerkte meinen Freunden gegenüber oft, dass, wenn nur die Hälfte seiner Erzählungen stimmte, alles schon unglaublich genug war.

Spross einer offenbar wohlhabenden Familie, wurde er schon in jungen Jahren Schauspieler bei einer Soap Opera. Während seines Militärdienstes dann leistete er sich einen unverzeihlichen Fauxpas, als er aus jugendlicher Rebellion ein Flugzeug im Sinkflug auf ein volles Stadion zusteuerte und erst im letzten Moment umlenkte. Er hatte die Leute lediglich erschrecken wollen, aber seine Vorgesetzten nahmen den Vorfall sehr ernst. Man verhaftete ihn und stellte ihn vor die Wahl, lebenslänglich ins Militärgefängnis zu wandern oder einen Sondereinsatz in Asien zu absolvieren. Die Entscheidung fiel ihm nicht schwer, auch wenn er nicht wusste, was ihn in Asien erwarten würde. So fand er sich mit seinen 16 Jahren schon bald im Dschungel des goldenen Dreiecks wieder, wo er 7 Monate lang auf sich allein gestellt lebte, im Dreck schlief, und sich nur mit dem verpflegte, was er sammeln oder jagen konnte. Seine Mission war es dabei, die ständig wechselnden Routen der Drogenschmuggler in dieser Region ausfindig zu machen, die für ihren Opiumhandel berüchtigt war. Dieser Einsatz, den er im Rückblick als reine Schikane begreift, bescherte ihm ein einschneidendes Erlebnis, das ihn bis heute prägt. Für gewöhnlich bestanden die Drogentreks aus einer Gruppe mit Opium bepackter Esel und wurden zur Tarnung oft von Kindern oder alten Menschen angeführt, die ihrer unauffälligen Erscheinung zum Trotz bis an die Zähne bewaffnet waren. Nach Monaten im Dschungel übersah Adam fatalerweise einen dieser Treks und wurde von einem etwa 14 Jahre alten Mädchen mit gezückter Maschinenpistole in seinem Versteck überrascht. Es kam zum Schusswechsel und er lief um sein Leben. Alles ging so schnell, dass er erst später Zeit hatte, genauer darüber nachzudenken. Noch heute plagen ihn Schuldgefühle, auch wenn es in dieser Situation tatsächlich um Leben und Tod gegangen war.

Zurück in den USA begann er seine Karriere in der Fernsehindustrie. Eine Zeit lang sah es tatsächlich so aus, als würde er ein recht normales amerikanisches Leben führen. Doch dann starben seine Frau und seine erst zweijährige Tochter bei einem Autounfall und sein Leben geriet völlig aus der Bahn. Er sah keinen Sinn mehr weiterzumachen und verlor sich monatelang im Alkohol. Als er sich wieder einigermaßen gefangen hatte, verlegte er sich auf die Kriegsberichterstattung. Adam war dafür der perfekte Mann. Er hatte keinerlei Angst vorm Sterben, denn schlimmer konnte sein Leben ohnehin nicht werden. Zudem arbeitete er grundsätzlich alleine, was ihn unabhängiger und flexibler als die meisten anderen Journalisten agieren ließ. Er filmte, schnitt, sprach die Kommentare. So wurde er schnell sehr erfolgreich und man schickte ihn von einem Krieg zum Nächsten, wo er sehr viel Leid, Tod und Zerstörung mitansehen musste, was ihn ebenfalls bis heute prägt.

Im Laufe der nächsten Jahre widmete sich Adam seinen eigenen Projekten. Motiviert durch all die schlimmen Ereignisse in seinem Leben verspürte er den starken Drang, anderen Menschen zu helfen. Er drehte Serien in Afrika, die dort Menschenrechte propagieren und Vorurteile abbauen sollten. Mit seinem Dokumentarfilm über den Nahostkonflikt gewann er sogar einen begehrten Filmpreis. Immer wieder engagierte er sich in Projekten, aus denen er keine finanziellen Vorteile zog.

Adam blickte auf ein bewegtes Leben zurück und sein Fundus an Geschichten schien geradezu unerschöpflich. Er kannte Stars und Sternchen, hatte fast alle Länder der Welt bereist und wusste im Prinzip zu jedem Thema etwas zu sagen. Ich hing an seinen Lippen und er genoss es, in mir einen interessierten Zuhörer zu haben. Das Einzige, was auf Dauer etwas anstrengend war, war seine unumstößliche Überzeugung, immer alles besser zu wissen. Er vertrat die Auffassung, dass die Welt eine bessere sein könnte, wenn nur endlich einfach alle auf ihn hören würden. Doch so viel er auch wusste, manchmal hatte auch er Unrecht und ich ließ es mir nicht nehmen, ihn darauf hinzuweisen.

Jedenfalls hatte er schon während meiner Hilfsarbeiten für ihn viel von seinen momentanen Projekten für Fernsehserien erzählt. Immer wieder zeigte er mir auch Sendungen oder Pilotfilme, die er produziert hatte. Mir wurde schnell klar, dass ich mittlerweile sein Hauptansprechpartner in der Stadt war. Ich hatte mir schon eine Weile lang überlegt, wie ich diesen neuen Kontakt beruflich für mich nutzen konnte. Doch Adam kam mir zuvor. Er bestellte Martin und mich eines Abends im Winter zu sich und eröffnete uns den Vorschlag, für ihn als Producer einer Serie über Küchendesign zu arbeiten. Vom Handlanger zum Producer in nicht viel mehr als einem Schritt, das gefiel mir gut!

Wochenlang recherchierte ich dann Küchengeschäfte, ließ mir Kataloge zuschicken und arbeitete mit Adam am Gesamtkonzept. Martin hielt sich weitgehend zurück, da er noch andere Projekte verfolgte. In der Sendung sollten verschiedene Küchen sowie die Ideen der Besitzer und der Designer dahinter präsentiert werden. Dieses Konzept, das letztendlich nichts als eine Verkaufssendung war, lief in den USA recht gut, und Adam wollte es für den deutschen Markt adaptieren. Nach einem Monat der Vorbereitung drehten wir den Piloten in zwei verschiedenen Wohnungen mit sehr teuren Küchen und mit Designern aus verschiedenen Küchengeschäften.

Erst ein paar Jahre später sollte ich merken, dass der Job des Producers sich auch ganz anders darstellen konnte. Bei Adam jedenfalls bedeutete er, alles in einer Person zu sein. Martin und ich kümmerten uns um die Motivverträge, wir machten die Absprachen mit den Designern und der Crew, wir führten die Interviews mit den Küchenbesitzern, wir trugen Equipment in die Wohnungen und wir sorgten auch dafür, dass jeder am Set etwas zu trinken hatte. Mit meiner Bezahlung von 2000 Euro für die gesamte Zeit war ich jedoch sehr zufrieden. Ich bekam da so ein Gefühl, dass ich von nun an finanziell in einer anderen Liga spielen konnte. Mir gefiel aber vor allem auch, dass ich endlich mal mein Gehirn benutzen konnte und nicht den Anweisungen irgendwelcher Idioten Folge leisten musste. Es wurde langsam Zeit für einen Schritt in diese Richtung. Und außer der Bezahlung konnte ich am Ende meiner Tätigkeit sogar noch ein Produkt vorweisen, unter dem mein Name stand.

Doch nachdem wir den Pilotfilm zu Ende geschnitten hatten, passierte erst mal nichts mehr. Obwohl wir als Moderatorin für unsere Sendung eine semibekannte Hörfunksprecherin gewinnen konnten und das Ergebnis unserer Bemühungen wirklich recht schlüssig wirkte, wollte niemand unser Konzept kaufen. Der deutsche Markt war offenbar noch nicht bereit für eine solche Sendung. Aber für Adam war das kein Grund aufzugeben. Er hatte immer schon die nächsten Projekte im Kopf. Offenbar war es keine Seltenheit, wenn ein solches Projekt auf immer und ewig in einer Schublade landete, auch wenn man bereits einiges an Arbeit investiert hatte. Er erklärte mir, dass man einfach immer Ideen haben und möglichst verschiedene Projekte gleichzeitig realisieren müsse, wollte man erfolgreich sein. Eines klappte, ein anderes eben nicht. Wieder einmal war ich fasziniert vom amerikanischen Optimismus.

In den nächsten Monaten verbrachte Adam immer wieder längere Perioden im Ausland. Besonders das Projekt, das er gerade in Nigeria zum Abschluss brachte, verlangte noch viel seiner Zeit. Ich hatte stets einen Schlüssel zu seinem riesigen Loft und konnte dort schalten und walten, wie ich wollte. Er vertraute mir blind. Als er dann wieder zurück war, arbeitete ich immer mal wieder punktuell für ihn. Mal brauchte er Hilfe in seiner Wohnung, mal suchte ich nach einem neuen Zuhause für ihn, mal ordnete ich seine Quittungen für den Steuerberater, mal begleitete ich ihn zu Gesprächen mit deutschen Produktionsfirmen. Mittlerweile hatten wir neben der beruflichen Ebene längst eine private gefunden. Ich mochte ihn einfach gerne, auch wenn er noch so ein großer Besserwisser und Selbstdarsteller war. Er hingegen behandelte mich wie den Sohn, den er immer gerne gehabt hätte, und hatte große Freude daran, mir die Welt zu erklären und mir bei Problemen unter die Arme zu greifen. Und so unternahmen wir auch oft privat Dinge zusammen.

Dann, knapp zwei Jahre nach unserem Küchenfiasko, stand das Konzept für sein neues Projekt. Er würde dieses zwar von einem Produktionsbüro in Serbien aus verwirklichen, da er von Berlin die Schnauze voll hatte, aber er machte schnell klar, dass er mich dabei in Vollzeit mit im Boot haben wollte. Eigentlich wünschte er sich, dass ich auch nach Belgrad ziehen würde, aber das kam für mich nicht in Frage.

Ganz, wie es ihm gebührte, hatte er zum Ende seiner Zeit in Berlin noch mal eine abenteuerliche Geschichte zu bieten. Tatsächlich hatte der suizidale Mieter der Wohnung unter seiner versucht, mit einem manipulierten Gashahn das ganze Haus in die Luft zu jagen, was ihm nur knapp missglückt war. Wie konnte ein Mensch eigentlich eine dermaßen große Anzahl außergewöhnlicher Erlebnisse anhäufen?

Ich hatte mit ihm nur ein paar Tage nach dem vereitelten Anschlag sein Auto und seinen ganzen Kram in Serbiens Hauptstadt überführt und die Stadt hatte mir gut gefallen. Nicht gut genug jedoch, um dafür Berlin den Rücken zu kehren. Er hatte Belgrad gewählt, weil er hier ein paar zusätzliche Projekte in Aussicht gestellt bekommen hatte und er mit dem Berliner Wetter und der Mentalität nicht zurechtgekommen war. Gerne betonte er in Gesprächen, dass ich der einzige Deutsche sei, dem er vertraute. Als der verwirrte Nachbar den Gashahn aufgedreht hatte, war Adams Entscheidung längst gefallen gewesen.

Unser neues Projekt war eine Serie über Musiker für Sony BMG, auf das Adam mehr zufällig gekommen war, als er bei einem Hundespaziergang eine Frau kennenlernte, die für Sony arbeitete. Wir hatten insgesamt fast 50 Künstler in ganz Europa auf der Liste, über die wir einen jeweils einstündigen Film machen wollten, der von Sony dann vermarktet werden sollte. Es handelte sich hierbei um Leute, deren größte Erfolge schon eine Weile zurücklagen. Die Filme sollten hauptsächlich Best-of-Alben beigelegt werden und bei den eingefleischten Fans nostalgische Gefühle heraufbeschwören. Viele unserer Künstler waren Stars im jeweiligen Land, aber in Deutschland hatte man noch nie etwas von ihnen gehört. Und selbst die Details zu einigen der deutschen Künstler musste ich mir zunächst einmal anlesen. Zu Anfang desselben Jahres hatten wir bereits einen Pilotfilm gedreht, um Sony von der Idee zu überzeugen. Wir waren dafür mit einer überschaubaren Crew in einem Kleinbus von Berlin nach Italien gereist. Zwei Tage hatten wir mit dem italienischen Superstar Gianni Morandi in seiner riesigen Villa verbracht. Wir waren vom Feinsten bekocht worden und hatten ihn in allen möglichen Situationen abgelichtet und interviewt, um ein detailliertes Bild seines Lebens zeichnen zu können. Dann hatten wir uns noch ganz im Süden Italiens mit dem Fanclub des Künstlers getroffen. Es war erschreckend und spannend zugleich gewesen, diesen Menschen bei ihrem Hobby, das an eine Obsession grenzte, über die Schulter zu schauen.

Nun, 9 Monate später, hatte Sony also endlich alle Verträge unterschrieben und die Produktion konnte beginnen. Sah es zunächst so aus, als würde ich ein, zwei Wochen für dieses Projekt arbeiten, stand ich am Ende mehr als ein Jahr in Lohn und Brot. Zunächst saß ich monatelang an meinem Schreibtisch und recherchierte alles über unsere Künstler, was ich finden konnte. Adam hatte eine Website designen lassen, auf der ich all diese Informationen sofort einspeisen konnte. So entwickelte sich nach und nach eine umfassende Datenbank. Nicht immer war ich begeistert davon, mich jeden Morgen an meinen Schreibtisch zu setzen und dort zu bleiben, bis es längst wieder dunkel war. Andererseits schrieben wir das Jahr 2009 und ich konnte um mich herum deutlich sehen, wie wenige Jobs es momentan im Filmbusiness gab. Ich wurde zwar nicht besonders großzügig bezahlt, aber da ich jeden Tag arbeitete, kam am Ende des Monats doch genug zusammen. Ich hatte lieber mit Adam und wechselnden anderen Mitarbeitern gemeinsam in einem Büro gesessen, aber dieses befand sich jetzt nun mal in Serbien. In meinem privaten Büro, das nichts anderes als mein Wohnzimmer war, saß ich schon mal ungewaschen und im Pyjama. Nicht selten stellte ich mir vor, was meine Gesprächspartner am Telefon wohl sagen würden, könnten sie mich so sehen.

Zwei Mal wurde ich nach Belgrad eingeflogen, wo Adam in der pompösen Villa eines zwielichtigen Serben sein Büro hatte einrichten lassen. Hier besprach ich mit dem Producer, wie das Filmen selbst vonstatten gehen würde. Alle Filme sollten in einer einzigen großen Tour durch Europa gedreht werden, das erforderte ein riesiges Maß an Logistik. Die kleine Crew sollte in einem Wohnmobil durch die verschiedenen Länder tingeln und die Künstler nacheinander besuchen. Der Bus sollte so umgebaut werden, dass alles Equipment in ihm Platz fand und die Crew in dem Gefährt sowohl arbeiten als auch wohnen konnte.

Dann im Frühling wurde es ernst. Talal, der palästinensische Producer, und ich holten in London das Produktionsfahrzeug, ein monströses Winnebago Wohnmobil. Wir fuhren das Gerät erst mal in einer Gewalttour von London nach Belgrad, wo es dann im großen Stil für seine neue Bestimmung umgebaut wurde.

Die Datenbank mit allen Informationen stand nun, Frucht meiner mehrmonatigen Recherche-Bemühungen. Es gab zu jedem Künstler ein riesiges Sammelsurium an Videoschnipseln und Links zu noch detaillierteren Informationen sowie seitenweise Informationen zu seinem Leben. Ich hatte Firmen für die Beschaffung von Archivmaterial ausfindig gemacht und auch bereits Kontakt mit den meisten der Manager der einzelnen Bands aufgenommen. Mein Kopf und die aus ihm entsprungene Datenbank waren das, was dieses Projekt zusammenhielt. Und mittlerweile hielt ich es auch an meinem Schreibtisch kaum mehr aus. Den ganzen Winter über hatte ich lediglich am Telefon oder per email und Skype Kontakt zu Leuten gehabt, ansonsten hatte ich jeden Tag von morgens bis abends auf meinen Monitor gestarrt. Es war Zeit, mal wieder unter Menschen zu kommen, und es wurde gerade Frühling.

Dann begannen die Planungen für die viermonatige Tour zu allen Musikern, die porträtiert werden sollten. Adam hatte ursprünglich gewollt, dass ich mit an Bord des Wohnmobils war, aber darauf hatte ich keine Lust gehabt. Ich konnte mir nicht vorstellen, für mehrere Monate gänzlich auf meine Privatsphäre zu verzichten. Das konnte auch die Aussicht auf einen spannenden Europatrip nicht aufwiegen. Ich konnte mir zudem schon ausrechnen, wie wenig die Crew bei diesem straffen Zeitplan von den einzelnen Orten sehen würde. Und so plante ich alles von Berlin aus. Ich hatte in Holland, Italien, Frankreich und Spanien jeweils einen Line Producer angeworben. In langer Suche hatte ich auf verschiedenen einschlägigen Websites Annoncen gepostet und mir nach unzähligen Interviews mit potentiellen Kandidaten dieses Team zusammengestellt. Mehrmals die Woche kamen wir alle sowie die Handvoll Leute im Produktionsbüro in Belgrad auf Skype zu virtuellen Konferenzen zusammen.

Als der Produktionsbus dann endlich unterwegs war, bestand meine Aufgabe hauptsächlich darin, eventuell auftretende Probleme aus der Ferne zu lösen. Talal reiste mit der Crew im Winnebago und auch Adam fuhr selbst einige Teilstücke der Strecke mit. Die Beiden hielten die Crew vor Ort zusammen, die aus nur vier jungen Serben bestand. Im Büro in Belgrad saßen weitere acht Leute und bearbeiteten sofort das ganze Material, das die mobile Crew ihnen von unterwegs zuschickte. Lief alles glatt, gestaltete sich mein Job nun recht ruhig. Ich buchte Hotels, machte Termine mit möglichen Interviewpartnern und fand dem Produktionsteam alles, was sie unterwegs brauchten, von Autowerkstätten bis zum Zahnarzt. Zwar hätte man diese Dinge eventuell auch vor Ort regeln können, die Erfahrung zeigte jedoch, dass die Crew genügend andere Probleme hatte, die es zu lösen galt. Hatte ich meine Sache gut gemacht, dann klingelte mein Telefon nicht. Hatte ich etwas versäumt zu organisieren, so machte man mir die Hölle heiß.

So hatte ich an manchen Tagen nicht mehr als ein paar Stunden Arbeit. Dafür aber musste ich rund um die Uhr erreichbar sein, was letztendlich auch meine Bezahlung auf Tagesbasis rechtfertigte. Wenn dann plötzlich ein Hotel wegfiel oder das Treffen mit einem Interviewpartner fehlschlug, musste ich sofort handeln können. Ich hatte mir ein Headset fürs Auto besorgt sowie einen Internetstick für meinen Laptop. Wo ich auch hinging, mein Rucksack mit allen Utensilien war immer dabei. So konnte ich jederzeit reagieren. Egal, was ich tat oder wo ich gerade hinfuhr, ein Anruf konnte meine Pläne im Prinzip immer zu Fall bringen. Und das fühlte sich trotz des ganzen Stresses auch irgendwie gut an. Man hatte das Gefühl, Teil einer großen Operation zu sein, ein bisschen wie in einem Agentenfilm.

Einen Interviewtermin, für den die Crew nach Deutschland kam, ließ ich mir nicht entgehen. Es war sowieso höchste Zeit, dass ich das umgebaute Wohnmobil sowie meine Kollegen und ihre Arbeitsweise auch mal aus der Nähe zu Gesicht bekam. Der Winnebago stand auf einem Metal-Festival am Nürburgring, denn tatsächlich hatte ich ein Interview mit Metallica organisieren können, die etwas über die französische Band Trust erzählen sollten. Wir filmten zwischen den betrunkenen Metal-Fans und von einem Kran aus, und interviewten später noch ein paar schwer tätowierte Bands. Dann am Abend kam es tatsächlich zum Gespräch mit Lars Ulrich, dem Drummer von Metallica. Danach standen wir alle gebannt hinter den Kulissen, zusammen mit knapp hundert Anderen, die für das Festival arbeiteten. Die Band hatte für sich und ihre Entourage auf dem Gelände ein eigenes Haus zur

Verfügung gestellt bekommen. 50 Leute arbeiteten nur für sie. Alles, was mit ihnen zu tun hatte, war minutiös festgelegt. So durfte auch nun, während die Band den kurzen Weg von ihrem Haus zum Hintereingang der Bühne zurücklegte, niemand in ihre Nähe außer den engsten Vertrauten. Dem Gitarristen wurden noch auf dem Weg vom asiatischen Masseur die Finger durchgeknetet.

Als die Crew bereits drei Monate unterwegs war, bekam ich mehrmals das Gefühl, dass das Projekt nicht ganz nach Plan lief. Und tatsächlich kehrten sie dann bereits früher als geplant nach Serbien zurück, da es zu Streitigkeiten mit Sony gekommen war. Offenbar hatte die von mir engagierte Französin etwas mit dem Sänger einer porträtierten Band angefangen und bei ihm schlecht über unsere Firma geredet. Bis heute weiß ich nicht genau, was sie eigentlich zu beanstanden hatte oder ob sie sich lediglich wichtig machen wollte. Von da an jedenfalls hatte sich das Ganze hochgespielt. Schon bald waren alle Parteien gegeneinander aufgebracht und Sony beschloss, das gesamte Projekt auf Eis zu legen. Das Problem war aber auch, dass nach dem großen Krisenjahr nirgends mehr Geld zu holen war und auch Sony tief in finanziellen Problemen steckte. So hegten Adam und ich die Vermutung, dass man nur nach einer Gelegenheit gesucht hatte, sich aus diesem Vertrag herauszuwinden. Und so kam es wieder einmal dazu, dass von mir gestellte Rechnungen nicht bezahlt wurden. Diesmal jedoch machte es die Situation noch schlimmer, dass ich mit meinem Schuldner sogar persönlich befreundet war. Abgesehen davon hatte ich genau wie er das Gefühl, dass man uns nicht fair behandelt hatte. Da ich Adam nach wie vor vertraute und fest davon ausging, dass er mich schon bezahlen würde, wenn es wieder möglich war, zog ich eine Klage nicht mal in Betracht.

Im Herbst kam es dann zu einer letzten Aktion, um den Karren doch eventuell noch aus dem Dreck zu ziehen. Adam hatte mich aus dem Nichts heraus angerufen und so betrübt hatte ich ihn noch nie erlebt. Abgesehen von der Misere mit Sony waren auch noch andere Firmen pleite gegangen, bei denen er seine Finger im Spiel gehabt hatte. Er hatte in kürzester Zeit einen Großteil seines Vermögens verloren. Doch damit nicht genug, hatte ihn auch noch seine Freundin verlassen und sein Vater war gestorben. Er musste mich nicht lange bitten, mit ihm anstelle der bereits desertierten serbischen Crew nach Spanien zu reisen. Ich sah mich in meiner Pflicht als Freund, aber auch als Mitbegründer dieses ganzen Projekts.

Gemeinsam mit Talal und einer serbischen Assistentin fuhren wir mit dem Winnebago nach Madrid, um dort zwei spanische Künstlerinnen zu filmen. Adam war überzeugt davon, dass sich Sony schon wieder einkriegen würde, wenn er ihnen zwei qualitativ hochwertige Filme über diese Künstler vorlegte. Ich konnte den Erfolg dieser Aktion schwer einschätzen, bewunderte aber wieder einmal die zähe Entschlossenheit, mit der er seine Ziele verfolgte. Doch hier ging es letztendlich auch um viel Geld, wenn nicht gar um seine ganze berufliche Existenz.

Ich wohnte zwei Wochen lang im luxuriösen Wohnmobil, das vor einem Hotel geparkt war. Es galt Geld zu sparen, wo es möglich war, und so baute ich mir unser mobiles Büro jeden Abend zu einem Schlafzimmer um. Ich genoss dabei das Abenteuergefühl.

Zusätzlich zu den Interviews in einer angemieteten Suite des Hotels drehten wir in einem Musikstudio, in einer pompösen Villa und in einem Tierpark. Es war auch an den spanischen Mitarbeitern von Sony nicht vorübergegangen, dass unser gesamtes Projekt in der Klemme steckte. Bei Sony sprach jeder mit jedem. Normalerweise begnügten sie sich damit, über einander zu lästern. Nun aber hatten sie offenbar ein gemeinsames Feindbild gefunden, an dem sich alle abreagieren konnten: Uns.

Doch die Künstler selbst waren nach wie vor nett und hilfsbereit. Nicht zuletzt versprach sich ja auch jeder der Musiker von unseren Filmen ein Wiederaufflammen ihrer Popularität sowie zusätzliche Einnahmen. Sie selbst hatten keine Kosten und konnten von einem Film im Grunde nur profitieren, da jeder von ihnen den Zenit des Erfolgs längst überschritten hatte.

Zwei Wochen lang filmten wir täglich mit unserer kleinen Crew. Dann fuhren wir den gesamten Weg von Madrid nach Belgrad, nicht ohne dass auch der Winnebago uns noch Scherereien machte. Ich flog zurück nach Deutschland, Adam arbeitete mit dem verbliebenen Rest seiner Crew fieberhaft an den beiden spanischen Filmen.

Doch alles half nichts, das Projekt ging letztendlich den Bach hinunter. Nur kurz nach unserem Trip wurden alle weiteren Anstrengungen auf Eis gelegt, nachdem Sony sich irgendwie aus der Sache herausgewunden hatte und nun ausschließlich per Anwalt mit Adam kommunizierte. Die Beträge, die man von ihm als Entschädigung verlangte, gingen in die Millionen.

Bis heute laufen die gerichtlichen Klagen, bis heute warte ich auch auf mein Geld für die letzten Monate dieses seltsamen Jobs. Adam hingegen schien dieses Fiasko eine Zeit lang fast das Genick zu brechen. Zur gleichen Zeit war eine weitere seiner Firmen bankrott gegangen und so verlor er bis zum Ende dieses Schicksalsjahres fast alles, was er hatte. Er brauchte zwei Jahre, um sich aus diesem Sumpf herauszukämpfen. Er gründete eine neue Firma in Serbien und befasste sich nun erst mal mit kleineren Projekten, um sich wenigstens von den dringlichsten Forderungen, die man an ihn stellte, zu befreien.

Ich unterhalte nach wie vor eine freundschaftliche Beziehung zu ihm und bin fest davon überzeugt, dass er mir das ausstehende Geld irgendwann bezahlt, wenn es bei ihm wieder etwas besser läuft. Ich habe von ihm eine Menge gelernt und Einblicke in eine Welt erhalten, die nicht jeder zu Gesicht bekommt. Er produziert momentan eine Serie über Polizei-Sondereinsatzkommandos in den Ländern Osteuropas.

Bezahlung: € 100/ Tag.
Arbeitsaufwand: Mittel.
Gelernt fürs Leben: Unzählige Dinge. Vor allem aber die Maximen ‚Think big!'
                    und ‚Keep it simple!'

19. Auflagen-Verbesserer für eine Sonntagszeitung

Wir schrieben den großen Promotion-Sommer, in dem ich mich fast jede Woche für eine andere Firma prostituierte. Manchmal musste ich zu dieser Zeit tatsächlich mal kurz an mir herunterblicken, um anhand des Logos auf meinem Shirt einordnen zu können, im Namen welcher Firma ich gerade arbeitete.

Nun hatte ich wieder ein neues Subgenre dieses Broterwerbs erschlossen, die unabhängige, provisionsbasierte Promotion. Erst einmal hatte ich in einem solchen Job gearbeitet, der komplett ohne Grundgehalt auskam, sondern nur dann zahlte, wenn ich Erfolge vorweisen konnte. Doch dies hier unterschied sich noch in anderer Hinsicht. Weder Arbeitszeiten noch Einsatzorte waren festgelegt. Es gab auch keinen Dresscode und nirgends prangte auf mir ein Logo. Alles, was zählte, war, dass ich möglichst viele Leute dazu überredete, die FAZ am Sonntag für zwei Wochen kostenlos zu lesen.

Warum man dafür Leute losschickte, war mir bereits klar, bevor ich begann. Zum Einen steigerte das Blatt auf diese Weise seine Auflage, was im Umkehrschluss höhere Werbeeinnahmen zur Folge hatte. Zum Anderen verhielt sich die Sache genau so, wie man sich das gemeinhin vorstellte: Etwa die Hälfte der Probe-Abonnenten vergaß, vor Ablauf der zwei kostenlosen Wochen zu kündigen, was dem Leser eine monatliche Verlängerung zu ganz normalen Konditionen und dem Verlag letztendlich ebenfalls zusätzliche Einnahmen bescherte.

So weit, so gut. Endlich wusste ich also, wer jene Leute sind, die einen ständig beim Biertrinken belästigen und einem ungefragt eine Zeitung aufquatschen wollen. Ich war nun einer von ihnen. Wieder mal wurde mir klar, dass man nie zu schnell über andere Menschen urteilen sollte. Im Handumdrehen konnte man sich an ihrer Stelle befinden.

Nach zwei Proberunden mit einem der besten Verkäufer hatte ich auch eine grobe Vorstellung davon, wie man die Abos tatsächlich an den Mann brachte. Es ließ sich im Prinzip alles auf Psychologie herunterbrechen, wie eigentlich immer, wenn man es mit Menschen zu tun hatte. Ging man die Sache falsch an, so ‚schrieb man kein einziges Abo‘, wie man im Fachjargon sagte. Besonders wichtig beim ersten Kundenkontakt war die Wortwahl, die Intonation und eine ganze Menge kleiner psychologisch wichtiger Verhaltensweisen. Natürlich spielte es eine Rolle, wie man gekleidet war, tatsächlich aber auch, welchen Gesichtsausdruck man bei der Ansprache auflegte. Schließlich hatte man auch nur ein sehr begrenztes Maß an Zeit, um Einfluss auf sein Gegenüber auszuüben. Daher war jede Sekunde wichtig.

Die Frage war eigentlich vielmehr, warum mich das alles während meines Probeeinsatzes überhaupt verblüffte. Immerhin hatte ich meine Magisterarbeit über die Wirkung nonverbaler Kommunikation geschrieben und war zu dem erstaunlichen Ergebnis gekommen, dass sich der erste Eindruck eines Menschen in Millisekunden formiert, nur schwer zu revidieren ist, und noch dazu offenbar zu einem großen Teil von der horizontalen Kopfhaltung abhängt. Ich hatte zudem ein paar Artikel über Neurolinguistische Programmierung (NLP) gelesen und wusste daher, dass es unzählige Möglichkeiten gab, einen Gesprächspartner unbewusst zu beeinflussen. Thomas, mein Mentor, hatte seine ganz persönliche Masche, für die es nicht mal

NLP bedurfte. Er spielte die Mitleidsnummer. Absichtlich trug er einigermaßen abgeranzte Klamotten, gerade so zerschlissen, dass er zwar arm, aber doch nicht obdachlos wirkte. Er rasierte sich nicht und ließ seine Haare ein paar Tage vor seinen Einsätzen absichtlich verfetten. Dieses Erscheinungsbild paarte er mit einem gebückten, leicht devoten Gang und einer zögerlichen, leisen Stimme. So hatte er das Mitgefühl eigentlich sofort auf seiner Seite und wusste dies recht gut für seine Absichten zu nutzen. Wollte dann jemand trotzdem nicht seine Unterschrift auf die kleinen Abo-Karten aus Pappe setzen, so sagte er ihnen klipp und klar, was er in seiner Position an jedem Abo verdiente, und dass dieser Betrag von 6 Euro für einen armen Studenten wie ihn einigermaßen viel Geld sei. Diese Direktheit, gepaart mit der einkalkulierten Scham, die sie beim Gegenüber hervorrief, brachte ihm auch noch ein paar Unterschriften der Skeptiker ein. In Wirklichkeit hatte Thomas noch nie eine Universität von innen gesehen. Er lebte einzig und allein von diesem Job, und das laut eigenem Bekunden nicht mal schlecht. Mit seiner Verkleidung schlug er dabei gleich zwei Fliegen mit einer Klappe. Denn so erkannte man ihn nicht mal, wenn er außerhalb des Jobs in den adretten Klamotten herumlief, die er mit den Erträgen aus diesem seltsamen Job finanzierte.

Doch die Mitleidsnummer war mir zu schäbig, das wäre nicht mein Ding gewesen. Letztendlich verarscht man die Menschen doch. Vielleicht trotzte man ihnen gar genau jene Menge an Mitgefühl und Geld ab, die anderswo tatsächlich benötigt würde, bei Obdachlosen etwa. Ich übernahm daher nur den ehrlichen Part von Thomas Strategie, das heißt, auch ich sagte den Leuten klipp und klar, dass sie die Zeitung doch bitte nicht um der Zeitung Willen, sondern für meine 6 Euro Provision zur Probe abonnieren sollten. Bei einigen Menschen zog dieses Argument tatsächlich, besonders jüngere Menschen konnte man auf diese Weise oft schnell dazu überreden, ihre Unterschrift auf den DinA6 Vordruck zu setzen.

Viele aber wandten ein, sie würden sicherlich vergessen, die Zeitung abzubestellen. Obwohl ich wusste, dass sie da durchaus Recht hatten, wiegelte ich ab. Da mir diese Beschwichtigungen jedoch bald zu viel Zeit raubten, schrieb ich nach ein paar Einsätzen eine Art Memo, das ich in dicken Stapeln von Zetteln bei mir trug und all jenen in die Hand drückte, die auf der Zielgerade zur Unterschrift doch noch ins Zweifeln gerieten. Das war sicherlich nicht ganz im Interesse des Zeitungsverlages, aber was hatte ich mit diesem schon zu tun?

Mein Memo sah in etwa so aus:

Wenn Sie die FAZ am Sonntag nach den vier kostenlosen Wochen nicht weiterlesen möchten, genügt

          - eine email an: ....

          oder

          - ein Fax an: .....

          oder

          - eine Postkarte/ein Brief an: ...

Text in etwa: „Nach Ablauf des Probeabos wünsche ich keine weitere Lieferung." Bitte vergessen Sie nicht, Ihre Adresse und Auftragsnummer (kommt mit dem Begrüßungsschreiben) anzugeben!

Das Abbestellen ist erst nach der Lieferung der ersten Zeitung möglich. Sie haben dann aber immer noch 21 Tage Zeit für die Absage.

Viel Spaß beim Lesen!

Eigentlich gefiel mir die ganze Nummer recht gut. Ich konnte mir meine Opfer suchen, wo ich wollte, und ich gestaltete die Länge meiner Fischzüge völlig nach eigenem Ermessen. Während meiner Einsätze trug ich nur eine kleine Tasche mit meinen Abozetteln und den Memos über der Schulter. Dann lag es an mir, was ich aus meinem kleinen Spaziergang machte. Mein Einsatzgebiet war der idyllische Prenzlauer Berg. Ich legte meine Touren meist auf den frühen Abend und streifte durch die im Sommer prall gefüllten Cafés und Bars. Diese Spaziergänge machten dermaßen viel Spaß, dass ich mich manchmal daran erinnern musste, dass ich ja eigentlich Geld verdienen wollte. Aber wenn ich mich zusammenriss, konnte die Sache durchaus ganz gut laufen. Drei Abos in der Stunde schaffte man immer, was summa summarum bereits das Doppelte jenes Stundenlohnes ergab, den ich zu dieser Zeit gewohnt war. Doch war ich einmal in Fahrt, so konnte ich auch sechs oder sieben pro Stunde machen. Und das war dann wirklich gutes Geld.

Einmal in der Woche lieferte ich die ausgefüllten Zettel bei meinem Chef im Büro ab. Zwar war er ein schmieriger Typ, aber irgendwie auch geradeheraus. Ich mochte ihn. Er machte auch keinen Hehl daraus, dass er an jedem von uns kräftig mitverdiente. Ich fragte mich nur manchmal, wie viel das wohl war. Er strahlte jedenfalls stets eine große Genugtuung aus, wenn er mich in seinem ledernen Sessel empfing. Die Bezahlung kam bereits kurz nach der Abgabe meiner Zettel, ich hatte also keinen Grund zur Beschwerde. Ich sah, dass man hiervon wirklich leben konnte, wenn man es richtig anstellte.

Trotz alledem verlor ich bereits nach ein paar Wochen die Lust an diesem Job.

Immer durchstreifte ich dieselben Kneipen, ich kam mir mittlerweile schon vor wie der immer gleiche Akkordeonspieler an der immer gleichen Ecke. Außerdem merkte ich, wie sich meine Abozahlen im Laufe der Zeit leider nicht verbesserten, sondern eher verschlechterten. Die Unerfahrenheit zu Anfang hatte mir offenbar zum Vorteil gereicht. Je mehr ich über meine Taktik nachdachte, desto schlechter wurde diese offenbar. Ich hatte aber auch schlichtweg keinen Spaß mehr daran. Zwar versuchte ich mich noch ein paar Mal an alternativen Strategien, aber auch das fruchtete letztlich nicht. Außerdem wurde es langsam Herbst und Spazierengehen machte da doch deutlich weniger Spaß. Mein Chef nahm meine Kündigung gelassen. Ich konnte mir nicht vorstellen, dass er jemals etwas nicht gelassen nehmen würde.

Noch heute abonniere ich eigentlich immer eine Zeitung, wenn mich jemand beim Biertrinken anspricht. Denkt man ans Abbestellen, so ist ein Probeabo ein Gewinn für beide Parteien. Oft schaffe ich es mit dieser Argumentation, auch meine Freunde noch dazu zu überreden und so kann der Verkäufer beim Verlassen unseres Tisches oft ein gutes Plus verbuchen.

Die Firma, für die diese Leute unterwegs sind, muss jedoch heute eine andere sein, denn meine ist schon bald pleitegegangen. Um den Chef mache ich mir jedoch keine Sorgen. Ein ähnlich halbkrummes Ding zum Geld verdienen findet sich immer und solche Leute werden davon angezogen wie Maden von einem verwesenden Körper.

Bezahlung:　　　　€ 6/ Abo.
Arbeitsaufwand:　　Mittel.
Gelernt fürs Leben: NLP ist keine Partei.

20. Nachrichtensprecher

Über ein paar Kontakte hatte ich mir das 6-wöchige Praktikum erschlichen, für das man normalerweise ein Musterstudent sein musste und nach dem sich gerade in meinem Fachbereich viele Leute die Finger leckten. Ich, der die Uni seinerzeit eigentlich nur selten von innen zu Gesicht bekam. Meine Bewerbung war weniger von großem Interesse motiviert als vielmehr von der Einsicht, dass ich dieses Studium wohl doch nicht ohne ein einziges fachspezifisches Praktikum abschließen konnte. Als es dann schließlich losging, hatte ich zwar wirklich Lust, in diese Art des Journalismus einen Einblick zu bekommen, aber mir graute auch vor dem täglichen frühen Aufstehen und kompletten Tagen in einem Büro.
Die dpa-Rufa ist die Hörfunkabteilung der größten deutschen Nachrichtenagentur. Hier werden die Nachrichten in Form von Audiobeiträgen aufbereitet. Die Agentur beliefert jene privaten Radiosender mit Nachrichten, die sich keine eigene Nachrichtenredaktion leisten können. Viele dieser Sender verkaufen diese Nachrichten dann als die ihren, zumindest aber macht niemand explizit darauf aufmerksam, dass sie nicht aus dem eigenen Hause stammen.
Als ich am ersten Tag meine Arbeit antrat, ging es im Prinzip auf der Stelle los. Schnell wurde mir klar, dass in dieser Agentur ein anderes Tempo herrschte. Kaum hatte ich mich beim Chef vom Dienst vorgestellt, hatte mir auch schon jemand ein Minidisc-Gerät in die Hand gedrückt und mich losgeschickt, um ein paar O-Töne von Passanten über das Wetter einzufangen. Natürlich war das eine Aufgabe, bei der ich das Ansprechen und Interviewen von Leuten lernen sollte, aber zu meiner Überraschung stellte ich fest, dass ein paar meiner O-Töne auch später am Tage tatsächlich zum Senden freigegeben wurden.
Eine der wichtigsten Fähigkeiten, die es in der ersten Woche zu lernen galt, war das Sprechen. Denn das Sprechen eines Hörfunkbeitrages unterscheidet sich deutlich vom normalen Sprechen mit anderen Menschen. Die Tonlage ist eine völlig andere und die Betonung verlangt ebenfalls etwas Gewöhnung. Mehrere alte Hasen zeigten mir in kurzen Unterrichtseinheiten, wie sie selbst Beiträge sprachen und immer konnte man sehr deutlich einen Unterschied zu ihrer normalen Stimme hören. Warum das so sein musste, das konnte mir leider niemand erklären, aber wirklich gezwungen und unnatürlich klang es auch tatsächlich nur, wenn man live dabei war. Hörte man den Beitrag später im Radio, fiel die Stimmverstellung kaum auf und es ergab sich tatsächlich ein runderes Bild, als wenn man ihn mit normaler Stimme einsprach. Mich faszinierte dieses Phänomen. Es bedeutete aber auch, dass ich von nun an täglich eine Stunde lang üben musste, mit dieser leicht froschigen, zumindest aber kehligen Stimme zu sprechen. Bei meinen ersten Beiträgen leitete mich jemand an, dann nahm ich verschiedene Beiträge testweise auf und überprüfte beim darauf folgenden Anhören meine Fortschritte. Auch wenn ich schnell besser wurde, so blieb mir doch das Verstellen meiner Stimme unangenehm und ich versuchte es auf ein Minimum zu beschränken.
Vor dem Aufnehmen eines Beitrages stand natürlich das Verfassen, denn es gab nur wenige Studios und man musste schon genau wissen, was man produzieren wollte, wenn man eines davon für seine Aufnahmen blockieren wollte. Vor dem

Verfassen wiederum stand die Recherche. Die Themen wurden zum großen Teil vom täglichen Geschehen vorgegeben. Dazu gab es aber auch Serien von Themen sowie Beiträge, die einfach mal prophylaktisch gemacht wurden und die man dann an Tagen verschicken konnte, an denen einfach sonst nicht viel passierte.

Für die aktuellen Themen war zunächst der Nachrichtenticker unserer Mutteragentur das wichtigste Instrument. Dieser Dienst, der im Sekundentakt Nachrichten in knappen Statements und ohne jedes Layout ausspuckte, lieferte nicht selten Fakten, zu denen der normal Sterbliche keinen Zugang hatte. Benötigte man mehr Informationen, so musste man diese im Internet recherchieren oder durch Anrufe bei betroffenen Personen erfragen. Waren diese Personen von besonders großem Interesse oder Spezialisten auf ihrem Fachgebiet, so nahm ich das Gespräch mit ihrer Zustimmung auch gleich auf und schnitt im Anschluss daran wichtige Passagen heraus, die ich in meinem Beitrag verwendete.

Noch viel wichtiger als in Printmedien ist beim Radio die Länge eines Beitrages. Meistens müssen die Informationen in einem sehr schmalen Zeitfenster präsentiert werden. So musste ich an manchen Beiträgen immer und immer wieder rumschneiden und Wörter austauschen oder streichen, bis die vorgegebene Dauer nicht mehr überschritten wurde. Generell folgt man hier der journalistischen Grundregel, dass man die Fakten in der Reihenfolge ihrer Wichtigkeit darlegt. So kann man dann sukzessive immer weiter von hinten her kürzen, ohne dass die wichtigsten Informationen verloren gehen.

Schon am ersten Tag erhielt ich einen Ausweis, der mir fast uneingeschränkten Zugang zum Bundestag gewährte. Ich besuchte Sitzungen und versuchte, für das jeweils aktuelle Thema wichtige Politiker auf ihrem Weg aus dem Parlament abzufangen und ihnen ein Interview abzuringen. Viele Debatten verfolgte ich aber auch einfach am Monitor in der Redaktion. Wir schnitten diese allesamt mit. Ich notierte mir an den wichtigen Punkten den Stand des Zählers am Aufnahmegerät, sodass ich später genau wusste, welche Stellen ich als O-Töne herausschneiden wollte.

Ständig liefen im Büro mehrere Fernseher gleichzeitig, zum Glück jedoch in der Regel ohne Ton. Nur bei wirklich wichtigen Ereignissen drehte man die Lautstärke hoch. Alle Monitore zeigten Nachrichtensender, sodass uns nie auch nur ein Thema entgehen konnte. Unsere Redaktion befand sich in einem großen offenen Raum, in dem die Schreibtische ohne Trennwände nebeneinander standen. Nur die Leute auf den hohen Posten hatten ihre eigenen Büros mit Glastüren. An einer Seite der Redaktion waren die drei kleinen Studios eingelassen, in welchen man seine Beiträge sprach und, wenn es genügend Kapazität gab, auch Material zurechtschneiden konnte.

Neben dem Sprechen galt es natürlich, das Schnittprogramm zu verinnerlichen, mit dem man Töne jeder Art in hoher Qualität kunstvoll zu etwas Neuem zusammenschneiden konnte. Mir gefiel die Zeit in der Kabine mit den Kopfhörern auf den Ohren, wenn man immer wieder Millisekunden vor- und wieder zurückspulte, beispielsweise um ‚ähs' und ‚ahs' aus einer langwierigen Rede eines Politikers herauszuschneiden. Dies geschah beileibe nicht, um den Politiker eloquenter dastehen zu lassen, sondern ausschließlich um kostbare Sendezeit einzusparen. Mit Hilfe der Technik konnte man Anfang und Ende der herausgeschnittenen Passage dermaßen exakt bestimmen, dass man am Ende nicht mehr hören konnte, dass im

Satz ein oder gleich mehrere Stücke fehlten. Ich hatte dabei immer ein leicht ungutes Gefühl, denn im Grunde möchte man doch, dass die Leute gerade Politiker so wahrnehmen, wie sie wirklich sind. Ich schloss daraus, dass die Sache im Fernsehen sicher nicht viel anders lief, nur war die Manipulation durch das parallele Bild hier vielleicht ein wenig schwieriger. Alles in allem beschäftigte ich mich in meiner ersten Zeit bei der dpa vermutlich mehr mit Politik als in mehreren Jahren zuvor zusammengenommen.

Schnell erkannte man jedoch, dass die Politik nicht gerade mein Steckenpferd war und so betraute man mich schon bald eher mit Lifestyle-Terminen. Das war zwar deutlich flacher, aber doch auch deutlich unterhaltsamer. Und ich hatte natürlich auch ein ganzes Stück weniger Verantwortung, denn ob ein Fakt im Zusammenhang mit einem Prominenten nicht ganz korrekt recherchiert war, war doch etwas anderes als ein Schnitzer bei einem politik-relevanten Thema. Man schickte mich zu zahlreichen Events, die ich natürlich stets umsonst besuchen konnte. Ich interviewte beispielsweise die atemberaubend schöne Iris Berben und war auch anwesend, als Wolfgang Thierse die Fahrradsaison am Brandenburger Tor eröffnete. An einem Abend schickte man mich zu einer Veranstaltung zu Ehren eines ehemaligen Kosmonauten, an einem anderen Tag dann nahm ich an der opulent inszenierten Präsentation eines neuen Magazins teil.

Zwischen den Außen-Terminen saß ich im stets wuseligen Studio und verfasste meine Skizzen, um sodann meine Beiträge zusammenzuschneiden. Oft musste ich auch ganz simple, kurze Appetithäppchen zu einem Tagesereignis verfassen, zu denen ich meine Informationen im Internet aufgegabelt hatte. Etwa zu einem Feiertag gab es immer eine unterhaltsame Anekdote zu finden und ich fühlte mich in diesen seichten Gewässern doch deutlich sicherer als auf dem politischen Parkett. In der Redaktion herrschte ein gleichbleibend hohes Stresslevel, denn immer gab es für das, was man gerade machte, natürlich eine Deadline. Doch noch chaotischer ging es im Stockwerk unter uns zu, wo die Hauptredaktion der Printabteilung saß. Dort allerdings verirrten wir uns nur hin, wenn bei uns oben mal wieder die Kaffeemaschine streikte.

Die täglichen Übungen und Tipps zum Umgang mit der Radiostimme hatten mich schnell dermaßen qualifiziert, dass man mich schon bald komplette Beiträge sprechen und absenden ließ, zum Teil gar ohne diese nochmals Probe zu hören. Faszinierend fand ich hierbei, dass ich am Ende jedes Beitrages meinen Namen in Verbindung mit den etwa 15 großen Radiosendern sagen musste, die wir belieferten. So hörte es sich beispielsweise in Hessen so an, als sei ich ausschließlich für den entsprechenden Sender im Einsatz: ‚Marco Buch für Radio FFH'. Dabei hatten alle anderen Sender soeben einen identischen Beitrag mit meiner Stimme gesendet. Wieder eine kleine Trickserei, von der ein normaler Hörer Zeit seines Lebens nichts mitbekommt.

Jeder Tag wurde durch die tagesaktuellen Themen bestimmt. Ereignete sich nichts Außergewöhnliches, so hatten wir eine lange Liste mit unveröffentlichten Beiträgen, die zum Teil noch vollendet werden mussten. Wie bei Printmedien auch galt es Lücken zu füllen, man konnte ja schließlich schlecht gar nichts berichten. An dieser Stelle kamen dann beispielsweise Berichte über den Ursprung des Wortes Ostern ins Spiel.

Leider hatte man mich aber auch mit einem sehr traurigen Thema betraut. Die Entführung und Ermordung eines kleinen Mädchens zog sich durch meine gesamte Zeit bei der dpa. Warum sich für ein solch ernstes Thema niemand anders mit etwas mehr Erfahrung fand, blieb mir unklar. Gleich zu Anfang meines Praktikums jedenfalls schickte man mich mehrfach zu den Sucharbeiten und den anschließenden Pressekonferenzen der Polizei im Berliner Umland. Es war neblig und kalt und die Stimmung unter den Leuten war angespannt. Noch nie hatte ich mit eigenen Augen gesehen, wie eine Hundertschaft Polizisten ein Feld durchkämmt. Ich merkte zudem, wie unangenehm es sein konnte, wenn man in einer solchen Situation nach O-Tönen jagen musste. Oft fühlte es sich sogar so an, als würde man mit seinen Fragen die Arbeiten behindern; die journalistische Arbeit bei einem solchen Ereignis ist ein zweischneidiges Schwert. Zwei Wochen später dann schickte man mich wieder raus aufs Land, als man die Leiche des Kindes in einem Waldstück bei Werneuchen gefunden hatte. Ich berichtete auch darüber und dokumentierte den Fahndungserfolg der Polizei. Da es schon mitten in der Nacht war, als ich endlich das Gefühl hatte, diese schreckliche Geschichte in meinem Beitrag angemessen dargestellt zu haben, der am nächsten Morgen auf allen Sendern laufen würde, nahm ich mir ein Taxi nach Hause. Der Tag am Tatort hatte mich dermaßen nachdenklich zurückgelassen, dass ich dem Taxifahrer auf der kurzen Fahrt von all den schrecklichen Ereignissen erzählte und dabei fast zu schluchzen begann.

Schließlich war ich kurz vor Ende meines Praktikums auch anwesend im Landgericht Potsdam, als man verkündete, den Täter gefunden zu haben, der bereits ein Geständnis abgelegt hatte.

Auf ganz andere Art schlimm empfand ich ein paar meiner extrem ambitionierten Praktikanten-Kollegen, die sich schon mal eifrig im Mobbing übten, um für den späteren Kampf am Arbeitsplatz gerüstet zu sein. Man merkte, sie hatten alle lange auf dieses Praktikum hingearbeitet und wollten diese Chance nun nicht ungenutzt verstreichen lassen. Gerade ich, der ich vergleichsweise ambitionslos in die ganze Geschichte eingestiegen war, durfte aber als einziger bereits eigene Beiträge abschicken. Das sorgte natürlich für Verstimmungen, aber ich ließ mich auf ihre albernen Machtspielchen gar nicht erst ein. Die Tatsache, dass ich es gar nicht wirklich auf eine Weiterbeschäftigung nach dem Praktikum abgesehen hatte, schien mir dabei zum Vorteil zu gereichen.

Der Morgen in der Redaktion begann immer mit einem Kaffee. Zum ersten Mal in meinem Leben sah ich, wie wichtig es in einem stetigen Job ist, gleichbleibende Rituale zu haben. So lässt es sich leichter durch den Tag hangeln. Mein Mittagessen nahm ich oft in der Mensa der Mediziner ein, die damals noch dem dpa Gebäude gegenüber lag. Während des Essens zwischen den ganzen Studenten wünschte ich mir, auch endlich wieder ohne Verpflichtung und Verantwortung sein zu können. Es war interessant zu sehen, wie einem ein Perspektivwechsel wieder mal eine ganz neue Einschätzung seiner eigenen Situation bescheren konnte.

Mit dem Frühling kam dann das Ende des Praktikums und ich war froh, endlich wieder in meine alten Klamotten schlüpfen und mir einen Bart wachsen lassen zu können. Das Discovery-Album von Daft Punk begleitete dieses Gefühl der Befreiung.

Man stellte mir ein astreines Zeugnis aus und schien wirklich von meiner Arbeit angetan zu sein. Von sich aus bot mir der Chef vom Dienst eine Stelle als freier Mitarbeiter an. Ablehnen konnte ich so ein Angebot natürlich nicht, zumal ich nun für dieselben Aufgaben, die ich in den letzten Wochen für ein Taschengeld bewältigt hatte, eine richtig gute Gage bekommen sollte. Zwei Wochen nach Ende des Praktikums sollte meine Karriere als freier Rundfunkredakteur eigentlich beginnen, doch ich wusste diese tatsächlich bereits im Keim zu ersticken.

Man wollte die traditionellen Unruhen zur Walpurgisnacht und dem 1. Mai dokumentieren und hatte sich überlegt, dass ich doch dafür wohl der richtige Mann sei. Ich denke, dass vor allem niemand sonst Lust hatte, sich die Nacht um die Ohren zu schlagen und einige der Mitarbeiter dieses Thema vermutlich in den letzten Jahren schon des Öfteren behandelt hatten. Und so drehte ich am Nachmittag des traditionellen Krawalltages zunächst auf einem eigens zur Konfliktreduzierung veranstalteten Fest am Kollwitzplatz meine Runden und befragte Passanten, was sie persönlich für die kommende Nacht erwarteten. Einen besonders aussagekräftigen O-Ton lieferte dabei ein guter Freund von mir, was das ‚O' in O-Ton natürlich etwas in Frage stellt. Doch er bewegte sich mit seiner Aussage ganz im mittleren Meinungsfeld und da konnte man schon mal Fünfe gerade sein lassen, wie ich fand. Während der Nacht dann saß ich mutterseelenalleine in der Redaktion und wartete darauf, dass endlich jemand Autos anzündete, Straßensperren errichtete oder wenigstens ein paar Polizisten mit Steinen bewarf. Doch stundenlang wollte einfach nichts passieren, was natürlich für die Polizisten deutlich besser war und ich ja eigentlich auch befürwortete. Aber eine gute Geschichte würde ich auf diese Weise nicht bekommen und ich hatte das Gefühl, meine Zeit zu verschwenden. Während alle meine Freunde bereits seit Stunden bei kaltem Bier und frisch Gegrilltem im Mauerpark saßen, langweilte ich mich im nur minimal beleuchteten Studio zu Tode. Und so kam es schließlich, wie es kommen musste. Gegen 3 Uhr morgens beschloss ich, dass in dieser Nacht sicher nichts mehr Nennenswertes passieren würde. Ich gab meine Meldung raus, dass in Berlin alles ruhig sei, packte meine Siebensachen und machte mich vom Acker, weg aus dem tristen Büro, hin zu Freunden, Getränken und Unterhaltung. Leider hatte ich mich bei meiner Einschätzung der Lage jedoch gründlich geschnitten.

Während ich mich schon kurz später im Mauerpark vergnügte, in dem an einigen Stellen hohe Feuer von angestachelten Jugendlichen loderten, hatten es sich die Randalierer auch noch mal anders überlegt, wovon ich jedoch erst am nächsten Morgen mit dickem Kopf und trockener Kehle erfahren sollte. Sie hatten genau das getan, was sie immer taten, und in der ganzen Stadt war es zu Zusammenstößen mit den Ordnungskräften gekommen. Die Radios im ganzen Land aber hatten nur unmerklich später meine Meldung über den Äther geschickt, die propagierte, dass Berlin in diesem Jahr völlig friedlich geblieben sei, was natürlich eine komplette Unwahrheit war.

Es war also kein Wunder, dass man mich nach diesem Vorfall nie wieder buchte. Mein Bedauern hielt sich jedoch in Grenzen. Die ganze Welt der Nachrichten war mir doch eine Spur zu ernst und mit den Prominentengeschichten konnte man mich auch nicht auf Dauer bei Laune halten. Vom Sprechen längerer Passagen mit verstellter Stimme bekam ich zudem immer so ein lästiges Kratzen im Hals. Ich konnte es nicht mal rational begründen, aber wohl gefühlt hatte ich mich in diesem Job eigentlich so gut wie nie.

Noch heute, wenn ich Radio höre, versuche ich mir manchmal vorzustellen, wie sich wohl die echte Stimme des Moderators anhört. Einige der damaligen Sprecher erkenne ich auch heute noch wieder. Einen meiner damals mobbenden Praktikums-Rivalen traf ich mal bei einer Geburtstagsfeier wieder, bei der ich als DJ in Erscheinung trat und er als Gast. Betont arrogant tat er so, als kenne er mich nicht.

Bezahlung: DM 300/ Monat.
Arbeitsaufwand: Hoch.
Gelernt fürs Leben: Nicht alles, was man in den Medien sieht oder hört,
                     entspricht zu 100 % der Wahrheit.

21. Casting Manager

Mal wieder hatte ein personeller Engpass eines Bekannten zu einer Gelegenheit geführt, mein Portfolio an Vielseitigkeit weiter auszubauen. Thomas war ein liebenswerter Chaot, der mich immer dann anrief, wenn sein Englisch für den entsprechenden Job nicht ausreichte (was oft der Fall war) oder das Stresslevel der Produktion sein sensibles Wesen überforderte (was fast immer der Fall war). Ich hatte ihm bereits mehrfach den Arsch gerettet und so meldete er sich auch jetzt in gewohnt hektischer Manier, als ihm mal wieder alles über den Kopf zu wachsen drohte.

Sein Auftraggeber suchte händeringend nach ein paar Darstellern für einen Werbespot, der ein neues Schuppen-Shampoo von L'Oreal anpreisen sollte. Thomas hatte sich wie üblich überschätzt und nicht, wie es Usus war, eine Komparsenagentur zu Rate gezogen, sondern in Aushängen und Annoncen zu einem großen Casting geladen. Nun merkte er langsam, dass die Sache doch deutlich mehr Arbeit machte als geplant und er zudem noch den ganzen Dreh organisieren musste. Und so wurde ich als Assistent eingekauft, wobei ich im Rückblick sagen muss, dass das Wörtchen Assistent vermutlich stets verwendet wurde, um den Tagessatz zu drücken. Denn schnell stellte sich heraus, dass eigentlich gar niemand sonst Zeit dafür hatte, die einzelnen Kandidaten zu begutachten. Ich musste das Casting also alleine bestreiten, da war gar niemand, dem ich assistierte.

Man hatte einen Raum in einem Hinterhof in Prenzlauer Berg angemietet und diesen mit ein paar Getränken, Brötchen von gestern, vielen Flaschen des zu bewerbenden Shampoos und einer Videokamera auf einem Stativ ausgestattet. Thomas kam kurz vorbei, um in hektisch hingebellten Stichworten meine Aufgaben zu umreißen. Ehe ich mich versah, war ich auch schon auf mich alleine gestellt.

Ich musste zunächst mal sicherstellen, dass die Leute den Weg ins Studio fanden, und so schilderte ich den gesamten Weg mit geklebten Zetteln aus. Im Osten Berlins gibt es mitunter fünf Hinterhöfe hintereinander, da konnte man sich schon mal verlaufen. Mit Erschrecken musste ich dabei feststellen, dass auch mich die Zettel mit der Aufschrift ‚Casting' auf subtile Weise ansprachen. Man hatte umgehend den Eindruck, hier geschehe etwas Wichtiges. Die Privatsender hatten mit ihren unsäglichen Sendungen in den letzten Jahren ganze Arbeit geleistet.

Zurück im kargen Raum musste ich nicht lange warten. Schon bald trudelten die ersten Leute ein. Zum Glück hatte man die Interessenten im Vorfeld auf fünf verschiedene Termine im Abstand von einer Stunde bestellt, denn schnell wurde es voll in meinem kleinen Studio.

Der nun folgende Nachmittag mutete leicht absurd an. Denn immer und immer wieder musste ich mir dieselbe Szene ansehen und dazu dieselben Fragen stellen. Zunächst bat ich die Leute, sich kurz vorzustellen und ein bisschen zu schildern, was sie so machten. Dann sollten sie auf eventuelle Kopfhautprobleme eingehen. Zum Abschluss des kleinen Gesprächs bat ich sie, einmal eine der bereitstehenden Flaschen zu öffnen und mir zu sagen, wie sie den Geruch des Shampoos fänden. Tatsächlich hätte wahrscheinlich jeder Psychologe seine helle Freude an diesen Szenen gehabt. Schnell ließ sich etwa erkennen, ob jemand authentisch war, oder ob er etwas nur aus der Hoffnung heraus sagte, das neue Werbegesicht des Shampoos werden zu dürfen. Witzig an dieser Stelle fand ich, dass niemand auch nur eine grobe Idee davon hatte, wie wohl die Bezahlung aussehen würde, so man denn denjenigen aus der Menge auswählen würde. Alleine die Aussicht auf ihre fünf Minuten Ruhm genügte offenbar schon vielen als Anreiz.

Es war interessant zu sehen, wie einige Leute deutlich mehr Fantasie als andere bewiesen, einige Kandidaten wesentlich energiegeladener auftraten als andere und wie sich ein paar der Interessenten sehr zierten, über ihre Schuppen zu sprechen, andere hingegen frei heraus aus dem Nähkästchen der Kopfhautirritation plauderten. Nicht immer fühlte ich mich ganz wohl in meiner Position als Inquisitor, aber oft musste ich auch grinsen.

Und so zogen Stunde um Stunde die Gesichter an mir vorbei, während ich alles auf Video bannte und ab und an mal eine neue Kassette in die Kamera einlegte. Blonde, Braune, Rothaarige, Männer, Frauen, Kinder, Dünne, Dicke, Schwarze, Weiße. Manche Leute brachten mich richtig zum Lachen, andere hingegen verbreiteten gähnende Langeweile. Doch die Zeit verging wie im Fluge und meine Laune hielt sich auf einem konstant hohen Level.

Als es draußen längst dunkel war, hatte ich die gesamte Liste mit Menschen abgearbeitet und einige Videokassetten gefüllt. Nun lag es in den Händen der L'Oreal-Verantwortlichen, wer letztendlich das neue Schuppenmodel werden sollte. Ich hatte mir im Kopf bereits eine Liste meiner persönlichen Favoriten zusammengestellt.

Als der letzte sich noch ein Käsebrötchen als Proviant eingepackt und ich die Kamera endlich ausgeschaltet hatte, musste ich mich erst mal kurz zurücklehnen. Ich war erschöpft von all dem Input, aber doch auch wieder mal sehr erheitert darüber, mit was man so alles sein Geld verdienen konnte. Thomas hingegen hätte mich rückblickend doch deutlich besser dafür entlohnen können, dass ich den Karren mal wieder aus dem Dreck gezogen hatte. Ich wusste, dass er selbst diesen Tag nicht ohne Nervenzusammenbruch überstanden hätte. Es war auch gut möglich, dass bei seiner Art der interpersonellen Kommunikation die Hälfte der Kandidaten hilfesuchend das Weite gesucht hätte.

Leider habe ich den Werbespot nie zu Gesicht bekommen. Das Shampoo allerdings habe ich selbst mal ausprobiert, als meine Kopfhaut plötzlich von Schuppen befallen wurde. Es half leider nicht. Thomas war mal kurz pleite, hat sich aber offenbar wieder aufgerappelt, wie ich aus Gerüchten schließe. Er hat jetzt andere Leute, die ihm für minimale Entlohnung maximale Unterstützung zukommen lassen.

Bezahlung:　　　€ 100.
Arbeitsaufwand:　Mittel.
Gelernt fürs Leben: Kein Mensch ist wie der Andere.

22. Model für ein Teenie-Magazin

Manchmal fragte ich mich, was mir in meiner Sammlung an skurrilen Jobs eigentlich noch so fehlte. Als ein Freund mich fragte, ob ich für ein Teenie-Magazin als Model posieren wollte, wusste ich es.

Er selbst hatte sich ebenfalls für die befreundete Fotografin zur Verfügung gestellt und so saßen wir schon kurz darauf gemeinsam beim Casting in Kreuzberg.

Die Idee war so simpel wie symptomatisch für diese kleinen Din A5 Hochglanzhefte für pubertierende Mädchen: Anhand der Fotos und ein paar knapper Texte zu fünf ‚Boys' sollte jede der jungen Damen herausfinden können, welcher Typ Mann wohl der richtige für ihr Liebesglück sei. Es gab den reichen Typen, den schüchternen, den sportlichen, den galanten und mich, den neckischen Joker.

Beim Casting in Anwesenheit des Kunden hatte man mir noch versichert, ich könne in genau jenen Klamotten zum Shooting kommen, die ich ohnehin trug. Zwar wusste ich nicht so genau, ob ich das als Kompliment werten sollte, ich war jedoch froh, mich nicht auch noch verkleiden zu müssen.

Doch als dann eine Woche später das Shooting stattfand, sah die Sache bereits ganz anders aus. Plötzlich musste ich mich doch in schreckliche Klamotten stecken lassen, die zu allem Überfluss nicht mal meine Größe hatten, sondern in XXL nur so an mir herumschlabberten, was offenbar in der Denke der Fotografin meine Lässigkeit unterstreichen sollte. Sie und ich hatten generell offensichtlich recht unterschiedliche Vorstellungen davon, wie ein lustiger Typ so aussieht. Ich trug ein knallgelbes T-Shirt und darüber offen ein rotkariertes Hemd, nur die Baseball-Cap ersparte man mir glücklicherweise nach langer Diskussion. Dazu kam noch eine weite Jeans mit hässlichem Schnitt, am Ende hatte die Fotografin natürlich das letzte Wort. Ich versuchte, die Sache positiv zu sehen. Vielleicht würde mich so wenigstens niemand erkennen, wenn ich ein paar Wochen später im Heft auftauchte.

Schlimmerweise hatte sich die Fotografin in die Idee verbissen, dass man bei jedem von uns auf einem der Fotos auch noch einen Blick auf unsere Unterwäsche erhaschen müsse und so wurden wir alle dazu genötigt, die Hose ein Stück herunterzulassen. Die Fotografin schien sich sicher zu sein, dass das die hormonverwirrten Leserinnen geradezu in den Wahnsinn treiben würde. Ich hatte so ein Gefühl, dass diese Fotos den Mädchen eher Angst machen würden.

Die Fotografin benötigte einen halben Tag, um uns alle abzulichten. Es war immer einer von uns dran, während der Rest sich am Buffet und mit Magazinen vergnügte. Die anderen Jungs wirkten nicht gerade glücklich und mein Freund Martin, der den Schüchternen mimen sollte, schien kurz davor, sich die Sache anders zu überlegen. Als ich dann endlich selbst vor der Kamera stand, gab mir die Fotografin nur ein paar kurze Anweisungen und ließ mich sodann gewähren. Ich fühlte mich in meinem Outfit ziemlich unwohl, aber so war es wohl, das Model-Dasein.

Zwar war ich mit dem Ergebnis des Shootings nicht wahnsinnig zufrieden, aber ich musste doch sagen, dass ich im Vergleich mit den Anderen in puncto Klamotten und Pose noch am Besten weggekommen war. Die Fotografin zeigte uns ein paar der Bilder und wir alle reagierten mit sprachlosem Unglauben. Da keiner von uns eine Ahnung von den gängigen Preisen für solch eine Aktion hatte, ließen wir uns mit läppischen 50 Mark pro Person abspeisen und die Fotografin daher vermutlich mit einem satten Gewinn zurück.

Als das Magazin dann einige Zeit später leiblich und wahrhaftig in den Regalen zum Verkauf stand, wurde mir doch etwas mulmig zumute. Ich kaufte gleich drei Exemplare, da ich auch meiner Familie diese Lachnummer nicht vorenthalten wollte, und kämpfte mich durch seitenweise Schminktipps, Prominenten-Geschichten und Foto-Lovestories zu unserem sechsseitigen Ruhm durch. Das Ergebnis des Shootings ließ einem schier den Atem stocken. Die spärlichen Texte waren dermaßen hohl und die Fotos dermaßen unvorteilhaft, dass ich mich ernsthaft fragte, welches vernünftige Teenager-Mädchen sich diesen Artikel überhaupt bis zum Ende durchlesen würde, geschweige denn für einen von uns entscheiden konnte. Vielleicht würde sich sogar die eine oder andere seltsam vorkommen ob der Tatsache, dass sie keinen der Männertypen interessant finden konnte oder gar nach Betrachten dieser wirklich unzumutbaren Bilder für sich entscheiden, dass sie sich doch eher zum weiblichen Geschlecht hingezogen fühlte. Außer der Fotografin waren wir alle nicht sonderlich gut aus der Sache herausgekommen. Ich sah sie vor meinem geistigen Auge, wie sie sich ins Fäustchen lachte.

Nachdem sich die erste Aufregung gelegt und ich auch von meiner Familie mein Fett wegbekommen hatte, fragte ich mich, ob diese hirnlose Aktion wohl meiner Karriere förderlich gewesen sei, egal in welche Richtung sie von nun an zu gehen beabsichtigte. Würde mir gar jemand in ein paar Jahren diese Fotos vorhalten, um mich zu erpressen?

In den folgenden Wochen fürchtete ich mich davor, von Leuten im Heft entdeckt zu werden, die mich kannten. Leicht beruhigend wirkte hierbei jedoch die Tatsache, dass jede, die mich darauf ansprechen würde, damit automatisch zugab, diesen Schund tatsächlich zu lesen.

Es sollte letztendlich nur einmal passieren, und das erst Monate später. Tatsächlich wurde mir mein Engagement von dieser jungen Dame, die, um das noch festzuhalten, deutlich jenseits des Teenageralters war, auch noch positiv ausgelegt. Was letztendlich eines der Argumente dagegen war, die Beziehung zu ihr zu vertiefen. Ich half ihr noch beim Ausräumen ihrer Möbel aus der Wohnung ihres Ex-Freundes, der sie regelmäßig schlug und zog mich dann schon bald aus der Affäre. Die Fotografin hat im Übrigen ihre Profession nur knapp fünf Jahre später an den Nagel gehängt. Sie leitet heute ein Hotel auf einer Insel in der Karibik.

Bezahlung: DM 50.
Arbeitsaufwand: Gering.
Gelernt fürs Leben: Wer förmlich darum bittet, ausgenutzt zu werden, sollte sich nicht wundern, wenn andere ihm diese Bitte erfüllen.

23. Whisky-Sommelier

Endlich war es auch mir gelungen, in den erlauchten Kreis derer aufzusteigen, die Premiumprodukte an den Mann brachten. Wie überall brachten einen auch in diesem Metier nichts als Beziehungen zum Ziel. Denn die Anforderungen waren im Grunde die gleichen. Hatte ich mich schon seit Monaten gefragt, warum ich noch immer in Supermärkten Fruchtsäfte verkostete, hatten sich meine Kontakte dieser Monate nun bezahlt gemacht.

Bereits die Schulungen für diese Oberklassejobs des Promotion-Business unterschieden sich deutlich von jenen normaler Aufträge. Die Einsatzorte taten es ebenfalls und nicht zuletzt auch die Bezahlung. Zwar war ich mir längst sicher, in diesem Metier nicht für immer bleiben zu wollen, aber solange ich mich schon mit dieser Art von Job über Wasser halten musste, so war es doch allemal besser, es auf hohem Niveau zu tun.

Ich war engagiert worden für eine Promotion, die auf unbestimmte Zeit ausgelegt war. Pro Region hatte man jeweils einen Mann und eine Frau verpflichtet, die alle relevanten Events in ihrer Nähe abdecken würden. Das Produkt, das wir promoteten, kam aus dem Hause Johnnie Walker und war ein edler Blended Whisky namens Black Label. Zur Schulung lud man in ein idyllisches Kloster im Rheingau. Die ganze Veranstaltung war großzügig ausgerichtet und es war offensichtlich, dass man uns auf das gehobene Produkt einstimmen wollte, das wir vertraten. Wir wohnten direkt im Kloster und auch gespeist wurde im hauseigenen, prämierten Restaurant. Wir waren im Vorfeld bereits dazu angehalten worden, uns zu jeder Zeit elegant zu kleiden, was mir nicht gerade leicht fiel.

Tagsüber ging es zunächst um die Theorie, darum, wie man Leute richtig anspricht, wen man anspricht, was die Marke Johnnie Walker ausmachte und letztendlich auch ganz pragmatisch darum, wie man den Promotionstand aufbaut und nach der Aktion wieder in seiner Hülle verstaut. Ich hatte Schulungen dieser Art schon unzählige Male absolviert und machte gute Miene zum bösen Spiel.

Interessant wurde es dann erst nach dem Abendessen, als wir von einem Meister seines Fachs in die hohe Kunst der Whiskysophie eingeführt wurden. Dies geschah anhand eines Tastings, das mehrere Stunden in Anspruch nahm. Wir wurden über den Unterschied zwischen Scotch und Bourbon aufgeklärt und der Dozent erklärte uns, was einen Blended Whisky ausmachte und welche Single Malt Whiskies trinkenswert waren. Wir probierten uns durch etwa zehn Single Malts, die in sogenannten Nosing-Gläsern gereicht wurden, damit man auch den Geruch auskosten konnte, und bestimmten mit Hilfe des Experten jede auch noch so kleine Geschmacksnuance. Zu guter Letzt probierten wir dann den Black Label und er war in der Tat nicht übel. Der Whisky-Kenner hatte ganze Arbeit geleistet und meine anfängliche Skepsis gegenüber Blended Whiskies vollends ausgeräumt. Das Blenden verschiedener Single Malts war eine Kunst, für die man jahrelang lernen musste, und manche Whisky-Connaisseure zogen einen Blend jederzeit einem Single Malt vor.

Nachdem ich von Rheinhessen wieder zurück in Berlin war, passierte erst mal eine Weile lang nichts. Ich hatte die ganzen Utensilien im Keller verstaut und harrte der Dinge, die da kommen sollten. Im Laufe des nächsten halben Jahres dann aber hatte ich immer wieder punktuelle Einsätze von jeweils einem Abend. Diese unterschieden sich wirklich gründlich von anderen Promotionaktionen, die ich in den letzten Jahren gemacht hatte. Stets hatte ich eine hübsche, gebildete Kollegin an meiner Seite. Immer befanden wir uns auf gehobenen Events mit kultivierten Gästen und leckerem Essen. Und nie musste man irgendjemandem mit einem Produkt auf den Sack gehen. Wir waren sogar dazu angehalten, niemanden zu nerven, sondern immer darauf zu warten, dass die Leute uns ansprachen. Und nicht zuletzt hatten wir natürlich auch ein gutes Produkt, das man gar nicht groß bewerben musste.

Im Laufe dieser Zeit sah ich einige Hotellobbys von innen, besuchte aber auch Events in der Berliner Staatsoper oder im schönen Bad Saarow, wo vor der Wende die Politprominenz ein- und ausgegangen war. Wir bauten dann unseren Stand auf und ließen Interessierte vom Black Label probieren, berieten sie über Geruchs- und Geschmacksnuancen und standen generell mit unserem Gesicht für das teure Getränk. Wir blieben so lange vor Ort, wie es der jeweilige Veranstalter es für richtig hielt, spätestens gegen 3 Uhr morgens räumten wir dann das Feld. Immer wurden wir großzügig mit Essen versorgt und das war meistens sogar gut. Ich genoss den Job sehr, da er einen an Orte brachte, die man normalerweise nicht zu Gesicht bekam. Die Einsätze selbst waren immer angenehm und leicht zu bewerkstelligen. Als Krönung des Ganzen hatte uns die Agentur gar erlaubt, die angebrochenen Flaschen für unseren Eigengebrauch zu verwenden. Oft waren da gerade mal 10 cl weg und meistens hatte meine Mitarbeiterin kein großes Interesse an der Flasche. Die Listen und Berichte, die ich nach den Einsätzen auszufüllen hatte, boten zusätzliche Möglichkeiten, um an das kostbare Getränk zu gelangen.

Einmal fehlte in Frankfurt ein Whisky-Spezialist und man rief verzweifelt bei mir an, da man wusste, dass ich auch dort Schlafmöglichkeiten hatte. Tatsächlich zahlte man mir dann eine Menge Geld dafür, dass ich nur für dieses eine Event 600 Kilometer fuhr, um auch dort den Black Label promoten zu können. Meine Kollegin war eine sehr arrogante Dame aus gutem Hause im Taunus, die aber nach einigen kleinen Shots unseres Produkts deutlich erträglicher wurde. Bei der großen Sportgala, auf der sich unser Stand befand, war Rudi Völler einer der prominentesten Gäste. In einer ruhigen Minute fing ich ihn ab und bat ihn um ein Autogramm für meine Oma. Auch wenn er leicht unglücklich darüber schien, dass meine Oma sich offenbar mehr für ihn interessierte als ich selbst, so gab er mir doch seine Unterschrift auf einem Bierdeckel.

Als nach dem Winter die Koordinatorin der einzelnen Teams wechselte, wurden die Einsätze für mich rarer. Kurz darauf legte man die Aktion komplett auf Eis, und bat mich, alle Utensilien per Kurier zurück nach Hessen zu schicken. Ich hatte zu diesem Zeitpunkt etwa 10 Einsätze hinter mir. In meiner Hausbar hatte sich ein Vorrat an Black Label angesammelt, der sich sehen lassen konnte. Und das, obwohl ich bereits während meiner Zeit für die Marke ausufernde Scotch-Abende mit Freunden ausgerichtet hatte. Insgesamt war dies ein rundum angenehmer Job, den ich gerne auch noch länger gemacht hätte.

Noch heute zehre ich von meinem Vorrat an Whisky-Gläsern. Mein detailliertes

Wissen zur Produktion von Whisky hingegen kann man immer mal wieder gut in Gespräche einfließen lassen und damit Eindruck schinden.

Bezahlung:	€ 180/ Einsatz.
Arbeitsaufwand:	Gering.
Gelernt fürs Leben:	Whisky ist das Wasser des Lebens und eine Wissenschaft für sich.

24. Als ‚weiblicher' Animateur in einem SMS-Erotik-Chat

Beim besten Willen kann ich mich nicht mehr daran erinnern, wie ich an diesen Job geraten war. Rückblickend denke ich, dass ich die Erinnerung wohl verdrängt haben muss. Es ging um Erotik-Chats per sms und ich sollte mich gegen Bezahlung an den virtuellen Unterhaltungen mit 160 Zeichen beteiligen. Das hatte wohl für mich zunächst einmal reizvoll geklungen. Ich war nicht auf den Mund gefallen. Das Medium sms hielt ich für dermaßen faszinierend, dass ich es fast zum Thema meiner Magisterarbeit gemacht hätte. Und für Erotik auch noch bezahlt werden, ohne dass man sich dabei fiese Krankheiten einfangen konnte? Da war ich dabei! Wie schon oft zuvor ging ich mit einer erstaunlichen Naivität an die Sache ran und hielt den Job als sogenannter Moderator zunächst mehr für ein Spiel. Doch bereits der erste Anruf meines neuen Arbeitgebers machte mir klar, dass das hier weder witzig war noch auch nur ansatzweise um Erotik ging. Vielmehr hatte ich es mit einem knallharten Kampf ums Geld zu tun. Und dieser Kampf wurde auf Kosten des Gefühlslebens anderer Menschen ausgetragen. Die Frau am Telefon, die einen unaussprechlichen Namen trug, wirkte dermaßen angespannt und unglücklich, als sie mir die wichtigsten Regeln herunterbetete, dass ich umgehend ein ungutes Gefühl bekam. Doch ich war jetzt so weit gegangen, ich wollte nun auch wirklich sehen, worum es denn hier eigentlich ging. Und sei es nur, um später davon erzählen zu können. Dass ich diesen Job nicht für lange machen würde, war mir schon nach ihren ersten Sätzen klar.

Zunächst erklärte die Dame mir mit monotoner Stimme die Eckdaten: Ahnungslose, vermutlich sehr einsame Menschen abonnierten den sms-Chat ihrer Firma, im festen Glauben, dass sie sich dort wirklich mit anderen, realen Menschen austauschen konnten. Frau X erklärte mir überflüssigerweise, dass der Großteil der Kunden dabei aus Männern bestehe, die sich über ihre Handytastatur mit dem weiblichen Geschlecht unterhalten wollten.

Das klang ja alles noch einleuchtend und harmlos. Doch dann offenbarte die freudlose Dame mir, auf welch gemeine Art die Abonnenten ihres Dienstes hier verarscht wurden. Denn die traurige Realität sah so aus, dass die Gesprächspartnerinnen der Männer schlichtweg nicht existierten. Die fiktiven Frauen wurden lediglich gespielt, und zwar von mir und anderen ‚Moderatoren'. Jeder von uns verkörperte dabei gleich mehrere Identitäten. Der Ansprache suchende Mann würde also nicht mit der Person kommunizieren, die er vermutete. Erwischte er mich, dann sprach er nicht einmal mit einer Frau.

Doch meine Ansprechpartnerin schien diesen Punkt für gar nicht weiter wichtig zu erachten und fuhr einfach nahtlos fort, mir einsilbig und emotionslos die Regeln dieses Jobs herunterzuleiern. Alles, was ich in meinen Kurznachrichten schrieb, sollte zwar sexy oder, wenn es die Situation hergab, gar verliebt klingen, vor allem aber darauf abzielen, dass der Kunde als Reaktion eine weitere sms schickte, denn jede dieser Nachrichten wurde ihm nachher einzeln berechnet. Auch meine Bezahlung sollte anhand der Anzahl der vom Kunden versendeten sms erfolgen. Ein perfides System.

Um mit den verschiedenen Kunden im Gespräch nicht durcheinander zu geraten, sollte ich für jeden einzelnen meiner Gesprächspartner ein Datenblatt erstellen, in dem ich Details zur Person, das bisher vom Kunden Gesagte sowie natürlich all das, was ich ihm über meine Fantasie-Identität vorgelogen hatte, akribisch festhielt. Auf diese Art und Weise konnte man sich mit mehreren Menschen gleichzeitig unterhalten, ohne durcheinanderzukommen. Man konnte erst Rosi und zwei Minuten später Sibylle sein, und das, ohne dass man beispielsweise deren Intimbehaarung durcheinanderwarf.

Das musste ich erst mal sacken lassen. Meine Aufgabe war es also, große Sehnsüchte zu wecken, die sich niemals erfüllen würden. Ich hakte nach, ob Frau X das nicht irgendwie unfair fände. ‚Im Endeffekt kommt das doch auch den Kunden zugute. Immerhin haben sie auf diese Weise etwas Gesellschaft. Ist doch völlig egal, ob diese nur eine Illusion ist‘, sagte sie eiskalt und offenbar wirklich von ihrem System überzeugt. Das sah ich irgendwie anders.

Am Faszinierendsten fand ich, dass sich jemand überhaupt ein solches Geschäftsmodell ausgedacht hatte. Und damit vermutlich auch noch ganz gutes Geld verdiente. Die Welt war nicht gerecht.

Ich war nun jedoch dermaßen neugierig geworden, dass ich wissen musste, wie das Ganze in der Realität aussah, auch wenn ich bereits sicher war, dass es mir an die Nieren gehen würde, egal, wie sich mein erster Einsatz im Detail gestaltete. Doch es sollte anders kommen.

Denn tags drauf schickte mir Frau X einen ausführlicheren Leitfaden für die Erotik-Chats, der noch einmal wiederholte, was sie mir eingebläut hatte, aber auch einige weitere pikante Details enthielt. Er machte mir deutlich, dass hier zumindest mittelmäßig intelligente Leute am Werk waren. Da er zugleich aber dermaßen gemein und kaltblütig war, möchte ich ihn dem Leser nicht vorenthalten. Ich veröffentliche ihn daher exakt so, wie ich ihn seinerzeit erhalten habe:

allgemeine anweisungen

der chat darf ab 16 jahren beschrieben werden, erotisch grundsätzlich erst ab 18j.

ob fotos versendet werden können, ist momentan leider noch nicht ersichtlich.

grundsätzlich gilt daten- und jugendschutz.

kein sex mit minderjährigen, tieren, leichen. dann STOP das heisst, der kunde wird in den problemraum verschoben und der jeweilige SV informiert, ebenso wenn der kunde blut fliessen lässt, körperteile abhacken will oder auch zu krassen sm möchte (luft abdrücken bis ohnmacht u.ä.) nicht zu verwechseln mit normalen sm-spielchen zwischen sklave-domina!

profil anlegen = es wird ein profil vom moderator und eins vom kunden erstellt, jeweils die relevanten daten wie name, alter, hobbies und andere wichtige dinge, die für den gesprächsverlauf wichtig sind und auch nach tagen noch „gewusst" werden sollen – sucht der kunde einen seitensprung, ist er verheiratet, seine vorlieben, seine tabus usw.

kein austausch von daten – kundendaten werden nicht in die profile übertragen AUS-SER vornamen und ort – weder nachname noch strasse noch festnetz-noch handynr werden gespeichert. wir können grundsätzlich nicht die auskunft anrufen um die nr des kunden zu erfragen weil wir seinen nachnamen nicht lesen können. grundsätzlich gilt, dass dem kunden suggeriert wird, das wir anstelle seiner nr. oder seiner adresse oder seines nachnamens nur sternchen lesen können und auch selber verschicken. Selbstverständlich senden wir auch nur orte in denen wir wohnen ohne strasse oder haus-nr auch keine erfundenen telefonnummern.. aktuell werden bei unserer tel-nr die ersten 2 zahlen angezeigt.. 01*********. Auch wenn uns der kunde seine telenummer sendet können wir nur max. 2 zahlen lesen.

grundsätzlich sind wir ca. 50km vom kunden entfernt damit er nicht direkt die hoffnung auf ein mögliches date verliert.

wir erwähnen auch keine firmen in denen wir arbeiten, da der kunde sonst irgendwelche arbeitgeber belästigen könnte, beruf geben wir an, wollen nur privat und job auseinanderhalten.

keine dates ausmachen – auch nicht in aussicht stellen wie z. b. nächste woche samstag – auch keine telefondates ausmachen.

schreibt der kunde stop oder ende oder droht mit anwalt, polizei oder ähnlichem sofort auf STOP gehen (je nach chat zurückstellen oder in prob-raum verschieben) auf keinen fall mehr ANTWORTEN (Stop-ende=vertragsabbruch vom kunden) oder versuchen zu überreden. Das gleiche gilt für androhen von selbstmord.

Profilpflege ist wichtig sowohl profil von uns mods und erst recht das profil des kunden bitte immer darauf achten und ggf. aktualisieren.

Texte werden nicht künstlich verlängert wie z. b. durch halloooooooooooooooooo

Wechselt der kunde unverhofft von einer „dame" zur anderen oder wechselt den key, bitte dann alle daten löschen da er neu begrüßt wird. In fotochats wird selbstverständlich dann gespeichert, welche fotos der kunde schon hat, z.b. wenn foto jessi da steht, schlicht das wort ALT dahinter und bei neuen fotos dann dazuschreiben, welche dame der kunde aktuell sieht.

wir verabschieden uns niemals vom kunden weil wir müde sind oder schichtende haben. grundsätzlich sind wir jederzeit für den kunden erreichbar. will der kunde schlafen gehen, bitte immer noch mal nachfragen, wann wir uns wieder melden dürfen bzw. wann er sich wieder meldet o.ä. und dann je nach chat abspeichern (wecken usw)

minderjährige bekommen auch dann keinerlei erotische gespräche wenn sie einen tag vor ihrem 18. geburtstag stehen. wir nennen weder unsere körbchengröße noch reden wir über rasuren oder sonstiges!! das thema wird umgelenkt, da wir selber in keinem fall erwachsen, sondern auch minderjährig sind!!!!!! z. b. möchte man das nicht am handy, weil es zu peinlich zu komisch oder sonstiges ist – bitte dann auf hobby musik sport oder sonstiges lenken. Das gleiche gilt selbstverständlich auch für den versand von fotos. KEINE EROTIK, auch nicht ansatzweise!

je nach chat gibt es verschiedene keys, bei denen dementsprechend gegrüßt wird. bitte beachten.

grundsätzlich wird pro sms EINE frage gestellt. Nicht woher bist du wie alt bist du was ist dein hobby usw

das verwenden von ständigen standardtexten (außer den vorgegeben begrüßungen) ist in allen chats verboten

ebenso strikt (!!!!) verboten ist es, den kunden aufzufordern, seine nummer in einzelnen sms zu schicken, oder er soll gedichte verfassen oder sonstiges, was den kunden dazu bringt, zig sms auf einmal zu schicken. weder knuddelteddy noch sonst was. Das ist wichtig. macht er das von alleine, schön und gut, aber wir fordern in keinster weise zum „mehrere sms auf einmal schicken" auf.

HEIRATSANTRÄGE werden grundsätzlich nicht angenommen sondern bitte umschwenken. außerdem sind wir romantisch und wollen so was nicht übers handy!!! Das gleiche gilt selbstverständlich auch für VERLOBUNGEN!!!!!!!!

GRUNDSÄTZLICH auf „hätte" oder „könnte" oder „wollte" ausweichen. Nicht konkret werden.

Als ich mir diese schlampig hingeschmierten Sätze mit all ihren Rechtschreibfehlern zu Gemüte geführt hatte, entschied ich mich spontan dazu, nicht eine einzige sms zu verschicken und dem Job den Rücken zu kehren noch bevor er überhaupt begonnen hatte. Das alles war nicht richtig und ich wollte kein Teil davon werden. Ich schrieb Frau X eine kurze E-Mail, in der ich ihr erklärte, dass ich einen Teufel tun würde, um auf Kosten ohnehin schon benachteiligter Menschen die Taschen ihres Chefs zu füllen.
Dieser Entschluss war für sie offenbar nichts Neues. Sie meldete sich nie wieder zurück.
Wenn ich heute Anzeigen für Chats und ähnliche Angebote sehe, schrillen bei mir sofort die Alarmglocken. Ich frage mich bis heute, wie jemand, der auf diese Art und Weise sein Geld verdient, morgens noch in den Spiegel blicken kann.

Bezahlung:	Keine.
Arbeitsaufwand:	Emotional hoch.
Gelernt fürs Leben:	Man muss immer aufpassen, dass das Geld nicht die Moral untergräbt.

25. Trekleader in den USA

Schon während der letzten Züge meines Studiums liebäugelte ich mit einem Job als Tourguide in den USA. Es schien die perfekte Kombination aus Reisen und Geldverdienen zu sein. Denn ich wollte unbedingt für längere Zeit weg, aber die Geldreserven dafür waren doch einigermaßen beschränkt. Gehört hatte ich von diesem Job vom Campleiter eines Abiturcamps in Lloret de Mar, wo ich für eine andere Reisefirma als Betreuer gearbeitet hatte.

Ich bewarb mich also auf gut Glück bei Suntrek in Kalifornien und nach einem kurzen Telefongespräch, das hauptsächlich zur Begutachtung meiner Sprach-kenntnisse diente, stellte man mich tatsächlich sofort für die nächste Saison an. Nun begannen die Formalitäten, da ich natürlich für die Zeit des Jobs ein ameri-kanisches Arbeitsvisum brauchte. Unzählige Male musste ich zum Konsulat, wo man meine Augäpfel fotografierte, meine Fingerabdrücke nahm und mir viele in-diskrete Fragen stellte.

Im Laufe dieser Vorbereitungen wurden plötzlich wegen drohender Terrorgefahr die Einreisegesetze verschärft und kurz sah es danach aus, als würde mein Plan komplett ins Wasser fallen. 9/11 lag erst zwei Jahre zurück und die Sicherheits-vorkehrungen waren so strikt wie nie zuvor, sodass man das Visum, mit dem Deut-sche normalerweise bei Suntrek arbeiteten kurzerhand aus dem Programm nahm. Doch ein seltsamer Zufall kam mir zu Hilfe. Da ich meine Magisterarbeit zwar bereits meinem betreuenden Professor eingereicht hatte, diese jedoch noch nicht hatte anmelden können, hatte ich mich für ein weiteres Semester einschreiben müssen. Dieser Studentenstatus, der richtig betrachtet ein Scheinstatus war und mich wegen der Studiengebühren auch etwas geärgert hatte, ermöglichte es mir nun, ein anderes Visum zu bekommen, das mein zukünftiger Arbeitgeber ebenfalls akzeptierte. Nach weiteren zwei Monaten Wartezeit, die ich in Ungewissheit auf gepackten Koffern gesessen hatte, ging es nun endlich ins Land der unbegrenzten Möglichkeiten.

Am Flughafen in San Francisco holte mich eine Gruppe von Leuten ab, die alle Stirnlampen trugen und auch sonst etwas seltsam anmuteten. In einem Van brach-te man mich auf den Campingplatz in Petaluma, der nun vorerst meine Heimat werden sollte. Nach 10 Tagen Training und einer Tour als Assistent begann ich dann schließlich meinen neuen Job als Trekleader. Ich hatte extra noch einen amerikanischen Führerschein machen müssen, den ich nur gerade so bestand. Die Theorie war ein Witz gewesen. Hatte man zu viele Fehler, so konnte man den Test einfach gleich noch einmal wiederholen. Was mir jedoch fast das Rückgrat gebro-chen hätte, war die Praxis. Der Verwalter des Suntrek Lagers, ein belgischer Aus-wanderer, fungierte zugleich als Prüfer. Leider hatte ich ihm gerade zwei Tage vor der Prüfung seine Angebetete ausgespannt. Ich beteuerte jedoch, nichts von seinen Gefühlen zu ihr gewusst zu haben, was nicht mal gelogen war. Und tatsächlich ließ er mich die Prüfung zähneknirschend bestehen.

In der Trainingswoche hatten wir alles gelernt, was man für eine solche Tour wis-sen musste, vom Zeltaufbau bis zu erster Hilfe, von Fahrzeugtechnik bis zu psy-chologischen Tricks bei der Gruppenführung. Der wichtigste Punkt bezüglich der Gruppenharmonie war uns von unserem Trainer mehrfach ans Herz gelegt worden: Flirtet mit allen Teilnehmern und gebt jeder Person das Gefühl, etwas Besonderes zu sein, aber geht mit niemandem ins Bett, denn das zerstört in der Regel die gesamte Gruppendynamik. Erst am letzten Abend sollte man sich dann überlegen, mit wem man die Nacht verbringen wollte, denn tags drauf ging mit einer neuen Gruppe ohnehin alles wieder von vorne los. Ich wusste pragmatische Ratschläge zu schätzen.

Dann ging es los. Man hatte mir ein paar Touren übertragen, die ich weitgehend eigenverantwortlich organisierte und durchführte. Nach anfänglichen Holprigkeiten entwickelte ich schnell eine Routine und ich reiste so auf bezahlte Weise über den nordamerikanischen Kontinent.

Aus meinem Tagebuch:

Ich erwachte in der Regel mit der Sonne auf dem Dachgepäckträger meines Vans, der mir als gemütliches Nest diente und für Nächte unterm Sternenhimmel garantierte. Für gewöhnlich blickte ich in wundervolle Landschaften, im besten Fall sogar aufs Meer, während meine Passagiere mich schon zu diesem Zeitpunkt aus großen Augen anstarrten, was sich im Laufe des Tages nicht mehr großartig änderte. Wie eine junge Berggams sprang ich dann die Leiter am Heck meines Wagens hinab, und sorgte dafür, dass meine kleinen internationalen Freunde ihre Mägen füllten und sodann unser Camp abbauten. Jeden Morgen lud ich ihr gesamtes Gepäck nebst aller Küchenutensilien, Zelten, Proviant und Feuerholz aufs Dach des Vans, nur um alles am nächsten Ort wieder abzuladen. Nur selten verbrachten wir mehrere Nächte auf dem gleichen Campingplatz.

Und binnen weniger Minuten saßen sie dann aufgereiht wie die Hühner in meinem 97er Dodge Ram, dem ich den Namen ‚Rupert' gegeben hatte, und wir pflügten unseren Weg durch die westlichen US-Staaten Kalifornien, Arizona und Nevada. Rupert war eine treue Seele. Alle technischen Probleme behoben sich von selbst, legte man nur ein wenig Geduld an den Tag. Bei meinen bescheidenen technischen Fähigkeiten war diese Vorgehensweise auch meine einzige Option.

Doch war ich nicht nur der Fahrer dieser ahnungslosen Geschöpfe. Ich war sozusagen alles in einer Person. Ich erquickte meine Passagiere mit ausgefeilten Monologen über die amerikanische Flora und Fauna sowie Temperatur- und Distanzumrechnungen, ich half ihnen beim Ab- und Aufbau der Zelte und beim Kochen, ich kaufte mit ihnen ein. Ich ordnete meine Quittungen, in der Hoffnung, einen Großteil der Ausgaben am Ende der Tour zurückzubekommen. Ich fungierte als Vermittler zwischen den unterschiedlichsten und mitunter skurrilsten Charakteren, sowie als Übersetzer, Psychologe, musikalischer Alleinunterhalter und Kredithai. Ich machte Reservierungen für Campingplätze, die schon Monate im Voraus ausgebucht waren, verhandelte bis aufs Blut mit ausgefuchsten Limousinenfahrern in Las Vegas und ließ mich von bleichen Engländern im Morgengrauen anschreien, die von Jugendlichen aus meiner Gruppe um den Schlaf gebracht worden waren. Ich stand dampfend in strömendem Regen und setzte meine Gesundheit aufs Spiel, nur um meiner Gruppe aus unzureichendem Material und mit vorsintflutlichem Werkzeug ein Regendach zu improvisieren. Nach ein paar von meiner Gruppe erbettelten Bieren sank ich am Ende des Tages auf meiner aufblasbaren Isomatte in meinen verdienten Schlaf. Ich wünsche mir in diesen Momenten nichts sehnlicher, als dass sie selbst darauf kommen würden, in welche Richtung der Reißverschluss ihres Schlafsackes schließt, so dass sie mir diese eine Frage nicht stellen mussten.

Meine erste Tour war eine Chartertour, die ich nicht in Rupert, sondern einem nagelneuen Ford-Van fuhr. Aufgebrochen im Morgengrauen, musste ich einem Mann chinesischer Herkunft hinterherfahren, der nur etwa 150 cm maß, einen ausgefallenen Hut trug und mich über ein Walkie Talkie in Pidgin-Englisch zu Geschwindigkeitsübertretungen von bis zu 30% antrieb. San Francisco - LA - Citytour - Universal Studios - Disneyland - San Francisco in nur zweieinhalb rasanten Tagen.

Auf meiner zweiten Tour, die unter dem Namen ‚Western Sun' lief, fuhr ich parallel mit Kevin, einem großen lockigen Typ von der Ostküste, der - glaubte man den Aupair- Mädchen in der Gruppe - verblüffende Ähnlichkeit mit Steve aus Beverly Hills 90210 hatte. Kevin jedenfalls verfügte über rudimentäre Kenntnisse des Gitarrespielens und kannte die Texte von ein paar Songs, und so zupften wir unsere Gruppen Nacht für Nacht in den Schlaf, was einen erheblichen Mangel an Erholung unsererseits zur Folge hatte. Dies wiederum schien Kevin nicht sonderlich zu beeindrucken; ich jedoch war am Ende der Woche ein seelisches Wrack. Meine Gruppe hatte den Schlafmangel ausgenutzt, und meine Nerven mit großen Löffeln aus Dreistheit und unverhältnismäßiger Lebensunerfahrenheit restlos aufgegessen. Und so ertappte ich mich dabei, wie ich vor lauter Verwirrung noch am letzten Tag ihre Namen verwechselte.

Traurig genug, doch war dies bei weitem nicht der einzige Fauxpas dieser anstrengenden Woche. Schon am dritten Tag wurde unsere bis dato recht angenehme Fahrt von der Highway Patrol je gestoppt. Der schwarz-weiß gestreifte Wagen setzte sich hinter uns, unzählige Scheinwerfer gingen auf einen Schlag an, und ich wurde über Lautsprecher in ohrenbetäubender Lautstärke zum Anhalten aufgefordert. Meine ganze Gruppe war in Aufruhr. Ich bremste ab und fuhr an den ausgetrockneten Straßenrand Arizonas. Ein sonnenbebrillter Cop näherte sich mir, seine Hand am Holster seiner Waffe, und fing unvermittelt an, mich anzuschreien, was ich irgendwie unadäquat fand, jedoch klugerweise für mich behielt. Nachdem er jedoch auf meinem Reisepass gesehen hatte, dass ich aus einem Land ohne Geschwindigkeitsbeschränkungen stammte, und meine charmante Assistentin aus Oregon ihm ihr strahlendstes Lächeln geschenkt hatte, ließ er mich mit einer Verwarnung von dannen ziehen, nicht jedoch ohne zu betonen, dass ich für die gemessene Geschwindigkeit normalerweise ein paar Tage in den Knast gegangen wäre. Für meine Gruppe jedenfalls sollte diese Begegnung eines der Highlights ihrer Reise bleiben.

Am Tag nach Las Vegas jedoch war dann der Tiefpunkt dieser Tour erreicht. Ein Kater mittelmäßiger Ausprägung sowie erneuter Schlafmangel führte dazu, dass ich mein Portemonnaie mit allen Papieren in einem Casino außerhalb der Stadtgrenze verlor, während meine Passagiere nonstop elektrolytehaltige Getränke in sich hineingossen und sich gegenseitig die Schweißperlen auf ihren Stirnen trockneten. Ich bemerkte den Verlust, als ich im Begriff war, fünf Cheeseburger a 79 Cent zu erstehen, da ich das für einen guten Deal hielt. Und tatsächlich hatte eine treue amerikanische Seele mein ganzes Hab und Gut an der Theke abgegeben, ohne auch nur eine Dollarnote zu entwenden. Diesen Schock noch in den Gliedern, vermochte mich ein geplatzter Reifen in Death Valley nicht noch erheblich mehr aus der Ruhe zu bringen. Meine Schutzbefohlenen standen mit Sonnenhüten und Wasserflaschen neben dem Van und fotografierten den bis zur Unkenntlichkeit zerfetzten Reifen. Wolken aus schwarzen Fliegen umkreisten den gestrandeten Rupert, während ich bei angenehmen 47 Grad im Schatten zunächst mal an den Punkt gelangen musste, an dem ich verstand, wie genau man bei meinem Gefährt überhaupt einen Reifen wechselt. Das hatte uns meines Wissens niemand erklärt.

Abgesehen von einigen kleinen Umwegen, die ich fuhr, da ich falsch oder schlicht-weg nicht abgebogen war, sollte ich vielleicht noch den Tag erwähnen, an dem ich die falsche Ausfahrt aus dem Yosemite National Park, diesem Inbegriff nordame-rikanischer Nationalpark-Kultur wählte. Dieser Fehler hatte zur Folge, dass unsere Fahrt in etwa zweieinhalb Stunden länger als nötig dauerte, die uns auf winzigen Bergstraßen ohne Leitplanke kontinuierlich auf etwa 2000 Meter, wieder runter und dann wieder rauf führten. Als ich im Rückspiegel in Gesichter blickte, die von Übelkeit und Unglauben zeugten, gestand ich reumütig meinen Fehler ein, jedoch nicht ohne die Vorzüge der malerischen Alternativroute hervorzuheben. An etwa diesem Punkt entschloss sich meine Gruppe, ihre grauenvolle Urlaubsmelodie ‚On the road again' in ‚On the wrong road again' umzudichten.

Zu guter Letzt fuhr ich in San Francisco mit meinem Van noch in ein Parkhaus, des-sen Höhe dafür nicht ausgelegt war, wie ich am knarzenden Geräusch bei meiner Einfahrt bemerkte. Hatte ich das hysterische Winken der dort arbeitenden Men-schen zunächst für einen regional typischen Willkommensgruß gehalten, wurde mir die Bedeutung dieser Geste sodann schlagartig klar. Doch auch hier hatte ich Glück im Unglück. Meine Plane, die den Dachgepäckträger abdeckte, hatte einen kleinen, kaum wahrnehmbaren Kratzer, während das Tor des Parkhauses vor meiner Ankunft ohne Frage besser ausgesehen hatte. Ich entschuldigte mich höflich und legte den Rückwärtsgang ein. Beherzt drückte ich aufs Gas, während vier oder fünf Asiaten in roten Overalls versuchten, das Tor in seine ursprüngliche Form zurückzubiegen und mir im gleichen Moment die Pest an den Hals wünschten. Nach ein paar Tagen Ruhe startete ich dann 2 weitere Touren mit dem Namen ‚California Dreaming', die zusätzlich zu der bereits beschriebenen Tour noch eine entspannte Woche von San Francisco über Big Sur, Santa Barbara und LA die Küste runter bis San Diego umfassten. Meine Passagiere waren diesmal ausnahmslos verzogene junge Gören aus Deutschland, die ihren Trip über einen Jugendreiseanbieter gebucht hatten. Zum Glück konnte ich meine Schwester in die erste Tour reinschmuggeln, was mir ermöglichte, nicht jede Minute mit den Kids zu verbringen, und zugleich ein wenig Heimat in der Fremde bedeutete. Alles in allem waren beide Gruppen recht unterhaltsam, wenngleich ich überrascht war zu sehen, wie viele Menschen im zarten Alter von 16 bis 21 psychisch bereits eine gewaltige Macke haben. Speziell die zweite Tour raubte mir auf diese Weise all meine Energie. So wachte ich zum Beispiel in Las Vegas gegen 4 Uhr morgens von einem Klopfen an meiner Tür auf. Als ich sie öffnete, stand dort das Sorgenkind der Gruppe und eröffnete mir, dass sie sich nun umbringen werde. Ich war versucht zu sagen: ‚Cool, wir sehen uns dann beim Frühstück.' Jedoch hatte ich dann das Gefühl, dass sie das tatsächlich ernst meinen könnte, und so schlug ich mir die Nacht mit dem Versuch um die Ohren, ihre Probleme zu lösen. Ich realisierte jedoch schon bald, dass ihr größtes Problem darin bestand, das sie in mein Bett wollte, und dieses zumindest ließ sich dann doch recht unbürokratisch lösen.

So viel einem dieser Job abverlangte, so viel bekam man auch von ihm zurück. So saß ich oft grinsend auf dem Fahrersitz von Rupert, während die schönsten Landschaften an mir vorbeizogen und meine Passagiere im Schlaf einander vollsabberten. Schon lange hatte ich nicht mehr so viel Muße zum Musik hören gehabt. In Malibu hockte ich auf meinem Dachgepäckträger, bevor ich in meinen Schlafsack kroch, und blickte ewig aufs Meer, mir selbst immer wieder versichernd, dass ich für diese außergewöhnlichen Erlebnisse auch noch Geld bekam. Im Yosemite National Park stand ich bei einer Wanderung auf drei Meter Entfernung einem Reh gegenüber, dass nach etwa einer Minute zu dem Entschluss kam, ich müsse wohl harmlos sein, und einfach weiterfraß. In LA fuhren wir vorm Haus von Ozzy Osbourne auf und ab, während ich Black Sabbath bis zum Anschlag aufgedreht hatte und mit Bremse und Gas die Sprung-Hydraulik aus den Hip-Hop Videos zu imitieren versuchte. Ganz zu schweigen von all den Nächten, in denen ich mit anderen Trekleadern und Leuten von überall Gitarre spielte und Lieder in die Dunkelheit grölte.

Viele dieser kleinen Erlebnisse machten die Zeit in diesem Job zu ein paar außergewöhnlichen Monaten. Zudem hatte ich fast immer sonniges Wetter und konnte meistens in Flipflops herumlaufen. Das waren Arbeitsbedingungen nach meinem Geschmack. Die Weite und die Schönheit der Natur überraschte mich immer wieder, ob es nun der Joshua Tree National Park mit seinen glatten Felsen und unförmigen Kakteen oder ein Campingplatz in der Nähe von Los Angeles war, auf dem man nachts Känguruhratten und Coyoten zu Gesicht bekam, die gemeinsam die Mülleimer leerfraßen. Unterhalb des Lake Havasu, eines Stausees des Colorado River, schlängelte sich eben dieser in sanften Kurven blau glänzend durchs Land. Wir hielten dort immer an einem Ort, den man auf den ersten Blick wohl eher als Oase in Ägypten eingestuft hätte, und wuschen uns bei über 40 Grad den kalifornischen Staub von den Körpern. Wir passierten die Route 66, die von Chicago bis nach Santa Monica reicht, und entlang jener einige Nostalgiker mit Oldtimern und auf alt getrimmten Häusern und Werkstätten das Straßengefühl der 60er Jahre wieder auferstehen ließen. In Wirklichkeit verliefen natürlich mittlerweile zahllose Highways parallel zur guten alten 66, sodass man auf ihr nur mehr Möchtegerncowboys auf gemieteten Harleys zu Gesicht bekam. Sehr beeindruckend jedoch waren jene Straßen, die man schon im Kopf hat, wenn man an Nordamerika denkt. Kilometerweit laufen sie geradeaus, es gibt niemanden außer einen selbst, und am Straßenrand nichts als Berge und Sand sowie Pflanzen, die offenbar hart im Nehmen sind. Auch der Grand Canyon stand bei jeder meiner Touren auf dem Reiseplan und ich konnte von ihm nicht genug bekommen. An einigen Stellen entlang der Kante konnte man in der Ferne sehen, wie sich der blaue Colorado durchs Tal wälzte und dabei große schaumige Wellen aufwarf.

Nach dem Grand Canyon dann blieben wir immer eine Nacht in Las Vegas. Durch die Mojave-Wüste bahnten wir uns unseren Weg in die Stadt der Sünde, wo immer Limousinenfahrten, riesige Buffets in einem der berüchtigten Casinos, Glücksspiel und ein paar Bars auf dem Programm standen. Besonders gerne ging ich hier in die Pianobar des New York-New York, in der zwei wahnwitzige Pianisten jeden noch so ausgefallenen Song spielten, vorausgesetzt, der Wunschzettel war mit genügend Dollarnoten gespickt. Auf kerzengeraden Straßen durchquerten wir dann Death Valley mit seinen salzverkrusteten, in der Hitze flimmernden Ebenen und seinen wie zufällig dahingeworfenen Sanddünen. Dann kletterten wir in unserem Van über das Bergmassiv, das uns von milderen Temperaturen und üppigerer Vegetation trennte. Um den Motor bei über 40 Grad nicht zu überhitzen, musste ich bei dieser Steigung immer die Klimaanlage ausschalten und wir öffneten alle Fenster von Rupert, um nicht zu zerfließen. Zurück in Kalifornien fuhren wir dann abends zu natürlichen Pools am Waldrand, die von heißen Quellen gespeist wurden, und badeten unsere geschundenen Leiber.

Um den Yosemite National Park zu erreichen, musste man den Tioga-Pass überqueren, auf dem sonnigem Wetter zum Trotz zu Anfang meiner Touren sogar noch Schnee lag. Riesige, glatte Felsen werden hier umwuchert von Wäldern aus Sequoia-Bäumen, die bis zu 2000 Jahre alt sind, und die größten Lebewesen dieser Erde darstellen. Tosende Wasserfälle stürzen sich in sattgrüne Täler. Mit sehr viel Glück kann man sogar einen Schwarzbären zu Gesicht bekommen.

Der jeweils letzte Tag meiner Touren war sehr entspannt und führte uns in die Weingüter des Napa und Sonoma Valley, nicht weit vom Campingplatz entfernt, den wir als Trekleader zwischen den Touren unser Zuhause nannten und auf dem wir zum Abschluss der Reise mit anderen Gruppen riesige Barbecues veranstalteten und die Reste unserer Getränkevorräte vernichteten. Auf diesem Campingplatz in Nordkalifornien traf man immer wieder neue Leute, aber auch alte Bekannte. Diejenigen, die gerade keine Tour hatten, verbrachten dort die Tage mit Musik, Sport und Kochen sowie allabendlich mit gekühltem Dosenbier im Whirlpool. Dachte man sich den ganzen Stress weg, so waren die Bedingungen für diesen Beruf geradezu traumhaft.

Das Einzige, was ein wenig zu wünschen übrig ließ, war die Bezahlung für diesen Rund-um-die-Uhr-Job. 30 Dollar am Tag fand ich doch etwas wenig für das, was ich zu leisten hatte und für die Verantwortung, die ich dabei trug. Dazu kamen jedoch noch Trinkgelder und Provisionen. So kassierte ich beispielsweise 50 Dollar pro Person, die ich zu einem Helikopterflug im Grand Canyon überreden konnte. Ich selbst flog für schlappe 6 Dollar. Nach dem spektakulären Flug sammelte ich dann im Büro den Umschlag mit den Scheinen ein. In diesen Momenten dachte ich nicht selten, dass ich für immer Trekleader sein könnte.

Aber nach den zwei Touren mit den psychotischen Teenagern und insgesamt fast 4 Monaten in den Staaten hatte ich die Schnauze voll und wollte endlich meine eigene Reise starten. Als Trekleader bot sich mir die Möglichkeit, umsonst bei einer Tour mitzufahren, wenn es freie Plätze gab, und so erschlich ich mir zum Abschluss meiner Dienstzeit noch eine Weiterfahrt von San Francisco quer durch Mexiko bis runter zur guatemaltekischen Grenze. Auf der dreiwöchigen Fahrt hatte ich Gelegenheit, die Gruppendynamik noch mal aus einer anderen Perspektive zu betrachten und dabei zudem für nichts verantwortlich zu sein. Als ich dann im Süden Mexikos endgültig die Verbindung zu meiner Company kappte, war ich sehr froh, mir nun wieder selbst die Leute aussuchen zu können, mit denen ich meine Zeit verbringen wollte. Als Andenken an meine Zeit als Trekleader blieb mir die aufblasbare Isomatte sowie ein Gummikaktus zum Aufstecken auf die Autoantenne.

Mit den technischen Hilfsmitteln wie GPS und Smartphones sollte der Job als Trekleader heutzutage deutlich leichter zu bewerkstelligen sein und ich denke manchmal darüber nach, der Sache eine zweite Chance zu geben. Meine damalige Firma jedoch ist in einem anderen großen Konzern aufgegangen. Meine ehemaligen Kollegen haben heute fast alle Kinder und sind sesshaft geworden. Durch Zufall habe ich vor einem Jahr einen von ihnen in einem österreichischen Skiort getroffen.

Bezahlung: $ 30 Dollar/ Tag plus Provisionen und Trinkgelder.
Arbeitsaufwand: Ein 24-Stunden-Job.
Gelernt fürs Leben: Dass die Frage ‚When is the fun?' durchaus ernst gemeint
                    sein kann. Und noch ein, zwei andere Dinge.

26. Film-Produzent

Ich hatte Flo vor zehn Jahren in Lloret de Mar kennengelernt, wo wir beide als Betreuer 350 Abiturienten das Saufen beigebracht hatten. Genau wie ich war er erst kurz vor diesem Trip nach Berlin gezogen. Wir waren beide von der Freiheit angetan gewesen, mit der man in der Hauptstadt leben konnte, sowohl meine hessische Heimat als auch sein Zuhause in Bayern hatten sich davon deutlich unterschieden. Doch obwohl wir beide in Berlin lebten, trafen wir uns nach den alkoholgeschwängerten Tagen in Spanien nur noch sporadisch. Die ersten Jahre schlug Flo sich mit Jobs für den amerikanischen Regisseur Aaron durch, der eine Produktionsfirma nach der anderen gründete und diese schon bald darauf in den Sand setzte, ohne jemals auch nur einen wirklichen Film zu produzieren. Nichtsdestotrotz lebte Aaron auf großem Fuß. Er fuhr immer die neuesten Autos und schmiss am laufenden Band ausfernde Parties in irgendwelchen Lofts, deren Miete er später nicht begleichen konnte. Die nicht allzu hellen, dafür aber meist recht hübschen Praktikantinnen standen stets Schlange, um sich tagsüber um sein Büro und seinen Hund und nachts um sein persönliches Wohlergehen zu kümmern. Flo koexistierte in diesem kleinen, aber feinen Scheinuniversum eine Zeit lang recht unbeschwert und verdingte sich dabei als Drehbuchautor, Organisator von Dingen aller Art oder Bespaßer jener Praktikantinnen, die sein Chef übrig gelassen hatte. Doch nach ein paar Jahren kam es zum Zerwürfnis zwischen den Beiden. Und Filme drehte Aaron nach wie vor nicht, also machte sich Flo vom Acker mit dem Vorsatz, nun sein eigens Ding aufzubauen

Der Rückzug aus der Arbeitswelt schien bei Flo mit einem privaten Rückzug Hand in Hand zu gehen. Durchschaute ich das richtig, verließ er seine Wohnung zum Zeitpunkt, da er mich ein paar Jahre nach seinem Ausstieg mit seinem Plan kontaktierte, nur noch für Spaziergänge mit seinem Hund und schlug nun fast seine ganze Zeit in virtuellen Welten tot. Er war in einer ganzen Reihe Online-Spiele-Communities involviert. Nichtsdestotrotz hatte er nicht aufgehört Drehbücher zu schreiben. Und nun sollte ich eines davon zu einem Film machen.

Ich war nicht ganz sicher, ob die Tatsache, dass er dafür gerade mich ausgewählt hatte, für meine Fähigkeiten sprach, oder ob ihm einfach beim besten Willen niemand Anderes mehr eingefallen war. Ich tendierte zu Letzterem. Trotzdem sagte ich zu, die Neugierde hatte mich wie so oft dazu bewegt. Aber damit nicht genug, hatte Flo mir auch noch eine Menge Geld in Aussicht gestellt. Eigentlich müsste ich ja nur den Stein ins Rollen bringen bei der Filmförderung. Von den angepeilten 30.000 Euro, die uns die Filmförderung sodann zur Verfügung stellen würde, um das Drehbuch zum Abschluss zu bringen, würde er mir dann einfach unbürokratisch 8.000 abgeben. Dann konnte ich mich immer noch entscheiden, ob ich den Film wirklich produzieren würde, oder jemand anderem das Feld überließ. Diese stolze Summe für ein paar emails und ein oder zwei Gespräche beim Medienboard, der Filmförderung für Berlin und Brandenburg? Das lief in etwa auf einen Stundenlohn von 800 Euro hinaus. Das klang zu gut, um wahr zu sein. In jedem Fall klang es zu gut, um der Sache nicht wenigstens eine Chance zu geben. Flo schickte mir Treatment und Exposé sowie ein paar Dialogproben zu jenem

Drehbuch, das uns beide sanieren sollte. Er hatte eine Komödie geschrieben. Aufmerksam arbeitete ich mich durch alles hindurch und musste dabei auch tatsächlich ein paar mal schmunzeln. Aber so wirklich vom Hocker reißen wollte mich die Geschichte nicht. Und an diesem Punkt hätte ich wohl bereits ins Zweifeln geraten sollen. Kam ich auch ein wenig, nicht genug aber, um die ganze Sache abzusagen. Die Story drehte sich um einen jungen Schürzenjäger, der den Frauen reihenweise das Herz bricht. Eine dieser Damen lässt sich das nicht gefallen und veröffentlicht all ihre schlechten Erfahrungen mit ihm in einem Blog, der schon bald immer mehr Leser gewinnt. Besonders schmerzhaft für den Protagonisten wiegt, dass die schamlose Bloggerin auch das Geheimnis darum lüftet, wie man seine Erektion zum Erliegen bringen kann. Er merkt dann zu guter Letzt, dass ihm die Frau doch mehr bedeutet und verändert für sie sein ganzes Leben. Und wenn sie nicht gestorben sind...

Diese doch leicht lahme Geschichte war gespickt mit Zitaten aus der beliebten amerikanischen Serie ‚Sex and the City' und das sollte letztendlich auch der Aufhänger sein, mit dem ich den Film bewerben würde.

Ich besuchte die Website des Medienboards und suchte mir als Ansprechpartner eine Frau aus, da ich das Gefühl hatte, im Gespräch mit einer Frau sowohl mit dem Sujet als auch mit meinem Charme punkten zu können. Ich schrieb sie an und leitete ihr alles, was Flo mir geschickt hatte, weiter. Dazu schickte ich ihr meinen aufgebauschten Lebenslauf und ein Anschreiben, das nur so vor Tatendrang strotzte. Tatsächlich meldete sich die junge Frau schon bald zurück und lud mich zu einem Gespräch ein. Der Batzen Geld schien bereits zum Greifen nah.

Ich bereitete mich noch ein paar Stunden lang auf das Gespräch vor, aber so häufig ich das Exposé auch las, es wollte sich doch keine richtige Begeisterung für die Geschichte einstellen. Sie war mir irgendwie einfach zu flach und die Gags zündeten bei weitem nicht alle. Ich war jedoch zuversichtlich, dass ich das im Gespräch schon irgendwie würde herumreißen können. Und wenn ich etwas nicht witzig fand, dann hieß das ja noch lange nicht, dass die breite Masse es nicht witzig finden konnte.

Als ich das Gebäude auf dem Gelände des Studios Babelsberg betrat, wurde mir doch etwas mulmig zumute. Die pompöse Eingangshalle mit all den Filmplakaten an der Wand gemahnte mich an meine völlig unzureichende Erfahrung im Metier und ich war mir nicht mehr ganz so sicher, ob ich den Bluff würde aufrecht erhalten können. Meine dunkle Vorahnung bestätigte sich leider schlagartig, als ich das Büro der Frau von der Filmförderung betrat. Denn sie verschwendete keine Zeit mit leerem Geplänkel. Ziemlich direkt ließ sie mich spüren, wie wenig sie sowohl von meinen bisherigen Erfahrungen als auch vom kompletten Konzept des Films hielt. Ich kam kaum zu Wort. Etwa eine Stunde lang wusch sie mir gründlich den Kopf. Sie ließ im Prinzip kein gutes Haar an unserer Idee, und eigentlich auch keines an mir. Ich wurde das Gefühl nicht los, dass sie es sehr genoss, wie ich von Minute zu Minute kleiner wurde und weniger zu entgegnen hatte. Ich hatte mir eine Sadistin ausgesucht. Und da mein Masochismus nicht sonderlich ausgeprägt war, würde diese Konstellation höchstens für einen von uns beiden einen Lustgewinn bringen.

Insgesamt schien sie mir eine leicht verhärmte Frau zu sein. Zudem hatte sie meinen Plan, sie mit meinem Charme statt mit Expertise herumzukriegen, offenbar von der ersten Sekunde an durchschaut. Wie es das Schicksal so wollte, hatte ich in ihr zu allem Überfluss offenbar den größten ‚Sex and the City' - Fan jenseits des großen Teichs getroffen. Gegen diese Menge an fachspezifischem Wissen hatte ich nicht die geringste Chance, denn ich hatte lediglich oberflächlichen Kontakt mit der Serie gehabt und auch das lag schon eine Weile zurück. Testweise streute sie mehrfach Namen oder Begriffe ins Gespräch ein, die mit der Serie in Verbindung standen, und ich hatte meine Mühe zu verbergen, dass ich die meisten davon nicht einordnen konnte. Als sie dann den Schuhladen ‚Manolo Blahnik' erwähnte, der in der Serie offenbar eine Schlüsselrolle spielt, und in meinem Gesicht nichts als Unverständnis las, stieß sie nur noch verächtlich hervor: ‚Also wenn Sie das auch nicht kennen, dann kann ja wohl etwas nicht stimmen!'

Damit war die Audienz auch bereits beendet. Abschließend riet sie mir dazu, aus dem Stoff vielleicht lieber ein Buch zu machen. Für einen Film würde er sicher nicht taugen. Und ich solle doch vielleicht erst noch mal ein paar Jahre lang durch die harte Schule der Filmproduktion gehen, bevor ich auf ein Neues versuchte, mich als Filmproduzent zu profilieren. Während ich meinen Kopf immer weiter senkte, meinte ich, bei ihr eine gewisse Erregung auszumachen.

Dann jedoch gab sie mir noch einen Tipp, den ich sogar ganz brauchbar fand. Ich solle nur wieder zu ihr kommen, wenn ich einen Film hätte, für den ich wirklich und wahrhaftig brannte, denn alles andere wäre Zeitverschwendung, für sie, für mich und für den Drehbuchautor. Wenn ich nicht Feuer und Flamme für ein Projekt war, wie sollte der Funke dann erst bei ihr überspringen?

Geschlagen verließ ich das Büro und rief noch aus dem Parkhaus bei Flo an, um ihm von meiner Niederlage auf der ganzen Linie zu berichten. Damit hatte er nicht gerechnet. Bei ihm war die Frage eigentlich nur gewesen, wie viel Geld die Förderung letztlich rausrücken würde. Eine komplette Ablehnung hatte er nicht mal in Erwägung gezogen.

Ich wusste nicht so genau, was ich ihm noch sagen sollte. Diplomatisch erklärte ich ihm, dass es an meiner Unerfahrenheit, aber auch ein wenig an seinem Drehbuch gelegen hatte. Er konnte mir die Sache schlecht übel nehmen. Man konnte nicht sagen, ich habe es nicht versucht. Auf unterschwellige Weise war ich tatsächlich froh, aus der Sache raus zu sein, auch wenn er mir Leid tat. Doch zumindest, was diesen Film anging, waren wir einfach nicht die richtigen Kooperationspartner.

Ich treffe Flo noch immer manchmal auf der Straße, wenn er mit seinem Hund unterwegs ist. Auch er hat gerade sein erstes Buch veröffentlicht. Zur Filmförderung traue ich mich so bald nicht wieder. Wenn jemand Manolo Blahnik sagt, zucke ich noch immer leicht zusammen.

Bezahlung: Keine
Arbeitsaufwand: Mittel
Gelernt fürs Leben: Stehe hinter dem, was Du tust!

27. Location Scout

Nicht nur, dass ich mir niemals hätte träumen lassen, irgendwann einmal als Location Scout zu arbeiten. Lange wusste ich nicht einmal, dass ein Job dieser Art überhaupt existiert. Ein Location Scout sucht Drehorte für Regisseure, aber auch für Fotografen und Events. Dies ist in Deutschland ein relativ junger Beruf, der in der amerikanischen Filmindustrie seine Wurzeln hat. Mein Freund Martin hatte schon vor einigen Jahren erkannt, dass das Berufsbild auch hierzulande Erfolg versprach und einfach mal kurzerhand eine Firma gegründet, nachdem er von einem Praktikum in Hollywood nach Deutschland zurückgekehrt war. Zwar krebste er erst mal ein paar Jahre lang rum, doch dann wendeten sich mehr und mehr Kunden an ihn, wenn sie auf der Suche nach einem Ort in Berlin und Umgebung waren, und er konnte immer besser davon leben. Nach und nach stieg ich bei ihm ein. Ich besaß eine mittelmäßige Kamera und ein Auto, das gerade noch so lief. Ich konnte ein bisschen fotografieren und ich konnte gut mit Menschen umgehen. Mehr brauchte es für diesen Job eigentlich nicht. Und so buchten mich schon bald nicht nur Martin, sondern auch andere Leute aus dem Filmbusiness, die ich über die Jahre kennengelernt hatte.

Nach einiger Zeit wusste ich, wie man sich einigermaßen in die Gedankenwelt des Regisseurs hineinversetzen konnte und hatte auch eine grobe Ahnung davon, wo in Berlin welche Orte zu finden waren. Für verschiedene, immer wiederkehrende Motive gab es sehr spezifische Bezirke. Für klassizistische Gebäude etwa musste man in Mitte suchen, Einfamilienhäuser fand man in der südlichen Peripherie. Schicke Ladenfronten gab es in Charlottenburg und für breite Gehwege fuhr man am Besten nach Prenzlauer Berg. Berlin ist zum Drehen ein sehr dankbarer Ort, denn es lässt sich hier aufgrund seiner Geschichte fast alles finden. Es gibt unterschiedlichste Architektur aus nahezu allen Epochen sowie eine Menge Ungewöhnliches. Und durch den riesigen Hype um die Hauptstadt sind auch vormals als hässlich erachtete Orte wie etwa der Alexanderplatz nun bisweilen von Interesse. Dazu kommen noch die ganzen Brachflächen und Ruinen, die der Mauerfall hinterlassen hat sowie all jene Orte, die durch die mittlerweile inflationär beschworene Kreativität der Hauptstadt entstanden sind.

Im Laufe der Jahre führte mich meine Suche immer wieder an die gleichen Stellen wie etwa den Potsdamer Platz oder den Gendarmenmarkt. Auch wenn Martin mittlerweile eine riesige Datenbank mit Motiven hatte, auf die man sich berufen konnte, so musste man doch jedes Mal wieder zu den ‚üblichen Verdächtigen‘, denn die Jahreszeiten unterscheiden sich in Berlin deutlich und es konnte auch immer plötzlich eine Baustelle vor einem Motiv stehen. Es war immer ein großer Fehler, die Leute ausschließlich mit Archiv-Aufnahmen abzuspeisen, denn der Ärger war hierbei vorprogrammiert.

Interessanter jedoch waren die Aufgabenstellungen, die nach einer ausgiebigen Recherche im Internet oder nach simplem Rumfahren und Ausschauhalten verlangten. Erst dann schien es wirklich gerechtfertigt, einen Location Scout zu beauftragen. Am Liebsten waren mir dabei immer Motive, die man bei Google und bei einschlägigen Immobilienseiten stundenlang vergeblich recherchieren konnte.

Fuhr man nicht einfach los und hielt die Augen offen, so würde man diese nie finden. Motive dieser Art weckten meine Neugierde und meine Abenteuerlust.

Im Laufe der Zeit habe ich nach Küchen, Plätzen, Parks, nach Wiesen, Hauseingängen, Baustellen, nach Speditionen, Bushaltestellen und Kiosken, nach Plattenbauten, Baumhäusern, Seen und Villen gesucht. Um nur eine Auswahl der Motive zu nennen. Zwar konnte ich oft auf Erfahrungen aus alten Suchen zurückgreifen, aber jeder Job bedeutete auch eine neue Herausforderung. Und auch wenn die selektive Wahrnehmung meistens ganz gut funktionierte, so kam es doch oft vor, dass ich drei Tage, nachdem ich praktisch rund um die Uhr vergeblich etwa nach einer Schranke auf einem Parkplatz gesucht hatte, nun wie durch Zufall eine nach der anderen fand. Egal, ich machte mir ständig Notizen, schriftlich wie mental, auch wenn ich gerade nicht im Dienst war. Vielleicht suchte ja mal wieder jemand nach einer Schranke!

Einmal suchte ich für ein Musikvideo von Rammstein nach einem Bordell. Das bescherte mir drei skurrile Tage, an denen ich von einem horizontalen Gewerbe zum nächsten fuhr und dort immer jene Zimmer fotografierte, in denen gerade niemand am Kopulieren war. So lernte ich beispielsweise auch, dass es durchaus Puffs gibt, die nur tagsüber offen haben, während andere sich auf die Abendstunden konzentrieren. Als ich das Lady Michelle, ein alteingesessenes Bordell in Charlottenburg betrat, wusste ich sofort, dass dieses Etablissement der Drehort werden würde. Manchmal gab es da gar keinen Zweifel mehr. Noch puffiger konnte ein Puff eigentlich nicht aussehen mit all den schweren Teppichen und Vorhängen, den speckigen Ledermöbeln und dem ganzen Nippes überall. Das Mädel am Empfang winkte mich direkt durch zur Chefin durch, Lady Michelle höchstpersönlich. Die Endfünfzigerin saß, etwa 100 Kilogramm schwer und sicherlich ein weiteres Kilo Make-Up im Gesicht tragend, an ihrem Bürotisch und war gerade im Begriff, ein Jumbo-Glas Spreegurken zu leeren, ihre bloße Hand steckte tief im Sud. Als sie mich sah, erhob sie sich mühsam und strahlte übers ganze Gesicht. Ich reichte ihr unsicher meine Hand, aber sie drückte mich sofort brutal an ihren riesigen Busen. ,Komm schon, Jungchen, ich beiße nicht', sagte sie. Tatsächlich konnte sich auch der Regisseur offenbar Lady Michelles Charme nicht erwehren, und so standen bereits in der folgenden Woche die Rammstein-Musiker auf dem roten Teppichboden, um das Video zu ihrer neuen Single zu drehen.

Ein anderes Mal suchte ich gleich mehrere Motive auf einmal. Ein Hinterhof mit Garten sollte es sein, dazu ein kleines Gartenhäuschen. Man suchte aber zudem noch eine Wohnung im angrenzenden Haus, die ebenfalls einige Kriterien zu erfüllen hatte, allen voran eine direkte Blickachse zur Gartenhütte. Ich kannte diese Anfragen. Am Besten sollte ich exakt das finden, was sich der Regisseur in seinem Kopf zusammengesponnen hatte, denn das sparte Transport-, Umbau- und Requisitenkosten. In der Realität lief die Sache dann meistens so, dass man die Kriterien nach ein paar Tagen des Suchens mehr und mehr zusammenkürzte, wenn man merkte, dass ein solcher Ort schlichtweg nicht existierte. Bei dieser Anfrage hatte ich gleich so ein Gefühl, dass ein Haus dieser Art lediglich in der Fantasie des Regisseurs zu finden war. Nichtsdestotrotz zog ich los. Man musste immer daran glauben, dass man das Motiv auch finden konnte, anders hatte man gar keine Chance.

Und tatsächlich hatte ich nach nur kurzer Zeit einen wirklich guten Ort gefunden, meine Spürnase hatte mich intuitiv in den richtigen Bezirk gelockt. Hübscher Garten, kleine Remise wie aus dem Bilderbuch, und dann hatte mich eine alte Dame sogar noch in ihre Wohnung gelassen. Diese blickte aus der Küche direkt auf den schmucken Hinterhof und entsprach auch sonst fast allen Vorgaben. Bingo! Ich wollte mir selbst auf die Schulter klopfen. Ich hatte die Rechnung jedoch ohne die Mentalität der Prenzlauer-Berg-Bewohner gemacht. Die Leute verfügten hier mittlerweile über etwas mehr Vermögen als anderswo und schienen auch sehr gut auf dieses Geld aufzupassen. Und so kam es, dass ich, als ich gerade einen Hinterhof einen Block weiter besichtigte, von zwei stämmigen Polizisten in Gewahrsam genommen wurde, die von just jener alten Dame gerufen worden waren, die mich noch eben lächelnd durch ihre Wohnung geführt hatte. ‚Sind sie der Typ, der vorgibt, fürs Fernsehen zu arbeiten?'

Es brauchte eine geschlagene Viertelstunde guten Zuredens, meinen Personalausweis, verschiedene Visitenkarten sowie einen Anruf bei meinem Auftraggeber, bis man mich wieder laufen ließ. Dass mir in der Gegend an diesem Tag aber noch mal jemand die Tür öffnen würde, war völlig aussichtslos. Eine Menge Leute waren am offenen Streifenwagen vorbeigelaufen, in dem man mich festgehalten hatte. Vermutlich wusste bereits jeder im Kiez, dass man sich vor mir in Acht nehmen musste.

Man drehte die Szene letztendlich im Studio. Mir hatte der Tag den Spitznamen ‚Ede' eingebracht. Immerhin war ich endlich mal verhaftet worden.

In einem wundervollen Frühling hielt sich gerade eine italienische Crew in Berlin auf, die hier die Hälfte eines bi-nationalen Krimis drehen wollte. Da ein befreundeter Location Scout den nur 1,50 Meter großen, aber geradezu gemeingefährlich hitzköpfigen Regisseur nicht eine weitere Sekunde ertragen konnte, übernahm ich von jetzt auf gleich das gesamte Scouting für die Bande, was wiederum eine völlig neue Arbeitsweise voraussetzte. Denn man suchte mehr als zehn Motive gleichzeitig und ich sollte im Prinzip zu fast allen diesen Motiven täglich neue Vorschläge liefern. So musste ich praktisch jede Stunde meine Bemühungen auf eine neue Idee konzentrieren, was auf die Dauer recht ermüdend war. Hatte ich dann ein Motiv gefunden, blieb nur noch zu hoffen, dass der Eigentümer es sich nicht anders überlegen würde, wenn nur kurz später eine zehnköpfige Gruppe lauthals debattierender Italiener dort einlief und jeden Gegenstand im Zimmer mit einem Maßband bearbeitete. Denn das passierte in den ersten Tagen gleich zwei Mal.

Einmal war ich losgeschickt worden, um für einen Werbespot eine Dachterrasse zu finden, die etwas hermachte. Diese musste aber noch dazu in einer ganz bestimmten Gegend liegen, da man dort am selben Tag noch eine andere Szene drehen wollte. Googlemaps war seinerzeit noch nicht so gut aufgestellt und auch mir selbst mangelte es noch an einschlägiger Erfahrung. So fuhr ich ohne jede Vorbereitung einfach in diese Gegend und lief ziellos durch die Straßen. Wo es von unten so aussah, als könnte sich dort eine Dachterrasse befinden, klingelte ich mich ausdauernd durch alle Bewohner durch, bis ich bei den Mietern des obersten Stockwerkes angelangt war. Tatsächlich trug diese etwas unbeholfene Art der Suche schon bald Früchte. Und als ich dann auf dem Dach des zweiten Hauses stand, konnte ich mir schnell eine Karte aller Dachterrassen der Umgebung zeichnen und musste diese dann nur noch abklappern.

Musste man Straßen oder Außenansichten von Häusern suchen, so waren das meist die entspannteren Tage. Eine größere Herausforderung war es immer, wenn man auch Innenansichten von Gebäuden liefern musste. Bei öffentlichen Einrichtungen war das ja noch ein Kinderspiel, da man nur die Verantwortlichen in Erfahrung bringen und mit ihnen einen Termin vereinbaren musste. Auch Hinterhöfe oder Hausflure gingen klar. Ich war dazu übergegangen, einfach alle Klingeln an einer Tür gleichzeitig zu drücken und dann möglichst muffig 'Werbung' zu schreien, wenn sich einer der Mieter über die Gegensprechanlage meldete. So kam ich im Prinzip in jedes Haus rein. Wollte man aber in Privathäusern drehen, so sah die Sache ganz anders aus. Mir blieb nichts anderes übrig, als dort zu klingeln und die Menschen, die mir öffneten, von Angesicht zu Angesicht dazu zu überreden, mir Einlass in ihre privaten Gemächer zu gewähren. Meist rasierte ich mich für solche Fälle und zog mir ein unauffälliges Hemd an. Die Kamera trug ich nach vorne um den Hals, sodass die Leute sofort erkannten, worum es mir ging. Glücklicherweise nenne ich ein Gesicht mein eigen, das suggeriert, ich könne keiner Fliege etwas zu Leide tun, was mir an der Tür wildfremder Menschen vermutlich sehr oft geholfen hat.

Doch nicht immer hatte ich Glück. Manche Hausbesitzer ließen sich partout nicht erweichen, mich in ihr Haus zu lassen, was natürlich umso ärgerlicher war, je mehr das Haus von außen bereits die Kriterien erfüllte. Ganz wie man es erwarten würde, waren Mittelklasse-Haushalte in der Regel wesentlich offener als etwa Villenbesitzer. Hier konnte man sogar davon ausgehen, dass man noch einen Kaffee angeboten bekam, nachdem man im gesamten Haus herumgeführt worden war. Villenbesitzer hingegen ließen sich oftmals nicht einmal dazu herab, die Sprechanlage zu betätigen. Was eigentlich immer half, war eine Erwähnung eines Schauspielers oder auch nur der Name der Sendung oder des Senders. Offenbar ließ das eine gewisse Seriosität erahnen, oder gar einen Hauch von Glamour. Doch nicht immer wurden mir diese Informationen von meinem Auftraggeber im Vorfeld mitgeteilt. Und nicht immer spielte jemand mit, den auch nur irgendwer kannte.

Wurde ich dann reingelassen, so bekam ich einen völlig fremden Haushalt zu Gesicht, der noch dazu nicht für einen Besucher vorbereitet wurde. Ich fand diesen Moment immer sehr spannend. Zwar habe ich noch nicht wie ein befreundeter Location Scout eine Situation erlebt, bei der die Dame des Hauses an einem heißen Sommertag die Tür im Bikini öffnet, beiläufig erwähnt, dass der Gatte außer Haus ist, und nach dem Rundgang durchs Haus noch mal explizit die Vorzüge des Schlafzimmers anpreisen möchte. Ungewöhnliche Situationen gab es aber bereits einige. So suchte ich mal für einen Bollywood-Film nach einer gewöhnlichen Wohnung in einer Art Wohnsilo. Als mich ein sehr netter türkischer Herr durch seine Wohnung führte, wurde ich Zeuge, wie seine Familie in der Küche gerade einen kompletten Ziegenbock zerlegte. In einem anderen Haushalt verlegte man mal eben die bettlägerige Großmutter, um mir Zugang zum Balkon zu gewährleisten. Ein wohlhabender Junggeselle, der seine Villa von sich aus für unsere Datenbank angeboten hatte, zeigte mir diese zunächst wie vereinbart und führte mich dabei auch durch eine Art medizinischen Folterkeller, den ich vorsichtshalber nicht weiter hinterfragte. Danach bat er mich, ihm beim Reintragen aller seiner exotischen Pflanzen ins Winterquartier unter die Arme zu greifen, um dann allen Ernstes eine Viertelstunde nach meiner Abreise bei der Agentur, für die ich arbeitete, anzurufen, um mitzuteilen, das er es sich anders überlegt hatte. Er hatte vermutlich nur jemanden gesucht, der ihm bei den großen Pflanzenkübeln half.

Immer wieder von Auftraggebern favorisiert und von mir auch immer wieder gerne gesucht waren Industrieruinen. Durch seine Geschichte verfügt Berlin hierbei über ein ganzes Arsenal und auch im Umland lassen sich wahre Perlen finden, wie etwa die Heilstätten in Beelitz. Ich konnte dem Charme des Zerfalls schon immer einiges abgewinnen und genoss es daher meist sehr, durch riesige Fabrikanlagen zu laufen, zu denen andere Leute keinen Zugang hatten, und von deren Existenz die meisten nicht einmal wussten. Ich bekam für meine abenteuerlichen Entdeckungstouren auch noch Geld.

Es war immer wichtig, das jeweilige Motiv so vor Augen zu haben, wie es im letztendlichen Produkt aussehen sollte. Oft bekam ich ein paar Beispielbilder, die andere Orte zeigten und mir dadurch eine Idee von den Vorstellungen des Regisseurs gaben. Stellte man mir solche sogenannten ‚Moods' nicht zur Verfügung, dann musste ich sehr genau hinhören, wenn man mir beschrieb, was gesucht wurde. Oft fanden sich die entscheidenden Details zwischen den Zeilen.

Manchmal hatte man einen Bezirk Berlins vorgegeben, manchmal war man völlig frei, was die Sache in der Regel nur noch schwieriger machte. Denn so sehr man sich auch bemühte, man konnte niemals alle Möglichkeiten der Stadt an einem oder zwei Tagen erkunden. So oder so gab es auch manchmal Tage, an denen man mit sehr wenigen Ergebnissen zurückkehrte. In der Regel ordnete ich meine Fotos abends zu Hause, beschriftete sie und lud sie auf eine Seite hoch, wo sie die Produktionsfirma betrachten konnte. Zu Anfang frustrierten mich Tage sehr, an denen die Ergebnisse zu wünschen übrig ließen. Schon bald jedoch merkte ich, dass damit die Aufgabe letztlich ebenfalls erfüllt war, denn man musste nach einer solchen Suche einsehen, dass das Motiv so, wie man sich das vorstellte, eben nicht existierte. Dann wurde normalerweise umgedacht, nach Alternativen gesucht oder schließlich alles einfach mit deutlich größerem Aufwand im Studio gedreht. Oder in einer anderen Stadt.

Selten kam es auch mal zu Aufträgen, bei denen man außerhalb von Berlin nach Orten suchen musste. Hierauf musste ich mich natürlich anders vorbereiten. Die alte, verknickte Berlin-Karte sowie später meine Navigationsfunktion auf dem Handy brachten mich hier nur bedingt weiter. So suchte ich etwa einmal nach einer Scheune mit einem großen Platz davor. Man wollte von dort einen großen Helium-Ballon in die Luft steigen lassen, der bei Austritt aus der Atmosphäre zerplatzte und 100 Papierflieger freisetzte, die mit Speicherkarten bestückt waren, auf denen Nachrichten verewigt waren. Die Luftfahrtbehörde hatte hierfür nur eine Fläche mit einem Radius von etwa 30 Kilometern in der Nähe von Oldenburg freigegeben. Ich fuhr also dorthin, sah mir das Gelände an, glich es immer wieder mit meinem Ausdruck der genehmigten Zone ab, sprach mit einigen Einheimischen und fand schließlich ein altes Gehöft, das nahezu im Zentrum der Zone lag und perfekte Bedingungen bot. Der einzige Wermutstropfen war, dass ich für den Mietwagen einen saftigen Aufpreis zahlen musste, da ich ihn im norddeutschen Herbstschlamm von oben bis unten zugesaut hatte.

Richtig unangenehm wurde es, wenn man einen Ort gefunden hatte, der den Ansprüchen des Regisseurs genügte, die Besitzer dieses Ortes es sich aber nach anfänglicher Zusage kurz vor dem Dreh noch einmal anders überlegten. Das kam tatsächlich nicht selten vor. Konnte selbst zusätzliches Geld die Sache nicht doch noch zum Laufen bringen, so musste man sich entweder mit der zweiten Wahl begnügen oder man schickte mich auf ein Neues los. Natürlich fiel ein solches Einknicken des Motivgebers dann oft auf mich zurück, da man glaubte, die Absprachen seien nicht eindeutig gewesen. Leider kann man Menschen aber auch nicht zu lange im Voraus mit einem Vertrag festnageln, da dies die meisten eher verunsichert. Insgesamt ist die Beziehung zum Motivgeber ein sensibles Thema und nichts selten ein Balanceakt.

Im Netz kursiert ein Filmchen über einen Location Scout, der eigentlich für die Firma Land Rover wirbt. Dieser zeigt in nur einer Minute alle Tücken dieses seltsamen Jobs, dessen größte vermutlich die Sprunghaftigkeit und Extrovertiertheit des Regisseurs ist. Nicht selten sucht man mehrere Tage nach einem Motiv, nur um dann zu erfahren, dass der Regisseur dieses nun entweder komplett abgeändert oder gar völlig aus dem Drehbuch gestrichen hat. Dazu kommt noch das generelle Verständigungschaos bei einer Produktion, das einen nicht selten mit der Frage zurücklässt, ob die einzelnen Verantwortlichen überhaupt je miteinander reden. Eines Tages im Herbst suchte ich einen ganzen Tag lang in tollen Eichen- und Buchenwäldern rund um Potsdam nach einem verlassenen Feldweg, auf dem in einer internationalen Kinoproduktion von zwei Mördern eine Leiche entsorgt werden sollte. Zuversichtlich betrat ich nach Einbruch der Dunkelheit das Produktionsbüro im Studio Babelsberg, denn ich hatte knapp 15 verschiedene Motive auf meiner Kamera gespeichert, die im Grunde alle der Beschreibung entsprachen. Gemeinsam mit der Regieassistentin ging ich dann durch die einzelnen Aufnahmen, denn bei einer Produktion gewisser Größe lässt sich der Regisseur nicht zu solch niederen Aufgaben herab. Nachdem sie etwa die Hälfte der Aufnahmen gesehen hatte, sagte mir die junge Französin in gebrochenem Deutsch und mit großen Augen: ‚Aber der Regisseur mag doch Birken!' Ich erwiderte ihr, dass ich leider nicht über telepathische Fähigkeiten verfüge und dass man mir solche Dinge durchaus am Beginn des Tages mitteilen könne, was eventuell zu besseren Ergebnissen führte. Sie schmiss die Fotos weg, ich war einen Tag lang umsonst umhergefahren. Mein Geld bekam ich glücklicherweise trotzdem. Den Weg im Birkenwald fand einer der Fahrer keinen Kilometer vom Studio entfernt, als er gerade Zigaretten für den Kameramann besorgte.

Schön sind Aufgabenstellungen, bei denen man seine Fantasie spielen lassen muss. So suchte ich etwa einmal in der Brandenburgischen Provinz ein Café, das man als eine Eisdiele in Polen verkaufen konnte. Da die Gegend in der Nähe der polnischen Grenze kaum von Polen zu unterscheiden ist, war dies eine dankbare Aufgabe. Ein anderes Mal suchte ich nach einer Hinterhof-Werkstatt, in der im Werbespot ein Geigenbauer sitzen sollte. Die Idealvariante war natürlich auch hier, dass ich einen tatsächlichen Geigenbauer fand, der seine Werkstatt in einem repräsentativen Hinterhof hatte, denn dann musste man nicht noch zusätzlich viel Geld für Umbauten und Requisiten ausgeben. In diesem Fall recherchierte ich zunächst per Internet und Telefonbuch Geigenbauer und telefonierte diese einen nach dem anderen durch. Bei Aufgabenstellungen dieser Art musste man jedoch aufpassen, dass man sich nicht auf einem der Pfade verzettelte, die vermeintlich ans Ziel führten. Denn am Ende des Tages musste man zumindest eine gewisse Menge an Bilder vorweisen können.

Oft verglich ich den Job mit dem eines Privatdetektivs. Nur mein Auto, meine Kamera und ich, immer auf der Jagd nach dem passenden Motiv. Nicht selten entdeckte ich während meiner Recherchen noch ganz andere interessante Orte, die nichts mit meiner eigentlichen Mission zu tun hatten. Gerade wenn ich auf der Suche nach Natur-Motiven war, führte mich das oft an die schönsten Plätze. Hatte ich bereits ein paar Vorschläge gesammelt, stand auch etwa einem kleinen Bad in einem Waldsee während meiner bezahlten Arbeitszeit nichts im Wege.

Der Tiefpunkt beim Location Scouting liegt, wie bei vermutlich vielen Berufen, in der Mitte des Tages. Hat man zu diesem Zeitpunkt wenigstens schon ein, zwei brauchbare Ideen, ist alles im grünen Bereich. Hat man aber noch gar nichts gefunden, was den Kriterien entspricht, fängt man spätestens dann an, sich verrückt zu machen und verzichtet gerne auf Essen, um vor Sonnenuntergang noch irgendetwas Brauchbares aufzutreiben.

So fordernd dieser Job oft ist, so abenteuerlich und aufregend ist er auch. Langweilig jedenfalls wird er nie.

Nach wie vor absolviere ich oft Einsätze als Location Scout, gerne würde ich etwa mal das komplette Scouting für den Tatort übernehmen. Mein Freund und Kollege Martin ist mittlerweile recht gut im Geschäft, sein werbewirksamstes Engagement ist sein Job als Motivaufnahmeleiter für Lars von Triers ‚Antichrist'. Doch so traurig es auch ist: Die meisten internationalen Kunden wollen nach wie vor zum Potsdamer Platz und an den Gendarmenmarkt.

Bezahlung: € 250 bis € 450/ Tag.
Arbeitsaufwand: Unterschiedlich.
Gelernt fürs Leben: Den Blick fürs Detail.

28. Reiseleiter in Vietnam

Als ich meinen Freunden erzählte, dass ich demnächst als Reiseleiter in Vietnam arbeiten würde, fragten viele davon, ob ich das südostasiatische Land denn schon so oft bereist hatte. Eine berechtigte Frage. Doch tatsächlich war ich erst einmal dort gewesen, und das lag auch bereits mehr als fünf Jahre zurück. Und ich hatte die Wahrheit wohl ein bisschen gedehnt, als ich dem Reiseveranstalter erzählte, ich hätte dort intensive 4 Wochen verbracht. 14 Tage wären bereits leicht übertrieben gewesen. Wenn man ganz ehrlich war, hatte ich das Land eigentlich nur mehr gestreift.

Nun gut, ich hatte mal wieder Glück gehabt. Beim Reiseveranstalter in Köln landete meine Bewerbung doch tatsächlich auf dem Schreibtisch eines Mädels, mit deren Schwester ich mir vor einigen Jahren ein paar mal das Bett geteilt hatte. Offenbar gereichte mir das nun zum Vorteil, denn sie lud mich direkt zum Seminar ein und sicherte mir auch umgehend die Vietnam-Tour zu. Normalerweise musste man erst mal beim Chef vorstellig werden, damit man überhaupt in eine engere Auswahl kam.

Ich war mir nicht so sicher, ob das wirklich ein Job nach meinem Geschmack werden würde. Aber man zahlte mir den Flug nach Südostasien, wo ich mich immer sehr wohl fühlte. Und dann entdeckte ich bei meinen Recherchen auch noch die eine Sache, die in Vietnam wirklich fantastisch war, und die mich sicher problemlos durch die drei Wochen bringen konnte: Essen!

Doch zunächst absolvierte ich das Seminar in Köln, bei dem sich schnell zeigte, dass ich auch mit meiner mageren Vietnam-Expertise noch vergleichsweise überqualifiziert für diesen Job war. Vielen der anderen Kandidaten traute man nicht mal zu, bis fünf zählen zu können. Wir quälten uns durch ein paar Vorträge und Rollenspiele und betranken uns zu guter Letzt schauerlich gemeinsam mit den Ausbildern. Abgesehen von einem, der ganz offensichtlich weder über Bildung noch Manieren verfügte, wurden dann alle Seminarteilnehmer umgehend angestellt. Nur ein paar Wochen später saß ich bereits im Flugzeug in Richtung Orient. Während eines 24-stündigen Zwischenstopps in Bangkok herrschte wie immer an diesem Ort das Gefühl vor, alles gleichzeitig tun zu müssen. Rumlaufen, Boot fahren, alles an Essen ausprobieren, massieren lassen, neue raubkopierte Musik kaufen, Bier trinken, staunen. Dann ging es auch schon weiter. Auf dem kurzen Flug nach Saigon kam ich ins Gespräch mit Genia, einer netten Russin, die Südostasien zum ersten Mal bereiste. Wir teilten uns ein Taxi vom Saigoner Flughafen in die Stadt und hatten uns einiges zu erzählen. Völlig ins Gespräch vertieft vergaß ich dann beim Aussteigen sowohl meinen Reiseführer als auch meine kompletten Unterlagen für die ankommende Gruppe. Den Abend verbrachte ich daher damit, meine Unterlagen zumindest soweit wiederherzustellen, dass ich wusste, wer genau denn eigentlich am nächsten Morgen am Flughafen ankommen würde.

Tags drauf nahm ich die Gruppe in Empfang. Als mich eine ältere Dame in schwerem bayerischem Dialekt schon im ersten Satz ermahnte, ich müsse mir wirklich Mühe geben, um an die Leistungen ihres letzten Reisebegleiters heranzukommen, wollte ich eigentlich bereits wieder abreisen. Aber ich durfte diese Leute wohl einfach nicht allzu ernst nehmen. Ernst genug zwar, damit sie sich gut versorgt vorkamen, nicht so ernst jedoch, dass ich ihre Äußerungen persönlich nahm. Lektion eins hatte ich verinnerlicht.

Im Hotel hielt ich vor der kleinen Gruppe meine Begrüßungsansprache. Ich hatte mich dafür entschieden, die Karten gleich auf den Tisch zu legen, und teilte allen mit, dass ich einige unserer Zielorte selbst noch nicht gesehen hatte. Ich hatte keine Lust, den Leuten etwas vorzulügen, denn wenn das rauskam, ließ sich das Vertrauen bestimmt nicht wiederherstellen. Als Kompensation für meine Unerfahrenheit bot ich jedem Interessierten jedoch an, sich mit mir in die kulinarischen Abenteuer zu stürzen, die dieses Land zu bieten hatte. Ich hatte mir eigens dafür ein Guidebook gekauft, das sich ausschließlich mit Essen befasste, und war fest entschlossen, meinen Schutzbefohlenen an jedem Stopp unserer Reise nur die außergewöhnlichsten Speisen zu finden. Die Gruppe nahm dieses Angebot einhellig an und schien mein Engagement und meine Ehrlichkeit zu würdigen. Als der erste Tag rum war, wusste ich, der Job konnte ganz OK werden. Es kam darauf an, was man daraus machte.

Die Gruppe war heterogen zusammengesetzt und umfasste ein paar skurrile Charaktere: Das konservative bayerische Ehepaar, ein seltsames, schwäbisches Paar mittleren Alters, einen netten Typen in meinem Alter, einen grantigen Alten, eine kulturbeflissene Sächsin sowie ein lesbisches Paar, bestehend aus einer holländischen, sehr maskulinen Krankenschwester und einer zierlichen polnischen Ärztin, die etwas von einem kleinen Nagetier hatte. Diese sehr unterschiedlichen Menschen waren nun für drei Wochen zusammen unterwegs und für einen Großteil der Zeit eng zusammengepfercht in unserem Tourbus. Für alle ihre Sorgen und Nöte war von nun an ich zuständig.

Unsere Tour führte uns quer durch Vietnam, fast jeden Tag hatten wir lange

Strecken auf schlechten Straßen im extra für uns zur Verfügung gestellten Bus zurückzulegen. Mein Auftraggeber arbeitete eng mit einer Partnerfirma vor Ort zusammen, welche die komplette Reise durchorganisiert hatte. Ich fungierte im Prinzip nur als Vermittler zwischen den Vietnamesen und meiner Gruppe. Immer mal wieder gab der vietnamesische Guide Vinh uns zudem Informationen zu den einzelnen Orten, die ich dann für die Gruppe übersetzen musste..

Die alten Bayern entpuppten sich nach anfänglicher Skepsis als sehr umgängliche Zeitgenossen. Besonders Josef, der bereits jenseits der 70 war, machte wirklich jeden Unsinn mit. Aß ich auf einem quirligen Markt einen frittierten Frosch, so bestellte er sich, ohne mit der Wimper zu zucken, ebenfalls einen. Als die Schiffsschraube unseres Bötchens im Mekong-Delta sich komplett im Plastikmüll verheddert hatte, zögerte Josef nicht lange, griff beherzt in die Kloake und befreite uns heldenhaft aus der misslichen Lage. Und dabei war er gar nicht mal sonderlich am Reisen interessiert. Seine Frau Helga organisierte einmal im Jahr eine Fernreise und er fuhr dann einfach ihr zuliebe mit. So wie ich das verstanden hatte, wurde Josef erst über das Reiseziel informiert, wenn die Koffer bereits gepackt waren. Es spielte für ihn keine große Rolle, wo es hin ging. Bereits am ersten Abend fand ich mich zu später Stunde mit der kompletten Gruppe in einer Karaoke-Bar wieder. Alle hatten sich zuvor meiner ersten kulinarischen Erkundungstour auf einem Saigoner Markt angeschlossen. Wir hatten unsere ersten Gehversuche in der vietnamesischen Küche mit einigen Bieren begleitet und nun wollten sie noch etwas erleben, auch wenn alle schon ganz eingelaufen wirkten von der Hitze und der Luftfeuchtigkeit. Nach ein paar weiteren Bieren und etwas Schnaps in der neonbeleuchteten Bar schmetterte ich dann gemeinsam mit der holländischen Kampflesbe ‚I just called to say I love you‘ in die Mikrofone und wir wurden für unsere Darbietung sogar von den Einheimischen mit ein paar Scheinen in der Landeswährung bedacht. Auch wenn ich mir nicht vorstellen mochte, was Freunde von mir gedacht hätten, wären sie Zeuge dieser ungewöhnlichen Szene gewesen, so hatte das Ganze durchaus Unterhaltungswert. Insgesamt fühlte es sich schnell so an, als müsste ich der Gruppe einfach nur Gelegenheiten geben, aus sich raus zu gehen. Wirkten alle auch noch so langweilig, sie waren doch letztendlich im Urlaub und wollten Dinge tun, die sie sonst nicht taten. Jede Grenzüberschreitung ihrerseits freute mich dann wiederum genauso. Ich merkte, dass diese Reise eine sehr gute Gelegenheit war, mal wieder Toleranz zu üben. Denn durchweg waren das Menschen, mit denen ich sonst nichts zu tun gehabt hätte. Nun war ich dazu gezwungen, meine Zeit mit ihnen zu verbringen. Dann machte ich doch lieber für alle das Beste daraus.

Auf den langen Busfahrten gab ich die Informationen zum Besten, die mir meine Firma in einer dicken Mappe mitgegeben hatte. Diese hatte ich zum Glück nicht verloren. Ich hatte mir das alles im Vorfeld schon mehrmals durchgelesen und bemühte mich nun, die trockenen Daten in einen unterhaltsamen Text zu verpacken. Dazu kamen noch die ungewöhnlicheren Details zum Land, die Vinh uns manchmal zwischendurch zu erzählen hatte, wenn er in der richtigen Stimmung dafür war. Ich musste im Grunde jedes Wort übersetzen, denn in meiner Gruppe konnte lediglich die Polin etwas Englisch.

Jedoch wurde Vinh von Tag zu Tag uninteressierter und maulfauler. Zu Anfang hielt ich ihn noch für einen netten Typen, musste aber schnell merken, dass er nichts war als ein arroganter, selbstgefälliger Arsch. Wir mochten einander jeden Tag ein bisschen weniger und keiner von uns beiden machte einen Hehl daraus. Meine Gruppe hingegen schien sich auf meine Seite zu schlagen. Sie hörte mir bei meinen Ausführungen immer aufmerksam zu, auch wenn es oft so aussah, als seien alle in Gedanken versunken. Ich merkte das immer abends, wenn sie mich auf tagsüber Erzähltes ansprachen und selbst kleine Details meiner Ansprache erinnerten. Auf Astrid, die Dresdnerin musste ich dabei besonders aufpassen, denn sie wollte alles ganz genau wissen. Sie war der typische deutsche Tourist, um den ich sonst einen großen Bogen zu machen pflegte. Sie trug in ihrem Handgepäck gleich vier verschiedene Reiseführer mit sich und verglich jeden meiner Sätze mit den entsprechenden Absätzen in allen ihren Büchern. Sobald etwas auch nur ansatzweise nicht übereinstimmte, meldete sie sich zu Wort. Und das meine ich durchaus buchstäblich: Sie meldete sich mit Handzeichen, als wären wir auf einer Klassenfahrt und ich der Lehrer. Der Trick an dieser Stelle war, sie einfach miteinzubeziehen. So konnte ich vermeiden, dass sie die Gruppe irgendwann ganz übernahm. Immer wenn ich merkte, dass ihre Informationen meine überwogen, gab ich ihr die Gelegenheit, selbst einen kleinen Vortrag zu halten. Ich musste nur aufpassen, dass nicht irgendwann jemand hinterfragte, warum ich überhaupt noch mit dabei war. Es war ein schmaler Grat.

Nach etwa drei Tagen trafen wir im Mekong-Delta auf eine andere Gruppe desselben Veranstalters. Von der Reiseleiterin schaute ich mir ab, die Tipps für die jeweilige Stadt, die ich meiner allwissenden Mappe entnahm, jeweils auf einem Zettel an der Rezeption auszuhängen, statt diese nur bei der Ankunft mündlich kundzutun. Das schien die Gruppe gut anzunehmen. Da ich während der täglichen Busfahrt eine Menge Zeit hatte, gab ich mir große Mühe bei der grafischen Ausgestaltung meiner Tageszettel.

An Tag 5 jedoch trafen wir bereits auf die nächste Gruppe im völlig verregneten Strandort Nha Trang. Als ich abends nichtsahnend in der Lobby unseres kleinen Hotels saß, entdeckte ich plötzlich auf dem Tresen die Tipps meines Kollegen, der diese Gruppe leitete. Es gab da unverkennbar ein gewisses Missverhältnis. Während meine Ratschläge trotz großer, verschnörkelter Buchstaben locker auf einer DIN A4 Seite Platz fanden, nahmen seine Veranstaltungshinweise eine komplette Mappe von etwa 35 Seiten in Beschlag. Auf Seite 1 seines höchstprofessionell organisierten Ordners hatte er eine hübsch ausgedruckte Liste platziert, auf der sich die Teilnehmer für allerhand Aktivitäten eintragen konnten, von denen meine Wenigkeit noch nicht einmal gehört hatte. Mir fiel die Kinnlade herunter. Das würde Ärger geben.

Und tatsächlich war auch meiner Gruppe die Mappe nicht entgangen. Doch ihre Reaktion verblüffte mich. Am Nachmittag hatte die andere Gruppe sie wohl direkt auf mich und meine Qualitäten angesprochen. ‚Wie schlecht ist denn Euer Guide informiert? Der weiß ja offenbar gar nichts über dieses Land!‘ Sie hatten sich den Erzählungen zufolge wie petzende Kinder aufgeführt. Doch meine Gruppe hatte mich tatsächlich verteidigt. Sie hatte ihnen gesagt, dass sie viel lieber weniger Informationen hatten, da sie es vorzogen, sich selbst um alles zu kümmern. Gerade, weil das nicht so ganz stimmte, rührte mich ihr Verhalten besonders. Offenbar war ich doch auf dem richtigen Weg.

Vietnam selbst beeindruckte mich auf ein Neues reichlich wenig. Natürlich gab es eine Menge zu sehen, das wollte ich gar nicht bestreiten. Aber die Freundlichkeit der Menschen hier stand in keinem Vergleich zu den Nachbarländern Thailand und Kambodscha. In Vietnam fühlte man sich nie willkommen, sondern bestenfalls geduldet. Zudem hatte man ständig das Gefühl, dass man gerade das Geld aus der Tasche gezogen bekam. Hinzu kam noch, dass es hier keine Hütten am Strand und auch kaum Traveller-Herbergen und –Kneipen gab. Die Vietnamesen waren das Thema Tourismus einfach von Grund auf anders angegangen als ihre Nachbarn. Die Strände hier muteten eher an wie die Costa Brava und wohnen musste man in meist unansehnlichen Betonburgen.

Durch mein Buch gelang es mir jedoch, einen umfassenden Zugang zur vietnamesischen Küche zu bekommen, die wirklich noch raffinierter als in den Nachbarländern daherkam. Mal suchten wir eine regional spezifische Nudelart, mal ein Restaurant, das sich auf ein einziges, sehr delikates Schweinefleisch-Gericht spezialisiert hatte. Man konnte gegen Vietnam sagen, was man wollte. Das Essen war fantastisch.

Je weiter wir in den Norden kamen, desto erträglicher wurden die Temperaturen. Wir besichtigten die Kaiserstadt Hue und die kleine Hafenstadt Hoin An, die als UNESCO Weltkulturerbe gelistet und in der Tat malerisch schön ist. Zwischendurch fing ich mir eine saftige Erkältung ein, leider erwischte es nach und nach die halbe Gruppe. Vom tropischen Saigon mit 35 Grad reisten wir in deutlich kältere Gefilde und die Klimaanlage im Bus hatte man vermutlich auch lange nicht desinfiziert. Eine verstopfte Nase und Halsschmerzen fühlen sich leider bei tropischen Temperaturen gleich noch mal ein wenig schlimmer an.

Stets wohnten wir in wirklich guten Hotels, woran ich gerade in Südostasien nicht gewöhnt war, da mir sonst hierfür schlichtweg das Geld fehlte. Besonders erstaunlich fand ich, dass beim Frühstücksbuffet fast immer eine Dame bereitstand, deren einzige Aufgabe darin bestand, für jeden Gast eine ausgesprochen delikate Nudelsuppe frisch zuzubereiten.

Mein Plan, ein kulinarischer Guide zu sein, ging insgesamt sehr gut auf, bedeutete aber auch, dass ich noch mehr Zeit mit der Gruppe verbrachte als nötig. Von meiner Firma war es so vorgesehen, dass ich die Leute nur tagsüber begleitete. Abends sollte es jedem selbst überlassen bleiben, wie er seine Zeit gestaltete. Durch mein Angebot hatte ich mir diese Gelegenheit auf ein paar Momente ohne die Gruppe jedoch komplett verbaut. Jeden Abend aßen wir zusammen in von mir ausgewählten Restaurants, mittags mussten wir meist mit dem vorlieb nehmen, was wir bei Imbissen am Straßenrand vorfanden. Wir aßen Frösche, Schlangen, Muscheln und Schnecken, vietnamesische Omelettes und Baguettes, Currys und exotische Früchte. Ich versuchte immer, noch etwas zu finden, das keiner kannte. Die vietnamesische Küche ist dermaßen vielfältig, dass sich zu vielen Gerichten überall noch neue, regionale Variationen finden ließen. Als wir in den Norden kamen, machte ich aber schnell klar, das ich das Essen von Hunden nicht unterstützte, besonders, da man die Hunde vor dem Schlachten quält, um mit der Stresshormon-Ausschüttung ihr Fleisch zarter zu machen.

Dummerweise hatte ich mich in den ersten Tagen von Vinh dazu hinreißen lassen, Provisionen anzunehmen. Es lief so, dass er der Gruppe für ein Essen am Straßenrand oder eine Aktivität wie eine Rikscha-Tour durch Saigon einen bestimmten

Betrag berechnete, aber nur einen Teil davon an den jeweiligen Veranstalter weitergab. Das hatte mich gleich am Anfang in eine moralische Zwickmühle gestürzt. Mir war es zuwider, den Leuten noch mehr Geld aus der Tasche zu ziehen, auch wenn es wirklich nur um minimale Beträge ging. Auf der anderen Seite behauptete Vinh, dass das einfach immer so laufen würde und wer war ich, dass ich ihm sein kleines Zubrot streitig machen würde? Ich hätte gerne gewusst, wie meine Vorgänger das gehalten hatten, wollte mich aber nicht durch eine email bloßstellen. Im Rückblick wäre die einzige Art und Weise, meine Integrität zu wahren, wohl gewesen, ihn bei seiner kleinen Halsabschneiderei gewähren zu lassen, selbst aber nichts von den Gewinnen anzunehmen. So aber hatte ich mir leider zu Anfang zweimal einen Anteil abgeben lassen. Zwar ging es um insgesamt höchstens 15 Euro. Doch auch mit diesem kleinen Betrag hatte er mich natürlich in der Hand.

Nach und nach knackte ich fast alle in der Gruppe, wobei ich mich mit einigen deutlich besser verstand als mit anderen. Beim alten Bayer Bernhard hatte ich lange keine Ahnung, wie er so drauf war, aber irgendwann merkte ich, dass er einfach kein sonderlich an sozialem Umgang interessierter Mensch war. Man fragte sich, warum er dann gerade diese Art zu reisen wählte. Eines Mittags beim Lunch an einem mit Treibholz übersäten Strand trat ich bei ihm in ein großes Fettnäpfchen. Ich hatte mir morgens eine Rasur gegönnt und der vietnamesische Barbier hatte mir ungefragt nur den Oberlippenbart stehen lassen, da man das hierzulande nun mal so trug. Erst nach mehrmaligem Zureden hatte er mich dann schließlich auch vom Schnäuzer befreit. Ich erzählte meiner Gruppe diese Anekdote sehr theatralisch und beschrieb ausführlich, wie bescheuert ich mit der Rotzbremse ausgesehen hatte. Noch während ich die Geschichte ausschmückte, beschlich mich aber ein ungutes Gefühl, dass auch jemand in meiner Gruppe einen Bart auf der Oberlippe trug. Und tatsächlich zeigte mir der Blick in die Runde, dass Bernhard ein beeindruckendes Exemplar sein eigen nannte. Da konnte ich noch so sehr Krisen-PR betreiben und ihm erzählen, dass ihm der Bart natürlich viel besser stehe als mir. Hier war nichts mehr zu holen, ich hatte ihn aus Versehen richtiggehend vorgeführt.

Fast an jedem Ort gab es für uns organisierte Touren, die auch zum größten Teil unterhaltsam und interessant waren. Wir besichtigten Tempel, Werkstätten und Kriegsschauplätze, aber auch mal spontan einen Hersteller von Fischsauce, der uns die Fässer voller verrottender Fische nur zu gerne zeigte. Wenn wir dann aber mal zwei Tage ohne Programm an einem Ort waren, genoss ich es sehr, meine Zeit auch mal ohne meine neuen Freunde zu verbringen. Und tatsächlich fanden alle Gruppenmitglieder auch alleine Wege, den Tag herumzukriegen.

Ein paar mal stürzten wir abends richtig ab und ich war verblüfft über die Trinkfestigkeit meiner Schutzbefohlenen. In Hue tanzten wir bis in den Morgen und sogar Bernhard ging mal aus sich heraus. Ich hatte mich ihm mit vermehrter Aufmerksamkeit gewidmet und er hatte mir den Oberlippenbart-Fauxpas wohl mittlerweile verziehen. Insgesamt war die Gruppe nach einer Weile ganz gut zusammengewachsen. Bis auf gelegentliche Sticheleien herrschte eine harmonische Atmosphäre. Zwischendurch jedoch musste ich immer wieder schmunzeln, wenn beispielsweise Bernhard sich ein Squid Curry bestellte, und den Tintenfisch dabei ,Squiet' aussprach oder die Lesben mir voller Stolz ihre Einkäufe präsentierten, die aus den wirklich schlimmsten Souvenirs bestanden, die man hier weit und breit finden konnte. Aber ich hatte schon früh beschlossen, mein Ego einfach mal ein bisschen zurückzustellen und hauptsächlich dafür Sorge zu tragen, dass diese Leute eine gute Zeit hatten. Und das zumindest schien doch recht gut aufzugehen.

Etwa ab Hue sah ich jedoch auch dem Ende der Reise mit leichter Freude entgegen. Von der Kaiserstadt aus brachte uns ein Inlandsflug nach Hanoi, wo geradezu winterliche Temperaturen herrschten. Von hier aus besichtigten wir noch die berüchtigte Halong-Bucht sowie ein Bergdorf, wo wir in einer traditionellen Hütte wohnten, die auch ein paar große Spinnen ihr Zuhause nannten. In den letzten Tagen dann besuchten wir in Hanoi noch alle Attraktionen, welche die unglaublich geschäftige Stadt zu bieten hatte. Viel spannender jedoch als etwa das Puppentheater oder das Mausoleum Ho Chi Minhs fand ich Hanoi selbst mit seinen kleinen verwinkelten Gassen, den Millionen an Mopeds, den nach Berufsgruppen geordneten Straßen und dem ganzen Wahnsinn, der sich einem darbot, wenn man einfach mit offenen Augen durch die Stadt flanierte.

Die Gruppe zeigte sich am Ende der Reise nicht nur durch ein ziemlich hohes Trinkgeld erkenntlich für meine Arbeit, sondern verfasste auch noch ein wirklich herzerwärmendes Gedicht über unseren gemeinsamen Urlaub. Das rührte mich. Vor allem aber freute ich mich, dass alle eine gute Zeit gehabt hatten.

Als dann der Tag der Abreise kam, stand ich winkend vor dem Hotel und war froh, aber auch tatsächlich ein bisschen wehmütig. Jetzt jedenfalls begann die gute Zeit. Ich hatte ein wenig Geld verdient und ich war in Asien, während es stramm auf Weihnachten zuging und in Deutschland ein Rekordwinter Einzug hielt. Mein Rückflug war erst in zwei Monaten angesetzt und nun konnte ich die Zeit endlich mit Leuten verbringen, die mich auch interessierten.

Bernhard wollte noch den Norden Vietnams erkunden und war daher noch zwei weitere Tage in Hanoi. Da ich mich um einen Tag verbucht hatte, standen mir ebenfalls noch zwei Tage in der hutzeligen Altstadt bevor. Tatsächlich ließ Bernhard dann anklingen, dass wir ja noch etwas gemeinsam unternehmen könnten. Doch war ich auch froh, selbst ihn am Ende versöhnt zu haben, ging mir das doch deutlich zu weit. Ich behauptete, ich würde am nächsten Tag bereits abfliegen und gab mir dann tags drauf größte Mühe, ihm nicht noch mal über den Weg zu laufen. Ich hörte von der Gruppe nur noch einmal, als man die gemachten Fotos untereinander austauschte. Danach nahm man mich offenbar aus der Verteilerliste, was ich mir nie ganz erklären, aber durchaus verschmerzen konnte. Wenn ich ganz ehrlich zu mir selbst war, dann musste ich diesen Job auch nicht so bald wieder machen. Vietnamesisches Essen hingegen ist nach wie vor mein Lieblingsessen.

Bezahlung: € 40/ Tag plus Flug und Hotels.
Arbeitsaufwand: Mittel.
Gelernt fürs Leben: Man sollte Menschen nie voreilig beurteilen.

29. Assistant Location Manager – Hollywood für Anfänger

Ich war gerade nichtsahnend auf meinem Fahrrad durch das sommerliche Berlin gecruist, da hatte mich Martin, mein Freund in der Filmbranche, angerufen, der seinem Ruf als Garant für ausgefallene Jobangebote einmal mehr alle Ehre machte. Ich hatte mich noch schnell rasiert und deodoriert und nur kurz später einem leicht skeptischen Produktionsleiter offenbar glaubhaft versichert, der richtige Mann für die plötzlich offene Position zu sein. Gerade waren einige große Film-Produktionen in Berlin, allen voran Tom Cruise's Verfilmung des Stauffenberg-Attentats, ,Operation Walküre'. Und so waren fast alle Medienschaffenden bereits untergebracht. Diese Tatsache verschaffte jemandem wie mir, mit schneller Auffassungsgabe, aber im Grunde kaum relevanter Erfahrung eine Chance. Nun sollte ich für die nächsten Monate Assistant Location Manager für einen in Berlin gedrehten Hollywood-Action-Film sein. Ich betrat eine mir neue Welt. Ich war in einer 40-Millionen-Dollar-Produktion gelandet. Regie beim Film mit dem Arbeitstitel ,Stopping Power' führte Jan de Bont, der sich mit dem Blockbuster ,Speed' vor ein paar Jahren ein Denkmal gesetzt hatte. John Cusack war als Hauptdarsteller verpflichtet worden. Ganz Berlin sollte bespielt werden und im Grunde bestand der komplette Film aus Verfolgungsjagden und Action-Szenen. Die Vorbereitungen liefen schon seit ein paar Wochen, aber nun ging es langsam in die heiße Phase. Es blieben noch knapp drei Monate bis zum ersten Drehtag.

Man hatte für die Zeit des Films, wie es offenbar üblich war, leere Büroräume angemietet, und jeder der hier Arbeitenden brachte sich sein Arbeitsgerät selbst mit. Auf diese Weise entstanden in diesen Hallen alle paar Monate komplett neue Büros. Die weitläufigen Räumlichkeiten in Friedrichshain wurden von einem kleinen Team koordiniert, das im Begrüßungsraum zu finden war und sich um alles kümmerte, was mit der Infrastruktur in diesem improvisierten Büro zu tun hatte.

Unser Department, wie man hier sagte, war für die Drehorte zuständig und bestand zunächst aus vier Leuten. Wir teilten uns einen Büroraum mit der Ausstattung. Dort waren ein paar Leute nonstop damit beschäftigt, die richtigen Accessoires für jede noch so kurze Szene des Films zusammenzustellen. Das umfasste das gesamte Waffenarsenal der Charaktere, aber etwa auch ein Cockpit eines ausgefallenen Hubschraubermodells, für das man wochenlang in ganz Europa herumgereist war. Im Raum gegenüber zeichneten ein paar Tschechen die einzelnen Szenenbilder in detaillierter Handarbeit. Weiter hinten im Gang befand sich das Büro des Regisseurs selbst, den man allerdings nur selten zu Gesicht bekam. Wollte man etwas von ihm, so musste man sich mit seinem Personal Assistant begnügen. Selbst für jene unter uns, die schon einige Drehs absolviert hatten, mutete dies wie einige andere Hollywood-Gepflogenheiten mehr als exotisch an.

Den in der Vorbereitungsphase wohl aufregendsten Ort der Produktion bildete unser Special Effects Lager in einer 10.000 Quadratmeter großen Halle im Süden Berlins. Hier hatte man jene Engländer einquartiert, die auch für James-Bond-Filme Gegenstände aller Art in die Luft fliegen ließen. Sie waren mitsamt ihres ganzen Arsenals an technischem Gerät angereist und zeichneten sich durch einen sehr raubeinigen Humor aus. Auf Quads fuhren sie durch die kathedralenartige Halle, überall wurde geschweißt, geschraubt und verkabelt. Verteilt auf die Halle standen hier etwa 50 Gebrauchtwagen, die im Laufe des Films weitgehend verheizt werden sollten. In einer Ecke schraubte man an den drei Wohnmobilen, um diesen einen komplett identischen Look zu verpassen. Der Zuschauer sollte im Film nur das eine sehen, in dem John Cusack unterwegs war. Die beiden anderen aber benötigten wir für die ganzen spektakulären Stunts. Nebendran standen ordentlich aufgereiht 11 brandneue Jaguar XKR, Sportwagen im Wert von über einer Million Euro. Auch hier verhielt sich die Sache ähnlich. In der linken oberen Ecke der Windschutzscheibe markierte eine Nummer jeweils die Szene, in welcher man den jeweiligen Wagen opfern würde. Im Film sah man aber letztendlich nur einen einzigen dieser Sportwagen. Jaguar hatte diese Autos der Produktion als Sponsor zur Verfügung gestellt. Die Aufgaben des Location Departments umfassten alles, was mit den Orten zu tun hatte, an denen der Film gedreht werden sollte. Wir suchten die Drehorte anhand der vom Regisseur genannten Kriterien, verhandelten mit den Motivgebern und stellten die entsprechenden Anträge bei der Verkehrslenkung Berlin und allen zuständigen Ämtern. Ich merkte schnell, dass die wirklich großen Baustellen dabei die Autobahnszenen darstellten. Mal eine Straße in der Innenstadt absperren war ja nicht das Problem, wir aber brauchten für die ausufernden Stunts, aus denen das Drehbuch hauptsächlich bestand, kilometerlange Autobahnpassagen. Als ich in das Projekt einstieg, hatte man sich bereits mit dem Land Brandenburg darauf geeinigt, ein Teilstück einer gerade erst fertiggestellten Autobahn absperren und bespielen zu dürfen. Aber es gab noch eine Menge Dinge zu klären. Eine weitere Herausforderung waren die Hauptquartiere für jeden Drehort, an denen am jeweiligen Drehtag unser Fuhrpark, das Catering, Generatoren und Toiletten stehen würden. Praktisch für jeden einzelnen Drehort mussten neue ausreichend große Flächen gefunden und die Konditionen mit dem jeweiligen Besitzer ausgehandelt werden. Dabei konnte ich mir immer nur schwer vorstellen, wie groß der Fuhrpark im Endeffekt sein würde, da ich zu diesem Zeitpunkt noch nicht mal mit kleineren Werbedrehs Erfahrungen gesammelt hatte.

Meine Kernaufgabe während der ersten paar Wochen war eine lange Liste, auf der haarklein und in unterschiedlichen Farben markiert war, wo wir an welchem der knapp 60 Drehtage sein würden und welche Szenen dort verwirklicht werden sollten. Diese Liste umfasste alle Details, Ansprechpartner und den gegenwärtigen Stand der Dinge. Da mir klar war, dass sie praktisch die ganze Produktion zu Fall bringen konnte, legte ich großen Wert darauf, dass in diesem Excel-File alles hundertprozentig stimmte. Mein Perfektionismus an dieser Stelle brachte mir schon bald den unschmeichelhaften Spitznamen ‚Listen-Nazi' ein. Auch wenn das durchaus als Lob gemeint war, hatte ich meine Probleme, diesen Titel gut zu finden. An den Wänden unseres Departments hingen Fotos der momentan bestätigten Drehorte sowie Skizzen, Anfahrtspläne und Landkarten. Doch ständig wurden Orte, mit denen man bereits alles abgeklärt hatte, wieder verworfen und stattdessen neue Locations gesucht. Alles war ständig im Wandel, nichts von allem, was wir taten, war hundertprozentig.

Die Persönlichkeiten der in unserem Department Arbeitenden ergänzten sich dabei recht gut. Martin war tiefenentspannt und für das Scouten der Drehorte zuständig, der verrückte Ingo verhandelte bis aufs Blut mit Behörden und Motivgebern, die zweite Assistentin Carola tätigte all jene Anrufe, die säuselnde Freundlichkeit erforderten, und ich behielt in dem ganzen Chaos den Überblick. Ingo hatte bei seinen Verhandlungen am Telefon einen derartigen Unterhaltungswert, dass es fast legitim gewesen wäre, Eintritt zu verlangen, sobald er den Hörer abhob. In ewig langen Telefonaten versuchte er die Leute von all den Dingen, die wir vorhatten und die zum Teil größenwahnsinnige Ausmaße annahmen, zu überzeugen und ließ dabei keine Taktik unversucht. Für gewöhnlich knallte er am Ende so den Hörer auf, dass der Apparat zu zerbersten drohte und erging sich erst mal in einer fünfminütigen Hasstirade auf den soeben bearbeiteten Gesprächspartner.

Schnell merkte ich, dass sich das Stresslevel bei Stopping Power insgesamt recht weit oben einpegelte. Die Hierarchien waren oft reichlich undurchsichtig und man kannte einander kaum. So kam es öfter vor, dass ich mich einen ganzen Tag lang ausdauernd einer Aufgabe widmete, nur um dann abends festzustellen, dass ein Kollege einen Raum weiter dieselbe Aufgabe beackert hatte. Lappalien wurden durch das Hin- und Herspielen vom Einen zum Anderen schnell zu ausgewachsenen Problemen hochgespielt. Zum ersten Mal sah ich zudem, wie schwierig es bei Produktionen war, erst einmal die vielen unterschiedlichen Leute unter einen Hut zu bringen und aneinander zu gewöhnen. Man stellte in kurzer Zeit ein Team aus größtenteils sehr frei denkenden Individuen zusammen, das dann ziemlich schnell einsatzbereit sein und zudem unter außergewöhnlichen Bedingungen zusammenarbeiten musste. Nicht zuletzt waren einige der Leute, die hier arbeiteten, mit besonders großen Egos ausgestattet, besonders natürlich all die Amerikaner, die zum Teil auf jahrzehntelange Erfahrung im Filmbusiness zurückblicken konnten und, wie man so schön sagte, ,schon Pferde kotzen gesehen hatten'. Auch die Kommunikation zwischen dem deutschsprachigen und dem englischsprachigen Teil der Gruppe führte leider immer wieder zu Missverständnissen.

Insgesamt herrschte in den Büros immer eine große Geschäftigkeit und es lag eine Art angespannter Erwartung in der Luft. Ständig kamen und gingen Leute. Dauernd gab es neue Ansagen, die sich dann nur kurz später auch schon wieder erledigen konnten. So ergab sich oft ein Grundstress, der völlig unsinnig war, dem ich mich aber leider nicht entziehen konnte. Je näher der erste Drehtag rückte, desto mehr Personen hielten sich ständig in unserem Büro auf und ergingen sich in hektischen Gesprächen. Es war für mich die Hölle, inmitten all dieser aufgeregten Menschen Telefonate zu führen.

Viele der Leute, die im Büro herumwuselten, waren in sehr ungewöhnlichen Positionen beschäftigt. Man hatte die Produktion exakt so besetzt, wie man das auch in den USA machte. So hatte man beispielsweise einen älteren Brandenburger Herren, der normalerweise in seinem Hubschrauber Touristen herumflog, zum ,Helicopter Coordinator' gemacht. Ohne genau zu wissen, welche Aufgaben das umfassen würde, schien er sich in dieser Position sehr zu gefallen. Ein jungscher Typ, der sonst eigentlich als simpler Fahrer arbeitete, war kurzerhand zum ,Transportation Coordinator' erkoren worden. Er organisierte die Flotte aus acht Neunsitzern sowie deren Fahrer und sollte während der Drehtage auch die ganzen LKW im Blick haben. Mit dem sogenannten ,Car Wrangler' gab es noch einen Job, der mir persönlich sehr attraktiv erschien. Dieser war für alle Fahrzeuge zuständig, die man letztlich im Bild sehen würde, die sogenannten Spielfahrzeuge. Das hieß im

Endeffekt, dass er sich um den Ankauf von immer neuen Gebrauchtwagen kümmerte, diese verwaltete und von seinem Team reparieren ließ.

Tauchten plötzlich neue unerwartete Aufgaben auf, so riefen wir schnell alle unsere Bekannten an und verschafften so weiteren Leuten einige bezahlte Arbeitstage. Nach einer Weile liefen auf den Fluren der Produktion nicht wenige Menschen herum, die ich schon seit Jahren kannte. Für Spezialaufgaben aber oder solche, die viel Ausdauer erforderten, verpflichtete man stets die sogenannten Mongolen, die aus dem einfachen Grund so hießen, weil sie welche waren. Diese Gruppe mongolischer Studenten wurde von einem Obermongolen koordiniert und hatte offenbar bei anderen Drehs bewiesen, dass sie zuverlässig und extrem belastbar war. Jeder hatte die Nummer von Endra für den Fall der Fälle in seinem Handy gespeichert. Man konnte ihn jederzeit anrufen und musste ihm dann nur noch die Anzahl an Leuten mitteilen, die benötigt wurden, und wie kräftig diese in etwa sein mussten. Wenn irgendetwas angeschafft werden musste, so musste man zunächst beim ,Production Manager' vorstellig werden und ihm darlegen, wozu man die geplante Anschaffung brauchte und warum es gerade dieses Modell sein musste. Das galt für eine Bohrmaschine genauso wie für einen LKW. Mit seiner Unterschrift auf dem Antrag konnte man sich dann im Kassenraum Bargeld abholen.

Ich war immer recht froh, wenn ich das Büro für kurze Zeit verlassen konnte, um dieses oder jenes zu organisieren. Oft musste ich zu Gesprächen mit Motivgebern, oder etwa die Gegebenheiten an einem der Drehorte checken. Es war jedes Mal erholsam, dem Stress des Büros kurz entfliehen zu können.

Dann kamen die zwei Tage der Motivbesichtigungen, jedes Department hatte mindestens einen Abgesandten geschickt. Man stelle sich eine Gruppe Wahnsinniger vor, die sehr hektisch an verschiedenen Orten aus einer Handvoll Kleinbusse fallen, dann aufgeregt in verschiedenen Sprachen über etwas reden und dazu wild gestikulieren, um nur ein paar Minuten später wieder in die Busse zu springen und das Ganze ein paar Kilometer weiter zu wiederholen. Besonders in den verschlafenen Dörfchen in Brandenburg waren die Einheimischen von unserem Besuch geradezu schockiert. Ein Raumschiff voller grüner Männchen hätte sie vermutlich nur unwesentlich mehr aus der Bahn geworfen als unsere Truppe.

Endlich bekam auch ich mal all jene Orte zu Gesicht, über die ich schon seit Wochen in meinen Listen schrieb. Sehr eindrucksvoll war beispielsweise ein alter russischer Militärflughafen in Neuhardenberg, auf dem eine Hubschrauber-Düsenjäger-Verfolgungsjagd sowie einige Explosionen realisiert werden sollten. Auch der Regisseur war bei unserer Tour mit von der Partie und ich stellte fest, dass Jan eigentlich ein recht netter und auf dem Boden gebliebener Typ war. Mittlerweile verstand ich auch, warum er nahezu die gesamte Kommunikation über seinen Assistenten laufen ließ. Alles andere würde jemanden in seiner Position vermutlich nach nur kurzer Zeit wahnsinnig machen.

Den folgenden Samstag verbrachte ich auf einem anderen ehemaligen Militärflughafen in Brandenburg, wo unser Casting für die Präzisionsfahrer stattfand. Für die ganzen Stunts und Actionszenen benötigte man Leute, die wirklich Auto fahren konnten. Die eigentlichen Stunts wurden natürlich von ausgebildeten Stuntmen realisiert, aber da viele der Actionszenen im normalen Verkehr spielten, brauchten wir eine ganze Truppe zuverlässiger Fahrer, um die herum die Stuntleute ihre akrobatischen Manöver fahren konnten. Beim Casting auf der ausgedienten Landebahn mussten die aus ganz Europa angereisten Leute die Spielfahrzeuge bei 80 km/h im stets gleichen Abstand zueinander halten, während unser ‚Stunt Coordinator' Steve einen der schwarzen Jaguars durch ihre Mitte jagte. Man mochte über ihn sagen, was man wollte. Autofahren konnte er, so viel stand nach diesem Tag fest. Noch nie zuvor hatte ich Zeuge einer millimetergenau ausgeführten 360-Grad-Drehung werden dürfen. Steve war ein Kalifornier wie aus dem Bilderbuch. Wenn er auftauchte, verstummte alles um ihn herum. Er maß knapp zwei Meter, war braungebrannt, muskulös und ein Egomane vor dem Herrn. Er sprach mit nicht vielen, offenbar hielt er die wenigsten dafür würdig. Wenn er aber mit jemandem redete, so begleitete er seine Worte nicht selten mit einem Schulterklopfen, das seine Gesprächspartner fast zu Fall brachte. Er hatte sogar seine wasserstoffblondierte Frau mit ihren aufgespritzten Brüsten und Lippen mit nach Berlin gebracht, die immer mal wieder im Produktionsbüro auftauchte, wenn ihr das Shoppen zu langweilig wurde oder das Geld ausgegangen war. In diesen Momenten merkten wir alle immer, wie außergewöhnlich das alles doch war, was wir hier gerade veranstalteten. Hollywood war nach Berlin gekommen und wir waren auf wundersame Weise mittendrin gelandet.

Je näher der Stichtag rückte, desto chaotischer gestaltete sich alles. Der Stress nahm nun noch ganz andere Dimensionen an, die ich vorher nicht für möglich gehalten hätte. Im letzten Moment fielen uns wichtige Drehorte weg, die dann binnen weniger Tage durch andere ersetzt werden mussten. Motivgeber verlangten plötzlich das Doppelte der bereits vereinbarten Miete, da sie realisiert hatten, wie viel Geld bei uns zu holen war. Und auch die Behörden waren noch immer nicht ganz auf unserer Seite, obwohl der Film nun auch vom Medienboard Berlin Brandenburg gefördert wurde. Ständig wurden noch neue Mitarbeiter angestellt, denn so langsam konnte man sich ausrechnen, welch einen Aufwand die Umsetzung des actiongeladenen Drehbuchs machen würde. Zwar verfügten die meisten Leute in der Crew schon über einiges an Dreherfahrung, aber diese Produktion war nun wirklich ein anderes Kaliber, mit dem keiner bisher vertraut war. In der Location Abteilung gab es schon bald vier Location Manager, was meinen Arbeitsaufwand nur noch deutlich erhöhte, da auch die Neuen alle unliebsamen Aufgaben meistens an mich weiterreichten. Zwar gab es ja noch Carola, aber den Überblick hatte nach einer Weile eigentlich nur noch ich. Neben all den Listen und Verträgen kümmerte ich mich intensiv um einen Kalender, der in unserem Büro eine komplette Wand einnahm und in dem alle Szenen des Films mit Magneten fast täglich neu auf jenen Tagen angeordnet wurden, an welchen sie gedreht werden sollten.

Mittlerweile hatte ich fast jede Nacht Alpträume, es fiel mir immer schwerer mich vom Stress im Büro zu distanzieren. So sehr ich mir auch einredete, dass ich letztendlich für nichts die Verantwortung tragen würde, ich nahm die Aufgaben und Probleme jeden Abend mit nach Hause. Ich ging dazu über, jeden Morgen vor der Arbeit eine halbe Stunde zu meditieren, aber auch das half nur bedingt. Auch als Nichtraucher machte ich nun immer zwischendurch Raucherpausen, um überhaupt mal kurz von meinen Unterlagen wegzukommen, aber auch in der Raucherküche wurde nun meist wild durcheinander geredet und der Stress war omnipräsent. Ich merkte immer stärker, dass ich mir die Sache zu sehr zu Herzen nahm.

In Brandenburg war nun schnell die Presse hinter uns her. Ständig titelten die Tageszeitungen mit großen Schlagzeilen über unseren Film, denn im verschlafenen Bundesland um Berlin hatte es noch nie eine Produktion dieser Größenordnung gegeben. Spätestens aber nachdem wir ein großes Komparsen-Casting in der Region ausgeschrieben hatten, waren die Leute außer Rand und Band. Jeder wollte bei Stopping Power mitspielen.

Dann tauchte irgendwann John Cusack höchstpersönlich im Produktionsbüro auf. Er hatte sich dermaßen gekonnt als Obdachloser verkleidet, dass ich einige Momente brauchte, um ihn überhaupt zu erkennen und bereits kurz davor war ihn zu fragen, was er denn in den Produktionsräumen verloren habe. Dann jedoch war die Aufregung natürlich groß und seine Ankunft verbreitete sich wie ein Lauffeuer. Doch nicht nur die komplette Crew war aus dem Häuschen. Nun hatten die Zeitungen erst recht etwas zu schreiben. Man war John in Berlin bei Schritt und Tritt auf den Fersen und fotografierte ihn im Café ebenso ausgiebig wie im Supermarkt. Lisa, die als ‚Housing Coordinator' fungierte, hatte ihn deshalb extra in einer abgelegenen Villa mit geheim gehaltener Adresse einquartiert, um ihm jeden unnötigen Stress zu ersparen. Auch von ihrem Jobprofil hatte ich vor unserem Film noch nie gehört. Sie tat nichts Anderes, als im Internet und bei Immobilienbüros nach standesgemäßen Häusern und Wohnungen für die verwöhnten Amerikaner Ausschau zu halten. Es sollte den Profis während der Zeit des Drehs an nichts mangeln. Als ich ein paar der dekadenten Unterkünfte auf Bildern gesehen hatte, fragte ich mich, wie viel der 40 Millionen wohl alleine hierfür verprasst wurden.

In den letzten zwei Wochen vor Produktionsbeginn dann schlich sich ein ungutes Gefühl ein, von dem niemand so genau sagen konnte, woher es eigentlich rührte. Zwar stand der Drehplan nun einigermaßen fest und auch fast alle wichtigen Entscheidungen waren getroffen worden, trotzdem hatte man ständig den Eindruck, wir müssten mit unserer Organisation eigentlich schon viel weiter sein. Immer wieder kam es vor, dass man kein Geld bewilligt kam für Ausgaben, die nun eigentlich unbedingt getätigt werden mussten und wegen derer bis dato niemand auch nur mit der Wimper gezuckt hätte. Auch wenn es um verbindliche Zusagen für Drehorte, Mietkräne, Zelte und andere Dinge ging, wurde nun oft rumgedruckst und gebeten, die Entscheidung noch etwas hinauszögern zu dürfen. Ich war dabei nicht selten der Puffer zwischen den Dienstleistungsfirmen, die auf Unterschriften warteten und meinen Vorgesetzten, die diese noch nicht geben wollten.

Mittlerweile standen auf einem Parkplatz in der Nähe des Produktionsbüros schon die Trailer für die Schauspieler. Auch diese waren extra importiert worden, denn solch luxuriöse Aufenthaltsbusse wurden bei deutschen Filmen nicht mal den bekanntesten Darstellern zur Verfügung gestellt. Die Flotte an schwarzen Vans hatte sich ebenfalls vergrößert und praktisch jeden Tag erhöhte sich die Anzahl der Leute im Produktionsbüro sowie die Aufgeregtheit jedes Einzelnen. Die Ausstattung hatte eine weitere riesige Halle angemietet und zwanzig Leute waren seit Tagen am Basteln und Schrauben von Requisiten. Der ‚Set Manager' hatte sich mit unserer Hilfe eine Gruppe aus ‚Runnern' zusammengestellt und bereits eigens für diesen Dreh einen LKW mit Regalen ausgebaut und mit allem bestückt, was man am Set brauchen würde. Das 13 Kilometer lange Autobahnstück, das wir bespielen würden, war bereits abgesperrt und eine Gruppe eilig engagierter Handwerker war schon seit einigen Tagen dabei, auf der gesamten Länge die Mittelleitplanke zu entfernen, da diese für unsere Verfolgungsjagd im Weg war. Es grassierte der Größenwahn.

Doch die Gerüchteküche brodelte. Schnell machte die Vermutung die Runde, dass es der Produktion an Geld fehlte. Alle fragten sich, wie das wohl sein konnte, aber die Hauptverantwortlichen, die man hätte fragen können, bekam man in diesen Tagen immer seltener zu Gesicht.

Drei Tage vor Drehbeginn wurde der Druck dann langsam unerträglich. Für unser erstes Basislager musste ich Zelte und Miettoiletten bestätigen, konnte das aber nicht, da mir kein Geld bewilligt wurde. Ständig riefen Firmen bei uns an, die wissen wollten, was denn nun mit unseren Reservierungen sei. Mittlerweile wurden einige der Leute deutlich pampig, es ging nicht selten um fünfstellige Beträge. Auch die offiziellen Stellen in Berlin machten sich Sorgen, wie es wohl weitergehen würde, und verlangten endlich verbindliche Zusagen von uns. Am Ende war ich dermaßen zermürbt, dass ich schon soweit war, den Auftrag für die Zelte eigenhändig zu unterschreiben. Zum Glück hielt mich ein Kollege im letzten Moment davon ab. Er erklärte mir, dass, sollte es wirklich kein Geld mehr geben, ich die 9000 Euro dafür rein rechtlich aus meiner eigenen Tasche begleichen müsste.

Nur zwei Tage bevor es losgehen sollte, ging dann tatsächlich alles den Bach runter. Schon ab dem Morgen war klar, dass irgendetwas sehr faul war. Es arbeitete eigentlich niemand mehr, jeder irrte nur rastlos durch die Korridore des Produktionsbüros. Alle waren verwirrt. Immerhin drehte man doch schon die ersten zwei Tage in Amsterdam, der Regisseur war bereits vor ein paar Tagen mit John Cusack und einem kleinen Team aufgebrochen. Aber gegen Mittag dann wurde eine große Versammlung mit allen Beteiligten einberufen. Und leider bestätigten sich alle Gerüchte. Zwar versuchte der Producer, der uns erklärte, ein Geldhahn sei abgedreht worden, uns zu versichern, dass wir sicher in ein paar Wochen weitermachen könnten. Aber allen war klar, dass der Film nun vorerst gestorben war, was man zunächst irgendwie gar nicht glauben konnte.

Diese Nachricht kam einem vorzeitigen Schwangerschaftsabbruch gleich. Wir hatten uns die letzten drei Monate durch all diesen Stress gequält und natürlich hatte jeder Einzelne von uns große Erwartungen daran gehabt, wie es denn werden würde, wenn wir dann wirklich endlich drehten. Viele hatten eine Menge Energie und Zeit, manche sogar ihr eigenes Geld investiert. Im Laufe der letzten Monate war unsere Gruppe zudem ein ziemlich harmonisches Ding geworden. Und so machte sich eine regelrechte Schockstarre breit. Und doch spürte ich auch eine große Erleichterung in mir. Schon seit einiger Zeit hatte ich mich gefragt, wie fertig mich die Dreharbeiten wohl erst machen würden, wenn mich bereits die Vorbereitung so dermaßen auslaugte. Endlich würde ich wieder ruhig schlafen können. Erst zwei Tage zuvor war eine komplette LKW-Ladung voller Flaschen mit John Cusacks Spezialwasser vom Nordpol angekommen. Er trank tatsächlich ausschließlich dieses besondere Wasser aus dem ewigen Eis. Ich hatte mich bei Ankunft des kostbaren Getränks noch gefragt, ob man ab einem gewissen Bekanntheitsgrad gewissermaßen dazu verpflichtet ist, sich ein paar Spleens dieser Sorte zuzulegen. Nun jedenfalls wusste niemand seinen Frust besser kundzutun, als in dem eigens für das Wasser bereitgestellten Raum die Flaschen aufzureißen und sich gegenseitig mit dem teuren Nass zu bespritzen. Alle wussten, wir waren plötzlich arbeitslos. Alle wussten, dass unter Umständen unsere gesamten Anstrengungen des Sommers umsonst gewesen waren. Noch dazu konnte sich keiner von uns sicher sein, auch die letzten Gehälter noch bezahlt zu bekommen. Es machte sich eine sehr seltsame Stimmung breit, die schon einen kleinen Touch von Wahnsinn hatte, der sich in dieser Wasserschlacht wenigstens zum Teil entlud.

Das Location Department hatte es sich in den letzten Monaten zum Spaß gemacht, immer freitags eine ausgefallenen Location zu finden, in der wir dann alle gemeinsam ins Wochenende feierten. So sahen wir uns auch nun in der Verpflichtung etwas zu organisieren, damit wir alle ein letztes Mal zusammenkamen. Wir guckten uns eine rustikale Eckkneipe aus, gaben dort Bescheid, dass man mal vorsorglich ein paar zusätzliche Fässer Bier bereitstellen sollte, und luden alle zum finalen Besäufnis ein.

Fast die gesamte Crew tauchte am Abend in der kleinen Kneipe auf, denn alle waren in derselben Gefühlslage, die extreme Maßnahmen zu erfordern schien. Man wusste außerdem, dass man sich nun unter Umständen zum letzten Mal in dieser Konstellation begegnen würde. Jeder schüttete die Drinks in sich hinein, als gäbe es kein Morgen, die Barfrauen kamen kaum hinterher. Die Hierarchien verschwanden schnell und man ertränkte seinen Kummer gemeinsam. Es war gut zu sehen, wie das Fiasko auch die Amerikaner trotz all ihrer Professionalität nicht kalt ließ. Nur Jan und John blieben der Feier fern, ich konnte mir vorstellen, dass die Nachricht bei ihnen noch deutlich schlimmer eingeschlagen hatte. Schon bald jedenfalls lagen alle einander in den Armen und der eine oder andere auch bereits kotzend auf dem Gehweg. Was sollte es? Selbst wenn nun nichts gedreht wurde, so hatten wir doch diesen Sommer ein außergewöhnliches Abenteuer erlebt. Wir waren in Hollywood gewesen, das konnte uns keiner mehr nehmen.

Mit einer Handvoll Leute landete ich am Ende der Nacht noch in einer kleinen Bar, in der Eingeweihte das Koks aus einem Versteck in der Toilette holen konnten. Hier gaben sich dann alle nachhaltig den Rest. Man schwor lallend, einander niemals aus den Augen zu verlieren und sagte sich gegenseitig große Karrieren im Filmbusiness voraus. Einer unserer Fahrer stürzte mit der Make-Up-Künstlerin von John Cusack ab, hatte aber sichtlich Angst vor der drallen Kalifornierin mit ihren aufgespritzten Lippen und der Stimme, die einem die Haare im Nacken aufstellte. Als sie ihm ungefragt zwischen die Beine langte, bestellte er sich erst noch mal einen doppelten Schnaps, bevor er mit ihr abzog. Ich für meinen Teil schwankte im Morgengrauen noch mal zurück ins Produktionsbüro. Ich wollte noch irgendetwas mitnehmen, aber ich fand schon jetzt fast nichts mehr Brauchbares. Als die Durchsage gekommen war, dass die ganze Produktion sich in Luft auflösen würde, hatten einige erfahrene Teammitglieder gesagt, man solle am Besten umgehend alles einstecken, was irgendwie von Wert war, da man nicht davon ausgehen könne, dass man auch wirklich bezahlt werde. Die Firma war uns allen das Gehalt für den letzten Monat schuldig. ,Take the money and run', hatte mir auch der amerikanische Regisseur geraten, mit dem ich befreundet war. Nun lief ich durch die Produktionshallen und hatte plötzlich eine ganz andere Perspektive auf alles. Es war doch sehr schade, dass wir unsere ganze Energie für nichts investiert hatten. Eine solche Chance würde vielleicht nie wieder kommen. Und doch kehrte in meinem Leben eine lange ersehnte Ruhe ein. Eine Zeit lang sah es so aus, als würde man die Spielfahrzeuge günstig verschleudern, um an etwas zusätzliches Geld zu gelangen und ich hatte mir schon einen alten Mercedes ausgeguckt. Es kam dann leider doch nicht dazu. Die Firma Jaguar hingegen war alles andere als erfreut vom Verlauf der Dinge, hatte man doch bereits drei der Nobelkarossen in kleine Teile zersägt. Aber auch die anderen Wagen konnte man nicht zurückgeben, da die Miete für die Halle nicht bezahlt worden war und der Vermieter alles, was noch vor Ort war, als Sicherheit einfach einschloss. Er ließ nicht mit sich spaßen. Er wollte seine Miete in zweistelliger Höhe und das ließ er durch eine Gruppe Russen mit Baseballschlägern ausrichten, die nicht zu Späßen aufgelegt schienen. ,Moskau Inkasso' nannte man diese Art, sich sein Geld zu holen, im Filmbusiness. Ich stattete dem Produktionsbüro in den folgenden Wochen noch ein paar Besuche ab, um letzte Dinge zu regeln, auch wenn jeder wusste, dass es dafür sicher kein Geld geben würde. Aber nun ging es auch um unsere eigenen Namen, denn so ein Desaster konnte unter Umständen bedeuten, dass man bei der Verkehrslenkung Berlin nie wieder anrufen brauchte, so man nicht seinen Nachnamen änderte. Da konnte man hundert Mal betonen, dass man die fehlenden Millionen ja schlecht aus der eigenen Tasche hätte beisteuern können, der ganze Ärger fiel letztendlich immer auf die Kontaktpersonen zurück und diese waren leider wir.

Alle verfolgten gespannt die Entwicklung der ganzen Geschichte. Erst Wochen später bekamen wir heraus, was eigentlich passiert war. Ein Investor war wohl die ganze Zeit über nicht hundertprozentig sicher gewesen, ob er mit ein paar Millionen Dollar in das Projekt einsteigen sollte. Man hatte geglaubt, ihn endgültig dazu überzeugen zu können, indem man einfach schon mal anfing, in Berlin alles vorzubereiten. Offenbar hatte man sich da gewaltig getäuscht und er hatte im letzten Moment einen Rückzieher gemacht. Als all das herauskam, waren Regisseur,

Hauptdarsteller sowie fast alle anderen Amerikaner längst aus Berlin verschwunden. Den härtesten Job hatte nun die Frau in der Buchhaltung, die sich fast täglich von Leuten beschimpfen lassen musste, ohne dafür eine Bezahlung erwarten zu können. So sehr sie es wohl gewollt hätte, sie verließ den Laden nicht und versuchte alles, um für jeden von uns wenigstens noch ein paar Euro herauszuschlagen.

In regelmäßigen Abständen trafen sich alle Betroffenen, um sich über Neuigkeiten und rechtliche Möglichkeiten der Klage auszutauschen. Die bankrotte Firma schuldete uns allen noch monatelang Geld. Nun jedoch gereichte es mir zum Vorteil, dass ich auf Lohnsteuerkarte angestellt gewesen war, worüber ich mich immer geärgert hatte, da am Ende des Monats deutlich weniger Geld übrigblieb. Nach ein paar Monaten wurden jedoch tatsächlich all meine Außenstände vom Insolvenzverwalter bezahlt. Jene Leute aber, die auf Rechnung gearbeitet hatten, warten zum Teil noch heute auf ihr Geld. Am Schlimmsten wog das etwa für den Ausstatter, der Materialien im Wert von 25.000 Euro aus der eigenen Tasche vorgelegt hatte. Noch heute muss man im Business nur den Namen ‚Stopping Power' erwähnen und jeder weiß sofort, worum es geht. Ich treffe oft Leute bei Produktionen, die auf die eine oder andere Weise an der Vorbereitung des Films beteiligt waren. Alle sind heute der Ansicht, dass ein Film dieser Art und Größe so bald nicht wieder in die Stadt kommt.

Jan de Bont hat dieses Fiasko offenbar das Genick gebrochen. Man hat von ihm seither nichts mehr gehört. Kürzlich habe ich gelesen, dass John Cusack ihn für Stopping Power auf 2 Millionen Dollar verklagt hat, was ich dann doch für leicht übertrieben halte. Mit den Mongolen hingegen habe ich noch öfter die Ehre gehabt. Und auch mit dem verrückten Ingo habe ich noch oft gedreht. Von Martin ganz zu schweigen.

Bezahlung: € 150/Tag
Arbeitsaufwand: Hoch.
Gelernt fürs Leben: There is no business like show business.

30. Rockstar

Wir schrieben den Winter 1998, ich begann mein erstes Semester an einer Universität. Schlimmerweise hatte ich mich nach langem Zögern am Ende dann doch für BWL entschieden. Und das auch noch in Gießen, der vermutlich hässlichsten Stadt Deutschlands.

Grauer Himmel, Eiseskälte und überall gelackte Wiesbadener Studenten, die von der ZVS aus ihrer heilen Welt im Taunus gerissen worden waren. 18 Seiten Mitschrift während einer zweistündigen Vorlesung Wirtschaftsmathematik, von denen ich nicht mal einen einzigen Absatz begriff. Lauwarmes Kantinenessen, bemühte Erstsemesterschnitzeljagden, Internet-Einführungskurse - viel trister konnte ich mir das Leben kaum mehr vorstellen. Und gerade, als wirklich der Tiefpunkt erreicht war, sah ich eines grauen Novembermorgens am schwarzen Brett der BWL-Fakultät den kleinen Zettel ‚Sänger gesucht‘. Er erschien mir wie ein Heilsversprechen.

Eine Woche später stand ich bereits zum ersten mal mit meiner neuen Band im ausgebauten Schweinestall jenseits von Gießen, den man Proberaum zu nennen pflegte. Ich hatte schon vorher gesungen und Gitarre konnte ich auch ein bisschen spielen, aber das hier war eine richtige Band. Die Jungs waren alle etwas älter, und machten Musik, mit der ich nicht vertraut war, sie spielten Psychedelic Rock der 60er Jahre. Gitarrist und Mastermind Mäx war ein verkiffter, sehr sympathischer Hippietyp, die tschechischen Brüder David und Lukas an Bass und Schlagzeug entpuppten sich nach anfänglicher Verhaltenheit ebenfalls als sehr liebenswert. Ich sang zum gegenseitigen Kennenlernen ein paar Sachen von Nirvana, deren Musik vermutlich unser kleinster gemeinsamer Nenner war. Und tatsächlich bat man mich am Ende diese Bandprobe, in der kommenden Woche wiederzukommen.

Dann ging alles recht schnell. Jeden Freitag machte ich mich auf den Weg in den Gießener Vorort und verließ den Proberaum jedes Mal mit Zetteln voller neuer Ideen und Texte. Auch einen Großteil der Wochentage verbrachte ich mit meinem neuen Hobby, denn mein Studium wurde nicht besser, sondern zusehends schlimmer. Schnell entwickelten wir uns als Band zu einer Einheit. Schon bald ergatterten wir die ersten Auftritte. Die Jungs hatten eine Menge Kontakte in Gießen und waren besonders in den übelsten Spelunken gerne gesehen. Hier störte es auch keinen, dass unser Programm noch nicht hundertprozentig stand. Und im Endeffekt war das auch nicht weiter wichtig, da unsere Chemie und unser Enthusiasmus stimmten. Und das war es, was letztendlich zählte.

Schon bald kümmerte ich mich um die Bookings und schickte Hörproben an Clubs und zu Festivals. Aus meinen Bandkollegen sprudelten zwar die Songideeen nur so heraus, aber was das Organisatorische anging, erkannte ich bei ihnen schon bald gewaltige Defizite. Da mir solche Dinge aber schon immer lagen, ergänzten wir uns perfekt. Mäx hatte eine riesige Auswahl an selbstgeschriebenen Songs und viele davon waren wirklich gut. Wir wählten gemeinsam jene aus, denen wir das meiste Potential zutrauten und spielten sie immer und immer wieder. Die beiden Brüder gingen manchmal sprichwörtlich aufeinander los, wenn dem einen die Spieltechnik des anderen nicht passte. Nur kurz später aber waren sie wieder versöhnt. Nicht selten versackten sie mit Mäx im Proberaum, leerten flaschenweise Schnaps und nahmen einen Song nach dem Anderen auf seinem Achtspurgerät auf. Ich wohnte zu weit weg, um auch dort zu bleiben, und so gerne sie mich auch zu mögen schienen, so hatte ich doch das Gefühl, bei diesen Sessions nicht dabei sein zu sollen.

Die ersten Konzerte waren wirklich aufregend, da ich vorher noch nie vor großem Publikum gestanden hatte. Da wir aber nun zumeist mit mehreren anderen Bands einen Abend bestritten, waren tatsächlich oft eine Menge Leute da. Erstaunlich fand ich immer wieder, dass mich auch eine noch so große Anzahl an Menschen vor der Bühne nie nervös machte, während ich bei einem Referat vor sechs Kommilitonen vor Aufregung kaum sprechen konnte. Nach den Konzerten dann versuchten wir, unsere Tapes an den Mann zu bringen, die ein Potpourri aus den gemeinsam eingespielten Songs und den Ergüssen der nächtelangen Sessions im Proberaum waren.

Jeder Tag, an dem ein Konzert stattfand, war für mich wie ein Feiertag. Mittags setzte ich mich noch mal irgendwo in ein Cafe, um die Texte ein letztes Mal durchzugehen und die Setlist zu schreiben, die Liste der zu spielenden Songs. Diese Reihenfolge unseres Programms auszuwählen war eine Ehre, die seltsamerweise schon früh mir zukam, und die ich geradezu ritualgleich zelebrierte. Am frühen Abend dann trafen wir uns im Proberaum und verluden das ganze Equipment in ein oder mehrere Autos. Wir hatten es uns zur Gewohnheit gemacht, ein Sammelsurium unsinnig erscheinender Geräte wie Kinderkeyboards, Megaphone und verschiedene Orgeln mitzuschleppen, sodass wir immer eine Menge zu verladen hatten. Am Ort des Geschehens angekommen bauten wir unsere Instrumente auf und machten mit dem Tonmann einen Soundcheck. Das hieß nichts anderes, als dass wir einfach ein paar Songs anspielten, während der Soundtyp die Regler am Mischpult so einstellte, dass wir optimal klangen. Leere Clubs versprühen einen ganz eigenen Charme, den ich immer sehr genoss. Der Geruch nach abgestandenem Rauch und in den Ecken trocknenden Bierpfützen weckt bei mir noch heute das Gefühl der Vorfreude auf ein Konzert.

Wir besuchten mit unserer Musik im Laufe der Zeit nahezu alle kleinen Clubs und Bühnen, die sich zwischen Gießen und Frankfurt finden ließen. Manchmal verschlug es uns sogar noch weiter in die Walachei.

War alles aufgebaut und der Sound gecheckt, fingen wir in der Regel an zu saufen. Die Bezahlung für Konzerte war eigentlich nie gut, aber was Freigetränke anbelangte, da ließ sich kaum ein Veranstaltungsort lumpen. Je nachdem, wie viele Bands noch vor uns dran waren, blieb uns mitunter eine Menge Zeit, um uns ordentlich zuzurichten. Mäx war ein sehr schüchterner und menschenscheuer Typ. War er nüchtern, wollte er auf der Bühne noch hinter dem Schlagzeuger stehen oder besser noch im Backstage-Raum, obwohl er ja als Lead-Gitarrist neben mir die wichtigste Person der Band war. Daher versuchte er sich stets Mut anzutrinken und übertrieb es hierbei mit verlässlicher Regelmäßigkeit.

Selten spielten wir unser Programm so gut, wie es in der letzten Probe davor geklungen hatte. Der Alkoholpegel und eine ungewohnte Anlage beeinflussten den Sound, aber natürlich war ein Auftritt auch immer von der Dynamik zwischen uns Musikern bestimmt und dem Verhältnis zum Publikum, welches man nie voraussagen konnte. Schließlich waren wir keine Band, die Alben veröffentlicht hatte und deren Songs man kannte. Wir mussten jedes Mal bei Null anfangen und das konnte so oder so laufen.

Und doch verglich ich einen Auftritt immer mit dem Öffnen einer Schachtel erlesener Pralinen. Jeder Song hatte für mich einen anderen Geschmack und eine andere Qualität, aber auf alle freute ich mich. Die Sahnestücke hatte ich für gewöhnlich in der Mitte des Programms platziert. Und ehe man sich versah, war die Schachtel dann auch schon aufgegessen und ließ ein trauriges Gefühl zurück. Um Zugaben musste man uns nicht bitten, wir spielten nach einer kurzen Pause aus Prinzip mindestens zwei weitere Songs. Wir wollten einfach noch nicht aufhören. Gab es keine Band nach uns, spielten wir so lange, bis der Veranstalter uns von der Bühne zerrte. Songs hatten wir wirklich genügend.

Der Proberaum wurde mir nach einer Weile zu einem zweiten Zuhause. Im zweiten Jahr stieg Baum, ein Freund von mir, an den Tasten in die Band ein. Die alte Farfisa-Orgel, auf der er spielte, komplettierte unseren Sound und ließ uns nun wirklich wie eine 60er-Jahre-Band wirken. Von da an war immer einer von uns beiden derjenige, der uns zurück in die Heimat fuhr, während der andere sich mit dem Rest der Band während der Probe betrinken konnte. Wir trafen uns um 17 Uhr und unsere Probe ging immer bis weit in die Nacht hinein. Besonders an kalten Wintertagen wollte man den Raum gar nicht mehr verlassen. Mit Hilfe unserer Musik und unseres Rausches schufen wir uns für ein paar Stunden eine Art Parallelwelt. In dem schimmligen Scheunenloch probten an anderen Tagen der Woche noch zwei weitere Bands, die Instrumente stapelten sich an allen Wänden bis unter die Decke.

Nebenan wohnte der Sänger der   Partyband, die den Proberaum ebenfalls benutzte. Seine Tochter war eine gute Freundin meiner Bandkollegen. Und seine Frau brachte uns doch tatsächlich fast jedes zweite Mal noch zu später Stunde Essen in den Proberaum, ohne dass wir jemals darum gebeten hätten. Mal gab es Schnittchen, mal Obst, und zu Feiertagen auch mal Schokohasen oder Lebkuchen. Die Fürsorge von Frau Becker rührte uns sehr, besonders, da sie hierfür keinerlei Gegenleistung erwartete.

Ging uns mal der Alkohol aus, so mussten wir in der angrenzenden Kneipe Nachschub besorgen. In einem Ort mit ein paar tausend Einwohnern ist die einzige Kneipe ein Biotop voller skurriler Charaktere, das meist nur Eingeweihte verstehen können. Ein Schildchen auf einem der Tische in der verqualmten Spelunke etwa verkündete im hessischen Spezialdialekt der Region, dass dort ‚die sitzen, die immer dort sitzen'. Und tatsächlich gruppierten sich um das Schildchen auch immer die gleichen drei Dorftrinker.

Abgesehen von der fürsorglichen Frau Becker mit den Schnittchen und dem ein oder anderen interessierten Bekannten besuchten uns im Proberaum für gewöhnlich drei Charaktere. Den einen tauften wir in Ermangelung eines Namens und politisch vermutlich nicht ganz korrekt ‚Lochbacke', da er sich mit jahrelanger Ausdauer ein Loch in die Backe geraucht hatte. So fertig er auch aussehen mochte, so energisch bestand er doch jedes Mal darauf, dass wir ihm ein paar Songs vorspielten, zu denen er dann ungelenk mitwippte. Kaum war der letzte Ton verhallt, erklärte er uns oberlehrerhaft, wie wir es besser machen konnten, wobei er den schmissigen Satz ‚Der Interpret muss immer im Vordergrund stehen' formte, der mich bis heute begleitet.

Der zweite Besucher war ‚Pisshose'. Dieser ebenfalls leicht vom Schicksal gebeutelte Dorfbewohner zeichnete sich durch Betrunkenheit jenseits jedweder Artikulierungsfähigkeit aus und schwankte nur anerkennenden Blickes an der Wand entlang, wenn er sich auf ein paar Liedchen zu uns in den Proberaum verirrte. Einmal hatte er wohl vergessen, vor dem Pinkeln seine Hose zu öffnen, was ihm seinen unschmeichelhaften Namen einbrachte.

Der dritte im Bunde dieser Dreieinigkeit des Wahnsinns war der ‚Metzger', der nur deshalb so hieß, weil er einer war. Im Gegensatz zu den anderen beiden Zeitgenossen zeichnete er sich nicht gerade durch Freundlichkeit aus und auch seine Betrunkenheit ließ deutlich zu wünschen übrig. Der Grund seines Besuchs war zwar auch stets unsere Musik, die er aber als Lärm zu bezeichnen pflegte und die ihn offenbar daran hinderte, am nächsten Morgen um fünf wieder in der Lage zu sein, Schweine in Stücke zu schneiden. Da auch er kein Freund großer Worte war, begnügte er sich mit halbherzigen Versuchen, unsere Proberaumtür einzutreten oder präsentierte uns ungefragt sein Schlachtermesser, während er cholerisch sabbernd hessische Wortfetzen ausstieß. Sein Besuch bedeutete in der Regel einen Abbruch unserer Probe.

Im Laufe der 4-jährigen Bandgeschichte ereigneten sich viele nette Begebenheiten, von denen sich nur wenige rekonstruieren lassen. Jedes Konzert bot unzählige Möglichkeiten sich daneben zu benehmen und wir nutzten einige davon. Nicht zuletzt wollte man ja auch den Rock'n'Roll-Lifestyle leben und irgendwie erwartete das auch das Publikum.

Ich erinnere mich an einen Abend in der Schweinehalle in Hanau, in der wir dem Namen des Etablissements mit unserem Auftritt alle Ehre machten. Der Veranstalter hatte die Lage falsch eingeschätzt und uns außer dem obligatorischen Kasten Bier auch Spirituosen in den Backstage-Raum gestellt. Leider war der wichtigste Mann unserer Combo daher nicht mehr zurechnungsfähig, als wir dann endlich zu spielen beginnen sollten. Ich musste Mäx die Gitarre umhängen, ihn an einen der Verstärker anlehnen und ihm im Laufe des Konzerts die Akkorde für jedes einzelne Lied ansagen. Unsere Show endete in einer unvergleichlichen Kakophonie, hatte aber offenbar auch Unterhaltungswert, denn das Publikum schien sich köstlich zu amüsieren und applaudierte frenetisch.

Ein anderes Mal spielten wir auf einer Party in einem Studentenwohnheim meiner damaligen Wahlheimat Mainz auf. Auch hier waren wir bereits deutlich beeinträchtigt, als wir die Bühne des Zeltes voller ebenfalls alkoholgeschwängerter Erstsemester betraten. Eigentlich lief es zunächst ganz gut, der Mob war ein dankbares Publikum. Doch während des dritten Songs fiel unser Gitarrist plötzlich ohne Ankündigung seitwärts ins Mischpult, was zur Folge hatte, dass man uns sofort den Strom abdrehte und uns hochkant rausschmiss. Der Mischer war bereit handgreiflich zu werden. Als wir die Instrumente verstaut hatten, torkelten wir noch mal runter in den Partykeller des Studentenwohnheims, wo ein DJ auflegte und wir es weiterhin verstanden, unangenehm aufzufallen, indem wir uns Getränke aus der Bar nahmen und unserer Begleiterin, einer Gelegenheitsprostituierten, vor versammelter Mannschaft die Titten ableckten. So sollte es sein, das Rockstar-Leben.

Ich war jedoch auch froh, dass diese Fakultät mit meiner nicht das Geringste zu tun hatte.

Immer und immer wieder spielten wir auf Studentenparties. Schlechte Anlagen, palettenweise billiges Bier und in der Regel ein erlebnishungriges Publikum, das man auch zum Tanzen bringen konnte, waren Garanten für gelungene Konzerte. In Darmstadt verloren wir einmal nach unserem Konzert Mäx in der Menge und fanden ihn erst im Morgengrauen wieder in einem Freibad, in das wir gerade eingestiegen waren. Nur lückenhaft konnte er uns erklären, warum er ein Frauenkleid trug, mit einem geborgten Moped quer durch die Stadt gefahren war, von einem Trinker seine Ehefrau als Liebhaberin angeboten bekommen hatte, und schließlich von der Polizei höchstpersönlich zum Studentenwohnheim zurückkutschiert worden war. Auch blieb unklar, wie zum Teufel er uns in dem Freibad ausfindig gemacht hatte, wo er doch kaum mehr seinen Namen buchstabieren konnte.

Auf dem Höhepunkt unseres Erfolges setzten wir uns gegen acht andere Bands bei einem Wettbewerb durch. Bei diesem hätten wir im Prinzip gar nicht teilnehmen dürfen, hätten wir uns bei der Anmeldung nicht alle um vier Jahre jünger gemacht als wir waren. Ganz fair war das nicht, aber das Musikbusiness war es ja auch nicht. Wir gewannen einen Auftritt beim Friedberger Burgfest, einem mittelgroßen Festival in einer mittelalterlichen Burg. Dort machten wir auf der Hauptbühne den Auftakt für die ‚Schröders‘, eine Band der Stunde, denen wir im weiteren Verlauf des Abends hinter der Bühne ihre Getränke wegsoffen, sodass wir schließlich unsanft des Backstage-Bereiches verwiesen wurden. Im Rückblick eigentlich schon wieder die richtige Attitüde, aber leider führte das doch alles zu nichts.

Mitten im Hochsommer unseres zweiten gemeinsamen Jahres hatten wir unsere erste und einzige Tournee, an die ich mich gerne zurückerinnere. Es handelte sich hierbei um ganze zwei Gigs in Folge. Zunächst verloren wir gegen einen Haufen gutfrisierter Jünglinge und eine schwarz gekleidete Metal-Combo bei einem Bandwettbewerb einer hessischen Kleinstadt, was trotzdem noch zu einem Gutschein für einen Tag in einem zweifelhaften Frankfurter Tonstudio genügte. Danach ging es direkt zum zweiten Ort, wo wir auf einem Acker zelteten und am nächsten Tag bei der Poolparty eines Freundes aufspielten. Dieses Konzert sollte in die Annalen unserer Bandgeschichte eingehen. Während wir auf einer Seite des Pools unsere Instrumente malträtierten, warfen sich die Partygäste gegenseitig vor uns ins Wasser oder sprangen vom benachbarten Haus doppelte Rittberger in den Pool. Mädchen in Bikinis spornten uns dazu an, die Verstärker noch weiter aufzudrehen. Ich fühlte mich, als wären wir in Kalifornien. Das Konzert ging nahtlos in eine Party über, bei der wir noch im Morgengrauen Ringelrein tanzten, einige Bandmitglieder mit Blondinen in erntereifen Weizenfeldern verschwanden und unser Drummer zum Abschluss der Veranstaltung seiner Lieblingsbeschäftigung nachging und sich die Reste aus allen greifbaren Flaschen in den Hals goss.

Doch leider ging es schon bald darauf bergab mit unserer Band. Wir mussten erkennen, dass wir vermutlich nie über die Studentenparties und die halbgefüllten, alternativen Clubs in der Provinz hinauskommen würden. Zudem hatte Mäx eine Jahrhunternte frischen Grases eingefahren und wir standen über den Winter eigentlich nur noch stoned im Proberaum rum und erfreuten uns an seltsamen Sounds. Noch mal unser Alter fälschen bei einem Bandwettbewerb schien auch eine immer unwahrscheinlichere Option zu werden. Wir hatten im Laufe unserer Karriere etwa 17 Tapes verkauft und Plattenfirmen hatten sich uns wissentlich auch bisher nur wenige genähert.

Mich verschlug es dann bald nach Berlin. Zu Anfang hatte ich nicht vor, dort länger zu bleiben, aber schon bald stand fest, dass ich nicht nach Hessen zurückkehren würde. Nur kurze Zeit später vollzog auch Mäx diesen Umzug. Somit war die Band in dieser Zusammensetzung Geschichte, was schmerzte, aber doch auch befreiend wirkte.

In der Hauptstadt starteten Mäx und ich noch einige Versuche, die Band in neuer Besetzung weiterzuführen. Tatsächlich machte das Ganze nun auch in einer Stadt wie Berlin vom Gefühl her deutlich mehr Sinn. Jedoch scheiterten wir immer wieder an Bassisten, die nicht zur Probe auftauchten, völlig überteuerten Proberäumen und der Stadt selbst, die einfach doch eine Menge mehr Ablenkung bot als das studentische Gießen. Es war ein Ding der Unmöglichkeit, fünf Musiker zu einem bestimmten Zeitpunkt an einem bestimmten Ort zusammenzubringen. Studentenparties interessierten in der Hauptstadt keine Sau und so war von Anfang an zweifelhaft, wo wir auftreten sollten.

Im darauffolgenden Winter kam uns der Rest der alten Band in Berlin besuchen und wir besiegelten das Ende unserer Combo mit einem denkwürdigen Konzert. Wir bestellten eine Menge Leute in ein Kellerverlies einer alten Brauerei im Prenzlauer Berg, in dem wir momentan einen Proberaum angemietet hatten. Dort gab es einen DJ, einen großen Heizstrahler und einen riesigen Trog astreinen Long Island Ice Teas, den ein Freund zur Feier des Tages gemischt hatte. Wir spielten erst, als die zehn Liter des Höllengetränks sich bereits in den Mägen und Köpfen der Gäste ausbreiteten. Es war ein Konzert wie aus einem Hippie-Bilderbuch. Die Leute tanzten sich um den Verstand und lagen einander in den Armen. Wir spielten, als gäbe es kein Morgen. Noch Stunden später hallte das Feedback einer Gitarre durch den Raum, während bestimmt zehn Leute auf riesigen Metallohren trommelten, die sie im Flur gefunden hatten, und die offenbar für die neue Lüftung vorgesehen waren. In den Ecken machten die Leute halb nackt miteinander rum, zum Pinkeln und Kotzen gingen alle in den Flur, da sie die Toiletten im ersten Stock nicht finden konnten.

Am nächsten Tag flogen Mäx und ich hochkant aus dem Proberaum, eine vergleichsweise milde Konsequenz dieses Festes. Wir werteten den Rausschmiss als Zeichen und unternahmen keine weiteren Versuche für einen Neustart.

David und Lukas taten sich nur kurz nach ihrer Rückkehr nach Hessen in der alten Besetzung wieder zusammen, welche die Band vor meiner Ankunft gehabt hatte und spielen so bis heute. Wie der Zufall manchmal so seltsam spielt, steht heute statt Baum jemand mit dem Spitznamen Strauch an der Schweineorgel.

Bezahlung: Freibier und lächerliche Beträge geteilt durch 5.
Arbeitsaufwand: Keiner.
Gelernt fürs Leben: Der Interpret muss immer im Vordergrund stehen.

31. Minister für einen Tag

Zu meinem allerersten durch eigene Arbeit verdienten Geld kam es eher durch Zufall. Ich war 14 Jahre alt und gerade im Begriff zu verstehen, dass die Welt, so wie ich sie wahrnahm, nicht länger lebensfähig war. Ich konnte nicht ahnen, dass die Umweltprobleme sich im Verhältnis zu heute damals noch vergleichsweise rosig ausnahmen. Umweltschutz jedenfalls war der Trend der Stunde, mit dem ich mich uneingeschränkt identifizieren konnte. Ich wollte umgehend Aktivist werden und hätte, wenn es nach mir gegangen wäre, sofort auf einem Greenpeace-Schiff gegen Walfänger gekämpft. Greenpeace jedoch hatte mir auf mein enthusiastisches Bekenntnis zur Rettung der Welt einen standardisierten Brief zurückgeschickt, in dem sie mir den Beitritt des Kinderclubs der Organisation nahelegten. Ich fühlte mich verarscht. Daher ging ich resigniert, aber nicht willens aufzugeben wieder dazu über, mit Freunden Müll auf Feldern aufzusammeln und Regenwürmer vor dem Überfahren zu retten.

Eines schönen Nachmittags dann sah ich im ZDF die damals äußerst beliebte Kinder-Nachrichtensendung ‚Logo‘; wie in vielen anderen Lebensbereichen hing ich auch in puncto Medienkonsum meinem ausgewiesenen Alter um einige Jahre hinterher. Dort jedenfalls stellte man den jungen Zuschauern die Frage: ‚Was würdest Du tun, wenn Du für einen Tag Minister wärest?‘ Jeder sollte seine Ideen zur Redaktion nach Mainz schicken. Die Verfasser der besten Vorschläge würden dann die Gelegenheit bekommen, diese live in einer der nächsten Sendungen zu präsentieren. Keine zwei Minuten später hatte ich bereits eine halbe Din A4 Seite mit Problemen vollgekritzelt, die mir unter den Nägeln brannten. Da fanden sich Schlagworte wie ‚Regenwaldabholzung stoppen‘ (zu dieser Zeit sehr hoch im Kurs), ‚Atomkraftwerke abschalten‘ (Tschernobyl war kein Jahr lang her) und ‚ozonhaltige Sprays verbieten‘ (Das Ozonloch besorgte mich seinerzeit fast mehr als mein Jahreszeugnis). Dreiseitig und von mir persönlich unterzeichnet wanderte der Brief nur kurze Zeit später in die Post. Vielleicht würden meine Ideen zur Verbesserung der Welt endlich Gehör finden.

Als das ZDF ein paar Wochen später tatsächlich in meinem Elternhaus anrief, hob meine jüngere Schwester den Hörer ab. Man teilte ihr mit, dass mein Brief die Redaktion überzeugt hatte und man mich daher ins Studio einladen wollte. Der Anrufer lud meine Schwester dann kurzerhand gleich mit ein, was ich mehr als ungerecht fand, aber ihr zuliebe herunterschluckte.

In der darauffolgenden Woche brachte uns mein Vater mit seinem Dienstwagen ins etwa eine Stunde entfernte Mainz, von dem ich noch nicht ahnen konnte, dass es einige Jahre später die Stadt meiner ersten Studienjahre und Sündenpfuhl extraordinaire werden sollte. Meine Schwester und ich waren einigermaßen aufgeregt. In diesem Alter hält man einen Fernsehsender noch für etwas ausgesprochen Wichtiges. Abgesehen davon hatte das Fernsehen generell noch einen anderen Stellenwert, als ‚Internet‘ noch nichts war als vielleicht eine ausgefallene Wortkreation.

Ein paar nette junge Leute, vermutlich Praktikanten, empfingen uns sehr höflich und stellten uns dann den anderen fünf Kindern vor, die alle von deutlich weiter entfernt angereist waren. Ich war mit Abstand der Älteste unter den Eingeladenen.

Was aber zum Glück niemand bemerkte, denn auch optisch war ich meiner Zeit immer etwas hinterher und sah in der Regel mindestens drei Jahre jünger aus als ich war. Wir begaben uns auf einen geführten Rundgang durch den Sender, der uns erwartungsgemäß ziemlich beeindruckte. Besonders im Gedächtnis blieb mir noch über Jahre der riesige Fundus, in dem sich von Möbeln aus Historienfilmen bis zur Lederjacke des Kommissars aus der Sendung SOKO 5113 alles finden ließ, was unter ZDF-Flagge jemals über den Bildschirm geflimmert war.

Daraufhin setzten wir uns mit den Redakteuren der Sendung zusammen und diese verteilten die Rollen für die inszenierte Pressekonferenz der jungen Minister. Ich wurde nach nur kurzer Zeit zum Umweltminister ernannt, genau so, wie ich es geplant hatte. Meine Schwester, ihre berufliche Zukunft offenbar bereits in diesem zarten Alter vorausahnend, sollte den rasenden Reporter mimen. Dann überlegten wir uns, was wir jeweils loswerden und den zahlreichen jungen Zuschauern ans Herz legen wollten und konzipierten unter der Anleitung zweier Redakteure einen passenden Ablauf des fiktiven Streitgesprächs. Mir gefiel das alles recht gut.

Nun musste die Maskenfrau nur noch schnell unsere fettigen Gesichter pudern, ,damit wir nicht so glänzen' - bis zum heutigen Tage ein geflügeltes Wort zwischen meiner Schwester und mir.

Und dann lief auch schon die Kamera. Natürlich wurden wir nicht live auf das Publikum losgelassen, das hätte für die Redaktion ein viel zu großes Risiko beinhaltet, auch wenn die Anhänger dieser Sendung fast ausnahmslos minderjährig waren. Man zeichnete unsere vermeintliche Konferenz mehrfach auf, um dann später die besten Passagen zu etwas Brauchbarem zusammenzuschneiden. Der Beitrag sollte in der kommenden Woche ausgestrahlt werden.

Bin ich heute manchmal versucht zu glauben, das wird schon alles nicht so schlimm gewesen sein, ja, vielleicht in seiner Unbeholfenheit ja sogar einen gewissen Charme gehabt haben, so kann ich mich von der vergilbten VHS-Kassette im Keller des Hauses meiner Eltern stets aufs Neue eines Besseren belehren lassen. Meine Schwester und ich, das sei der Fairness halber gesagt, kamen bei der ganzen Chose noch ein Quäntchen besser weg als der Rest der Kinderbande. Aber das bedeutete leider noch lange nicht gut.

Besonders meine Darbietung lässt mich vor dem Bildschirm noch heute vor Scham im Fernsehsessel versinken: Ich trage eine feste Zahnspange aus Metall omnipräsent in meinem Gesicht, welches aber auch ohne das orthopädische Gerät schon eine alterstypisch grauenhafte Kombination aus Babyspeck und ersten Pickeln darbietet. Meine Frisur und meine Klamotten spotten jeder Beschreibung. Ich hatte meinen Stil noch nicht gefunden, so viel steht fest. Doch mit alledem nicht genug, befinde ich mich zum Zeitpunkt unseres ZDF-Gastspiels auch gerade noch in einer Phase extremer Unsicherheit, welche ich mit nervösem Hüsteln, regelmäßigem Augenreiben und ständigem Haare-aus-dem-Gesicht-Streichen zu kompensieren versuche. Eine Kamera direkt vor meinem Gesicht und zehn Leute, die mir beim Sprechen zusehen, hatten diese Spleens auf ein ganz neues Level gehoben.

Nichtsdestotrotz muss man sagen, dass meine Thesen und Gesetzesentwürfe alle hieb- und stichfest waren. Ich schwamm zwar auf einer grünen Welle mit, die damals dem Zeitgeist entsprach, aber meine Empörung war authentisch und ich hatte mich für mein Alter und die seinerzeit zur Verfügung stehenden technischen

Mittel ausgesprochen gut informiert. Wäre ich wirklich Umweltminister geworden, die Welt wäre heute vermutlich eine bessere.

50 Deutsche Mark in zwei Zwanzigern und einem Zehner waren die Entlohnung für diese Strapazen, die man jedem von uns am Ende des Tages feierlich überreichte. Ich empfand diesen Betrag damals als sehr großzügig, da meine Beziehung zu Finanziellem sich bisher ausschließlich auf ein monatliches Taschengeld beschränkte. Ich klebte die Scheine in ein abschließbares Tagebuch, in dem sämtliche meiner Gedanken aus fünf Jahren alles in allem ganze elf Seiten einnahmen.

Bis heute liegt dieses Tagebuch mitsamt den drei Scheinen irgendwo in den Tiefen des elterlichen Kellers. Als ich das Geld damals archivierte, war ich wohl fest überzeugt davon, dass dies ja ohnehin nur der Anfang sei. Nach diesem geradezu genialen PR-Schachzug standen mir doch nun alle Türen offen und ich blickte zuversichtlich in die Zukunft. Ich glaubte, dass es sicher schon bald richtig losgehen würde mit dem Geldverdienen. 50 Mark, Peanuts, die konnten getrost im Tagebuch vor sich hinschimmeln.

Heutzutage bin ich manchmal schon soweit, dass ich das Tagebuch gerne unter all den alten Kinderspielzeugen und Kuscheltieren suchen möchte, um an die drei vergilbten Scheine zu gelangen. 10 Jahre nach Euro-Einführung sollte ich mich ranhalten, damit mir das noch jemand zu echtem Geld macht. Ich kann es gebrauchen.

Unterdessen moderiert der damals so unscheinbare Moderator der Kindersendung mittlerweile die Tagesschau, während meine Schwester den Journalistenberuf bereits wieder an den Nagel gehängt hat.

Bezahlung: DM 50.
Arbeitsaufwand: Gering.
Gelernt fürs Leben: Engagement zahlt sich aus.

32. Messebauer

Da ich einfach mal wissen wollte, was mein guter Freund Max da immer so trieb als Messebauer, sagte ich direkt zu, als er mich fragte, ob ich einen Tag mithelfen wolle. Mit Geld war ich auch gerade etwas klamm und die Aussicht auf €150 in bar taten ihr übriges.

Nachmittags holte Max mich mit dem firmeneigenen Sprinter ab und wir fuhren zum Berliner Messegelände. Seine Firma saß in Mannheim, betreute aber Messen in ganz Europa. Es war ein kalter Herbsttag und ich war fast ein bisschen froh etwas zu tun zu haben, um mich nicht in Herbstmelancholie ergehen zu müssen.

Das erste Interessante, das mir am Job als Messebauer auffiel, war, dass man zwar an einem Ort arbeitet, wo etwas mitunter Großes passiert, das aber jeweils tut, bevor es losgeht und nachdem alles vorbei ist. So kriegt man von der eigentlichen Veranstaltung im Prinzip nichts mit und kann sie lediglich in der eigenen Fantasie zum Leben erwecken. So konnte ich mir, als wir die große Halle betraten, ungefähr vorstellen, wie viele Menschen hier in den letzten Tagen durchgelaufen waren und wie sie sich an den einzelnen Ständen vergnügt hatten. Alles war schmutzig und voller Müll, und das Gefühl eines gerade gelaufenen Festivals lag in der Luft. Jetzt aber befanden sich gerade mal eine Handvoll Menschen in dem riesigen Gebäude und jeder schraubte und bastelte still vor sich hin. Der Geräuschpegel war gedämpft, die wenigen Anweisungen der anderen Messebauer hörte man durch die große Halle wie durch eine Schicht aus Watte.

Außer mir hatte Max noch seine damalige Freundin und einen weiteren Freund eingekauft. Sein Chef war ratlos gewesen, denn er hatte nicht vier Leute extra von Mannheim in die Hauptstadt schicken wollen. Andererseits machte in der Messebauer-Szene das Vorurteil die Runde, dass man in Berlin immer doppelt so viele Leute buchen musste, wie gebraucht wurden, da man davon ausgehen konnte, dass die Hälfte nicht zum abgemachten Zeitpunkt auftauchte. So hatte er Max' Angebot, anstelle von professionellen Messebauern ein paar Freunde mit ins Boot zu holen, die mit Messebau zwar nichts zu tun hatten, dafür aber verlässlich waren, dankend angenommen.

Max erklärte uns schnell alles, was wichtig war. Dessen gab es nicht viel. Er zeigte auf zwei recht große Stände eines Spieleherstellers. Diese sollten wir im Laufe der nun folgenden Nacht wieder in alle Teile zerlegen, in denen sie vor gerade mal vier Tagen von Mannheim hier angeliefert worden waren. Dabei gab es eigentlich nichts groß zu beachten außer, dass man sich von außen nach innen vorarbeitete. Und, dass man möglichst nicht von der Leiter oder dem Stand selbst fiel, ein Ratschlag, den gerade ich mit meiner Trotteligkeit mir wirklich hinter die Ohren schreiben musste.

Zunächst machte das Ganze auch noch Spaß. Wir schraubten Verkleidungen ab, zerschlugen Holzteile, die nicht mehr gebraucht wurden und schauten uns immer mal wieder um, ob die Leute nicht doch etwas Brauchbares in der Halle liegen gelassen hatten. Man hatte immer ganz klar das Ziel vor Augen und jede Bewegung hinterließ Spuren. Die Stände schrumpften nach und nach wie Eis in der Sonne.

Doch je später der Abend wurde, desto anstrengender gestaltete sich die Sache. Nicht nur, dass wir alle langsam müde wurden, nun mussten auch die wirklich großen Teile bewegt werden. Und für das Heben schwerer Dinge hatte ich noch nie sonderlich viel übrig gehabt. Aber da wir nur drei Jungs waren und ich mich auch nicht lumpen lassen wollte, packte ich mit an, wo es erforderlich war. Schon bald spürte ich meinen Rücken, der für Arbeiten dieser Art irgendwie nicht konzipiert zu sein scheint.

Hatte es anfangs noch danach ausgesehen, als wären wir nach drei Stunden wieder raus aus der Halle, so zog sich die Sache nun immer weiter in die Länge. Vieles wäre vermutlich schneller gegangen mit Leuten, die wussten, was zu tun war. Max tat mir ein bisschen leid, da er uns dauernd aufs Neue Dinge erklären, die wirklich schweren Aufgaben dann am Ende aber doch alle selbst erledigen musste.

Wir hielten uns mit Red Bull wach und schleppten die Reste der Stände wie eine Herde Mulis. Nicht nur bei uns, sondern auch an den anderen Ständen hatte man nun fast aufgehört zu sprechen, die Kommunikation beschränkte sich jetzt auf die nötigsten Anweisungen. Ansonsten sparte man sich seine Energie für wichtigere Dinge. Draußen hatte ein kontinuierlicher Nieselregen eingesetzt, der das alles nicht gerade schöner machte. Denn immer wieder mussten wir vor die Halle, um all jene Teile aus Holz, Plastik und Eisen, die man noch mal für andere Stände wiederverwenden konnte, auf den Anhänger zu laden. Auch drinnen war es nun ziemlich frisch geworden, daran konnte auch die permanente körperliche Anstrengung nichts mehr ändern.

Gegen 3 Uhr morgens ließ ich aus Versehen eine große Seitenwand fallen, die dann unserem Freund Chris auf der Hand landete, was nicht gerade zur Gruppenharmonie beitrug. Zum Glück war er nicht verletzt, aber von nun an herrschte ein rauerer Ton zwischen uns. Chris war ernsthaft angefressen. Ich hatte das Gefühl, ich war nicht der einzige, der darüber nachdachte, das Handtuch zu schmeißen. Aber wir konnten Max hier ja schlecht alleine stehenlassen.

So zogen wir die Sache durch und nach und nach sah man auch die groben Fundamente der Stände verschwinden.

Als gegen 6 Uhr morgens endlich alles verladen war, waren wir alle nur mehr Schatten unserer selbst. Nur Max stand aufrecht wie ein Fels in der Brandung und hatte sogar noch genug Energie, um uns allen kräftig auf die Schulter zu klopfen. ‚Jetzt kommt der beste Part', sagte er. Wir fuhren an eine verlassene Tankstelle und holten vier eiskalte Dosenbiere. Und tatsächlich hatte mir ein Bier selten dermaßen gut geschmeckt. Mit einem guten Gefühl für Timing nutzte Max dieses Hochgefühl, um jedem von uns die drei braunen Scheine zuzustecken. Dann verabschiedete er sich, denn er wollte tatsächlich noch in derselben Nacht bis nach Mannheim durchfahren. Entweder war er ein Cyborg, oder wir anderen waren einfach extrem verweichlicht.

Die Kohle in der Tasche und das Hopfengebräu im Mund schien es schnell, als wäre nichts gewesen. Als ich jedoch zuhause ankam, schlief ich erst mal 15 Stunden durch. Danach konnte ich mich drei Tage lang kaum bewegen.

Max ist mittlerweile international für seine Messebaufirma unterwegs und hat sich zu einem kleinen Muskelprotz entwickelt. Oft zieht er mich mit dieser meiner einzigen Messebau-Erfahrung auf oder unterbreitet mir scherzhaft neue Jobangebote, nur um mich erschrocken zusammenzucken zu sehen. Chris ist heutzutage Dubstep-Produzent.

Bezahlung: € 150.

Arbeitsaufwand: Hoch.

Gelernt fürs Leben: Die korrekte Handhabung eines Akkuschraubers.

33. Betreuer von Jugendreisen

Eltern, die planen, ihre Kinder demnächst in ein betreutes Feriencamp zu schicken, sollten dieses Kapitel vermutlich überspringen.

Mit etwa 15 Jahren war ich selbst als Teilnehmer bei einer Snowboardreise dabei gewesen. Als mein Schulfreund Martin und ich uns die Arbeit der Betreuer ein paar Tage lang angesehen hatten, ward der Plan geboren, diesen Job einfach selbst zu machen. So kam man in den Genuss eines Urlaubs und statt Geld auszugeben, verdiente man sogar noch welches. Und wie Arbeit sah das Ganze nun wirklich nicht aus.

Nur ein paar Wochen später fanden Martin und ich uns bereits bei einem leicht fragwürdigen Seminar im Saarland wieder, bei dem wir zunächst in halbgaren IQ- und EQ-Tests beweisen mussten, dass wir keine kompletten Vollidioten waren, nachmittags von Nachwuchsjuristen Lektionen in Drogen- und Sexualgesetzgebung bekamen, und später am Abend, dass auch Saufen zu unseren Kernkompetenzen zählte. Nichts leichter als das. Nach drei Tagen im Zelt fuhren wir wieder gen Hessen, beide nun offiziell qualifizierte ‚Teamer‘, mit Urkunde beglaubigt und bereits mit unseren ersten Einsatzplänen im Gepäck.

Im Laufe der nächsten Jahre verschlug es mich als Betreuer an die unterschiedlichsten Destinationen, wobei jedoch Frankreich ganz ohne mein Zutun eine wiederkehrende Konstante bildete. Denn die Firma, für die ich arbeitete, kam aus dem Saarland und hatte daher eine gewisse Affinität zur französischen Sprache und Kultur. Zudem konnte man in Frankreich sowohl Berge als auch Flüsse und Strände finden und viele der Destinationen waren von West-Deutschland aus leicht erreichbar.

Der Deal war einfach: An- und Abreise sowie Unterkunft waren für mich umsonst, dazu gab es Vergünstigungen in den Bars und Clubs der Orte und im Winter obendrauf noch einen Skipass. Somit verbrachte man im Prinzip einen Urlaub mit ein paar wenigen Aufgaben und kam am Ende nicht mit leeren Taschen nach Hause.

Unsere wichtigste Aufgabe war es, einen Bus voller Teilnehmer vom Abfahrtsort bis zum Ferienziel zu betreuen. Man musste zusehen, dass alle anwesend waren, sich im Bus einigermaßen benahmen und man während der Pausen an Raststätten niemanden verlor. Zudem war man der Vermittler zwischen der vorfreudigen Gruppe und einem bisweilen sehr miesepetrigen Busfahrer, bei dem das ewige Wegwischen von Teenager-Kotze in der winzigen Bustoilette nicht selten deutliche Spuren im Gemüt hinterlassen hatte.

Vor Ort gab es dann zusätzliche Aufgaben. Im Winter galt es zum Beispiel, Snowboardrennen zu organisieren und zu betreuen, beim Bau von Fun-Parks mitzuhelfen und abends mit kalten Füssen hektoliterweise billigen Glühwein an Minderjährige auszuschenken, die sich daraufhin nicht selten auf Mülltüten kleine Hänge hinabstürzten. Spannend war es immer am frühen Abend, denn da war man als Teamer angehalten, durch die Zimmer seiner jeweiligen Gruppe zu gehen, um Ankündigungen für die Aktivitäten des nächsten Tages zu machen, Fragen zu beantworten und generell Präsenz zu zeigen. Meine Firma hatte in den Wintersportorten meistens eine große Anzahl an Zimmern angemietet, in manchen Gebieten gab es gar ein komplettes Gebäude, das ausschließlich von unseren Leuten bewohnt war. Die Apartments waren voll eingerichtet und die Leute verpflegten sich selbst. Bei meinem Rundgang ließ sich daher immer gut Essen abgreifen, sodass ich mir ein abendliches Kochen in der Regel sparen konnte. Es schien sich zudem für die Teilnehmer als ehrenhaft herauskristallisiert zu haben, wenn man den Teamer bei seinen Besuchen ausgiebig mit Alkoholika versorgte. Dementsprechend hatte ich am Ende dieses Rundgangs durch bis zu 15 Zimmer meistens schon gut einen sitzen. Doch dann ging es erst richtig los. Bars und Clubs gibt es in Skigebieten genug und als Betreuer bekommt man ständig Getränke geschenkt. Ein Teufelskreis. In den Apartments ging es danach weiter, nicht selten war das ganze Haus eine einzige Party. Da sich bei uns hauptsächlich Snowboarder anmeldeten, hatte man es in der Regel mit partyhungrigen, unangepassten und alkohol-affinen Nichtsnutzen zu tun, deren Naturell ein Garant für gute Parties war.

Die Winterjobs waren jedoch generell etwas aufwändiger als die Sommer-Einsätze, und trotz meiner Leidenschaft für das Snowboarden mochte ich die Kälte und die fünf Schichten Klamotten nie, weshalb ich meine Einsätze schon bald ganz auf den Sommer verlegte.

In den Sommer-Camps fungierte ich offiziell meist als Mountainbikeguide, musste aber in der Regel nur alle drei Tage eine solche Tour begleiten, so sich denn unter den Kids überhaupt jemand fand, der an sportlicher Ertüchtigung jenseits des Hebens von Bierflaschen zum Mund Interesse zeigte. Einen deutlich größeren Teil der Zeit war ich damit beschäftigt, abends am Strand meine Gitarre zu malträtieren, den minderjährigen Teilnehmern die vom Taschengeld erstandenen 5-Liter-Kanister Wein wegzusaufen und hübschen Mädels unanständige Avancen zu machen. Manchmal konnte ich kaum glauben, dass ich dafür auch noch entlohnt wurde.

Insgesamt erstaunte es mich oft, dass es im Prinzip nie zu unschönen Vorfällen kam. Dabei waren viele Dinge in den Zeltdörfern schlecht bis gar nicht organisiert und selbst vorher halbherzig aufgestellte Regeln wurden eigentlich vom ersten Tag an allerorten gebrochen, ohne dass das jemanden wirklich interessiert hätte. Ein Camp umfasste bis zu 150 Jugendliche und stand unter der Verantwortung des Campleiters, der aber oft nur unmerklich älter als die Teilnehmer war und nicht selten dauerstoned. Die Teilnehmer selbst waren in einem Alter, in dem sie etwas erleben wollten, manches davon aber von Gesetzes wegen noch gar nicht durften. Doch wir Teamer drückten hier fast immer beide Augen zu, was unsere Camps von jenen der etwas konservativeren Veranstalter unterschied und diese letztlich deutlich erfolgreicher machte. Waren die anderen allesamt Beatles-Camps, so waren unsere Camps definitiv Rolling Stones, um diesen Vergleich zu bemühen. Nicht zuletzt deswegen hatten manche der anderen Veranstalter, wie etwa die später in die Schlagzeilen geratenen Rainbow Tours, dermaßen wenig Mittel zur Verfügung, dass wir nicht selten nachts unsere Essensreste bei ihnen vorbeibrachten, damit der Koch für den nächsten Tag etwas hatte, das er den Kids vorsetzen konnte.

Viele der Dinge, die wir täglich gebrauchten, waren alt und funktionierten oft nur mit Einschränkungen. Ich erinnere mich etwa gut an einen VW-Bus in Italien, dessen Bremsen nur manchmal funktionierten und dessen Beifahrertür man mit einer Kordel zubinden musste, wollte man beim Fahren nicht herausfallen. Diese Mankos waren für uns jedoch kein Grund, nicht unsere komplette Gruppe darin zu transportieren. Auch für viele Ausnahmesituationen waren eigentlich weder

Betreuer noch Campleiter ausreichend vorbereitet. Ich erinnere mich dunkel an einen halbgaren Erste-Hilfe-Kurs, aber da hört es eigentlich auch schon auf. Umso erstaunlicher also, dass die Teilnehmer bei meinen Fahrten nach zwei Wochen immer weitgehend unverletzt und guten Mutes den Heimweg antraten.

Zwar sorgte ich mich manchmal um die Teilnehmer. Auf der anderen Seite kam mir eine solch laxe Organisationsstruktur doch eher entgegen. Das Ungeplante, Improvisierte zog ich immer einem zu strengen Reglement vor. Und die Teilnehmer sahen das ganz offensichtlich genauso, denn sie waren ja nicht ohne Grund ohne ihre Eltern weggefahren. Es war vermutlich der Idealismus der Betreuer und Campleiter, der bewirkte, dass letztlich doch immer alles funktionierte. Klar war jedenfalls, dass die meisten Betreuer mindestens genauso vehement nach Abenteuer gierten wie die Teilnehmer selbst.

Es konnte schon mal passieren, dass dem Campleiter in einem südfranzösischen Urlaubsort in einem lichten Moment am frühen Abend einfiel, doch mal eben ein Camp im benachbarten Spanien zu besichtigen. Nur den Koch zurücklassend sprangen daraufhin alle Verantwortungspersonen in den schrottreifen VW-Bus und stürzten sich in eine Partynacht jenseits der geografischen wie auch der symbolischen Grenze. Der Fahrer des Busses verlor im Laufe des Abends den Schlüssel zu jenem, während er eine ihm leidenschaftlich den Rücken zerkratzende Spanierin am Strand beglückte. Die anderen fanden sich dann am Bus wieder zusammen, nachdem sie verschiedenen Touridissen verwiesen worden waren und noch Moses Pelham vom Rödelheim Hartreim Projekt mit einer Wasserpistole von hinten attackiert hatten. Nach einigem Überlegen trat der kräftigste unter uns das Lenkradschloss des alten Busses auf, ein anderer schloss die Zündung kurz. Der am wenigsten nach Alkohol Stinkende wurde sodann zum Fahrer erkoren und kutschierte unsere unansehnliche Gruppe auf Küstenstraßen im Morgengrauen zurück zu ihrem eigentlichen Arbeitsplatz. Reichlich mitgenommen erreichten wir unser Camp in Frankreich, wo unsere nichtsahnenden Schutzbefohlenen bereits beim Frühstück saßen und von uns ein neues Tagesprogramm erwarteten.

Generell ließen sich die Camps in zwei Arten unterteilen. Zum Einen waren da die Partycamps an den südeuropäischen Küsten, an denen es um nicht viel mehr als Sonnenbräune, Alkohol und Sex ging. Wie es die Vermutung nahelegt, waren diese Camps mit Abstand die meistgebuchten. Dann gab es aber noch die Sport- und Abenteuercamps, die auch eine ganz andere Art von Teilnehmern anzogen, etwas intelligenter und insgesamt deutlich angenehmer im Umgang. Da man auch bei dieser Art Camp mit allen oben genannten Vergnügungen rechnen konnte, verlegte ich mich schon bald auf jene, da ich auch das Gefühl hatte, meiner Gesundheit auf diese Weise wenigstens ein bisschen entgegenzukommen.

Einen Sommer lang verbrachte ich beispielsweise an einem Nebenfluss der Ardèche. Wir schliefen im Freien direkt am Wasser, unsere Zelte standen in einem kleinen Pinienwald in der Nähe. Wir wanderten durch die ursprüngliche Natur, unternahmen Canyoning-Touren in die Berge, kletterten in Höhlen und fuhren mit Mountainbikes zu kleinen Märkten in der Nähe. Mehrmals verließen wir gar unser Camp für mehrtägige Touren im Kanu. Die nächste nennenswerte Ortschaft lag ein paar Kilometer entfernt und so waren wir mit unserer kleinen Gruppe völlig auf uns selbst gestellt. Es war ein wahrlich sorgloses Leben. Tagsüber trieben wir Sport und planschten im Fluss, allabendlich machten wir Feuer am Ufer oder in einer Höhle, tranken französischen Rotwein aus Kanistern, musizierten und knutschten auf den Felsen am Fluss. Alle zwei Wochen kamen neue Teilnehmer und so auch immer neue Kandidatinnen für das abendliche Knutschen. Ich wollte diesen Ort gar nicht mehr verlassen.

Als ich den Job einige Jahre später eigentlich bereits zu den Akten gelegt hatte, da ich mich nun etwas zu alt fühlte, um einen dermaßen großen Teil meiner Freizeit mit mehrheitlich Minderjährigen zu verbringen und auch mittlerweile in Berlin lebte, kam noch einmal eine Anfrage, die ich wirklich nicht ablehnen konnte. Zusammen mit 20 anderen Teamern betreute ich 350 Abiturienten, die gerade ihre Prüfungen hinter sich hatten, auf einer Tour de Force der Intoxikation im berüchtigten Lloret de Mar. Rückblickend kann ich guten Gewissens behaupten, dass ich weder davor noch danach wieder so viel Alkohol in so kurzer Zeit getrunken habe. Die zehn Tage vor Ort standen ganz im Zeichen des Feierns, für den hässlichen Strand interessierte sich im Prinzip niemand. Unsere Leute wohnten in einem eigentlich unzumutbaren Hotel, das optisch einem russischen Gefängnis glich, doch auch das schien keinen zu kümmern. Im Hof gab es einen Pool, an dem man seine Nachmittage verbrachte und wo es Bier grundsätzlich nur in 1-Liter-Bechern aus Plastik zu kaufen gab. Wir Betreuer verbrachten viel Zeit auf unserem Balkon, wo wir Unmengen an Wodka-Red Bull in uns reinschütteten und uns von jungen Mädels im Haus gegenüber die Brüste zeigen ließen.

Zwischendurch begleiteten wir ein paar Teilnehmer der Gruppe mal zum Paintball oder zu einer Stadttour nach Barcelona, aber alles, was den Großteil hier wirklich interessierte, war das berüchtigte Nachtleben. Jedes zweite Haus war eine Bar oder ein Club und mir schien, als seien alle Menschen in diesem seltsamen Ort an der Costa Brava rund um die Uhr betrunken. Warum also sollten wir es ihnen nicht gleichtun? Als Betreuer hatten wir von Beginn an gleich mehrere Pässe um den Hals hängen, die uns freien Eintritt zu allen großen Diskotheken sowie Freigetränke in fast allen Läden bescherten. Wir gingen jeden Abend aus und verließen die Läden nicht, bevor die Musik abgeschaltet wurde. Nicht selten verließen die hübschen Abiturientinnen die Läden lieber mit uns als mit ihren Mitschülern. Meine vier sehr netten, wenngleich ausgesprochen durchtriebenen Mitbewohner und ich genossen daher schon bald einen recht zweifelhaften Ruf; besonders die männlichen Teilnehmer waren nicht mehr sehr gut auf uns zu sprechen. Ihre Wut entlud sich an einem der letzten Tage nach einem Gotcha-Spiel, als etwa zehn der testosterongeschwängerten jungen Männer alle ihre übrigen Kugeln auf mich abfeuerten. Das tat zwar ziemlich weh, aber ich konnte es ihnen kaum verdenken.

An einem Abend organisierten wir eine Tequila-Tour durch die Bars dieser schrecklichen Touristenhochburg. Ich hatte noch nie dermaßen viel des mexikanischen Schnapses auf einem Fleck gesehen. Immer wieder brachten wir den Kids neue Tabletts voller Plastikgläschen, nach einer Weile gingen wir Betreuer dazu über, die übergeschwappten Reste direkt vom Tablett zu schlürfen. Nach und nach mussten wir immer mehr Jungs dazu verpflichten, kotzende Mädels nach Hause zu tragen, bis wir nur noch ein kleiner, völlig wahnwitziger Haufen Leute waren, die vermutlich nicht gerade schön anzusehen waren, als sie auf den Tischen tanzten. Ein solch systematisches Besäufnis hatte ich selten erlebt.

An einem anderen Tag begann die Sauferei schon tagsüber. Auf einem Boot beförderten wir die Teilnehmer an einen abgelegenen Strand, der extra für uns hergerichtet worden war. Dort gab es drei Spanier, die nun den ganzen Tag lang in der prallen Sonne Saufspiele mit den jungen Leuten durchführten und penibel darauf achteten, dass auch keine Schlüpfrigkeit ausgelassen wurde. Der Eintrittspreis beinhaltete alle Getränke sowie einen unbegrenzten Nachschub an Hamburgern. Nach nur ein paar Stunden glichen wir vermutlich einer Horde Paviane. Die Spanier gaben den Kids frivole Anweisungen durch Megafone und diese ließen sich meist nicht lange bitten. Wir verbrachten den ganzen Tag vor Ort, bei der Rückkehr am frühen Nachmittag konnte kaum mehr einer stehen. Dies war der einzige Tag, an dem die Nachtaktivitäten ausfielen. Ich hatte Nachtwache an unserer eigenen Bar und schlief mit dem Kopf auf dem Tresen ein.

Die letzten Tage dieses Einsatzes waren die Hölle. Durch den Lebenswandel und die lange nicht gereinigten Klimaanlagen im Hotel waren die meisten Betreuer krank und bettlägerig. Auch unter den Teilnehmern hatte sich eine gewisse Resignation eingeschlichen und alle schienen auf gewisse Weise erleichtert, als wir den Bus für die 18-stündige Rückreise bestiegen. Ich machte drei Kreuze, als sich meine Gruppe in Detmold in alle Himmelsrichtungen zerstreute und ließ mich dort von einer hübschen Teilnehmerin gesund pflegen.

Als ich ein paar Tage später nach Berlin zurückkehrte, beschloss ich, dass ich wohl lange genug Teamer gewesen war. Besser würde es nicht werden, so viel stand wohl fest.

Die Firma existiert auch heute noch und ist mit einigen neuen Ländern im Portfolio ziemlich gut aufgestellt. Rainbow Tours hingegen hat gerade eine Insolvenz verlauten lassen. Und das, obwohl Jugendliche heute eine Kaufkraft wie nie zuvor besitzen und durch die verrückten Zeiten, in denen wir leben, vermutlich einen noch viel größeren Hunger nach Excitement haben.

In Lloret de Mar war ich nie wieder und habe auch keine Pläne, das zu ändern. Nach einem weiteren Tequila-Exzess in Mexiko im folgenden Jahr habe ich dieses Getränk endgültig von meinem Speiseplan gestrichen.

Mit einigen der damaligen Teilnehmer bin ich auf Facebook befreundet. Sie haben heute Häuser, Kinder und sehr normale Leben.

Bezahlung: Fahrt, Kost und Logis sowie Vergünstigungen vor Ort.
Arbeitsaufwand: Gering.
Gelernt fürs Leben: Trinkspiele, Organisationstalent, Gruppenpsychologie, Französisch.

34. Runner im Techno-Club

Eigentlich war das wirklich nicht die Art Arbeit, mit der ich mich noch abgeben wollte. Aber eine Reise stand vor der Tür und ich brauchte Geld. Seit einiger Zeit waren keine nennenswerten Einnahmen in die Kasse gekommen. Außerdem hatte ich dieses Jahr wirklich keine Lust, Silvester zu feiern. Konnte ich also stattdessen auch noch Geld verdienen, umso besser.

Andrea, eine Freundin von mir arbeitete im Tresor Club, einer kleinen Legende in der Berliner Clublandschaft. Kurz nach der Wende in einer Ruine auf dem Mauerstreifen ins Leben gerufen, zelebrierte der Club seine besten Jahre in den frühen Neunzigern, während derer Techno zu einem Massenphänomen heranwuchs. Dann ging es langsam aber stetig bergab, bis dann kurz nach der Jahrtausendwende das Gebäude an Investoren verkauft wurde und der Club seine Pforten schließen musste. Ein paar Jahre später hatte er an neuer Stelle wieder eröffnet, in einem alten Heizkraftwerk in Kreuzberg. Aber wenn man ganz ehrlich war, zog der Tresor seitdem leider nur noch junge Prolls aus dem Umland an.

Ich hatte mich verpflichtet, in der Nacht des Jahreswechsels als Runner zu arbeiten. Wie man bereits aus der Jobbezeichnung schließen kann, ist man in dieser Position sehr viel mit Laufen beschäftigt. Und das selten mit leeren Händen.

Das Line-Up umfasste ein paar bekannte DJs und man rechnete mit vielen Besuchern. An Silvester war es Gang und Gäbe, den üblichen Stundenlohn zu verdoppeln und so konnte da schon einiges zusammenkommen.

Schon bevor es losging, hätte ich mich eigentlich schlafen legen können. Meine Freundin und ich hatten mit ein paar Freunden gut gegessen und uns dann durch die kalte Nacht in Richtung Kreuzberg vorgearbeitet. Ich durfte gar nicht an das denken, was uns nun erwartete.

Gegen 22 Uhr ging es für uns los, Einlass war eine Stunde später. Zuerst mussten nur Dinge von A nach B getragen werden, damit alles bereit stand, wenn die Gäste kamen. Schnell wurde klar, dass es hier eine Menge Rumgezicke geben würde. Andrea hatte meine Freundin, mich und eine Handvoll anderer Clubfremder für diesen Abend eingekauft. Die Leute hingegen, die dort jedes Wochenende malochten, machten schnell deutlich, dass sie in ihrem Revier das Sagen hatten. Sie waren ganz offensichtlich nicht davon angetan, dass hier plötzlich auch Wildfremde arbeiteten. Es sollte mir egal sein, ich würde mich bestimmt nicht auch noch mit jemandem anlegen hier. Und auch das Kennenlernen neuer Freunde stand nicht explizit auf meinem Tagesplan. Meine Strategie war, diese Nacht einfach so schnell und mit so wenigen Blessuren wie möglich hinter mich zu bringen und mir am Ende die Taschen mit Geld vollzustopfen.

Dann schlug es 11 und die Gäste kamen. Meine schlimmsten Befürchtungen wurden noch übertroffen. Solariumgebräunte Jungs und Mädels, allesamt mit vielen Piercings und Tattoos verziert, quollen in rauen Mengen durch die schmale Tür in den Club. Ihre Klamotten, ihre Frisuren, die paar Halbsätze, die ich aufschnappte - eine andere Welt. Ich hatte ja per se nichts gegen diese Leute. Doch wollte ich wirklich eine ganze Nacht auf engstem Raum mit ihnen verbringen?

Langsam aber sicher ging es dann auch los mit dem wirklich anstrengenden Geschleppe. Meine zwei Aufgaben bestanden darin, einer von drei Bars ständigen Nachschub an Getränken zu gewährleisten und auf dem Rückweg ins Lager die Pfandgläser und –flaschen einzusammeln. Außer mir waren für diese Bar noch vier weitere Jungs zuständig. Sie befand sich in einem weitläufigen Saal, der auch den Hauptdancefloor beherbergte. Aus den Boxen schallte straigther Techno und das bereits zu Beginn der Veranstaltung in einer ohrenbetäubenden Lautstärke. Ich hatte bei der Einteilung jedoch noch Glück gehabt. Denn in den Keller runter führte ein nur von Stroboskopen beleuchteter langer Flur in eine Art Techno-Vorhölle, die noch lauter sowie deutlich schlechter beleuchtet als die anderen Räume war. Auch hier gab es eine Bar, die es zu versorgen galt. Ich war froh, dass dieser Kelch an mir vorübergegangen war.

Um Mitternacht machte plötzlich eine Nachricht die Runde, dass sich die Belegschaft auf dem Dach versammelte, um das Feuerwerk zu bestaunen. Das galt natürlich nicht für die Leute an der Bar, die Party People mussten ja versorgt bleiben und sie schütteten sich die Getränke im Akkord in die Kehlen. Ich aber nutzte die Tatsache, dass ohnehin niemand meinen Namen kannte und nur wenige Leute überhaupt den Überblick darüber hatten, wer heute eigentlich wo eingesetzt war, und kämpfte mich durch die weitläufigen Katakomben nach oben. Das riesige Kraftwerk selbst war ein außergewöhnlicher Ort. Immer wenn ich dachte, ich hätte bereits alles gesehen, eröffnete sich vor mir wieder ein Raum von der Größe einer durchschnittlichen Sporthalle. Der Club selbst nutzte nur einen Bruchteil der Räumlichkeiten, der Rest stand einfach leer.

Durch heruntergekommene, von Tauben völlig zugekackte Treppenhäuser und Flure gelangte ich in eine Art Kathedrale, wo man für das ganze Personal zur Feier des Tages ein Buffet aufgebaut hatte. Es war nur von Baustrahlern beleuchtet und, da es momentan außer mir niemanden dort gab, wirkte es leicht surreal. Nachdem ich mir ein paar Leckereien einverleibt hatte, tastete ich mich, vorbei an gähnenden Abgründen in der halbzerfallenen Halle, bis zur Stahltür, die aufs Dach führte. Ich kam genau pünktlich zum Jahreswechsel. Auf dem Dach standen etwa 50 Leute, zündeten Feuerwerk und umarmten sich. Zumindest für diese paar Minuten war die Crew doch recht nett. Man reichte mir Sekt und wünschte auch mir ein schönes neues Jahr. Ich hatte mal wieder Glück im Unglück gehabt. Denn meine Freundin schmorte unterdessen an der Theke, an der die Schlange von Bestellenden nie zu Ende ging.

Nach dieser kurzen Pause begann es wirklich anstrengend zu werden. Entweder ich schleppte mehrere Kisten Getränke gleichzeitig durch die Flure, wobei ich auch jedes Mal Treppen überqueren musste, da es im hinteren Teil des Gebäudes keinen Aufzug gab. Oder aber ich suchte zwischen den Tanzenden, die immer betrunkener wurden, auf dem Boden nach Gläsern und Flaschen. Jeder Weg dauerte drei mal so lang wie unter normalen Umständen, da irgendwann alles voller Menschen war und es diesen durch all den Alkohol und die Drogen auch immer egaler wurde, dass hier auch Leute arbeiten mussten.

Zwischendrin jedoch nutzte ich jede Gelegenheit, mich irgendwo zu verstecken, wofür es in einem Bau wie diesem natürlich mannigfaltige Möglichkeiten gab. Ich verbrachte einige Zeit am Buffet, wo ich mir den Bauch mit wirklich leckeren Sachen vollschlug. Oder ich begab mich in die Techno-Vorhölle im Keller und begutachtete den Wahnsinn aus einer in Nebel getauchten Ecke heraus. Es war dabei eine völlig neue Erfahrung, einen Clubabend völlig nüchtern zu erleben. Ich hatte beschlossen, bis zum Ende nichts zu trinken, da ich nicht glaubte, den Einsatz sonst überhaupt körperlich durchstehen zu können. Stattdessen schüttete ich die Flaschen mit Club Mate nur so in mich hinein, um mich bei Laune zu halten. Wichtigster Ort im Club für unseren Job war das Lager. Hier arbeiteten die wirklich Fertigen. Ich vermutete, dass einige der hier Malochenden eigentlich damals nur einen vorübergehenden Job gesucht hatten. Jetzt hingen sie zum Teil bereits 20 Jahre hier rum. Gesünder und jünger wurde man davon nicht, so viel stand fest. Und die Gesichter der Zombies hier legten dafür eindrucksvoll Beweis ab.

Der Typ, der das Lager verwaltete, rauchte riesige Tüten am laufenden Band. Mehrmals sah ich ihn aber auch mit andere Leuten ein paar Linien Koks von einer der Kühltruhen ziehen und fragte mich, wie man bei einem solch mickrigen Lohn auch noch gleich alles mir nichts, dir nichts wieder durch die Nase ziehen konnte. Und das, wenn man dann nicht mal tanzen ging, sondern einfach weiter in diesem kargen neonbeleuchteten Raum rumhing. Das schien mir nicht den geringsten Sinn zu ergeben. Für ihn hingegen schien das die Standard-Prozedur zu sein. Der Raum selbst hatte fast den Charakter eines Techno-Museums mit Plakaten aus allen Epochen elektronischer Musik, vollgepackt mit allem, was Rang und Namen hatte. Jede hatte hier schon gespielt. Die Poster erinnerten daran, dass der Club schon bessere Zeiten gesehen hatte.

Ab einem gewissen Zeitpunkt kam ich mir vor wie ein Roboter. Sediert durch die harte körperliche Arbeit, die alles erstickende Musik und die fortgeschrittene Uhrzeit, bewegte ich mich wie in Zeitlupe durch die Feiernden. Einige lagen bereits komatös in den Ecken, in anderen Winkeln wurde wild miteinander rumgemacht. Der Boden war übersät von Kippen und Scherben, und viele Leute waren bereits jenseits von Gut und Böse. Ich nahm die Geschehnisse nur mehr wahr wie einen Film von einem DVD-Player, dessen Scart-Kabel nicht richtig angeschlossen ist. Mehrmals fragten mich Leute nach der Garderobe und ich musste feststellen, dass ich mich weder an den Ort erinnern konnte, noch mich zum Sprechen in der Lage sah. Ich gluckste mich aus der Affäre und zeigte dabei in verschiedene Richtungen gleichzeitig. Dazwischen suchte ich auf dem nun völlig klebrigen Boden nach Gläsern und Flaschen. Dabei bekam ich auch immer mal wieder Tritte von Ravern ab, die den Kontakt mit mir nicht mal wahrnahmen. Ich musste mir eingestehen, dass ich wohl ein Faible dafür hatte, mich, wenn ein Job schlimm war, auch noch wirklich in meinem Unglück zu suhlen.

Als sich die Reihen ein wenig lichteten, hatte ich schon seit geraumer Zeit kein Wort mehr gesprochen. Im Lager bot sich bei jeder Rückkehr dasselbe Bild von koksenden Leuten, auch hier regierte mittlerweile der Wahnsinn. In den Gängen suchten Leute nach Freunden oder verloren gegangenen Jacken. Viele mussten sich an der Wand abstützen, um sich überhaupt noch fortbewegen zu können. Ich passiere ein paar Kotzlachen. Auf der Tanzfläche sah man nur noch Leute mit riesigen Pupillen und vor sexueller Begierde geradezu sabbernden Mündern. Das Buffet war geplündert. Die Absperrungen waren zum Teil abgerissen. Mit viel Glück war niemand in die gähnenden Abgründe gefallen. So ungefähr hatte ich mir das hier alles vorgestellt.

Gegen 7 Uhr entließ man mich aus meiner Pflicht, zusammen mit meiner Freundin und ein paar anderen. Der harte Kern würde bleiben, bis die letzten Tanzwütigen gingen. Keiner konnte sagen, ob das um 10 oder um 17 Uhr der Fall sein würde. Man hatte hier alles schon erlebt. Und tatsächlich stand auch schon ein Nachschub an Feierwilligen an der Kasse.

Ich hatte mich selten so erschöpft gefühlt, ich hatte Mühe, mich noch an meinen Vornamen zu erinnern. Wir nahmen noch schnell im Büro unsere Bezahlung in Empfang. Auch bei den Leuten, die mit dem Geld hantierten, wurde mit Uppern nicht gerade gegeizt. Das konnte man an der Art sehen, wie hier die Scheine über den Schreibtisch geworfen wurden. Auf einer Couch inmitten all der Leute schlief jedoch selig ein Typ im Kapuzenpullover. Man erzählte mir, dass er die Couch bereits seit 4 Wochen sein Zuhause nannte, da er seine Wohnung verloren hatte. Ich würde den Laden nicht vermissen, so viel war klar.

Als wir endlich unsere Kohle und unsere Jacken hatten, stolperten wir ein letztes Mal runter in den Keller. Dort wandten wir uns an einen Barkeeper, den wir kannten, und bestellten in Rekordzeit mehrere fünffache eisgekühlte Jägermeister, bevor wir schließlich in eine S-Bahn nach Hause stiegen. Beide schliefen wir bis zum nächsten Abend durch. Wir waren noch Tage später völlig gerädert von diesem Job.

Ich habe dem Tresor nie wieder einen Besuch abgestattet. Ich habe gehört, dass auch die Freundin, die uns seinerzeit eingekauft hatte, dem Laden mittlerweile den Rücken gekehrt hat, da die Stimmung dort auf Dauer nicht ohne Spuren blieb.

Bezahlung: €20/ Stunde.
Arbeitsaufwand: Hoch.
Gelernt fürs Leben: Man sollte das Nachtleben nicht zum Beruf machen.

35. Verkaufsförderer für Enthaarungscreme in Schwulenbars

Beim Casting für diesen Job in einem Berliner Hinterhofbüro hatte man penibel darauf geachtet, nur bloß keine unterschwellig homophoben Typen einzustellen. Zwar wurde das nicht explizit thematisiert, aber die Tendenz der Agentur war unübersehbar. Hauptsache, man war tolerant. Und: Je metrosexueller, desto besser. Man hatte mich vermutlich genommen, da Toleranz mein zweiter Vorname ist und ich meine feminine Seite gerne mal nach außen kehre.

Mit meiner hübschen Kollegin Janna belud ich den Mietwagen mit Flyern, Aufklebern und unzähligen Kartons voller Kondome. Noch am selben Abend ging der Spaß los.

Wir hatten eine lange Liste von schwulen Bars und Clubs bekommen, die wir in den nächsten drei Tagen abklapperten. Die Leute in den einzelnen Läden waren im Vorfeld nicht informiert worden, wir statteten ihnen sozusagen einen Überraschungsbesuch ab.

Es ging darum, dem homosexuellen, ausgehfreudigen Mann die Produkte aus dem Hause Veet näher zu bringen, mit denen man sich Arme, Beine oder auch die Bikini-Zone sanft von allen Haaren befreien konnte. Ein möglichst haarloser Körper war Mitte der Nuller Jahre als Schönheitsideal ja bereits seit längerer Zeit auf dem Vormarsch. Das Wort Körperbehaarung beschwor im Grunde nur noch Bilder von 60er-Jahre-WGs herauf. Heutzutage konnte nur punkten, wer im Adamskostüm einem Nacktmull glich. Schwule tendierten von Natur aus dazu, deutlich mehr Wert auf ihr Aussehen zu legen als ihre heterosexuellen Geschlechtsgenossen. Höchste Zeit also, diesen Teil der Bevölkerung als Zielgruppe zu gewinnen. Sicherlich nutzten bereits zahlreiche Schwule die Produktpalette von Veet und natürlich enthaarten sich auch bereits viele ihren Körper. Doch diese neue Produktlinie richtete sich explizit an den schwulen Mann. Der Slogan ‚Glatt kommt besser' war dabei gut gewählt, wie ich fand.

Ganz wie es sich die Agentur vorgestellt hatte, liefen wir mit dem Produkt in den einschlägigen Läden offene Türen ein. Einziger Wermutstropfen war, dass unsere Einsätze schon am späten Nachmittag begannen und es in den Bars zu so früher Stunde noch nicht viele Gäste gab. Doch dermaßen viel unvoreingenommene Freundlichkeit und Gastfreundschaft hatte ich selten erlebt. Meistens hatten wir es zunächst hauptsächlich mit dem Barmann und einer Handvoll Gäste zu tun. Erst später kamen wir auch in Läden, wo richtig was los war. Die Barleute waren alle sehr interessiert, bestanden darauf, alles über unser Produkt zu erfahren und stellten sogar oft noch den ersten Kontakt zu den Gästen her. Natürlich hatten wir außer unseren Flyern auch noch sogenannte Giveaways dabei. Bei diesen kleinen, mit Werbung bedruckten Geschenken hielt es sich in unserem Fall um Kondome. Und davon konnte nie jemand genug haben.

In den meisten Läden fühlten wir uns schon nach kurzer Zeit wie ein normaler Gast. Oft bot man uns Getränke an, dauernd wurde geschäkert. Und auch wenn mir mal einer einen schlüpfrigen Kommentar ins Ohr hauchte oder mir kräftig an den Hintern packte, so konnte mich das nun wirklich nicht aus der Bahn werfen. Die arme Janna hingegen verlor mit jeder neuen Bar zusehends ihre Selbstsicherheit, da sich in diesen Gefilden einfach niemand für sie interessierte, auch wenn sie noch so süß lächelte. Das war ihr noch nie passiert.

Im Laufe der drei Abende bekamen wir einen guten Einblick in das gesamte Spektrum der Möglichkeiten, die sich dem homosexuellen Mann zum Ausgehen in Berlin boten.

Hierbei fand ich etwa das ‚Moustache' besonders spannend, eine Bar für den gesetzteren Herren. Hier saß man oben gemeinsam gediegen an der Bar wie in jedem anderen Weinlokal. Der Laden wurde hauptsächlich von Männern frequentiert, die eben jenen Oberlippenbart im Gesicht trugen, dem die Bar ihren Namen verdankte. Weißwein, Geplänkel, seichte Musik. Hach, wie gemütlich. Begab man sich jedoch über die Wendeltreppe zu den Toiletten in den Keller, so passierte man eine schwarze Lederlandschaft mit Fuß- und Handfesseln, Käfigen und Peitschen an der Wand. In der Ecke plärrte ein alter Fernseher dazu einen Hardcore-Porno in den Raum, bei dem gerade eine Gruppe sehr haariger Männer einem Auserwählten einen derart massiven Dildo in den Hintern steckte, dass man meinen konnte, man werde Zeuge einer Pfählung. Hier also vergnügten sich die schnauzbärtigen netten Onkels, wenn die Weißweingläser erst mal geleert waren!

Ein anderer persönlicher Favorit war die Bar ‚Stahlrohr', obwohl es uns nicht mal vergönnt war, diesen Club überhaupt von innen zu Gesicht zu bekommen. Doch alleine schon die Namensgebung suchte ihresgleichen und Janna und ich vermuteten, dass der Name Programm war. Am Eingang in einer dunklen Gasse gab es eine Klingel, da man drinnen offenbar vermeiden wollte, dass dort einfach so jemand hereinspazierte. Nach mehrmaligem Klingeln standen wir da nun mit unseren Kartons voller Kondome und warteten. Janna zog bereits in Betracht, sich ins Auto zurückzuziehen, da sie schon in den letzten beiden Etablissements nicht hineingelassen worden war. Und das nur, weil sie keinen Penis hatte. Ihr Selbstwertgefühl schlitterte in Richtung Nullpunkt, sie wollte endlich wieder in Bars, wo sie von hohlen Typen mit dumpfen Sprüchen angemacht wurde und ihr Männer aufs Dekolleté starrten.

Doch da öffnete sich die große Stahltür quietschend. Als ich mich zögerlich um die Ecke beugte, sah ich einen völlig verschwitzten Typen in einem Tanga, der mich durch seine Ledermaske gehetzt ansah. Ich konnte unter dem dünnen Stück Leder eine Erektion ausmachen. Ich setzte zu einer Erklärung an und hielt schüchtern eine Box Kondome hoch. Doch er unterbrach mich mit einem gehetzten Halbsatz: ‚Schlecht gerade!' Dann fiel die Tür wieder krachend ins Schloss. Wir spekulierten noch Stunden darüber, was uns wohl drinnen erwartet hätte.

Der Job war sehr kurzweilig, in jeder Bar erwartete uns eine neue Überraschung. In der einen zeigten uns ein paar Lesben ungefragt ihre ziemlich hübschen Brüste, in der nächsten gab es auf minus 18 Grad gekühlten Jägermeister aufs Haus. In einer Bar mit dem klangvollen Namen ‚Ficken 3000' war alleine das Lesen des Monatsprogramms den Weg dorthin wert gewesen und ich zog in Erwägung, mir dieses einzurahmen und an die Wand zu hängen.

Man riss uns die Kondome aus der Hand wie geschnitten Brot, die Aufkleber und Handzettel legten wir zu den Stapeln an Flyern vor den Toiletten. Das Ganze fühlte sich eigentlich nicht wie ein Job an, sondern eher wie ein Besuch bei Freunden, denen man eine Menge Geschenke mitgebracht hatte und die im Gegenzug Geschichten aus einer fremden Welt zu erzählen hatten. Doch damit nicht genug, taten wir vielleicht sogar noch etwas, um die gerade wieder angestiegenen Neuansteckungen mit HIV etwas zu drosseln. Kondome standen Gerüchten zufolge in der schwulen Berliner Szene nicht gerade hoch im Kurs, sogenannte ,bareback'-Parties verbuchten große Zuläufe, auch wenn man dort bewusst in Kauf nahm, sich mit HIV anzustecken. Aber wenn die Kondome nun überall einfach so rumlagen, vielleicht stülpte dann ja mal wieder jemand eins über.

Zu allem Überfluss hatten wir auch noch dermaßen viele davon, dass ich mir gleich ein paar Kartons mit nach Hause nahm. Eine Zeit lang hatte ich eine so große Menge, dass ich die Kartons als Untersetzer für meine Lautsprecher nutzte, damit der leicht muffig riechende Typ im Stockwerk unter mir nicht wieder mit dem Besen gegen die Decke klopfen musste, wenn ich die Bässe mal wieder ordentlich aufdrehte.

Jahre später lernte ich bei einem anderen Job einen jungen Algerier kennen, der seinerzeit ebenfalls für Veet unterwegs gewesen war. Im Vergleich mit seiner kriminellen Energie hatte ich mich fast schon vorbildlich verhalten, denn er hatte während seines Einsatzes ganze 20 Kartons Kondome a 150 Stück mitgehen lassen. Er war mittlerweile an einem Punkt angelangt, wo er bezweifelte, diese Menge an Gummis jemals aufbrauchen zu können. Und das, obwohl er laut eigener Aussage ,ein echter Hengst' war. Er war dazu übergegangen, die Dinger an sexuell aktive Bekannte zu veräußern, zu 80 Euro pro Karton.

Noch heute muss ich lächeln, wenn ich das ,Moustache' oder eines der anderen Etablissements passiere. Das Stahlrohr jedoch hat meines Wissens irgendwann zugemacht, was man wie alle anderen Schließungen im Prenzlauer Berg auf die Gentrifizierung schieben kann. Kondome habe ich immer noch ausreichend.

Bezahlung: €100/ Tag.
Arbeitsaufwand: Gering.
Gelernt fürs Leben: Es gibt immer wieder Neues zu entdecken,
                   manchmal schon im Laden nebenan.

36. Hosenberater

In meiner Bewertungsskala für Jobs hatte diese Tätigkeit sich im Rekordtempo auf den letzten Platz gespielt. Selbst im Rückblick läuft es mir beim Gedanken daran noch kalt den Rücken hinunter.

Es war Vorweihnachtszeit, es war dunkel und bitterkalt. Ich war erst seit Kurzem aus dem Ausland zurück und tingelte von einem schlecht bezahlten Job zum nächsten. Nun stand ich drei Tage die Woche jeweils neun Stunden lang in einem Einkaufszentrum am Potsdamer Platz. Die Hosenecke, in die man mich verdammt hatte, lag im Erdgeschoß eines großen Warenhauses, das sich über drei Stockwerke des Zentrums erstreckte. War ich schon davor kein großer Fan von Einkaufszentren, so fragte ich mich nun schon bald, wie Menschen hier nur freiwillig flanieren, geschweige denn arbeiten konnten. Tagein, tagaus im Neonlicht, den Geruch von Putzmitteln und neuem Plastik in der Nase. Die ewig gleiche Weichspülmusik und die völlig sinnentleerten Durchsagen über die Lautsprecher. All dies konnte doch nicht spurlos an jemandes Psyche vorübergehen. Niemand konnte das über längere Zeit hinweg unbeschadet überstehen, da war ich mir sicher. Der Blick in die Gesichter der Angestellten schien meine Theorie zu bestätigen. Schaute man sich die Leute genauer an, so hatte man das Gefühl, in einem Zombiefilm gelandet zu sein. Das alles wäre irgendwie erträglich gewesen, wäre ich einer interessanten Tätigkeit nachgegangen. So denn in einem Zentrum wie diesem überhaupt ansatzweise interessante Tätigkeiten existierten. Aber meine Aufgabe war es, Kunden beim Jeanskauf zu beraten. Und das war tatsächlich noch weniger spannend, als es sich bereits anhört.

Es ging erst mal so los, dass sich fast niemand in die schrecklich gestaltete Levi's-Ecke verirrte, in der ich meine Zeit absaß. Stunde um Stunde schlich ich von einer Ecke in die andere wie ein wildes Tier, das man in einen Käfig gesperrt hatte. Traf ich andere Verkäufer, so warf man sich gegenseitig einen gequälten, resignierten Gesichtsausdruck im Sinne von ‚Es muss ja.‘ zu. Da ich vom Naturell her immer nur für kurze Phasen gar nichts tun kann, ging ich schnell dazu über, Hosen zu falten. Zunächst faltete ich nur die Hosen, die jemand anprobiert und verknittert zurückgelegt hatte, schon bald aber faltete ich alle Hosen, die in meiner Ecke zu finden waren. Alle. War ich damit fertig, so faltete ich sie ein zweites Mal. Dann ging es wieder von vorne los.

Mit am Schlimmsten war die Mittagspause. Im oberen Geschoss des Kaufhauses gab es einen Aufenthaltsraum, der in seiner Kargheit seinesgleichen suchte. Außer einer riesigen Wand voller Spinde und ein paar Tischgarnituren gab es in diesem Raum nichts. In einem verzweifelten Versuch, einen Hauch einer Atmosphäre zu kreieren, hatten Mitarbeiterinnen ein paar Kerzen auf den zerkratzten Tischen verteilt. Betrat ich diesen Raum, so dachte ich umgehend und ohne mich dagegen wehren zu können an Selbstmord.

Und hier saßen dann alle zusammen und unterhielten sich über ihre schrecklichen Leben. Man tauschte sich über die Erlebnisse an den wenigen freien Tagen aus und lästerte gemeinsam über die Vorgesetzten. Auch die Details aus dem Privatleben der Angestellten klangen alles andere als rosig, die Leute hatten wahrlich nichts zu lachen. Ich hatte sogar das Gefühl, dass einige der Verkäuferinnen und Putzfrauen sich schon längst aufgegeben hatten. Ich beobachtete das Ganze aus gebührendem Abstand mit dem Interesse eines Zoologen an einer bisher wenig erforschten Spezies. Interessant an den Unterhaltungen war, wie immer gerade jene Person zum nächsten Gesprächsthema wurde, die soeben den Raum verlassen hatte. Was sagte man wohl über mich, wenn ich nicht da war?

Der vermutlich demütigendste und menschenverachtendste Job im ganzen Kaufhaus jedoch war der des Sicherheitsdienstes. Acht Stunden am Stück mussten diese Leute am Haupteingang stehen und dafür sorgen, dass niemand etwas klaute. Keine Abwechslung, keine Unterhaltung, nicht ein einziges Wort aus ihrem Mund. Ich empfand für diese Leute wahres Mitleid. Und aus dieser Perspektive wirkte mein Job noch geradezu paradiesisch.

Doch ich hasste ihn. Ich wurde nur nach abgesessenen Stunden bezahlt, die sich ins Unendliche zu dehnen schienen. Es gab keine Provision für verkaufte Jeans und damit für mich auch nicht die geringste Motivation, jemandem eine Hose anzudrehen. Es konnte mir kaum egaler sein, welche Marke der Kunde letztendlich wählte. Zwischendurch fragte ich mich, wer sich meine Position ausgedacht hatte. Man hätte das Geld auch aus dem Fenster rauswerfen oder mir einfach so aushändigen können.

So ausgelaugt und frustriert wie nach diesen Tagen kam ich noch nie von einem Job nach Hause. Ich konnte nun verstehen, wie der normale Angestellte jeden Abend wie ein Gemüse vor dem Fernseher verbringt, denn zu mehr war auch ich nicht mehr in der Lage.

Als der letzte Termin verstrichen war, musste ich mich erst mal ganz schauerlich betrinken, um all die Erinnerungen auszulöschen.

Ich habe das Kaufhaus nie wieder betreten und gehe heute soweit zu behaupten, dass Einkaufszentren dieser Art vom Teufel gemacht sind. Meine Hosen lasse ich heute absichtlich ungefaltet, da das korrekte Zusammenlegen für kurze Zeit das Potential dazu hatte, zu einem echten Tick zu werden.

Bezahlung: € 10/ Stunde.
Arbeitsaufwand: Physisch gering, emotional sehr hoch.
Gelernt fürs Leben: Es gilt in jedem Fall zu vermeiden, in das Hamsterrad zu geraten, mit dem sich ein Großteil der Menschen arrangiert hat.

37. Band-Manager

Das Schicksal hatte mal wieder zugeschlagen. Der Bruder einer Freundin hatte mir einen Link zum Download seines neuen Albums geschickt, er war gerade dabei, das gute Stück ausgiebig in seinem Bekanntenkreis zu bewerben. Nett, wie ich bin, hörte ich es mir an, ohne jedoch allzu große Erwartungen hineinzusetzen. Doch tatsächlich gefiel es mir dermaßen gut, dass ich es sofort ein zweites und dann ein drittes Mal hörte. Und es wurde immer besser! Mich packte die Euphorie.

Sofort schrieb ich Nikolas eine email, in der ich ihm mitteilte, wie sehr mir der neue Sound der Band gefalle. Im selben Atemzug fragte ich ihn, ob er nicht bei irgendetwas Hilfe benötige. Ich war gerade zurück aus Asien, der Winter in Berlin war noch nicht rum, und es sah erst mal nicht danach aus, dass ich bald wieder etwas arbeiten würde. Um die Rückkehr ins sowohl klimatisch als auch emotional kalte Deutschland etwas abzudämpfen, konnte es sicher nicht verkehrt sein, etwas zu tun zu haben.

Ziemlich schnell antwortete er mir. Es gebe in der Tat eine Menge zu tun, um dieses neue Album dann auch wirklich unter die Leute zu bringen. Wir sollten uns so bald wie möglich treffen, sagte er. Gesagt, getan.

Was dann folgte, war eine mehrmonatige Zusammenarbeit mit Höhen und Tiefen. Ich kann nicht mehr genau sagen, wie es dazu kam, aber irgendwann im Frühling machte es für alle mehr Sinn, mich als Manager der Band zu bezeichnen. Und ich hatte da natürlich nichts dagegen. Gab es überhaupt eine Jobbezeichnung, die noch cooler klang als Bandmanager?

Vermutlich fast ein jeder stellt sich den Beruf des Band Managers erst mal schillernd und wild vor. Auch ich hatte eine sehr idealisierte Vorstellung davon im Kopf und in jungen Jahren oft mit dem Gedanken gespielt, mich beruflich in diese Richtung zu orientieren. Doch die Realität sah wie so oft etwas anders aus, zumal ich hier nicht die Rolling Stones managete, sondern eine Newcomerband aus Berlin. Und so gestalteten sich meine Aufgaben alles in allem erstaunlich unglamourös. Denn hauptsächlich ging es erst mal darum, die Musik der Band einer breiteren Masse zugänglich zu machen. Und will man etwas verkaufen, so muss man zunächst einmal Klinken putzen. Das war im Musikbusiness leider nicht anders als überall sonst. Und so schrieb ich email um email und rief bei unzähligen Leuten an, postete die neuen Songs, wo ich nur konnte, und erzählte in jedem Gespräch von der tollen neuen Band, die kurz vor dem Durchbruch stand. Schon bald hatte ich mir ein paar Phrasen zurechtgelegt, die ich immer und immer wieder herunterspulte. Dabei musste man aufpassen, dass man sich nicht vor lauter Selbstverständlichkeit verhaspelte, wie wenn man ein kurzes Wort immer und immer wieder ausspricht. Es galt aber auch, Clubs nach Auftrittsmöglichkeiten abzugrasen, sich bei Festivals ins Gespräch zu bringen und nicht zuletzt eine Plattenfirma zu finden, die das Erstlingswerk groß rausbringen würde.

Tatsächlich kamen durch meine hartnäckigen Bemühungen nach einiger Zeit auch ein paar Dinge zustande. Ein Song der Band wurde von einem Radiosender in Flensburg ins tägliche Programm aufgenommen. Und man hatte die Band eingeladen, im Rahmen eines kleinen Festivals in einem berüchtigten Club in Berlin aufzutreten. Eine Plattenfirma jedoch fand sich offenbar nicht so mir nichts, dir nichts. Man musste damit leben, dass 75% aller emails komplett unbeantwortet blieben. Und das ist noch optimistisch geschätzt. Vermutlich mussten die unzähligen Einsendungen, die eine Plattenfirma permanent erreichten, nun von deutlich weniger Menschen gesichtet werden, da ja auch bei den großen Musikkonzernen mittlerweile überall das Geld fehlte. Außerdem produzierte durch die erschwingliche und trotzdem professionelle Technik heute ja praktisch jeder in seinem Wohnzimmer Musik. Alledem zum Trotz fand ich es schlicht unhöflich, dass der Großteil der Leute nicht wenigstens mal eine einzeilige Absage zustande brachte. Zwischen all den fruchtlosen Kontaktaufnahmen versuchte ich weiterhin alles Erdenkliche. Als ich ein paar Monate später etwa mit einem amerikanischem Filmteam zusammenarbeitete, konnte ich bewirken, dass ein Song der Band in den Soundtrack der Serie eingebaut wurde. Es war nicht ganz klar, ob diese Serie jemals irgendwo laufen würde. Aber jede Chance musste genutzt werden.

Trotz alledem hatte das Ganze schon bald einen leicht negativen Unterton. Immer hatte ich das Gefühl nicht genug zu tun. Niemand konnte mir wirklich sagen, was zu tun war, allen fehlte die Erfahrung. Ständig musste ich mir neue Herangehensweisen überlegen. Und für all das, was ich bisher angeleiert hatte, kam dann alles in allem doch recht wenig bei rum. Dass ich für all meine Bemühungen nicht bezahlt wurde, war ohnehin klar gewesen. Ich hatte darauf gebaut, dass sich das ändern würde, sobald die Band erst mal in aller Munde war.

Wenigstens mein Hit-Detektor hatte mich nicht im Stich gelassen. Bei einem Treffen mit der Band und Freunden zu Anfang meiner Zeit mit ihnen hatten wir akribisch jeden Track der selbst produzierten Platte durchgesprochen. Ich war der einzige, der das Lied ‚Made up' für jenes mit dem größten Hitpotential gehalten hatte. Und ich sollte Recht behalten. Alle drei Radiosender, die sich in den folgenden Monaten dazu bereiterklärten, die Band zu spielen, entschieden sich für diesen sehr poppigen, Disco-lastigen Song. Und so entschloss sich auch die Band schließlich, diesen Titel zur ersten Single zu machen, auch gegen den Willen des Keyboarders, der deutlich gemacht hatte, dass er den Song so schlimm fand, dass er lieber aus der Band aussteigen würde, als diesen Song live zu spielen. Kaufen konnte ich mir von meinem Hit-Gespür jedoch immer noch nichts.

Im Sommer dann drehten wir ein Video für die erste Single. Ein befreundeter Regisseur hatte mir ein paar Tipps gegeben und die Bandmitglieder hatten auch eigene Ideen mitgebracht. Irgendwie fungierte ich als Regisseur, aber da ich das noch nie gemacht hatte, gab ich die Zügel immer mal wieder aus der Hand, was das Ergebnis zu einem Stil-Patchwork macht. Wir drehten alles im Proberaum der Band in Kreuzberg und benutzten alte Handys und eine sehr billige Kamera, um einen lo-fi-Effekt zu erzielen, der auch bei anderen Produktionen gerade hoch im Kurs stand. Ich fand das Ergebnis ziemlich brauchbar.

Doch nach dem Dreh kristallisierte sich schon bald heraus, dass unsere Kooperation nicht ganz optimal war. Ich hatte langsam die Schnauze voll davon, immer und immer wieder mit denselben Leuten in Kontakt zu treten, die sich dann doch nicht zurückmeldeten. Ich hatte einfach zu wenige Kontakte in diesem Metier. Ich wusste nicht, wie man die Sache anpacken musste, damit man am Ende auch ein paar Erfolge verbuchen konnte. Und ich war schlicht und einfach kein Verkäufer. Dazu gesellte sich noch ein leicht nostalgischer Schmerz. Denn früher hatte ich selbst eine Band gehabt und irgendwann auch mal große Pläne für eine Karriere als Musiker. Sich nun einzugestehen, dass man es selbst nicht geschafft hatte, und auch nie schaffen würde, und stattdessen Anderen dabei zu helfen, auf der Bühne Geld zu verdienen, das schmerzte einfach permanent wie ein hartnäckiges Hühnerauge. Wir trennten uns im Guten.

Schon bald fanden die Jungs einen echten Manager, so einen mit Kontakten, Erfahrung, Durchhaltevermögen und der Fähigkeit, für mehrere Stunden am Stück über eigentlich nichts zu reden, sodass es schön klingt. Sie bekamen einen Plattenvertrag und ihre Bekanntheit stieg schnell. Nur das von uns produzierte Video musste man leider neu drehen, da die schlechte Qualität uns vielleicht als Stilmittel erschienen sein mochte, aber eine großflächige Verbreitung leider unmöglich machte.

Ich bin bis heute Fan geblieben und hoffe, dass die Band es irgendwann richtig schafft. Es sieht immer mal wieder kurz danach aus, aber dann verschwindet sie wieder in der Versenkung. Managen jedoch würde ich nur noch mich selbst und vielleicht geht da die Reise ja hin.

Bezahlung: Keine.
Arbeitsaufwand: Mittel.
Gelernt fürs Leben: Mühsam ernährt sich das Eichhörnchen.

38. Catering-Servicekraft

An diesen Job war ich durch meinen Kommilitonen und Mitbewohner in meinem zweiten Studienort Mainz geraten. Wir steckten beide noch tief im Grundstudium und unsere Wohnung, die wir uns mit einer selten anwesenden Stewardess teilten, glich mehr einer Kneipe als einer Bibliothek. Vorlesungen besuchten wir nur selten und Seminare im Grunde nur, wenn Anwesenheitslisten uns dazu zwangen. Unsere Tage waren darauf ausgerichtet, eine gute Zeit zu haben, viel und lecker für Freunde und Freundesfreunde zu kochen, und das eine oder andere künstlerische und musikalische Projekt zu verwirklichen. Es gab seinerzeit noch keine finanziellen Strafen für Langzeitstudenten und so begnügten wir uns mit reichlich sporadischen Besuchen unserer Fakultät zwischen durchzechten Nächten und bekifften Backgammonturnieren. Ein Job, den man praktisch im Delirium ausführen konnte und für dessen Erledigung es kaum einer Vorbereitung bedurfte, passte uns beiden recht gut ins Konzept.

Nun wurde ich also zum Kellner. Die Firma Kofler war seinerzeit eine der wichtigsten Catering-Firmen in Frankfurt. Insbesondere große und schicke Veranstaltungen wurden meistens von diesem Familienunternehmen ausgerichtet. Es gab ein ganzes Heer an Servicekräften, die immer kurzfristig für Einsätze auf den jeweiligen Veranstaltungen gebucht wurden. Widerwillig schaffte ich mir ein paar schwarze Billigtreter an, in denen ich wie ein Kioskbesitzer vom Balkan aussah. Doch Ordnung musste sein. Alles andere an Klamotten wurde mir von meinem Arbeitgeber gestellt. Der erste Einsatz kam und ich erwischte gleich eine Riesenveranstaltung im Frankfurter Zoopalais.

Zunächst war ich fast ein bisschen überfordert ob der ganzen Etikette im Umgang mit den erlauchten Gästen, dem tunnelartig verzweigten Gangsystem im Gebäude und der zahlreichen hübschen Kolleginnen in ihren leicht transparenten weißen Blusen. Als ich mich aber ein paar Stunden an die neuen Gegebenheiten gewöhnt hatte, ging mir der Job recht leicht von der Hand.

Herzstück unserer Arbeit war die Großküche, in der bei einer Veranstaltung wie dieser fast 20 Leute rührten, schmorten und sich gegenseitig hektisch Zutaten zuwarfen. Der Anblick des Küchenpersonals, das zusammenarbeitete wie die Teile einer gut geölten Maschine, faszinierte mich jedes Mal aus Neue. In der Küche holten wir einer nach dem Anderen tellerweise Gerichte ab. Wer drei Teller tragen konnte, war klar im Nachteil, denn diese musste er dann auch tragen. Ich hatte mich von Anfang an ziemlich dumm angestellt und so schien man schon zufrieden zu sein, wenn ich es mit einem Teller pro Hand bis zu den Tischen schaffte, ohne die Delikatessen zu verschütten. Von der Ausgabetheke bis zum Tisch eines Gastes konnte man in diesem unübersichtlichen Labyrinth schon mal einen halben Kilometer unterwegs sein. Doch zu dieser Art Aufgabe kam es ohnehin nur, wenn es sich um eine ,a la carte'-Veranstaltung handelte, bei der verschiedene Gänge direkt an die einzelnen Tische serviert wurden. Veranstaltungen, bei denen es lediglich Finger Food gab, verlangten von uns nur das Servieren dieser kleinen Snacks sowie der Getränke. Hierfür musste man immer ein gut gefülltes Tablett in der Küche abholen und sich dann so lange zwischen den Gästen herumtreiben, bis das Tablett leer oder unansehnlich geworden war.

Das Büro sowie der Hauptveranstaltungsort des Catering-Unternehmens waren idyllisch im Frankfurter Zoo gelegen. So kam es nicht selten vor, dass wir, wenn das Wetter mitspielte, Sektempfänge vorm Giraffenkäfig ausrichteten oder am Ende des Tages Sektgläser am Pavianhaus aufsammeln mussten. Die meisten der Veranstaltungen fanden jedoch im Zoo-Palais statt, einem großen Gebäude im Eingangsbereich des Zoos. Hier fühlte ich mich schon bald wie zu Hause. Doch wie überall war die Routine Fluch und Segen zugleich, denn sie konnte auch schnell langweilig werden. Interessanter waren da schon die Einsätze bei auswärtigen Veranstaltungen, wie etwa in der Börse oder in einem gerade fertiggestellten Rohbau eines neuen Wolkenkratzers.

Wie Daniel und ich kifften eigentlich fast alle Kellner und Kellnerinnen gern und ausgiebig, und das zumeist auch während der Arbeitszeit. In jedem Veranstaltungsort kannten die eingefleischten Schürzenträger unter uns Orte, an denen man sich mal kurz verschanzen konnte, um eine gemeinsame Tüte zu rauchen. Ich musste mich dabei jedoch zügeln, denn ab einem gewissen Stonedheitsgrad war ich nicht mehr in der Lage, mit Leuten zu interagieren, was beim Servieren doch reichlich hinderlich sein konnte. Eine damals schon immer öfter auftretende milde Form der Paranoia war bei einer Veranstaltung mit mehreren hundert Menschen auch nicht gerade hilfreich.

Nur in den wenigsten Fällen servierten wir Essen auf Tellern an die Tische. Die große Kunst bei allen anderen Veranstaltungen bestand darin, den verschlungenen Weg von der Großküche in den Veranstaltungssaal so effizient wie möglich auszunutzen, um sich eine Menge der sehr delikaten Snacks selbst in den Mund zu stopfen, bevor man dann den Saal mit den Gästen betrat. Dabei war es wichtig, keinem der Teamleiter zu begegnen, denn diese hatten einen geschulten Blick dafür, ob man das Tablett oder die Backen voll hatte. Im Saal angekommen galt es dann, mit vollem Mund zu lächeln, während man die Gäste bediente, und in unbeobachteten Momenten die Köstlichkeiten nach und nach herunterzuschlucken.

Wir kellnerten auf großen und kleinen Veranstaltungen. Servicekräfte, die schon länger dabei waren und denen man zutraute, sich nicht völlig danebenzubenehmen, wurden auch gerne für private Veranstaltungen meist wohlhabender Gastgeber ausgeliehen. Bei Geburtstagen und Jubiläen in Privathäusern konnte es schon mal vorkommen, dass es nur drei Kellner brauchte, bei den großen Galas und Empfängen in der Kunsthalle Schirn, im Zoo Palais oder der Börse traten dann manchmal bis zu 50 Servicekräfte auf einmal ihren Dienst an.

Meistens arbeiteten wir alle in ausgelassener Stimmung, auch wenn es noch so stressig war. Die meisten der Servicekräfte waren Studenten. Jeder wusste, dass dieser Job nur ein vorübergehender war und so nahm keiner die Sache wirklich ernst. Erstaunlich war dabei eigentlich nur, dass trotzdem immer alles nahezu reibungslos zu funktionieren schien. Und die Firma hatte durchaus einen Ruf zu verlieren. Hervorgegangen aus einer traditionsreichen Konditorei widmete man sich später hauptsächlich gehobenen Veranstaltungen und der Firmenname wurde schon bald zu jenem Namen, der fiel, wenn jemand eine opulente Feierlichkeit plante. Ich fand es immer wieder verblüffend, wie ein Teamleiter auch bei sehr prestigeträchtigen Feiern zum Teil völlig unerfahrene Servicekräfte auf die Gäste losließ. Jedenfalls geschah das sicherlich nicht ganz ohne eine gewisse Strategie. Schnell machte das Gerücht die Runde, dass den Kunden mehr als das doppelte jenes Stundenlohns in Rechnung gestellt wurde, den wir erhielten. Das war ein durchaus lohnendes System, das im Servicebereich gang und gäbe ist, wie ich bei späteren Jobs feststellte. Nichtsdestotrotz gab es immer mal wieder peinliche Momente, wenn ein unerfahrener Kellner einem Gast etwa von der falschen Seite Wein nachgoss oder im Gespräch mit dem adeligen Gastgeber nicht die nötige Höflichkeit walten ließ.

Ich machte diesen Job über einen Zeitraum von mehreren Jahren, mal mehr, mal weniger intensiv. Immer am Anfang des Monats ließ man sich für die gewünschten Veranstaltungen eintragen, oft wurde man dann zusätzlich dazu noch sehr kurzfristig angerufen, wenn mal wieder die Hütte brannte.

Ein nicht zu verachtender Pluspunkt dieser Beschäftigung war das stets grandiose Essen. Hatte ich mal keine große Lust auf das Kellnern selbst, so musste ich mir nur das üppige Buffet vor meinem geistigen Auge ausmalen, um dann schließlich doch zuzusagen. Bei den ‚a la carte'-Veranstaltungen achtete die Firma immer darauf, dass auch wir gut versorgt waren. Wir bekamen zwar nicht dasselbe wie die erlauchten Gäste, aber man ließ uns auch nicht darben.

Auch genoss ich die festliche Atmosphäre bei den zum Teil riesigen Veranstaltungen sehr. Nicht selten hatten Floristen und Ausstatter mehrere Tage damit zugebracht, den Veranstaltungsraum herauszuputzen. Auch wir tauchten bereits Stunden vor Ankunft der Gäste auf, um Tische zu decken, Gläser zu polieren, Servietten zu falten und Besteck in die richtige Position zu bringen. Diese Zeit vor der eigentlichen Veranstaltung war mir meist die liebste und absurderweise war sie von Vorfreude erfüllt. Mit den stets feierlich gekleideten Gästen machte ich fast durchweg gute Erfahrungen. Verfügte man über ein Mindestmaß an Erziehung, so wurde man in der Regel auch nicht von oben herab behandelt. Nur ein paar Male meinte ein betrunkener Gast zu später Stunde, seine Position klarmachen zu müssen, was jedoch in der Regel eher zur Peinlichkeit für ihn geriet.

Das Ende einer jeden Veranstaltung war die größte Tortur. Zwar durften wir nicht selten die Alkoholreste leeren, sobald die Gäste den Ort des Geschehens verlassen hatten, aber nun ging es daran, Geschirr abzuräumen, Tische und Stühle abzubauen und den Saal wieder in den ursprünglichen Zustand zu bringen. Man kann sich nur schwerlich vorstellen, wie ein Saal aussieht, nachdem dort 500 Leute ein paar Stunden lang gefeiert haben. Nichtsdestotrotz blieb ich fast immer bis zum Schluss, da sich die letzten Stunden zu einem netten Zubrot addierten und man ab einem gewissen Stadium, das nach etwa 12 Stunden vor Ort einsetzte, ohnehin nur noch wie auf Autopilot funktionierte.

Nicht zuletzt war ein Einsatz immer eine erfolgversprechende Art, Mädels kennenzulernen. Es gab bei den Servicekräften eine hohe Fluktuation, sodass es immer wieder Gesichter gab, die man noch nicht kannte. Und bei der Einstellung weiblicher Servicekräfte wurde doch offenbar meist größerer Wert auf die äußere Erscheinung gelegt. Ein harter Kern von Leuten, die den Job zum Teil schon viele Jahre lang machten, verstanden sich auch privat so gut, dass man oft nach den Veranstaltungen noch in den Frankfurter Clubs feiern ging.

Am Ende eines Abends blieb meistens eine riesige Menge an Essen übrig. Zwar wurde ein Teil davon an wohltätige Organisationen wie ‚Die Tafel' weitergereicht, aber für viele Dinge war das aus hygienischen Gründen nicht erlaubt. Waren die Köche und Gehilfen auch während einer Veranstaltung oft noch so grimmig, so waren sie doch bei Feierabend immer bereit, uns etwas von den Resten einzupacken. So hatten wir in unserer WG nicht selten den Kühlschrank so voll mit leckeren Speisen, dass wir diese nicht einmal gemeinsam mit unseren Nachbarn vernichten konnten. Ich erinnere mich hier besonders gerne an eine 5 kg schwere Käseplatte, an der wir wochenlang sprichwörtlich zu knabbern hatten.

Nachdem ich nach Berlin gezogen war, wendete ich mich anderen Tätigkeiten zu, um meine Brötchen zu verdienen. Kofler hatte in Berlin gerade erst angefangen und zwei andere Catering-Unternehmen, bei denen ich mich probeweise versuchte, ließen deutlich die Frankfurter Leichtigkeit vermissen.

Die Firma Kofler hat sich in den letzten Jahren auch in Berlin etabliert und macht mit neuartigen Catering-Konzepten Schlagzeilen. Mein damaliger Mitbewohner, der den Service-Job noch fast 15 Jahre lang machte, ist mittlerweile ein erfolgreicher Fotograf geworden. Meine Zeit als Servicekraft hat bewirkt, dass ich immer ausgesprochen freundlich zu Kellnern jeder Art bin und in der Regel auch ein gutes Trinkgeld hinterlasse.

Bezahlung:	DM 10/ Stunde.
Arbeitsaufwand:	Gering.
Gelernt fürs Leben:	Reste in einer Flasche lassen sich leichter ausgießen, wenn man die Flasche dabei rotiert.

39. Fahrradmechaniker

Manchmal musste ich darüber schmunzeln, dass man mich hier allen Ernstes Fahrräder reparieren ließ. Mich, der ich doch bis weit über die Grenzen unserer Kleinstadt hinaus für meine zwei linken Hände berüchtigt war. Ich hatte seinerzeit eigentlich nur ein paar Fahrradhandschuhe kaufen wollen und man hatte mir, quasi an der Registrierkasse, einen Job angeboten. So richtig erklären konnte ich mir das alles nicht.

Das für unsere Gegend völlig überdimensionierte Bike Max war eine riesige Halle voll von allem, was auch nur im Entferntesten mit Zweirädern zu tun hatte. Damals, Mitte der Neunziger waren große Laden-Ketten noch eher die Ausnahme, besonders wenn es um Spezialgebiete wie Fahrräder ging. Doch schnell sprach sich herum, dass viele Sachen hier tatsächlich deutlich günstiger zu bekommen waren als bei den alteingesessenen kleinen Fahrrad-Klitschen der Umgebung. Und ich glaube nach wie vor, dass das Riesige, Kathedralenhafte sehr seinen eigenen Teil dazu beitrug, dass die Anzahl der Kunden stetig wuchs. Man konnte sich bei Bike Max so herrlich amerikanisch fühlen. Und das gut zu finden, war damals noch völlig OK.

Und so schraubte ich zwei mal die Woche in der stets gut besuchten Halle emsig vor mich hin. Inmitten der brandneuen Fahrräder, deren Geruch nach Öl und frischem Gummi ich immer als sehr angenehm empfand, gab es eine kleine Brache, in der bis zu fünf Leute an Rädern werkelten. Einer von diesen war ich. Die Leute brachten ihre Fahrräder wegen der unterschiedlichsten Probleme. Mal musste man im Prinzip alles austauschen, mal war das Zweirad mit ein paar Umdrehungen der Schrauben an der Schaltung bereits wieder wie neu. Der Laden profitierte davon, dass die meisten Menschen nicht mal wussten, was ein Imbus ist, geschweige denn, wie man mit einem solchen umgehen musste.

Jeder von uns hatte einen Spezialständer, an dem man ein Fahrrad so aufhängen konnte, dass die Räder frei drehten, und der mit allerlei Werkzeugen bestückt war. In den ersten paar Schichten musste ich noch oft nachfragen, wie sich dieses oder jenes Problem beheben lässt, dann jedoch wurden meine handwerklichen Fähigkeiten zusehends flüssiger und ich somit souveräner. Klar, ich machte immer mal wieder was kaputt, aber überall lagen so viele Ersatzteile rum, dass man diese kleinen Patzer schnell wieder ausbügeln konnte, ohne dabei viel Aufsehen zu erregen. Ich schraubte und bluffte, und man schien mir abzunehmen, dass ich für diese Art Job qualifiziert war. Nach nur ein paar Wochen überprüfte nicht mal mehr jemand die von mir ausgeführten Reparaturarbeiten, bevor man die Fahrräder an die Kunden aushändigte. Ich konnte dann nur hoffen, dass eventuelle Reklamationen erst reinkamen, wenn ich gerade nicht Dienst hatte.

Wenn ich nicht bastelte und mich von oben bis unten mit Kettenfett einsaute, packte ich Räder aus ihren Papp-Verpackungen aus oder versah Zubehörteile mit Etiketten. Die Größe der Halle dämpfte alle Geräusche der in ihr Wandelnden wattegleich und so lag über allem stets eine sehr entspannte Atmosphäre.

Einer meiner Kollegen war mir nicht sonderlich wohlgesonnen und, da er in der Hierarchie etwas höher war als ich, teilte er mir des Öfteren unangenehme Aufgaben zu. Er war der Typus des unbelehrbaren Besserwissers auf seinem Fachgebiet und einer jener Sorte Menschen, die sich besonders viel darauf einbildeten, schon lange bei einem Unternehmen zu sein. Diese Art des Verschmelzens der Persönlichkeit von Angestellten mit ihrem Unternehmen sollte ich in den folgenden Jahren noch öfter zu Gesicht bekommen. Nur selten hinterließ es einen guten Nachgeschmack.

Als ich ein paar Wochen dabei war, bot man mir an, einige meiner Schichten in sportlichen Klamotten im Verkaufsraum statt mit öligen Fingern hinter dem Fahrradhalter zu bestreiten. Doch auch dieser Versuch, den Verkäufer in mir herauszukitzeln, scheiterte wie viele andere zuvor und noch viele mehr danach. Hatte jemand die Absicht ein Fahrrad zu kaufen, so war ich nur zu gerne dazu bereit ihm zu erklären, welche Räder gut waren. Aber wer war ich, dass ich ihm zu einem der Räder im Speziellen hätte raten sollen? Das musste der Kunde schon selbst entscheiden, wie ich fand. Oft entschieden sich die Kunden daher nach einem Verkaufsgespräch mit mir schlichtweg für einen anderen Laden. Und so gaben meine Eltern und besonders mein Vater, der sein ganzes Vermögen als Verkäufer erwirtschaftet hatte, die Hoffnung nach und nach auf, dass ich jemals in seine Fußstapfen treten würde.

Zugegebenermaßen hatte ich auch meine Probleme damit, die Billigflotte aus Korea anzupreisen, welche die Kette ebenso im Sortiment führte wie eine Handvoll Markenräder. Mehr und mehr gewann ich den Eindruck, dass diese minderwertigen Produkte das eigentliche Erfolgsgeheimnis hinter der Kette waren, was die Räder selbst jedoch nicht besser machte. Rückblickend muss das wohl damals die Vorhut der Massen an Waren aus Korea und China gewesen sein. Man ahnte bereits, dass da bei diesen Preisen etwas nicht ganz mit richtigen Dingen zugehen konnte.

Die Krönung diese Jobs gegen Ende meiner Zeit vor Ort war der Kauf eines State-of-the-art Mountainbikes, das ich nach Abzug aller Nachlässe für nur ein Drittel des Originalpreises erhielt.

Noch Jahre später gewährte man mir auf Zubehör Spezialpreise. Den Besserwisser sah ich immer mal wieder, er wirkte von Jahr zu Jahr verbissener. Der Laden scheint sich bis heute zu halten. Ich bin froh, dass ich meine Schaltung heute selber einstellen kann.

Bezahlung:	DM 12 /Stunde.
Arbeitsaufwand:	Mittel.
Gelernt fürs Leben:	**Man kann alles lernen. Zu Anfang sollte man aber immer ein bisschen so tun, als könnte man es schon. Schon allein der guten Stimmung wegen.**

40. Menschliches Hinweisschild

Angeheuert hatte man mich als Chauffeur. Wie immer war es sehr leicht gewesen, mich mit bezahltem Autofahren zu ködern. Es war Frühsommer. Ich war Student, frisch verliebt und offen für jedes Angebot.

Dummerweise hatte ich die Nacht zuvor nicht wie geplant früh ausklingen lassen, sondern war mit ein paar Freunden in unserer WG bei viel Wein abgestürzt. Als ich an jenem Morgen dann leicht verspätet in Frankfurt ankam, war meine größte Sorge, hoffentlich nicht so auszusehen, wie ich mich fühlte.

Der Teamleiter vor Ort würdigte mich keines Blickes und bat mich hektisch, die Autos auf dem Parkplatz einzuweisen. Das war eigentlich nicht der Deal gewesen, aber ich tat wie mir geheißen, da mir für jegliche Widerworte schlichtweg die Kraft fehlte und ich auch froh war, wieder alleine sein zu können und mich nicht mit anderen Menschen herumschlagen zu müssen. Vielleicht würde mir das die Gelegenheit verschaffen, ein wenig aufzuwachen.

Ich platzierte mich mittig auf dem riesigen Parkplatz der Audi-Filiale und winkte eher widerwillig die ankommenden Fahrzeuge in die richtigen Ecken. Als ich da so stand, die Sonnenbrille im Gesicht, in der einen Hand mein Telefon, in der anderen eine gerade angezündete Zigarette, fuhr plötzlich eine Audi-Limousine vor. Freundlich lächelnd fragte mich der gebräunte Fahrer, warum ich denn rauche bei der Arbeit und mein Gesicht hinter einer Brille verstecke, worauf ich ihm, ebenfalls lächelnd, erwiderte, das ihn das meines Erachtens nicht wirklich etwas angehe. Während ihm sein Lächeln im Gesicht gefror, klärte er mich auf, dass ihn das durchaus etwas angehe, denn er sei mein Ober-Chef.

Mir war klar, dass nach einem solchen Start nicht mehr viel Gutes kommen konnte. Und da lag ich verdammt richtig.

Die Veranstaltung war ein Werbe-Event von Audi, bei dem Leitern von Autohäusern aus der ganzen Republik nebst ihren in mitunter katastrophale Kostümchen gezwängten Gattinnen die Vorzüge des neuen Audi A2 nähergebracht werden sollten. Meiner Ansicht nach war das ein Auto, das nun wirklich niemand brauchte. Vermutlich bedurfte es aus ebendiesem Grund auch dieser Veranstaltung.

Damit sich die Gäste einen guten Eindruck über die Eigenschaften des A2 verschaffen konnten, wurde jedem der angereisten Paare nach der Begrüßung mit Schnittchen und billigem Sekt feierlich der Schlüssel zu einer dieser abgrundtief hässlichen Hasenkisten übergeben. Daraufhin galt es, eine rund 60 Kilometer lange Route quer durch den schönen Taunus zu absolvieren, wobei am Straßenrand kleine Aufgaben auf die Teilnehmer warteten. Ich malte mir kurz aus, wie trostlos das Leben der Audi-Autohaus-Leiter in der Provinz sonst so sein musste, wenn diese sich allesamt von einer Schnitzeljagd dieses Kalibers hinter dem Ofen hervorlocken ließen.

Schnell wurden bei uns Mitarbeitern die Teams festgelegt, während die vor Vorfreude grinsenden Teilnehmer bereits die bonbonfarbenen Geschmacksverirrungen bestiegen. Ich wurde als letzter eingeteilt, was ich schon als Teil 1 meiner Bestrafung wertete. Ich sollte mich wohl wie der Dicke der Klasse fühlen, den im Sportunterricht niemand in seiner Mannschaft haben wollte. Gönnerhaft grinsend teilte mir der zwei Meter große Chef, dessen Gunst ich unter keinen Umständen wieder gewinnen konnte, sodann mit, dass ich die Ehre habe, die Teilnehmer an einer Tankstelle an der Autobahn A 66 in Empfang zu nehmen. Da hatte er sich wirklich diplomatisch ausgedrückt.

Man gab mir ebenfalls einen A2 und ich fuhr die 20 Kilometer zur vereinbarten Stelle. Vor Ort angekommen wurde mir klar, worum es hier eigentlich ging. Direkt an der Ausfahrt, quasi mitten auf der Autobahn, sollte ich die nächsten 4 Stunden mit einem großen Pappschild in der Sonne stehen. Während es meine Aufgabe sein sollte, dafür zu sorgen, dass die Provinzeier nicht die Ausfahrt der zweispurigen Autobahn verpassten, sollte ich auch das Lächeln nicht zu kurz kommen lassen. Spitze. Ich war ein Hinweisschild geworden. Das war ein Job, den ein durchschnittlich begabter Bonobo hätte ausführen können.

Weder hatte man mir einen Sonnenschirm, noch irgendetwas zu trinken mitgegeben. Das Pappschild konnte ich auch nicht als Sonnenschutz verwenden, sonst hätte man ja die Audi-Aufschrift und den Pfeil nicht mehr gesehen. Ich schmorte in meinem eigenen Saft, sprichwörtlich wie buchstäblich.

Und so vergingen die Stunden im Zeitlupentempo und ich fluchte nur so vor mich hin. Immer wieder mal fuhr einer der bunten A2 trotz hektischen Pappschild-Wedelns meinerseits an mir vorbei, die meisten jedoch fanden ihren Weg auf die entzückende Raststätte. Ich riss mich zusammen und schluckte meinen Ärger, da die Leute, die ich einwinkte nun wirklich nichts für meine Misere konnten. Außer vielleicht, dass sie für Audi arbeiteten.

Als alle Teilnehmer meinen Checkpoint endlich passiert hatten und ich kurz vor einem Sonnenstich stand, wurden ich und meine Kollegen mit jeweils einem Audi an anderen Orten platziert, wo genauso wenig passierte. Ich wurde das Gefühl nicht los, dass wir, und im Besonderen ich, hier länger festgehalten wurden als nötig. Ich wurde für den Tag pauschal bezahlt, aber es hatte zumindest lose Vereinbarungen über die Einsatzzeiten gegeben.

Zu guter Letzt trieb es der offenbar leicht sadistisch veranlagte Chef dann auf die Spitze, als er mich nicht gehen ließ, obwohl die abgesprochene Zeit schon längst überschritten und ich bereits zu spät für meine Bandprobe war. Beim Wörtchen ‚Bandprobe' war ihm ein überhebliches Lächeln übers Gesicht gehuscht. Zudem waren wir eindeutig zu viele Leute, er hielt mich also nur mehr aus Schikane fest. Aber ich konnte nichts tun. Da wir irgendwo in der hessischen Walachei standen, war ich seiner Gnade auf Gedeih und Verderb ausgeliefert. Und ich hatte ihn am Morgen wohl wirklich nachhaltig verärgert. Als er mich dann einige Zeit später endlich beiläufig entließ, hatte er seine Rache auf jeden Fall gehabt und ich kochte vor Wut.

Nun sann ich auf Vergeltung. Und so versuchte ich auf dem Heimweg mit allen mir zur Verfügung stehenden Mitteln, wenigstens noch den mir zugeteilten A2 kaputt zu kriegen, indem ich ihn die 50 Kilometer zurück bei Vollgas im zweiten Gang fuhr. Meine Band wartete auf mich und einen Teil des soeben verdienten Geldes würde ich wohl erst mal in After-Sun-Creme investieren müssen. Irgendwie wollte ich einen Ausgleich für diese schreiende Ungerechtigkeit, auch wenn ich wusste, dass der Wagen nun wirklich nichts dafür konnte. Ob ich nun nach einer Panne noch später zur Bandprobe kam, interessierte mich mittlerweile auch nicht mehr. Doch eines musste man diesem Gefährt bei aller Unansehnlichkeit lassen: Robust schien es zu sein. Zwar zischte und dampfte die Kiste bei meiner Ankunft an der Zentrale gehörig, sie machte jedoch keinerlei Anstalten zu explodieren oder wenigstens in ihre knallbunten Einzelteile zu zerfallen.

Ich spuckte noch mal kräftig auf die Motorhaube, ehe ich mich vom Acker machte. Die Firma meldete sich erwartungsgemäß nie wieder bei mir. Wo sind die Audi A2 eigentlich heute alle hin? Ich habe seit Jahren keinen mehr gesehen.

Bezahlung: 150 DM.
Arbeitsaufwand: Hoch.
Gelernt fürs Leben: Beiß' nicht in die Hand, die Dich füttert.

41. Dokumentator bei der Love Parade

Das hatte ich mir schön ausgemalt. Wir schrieben zwar bereits das Jahr 2001, aber dies sollte tatsächlich meine erste Love Parade werden. Mit dem VIP-Pass, den mir meine Firma bereitstellte, würde ich überall reinkommen und bis zum Umfallen feiern können. Dabei sollte ich lediglich ein paar Fotos der Party People knipsen und dafür auch noch Geld bekommen. Ich war on fire.

Die Realität sah dann natürlich etwas anders aus. Wie meistens, wenn etwas zu gut klingt um wahr zu sein, dann ist es das letztendlich auch. Schon der Beginn des Jobs ernüchterte mich umgehend. Zunächst einmal musste ich eine Menge Formulare ausfüllen, in denen ich versicherte, die Kamera, die man mir für diesen Job zur Verfügung stellte, auch wirklich zurückzubringen. Danach musste ich das Ding erst mal verstehen lernen. Damals waren gerade die ersten digitalen Modelle auf den Markt gekommen und dieses war ein Profiteil mit zu vielen Knöpfen für meine bescheidenen Fähigkeiten. Leider hatte die Parade 2001 auch bereits ihre besten Tage hinter sich, der ehemals subversive Techno-Umzug war längst im Mainstream angekommen. Als ich die Straße des 17. Juni betrat, musste ich schnell feststellen, dass die Stimmung auf dem Massenrave mittlerweile eher einem Volksfest glich, und dass die meisten Besucher Leute waren, mit denen ich nicht unbedingt gemeinsam feiern musste. Man sah sogar eine Menge Familien, die sich eigens für diesen Anlass herausgeputzt hatten und wunderte sich, wer sich da so alles im 128 BPM - Takt wiegte. Das hätte genauso gut der Karneval in Köln sein können.

Trotz alledem fühlte ich mich gut auf meiner Mission. Mein Fahrrad, die Kamera, mein Spezialpass, der mich überall reinbringen sollte und ein bisschen Geld in der Tasche. Es konnte losgehen.

Die Love Parade war seinerzeit viel mehr als nur ein Umzug. Zwar sah man im Fernsehen immer nur Bilder der zu mobilen Clubs umgebauten LKW und hörte, dass mitunter 700.000 Leute gemeinsam auf der Straße tanzten, aber die Parties begannen schon Tage vor dem eigentlichen Ereignis und gingen noch lange weiter, nachdem der Tiergarten längst wieder von den Tonnen von Müll befreit worden war. Jedes Zimmer in Berlin war ausgebucht und die Straßen barsten geradezu vor deutschen und internationalen Besuchern, denen der Erlebnishunger ins Gesicht geschrieben stand. Es herrschte Ausnahmezustand. Wie schon im Jahr zuvor hatten meine Mitbewohnerin und ich auch diesmal wieder fast zehn Partytouristen, alte Freunde aus Hessen, in unserer Bude aufgenommen. Die Leute gingen bei uns nur so ein und aus und die Musik lief ohne Unterbrechung. Als ich meinen Job antrat, war ich bereits dementsprechend erschöpft.

Doch ich hatte noch genug Energie, um dann fast 24 Stunden nonstop unterwegs zu sein. Ich schob mich durch die Menschenmassen und meinen Finger hatte ich stets auf dem Auslöser. Ich knipste, was das Zeug hielt. Zunächst trieb ich mich stundenlang beim Umzug selbst rum und konnte kaum glauben, wie viele Menschen an diesem strahlend schönen Tag unterwegs waren, ja, wie viele Menschen tatsächlich auf eine einzige Straße passten. Waren die Leute zum Teil ohnehin schon völlig außer Kontrolle, so setzten viele in puncto Wahnsinn noch mal einen drauf, sobald sie in meine Kamera blickten. Ich wünschte mir, dass mir öfter derart viele Frauen ungefragt ihre Brüste zeigten. Doch nach einem kompletten Nachmittag zwischen zehntausenden tanzenden und schwitzenden Menschen brauchte ich erst einmal eine Pause. Der Begriff Reizüberflutung hatte im Laufe dieser Stunden eine völlig neue Bedeutung gewonnen. Und so entspannte ich mich fernab der Partyzone bei einem Bier und begutachtete die Fotos, die ich gemacht hatte. Nur ein paar Liebespärchen auf Ecstasy waren außer mir auf der Wiese im Tiergarten zu sehen.

Kurz darauf begann die Nacht in den Clubs, die auf die ganze Stadt verteilt lagen. Da Berlin selbst mit seiner riesigen Anzahl an Clubs den Besucherströmen nicht Herr werden konnte, hatte man zudem an allen möglichen anderen Orten temporäre Läden aufgemacht. Ich tingelte mit meinem Fahrrad durch die laue Sommernacht von einem zum anderen.

Tatsächlich ließ man mich mit meinem VIP-Pass wie versprochen fast überall umsonst rein. Einige Parties waren gut, andere eine reine Katastrophe. Doch ich amüsierte mich prächtig. Zwar ließ sich der Job nicht so wirklich mit Tanzen verbinden, da mir stets die riesige Kamera vor dem Hals herumbaumelte. Durch meine Fotos jedoch kam ich in Kontakt mit viel mehr Menschen als sonst, und lernte dabei einige interessante Charaktere kennen. Die Leute kamen aus ganz Deutschland, aus der brandenburgischen Provinz, aber genauso auch aus dem europäischen Ausland. Alle wollten etwas erleben. Meine Aufgabe war es, so viele Feiernde wie möglich auf meinen Fotos festzuhalten. Nebenher machte ich aber auch eine Menge Aufnahmen von den Party-Locations selbst, von DJs in Aktion und von der generellen Stimmung bei den einzelnen Parties. Als es längst wieder hell war, war ich dermaßen fertig, dass ich im Stehen hätte einschlafen können. Daher entschloss ich mich zum Rückzug.

Der große Haken des ganzen Jobs offenbarte sich jedoch erst zum Schluss. Jeder, den ich fotografiert hatte, hatte von mir danach einen kleinen Zettel mit einer Nummer bekommen. Mit dieser Nummer konnte er auf der Website meines Auftraggebers das Foto online einsehen. Diese Art der Party-Fotografie war damals gerade der letzte Hype und sollte kurze Zeit später ihren Höhepunkt erreichen. Leider konnten die Leute jedoch auf der Website meiner Firma zunächst nur eine kleine unscharfe Version des Bildes sehen. Wollten sie das ganze Bild in guter Auflösung betrachten, so mussten sie dafür bereits bezahlen, und das nicht zu knapp. Ich denke, dass sich viele spätestens an diesem Punkt schlichtweg verarscht vorkamen. Mir wäre es selbst vermutlich nicht anders gegangen. Noch dazu sollte man nicht unterschätzen, wie viele verpeilte Raver den winzigen Zettel mit der Nummer im Laufe der Party verloren oder später mitgewaschen hatten. Oder sich nicht mal mehr im Ansatz daran erinnern konnten, welchen Zweck die Ziffern auf dem Stückchen Papier wohl noch mal hatten oder dass sie überhaupt von irgendwem fotografiert worden waren.

Jedenfalls wurde ich nur nach am Ende bestellten Fotos bezahlt. Und selbst nach Berücksichtigung aller oben genannter Probleme hatte ich doch etwas mehr erwartet. Denn es bestellte summa summarum genau: einer. Ein einziger der Hunderten, die ich abgelichtet hatte.

Es sollte aber noch besser kommen. Denn dieser eine Typ gab bei der Registrierung auch noch seine email-Adresse falsch an und meldete sich selbst nie wieder zurück. So brachte mir nicht mal dieses eine Foto Geld ein. All meine Bemühungen waren komplett für die Katz' gewesen.

Jahre später sah ich auf der Myspace-Profilseite eines DJs, dass er ein von mir geschossenes Foto verwendete. Keine Ahnung, wie er daran gekommen war, aber es trug ohne jeden Zweifel meine Handschrift. Die Firma, für die ich den Job gemacht hatte, war verdientermaßen längst pleite gegangen. Die Love Parade zog nur kurz darauf nach Dortmund, wo sie meiner Meinung nach auch mittlerweile deutlich besser hinpasste.

Bezahlung:	Keine.
Arbeitsaufwand:	Hoch, auch wenn es nicht so aussieht.
Gelernt fürs Leben:	Vor dem Antritt eines Jobs sollte man die Konditionen klären.

42. Im Hotdog-Kostüm an Berliner Universitäten

Schon am Telefon hatte ich gemerkt, dass es meiner Ansprechpartnerin in der Agentur etwas unangenehm war, die Katze aus dem Sack zu lassen und mir zu erzählen, um was es bei diesem Job wirklich ging. Man hatte sich in der Annonce geheimnisvoll gegeben, aber irgendetwas hatte mein Interesse geweckt. Da war in einer Passage das Wort Kostüm gefallen. Man lud mich ein, um mir den Job von Angesicht zu Angesicht zu erläutern. Die Agentur befand sich im besonders schicken Part von Berlin-Mitte in einem Hinterhof. Ich betrat sie durch ein lichtdurchflutetes Foyer voller hübscher, sicherlich unterbezahlter Praktikantinnen und expressionistischer Fotografien an der Wand. Nach nur kurzem Warten führte man mich in einen Konferenzraum und bot mir Cappuccino an, fair trade versteht sich. Im Raum saßen drei Agenturleute und eine Frau vom Kunden Sparkasse. Sie sahen mich an, als wüssten sie nicht so genau, wie sie anfangen sollten. Auffordernd blickte ich in die Runde und versuchte, meine Furchtlosigkeit zum Ausdruck zu bringen. Daraufhin erklärte man mir zögerlich das Konzept. Ich sollte jeden Tag an einer anderen Hochschule Berlins zur Mittagszeit in der Nähe der Mensa stehen und Flyer verteilen, die für einen neuen Kredit der Sparkasse warben. So weit, so gut. Ich sollte dabei aber komplett in einem Hotdog Kostüm stecken, das nur meine Arme und mein Gesicht unbedeckt ließ. Ich sollte den Leuten die Flyer mit den Worten überreichen: ‚Schaut Euch mal diesen Kredit bei der Sparkasse an. Dann müsst Ihr nicht so schlimme Jobs machen wie ich.' Eigentlich eine ziemlich gute Idee, wie ich fand. Ich weiß nicht, ob einer der im Raum Anwesenden für das Konzept verantwortlich zeichnete. Wenn ja, so wusste er seine Schadenfreude gekonnt zu verbergen. Je länger ich in die mitleidigen Gesichter der Runde schaute, desto klarer wurde mir, dass ich offenbar der einzige Mensch gewesen war, der sich auf diesen Job beworben hatte. Ihnen schien sehr daran gelegen, mich nicht auch noch zu vergraulen. Vorsichtig fragte mich die eine Agenturfrau, ob ich wohl würde umsetzen können, was sie mir soeben geschildert hatten. Ich erwiderte: ‚Ja, so etwas wollte ich schon immer mal machen!' und lächelte. Der Knoten war geplatzt. Ungläubigkeit machte sich in den Gesichtern breit. Doch als es ihnen plötzlich dämmerte, dass ich das auch noch ernst meine, entspannte sich die Stimmung im Raum. Und es war nicht mal gelogen. Vor einigen Jahren war mal jemand in einem zwei Meter großen Pocemon-Kostüm bei einer Party aufgetaucht und ich war sofort Feuer und Flamme gewesen. Spätestens jedoch seit dem Film ‚Das Leben ist eine Baustelle', wo Jürgen Vogel plötzlich in einem Hühnerkostüm steckt, hatte ich gewusst, dass auch ich es irgendwann einmal in ein Ganzköperkostüm schaffen musste. Jetzt würde ich dafür sogar noch Geld bekommen! Zum Test zog ich den Hotdog einmal an. Alle lächelten verlegen und versuchten die Contenance zu wahren. Perverserweise passte mir das Ding wie angegossen. Ich war überrascht davon, wie leicht meine Verkleidung war, denn sie war eigentlich recht massiv. Schnell wurde mir aber klar, dass es hier drin wirklich warm werden würde. Es war Frühsommer und meine Einsatzzeiten lagen immer in der wärmsten Zeit des Tages. Den Reißverschluss, der das Ganze am Rücken nahezu hermetisch abriegelte, konnte ich auch mit den akrobatischsten Verrenkungen nicht selbst erreichen; dafür hätte man schon Houdini sein müssen. Aus diesem Grund also hatte man mir die nette Praktikantin zugeteilt, die mich überall hin begleiten sollte. Alleine war ich in dieser Hülle aus ausgestopftem Velours schlichtweg gefangen. Fast mein ganzer Körper war nun also von einem Frankfurter Würstchen ummantelt, meine Arme ragten aus zwei glänzenden Brötchenhälften, die das Würstchen zu einem Hot Dog machten. Um das Ensemble komplett zu machen, prangte auf meiner Front in Zickzackform ein Streifen grünlich-gelben Senfs. In der Woche drauf ging es los. Unsere erste Station war die FHTW, Berlins größte Fachhochschule. Meine Assistentin Nicole half mir in das Kostüm. Sie war eigentlich ganz süß. Ich hatte aber schon zu Anfang das Gefühl, dass sie nicht so wahnsinnig große Lust darauf hatte, sich die nächsten Tage als Reißverschlussbedienerin zu verdingen. Sie wollte offensichtlich höher hinaus. Ich an ihrer Stelle wäre froh gewesen um jede Minute, die ich nicht in der sterilen Agentur verbringen musste.

Ich trug unter dem Kostüm kurze Klamotten, denn es war tatsächlich sehr warm draußen. Mit einem ersten Stapel Flyer stand ich dann vor dem Eingang zur Mensa und langsam quollen die ersten Studenten aus den Hörsälen.

Schnell offenbarte sich, wo die Kernprobleme dieses Jobs lagen. Es war höllisch heiß in meiner Hülle, vermutlich hätte ich mich in ihr bequem einer Polarexpedition anschließen können. Zudem war es dermaßen eng, dass meine Platzangst ständig kurz davor stand Alarm zu schlagen. Fast überall berührte das Kostüm meinen Körper, es war wirklich, als hätte man mir eine zweite Haut übergestülpt. Das sorgte zudem schon bald für Rückenschmerzen, da ich mich nicht normal bewegen konnte. Und dann war da noch besagte Assistentin Nicole, auf deren Charme ich kurz hereingefallen war. Ihr kleiner Hintern und das nette Lächeln hatten mich geblendet. In Wirklichkeit war sie eine nervtötende kleine Kuh, die noch nicht verstanden hatte, dass man in einer solchen Agentur wie der ihren aller Voraussicht nach nicht durch strebsame Arbeit, sondern viel wahrscheinlicher durch sexuelle Gefälligkeiten nach oben kam. Ständig meinte sie mir sagen zu müssen, dass ich doch noch mehr Leute ansprechen, oder auch mal ein bisschen herumlaufen solle. Ich fand, dass ich wirklich genug Leute ansprach und das Laufen war wegen der winzigen Öffnung, aus der meine Füße geradezu grotesk herausragten, kaum möglich. Doch ich war von ihr abhängig. Was, wenn sie mich nie wieder aus dem Hotdog herauslassen würde?! Sie zeigte dermaßen wenig Mitleid mit meiner Situation, dass sich vor meinem geistigen Auge ein Bild von ihr als Domina in schwarzem Leder formte. Ich hatte sogar ein bisschen das Gefühl, dass der ärmliche Anblick, den ich bot, gerade erst ihre dunkle, herzlose Seite zum Vorschein kommen ließ. Ein Teufelskreis. Widerwillig ließ sie mich alle halbe Stunde aus meiner Pelle, damit ich mir die Schweißperlen von der Stirn wischen und einen Schluck Wasser trinken konnte. Doch nach nur wenigen Minuten gemahnte mich ihr strenger Blick daran weiterzumachen. Ich erwartete, dass sie jeden Moment eine Peitsche aus ihrer Handtasche hervorzauberte. An der FHTW fragte ich mich mehrfach, welche Qualifikationen man eigentlich mitbringen musste, um dort zu studieren. Das Abitur, das Beherrschen des Hochdeutschen oder ein Mindestmaß an Manieren, all dies konnten sicherlich keine Immatrikulationskriterien sein. Viele der Studenten gebärdeten sich wie im Schimpansengehege des Berliner Zoos. Hier kristallisierte sich auch schnell ein Phänomen heraus, das ich an den anderen Unis

bestätigt sah: Der markante Unterschied zwischen Männern und Frauen. Während die Mädchen fast einhellig großes Mitleid mit mir hatten und viele von ihnen mir das auch mitteilten, schlossen sich immer mal wieder kleine Gruppen von Typen zusammen, nur um zu beratschlagen, wie man mich am Besten umwerfen oder gar ‚umtreten' konnte. Sie wollten mich leiden sehen, mehr noch, als das ohnehin schon der Fall war. Glücklicherweise kam es letztendlich nur zu kleinen Stupsern, die ich mit viel Mühe und Geschick wieder ausbalancieren konnte. Doch so sehr mich die Mädels auch bedauerten und mir manchmal gar den Senf tätschelten, für ein nettes Gespräch reichte das Mitleid auch hier nur selten. Ich fürchte, alle waren dann doch zu beschämt, um sich für längere Zeit mit einem laufenden Hotdog zu unterhalten. Und so gestaltete sich meine ganze Aufgabe doch zusehends demütigender: Frauen, denen ich leid tat, aber mehr nicht, Männerbanden, die mich noch mehr leiden sehen wollten, und dazu noch die kleine Agenturnachwuchsschnalle stets im Nacken. Dann noch die körperlichen und seelischen Qualen. Und dann warb ich auch noch für eine Bank.

Doch ich blieb eisern. Demütigung ist ja bis zu einem gewissen Maße immer nur so schlimm, wie man sie selbst zulässt. Ich schaffte es, die ganze Sache mit Humor zu nehmen. Ich betrachtete den Job als soziales Experiment und Test meines Selbstbewusstseins. Als der Projektleiter - der, mit dem meine Assistentin früher oder später in die Kiste musste – beim ersten Einsatz an den Ort des Geschehens kam, um den Erfolg der Aktion einschätzen zu können, schaute er sich das Treiben ein paar Minuten lang an. Dann kam er gebeugten Hauptes zu mir rüber und legte eine Hand dort auf eine Brötchenhälfte, wo er meine Schulter vermutete. Entschuldigend teilte er mir mit, dass er mir gerne 4 Euro mehr die Stunde geben wolle. Und ich möge doch bitte durchhalten, es täte ihm leid. Sein Mitleid wirkte aufrichtig und nicht gestellt. Die Einsätze an den nächsten Unis gestalteten sich ähnlich, mit dem kleinen zusätzlichen Anreiz, dass ich an der FU und an der Humboldt Universität auch noch ehemalige Kommilitonen treffen konnte. Und dies natürlich auch prompt tat. Der Bonus bei der ganzen Sache war, dass die Flyer, die ich verteilte, zugleich Gutscheine für die Hotdog-Kette Miste Miller waren. Stand Nicole, die kleine Kuh, einmal nicht in meiner Nähe, konnte ich den Leuten einfach direkt ins Gesicht sagen, dass ich ein paar Gutscheine für sie hatte. Für gewöhnlich gingen die Dinger dann besser weg und man behandelte mich auch mit einem Fünkchen mehr an Respekt. Schnell jedoch hatte ich durchschaut, dass niemals jemand die übriggebliebenen Gutscheine zählte, geschweige denn Notizen darüber machte, wie viele ich wirklich verteilte. Somit waren die Zettel bares Geld wert! Stapelweise steckte ich mir die Teile bei jedem Einsatz ein. Wer mich ‚umtreten' wollte, sollte nicht auch noch mit dem Genuss eines kostenlosen Hotdogs dafür belohnt werden, wie ich fand. Ausgleichende Gerechtigkeit.

Und so hatte ich nach dem Ende des Jobs einen Gutschein-Vorrat für ein halbes Jahr angehäuft, ich musste den Stapel mit Gummibändern zusammenhalten. Ich verschenkte die Karten an Freunde und Bekannte, lud immer mal wieder jemanden zu einer ausufernden Hotdog-Session ein, und hatte eigentlich stets ein paar in der Tasche, für den Hunger zwischendurch gewissermaßen. Damit ich nicht so auffiel, wechselte ich immer wieder den Standort. Es gab in Berlin über 20 Filialen der Kette.

Der wohl skurrilste Tag dieses Jobs jedoch war mein Einsatz an der FU. Hier stand ich als armes Würstchen inmitten einer Protestkundgebung gegen die Spaßmaßnahmen der Universität und traf später auch noch die Schwester meiner Freundin. Aber damit nicht genug, schlüpfte ich am Ende meiner Schicht aus dem Hotdog directement in einen mitgebrachten Anzug, setzte mich in ein Taxi und arbeitete im direkten Anschluss an meinen Einsatz noch als Statist auf einer Konferenz!

In den darauffolgenden Jahren gemahnte ich mich oft selbst daran, wie ungern ich ein weiteres Mal in einem Kostüm stecken wollte, sei es nun Hotdog, Huhn oder Pocemon-Charakter. Ich denke, die Erinnerung an diese qualvollen Stunden als Wurst haben meinen Ehrgeiz stets befeuert, andere Möglichkeiten der Geldgewinnung zu erschließen.

Nachdem meine Gutscheine aufgebraucht waren, rührte ich nie wieder einen Hotdog an. Schon bald wurde ich Vegetarier. Ob auch das auf diesen Job zurückzuführen ist, bleibt jedoch dahingestellt.

Bezahlung: € 13/ Stunde.
Arbeitsaufwand: Mittel.
Gelernt fürs Leben: Frauen sind doch die besseren Menschen.

43. Adressgenerierer für eine Halsabschneider-Bande

Wie tief war ich gesunken? Es war noch längst nicht 2009, aber die Finanzkrise war irgendwie schon angekommen. Zumindest in meinem Portemonnaie. Ich war mal wieder aus einem faulen Winter in warmen Gefilden zurückgekehrt und nun musste ich wirklich Geld verdienen, auf welche Art auch immer.

Ich hatte den Job in einem Magazin ausgeschrieben gesehen und mich gleich mitsamt meiner Freundin beworben. Nur kurze Zeit später standen wir auch bereits auf dem Ku'damm und sprachen eine Menge Leute an, die aussahen wie jene Art Menschen, die ,Shopping' angaben, wenn man sie nach ihren Hobbies fragte. Der Westen Berlins war wirklich eine komplett andere Welt als das Biotop, das sich seit der Maueröffnung im Ostteil der Stadt herausgebildet hatte. Schnell wusste ich wieder, warum ich hier so selten herkam.

Der Job war eine einzige Farce. Offiziell betrachtet veranstalteten wir hier ein Gewinnspiel, bei dem man Geldbeträge, aber auch einen ,Smart for two' gewinnen konnte, jene lange Version eines Smart, die den einzigen Vorteil dieses Wagens, Handlichkeit, ad absurdum führte. Wir waren mit einem solchen hergekommen und hatten ihn demonstrativ halb auf dem Gehweg geparkt. Doch schon bevor es losging, war mir im Prinzip klar, dass es hier um nichts Anderes ging, als Adressen von Leuten abzugreifen, um diese dann später mit dubiosen Angeboten belästigen zu können. Wer hier am Ende gewinnen würde, das stand schon im Voraus fest. Ich war es nicht und die angesprochenen Passanten waren es ebenso wenig. Es war die Agentur, die uns beschäftigte, und sonst niemand.

Wir wurden nach Stunden bezahlt. Das Provisionssystem wurde hierbei geradezu umgekehrt, da es nicht nur keine Provision gab, sondern man auch den Grundstundenlohn nur dann erhielt, wenn eine bestimmte Menge ausgefüllter Karten abgeliefert wurde. Eine Art Negativprovison gewissermaßen. Das hätte mich im Grunde gleich stutzig machen sollen.

Mit diesem Job schlich sich bei mir ein Gefühl ein, als wäre ich nun wirklich am Fuße der sozialen Leiter angekommen. Kanalreiniger war vielleicht die einzige Beschäftigung, die ich als noch schlimmer einstufte. Diesen Job auch noch am Ku'damm auszuführen, jenem Inbegriff des Konsums, machte die Sache nicht leichter. Zwischen all den von sich selbst überzeugten Menschen dort stets fröhlich und energiegeladen zu agieren, um sie dazu zu bringen, ihre Adresse auf einer Postkarte einzutragen, das konnte es nun wirklich nicht sein. Und als der Verdacht, dass am Ende in Wirklichkeit niemand auch nur irgendetwas gewinnen würde, sich zunehmend erhärtete, empfand ich die ganze Angelegenheit immer mehr als untragbar. Doch damit nicht genug, dass wir bei kalten Frühlingstemperaturen einer so stumpfsinnigen wie menschenverachtenden Tätigkeit nachgehen mussten. Etwa einmal pro Stunde stattete uns die Teamleiterin zu allem Überfluss Kontrollbesuche ab. Oksana war eine Russin, die sicherlich acht Jahre jünger war als ich, im Gesicht eine riesige Warze trug und uns mit verbissenem Blick dazu aufforderte, mehr Karten zu schreiben. Das gehe so nicht, das sei alles viel zu wenig. Ich fand unsere Ausbeute von knapp 70 Karten nach zwei Stunden in Anbetracht der widrigen Umstände geradezu erstaunlich, aber Oksana sah das anders.

Nach dem zweiten Tag beschloss ich, dass wir lieber verhungern würden als einem solchen Beruf nachzugehen. Meine Freundin und ich hatten am Abend nach nur sechs Stunden auf der Straße wie zwei Häufchen Elend in der S-Bahn gesessen. Die Fahrt hatten wir beim ohnehin mickrigen Stundenlohn auch noch selbst bezahlen müssen. Kurz zuvor hatten wir noch bei der Rückgabe des Smart einen Blick in das Büro der dubiosen Firma gewagt, für die wir uns hergaben. Überraschenderweise sah diese gar nicht aus wie eine gewöhnliche Promotionfirma, denn alle Mitarbeiter befanden sich in fieberhaften Telefonaten über Headsets. Ich beschloss zu recherchieren, inwieweit Firmen eigentlich gesetzlich dazu verpflichtet sind, versprochene Gewinne auch wirklich auszuzahlen.

In der darauffolgenden Woche rief man meine Freundin an und fragte, ob sie noch ein letztes Mal arbeiten könne. Sie sollte auf einem großen Volksfest stehen, welches auf dem ,Zentralen Festplatz' stattfand, dessen Name in krasser Unverhältnismäßigkeit zu seiner Lage steht. Sie hatte eine Anreise von fast einer Stunde, die sie selbstverständlich nicht bezahlt bekam. Das nahm sie lediglich in Kauf, da man ihr gesagt hatte, sie solle auf diesem seltsamen Fest ganze 7 Stunden lang stehen. So hätte sich der Tag als Ganzes dann doch noch rechnen können. Als jedoch Oksana nach etwa eineinhalb Stunden zum Kontrollieren kam und sah, dass auf dem Fest nicht das Geringste los war, schickte sie meine Freundin einfach wieder nach Hause. Dort sollte sie dann die eineinhalb Stunden in Rechnung stellen und sich einfach etwas Anderes überlegen, was sie mit dem Tag Sinnvolles anfangen könnte, den sie sich extra freigehalten hatte. Abzüglich der Kosten für die S-Bahn hatte sie daher knapp 10 Euro für einen halben Tag Aufwand verdient. Als sie mir das erzählte, wünschte ich der jungen Russin bereits die Pest an den Hals.

Doch es sollte noch schlimmer kommen. Während man mir die Früchte dieser schrecklichen Arbeit relativ bald auszahlte, zahlte man meiner Freundin gar nichts. In der ersten Woche nicht, in der zweiten Woche nicht und auch nach zwei Monaten noch nicht. Mittlerweile hatte sie mit zwei anderen Leuten gesprochen, die für dieselbe Firma denselben Job gemacht hatten. Auch diese warteten vergeblich auf ihr Geld. Wie meine Freundin waren auch sie keine deutschen Staatsbürger und so drängte sich der Verdacht auf, dass die Firma bei den Ausländern erst mal versuchte, sich um ihre Kosten zu drücken. Ich konnte es nicht fassen. Was für ein abgrundtief verachtenswerter Haufen.

Als ich bei der Firma anrief und versuchte mit Oksana zu sprechen, teilte man mir mit, dass diese nicht mehr dort arbeitete. Dies jedoch reichte mir leider nur kurz zum Trost. Auf meine Frage, was denn mit dem Lohn für meine Freundin sei, machte sich mein Gesprächspartner nicht einmal die Mühe, mir etwas vorzulügen. Stattdessen sagte man mir durch die Blume, dass ich ja klagen könne, wenn mir irgendetwas nicht passte. Ich kochte vor Wut. Gerade so konnte ich mich noch zurückhalten und dem degenerierten Schwein am Ende der Leitung nicht damit drohen, das gesamte Bürogebäude seiner schmierigen Firma in Flammen zu setzen. Ich bin mir noch heute sicher, dass sie mir daraus irgendwie einen Strick gedreht hätten.

Doch was konnten wir tun? Wir schalteten tatsächlich eine Anwältin ein, sie war eine Bekannte von uns. Und da sie persönlich an einem guten Ausgang der Sache interessiert war, ließ sie auch nicht locker, als die Firma ihr allen Ernstes contra gab.

Und so bekam meine Freundin schließlich ihr Geld, sechs Monate später.

Ich verfolgte die Entwicklung der Firma im Internet. Unzählige Leute hatten sich in entsprechenden Foren über verschiedenste Probleme mit diesen Abzockern ausgelassen. Einmal verlor ich vollends die Nerven und bezeichnete die Firma als Halsabschneider, was sehr wahrscheinlich nicht ganz ungefährlich war. Mein Beitrag wurde noch am selben Tag von einem Moderator gelöscht mit Hinweis auf die Probleme, in die ich mich damit stürzen könnte, und dafür bin ich dem Moderator noch heute dankbar.

Jedenfalls ließ mich ein paar Wochen später eine Meldung wieder an das Gute glauben, aus der ich entnahm, dass die Firma nun endlich pleite gegangen sei. Noch heute frage ich mich, wo all diese Betrüger stattdessen untergekommen sind. Denn dass die Firma pleite ist, heißt ja leider noch lange nicht, dass diesen Menschen damit das Handwerk gelegt wäre.

Bezahlung: € 8/ Stunde.
Arbeitsaufwand: Hoch.
Gelernt fürs Leben: Man darf sich nicht alles gefallen lassen.

44. Produktionsassistent (PA)

Mein Einstieg in die Film- und Fernsehwelt vollzog sich eher schleichend, und ohne dass ich es explizit darauf angelegt hatte. Gleich mehrere meiner Bekannten waren im Business und buchten mich immer öfter für Hilfspositionen. Jeder wusste, dass ich noch immer sehr flexibel war und mich auch gerne mal für einen Job anwerben ließ, der bereits fünf Minuten später losging. Es kam im Prinzip fast nie vor, dass ich ein Angebot ablehnte. Wahrscheinlich hatte sich zudem auch irgendwann herumgesprochen, dass ich fast immer vergaß, meinen Tagessatz zu erfragen, bevor ich zusagte. Das könnte zu meiner Popularität beigetragen haben. Da ich zu Anfang aber weder glaubte, mich längerfristig im Film-Metier aufzuhalten, noch einen ausgeprägten Ehrgeiz an den Tag legte, blieben mir zunächst nur die Positionen als Assistent, im Fachjargon kurz PA, vorbehalten.

Meine Einsätze fanden hauptsächlich bei Werbedrehs und Fotoshootings statt, selten half ich auch mal jemandem bei einem Event. So schwammig die Bezeichnung meiner Position war, so undurchsichtig war auch meistens mein Aufgabenbereich. Was es genau zu tun gab, merkte man nicht selten erst vor Ort. Was diese Jobs einte, war der generelle Hang zu sehr viel hausgemachtem Stress, geschuldet einer kaum durchschaubaren Hierarchie, dem Zusammentreffen großer Egos und einem generellen Phänomen von zu vielen Köchen, die den sprichwörtlichen Brei verderben. Und man konnte nie wissen, wie lange ein Tag wirklich dauern würde. Auch wenn es zu Anfang geheißen hatte, dass man bei Sonnenuntergang in jedem Fall Drehschluss habe, konnte man auch beim nächsten Sonnenaufgang durchaus noch irgendwo rumstehen und auf das finale ‚Cut' warten. Von den am Set Arbeitenden waren lediglich die Beleuchter in einer Gewerkschaft organisiert. So bekamen sie deutlich mehr Geld, sobald die Dauer ihres Einsatzes die festgelegte Stundenzahl überschritt. Alle anderen mussten in den sauren Apfel beißen. Sie bekamen das anfangs vereinbarte Geld, egal wie lange der Dreh letztendlich dauerte. Als PA war man leider nicht mal in der Position sich über Arbeitszeiten zu beschweren. Und das, obwohl man am Ende des Tages nicht selten derjenige war, der am meisten geschuftet hatte. Man konnte jedoch davon ausgehen, dass man nie derjenige sein würde, der am meisten verdiente, eher im Gegenteil.

Nichtsdestotrotz machten die Einsätze auch immer wieder Spaß. Allein die Ungewissheit, was die Tage mit sich bringen würden sowie die sehr unorthodoxen Arbeitszeiten brachten für mich immer ein Gefühl von Abenteuer mit sich. Mir gefiel zudem, dass wir stets für eine kurze Zeit neue Realitäten erschufen. Nichts schien unmöglich, immer wurde ein Weg gefunden, auch noch die beklopptesten Ideen in die Tat umzusetzen. Ich liebte diese Dynamik, die ein solches Projekt und das Zusammenarbeiten mit größtenteils Fremden mit sich brachte. Die Natur eines Jobs ‚beim Film', wie man so schön sagte, zog erwartungsgemäß ein buntes Potpourri von Freidenkern an. Viele der Leute, die man hier traf, wären vermutlich nach einer Woche an einem Schreibtisch eingegangen wie ein Fisch auf dem Trockenen. Auch wenn es zum guten Ton gehörte, sich über lange Arbeitstage und vorher nicht vereinbarte Aufgaben zu beschweren, so merkte man, dass die meisten doch auch eine ganze Menge Spaß an der Sache hatten.

Als PA war ich grundsätzlich erst mal für alles zuständig, was anfiel. Besonders die unliebsamen Dinge wurden von verschiedenen anderen Posten an den PA abgetreten. Meistens gab es eine Menge zu tun und man war nonstop am Rennen. Nicht minder wichtig aber war es, auch beschäftigt auszusehen, wenn man gerade mal nichts zu tun hatte. In dieser Disziplin eignete ich mir ständig neue Tricks und Kniffe an.

Zunächst mal musste man demjenigen, dem man assistierte, den Rücken frei halten. Das umfasste etwa Botengänge, Schreibarbeiten und das Erinnern an wichtige Termine. Nicht selten musste ich auch die Organisation am Set im Auge behalten. Alles musste am richtigen Ort sein, sodass es möglichst nicht zu Verzögerungen kam. Zudem musste man die Leute am Set bei Laune halten. Besonders, wenn wir schon sehr lange drehten oder das Warten auf eine Pause sich ins Unendliche dehnte, musste ich oft mit Tabletts voller Süßigkeiten oder Schnittchen aus dem Catering-Bus die Stimmung wieder auf Betriebstemperatur bringen. Bei Werbeproduktionen wurde für den PA oft der astreine Zustand des Kunde/Agentur-Zeltes zur Chefsache erklärt. Dieses Zelt war der Ort, wo diejenigen sich aufhielten, die den Dreh letztendlich finanzierten, Vertreter der Werbeagentur sowie jener Firma, für dessen Produkt das Filmchen am Ende werben sollte. Sie waren die wichtigsten Menschen am Set, auch wenn sie während des Drehs im Prinzip keine Aufgabe hatten. Und sie wünschten in der Regel gehörig hofiert zu werden. Im Zelt musste es immer ausreichend Essen und im besten Fall genügend Lesestoff geben, es musste warm und gemütlich sein und man musste den Leuten jeden Wunsch von den Augen ablesen.

Zu Anfang war ich bei meinen Einsätzen noch in vielen Situationen unsicher, bis ich merkte, dass jeder am Set bis zu einem gewissen Maß bluffte. Selten hatte jemand wirklich so viel Erfahrung wie er zu haben behauptete, und letztlich kochten doch alle nur mit Wasser. Nachdem ich ein paar Drehs hinter mir hatte und mittlerweile auch einige der üblichen Verdächtigen kannte, mit denen man immer wieder zusammenarbeitete, wurde ich zusehends souveräner und ließ mich nicht mehr von jedem Problemchen aus der Ruhe bringen. Schnell verinnerlichte ich die 5-Minuten-Regel, die besagte, dass man erst mal fünf Minuten untätig warten musste, hatte man ein Problem vorgetragen bekommen. Natürlich griff sie nicht, wenn etwa jemand von einem Produktionsfahrzeug angefahren worden war oder das Kundenzelt in Flammen stand, aber ansonsten war im Grunde nichts dringend genug, um diese Regel nicht zur Anwendung zu bringen, egal wie schlimm die Situation auch anmuten mochte. Denn wie durch Zauberhand löste sich sicherlich ein Drittel der Probleme in diesen 5 Minuten von ganz alleine, vielleicht war die Quote sogar noch höher. Hatte sich das Problem nach 5 Minuten nicht gelöst, so konnte man sich immer noch darum kümmern.

Im Laufe der Zeit bekam ich in der Position als PA einige Drehs mit, in Berlin und im Umland, tags und nachts, sehr stressige und sehr langweilige.

Bei einem Fotoshooting für Alpha Romeo etwa wurde ich als Assistent der bezaubernden englischen Beleuchterin abgestellt. Sie wusste, dass sie alles mit mir machen konnte, nicht nur wegen ihrer Position, sondern auch wegen ihrer Erscheinung. Das nutzte sie schamlos aus und hetzte mich von einer Aufgabe zur nächsten, bis ich am Ende des Nachtdrehs kaum mehr auf meinen Beinen stehen konnte.

Bei einem Dreh für eine Sat1-Vorabendserie war ich im Vorfeld davon ausgegangen, eine Menge zu tun zu haben, da man mich gerade bei einem anderen Dreh eine ganze Woche lang mit unmenschlichen Arbeitszeiten und einer niemals endenden Liste von Aufgaben gequält hatte. Doch Überraschungen gab es immer in diesem Metier. Vor Ort stellte sich heraus, dass ich ausschließlich für die Bespaßung der Komparsen zuständig war, was sich nun wirklich nicht wie Arbeit anfühlte.

Bei einem Dreh zu einem Dokumentarfilm assistierte ich dem Tonmann, ohne jedoch die geringste Ahnung von der Technik zu haben, die ich sowohl bedienen als auch auf Schritt und Tritt hinter ihm hertragen musste. Wir drehten in einer Art Zoo für Filmtiere in der spanischen Steppe nahe Madrid. Ich war so konzentriert darauf, die Anweisungen meines vorübergehenden Chefs nicht zu verpassen, dass ich schon kurz nach Drehbeginn ungebremst in das Gitter des Affenkäfigs lief, was eine kurze Unterbrechung des Interviews zur Folge hatte. Die Musikerin, die wir porträtierten, fand den Vorfall offenbar weniger lustig als ich selbst und drohte damit, ihre kostbare Zeit lieber anderweitig zu nutzen. Keine 20 Minuten später filmten wir einen ausgewachsenen Tiger, den der Dompteur in einem weitläufigen Freigehege einfach von der Leine gelassen hatte. Als wir uns gerade fragten, wo das Raubtier denn wohl steckte, entdeckten wir ihn keine fünf Meter von uns entfernt im Gras. Geduckt blickte er uns aus zusammengekniffenen Augen an und lauerte wie eine Katze auf ein Rotkehlchen. Der Tonmann sagte noch: ‚Dude, I think we're gonna die.' Mir blieb die Sprache ganz weg. Doch der Tiger besann sich und lief langsam und lautlos an uns vorbei, während wir in Schockstarre verharrten.

Ein paar Tage später stellte der Regisseur die kleine Crew einer weiteren Musikerin vor, die wir ebenfalls porträtieren wollten. ‚This is the sound guy, this is the producer, this is ...' Als er bei mir angekommen war, wollte ihm nicht so recht einfallen, welche Position ich denn eigentlich bekleidete und ich konnte ihm da beim besten Willen nicht weiterhelfen. Nach einer Sekunde des Zögerns sagte er: ‚And this is Marco. We don't know what he is, but we like to keep him around.' Ich fand, dass er meine Funktion damit eigentlich recht gut zusammengefasst hatte.

Einmal assistierte ich bei einem Fotoshooting, bei dem der klapprige Maskenbus im Takt des Generators vibrierte, der in seinem Inneren für Strom und Licht sorgte. Plötzlich kam der Maskenbildner erbost aus dem Wagen gerannt und erklärte mir mit der Theatralik einer wahren Diva, dass er so wirklich nicht arbeiten konnte. Ich kannte Situationen dieser Art mittlerweile nur zu gut. Oft ging es viel weniger um das Problem selbst als darum, dass jemand sich ganz dringend nach etwas Aufmerksamkeit sehnte. Das galt besonders für sensible Maskenbildner, die praktisch vertraglich zu Homosexualität und hoher emotionaler Sensibilität verpflichtet sind. Und da ich wusste, dass ich am Klappern des Busses schlichtweg nichts ändern konnte, schon gar nicht mit meiner bescheidenen technischen Begabung, griff ich zu einem psychologischen Trick. Ich versicherte dem nun bereits am Rande eines Nervenzusammenbruchs stehenden Schminkkünstler, dass ich auf der Stelle den Motor neu einstellen sowie die komplette Verankerung des Busses überprüfen würde, was ohne Zweifel eine deutliche Verbesserung der Lage zur Folge hätte. Zielstrebig lief ich sodann um den Bus herum zum Motor und machte dort zwei Minuten lang absolut nichts. Daraufhin ging ich auf die Rückseite des Busses und machte dort ebenfalls - nichts. Als ich nach fünf Minuten zum Beschwerdeführer zurückkehrte, hatte ich summa summarum nichts bewirkt, behauptete aber das genaue Gegenteil. ,Na, wie klingt das jetzt?! Ein Unterschied wie Tag und Nacht, oder?!', bluffte ich. Er beruhigte sich ein wenig und sagte, er würde die Situation eine Weile lang begutachten. Ich verließ den Bus wieder. Nach zehn Minuten kam er zu mir nach draußen gerannt, umarmte mich und bedankte sich überschwänglich. Was hätte ich nur für magische Fähigkeiten?! Das Placebo hatte gewirkt.

Manchmal buchte man mich auch für ein paar Tage im Büro, um den Verantwortlichen die ganzen Telefonate und den Schreibkram abzunehmen. Ich zog es jedoch immer vor, am Set mit dabei zu sein, egal was für ein Wetter herrschte. Zwar konnte es auch Spaß machen, mit unterschiedlichsten Menschen zu telefonieren, aber die Zeit am Set verging schneller als an jedem Bürotisch.

Oft lief es auch einfach auf eine Betreuung ausländischer Kunden hinaus. Sie waren nach Berlin gekommen, weil es ihnen hier gefiel, aber weder kannten sie sich hier aus, noch verstanden sie die Sprache. Oft genügte es schon, den Leuten das Gefühl zu geben, dass man für sie da war, wenn es nötig wurde. Ich sprach verschiedene Fremdsprachen und das konnten tatsächlich nicht viele im Business von sich behaupten. Und so gab man mir oft Gruppen zur Betreuung, nur weil man sich selbst sprachlich nicht herantraute. Ein Bekannter beispielsweise buchte mich prophylaktisch jedes Mal dazu, wenn er ausländische Kunden hatte, da er nicht nur sehr schlecht Englisch sprach, sondern zudem dermaßen hektisch und chaotisch agierte, dass er in Stresssituationen bereits Probleme damit hatte, sich verständlich auf Deutsch zu artikulieren. Bei Drehs mit ihm fungierte ich immer zugleich als Schlichter zwischen ihm und den Kunden, da er sich mitunter fürchterlich aufregen konnte wegen kleinster Problemchen. Ich sorgte dann immer dafür, dass er seine ,Wut-Medizin', ein starkes Sedativum, nahm und stellte dann diplomatisch die Stimmung bei den Kunden wieder her. Oft fragte ich mich, welchen Stundensatz ein ausgebildeter Psychologe wohl für die Tätigkeiten verlangt hätte, die ich hier übernahm.

Bei vielen Jobs fungierte ich zusätzlich zu den ganzen Aufgaben des PA auch noch als Fahrer. Als ich ins Metier reinrutschte, war man gerade dazu übergegangen, Fahrer auch als Assistenten oder Runner einzusetzen. Das sparte der Produktion nicht selten saftige Kosten. Man gab der Position dann mit der Bezeichnung ,Special Force' einen abenteuerlichen Anstrich, aber im Prinzip wusste jeder, dass man in dieser Position einfach der Arsch für alles war. Zudem war man meist der erste und der letzte am Set, Stunden vor und nachdem Regisseure und Kameramänner den Drehort mit ihrer Anwesenheit beehrten.

Was meistens ebenso wichtig war wie die Betreuung des Drehs selbst, war die Bespaßung der Crew danach. Man hatte ohnehin oft den Eindruck, dass einige Leute nur zum Drehen nach Berlin kamen, um dann nach Drehschluss richtig auf die Kacke zu hauen. Ich arbeitete beispielsweise einmal für ein Fotoshooting von Volkswagen Spanien. Die ganze Crew war extra aus Barcelona angereist. Was mich dann aber doch etwas überraschte, war die Tatsache, dass wir ausschließlich auf Feldwegen am Stadtrand drehten, die man so oder ähnlich sicherlich in ganz Europa hätte finden können. Nachdem wir beide Nächte zwischen den Drehs durchgefeiert hatten, schien es mir, als ob Berlin eher wegen seiner Partytauglichkeit den

Zuschlag bekommen hatte als wegen seiner Drehorte. Es schien auch zum guten Ton zu gehören, wenn man dem Kunden gegenüber behaupten konnte, man habe ein paar der Szenen in Berlin realisiert. Wir profitierten vom Ruf der Stadt als nie schlafende Partyhochburg mit den wildesten Festen und den hemmungslosesten Menschen. Den Spaniern jedenfalls zeigte ich eine ganze Reihe Bars und Clubs und wir ließen es auf Produktionskosten ziemlich krachen. Da ich nie genau wusste, ob ich nun privat oder beruflich da war, wusste ich es zu schätzen, dass wenigstens meine Drinks von jemandem bezahlt wurden. Netterweise revanchierte sich die Producerin auch bei mir für meine Betreuung im Berliner Nachtleben, als ich ein paar Jahre später für ein paar Tage in Barcelona weilte. Sie zeigte mir ihrerseits die katalonischen Clubs und Bars, spendierte ein großes Muschelessen und flaschenweise Schampus, und nahm mich zum Ende der Nacht noch mit auf die pompöse Dachterrasse eines befreundeten Unterwäsche-Models.

Außer den ganzen Dreharbeiten gab es auch manchmal Events, für die man mich verpflichtete. So richtete die Firma eines Bekannten einmal ein riesiges Yoga-Event aus, bei dem 300 Yogis ihre Übungen werbewirksam auf den Grünflächen rund um die Siegessäule absolvieren sollten. Hier kann ich mich vor allem daran erinnern, wie ich mit zwei anderen stark transpirierenden Menschen stundenlang in der prallen Sonne die 300 Yogamatten so ausrichtete, dass sie aus der Vogelperspektive symmetrisch wirkten, und mit großen Vorschlaghämmern Heringe in den Boden schlug, damit der Wind sie nicht mehr wegwehen konnte. Zur Belohnung nahm derjenige, der mich und die anderen Helferlein angestellt hatte, uns alle mit in einen Steiger, der uns auf 50 Meter hob und einen tollen Ausblick auf die Stadt bescherte.

Insgesamt verlangte einem dieser Job viel ab. Eine gewisse körperliche Grundfitness war für alle Einsätze unabdingbar. Aus der heutigen Perspektive scheint mir der PA-Job vor allem ein Job für jüngere Menschen zu sein und ich weiß nicht, ob ich noch immer vier achtzehnstündige Tage in Folge durchstehen würde.

Da ich selbst diese Position so oft bekleidet habe, weiß ich heute, wie sie sich anfühlt. In den seltenen Fällen, in denen mir heute ein Assistent zugeteilt wird, behandele ich diesen stets mit Respekt.

Bezahlung:	Je nachdem. Die gängige Rate ist €180 / Tag, wobei ein Tag auch schon mal 20 Stunden haben kann.
Arbeitsaufwand:	Sehr gering bis sehr hoch, je nach Projekt, Ego-Größe der Vorgesetzten, Wetter, Uhrzeit und Koffeinlevel.
Gelernt fürs Leben:	Handwerkliches. Psychologisches. Und allgemeingültige Weisheiten wie ‚Don't be gentle, it's a rental' für den Umgang mit Mietwagen.

45. Helfer in einer thailändischen Klinik für Straßenhunde

Als ich eine Weile auf der thailändischen Insel Ko Pha Ngan verbrachte, hatte ich mich entschieden, einen Tag als Helfer im Phangan Animal Care mitzuarbeiten, einer Organisation, die sich ehrenamtlich um die Tiere auf der Insel kümmert. Mein Timing hatte mich einmal mehr nicht im Stich gelassen. Als ich um kurz vor zehn ankam, brannte der Laden und die freiwillige Helferin, die sich eigentlich für diesen Tag angekündigt hatte, war nicht aufgetaucht.

Kurzerhand wurde ich zur rechten Hand von Chefin Por ernannt. Während sie die Vorbereitungen für die Tour über die Insel traf, führte mich die Engländerin Giorgina durch die kleine Anlage. Die etwa 500 Quadratmeter waren mit Käfigen sowie ein paar Freigehegen ausgestattet. Dazu gab es eine Küche, zwei Büros und einen improvisierten Operationsraum. Zu diesem Zeitpunkt hielten sich auf dem Gelände 9 Hunde und 4 Katzen auf.

Dass ich wie sie ein uraltes Moped mit Kickstarter fuhr, hatte Por überzeugt. Sofort hatte sie mein Moped mit ihrem vertauscht und mich gebeten, dieses klapprige Gefährt für heute zu übernehmen. Das Fahren mit Anhänger zehrte an den Kräften und sie hatte so viel um die Ohren, dass ihr jede noch so kleine Entlastung entgegen kam. Und so manövrierte ich behutsam das Gespann quer über die tropische Insel, der Käfigwagen war mit einer dünnen Schraube hinten am Moped befestigt.

Mein erster Passagier war eine Hundedame, die wir zurück zu jenem Ort bringen wollten, wo sie von Por und ihren Leuten vor ein paar Tagen aufgelesen worden war. Die Hündin hatte nicht sonderlich viel Spaß an der zwanzigminütigen Fahrt. Die uns immer wieder für kurze Strecken verfolgenden Artgenossen am Wegesrand machten das Ganze für sie zu einem wahren Spießrutenlauf. Doch sie wirkte gesund, nur noch eine große Narbe im Genick zeugte von der massiven Bisswunde, die Pors Leute zusammengenäht hatten. Zudem war sie jetzt auch noch gegen Tollwut geimpft und sterilisiert, das Leben auf der Straße konnte also weitergehen. Als wir sie an ihrem Heimatort in die Freiheit entließen, war das zwar ein schöner Moment, jedoch darf man von einem Hund natürlich keine Lobreden dafür erwarten, dass man ihm das Leben gerettet hat. Entsprechend kühl gab Por der Hündin einen letzten Klaps auf den Hintern, bevor diese die Spur ihres Rudels aufnahm und, die Nase stets knapp über dem Boden, in einem Feldweg verschwand. Por sagte, dass manchmal schon eine Woche Abwesenheit ausreicht, damit das Tier von seinem Rudel verstoßen wird. Das kann dann durchaus das Ende bedeuten, da die Hunde die komplette Insel in Reviere aufgeteilt haben, die besonders nachts heftig umkämpft werden.

Dann hatten wir bereits eine neue Mission. Por hatte auf dem Hinweg aus dem Augenwinkel schon einen weiteren Kandidaten für eine Behandlung bei PAC gesehen. Ihre Ferndiagnose: Demodex, jener Hautparasit, wie er sie auf der Insel in unterschiedlicher Ausprägung fast alle Hunde plagt. Die meisten Tiere leben damit ganz gut. Ist das Immunsystem aber schwach, verliert der Hund nach und nach immer mehr von seinem Fell und die Haut bekommt überall Risse, die sich dann im feuchtwarmen Klima schnell entzünden.

Wir stoppten an jener Stelle, wo Por den Hund auf der Hinfahrt gesichtet hatte und fragten ein paar Anwohner nach seinem Aufenthaltsort. Alle schienen den Hund zu kennen, den wir suchten, und man schickte uns in verschiedene Gassen und Hinterhöfe. Doch auch nach zwanzig Minuten konnten wir ihn nicht finden. Dafür erfuhren wir von einer Frau, die einen Obststand an der Straße betrieb, dass das arme Geschöpf zusätzlich zu seinem Hautproblem tags zuvor auch noch von einem Moped angefahren wurde und seitdem in seinem Gesicht eine blutende Wunde trug. Por hinterließ eine Karte mit ihrer Nummer für den Fall, dass der Hund wieder auftauchte, und wir fuhren unverrichteter Dinge zurück in Richtung der Hafenstadt Thongsala.

Wir stoppten bei einer Garküche am Straßenrand, um zu Mittag zu essen. Nach dem leckeren Mahl zeigte Por mir stolz den Hund, der gerade unter der Spüle döste, ein graues, scheues Tier. An der Wange trug er eine Narbe, in der noch die Fäden steckten, am Hinterlauf zeigte sie mir eine weitere. Und kastriert wurde er auch noch bei seinem letzten Aufenthalt in der ‚Klinik‘, wie Por ihre kleine Anlage gerne liebevoll nannte. Erst vor zwei Wochen lag der Hund bei ihr unter dem Messer, sie schien auf der Insel wirklich jeden Vierbeiner zu kennen.

Wir fuhren zum Markt, wo ich allabendlich essen ging und dabei immer einen Hund sah, dessen Körper von blutigen Rissen übersät war. Wir fanden eine Menge Straßenhunde, die es sich zwischen den Essensständen und zum Teil mitten in der prallen Mittagssonne gemütlich gemacht hatten, aber der schwarze Hund, den ich meinte, blieb unauffindbar. Da bekam Por einen Anruf von den Frauen, denen sie vorhin ihre Nummer gegeben hatte. Es ging also wieder auf der Küstenstraße zurück in Richtung Südspitze der Insel.

Die Frauen, die an der Straße in Cafés, Läden und Massagesalons arbeiteten, hatten das Hundchen bereits angeleint, als wir kamen, und übergaben uns das Tier, das zwar zögerlich zu wedeln begann, dennoch aber ein wahrlich trauriges Bild abgab. Der komplette Kopf war haarlos, genauso die Füße sowie weitere Stellen am Körper. An manchen Flecken war die Haut bereits eingerissen und entzündet. Unter dem linken Auge klaffte eine tiefe Wunde vom Unfall mit dem Moped, die Wange war blutverkrustet. Doch ohne Widerspruch ließ sich die Hündin von uns in den Anhänger stecken und wedelte auch dort noch freudig mit dem haarlosen Schwanz. Die Frauen hatten extra noch Essen für sie eingepackt und gaben uns das lächelnd mit auf den Weg.

Wir brachten die junge Hündin zurück in das Gelände von PAC, das im Inneren der Insel idyllisch zwischen Hainen aus Kokospalmen und Kautschukbäumen lag. Die Hündin wurde gewogen, dann machte Por verschiedene Notizen auf einem Din A4 Vordruck. Der Neuankömmling, der vorerst unter dem Namen ‚Bad Skin Dog' lief, ließ alles über sich ergehen. Als wir fast fertig waren, traf Stacy ein, eine amerikanische Tierärztin, die PAC bereits seit Wochen mit ihrer Arbeit unterstützte. Während ich die Hündin festhielt, maß Stacy rasch ihre Temperatur. Die arme Kreatur hatte über 40 Grad Fieber. Dann kratzte Stacy an mehreren Stellen im Gesicht des Hundes mit einer Rasierklinge die Haut ab, um das Ganze unter dem Mikroskop zu begutachten. Wie erwartet fand sie die aggressiven Parasiten, die sich in den Haarwurzeln festsetzen, und dann nach und nach den Haarausfall und die Entzündungen hervorrufen. Die Hündin bekam dann ein paar Injektionen und Tabletten, dann sperrte ich sie in einen der kleinen abgezäunten Gärten und brachte ihr Futter.

Dann brachen Por und ich ohne Anhänger auf. Auf ihrer Liste stand jetzt noch ein Hund, der offenbar eine bereits mit Maden besetzte Wunde am Kopf hatte, und nahe der Polizeistation im Landesinneren gesichtet worden war. Sie hoffte, dass es nicht so schlimm sein würde. Als wir ankamen, wussten wir ziemlich schnell, dass es das doch war. See Nin, ein mittelgroßer schwarzer Thai-Hund, war ein alter Bekannter bei PAC, den Por in den letzten Jahren schon mehrfach zusammengeflickt hatte. Er lag reglos unter einem Auto und sah zunächst einmal so aus, als würde er gar nicht mehr leben. Als er dann schwerfällig unter dem Wagen hervorkroch, musste ich mir die Hand vors Gesicht halten und mir wurde etwas flau. Ihm fehlte eine komplette Seite des Gesichts, das Ohr war nur noch ein toter Lappen Fleisch, der ihm eitrig herunterhing. Die Maden konnte man erst bei näherem Hinsehen erkennen, riechen aber konnte man sie sofort. Offenbar war er bereits vor Tagen angefahren worden, doch keiner der Polizisten hatte es für nötig befunden, das irgendwem zu melden. Por war sehr sauer, besonders da See Nin fast ein Mitglied der Familie war.

Der Hund zitterte am ganzen Körper, als er Por erkannte. Er schien zu spüren, dass ihm jetzt endlich jemand helfen würde. Langsam erwachte See Nin aus seiner Lethargie und sah eigentlich recht fit aus, wenn man ihm nicht gerade ins Gesicht schaute. Völlig unvermittelt fing er dann jedoch an, den lädierten Kopf zu schütteln, und Maden, Schleim und Brocken flogen nur so durch die Gegend. Ich schaffte es gerade noch mich umzudrehen, ohne jedoch die Leine loszulassen, die wir ihm kurzerhand über den Kopf gezogen hatten.

In diesem Zustand mussten wir ihn nun doch mitnehmen, aber ohne Anhänger mussten wir umdenken. Por handelte schnell. Sie wickelte ein großes Handtuch um See Nin und hob ihn vorsichtig hoch. Dann kletterte sie hinter mir aufs Moped, ich fuhr uns drei vorsichtig über die löchrigen Straßen. Tatsächlich bekamen wir den alten Hund auf diese Art und Weise zurück zum Hauptquartier.

Stacy verzog bei unserer Ankunft angewidert das Gesicht, solche Sachen sah sie selbst hier nicht jeden Tag. Doch See Nin wedelte mit dem Schwanz, als wüsste er gar nicht, warum alle Welt so besorgt schaut. Hechelnd entblößte der alte Hund seine letzten drei Zähne und wollte gestreichelt werden. Ich hielt ihn fest und versuchte, meinen Ekel zu überwinden.

Por und Stacy gaben See Nin Antibiotika und Schmerzmittel sowie Tabletten gegen die Maden. Dann säuberten sie die riesige Wunde so gut es eben ging. Ich fragte Stacy, ob der Hund alleine eine Überlebenschance hätte und sie verneinte das. Sie erklärte mir, dass sie die Wunde trotz allem jetzt erst mal so lassen müsse, wie sie war. Wenn er sich dann in ein paar Tagen etwas erholt hätte und die Entzündung zurückgegangen war, würden sie ihm wahrscheinlich die Reste seines Ohrs entfernen und den Ohrkanal wieder freilegen, sollten sich die Maden bis dahin verzogen haben. Por rasierte See Nin das Fell rund um die Wunde und reinigte ihm sein linkes Auge, auf das die Infektion bereits übergegriffen hatte. Der Hund ließ sich alles gefallen, nur ab und an gab er durch ein eher quengelndes Jaulen zu verstehen, dass ihm etwas richtig wehtat. Mir war ein Rätsel, wie er so überhaupt noch leben konnte. Er hatte nicht mal nennenswertes Fieber. Als See Nin versorgt war, machte ich ihm einen der Zwinger fertig und brachte ihm etwas zu essen. Bisher hatte ich nicht geglaubt, dass Hunde Dankbarkeit zeigen können, doch er tat das ganz eindeutig. Ich kraulte ihm die gesunde Seite seines Gesichts und atmete dabei durch den Mund.

Gründlich wusch ich mir die Hände und widerstand dem Wunsch, den süßen Welpen zu streicheln, der schon die ganze Zeit um alle anderen Hunde herumtollte. Er hatte bereits mehrere andere Hunde sowie Giorgina mit einem Bandwurm angesteckt, und dieses Souvenir wollte ich mir doch gerne ersparen.

Por wirkte nach all den Strapazen bei über 30 Grad und Dampfbad-Luftfeuchtigkeit nun etwas müde, doch gerade während wir See Nins Wunde verarzteten, kam schon wieder ein Anruf rein. Bei einem Resort am Strand, nicht weit vom PAC Hauptquartier, hatte eine Touristin einen Hund mit einem geschwollenen Bein gesichtet. Por versicherte mir, dass wir dort nur noch schnell vorbeifahren würden, bevor wir dann mein Moped abholen könnten, das noch immer bei der Polizeistation stand.

Als wir am Strand ankamen, zeigte uns die Anruferin, eine vom Partyleben der Insel leicht gezeichnete Schweizerin, den Patienten, einen großen schwarzen Brocken von Hund. Zwar hatte er kein geschwollenes Bein vorzuweisen, dafür aber ein rotes stinkendes Loch in der Mitte seines Rückens, in dem bequem ein Tennisball Platz hätte finden können, und aus dem beharrlich kleine weiße Maden quollen. War ich zwar schockiert darüber, schon wieder so einen schweren Fall zu haben, so trat ich dem Hund doch bereits deutlich gelassener gegenüber als gerade noch See Nin und stülpte ihm direkt die Leine über, damit er nicht mehr abhauen konnte. Doch ihn konnten wir nun nicht auch noch ins Hauptquartier bringen, eigentlich waren nun schon 2 Hunde zu viel dort. Also behandelte Por ihn vor Ort aus ihrer großen Arzttasche, während ich ihn festhielt. Dieser Hund jedoch war ein anderes Kaliber, er war groß und stark und hatte sogar noch alle Zähne im Mund.

Aber auch er schien irgendwie zu verstehen, dass ihm geholfen wurde. Er hielt still und ließ sich rasieren und die nötigen Spritzen geben. Lediglich als Por ein Pulver in die zentimetertiefe Wunde goss, welches die Maden herausholen sollte, machte er klar, dass ihm das nun zu weit ging, und ich ließ die Leine lang. Wir entließen ihn wieder in die Freiheit und gaben der Schweizerin die Medikamente, die er in den nächsten Tagen nehmen sollte. Jeder, der helfen konnte, wurde sofort von Por rekrutiert.

Dann brachte Por mich zu meinem Moped und wir verabschiedeten uns herzlich voneinander. Ohne einander zu kennen, hatten wir an diesem Tag ein paar intensive Momente zusammen erlebt. Sie bedankte sich mehrfach bei mir. Ich sagte ihr, dass ich ihre Arbeit sehr bewunderte, dass ich mir aber noch mal überlegen würde, ob ich der geplanten Beinamputation eines Hundes am nächsten Tag wirklich beiwohnen wolle.

Ich bin noch heute mit PAC in Kontakt und habe durch meinen Bericht mehrere Menschen dazu gebracht, die Organisation mit Spenden zu unterstützen. Vor einigen Jahren habe ich einmal einen Affen gefilmt, der mit einem Hund spielt. Dieses Video haben sich bis heute unglaubliche 750.000 Menschen angesehen. Die Werbeeinnahmen, die mir das Filmchen perverserweise generiert, leite ich an PAC in Thailand weiter.

Bezahlung: Keine.
Arbeitsaufwand: Mittel.
Gelernt fürs Leben: Hunde sind auch bloß Menschen.

46. Seetang-Snack-Importeur

Dieser Job hätte es werden können, das Ende all meiner Bemühungen, an ausreichend Geld zu kommen. Ich hätte meine Zeit von nun an ausschließlich der Musik, dem Reisen und dem Schreiben widmen können. Endlich Import-Export, endlich die ganz große Kohle machen. Und dazu noch immer schön für lau nach Asien fliegen. Das hatte ich mir schön ausgemalt.

Aber tatsächlich war ich auch fest davon überzeugt, dass dem Mitteleuropäer diese delikaten frittierten Algen nicht länger vorenthalten bleiben sollten, die man in Thailand in jedem Supermarkt kaufen kann und die dort mindestens genauso beliebt sind wie Kartoffelchips. Ich hatte mich im Laufe der Jahre durch all jene Dinge durchprobiert, die ich in den Thai-Supermärkten nicht kannte. Das hatte mir einige außergewöhnliche Geschmackserlebnisse beschert. Doch die frittierten Algenblätter hatten mich nicht mehr losgelassen und ich füllte seither jeden noch verbleibenden Winkel meiner Reisetasche mit ihnen, wenn ich Asien verließ. Im Prinzip war das nichts anderes als jene Blätter, mit denen man Sushi rollte, nur frittiert und mit Gewürzen garniert. Wie konnte das Zeug nur so lecker sein?

Ein paar Wochen nach meiner letzten Rückkehr dann war mir die Idee gekommen, diesen Snack nach Deutschland zu holen. Der Vorrat in meinem Schrank hatte sich rasend schnell dezimiert und ich hatte keine Ahnung, wo ich Nachschub herbekommen sollte. Andere exotische Produkte hatten in den letzten Jahren ihren Siegeszug angetreten, Wasabinüsse und vietnamesische Baguettes etwa waren längst im Westen angekommen. Und dann gab es da noch den cleveren Typen, den heutzutage niemand ausließ, wenn er über Unternehmensgründer sprach. Dietrich Mateschitz hatte aus einem nur in Thailand bekannten Getränk in relativ kurzer Zeit eine der weltbekanntesten Marken gemacht, Red Bull. Warum also sollte nicht auch ich den richtigen Riecher haben und die Algenchips hierzulande ganz groß rausbringen?

Die Verpackung in Thailand zierte ein Comic, auf dem ein ziemlich dickes Mädchen, das eine Chipstüte in der Hand hält, eher neidisch in die Richtung eines sehr schlanken Mädchens blickt, das sich behutsam eine weitere Scheibe frittierte Algen in den Mund legt. Grandios, die universell verständliche Printkampagne stand also auch bereits!

Alles, was ich brauchte, war eine Zusage des Herstellers, dass ich das Zeug im Alleinvertrieb hier in Deutschland verkaufen durfte. Denn ich konnte es ja nun mal leider schlecht selber produzieren. Dafür fehlte mir schlichtweg die Technik, das Know-How und nicht zuletzt das Meer.

Als ich endlich über ein paar Umwege die Vertriebsfirma in Thailand ausfindig gemacht hatte, verfasste ich eine seriöse, leicht großspurige email. Mir war klar, dass ich die Verantwortlichen nicht einfach als der kontaktieren konnte, der ich war. Und so trug ich ein wenig dicker auf. Ich empfahl mich siegesgewiss als zukünftiger Alleinvertriebspartner ihres Produktes und versprach der Firma eine enorme Erweiterung ihres Marktes. Aus deutschlandweitem Vertrieb machte ich kurzerhand europaweite Distribution und eine gewisse Expertise hatte ich mir natürlich auch zurechtfantasiert. Nicht ganz ohne grinsen zu müssen bezeichnete ich mich selbst

als ‚entrepreneur who is always on the lookuot for new opportunities'.
Tatsächlich antwortete man mir schon bald aus der Firmenzentrale in Bangkok. Mein Kalkül war offenbar aufgegangen. Herr Pittayapreechakun bedankte sich höflich für das entgegengebrachte Interesse und schwadronierte eine Weile lang über die von seiner Firma angebotene Produktpalette, die zusätzlich zu Algen in unzähligen Ausführungen auch Reisprodukte umfasste. Schnell erkundigte er sich dann jedoch, wie ich mir das mit dem Vertrieb denn wohl im Detail vorgestellt hätte und über welche Kanäle ich diesbezüglich verfügte.

Rückblickend kann ich sagen, dass ich an dieser Stelle vermutlich jemanden um Rat hätte fragen sollen, der sich mit so etwas auskennt. Mein Vorschlag jedenfalls, mit dem Produkt in der Hand erst mal persönlich bei verschiedenen Geschäften hausieren zu gehen, stieß offenbar nur auf mäßiges Interesse. Ich hörte nie wieder von Herrn Pittayapreechakun.

Ich habe mittlerweile einen Laden in Charlottenburg gefunden, in dem ich wenigstens meinen eigenen Vorrat an Algen aufstocken kann. Die Tatsache, dass ich offenbar der Einzige bin, der nach dem seltsamen Produkt fragt, lässt darauf schließen, das die Zeit wohl noch immer nicht reif ist. Red Bull hingegen wächst ungebremst immer weiter. Vielleicht sollte ich mir mal die Autobiographie des Herrn Mateschitz zu Gemüte führen.

Bezahlung: Keine.
Arbeitsaufwand: Gering.
Gelernt fürs Leben: Man muss Dinge zu Ende denken.

47. Zeitungsausträger

Ich war gerade zurück von einer Winterüberbrückung in Asien, nun stürzte ich mich schon wieder in einen neuen, ungewohnten Job. Das monatelange Aufladen mit Sonne und südostasiatischer Lebensfreude kam mir dabei deutlich zugute. Während alle um mich herum noch aus dem Winterschlaf aufzuwachen schienen und sich kalkweiß und tranig an den zaghaft erblühenden Pflanzen vorbeischleppten, sprühte ich geradezu vor Energie. Und auch wenn meine Bekannten nur den Kopf schütteln konnten, wenn ich ihnen euphorisch von meiner neuen Beschäftigung erzählte, so konnte ich diesem neuen Job in meiner Gemütsverfassung doch tatsächlich eine Menge Spaß abgewinnen.

Das Ganze war eine Aktion für die Berliner Morgenpost. Um den Verkauf und die Zahl der Abonnenten anzukurbeln, sollte ich durch die frühlingshafte Stadt tingeln und dabei so viele Exemplare der Zeitung wie nur möglich verschenken. Um mehr Fläche abdecken zu können, hatte man mir ein Spezialfahrrad mit Pritsche zur Verfügung gestellt. So weit, so gut. Ein offensichtlicher Haken waren die Klamotten, in die ich mich zwängen musste. Die weiße Hose ließ ich mir gerade noch gefallen, aber der Schriftzug quer über meine Brust sowie auf dem Rücken der Jacke war nun doch ein wenig zu viel des Guten. Die Tageszeitung kam aus dem Hause Axel Springer und mit diesem wollte ich eigentlich wirklich nicht assoziiert werden. Doch leider war dieser Job auch momentan meine einzige Möglichkeit, das Loch wieder auszugleichen, das die Monate im Warmen in mein Budget gerissen hatten. Und so musste ich wohl ein paar Kompromisse eingehen.

Morgens wartete ich mit meinem klobigen Gefährt an einer Straßenecke auf die Logistiker, die dort mit einem Sprinter vorfuhren und mich mit in Plastik gewickelten Stapeln druckfrischer Zeitungen ausstatteten. Mit diesen belud ich die große Pritsche, die mein Fahrrad vor dem Lenker trug. Von dort ging es los auf meine Tour durch Prenzlauer Berg.

Klar, ich sah aus wie ein Vollidiot und ich warb für ein Schundblatt, aber sah man davon mal ab, so war es doch einfach herrlich, im Frühlingswetter durch die Sonne zu cruisen, wildfremde Menschen zu beschenken und dafür auch noch Geld zu bekommen. Der einzige Wermutstropfen blieb die Zeitung selbst, die man nun wirklich nicht guten Gewissens vertreten konnte. Gerade in Berlin hat ja nicht nur jeder eine sehr dezidierte Meinung zu jedem erdenklichen Thema, sondern tut diese auch noch gerne und laut kund. So musste ich mir des Öfteren Dinge anhören wie ,Diese Zeitung würde ich nicht mal nehmen, wenn ich Geld dafür bekäme!' Doch so zuwider es mir auch manchmal war, für einen Obulus etwas zu vermarkten, das mir nicht hundertprozentig in den Kram passte, momentan schien es dazu leider keine Alternative zu geben. Ich war lange weg gewesen und mir fehlten Referenzen und Kontakte.

Nach zwei Wochen auf dem Fahrrad, in denen ich nicht gerade wenige Exemplare der Zeitung in Hinterhof-Papiercontainern entsorgt hatte, gestaltete sich die Angelegenheit in den letzten Tagen der Aktion dann etwas weniger lustig. Zwar hatte ich nun immer eine wechselnde, meist hübsche Kollegin dabei, dafür mussten wir die Zeitungen nun aber an roten Ampeln an wartende Autofahrer überreichen.

Das war nicht nur doppelt erniedrigend, sondern auch noch recht gefährlich und zudem wahrscheinlich gesetzeswidrig. Auch das Fahrrad hatte man mir wieder abgenommen.

Als der Job dann schließlich zu Ende ging, war ich einigermaßen froh und hatte glücklicherweise auch bereits eine alternative Option, etwas Geld zu verdienen, ohne mich dabei komplett zum Affen zu machen.

Heute kann ich jene Leute, die mich damals anraunten, viel besser verstehen und würde sicherlich nicht mehr für ein Produkt aus dem Hause Springer werben. Dabei kann ich nicht mal sagen, ob das Image des Verlags sich seit damals noch verschlechtert hat oder ich generell vorsichtiger im Umgang mit den Medien geworden bin. Die Vorgehensweise, Gratisproben von Produkten während der Rotphase an Ampeln zu verteilen, hat sich in den letzten Jahren immer mehr durchgesetzt und nervt fast so sehr, wie die Banden, die ungefragt Windschutzscheiben säubern. Trotzdem habe ich seit diesem Job eine Menge Mitleid mit Leuten, die auf diese Art und Weise ihr Geld verdienen müssen und bin einer der wenigen, die sie nicht weghupen.

Bezahlung: €10/ Stunde.
Arbeitsaufwand: Mittel.
Gelernt fürs Leben: Manchmal ist es tatsächlich besser, einen Job abzulehnen,
                              um seine Integrität zu wahren

48. Müllmann

Rückblickend kann ich nicht mehr sagen, welcher Teufel mich geritten hat, als ich in den Herbstferien zum Ende meiner schulischen Laufbahn einen einwöchigen Job bei den Stadtbetrieben annahm. Es hätte sicherlich bessere Wege gegeben, an das Geld für den bevorstehenden Winterurlaub zu kommen. Aber vermutlich glaubte ich, dass ich mich mit einer kompletten Woche harter, körperlicher Arbeit nun wirklich an das echte Arbeitsleben herantastete. Auch meinen Eltern schien diese Herangehensweise zu gefallen.

Doch ich bereute meine Entscheidung im Prinzip bereits, als ich am ersten Morgen den von Raureif bedeckten Hof betrat, auf dem alle Fäden dessen, was sich um die Pflege unserer Kleinstadt drehte, zusammenliefen. Vermutlich hatte ich vorher einfach nicht genau genug überlegt, was da wohl so zu tun sei. Ich sah nur Baumaschinen, Schmutz und Öl.

Arbeitsbeginn war um 7, es galt also noch deutlich früher aufzustehen als während der Schulzeit. Als ich meinen Dienst antrat, war ich erst tags zuvor von einem kleinen spirituosengeschwängerten Ausflug zu Freunden nach Rosenheim zurückgekehrt und fühlte mich dementsprechend gerädert. Ich war bei den Stadtwerken der einzige temporär Beschäftigte und mit Abstand der Jüngste in der ganzen Belegschaft. Man teilte mir Bernd als Vorgesetzten zu. Er war nicht der Hellste, das konnte man bereits an seinem Gesichtsausdruck erkennen. Auch der Gesprächigste schien er nicht zu sein. Das jedoch konnte durchaus auch an meinem damaligen Erscheinungsbild mit Zopf und Ziegenbart liegen. ‚Lange Haare, kurzer Verstand‘ war ein oft bemühtes Vorurteil aus den 68ern, das sich in solchen Kreisen wirklich hartnäckig hielt. Unsere Geringschätzung war gegenseitiger Natur. Die Begrüßung fiel dementsprechend nüchtern aus und ich musste gegen den Drang ankämpfen, das Handtuch noch vor Beginn meines ersten Arbeitstages hinzuwerfen.

Schnell lernte ich den Ablauf, nach dem auch die anderen Arbeitstage vonstatten gehen sollten. Dies war die Abfolge, nach der vermutlich Bernds gesamtes Leben vonstatten gehen würde. Zunächst mal ging es vom Gelände der Stadtwerke auf direktem Wege zum Landmetzger, wo sich mein leicht übergewichtiger, schnauzbarttragender Kollege erst mal einen kompletten Kringel Fleischwurst mit Senf sowie ein trockenes Brötchen genehmigte. Beides krümelte er sich während des Fahrens in seinen dunkelbezahnten Mund, die Senfreste trugen nicht gerade zur Verschönerung seiner Rotzbremse bei. Es war noch immer vor acht Uhr. Lecker!

Dann begannen wir unsere Touren, die wir dem jeweiligen Einsatzplan des Tages entnahmen. Wir fuhren in einem orangefarbenen LKW mit Pritsche, die Farbe hätte mir gleich verdächtig vorkommen müssen. Beide waren wir robust gekleidet und im Führerhaus des Wagens herrschte eine so raue Stimmung, wie ich sie mir unter kanadischen Holzfällern vorstellte.

Bernd hatte schrecklichen Mundgeruch, der permanent beißend durch die Kabine waberte. Unmittelbar nach seinem maßlosen Fleischwurstgelage schien der Geruch sich noch mal deutlich zu verschlechtern und trotz herbstlich kühlen Wetters nutzte ich jede Gelegenheit, um mein Fenster bis zum Anschlag herunterzukurbeln. So war ich fast froh, als ich dann zum ersten Mal aussteigen durfte. Warum jedoch ich zum Aussteigen aufgefordert wurde, realisierte ich nur Sekundenbruchteile später: Ich sollte die Mülltonnen in der Fußgängerzone unseres Kurstädtchens in den großen Behälter auf unserer Pritsche leeren. Das war also eine meiner Aufgaben. Ich hatte mich tatsächlich als Müllmann verpflichtet.

Bernd suhlte sich in der ungewohnten Freiheit, einfach mal in der Kabine des LKW sitzenbleiben zu können, während einer dieser langhaarigen Penner, auf die er sowieso ständig schimpfte, seine Arbeit erledigte. Er konnte seine Genugtuung nicht verhehlen. Ich bemühte mich den Eindruck zu erwecken, das Leeren von Mülltonnen sei für mich weder etwas Neues, noch auch nur im Ansatz unangenehm, um ihm nicht mehr Schadenfreude als nötig zu zugestehen. Während ich die Hinterlassenschaften der Fußgänger unserer Stadt sortierte und dabei versuchte, nicht mit sorglos verpacktem Hundekot in Berührung zu kommen, pulte sich Bernd unschön mit der Zunge Essensreste zwischen den Zähnen hervor, wippte

ungelenk zum Sound des schlechtesten Radiosenders, den die Region zu bieten hatte, und griff sich in regelmäßigen Abständen zwischen die im Blaumann steckenden Beine, um sich ausgiebig am Sack zu kratzen.

Ich erfreute mich daran, dass um diese Uhrzeit sicherlich noch keiner meiner Freunde auf den Beinen sein würde, um Zeuge meiner neuen Beschäftigung zu werden, und atmete des Gestankes wegen vornehmlich durch den Mund. Draußen Gestank, drinnen Gestank, dafür waren meine sensiblen Nüstern nicht ausgelegt. Aber das Letzte, das ich nun wollte, war, dass Bernd mein Unbehagen mitbekam. Ich musste nun Härte zeigen, sonst würde er mir das Leben zur Hölle machen, so viel stand fest.

Und so hielt ich durch, während wir viele, ja, sehr viele Mülltonnen in der ganzen Stadt abklapperten. Nach und nach wurde mir klar, dass Müll sich in den nächsten

Tagen wie ein roter Faden durch mein Leben ziehen würde. Müll war, so konnte man sagen, Bernds Kernkompetenz, die zu teilen er nur zu gerne bereit war. Waren wir mit der Innenstadt fertig, ging es über Landstraßen zu den Stadtteilen. Auch hier musste ich Tonnen leeren, wobei Bernd nun großen Wert darauf legte, dass ich ihm eventuell gefundene Pornozeitschriften direkt und ohne Widerworte übergab. Offenbar hatten sich bestimmte Mülltonnen herauskristallisiert, in denen die Porno-Konzentration deutlich höher war, es waren jene am Ende von Feldwegen und in der Nähe von Waldparkplätzen. Auf Bernds innerer Landkarte waren diese ganz offenkundig mit Kreuzen in Signalfarbe gekennzeichnet. Kamen wir diesen orangenen Behältern näher, machte ich in seinem unschlauen Gesicht eine geradezu kindliche Vorfreude aus. Zum Liebhaben.

Bernd und ich redeten nicht viel miteinander, über was hätten wir auch sprechen sollen? Doch tatsächlich gewöhnte ich mich allmählich an ihn und nach ein paar Tagen erweckte seine Gegenwart in mir eher Mitleid als Verachtung. Jedenfalls kamen wir im Großen und Ganzen miteinander klar. Nur wünschte ich mir sehnlichst, er möge endlich die Vorzüge von Zahnseide für sich entdecken.

Auf dem Weg zu den Vororten präsentierte mir Bernd eines Tages voller Stolz ein Stück Landstraße, das er liebevoll auf den Namen ‚Orgasmus-Weg' getauft hatte. Es handelte sich hierbei um eine geradezu geniale Erfindung von ihm und seinen Freunden vor langer, langer Zeit. Die Geschichte dazu ging wie folgt: Als sie noch jung waren, hatte sein bester Freund sich mit seiner damaligen Freundin nackt hinten in Bernds Auto gelegt, dessen Rückbank sie umgeklappt hatten. Dann fuhr der hilfsbereite Bernd die vier Kilometer zwischen den beiden Dörfern immer und immer wieder, jeweils am Ortsschild wendend. Der Clou dabei waren die unzähligen Schlaglöcher in der wenig befahrenen Straße. ‚Er musste ihn nur bei ihr reinstecken, den Rest besorgte der Orgasmus-Weg!', beendete Bernd seine Ausführungen in einem triumphalen Jubelschrei. Seinem Gebaren nach zu urteilen hätte man meinen mögen, er habe seinerzeit die Relativitätstheorie entdeckt. Aha. Ich musste mich anstrengen, mir das nicht zu bildlich vorzustellen. Vielleicht müsste ich mich übergeben. Bernd hingegen sabberte fast bei seinen Ausführungen, die er mir fast täglich wiederholte.

Am vorletzten Tag dann war endgültig der Tiefpunkt dieses Jobs erreicht. Der Tag gewährte mir einen kleinen Einblick darin, was mit den Steuergeldern rechtschaffener Bürger so angestellt wurde. Der ganze Tag war schon nicht toll gewesen, aber ich hatte mich mittlerweile an die Stumpfheit und Langeweile dieses Jobs gewöhnt. Ich hatte mich selbst irgendwie ausgeblendet und war tatsächlich nur noch der Ferienjobber in seiner orangenen Jacke, der Mülltonnen leerte und schlechte Musik im Radio hörte. Ich wusste ja, es würde bald vorbei sein. Lediglich Fleischwurst hatte ich noch keine gegessen und war auch nicht bereit, das auf der Zielgeraden noch zu ändern. Wie um dem trostlosen Grundgefühl der ganzen Woche Ausdruck zu verleihen, sprühregnete es bereits seit dem frühen Morgen bei muckeligen 5 Grad und Nebel. Auch in unserer kleinen Fahrerkabine war die Stimmung am Tiefpunkt angelangt. Jeder hing im warmen Mantel von Bernds Ausdünstungen seinen Gedanken nach und Bernd versuchte traurigen Blickes, im Nebel die Straße zu erkennen. Seine Betrübtheit erstaunte mich, hatte ich doch bisher immer das Gefühl gehabt, dass Bernds Stimmung abgesehen von gelegentlicher Orgasmus-Weg-Euphorie gleichbleibend schlecht war.

Auf dem Weg zurück von einem kleinen, weit entfernten Dorf, wo wir eigens hingefahren waren, um eine einzige Mülltonne abzuholen und dafür mühsam auf der großen Pritsche zu vertäuen, nahm Bernd verwegen eine Abkürzung übers Feld. Vielleicht, um dem Tag ein Gefühl von Abenteuer zu verleihen. Vielleicht, weil er im Nebel noch immer nicht viel sehen konnte. Wer weiß. Wir kamen jedenfalls keine hundert Meter weit, da steckten wir auch schon im Schlamm fest. Da half kein Vor und auch kein Zurück, der hessische Mutterboden ging uns bis zur Felgenmitte. Hilflosigkeit stand in Bernds Gesicht geschrieben, während ich im Sprühregen Wackersteine zum Unterlegen sammelte. Im Geiste verfluchte ich diesen ganzen Job so sehr wie nie zuvor. Ich verfluchte aber auch Fleischwürste, Mundgeruch, Mülltonnen und den deutschen Herbst im Allgemeinen. Viel schlimmer, da war ich mir sicher, konnte alles kaum mehr werden. Leise zischte ich meine Flüche in den Regen und wünschte mir insgeheim nichts lieber, als in der darauffolgenden Woche wieder im Physikunterricht zu sitzen und Fragen zum Trägheitssatz nicht beantworten zu können.

Eine Stunde ohne Ergebnisse verging. Bernd hatte keine zündende Idee gehabt, was mich nicht sonderlich überraschte. Zwischendurch ließ er mich sogar kurz probieren, den sprichwörtlichen Karren aus dem Dreck zu ziehen, aber auch mein Rangieren mit dem orangenen Pritschenwagen war nicht von Erfolg gekrönt.

Da kam plötzlich ein anderes orangenes Fahrzeug vorbei und wir winkten den Fahrer hektisch zu uns heran. Doch noch bevor wir ihm das Problem darlegen konnten, hatte auch er sich bereits heillos festgefahren. Ich kam nicht umhin zu schmunzeln, ja, musste mich sogar kurz ein paar Meter vom nun einsetzenden sinnfreien Gespräch der beiden Fahrer entfernen, um die Contenance zu wahren. Die Situation war nun einfach zu skurril. Aus den Wortfetzen, die zu mir herüberwehten, schloss ich, dass ein durchschnittliches Bienenvolk es intellektuell vermutlich mit beiden Stadtarbeitern zugleich aufnehmen konnte. Ich beschloss, nun einfach abzuwarten, wie sich der Rest des Tages entwickeln würde. Es gab im Prinzip nichts zu verlieren. Sollten wir um fünf noch immer hier stecken, würde ich einfach direkt von hier aus einen Bus nach Hause nehmen, das war sogar etwas kürzer.

Nach langem Überlegen, das den an der Diskussion Beteiligten sichtlich Mühe bereitete, trottete dann einer der beiden zu einer Telefonzelle, um in der Zentrale anzurufen. Von dort kam nach einer weiteren Stunde des Wartens im Regen ein orangefarbener Traktor, der tatsächlich beide Fahrzeuge nacheinander aus dem Feldweg rauszog. Die LKW hinterließen hierbei riesige Schlammhaufen auf der Straße. Während wir die Fahrzeuge zurück auf dem Hof aufwändig säuberten, wurde ein vierter Wagen zum Ort des Geschehens zurückgeschickt, um dort die Straße zu reinigen.

Es wurde Abend, ein völlig nutzloser Tag ging zu Ende. Wir hatten summa summarum nichts bewirkt, außer eine alte Mülltonne von A nach B zu transportieren. Und das mit vier Fahrzeugen und sechs Personen. Es wurde höchste Zeit für ein Feierabendbierchen. Vielleicht würde ich mir noch ein paar mehr genehmigen, um den letzten Tag dieser Idiotie dann im umnachteten Zustand eines Katers über die Bühne zu bringen.

Der Mensch gewöhnt sich doch tatsächlich an fast alles und so wurde ich doch geradezu traurig, als ich mich am letzten Abend von Bernd verabschiedete. Wenn man nicht zu nah an ihn ranging und nicht mit ihm sprach, war er eigentlich gar kein so schlechter Mensch.

Ich jedenfalls schwor mir, in Zukunft Firmen zu meiden, deren Farbe sich irgendwie mit Müll assoziieren lässt. Das geflügelte Wort ‚Ich sehe rot' gilt bei mir seit jener Woche mit Bernd für orange.

Bezahlung: DM 600 für eine Woche.
Arbeitsaufwand: Viel Zeit, wenig Arbeit.
Gelernt fürs Leben: Werde niemals Beamter! Benutze Zahnseide!
                    Fleischwurst macht doof.

49. Junggesellen-Abschieds-Organisator

Ich hatte Vincent vor einigen Jahren an einem Strand in Kambodscha kennengelernt. Er und sein Kumpel Brendan waren seinerzeit eine willkommene Abwechslung gewesen an diesem Ort, an dem sich fast nur oberflächliche Amis aus Stu-
dentenverbindungen herumtrieben. Ich hatte ein paar Tage mit den beiden Iren
herumgehangen und meistens waren wir mit unseren Mopeds zu einem verlas-
seneren Strand gefahren, hatten gegrillte Krebse gegessen und über einen kleinen
Lautsprecher melancholischer Musik gelauscht.
Jetzt wollte Vincents Bruder David heiraten und hatte sich als Ort für seinen Jung-
gesellenabschied Berlin ausgesucht. Es lag nahe, dass mich Vincent für die Organisation um Hilfe bat.
In den Nuller-Jahren waren viele Leute dazu übergegangen, ihre Junggesellenab-
schiede im Ausland zu feiern, da die Flugtickets immer günstiger geworden waren.
Berlin wurde dabei jedes Jahr populärer, da es nach wie vor viel preiswerter als an-
dere Hauptstädte war und man seine Clublandschaft mittlerweile in der ganzen
Welt kannte. Schon gab es einige professionelle Organisatoren von ‚Stag Nights‘,
wie man diese eigentlich unsägliche Sitte im Englischen nennt, bei der demnächst
Heiratende Abschied von ihrem alten Leben in Freiheit nahmen. Aber ich mochte Vincent und wollte seine Leute nicht irgendwem anvertrauen. Ich wollte den
Jungs eine Mischung aus Berliner Touri-Kram und etwas Besonderem bieten.
Ich brachte sie in einem edlen Hotel unter, denn Budget gab es ausreichend. David war Rechtsanwalt und offenbar gewillt, sich diesen kleinen Ausflug einiges
kosten zu lassen. Und so logierte man mit vier Sternen am Potsdamer Platz. Für
den Mittag dann hatte ich eine Trabi-Tour für die Gruppe gebucht. Ein findiger
Unternehmer hatte in den Jahren nach dem Mauerfall alle alten Trabis aufgekauft
und bot diese seither zum kurzfristigen Mieten für Touristen an. Ich hatte den Iren
drei Fahrzeuge reserviert und ihnen einen Stadtplan mitgegeben, auf dem der Verlauf der Mauer eingezeichnet war. Einer sms von Vincent konnte ich entnehmen,
dass dieser erste Programmpunkt bei seinen Leuten sehr gut ankam. Er war schon
tags zuvor angereist und ziemlich durch den Wind, da seine Freundin ihn gerade
verlassen hatte. Er war froh, dass ich die Organisation ihres kleinen Ausflugs übernommen hatte.
Zum Abendessen hatte ich die Gruppe im ‚White Trash‘ eingebucht. Ich wusste, dass man Stag Parties dort mittlerweile eine kategorische Ablehnung erteilte,
daher hatte ich die Frage, ob es sich denn um eine solche handelte, verneint und
darauf gehofft, dass die Jungs sich einigermaßen benehmen konnten. Ich selbst war
kein großer Fan dieses Ami-Ladens, der sich gleichbleibend starker Beliebtheit erfreute. Aber für jemanden, der die schräge Mischung aus Burger-Laden, Club und
Tattoo-Studio noch nicht kannte, lohnte sich der Besuch eigentlich immer. Wenn
man dann noch die Anekdoten über den letzten Besuch von Mick Jagger einstreu-
te, konnte man sich sicher sein, die Leute würden dort eine gute Zeit haben. Das
White Trash ist ein ehemaliges Irish Pub von riesigen Ausmaßen. Man hatte uns
im zweiten Stock einen großen Tisch freigehalten. David hatte darauf bestanden,
dass ich am Essen teilnahm. Von nun an sollte auch ich Gast der Veranstaltung

sein. Seine Freunde und Verwandten waren allesamt sehr nett, schienen aber aus unterschiedlichen sozialen Backgrounds zu stammen. Ganz wie man es von Iren erwartete, soffen sie wie die Löcher. Dazwischen gab es monströse Burger, für die der Laden berühmt war und die allen zu schmecken schienen.

Nach einigen Bieren und Tequilas dann war es Zeit für den Überraschungsauftritt von Sabrina, einer langbeinigen Stripperin, die ich für diesen Anlass verpflichtet hatte. Auf ausdrücklichen Wunsch des Bräutigambruders. Lange war ich Websites und Kleinanzeigen durchgegangen, bis ich endlich auf ihre Annonce gestoßen war, die ich auf gewisse Art ehrlich fand. Tatsächlich war sie auch am Telefon nett und wir vereinbarten, dass sie direkt ins White Trash kommen sollte.

Nun wurde natürlich klar, dass unsere Gruppe doch eine Stag Party war, aber ich hoffte darauf, dass die Bedienungen im White Trash den Strip eher positiv bewerteten, denn schließlich trug eine solche Aktion ja auch zum verruchten Ruf des Ladens bei. Ich sollte Recht behalten. Denn Sabrina strippte nicht nur für David und seine Leute, sondern im Prinzip für den ganzen Laden, da unser Tisch für alle einsehbar war. So bekam sie Applaus auch noch aus den hintersten Ecken. Lediglich als sie auch noch ihr winziges Höschen abstreifte, gab sie sich etwas schüchtern und präsentierte die letzte verborgene Stelle einem Geschenk gleich nur dem Gastgeber höchstpersönlich. Während der ganzen Zeit, in der Sabrina ihre athletischen Verrenkungen auf dem Tisch vollführte, ließ ihr grimmig dreinblickender Begleiter sie keine Sekunde aus den Augen. Vermutlich war das nur zu ihrer Sicherheit. Ich fragte mich, ob das Verhältnis der beiden eher privater oder geschäftlicher Natur war. Diskret steckte ich Sabrina am Ende der Show die vereinbarte Summe zu und sie verschwand so schnell, wie sie aufgetaucht war.

Die Gruppe um David kochte nun und wollte dringend noch mehr erleben. Vincent, der den Job des Schatzmeisters übernommen hatte, beglich die gar nicht mal so günstige Rechnung und ich koordinierte ein paar Taxis, mit denen unsere knapp 15-köpfige Gruppe ins ‚Dr. Pong' gelangte, eine Bar, die im Lonely Planet vermutlich direkt unter dem White Trash aufgelistet war. Wie erwartet gefiel es allen dort jedoch sehr gut und es wurde beschlossen, auf ein paar Drinks zu bleiben, bevor man den Club in Angriff nahm. Das Besondere an der Bar ist, dass mitten im Hauptraum eine großen Tischtennisplatte aufgebaut ist, an der die Gäste die ganze Nacht durch Rundlauf spielen. Direkt neben dem Spielfeld steht ein DJ, der die Meute über ein aus alten Boxen zusammengebasteltes Soundsystem mit zumeist ausgefallener Musik unterhält.

Ich machte mich unterdessen auf eine weitere Mission. Ich hatte über ein paar Kontakte ganze 11 Gramm Kokain bestellt, das ich nun diskreterweise bei einer Privatparty abholte. Ich ärgerte mich noch kurz, dass außer dem Dealer auch noch mein Mittelsmann einen Fünfziger Gewinn einstrich, aber letztendlich war es nicht mein Geld und David nach wie vor in Spendierlaune. Mit 11 Briefchen Pulvers in den Taschen kehrte ich zurück ins Dr. Pong, wo die Iren in kürzester Zeit Berge an Biere und Schnaps weggemacht hatten. Als ich David die Schmuggelware überreichte, gab er mir eines der Briefchen großherzig wieder zurück, offenbar als Bezahlung für meine Bemühungen. Nur kurze Zeit später konnte man ein reges Kommen und Gehen von irischen Männern bei den Toiletten beobachten.

Als ein paar Leute in der Gruppe schon fast nicht mehr stehen konnten, machten wir uns schließlich mit drei Taxis auf den Weg ins ‚Berghain'. Wie zu erwarten war, kamen einige nicht am tätowierten Türsteher vorbei, aber alle Beteiligten waren sich über dieses Risiko vorher im Klaren gewesen. David, glücklich darüber, dass mehr als zwei Drittel seiner Jungs schließlich mit ihm im weltbekannten Club standen, schmiss eine Runde nach der anderen. Wir feierten bis in den frühen Morgen. Nach und nach verloren sich dann alle und auch ich kann mich nur noch dunkel an den Heimweg erinnern. David jedenfalls klopfte mir mehrmals auf die Schulter und bedankte sich überschwänglich für einen tollen Tag. Auch Vincent schien sehr froh darüber zu sein, dass alles so gut geklappt hatte.

In den darauffolgenden Wochen überlegte ich kurz, ob ich das Ganze nicht professionell aufziehen sollte, aber die bereits existierenden Firmen waren schon recht gut aufgestellt. Außerdem musste ich mir immer vor Augen halten, dass bei Weitem nicht alle Junggesellenabschieds-Gruppen so nett und zivilisiert drauf waren wie Davids Leute. Und, dass ich das Ritual als solches eigentlich verachtete. David habe ich nie wieder gesehen. Vincent lebt mittlerweile in Malaysia und absolviert ein Fernstudium. Der ‚Goat Cheese Burger' im ‚White Trash' ist unverändert gut.

Bezahlung:	1 Gramm Koks.
Arbeitsaufwand:	Gering.
Gelernt fürs Leben:	Es gibt Gelegenheiten, bei denen Menschen gerne viel Geld ausgeben. Hochzeiten gehören definitiv dazu.

50. Call Agent

Abertausende ambitionierte, junge Menschen enden heutzutage früher oder später in Callcentern. Besonders im armen Berlin mit seinem begrenzten Jobangebot stellt dieser Job neben Tätigkeiten in der Gastronomie eine der wenigen Alternativen für Studenten dar. Viele dieser jungen Leute schließen ihr Studium letztendlich nie ab, einige davon finden auch nie wieder einen Weg heraus aus diesem Job, der ein unschönes Produkt unserer globalisierten Marktwirtschaft ist.

Die Arbeit im Callcenter genießt keinen guten Ruf. Jeder kennt Geschichten darüber, jeder weiß ein Lied von Leuten zu singen, die ihm am Telefon irgendetwas aufschwätzen wollten. Es war höchste Zeit, dass ich diesen Job persönlich ausprobierte!

Und so wurde ich um das Jahr 2000 herum in einem schmucken Glasbau im Wedding vorstellig, einem weniger schmucken Stadtteil Berlins, der damals tatsächlich noch zur absoluten Peripherie zählte. Schon bei der Vorbereitung auf das Vorstellungsgespräch war mir aufgefallen, dass zwei knappe Worte im Callcenter-Metier von grundsätzlicher Bedeutung waren: ‚Inbound' und ‚Outbound'. Als Inbound werden Telefonjobs bezeichnet, bei denen der Telefonist nur eingehende Anrufe annimmt. Je nach Firma und Zweck der von ihm betreuten Rufnummer hat er dann zwar mitunter ärgerliche Menschen an der Strippe, jedoch wenigstens Menschen, die auch mit ihm oder zumindest grundsätzlich mit irgendwem sprechen wollen. Was immer noch die bessere Alternative ist.

Denn das sieht bei Outbound ganz anders aus. Diese wesentlich unangenehmere Ausprägung des Telefonjobs bedeutet nämlich nichts anderes als Kaltakquise, fiesestes Klinkenputzen, ungebetene Belästigung wildfremder Menschen. Man ruft die nichtsahnenden Telefonbesitzer an, da man mit diesem Anruf ein Ziel verfolgt. Dieses Ziel ist fast immer, den Menschen etwas anzudrehen, sodass die Firma im Hintergrund davon profitiert. In der Regel wollen diese Menschen nicht mit dem einem sprechen, zumindest aber muss man sie in jedem Fall erst mal mühsam davon überzeugen, dass sie es wollen.

Man hatte mir gesagt, dass der Job, auf den ich mich bewarb, Outbound sein würde und ich war daher aufs Schlimmste gefasst. Wenn schon, dann wollte ich auch die ganze Packung.

Mich empfing ein schmieriger junger Typ in einem schlecht sitzenden Anzug, dessen Konterfei man problemlos auch aufs Titelblatt der Semestereinführungsbroschüre für BWL hätte drucken können. Er begrüßte mich mit einem starken Händedruck und einem Lächeln, das Zielstrebigkeit versprühte. Beides hatte er sich sicherlich in diversen Motivationsseminaren und NLP-Workshops an seinen wenigen freien Wochenenden angeeignet. Er erklärte mir zeiteffizient, worum es ging und, vor allem, was er von mir erwartete. Von einer unendlich scheinenden Liste mit Nummern sollte ich jede einzelne anrufen und den Menschen am Ende der Leitung freundlich in ein Gespräch verwickeln, das darauf aufbaute, dass der Angerufene eine Reise gewonnen hatte. Daraufhin würde ich den Leuten ein Abonnement für eine oder besser sogar mehrere Zeitschriften schönreden, denn dieses Abo ging mit der vermeintlich geschenkten Reise auf sehr perfide Weise einher. Tatsächlich hatte ich in meiner grenzenlosen Naivität selbst zu Anfang das Gefühl, das sei ja wirklich kein schlechter Deal und war schon kurz davor, mich selbst anzurufen, um gleich den ersten Vertragsabschluss in der Tasche zu haben. Derjenige, der sich das alles ausgedacht hatte, hatte ganze Arbeit dabei geleistet, den Betrug sehr attraktiv erscheinen zu lassen. Doch schon bald durchschaute ich, dass erstens die Urlaubsangebote zweitklassig waren und zweitens noch ein ganzer Rattenschwanz an Verpflichtungen zum Abo hinzukam. Niemand bekam hier irgendetwas geschenkt, so viel wurde mir schnell klar. Irgendwie musste der BWL-Typ ja schließlich seinen Porsche Boxster und die neuen Titten seiner Friseusenfreundin finanzieren.

Doch ich wollte das Ganze versuchen. Um des Versuchens Willen. Kurz später saß ich daher bereits in einem Raum mit etwa zwanzig anderen jungen Leuten, die allesamt Headsets trugen und in unterschiedlichen Sitzpositionen beharrlich auf jemanden am anderen Ende der Leitung einredeten. Der nun als Motivator agierende Schleimpfropfen schlenderte vor mir durch den Raum, bleckte seine schneeweißen Zähne und gab mal hier, mal dort einem Mitarbeiter einen Tipp, natürlich immer unterstützt durch motivierende Berührungen sowie kleine ermahnende Klapse. Er platzierte mich an einem der wenigen noch freien Pulte, erklärte mir im Flüsterton die Technik und verabschiedete sich mit einer Geste der gedrückten Daumen und einem konspirativen Zwinkern. Ich hasste ihn schon jetzt aus tiefstem Herzen und wünschte mir, er möge auf dem Weg zurück in sein Büro stolpern und so unglücklich auf eines der Headsets fallen, dass es sich ihm durch sein sicherlich nicht allzu großes Hirn bohrte.

In den nächsten fünf Stunden sprach ich mit einer Menge Menschen. Meine Gespräche wurden dabei nur von gelegentlichem Wassertrinken unterbrochen, damit ich meine Stimme nicht verlor. Der Raum war offenbar bewusst so konzipiert, dass man von der Außenwelt regelrecht abgekapselt war. Kein Geräusch drang von außen herein und Helligkeit kam nur durch die Oberlichter, sodass man auch keinerlei visuellen Ablenkungen ausgesetzt war. Die Tageszeit ließ sich nur anhand einer Armbanduhr bestimmen, über die ich nicht verfügte. Im Raum hörte man lediglich das Gemurmel der anderen Angestellten. Die einzelnen Wörter schluckte dabei der dicke Teppich und hinterließ auf diese Art und Weise nichts als ein weißes Rauschen der Überredungskunst.

An der Strippe hatte ich junge Leute und alte Leute, doofe Leute und clevere, freundliche und unfreundliche, männliche und weibliche. Ich nenne eine gesunde Portion Charme mein eigen, und so schaffte ich es doch zumeist, meine Gesprächspartner wenigstens für eine Weile am Apparat zu halten, egal, welcher dieser Gruppen sie nun angehörten. Ich verkaufte jedoch in der ganzen Zeit summa summarum nicht ein einziges Abo.

In regelmäßigen Abständen stattete mir mein solariumgebräunter Chef kurze Besuche ab und unterbreitete mir in ‚Tschaka'-Manier immer neue Tipps, wie ich die Leute noch länger am Telefon halten und dadurch mehr Vertrautheit herstellen könne. Denn das sei der Schlüssel zum Erfolg. Würden mir die Leute erst einmal vertrauen, seien sie Wachs in meinen Händen und ich konnte ihnen alles aufquatschen, was ich wollte. Ich hörte heraus, dass er aus der Beeinflussung anderer Menschen auch eine persönliche Befriedigung zog, die durchaus eine sexuelle Komponente haben mochte. Schnell brachte ich mich wieder auf andere Gedanken, bevor ich mich auf den tonisolierenden Teppich übergeben musste.

Doch ich wurde einfach das Gefühl nicht los, da gerade wirklich etwas zu tun, was nicht OK ist. Viele der Leute klangen so, als hätten sie auch ohne dieses Abo mit all seinen Zeilen im Kleingedruckten schon genügend Sorgen in ihrem Leben. Und wenn sich tatsächlich mal jemand über das Urlaubsangebot freute und man merkte, dass da ein Traum aufkeimte, der dann später sicherlich nicht im Ansatz so verwirklicht würde, wie derjenige sich das ausmalte, nahm ich meine Überzeugungskraft schon unterbewusst wieder ein Stückchen zurück. Ich konnte so nicht mit Menschen umspringen, nicht mal mit solchen, die ich nicht mochte. Das war schlicht und ergreifend unfair und ich wollte mein Geld wirklich nicht auf Kosten anderer Menschen verdienen.

An diesem mir fast ewig erscheinenden Herbstnachmittag wurde mir zusehends klarer, dass dies nun wirklich nicht mein Job war, und dass jedes einzelne Vorurteil über diese Art des Broterwerbs offenbar der Realität entsprach. Wer diesen Job machte, musste entweder jemand ohne jegliche Alternativen oder schlicht und ergreifend ein herzloses Schwein sein. Anders konnte ich mir das nicht erklären.

Als ich dem fleischgewordenen Erfolg nach der 5-Stunden-Schicht mitteilte, dass das nun wirklich nichts für mich sei, packte er mich energisch an der Schulter und wendete ein, dass man das so schnell doch gar nicht sagen könne. Ich solle es tags drauf doch einfach noch mal probieren, offerierte er mit gespielter, geradezu väterlicher Großzügigkeit. Offenbar war es für ihn nicht ganz so leicht, neue Leute für diesen Job zu finden. Jetzt hatte er schon ein paar Stunden Zeit in mich investiert, daher wollte er mich wohl nicht so einfach wieder gehen lassen. Aber während er noch den kompletten Katalog seiner Motivationsfähigkeiten herunterspulte, war dieser Job für mich längst gelaufen, für den sich die Angestellten zu jedem Feierabend schämen sollten.

Nach diesem Tag hatte ich erst mal eine Woche lang ernsthafte Probleme damit zu telefonieren. Noch heute ersticke ich jeden Anruf eines Callcenters im Keim und rate dem Anrufer höflich zu einem Jobwechsel, wenn er denn einen Rest an Anstand und Würde besitzt. Nicht selten hagelt es dafür Beleidigungen vom anderen Ende der Strippe. Man trifft mit diesem Ratschlag einen empfindlichen Nerv. Versucht jemand dann trotz allem weiter, mich von einer nutzlosen Anschaffung zu überzeugen, werde ich auch gerne mal lauter, was bisher noch jedes Gespräch beendet hat.

Was aus der Firma geworden ist, bei der ich diesen lehrreichen Nachmittag verbringen durfte, weiß ich nicht. Nach wie vor höre ich Horrorgeschichten von Menschen, die diese Beschäftigung als ihren Beruf angeben.

Der Bezirk Wedding hingegen scheint sich mittlerweile zu einem neuen Szene-Kiez zu entwickeln. Vermutlich hat sich der Galeerentrommler dort gerade mit seiner Uschi ein nettes Loft gekauft.

Bezahlung: Keine.
Arbeitsaufwand: Hoch.
Gelernt fürs Leben: Was sich nicht gut anfühlt, sollte man lieber sein lassen.

51. Mountainbike-Guide in Thailand

Nach einem exzessiven Monat als Barmusiker auf der Insel Ko Chang hatte es mich zurück in meine Lieblingsstadt Chiangmai gezogen, 1100 km weiter im Norden von Thailand gelegen und seines Zeichens Mountainbike-Hauptstadt Südostasiens. Nach reiflicher Überlegung schien es mir sehr attraktiv, für Mountainbiken Geld zu bekommen, denn diesen Sport zählte ich ohnehin zu meinen Hobbies. Daher blieb ich so lange hartnäckig, bis mich der einzige Veranstalter ‚Chiangmai Mountainbiking‘ endlich als Guide anstellte. Ich bezog ein kleines Zimmer auf dem Dach eines Guesthouses und begann ein Abenteuer, das knapp zwei Monate dauern sollte.

Die ersten Tage waren hart. Aidan, der Boss des Ladens war sich offenbar immer noch nicht ganz schlüssig, ob er wirklich noch einen weiteren Guide brauchte, zumindest aber nicht, ob ich dafür die nötigen Fertigkeiten mitbrachte. Die anderen Guides, allesamt Thais, bangten wahrscheinlich um ihre eigenen Jobs, denn sie behandelten mich mit äußerster Vorsicht und Zurückhaltung.

Und doch wurde mir dann bereits an meinem dritten Tag die Führung der 11-köpfigen Touristengruppe übertragen. Gerade zu Anfang der Strecke gab es mehrere obligatorische Stopps, an denen den Teilnehmern schwierige Passagen angekündigt wurden. Für mich jedoch sah im dichten satten Grün des Regenwalds noch alles gleich aus und so ließ ich die Anfänger ungebremst auf eine Schotterpiste rasen. Doch nachdem ich mir während der ersten Woche im Kopf einen Plan nach dem Muster Bach, dann Kurve, dann großer Baum gemacht hatte, fand ich die Stopps, und nun begann mein neuer Job richtig Spaß zu machen.

Ich stand morgens um kurz vor acht auf, und machte ein paar Yoga-Übungen auf der Dachterrasse direkt vor meinem Zimmer, für das ich gerade mal 2 Euro die Nacht bezahlte. Allein dieser idyllische Ort war es wert, hergekommen zu sein, und ein Blick über die angrenzenden Tempel ließ mich sogar schnell die Chang-Biere und Sangsom-Whiskys vom Vorabend vergessen. Um Punkt 8 erklang aus den Lautsprechern der nahe gelegenen Schule die thailändische Nationalhymne. Das war für mich das Zeichen, mich nun schnell auf den Weg zu machen, denn kurz darauf sang eines der Schulkinder sie stets ein zweites Mal, und das war für diese Uhrzeit nun wirklich zu viel des Guten.

Mein Boss hatte mir leider keines der vollgefederten Räder seiner Flotte für die Privatnutzung geben wollen, daher hatte ich mir für 300 Baht, also knapp 6 Euro ein altes rotes Rad gekauft, das ein wenig an die Bonanza-Räder aus den 80ern erinnerte, aber natürlich made in China war. Auf dieser eigentlich fahruntüchtigen Schüssel, die ich Rotkäppchen getauft hatte, legte ich die paar Kilometer zu Aidans Laden zurück. Am Straßenrand standen bereits um diese Zeit überall dampfende Töpfe neben kleinen Thai-Frauen mit lächelnden Gesichtern, die mir den Thai-Gruß ‚Sawadee ka‘ zuriefen. Manchmal folgte noch ein ‚Bpai nai?‘ (in etwa: Wohin gehst Du?), auf das ich höflich die Standardantwort ‚Bpai tiao‘ (Ich gehe aus) entgegnete.

Am Büro angekommen ließ ich mich jeden Morgen aufs Neue von meinen Kollegen wegen meiner Rostlaube auslachen. Oft musste ich erst mal das eine oder andere Teil wieder anschrauben. Durch meine lange Zeit in Thailand war ich bereits vertraut mit der Herumalberei der Thais zu jeder Tageszeit. Die Philosophie, die diesen Späßen zugrunde liegt, heißt Sanuk und bedeutet frei übersetzt Spaß. Für einen Thai ist das Wichtigste an jeder Tätigkeit der Spaß, den sie ihm bereitet. Und so lassen sich diese von Grund auf positiven Menschen den ganzen Tag über Dinge einfallen, um diesen Spaß auch stets bei der Stange zu halten. In Deutschland würde man dieses Verhalten wahrscheinlich einfach kindisch nennen, dort jedoch ist das Hänseln und Necken an der Tagesordnung, und es hat eine sehr erfrischende Wirkung.

Zunächst bereiteten wir dann die Bikes vor, kramten das ganze Equipment zusammen, und luden es in und auf die verschiedenen Toyota Pickups. Dann gab es Frühstück im direkt neben dem Office gelegenen Imbiss. Bereits morgens essen die Thais sehr scharf. Hatte man sich erst mal daran gewöhnt, war es eine todsichere Methode aufzuwachen, völlig gleich, wie viel man am Abend zuvor gebechert hatte.

Dann brach ich mit Aidan zu den verschiedenen Guesthouses auf, um die Teilnehmer einzusammeln. Hierbei war es mein Job, den bulligen Pickup durch die schmalen Gassen der grünen Altstadt zu lotsen. Hatten wir alle Biker auf die mit Sitzbänken bestückte Pritsche geladen, ging es zurück ins Office, wo Aidan ein kurzes Briefing gab, und schon mal versuchte herauszufinden, wie viel Erfahrung auf zwei Rädern die Leute mitbrachten. Danach starteten wir zur 45-minütigen Auffahrt auf den Berg Doi Pui, je nach Anzahl der Teilnehmer mit ein bis drei Fahrzeugen. Es ging bis auf 1600 Meter hoch, was uns für später 1200 Höhenmeter Abfahrt bescherte. Ziemlich grün und schwankend stiegen viele der Fahrer nach der kurvigen Strecke aus dem Pickup, um von Aidan jedes Mal mit den Worten ‚Welcome to my office' in einem kleinen Waldstück begrüßt zu werden. Die Tatsache, dass er selbst sich jeden Morgen am meisten über seinen Witz freuen konnte, erhöhte meine Sympathie für ihn. Während er nun sein Briefing über Fahrtechniken und Bike-Mechanik hielt, luden die anderen Guides und ich die Räder von den Dächern der Pickups, und bahrten die Protektoren, Helme und Handschuhe auf. Dann zogen wir uns um und dehnten uns kurz.

Aidan war ein Berg von einem Mann. In Belgien geboren und in Deutschland aufgewachsen, hatte er die letzten 20 Jahre eine erfolgreiche Surf- und Kajakschule auf Hawaii betrieben, dann jedoch Abwechslung gesucht, und sie schließlich in Chiangmai gefunden. Das Mountainbike-Business in Thailand war mit seinen 4 Jahren ein relativ neues Projekt. Nachdem sein Guesthouse nicht so besonders gelaufen war, hatte er für fast ein Jahr auf eigene Faust die umliegenden Berge erkundet, und dann nach und nach all seine Touren entwickelt. Dabei hatte er neben einigen bürokratischen Hürden auch ein paar banalere zu überwinden. Mit seinem Köpergewicht hatte er auf den Strecken durch den Dschungel schon einige Rahmen das Zeitliche segnen lassen.

Nachdem alle Teilnehmer eingekleidet waren und ein Rad bekommen hatten, mussten sie auf einem mittelschwierigen Teststück demonstrieren, was sie drauf hatten. Dann teilten wir die Leute grob in Gruppen auf, und schossen los. Insgesamt wurden zehn verschiedene Touren mit unterschiedlichen Schwierigkeitsgraden angeboten, doch die meisten kamen nur dann zum Einsatz, wenn mal wirkliche Profis dabei waren.

Nach kurzer Zeit auf Asphalt ging es dann auf Lehmboden steil bergab. Große

Steine, tiefe Regenfurchen und glitschige Wurzeln tropischer Bäume machten die Abfahrt schwierig. Man musste dabei zusehen, dass man die Gruppe zusammenhielt und keinen überforderte. Meist trennte sich hier schon die Spreu vom Weizen.

Nach etwa einer halben Stunde erreichten wir den idyllischen Coffee-Shop, wo wir rasteten, und die Leute oft neu gruppierten. Man wusste nun, wem man was zutrauen durfte. Unterdessen genossen wir alle die Stille, die grandiose Aussicht auf die Kaffeesträucher aus dem offenen Sitzbereich aus Bambus, und die in Knallrosa blühenden Bäume. Für ein paar Cent gab es frischen Kaffee, der exakt dort gewachsen war, wo wir nun hinschauten. Im Café wohnte ein zahmer Hahn namens Johnny, den ich immer für ein paar Minuten auf den Schoß nahm. Es war die buchstäbliche Ruhe vor dem Sturm. Zwanzig Minuten für ein paar Anekdoten, wobei Aidan die gebrochenen Kiefer und Schlüsselbeine vergangener Touren diplomatisch ausließ. Die Leute waren an dieser Stelle bereits angefixt und scharrten mit den Hufen. Immer waren Kanadier dabei, oft Kalifornier, Deutsche, Engländer, Franzosen. Immer überwogen die Männer, und meistens guckten die Frauen an dieser Stelle der Strecke schon etwas verängstigt aus der Wäsche.

Wir stoppten dann noch kurz in einem winzigen Dorf, das von Hmongs, einem Bergvolk aus China, bewohnt wurde. Die Leute dort sprachen kein Englisch und auch nicht viel Thai. Es gab mehr Hühner und Hunde als Menschen, und dank der Abgeschiedenheit des Dorfes und dem damit einhergehenden Inzest eine Handvoll Albinos. Stets wartete ein alter Mann mit seiner traditionellen Armbrust geduldig auf uns. Jeder aus der Gruppe durfte dann auf eine aufgehängte Papaya schießen, während der Alte unsere Versuche aus seinem schrumpeligen Gesicht ungeniert belächelte.

Doch dann ging es endlich richtig los. Es gab nun weniger Pausen, kürzere Ansagen, und längere, schnellere Passagen. Die Strecke bot fantastische Ausblicke. Etwa auf halber Höhe kam man plötzlich mit voller Geschwindigkeit aus dem dichten Dschungel raus, und konnte bis weit ins Tal hinabschauen, vorbei an einer Gruppe Ehrfurcht einflößender Bäume. Dieser Anblick war derart schön, dass mir einmal ein Teilnehmer fast ungebremst von hinten ins Rad fuhr, da er nur noch Augen für die Aussicht hatte.

Die Fähigkeiten der Teilnehmer variierten stark. Mehrmals hatten wir wirklich gute Fahrer, das waren dann auch für uns Guides die besten Tage. Im besten Fall wurde ich dann mit diesen Leuten auf einen der Spezial-Trails mitten durch den Dschungel geschickt, am Liebsten auf die Strecke ,1c', deren Name schon bewirkte, dass sich bei uns Guides die Haare auf den Armen aufstellten. Auf den schmalen, steilen Pfaden, auf denen laufen schon schwierig gewesen wäre, konnte sich dann jeder noch so erfahrene Fahrer seine Stürze abholen. Auf diese Strecken nahmen wir aber auch Leute mit, die zwar nicht besonders gut fuhren, dafür aber keinerlei Angst hatten, wie etwa eine Gruppe junger Franzosen mit Tattoos auf den Armen und einer starken Alkoholfahne vom Vorabend. Mehrmals überschlugen sich die Jungs spektakulär und rissen sich ihre Arme und Beine auf, sprangen jedoch immer wieder direkt aufs Rad und wollten weiter; sie schienen unkaputtbar zu sein.

Oft jedoch wurde ich auch dazu verdonnert, die Ausweichstrecke am Nachbarberg Doi Suket zu fahren, bei der es auf einem Dschungelpfad immer nur leicht bergauf und wieder bergab ging. Im Grunde hatte das mit Mountainbiking nicht mehr viel zu tun. Dort brachten wir Familien und die ganz blutigen Anfänger hin, und ich nutzte diese Tage des Cruisens durch den von Insekten sirrenden Wald zur Entspannung. An einem Morgen hatte ich eine französische Familie, mit der ich ständig stoppen musste, da die sechsjährige Tochter im Viertelstundentakt kotzen musste. Als wir gerade beschlossen hatten, der Lebensmittelvergiftung nachzugeben und unsere Unternehmung abzubrechen, zerlegte sich der Vater dann auch noch ziemlich schlimm, während er beim Fahren seine andere Tochter fotografierte. Mr. Kam, der wortkarge, aber offenbar smarte Fahrer des Pickups, der uns begleitete, stillte die Blutung nach einigen Widerworten des Franzosen mit einem Kraut, das er am Wegesrand pflückte. Dann brachten wir die lädierte Familie direkt ins Krankenhaus.

Der Endpunkt fast aller Touren lag am ruhigen, bräunlichen See Huay Tung Tao. In den schwimmenden Hütten, die festgezurrt am Ufer dümpelten, aßen wir dann große Portionen Fried Rice mit Fischsauce und Chillies, und tranken literweise Wasser. Jeder erzählte von seinen persönlichen Highlights der Tour.

In der größten Hitze, und am müdigkeitsmäßigen Tiefpunkt des Tages, mussten wir dann noch die Bikes säubern und warten, während die Fahrer die Teilnehmer zurück in ihre Herbergen brachten. Aus dem Radio dröhnte Thai-Rock, und für gewöhnlich tranken wir jeder den fünften Thai Red Bull des Tages, während wir am Straßenrand im Lärm der Rush-Hour Bremszüge wechselten und Speichen nachspannten. Zwar war dieser Teil des Tages wirklich der anstrengendste, aber er war auch auf gewisse Weise der exotischste, da ich nun nur noch von Thais umgeben war und mir fast wie ein Einheimischer vorkam. Ich lernte jeden Tag neue Wörter und meine Aussprache sorgte bei meinen Kollegen für helle Freude.

Verschwitzt und voller Öl zurück in meinem Guesthouse hatte ich es mir zur Gewohnheit gemacht, noch ein kurzes Krafttraining mit meiner Schweizer Nachbarin durchzuziehen, die Thai-Boxerin war, und sich auch schon wesentlich länger als geplant in Chiangmai aufhielt. Nach dem obligatorischen Essen eines Berges leckerer Gerichte auf dem Markt in der Nähe fand sich dann in dem gut besuchten Guesthouse meistens noch jemand zum Bier trinken, reden und feiern, manchmal öfter als mir lieb war. Im Guesthouse gab es zudem einen tollen Hund namens Krati, mit dem ich herumtollte, wann immer ich Zeit dazu hatte. Ich verstand mich mit den Betreibern und den Angestellten blendend und wurde nicht selten zu Abenden mit Einheimischen eingeladen.

Nachdem ich das Vertrauen meiner Thai-Kollegen gewonnen hatte, war die Crew mehr als cool. Die beiden Guides Denai und Khun Lek, seit etwa 2 Jahren dabei, fuhren für diese relativ kurze Zeit wahnsinnig gut, besonders wenn man bedenkt, dass beide vorher noch nie auf einem Mountainbike gesessen hatten. Bei einer Pause fragte ich Denai einmal, was er denn vor diesem Job gemacht habe. ‚Not much. Beer. Opium.', antwortete er mir wortkarg. Jetzt trainierte er stattdessen jeden Morgen mit Hanteln, und stürzte sich auf seinem Bike mit der für Asiaten typischen unbewegten Miene ins Tal. Khun Lek hingegen hielt sich selbst ganz offensichtlich für den besten Mountainbiker der östlichen Hemisphäre, und sprach meist nur von seinem Sohn, dessen Geburt demnächst bevorstand. Aber die Jungs hatten mich akzeptiert, als sie merkten, dass ich keine Bedrohung für ihren Arbeitsplatz war. Sie waren stolz darauf, einen für ihre Nationalität so ausgefallenen

Job zu haben, und besser bezahlt als viele andere Arbeiten war er noch dazu. Ich lernte von ihnen im Laufe der Zeit eine ganze Reihe thailändischer Verhaltensweisen, die mir das Land und die Leute wieder ein bisschen näher brachten.

An einem Tag, an dem niemand einen Trip gebucht hatte, brachen wir Guides frühmorgens zu viert auf, um eine neue Strecke zu erkunden. Mr. Kam brachte uns tapfer über Feldwege, die jeder Beschreibung spotteten, nach Chiang Dao, eine Gebirgskette etwa zwei Stunden von Chiangmai. Wir hatten unsere Rucksäcke voller Proviant, denn man konnte nicht im Geringsten voraussehen, wie lange unsere Expedition dauern würde, da wir uns auf völliges Neuland begaben. Aidan erging sich bereits in Fantasien über eine Nacht im Dschungel bei Thunfisch aus der Dose und in Flusswasser aufgelöstem Elektrolytepulver. Wir anderen waren nicht minder aufgeregt und abenteuerlustig.

Doch dann brachen wir uns einen Weg durch den tropischen Wald; wir fühlten uns wie adrenalingeladene Pioniere auf zwei Rädern. Ein alter Fußpfad der örtlichen Bauern wies uns die Richtung. Der sehr schmale Weg mit einigen großen Wurzelstufen ließ uns völlig vergessen, wo wir waren. Man musste voll bei der Sache sein, denn überall wuchs dichter Bambus, der sich hart und unnachgiebig in unsere Protektoren und Helme bohrte. Völlig zerkratzt und schweißnass erreichten wir nach einiger Zeit ein Hochplateau, und grinsten uns durch unsere Sonnenbrillen an, während uns ein Holzfäller auf seinem Arbeitselefanten passierte. Ab diesem Tag gab es also eine neue Tour im Sortiment und wir waren bei ihrer Entdeckung mit dabei gewesen.

Als die Saison etwas ruhiger wurde, betraute mich Aidan mit einer neuen Aufgabe. Da er sich nun auch noch den Markt der City-Touren erschließen wollte, sollte ich für ihn eine Tempeltour auf die Beine stellen. In jeder noch so kleinen Stadt eines buddhistischen Landes gibt es mindestens einen Tempel, Chiangmai aber verfügte aufgrund seiner Größe und seiner Tradition über unzählige dieser Gotteshäuser. Meine Erkundungsfahrten durch den Smog der Stadt und bei weitaus höheren Temperaturen als auf dem Berg waren zwar anstrengender als die Downhill-Trips, aber ich entdeckte jeden Tag neue Tempel, und einer war beeindruckender als der andere. War ich am Berg kein einziges mal ernsthaft gestürzt, so schaffte ich es jedoch tatsächlich, bei einem Sprung von einem Bürgersteig über meinen Lenker zu fliegen, was zumindest einem Tuk-Tuk-Fahrer den wohl witzigsten Moment seines Tages bescherte.

Nach knapp zwei Monaten spürte ich den Drang in mir weiterzuziehen. Die Saison neigte sich ohnehin dem Ende entgegen, und ich hatte schon länger einen Meditations-Retreat in den Bergen geplant. Gespart hatte ich von den 10 Euro, die ich pro Tag schwarz ausgezahlt bekommen hatte, nicht viel, aber ich hatte eine ganze Menge neuer Erinnerungen im Gepäck und beim Mountainbiken einige Tricks dazugelernt. Mein Thai machte deutliche Fortschritte und ich war in Top Kondition. Schweren Herzens sagte ich meinen Kollegen und Aidan Lebwohl. Er sagte, dass ich jederzeit zurückkommen könne, wenn mir wieder der Sinn danach stehe, und das habe ich bis heute nicht vergessen.

Mittlerweile gibt es in Chiangmai mehrere Anbieter von Mountainbiketouren, aber Aidan scheint nach wie vor gut im Geschäft zu sein. Die Website meines Guesthouses kann ich heute kaum ansehen, da ich dann immer schnell wehmütig werde. Hund Krati ist leider vor drei Jahren gestorben, hat aber ein ganzes Rudel an Nachfahren hinterlassen. Ich komme seit Jahren nicht zum Mountainbiken, da es im Berliner Raum einfach keine Berge gibt.

Bezahlung: €10/ Tag.
Arbeitsaufwand: Mittel.
Gelernt fürs Leben: Thai, Kräuterkunde. Und, dass ein komplett anderes Leben möglich ist und etwa 8 Stunden entfernt liegt.

52. Party-Veranstalter

Ich lebte seit knapp zwei Jahren in Berlin und hatte in dieser Zeit Unmengen an Parties und Events besucht. Zwar wurde mir immer wieder von alten Hasen versichert, dass die Party-Kultur kein Vergleich zu jener der geradezu anarchischen 90er- Jahre war, aber ich fand, dass sich das Nachtleben der Hauptstadt auch Anfang der Nuller Jahre durchaus sehen lassen konnte. Nun hatte ich mir in den Kopf gesetzt, mich selbst aktiv an der Gestaltung zu beteiligen. Ich wollte eine Party veranstalten, bei der das Tanzen im Vordergrund stand und bei der man sich nicht schämte, die alten Gassenhauer aus dem vorangegangenen Jahrzehnt noch einmal aufzuwärmen. Rückblickend kann man fast sagen, dass ich einer der ersten Veranstalter von ‚90er Parties' war, und das, als die Neunziger gerade mal zwei Jahre zurücklagen.

Ich sah mich nach einer passenden Location um und wurde auf dem Mauerstreifen an der Gartenstraße fündig. Heute kaum mehr vorstellbar, sah es dort auch 12 Jahre nach Mauerfall damals so aus, als hätte die Wiedervereinigung nie stattgefunden. Der Todesstreifen führte unbebaut und nach wie vor mit Schutt übersät in Richtung Wedding, selbst lange Stücke Mauer ließen sich hier noch finden. Nicht einmal die Mauerspechte schienen es bis hierher geschafft zu haben. Und mittendrin stand ein alter Grenzturm, der auf dem letzten Loch zu pfeifen schien. Immer wenn ich Besuch aus Westdeutschland bekam, schleppte ich die Berlin-Touristen hier rauf. Man musste sich nur um den Zaun rumdrücken und dann die verrostete Leiter nach oben klettern, und schon hatte man ein einmaliges Berlin-Erlebnis, wenn man im kleinen Häuschen auf der Spitze des Turms sanft im Wind schwankte.

Direkt nebenan betrieb ein seltsamer, aber sehr herzlicher Typ ein typisches Berliner Etablissement, das alles zugleich war: Ein Café, eine Bar und zur selben Zeit ein Flohmarkt für Skurrilitäten. Zu allem Überfluss befand sich dieser Laden in einem großen zusammengestückelten Zelt, umgeben von alten Autos und Schrott. Rückblickend würde ich sagen, dass der Betreiber sich heute, da das direkt nebenan gelegene Mauer-Dokumentationszentrum Tausende Touristen anzieht, sicher eine goldene Nase verdienen könnte. Damals jedenfalls war er mit seiner Idee offenbar zu früh dran und krebste so vor sich hin. Daher nahm er mein Angebot, sein Flohmarkt-Kneipen- Café zur Location meiner Party zu machen, dankbar an. Nun hatte ich einen Termin und einen Ort, es konnte also kaum mehr etwas schiefgehen. Ich überlegte mir den schmissigen Namen ‚Club Dynamic' für meine Veranstaltung, druckte eine Unmenge schwarzweißer Flyer und begann, in meinen verschiedenen Freundeskreisen die Werbetrommel zu rühren. Seinerzeit gab es noch kein Facebook, die Werbung für eine solche Veranstaltung musste daher über emails und sms, zum großen Teil aber auch völlig analog bewerkstelligt werden. Normalerweise erfuhren wir zu dieser Zeit von Parties durch Freunde, Kommilitonen und Freunde von Freunden. Daher versuchte ich, auch jedem noch so entfernt Bekannten einen Flyer zuzustecken, auf dass die Nachricht von diesem Fest aller Feste sich wie ein Lauffeuer verbreitete.

Ich war sehr zuversichtlich, dass diese Party dermaßen gut werden würde, dass ich sie schon bald zu einer Partyreihe ausbauen konnte, die einen festen Platz im Berliner Nachtleben finden würde. Ich hatte mir eine Anlage gemietet und die Musik wollte ich komplett selbst bestreiten. Ein paar Leute hatten auch schon zugesagt. Großspurig hatte ich dem Besitzer des Zeltcafés 300 Gäste angekündigt. Er hatte kurz geschluckt und dann für den Tag des Festes eigens drei weitere Bedienungen verpflichtet. Ich hatte mich mit ihm darauf geeinigt, bei Eintritt und Getränkepreisen jeweils halbe-halbe zu machen. Ich wollte, dass wir beide gut aus der Sache rauskamen, so dass ich ihn auch für die Folgeparties mit im Boot hatte.

In den letzten Tagen vor der Feier stellte ich mich mehrmals stundenlang auf die Kastanienallee und verteilte Flyer an alle, die meinem Bild des idealen Gastes entsprachen. In den zwei Wochen zuvor hatte ich bereits stapelweise Zettelchen in allen einschlägigen Läden und Cafés sowie natürlich an beiden Universitäten ausgelegt.

Dann kam der Abend der Abende. Ich erschien bereits früh und baute eigenhändig die Anlage auf. Auch der Chef des Cafés und seine Bedienungen waren voller Vorfreude, eine solche Veranstaltung kündigte sich hier im Laden nicht oft an. Ich spielte mich schon mal warm und trank ein paar Berliner. Ein Freund von mir machte die Kasse.

Doch nach einiger Zeit wurde klar, dass meine Vorstellungen sich wohl nicht ganz erfüllen würden. Denn leider kam erst mal überhaupt niemand. Und dabei blieb es leider auch in den darauffolgenden Stunden. Je mehr Zeit verging, desto grimmiger blickte mich der Besitzer aus einer Ecke seines Ladens an. Die fünf Gäste, allesamt Bekannte von mir, verloren sich im Zelt. Der Chef schickte seine erste Bedienung nach Hause, die andere feilte sich hinter dem Tresen demonstrativ ihre Nägel.

Zu Anfang war ich noch zuversichtlich, dass es nun sicher bald losgehen würde, aber um halb zwei war meine Hoffnung dann vollends geschwunden. Es waren zwar noch ein paar Leute aufgetaucht, aber das alles war weit von dem entfernt, was ich erwartet und auch dem Chef des Ladens versprochen hatte. Ich wusste, ich würde mich mit ihm auseinander setzen müssen, vielleicht konnte ich den Schaden noch begrenzen. Ich legte daher ein sehr langes Lied auf und näherte mich reumütig der Bar. Der Gastronom, der aus lauter Frust auch bereits ein paar Biere gekippt hatte, war zwar sauer, aber ließ doch mit sich reden. Wir einigten uns darauf, dass das wohl nichts mehr werden würde und dass wir die Segel leider komplett streichen mussten. Ich bot ihm an, ihm die gesamten Eintrittsgelder durchzureichen, dann hatte ich aus meiner eigenen Tasche nur noch die Anlage zu bezahlen. Glücklicherweise nahm er dieses Angebot an.

Insgesamt waren 18 Gäste aufgetaucht, von denen ich 17 persönlich kannte. Ich schämte mich ein wenig, meinen Leuten für dieses Disaster auch noch Eintritt abgeknüpft zu haben, aber nachdem ich ihnen die Misere geschildert hatte, wollte keiner von ihnen sein Geld zurück. Jemand wusste noch von einer anderen Party und dahin machten wir uns alle gemeinsam auf. Ich war enttäuscht darüber, dass die ganze Sache so in die Hose gegangen war, aber am Ende war ich ja noch einigermaßen glimpflich davongekommen.

Die einzige Person, die ich unter den Partygästen nicht kannte, war eine hübsche Schwedin, mit der ich noch im Laufe der selben Nacht eine Beziehung begann. Und so hatte ich mir selbst gegenüber doch noch eine Rechtfertigung für den ganzen Aufwand sowie einen Trost dafür, dass mein Debut als Partyveranstalter in die Hose gegangen war.

Ich trennte mich zwei Jahre später von der Schwedin. Eine Party habe ich nie wieder veranstaltet. Und das, wo doch 90er-Jahre-Parties heute riesige Menschenmengen begeistern. Dort, wo sich damals das skurrile Zeltcafé befand, stehen heute Schilder, welche die Geschichte der Mauer erläutern. Wo seinerzeit der Grenzturm in den Himmel ragte, hat man heute ein riesiges Gebäude der Deutschen Bahn hingesetzt.

Bezahlung: Eine neue Beziehung.
Arbeitsaufwand: Mittel.
Gelernt fürs Leben: Networking ist alles.

53. Mädchen für alles bei einem Model-Wettbewerb

‚Marco, was machst'n morgen?' Diese Sorte Anruf kannte ich. Und wie so oft hatte ich auf diese Frage erst mal keine konkrete Antwort. Schlagfertigkeit gehört nicht gerade zu meinen Kernkompetenzen. Viele Anrufer wissen das und nutzen dieses Manko schamlos aus. Als nächstes vergesse ich dann meistens auch noch zu fragen, wie viel Geld es für das gibt, was man mir anbietet. Auch das hat sich vermutlich längst herumgesprochen.

Der Grund dieses Anrufes war ein Model Contest einer obskuren Online-Plattform, die mit Mode und Kosmetik ihr Geld verdiente. Die Leute, die das Event organisierten, kamen allesamt aus München und waren recht unbeleckt, was Berlin anging. Daher suchten sie nun irgendwie einen Fahrer, aber auch jemanden, der sich in der Stadt auskannte, Dieses und Jenes organisieren konnte, Englisch sprach, und nicht auf den Kopf gefallen war. Es gab wahrlich keine Bezeichnung für diesen Job, aber man hatte den Richtigen angerufen. Da ich wie gewohnt vergaß, nach der Vergütung zu fragen, sollte ich erst später herausfinden, dass dieser doch recht vielseitige Job leider so gut wie kein Geld einbrachte.

Die wichtigste Person für mich war eine italienische Stylistin mit dem witzigen Namen Dixi. Sie hatte längst durchschaut, dass sie hier in Deutschland zunächst einmal der Namensvetter einer mobilen Toilette war, war jedoch nicht bereit, ihren Namen deswegen zu verleugnen, auf den ihre amerikanischen Hippie-Eltern sie vor 28 Jahren getauft hatten. Dixi war eine schräge, hektische Persönlichkeit und wir verstanden uns auf Anhieb gut. Sie redete ohne Unterlass und hatte eigentlich an der ganzen Welt etwas auszusetzen, ohne im Prinzip über irgendetwas genauer informiert zu sein. Ein gesunder Pessimismus gepaart mit einer nicht ganz so gesunden Selbstüberschätzung.

Zusammen mit ihr und ihrer deutschen Assistentin Kathrin klapperte ich am nächsten Tag in ganz Berlin Labels und kleine Modedesign-Ateliers ab. Es ging darum, die Klamotten großer Marken für den Contest durch einige Sachen von kleinen und unbekannten Designern zu ergänzen. Auf diese Weise begegneten wir im Laufe des Tages einigen interessanten Leuten. Ein paar der Designerinnen trugen ihre Nase zwar schon recht weit oben, aber gerade die Unbekannteren waren größtenteils angenehme Menschen. Zum Teil fast schüchtern hießen sie uns in ihren Ateliers in unauffälligen Berliner Bezirken willkommen. Dort war es dann sehr spannend zu sehen, wie in Hinterhofzimmern und abgehängten Ladenlokalen durchaus sehr coole Klamotten entstanden.

Nach einer Weile war mein Auto bis zur Decke mit Klamotten vollgepackt. Ja, man hatte nicht mal die Kohle gehabt, mir einen Mietwagen zur Verfügung zu stellen. Ich war dazu verdammt, alles mit meinem alten Clio durch die Gegend zu kutschieren. Hätte ich mit den Mädels nicht einen solchen Spaß gehabt, hätte ich an dieser Stelle vermutlich bereits gekündigt.

Am zweiten Tag wurde es dann ernst, denn das war der Tag der Veranstaltung. Für den Contest hatte man das Stattbad, ein ausgedientes Schwimmbad im Wedding gewählt. Dieses wurde bereits seit zwei Jahren von Künstlern bespielt und immer wieder gerne für Events und Parties genutzt. Das seit Jahren unbenutzte und wasserlose Schwimmbecken bot außergewöhnliche Möglichkeiten. Die Münchner waren nun allesamt in der Hauptstadt gelandet und bereiteten sich auf den großen Abend vor. Dem Haufen schien es ein wenig an Organisation zu mangeln, aber wenigstens legten sie nicht die sonst bei Münchnern oft beobachtete Arroganz an den Tag.

15 Leute waren aus einer Flut an Bewerbungen ausgewählt worden, in diesem, laut eigenem Bekunden, ‚ultimativen Wettbewerb‘ als zukünftige Models gegeneinander anzutreten. Ich konnte mir nicht helfen, aber so seriös schien mir das hier alles nicht und ich bezweifelte, dass sich wirklich dermaßen viele Leute beworben hatten. Geschweige denn, dass dieser Wettbewerb irgendwem etwas bringen würde. Ein Blick auf die Website hatte mir eher den Eindruck vermittelt, dass hier etwas deutlich heißer gekocht als gegessen wurde.

Da sich keiner der Münchner in Berlin auskannte und alle die meiste Zeit mit sich selbst beschäftigt waren, war es an mir, den ganzen Tag über kleine und größere Probleme zu lösen. Ich schlug mich mit dem schlechtgelaunten türkischen Besitzer einer Wohnung herum, die man als Unterkunft für die Model-Kandidaten angemietet hatte, da das Budget nicht für ein Hotel gereicht hatte. Ich sammelte die Kandidaten selbst an den verschiedenen Flughäfen ein, in meinem Privatwagen versteht sich. Ich traf die Absprachen mit den Betreibern des Stattbads. Ich besorgte Schampus für das Apartment, stellte eine Auswahl an Abendaktivitäten zusammen, und half dann noch im Schwimmbad selbst beim Aufbau. Das Verhältnis zwischen meinem Aufgabenbereich und meiner Bezahlung entwickelte sich im Minutentakt zum Schlechteren.

Am Flughafen Tegel holte ich zwei noch sehr junge Kandidaten ab. Das Mädchen verhielt sich sehr nett und erzählte mir, wie aufregend sie das alles finde. Immerhin habe sie so etwas noch nie gemacht. Ich fühlte mich schon fast wie die Vaterfigur und so fragte ich den hageren Jüngling, ob er denn auch aufgeregt sei. Er erwiderte arrogant, dass er ja praktisch ständig bei Contests dieser Art sei. Lampenfieber sei doch lediglich etwas für Anfänger. Ich amüsierte mich in mich hinein. Wurde er bei all diesen wichtigen Contests von einem wie mir in seinem klapprigen Privatwagen abgeholt?

Dixi und Kathrin bekam ich tagsüber nicht viel zu Gesicht, da die Shootings schon morgens begonnen hatten und sich bis zum Abend hinzogen. Was genau da vor sich ging, verstand ich im Grunde bis zum Schluss nicht. Die Kandidaten mussten sich offenbar den ganzen Tag lang in immer neuen Klamotten im Pool sowie vor der Industriekulisse der alten Flure und Heizungskeller räkeln. Ich hörte, dass man alle männlichen Bewerber dazu genötigt hatte, für eines der Shootings ihre Oberkörper frei zu machen. Dabei hatte der so erfahrene Kandidat, den ich abgeholt hatte, offenbar völlig die Fassung verloren, da er sich für zu schmalbrüstig hielt. Er hatte tatsächlich angefangen zu weinen und darum gebeten, früher nach Hause fliegen zu dürfen. Er war eben letztendlich nur ein 17 Jahre alter Junge aus der Provinz, der einen Traum verfolgte. Jetzt tat er mir tatsächlich Leid und mein Unbehagen richtete sich nun eher auf jene Leute, die eine solche Veranstaltung organisierten.

Abends dann wurde es Zeit für das große Finale sowie die Party, bei der sich alle noch mal so richtig selbst feiern wollten. Aber die Dinge wollten sich partout nicht so recht nach den Vorstellungen der Bayern entwickeln. Es fehlte an Menschen und es fehlte an Stimmung, was letztlich beides darauf zurückzuführen war, dass es im Vorfeld an Planung gefehlt hatte.

In meiner Funktion als Mädchen für alles spielte ich für die Abschlussfeier auch noch den Türsteher. Mittlerweile wunderte mich nichts mehr und ich hätte auch ohne mit der Wimper zu zucken den Barkeeper oder einen der Fotografen ersetzt. Ohne mich wäre dieses ganze Event wirklich dem Untergang geweiht gewesen. Es war im Grunde zu einer One-Man-Show geworden.

Ich postierte mich am Eingang mit einer ellenlangen Liste voller geladener Gäste. Das Problem war nur, dass kaum einer von ihnen sich tatsächlich blicken ließ. Vor der Tür herrschte lange Zeit gähnende Leere. Lediglich ab und an tauchten ein paar versprengte Leute auf und stellten sich bei mir vor, darunter auch der Besitzer eines klitzekleinen Fotostudios in der Nachbarschaft nebst Gattin. Ich hätte schwören können, dass diese beiden nur auf der Liste gelandet waren, weil die Praktikantin, welche die vermeintlich illustre Besucherschar aus der Ferne zusammengestellt hatte, nicht richtig recherchiert hatte. Denn ansonsten tummelten sich auf der Liste ausschließlich Werber, Fotografen und Leute aus Produktionsfirmen. Eine gewisse Ironie des Schicksals, dass just jene Leute der Einladung nachgekommen waren, deren Anwesenheit hier wohl am wenigsten gefragt war.

Nach einer halben Stunde an der Tür überbrachte mir Dixi eine gute Nachricht in Form eines ganzen Stapels von Getränkegutscheinen. Es begann lustig zu werden. Hatte man auch an meiner Gage und vielen anderen Dingen gespart, so hatte man sich doch tatsächlich einen waschechten Barkeeper geleistet, der anständige Drinks mischte. Da ohnehin keine Besucher kamen, waren wir ja nun gewissermaßen dazu verpflichtet, die Getränke an ihrer statt zu vertilgen.

Im Laufe der nächsten zwei Stunden tauchten dann doch noch einige wenige Gäste auf und ich ging dazu über, ungeachtet der Liste einfach jeden reinzulassen. Das mochte nicht zuletzt am nie versiegenden Gin Tonic Fluss liegen. Schlechter jedoch konnte die Party ohnehin kaum mehr werden.

Als dann in einer zum Partyraum umgestalteten Halle schließlich die Preise verliehen wurde, waren Dixi, Kathrin und ich schon jenseits von Gut und Böse und ich hatte meinen Posten an der Tür längst verlassen. Ein israelischer Fotograf hatte sich zu uns gesellt und wir verfolgten das Finale dieses Trauerspiels mit schelmischer Freude. Die paar Nachwuchsmodels freuten sich höflich über Gutscheine, die Organisatoren überspielten gekonnt, dass kaum jemand aufgetaucht war. Es schien mir, als seien alle froh, dass sie sich nun endlich an der Bar bedienen durften. Da die eigentlich nun geplante Party leider schon bald im Sande verlief, schloss sich unsere kleine Gruppe einer der Barfrauen an, die in einem Hinterhof derselben Straße noch von einer Cluberöffnung wusste. Wir waren die ersten Gäste und hatten Glück, dass man uns in unserem Zustand überhaupt noch reinließ. Dixi, Kathrin, der Fotograf sowie die Barfrau holten immer neue Wodka-Runden. Wir tanzten, feuerten einen Breakdancer an, lagen uns in den Armen und sangen erfundene Textzeilen zur elektronischen Musik. Und das alles lange bevor auch nur ein anderer Gast im Club auftauchte.

Nachdem mir Dixi Stunden später mit dem Kopf auf dem Tisch eines Dönerladens eingeschlafen war, brachte ich sie zu mir und legte sie auf mein Sofa. Dies jedoch veranlasste die dreiste Italienerin am nächsten Tag dazu, einfach komplett bei mir einzuziehen, da ihr ominöser Bekannter sie aus seiner Wohnung rausgeworfen hatte, sie aber noch drei Tage in Berlin bleiben musste. Unnötig zu erwähnen, dass der Ausrichter des Contests nicht in der Lage gewesen war, ihr ein Hotelzimmer zu finanzieren.

Dixi hatte es geschickterweise so eingefädelt, dass sie mit den ausgeliehenen Klamotten gleich im Anschluss an den Contest noch einen Artikel für ein Modemagazin schießen konnte. Einen kompletten Nachmittag verbrachten wir daher in einem Studio in Kreuzberg, wobei es für mich nun deutlich weniger zu tun gab. Als das erledigt war, machten wir die komplette Tour wieder rückwärts und gaben die geliehenen Klamotten bei ihren Erschaffern wieder ab. Ich hatte somit einen Tag länger auf der Uhr, den mir aber niemand bezahlen wollte.

Und Dixi blieb. Zwei Tage lang beherbergte ich die schnatterhafte Dame, die sich von mir bekochen ließ, mein Sofa okkupierte und eigentlich nichts Anderes machte, als alle 2 Minuten ihren Facebook- Status zu aktualisieren.

Zu guter Letzt wandte sich jedoch alles zum Guten, als mir die Firma mitteilte, dass man mir zwar nicht mehr Geld zahlen, mir aber einen Eintrag bei Production Paradise organisieren könne. Nach kurzer Recherche hatte ich in Erfahrung gebracht, dass ein Eintrag bei diesem riesigen internationalen Netzwerk für Film, Foto und TV, unter normalen Bedingungen 300 Euro kostete. So hatte sich der ganze Aufriss also doch noch rentiert.

Der Eintrag hat mir in der Folge schon einige Jobangebote sowie eine Flut an Bewerbungen von Praktikanten beschert. Auch wenn ich den Barleuten des neuen Clubs geschworen hatte, ein Stammgast zu werden, so war ich doch nie wieder dort. Dixi aktualisiert nach wie vor stündlich ihren Facebook-Status, zum Glück aber nicht mehr von meiner Couch aus.

Bezahlung: € 100/ Tag.
Arbeitsaufwand: Mittel.
Gelernt fürs Leben: Kleinvieh macht auch Mist.

54. Radio-Moderator

Wie im Rückblick betrachtet viele Anstellungen, Neuanschaffungen und Bekanntschaften, so begann auch dieser Job am schwarzen Brett der Universität, in diesem Fall dem Brett meines Instituts an der Universität Mainz.

Gesucht wurden Mitarbeiter für einen laut eigener Aussage völlig neuen Radiosender, nach Enthusiasten und Idealisten wurde verlangt. Enthusiastisch war ich - wie immer, wenn etwas Neues begann. Mein Idealismus jedoch war nicht ganz deckungsgleich mit jenem der anderen Aktivisten, wie sich schon bald herausstellen sollte. Sie wollten die Welt verbessern. Ich wollte gute Musik spielen. Was ich letztendlich den gleichen Effekt zuschrieb.

Die Gründer von Radio Quer waren ein bunt zusammengewürfelter Haufen sehr exzentrischer Querdenker. Dass die wöchentliche Vereinssitzung beim örtlichen Griechen zumeist in einem Besäufnis endete, lag auch ein bisschen an der Spendierfreudigkeit des Besitzers Apostolos, hauptsächlich jedoch daran, dass es auf so viele Probleme dieser Welt Antworten zu finden galt und jeder der Aktivisten zu praktisch jedem Thema eine Menge zu sagen hatte.

Jedenfalls nahm man mich freundlich auf in den Verein und freute sich, dass auch etwas jüngere Leute Interesse am Radiomachen bekundeten. Als ich einstieg, gab es die Gruppe bereits seit einigen Jahren und für die bevorstehende Sendezeit war schon vieles organisiert worden. Das grobe Gerüst für das Programm stand bereits und die meisten Positionen waren vergeben. Man war offenkundig froh, in mir jemanden gefunden zu haben, der sich der Musikgestaltung annahm, denn was das anging, war eigentlich keiner der Gründer mehr am Puls der Zeit. Ich wagte gar nicht mir vorzustellen, welche Musik die meisten wohl gespielt hätten.

Nachdem ich meine Sendungen zugeteilt bekommen hatte, blieb ich den Versammlungen zumeist fern, da ich den Austausch von Profilneurosen für Zeitverschwendung hielt. Es war klar, dass ich ein paar Slots für meine Musiksendungen bekommen würde, und das war auch schon alles, was mein junges Herz begehrte. Radio Quer sollte zunächst einmal nur vier Wochen auf Sendung gehen. In langer Anstrengung hatte man diesen Testlauf bei den Behörden erwirken können. Man hatte eine Frequenz gefunden, auf der man in einigermaßen guter Qualität würde senden dürfen, und es geschafft ein paar Sponsoren zu verpflichten, die für einige der anfallenden Kosten aufkommen würden. Keiner der Beteiligten schien auch nur eine Sekunde daran zu zweifeln, dass sich nach dem Ende dieser Testphase ein großer, finanzkräftiger Investor finden würde, der dem Sender seinen verdienten dauerhaften Platz in der Mainzer Radiolandschaft ermöglichen würde. Ich persönlich war mir da nicht so sicher.

Wir planten noch ein paar Wochen, währenddessen noch einige weitere Mitglieder zum Team hinzukamen. Aus einem mir nicht erfindlichen Grund zog Radio Quer jedoch fast ausnahmslos leicht verspulte und irgendwie ätherisch daherkommende Menschen an. Man konnte fast glauben, sich einer esoterisch orientierten Sekte angeschlossen zu haben. Doch alles in allem gab es eine Menge Bevölkerungsgruppen, mit denen ich deutlich größere Probleme gehabt hätte.

Dann kam der lang ersehnte Tag, an dem endlich unsere Sendezeit beginnen sollte.

Ich hatte bereits seit einigen Tagen das komplette Programm für die vier Wochen in unserer WG am Kühlschrank aufgeklebt, damit auch niemand eine meiner Sendungen verpassen würde. Auch in der Uni hatte ich das Programm geklebt wo ich nur konnte, aber ich war mir nicht so sicher, ob man damit wirklich jemanden hinter dem Ofen hervorlocken konnte. Es war 1999, wer hörte überhaupt noch Radio? Und dann war das Programm auch noch voll von fast unzumutbaren Sendungen, deren Langweiligkeit man sich schon beim Lesen des Titels ausmalen konnte. Ich schreibe es dem Zufall zu, dass man ausgerechnet mich dazu auserwählte, die vierwöchige Sendezeit mit meiner Sendung zu eröffnen. Ja, vielleicht war ich etwas eloquenter als der französische Gründervater Pierre oder des Senders gute Seele Margit mit ihren Naturfaserklamotten und den Tüten voller Bioprodukte. Aber hatte denn niemand gemerkt, dass von mir in puncto Subversivität nicht mehr zu erwarten war als vielleicht außergewöhnliche Musik?

Leider setzte ich die Erwartungen der bunten Truppe dann auch ziemlich in den Sand. Gönnerhaft teilte ich den Hörern bereits in der ersten Viertelstunde mit, dass sie bei Radio Quer sicherlich keine langweiligen Nachrichten hören würden, sondern nur Musik und davon auch noch eine Menge gute. Vielleicht hätte ich im Vorfeld doch noch mal eine der Besprechungen besuchen sollen. Nach meiner Sendung erfuhr ich, dass alleine drei Leute der Gruppe sich ausschließlich mit den Nachrichten beschäftigten, da diese auf eine geradezu revolutionäre Art neuartig sein sollten. Jene drei Kollegen hätten, vor dem Transistorradio gemeinsam lauschend, bei meiner Ansage kollektiv die Hände über dem Kopf zusammengeschlagen. Ich entschuldigte mich bei ihnen, konnte mich aber des Eindrucks nicht erwehren, dass ich mich schon gleich zu Anfang unserer gemeinsamen Zeit selbst diskreditiert hatte.

Von da an ließ man mich jedoch gewähren. Ich machte meine Sendungen, sollten die doch ihre machen. Drei mal die Woche hatte ich meine Zeitfenster von 1 bis 6 Uhr morgens. Ich befand mich im Grundstudium, tagsüber hatte ich also ohnehin nicht viel zu tun. So verlegte ich nun fast meine ganze Wachzeit auf die nächtlichen Stunden. Ich spielte Musik und erzählte von Dingen, die mich so beschäftigten. Ich quatschte über die Bands, die ich spielte und über das Nachtleben der Studentenstadt. Unser Studio sah dank der Sponsorengelder tatsächlich aus wie eines und befand sich in einem schicken Glaskasten, der direkt am Rhein stand. Unser PR-Mann hatte ganze Arbeit geleistet.

Fast zu jeder Sendung lud ich mir Studiogäste ein, mal Freunde, mal Bands, die ich kannte. Wir sorgten immer mit einer ausreichenden Menge an Getränken und Gras dafür, dass es uns während der paar Stunden nicht langweilig wurde. Um diese Uhrzeit hielt sich niemand sonst im Studio auf, ich musste nur zusehen, dass ich es zur Übergabe an den Morgen-Moderator wieder einigermaßen in den Ausgangszustand zurückversetzte. Je später es wurde, desto vernebelter wurde die Stimmung im gemütlichen Raum mit den vielen Reglern.

Ich genoss es sehr, inmitten der Technik zu sitzen. Mein Blick ging direkt auf den beleuchteten Rhein. Auf dem Boden standen meine ganzen CD-Kisten und es oblag einzig und alleine mir, auszuwählen, was als nächstes gespielt wurde. Das fühlte sich wirklich gut an. Ich versuchte dabei, mit den Songs, die ich auflegte, eine gewisse Atmosphäre aufzubauen. Ich stellte mir vor, wie sich Menschen vor den Radiogeräten zusammenfanden und gemeinsam mit mir und meinen Gästen abdrifteten.

Mehrmals hatte ich einen Halleffekt mitgebracht, den ich zwischen das Mikrofon und den Verstärker schaltete und der meiner ganzen Sendung eine gewisse Dub-Note verlieh. Je später die Stunde und beseelter meine Gäste und ich waren, desto mehr wurde der Effektregler hochgedreht und desto unzurechnungsfähiger wurden unsere Kommentare. Zudem vergaß ich leider ständig, das Mikrofon während der gespielten Lieder abzuschalten, sodass die Hörer auch stets unsere privaten Unterhaltungen mitbekamen. Wer uns zufällig einschaltete, musste denken, die Welt gehe unter.

Aber tatsächlich fragte ich mich oft, ob denn überhaupt irgendjemand zuhörte. Wir hatten eine Menge Werbung gemacht, aber aufgrund der begrenzten finanziellen Mittel war das hauptsächlich durch die selbst gestalteten Flyer an der Uni und in der Fußgängerzone passiert. Hatte das wirklich Leute dazu bewogen, ihr Radio auf die Frequenz 106,6 einzupegeln?

Einmal überkamen mich diesbezüglich am frühen Morgen besonders große Zweifel und ich fragte daher einfach kurzerhand ins Mikro, ob uns wirklich jemand zuhöre und bat kleinlaut darum, doch in diesem Fall kurz im Studio anzurufen. Und tatsächlich klingelte nur kurz darauf das Telefon mit dem Aufkleber ‚Hörertelefon‘ und eine verschlafene Stimme teilte mir mit, dass sie unserer Sendung folge. Sie sagte nicht, ob sie es gut oder schlecht fände, nein, einfach nur, dass sie uns höre. Fast schon gerührt bedankte ich mich und fuhr mit meinem Programm fort. Ich hätte wetten mögen, dass uns soeben der einzige Hörer überhaupt angerufen hatte.

Das Highlight meiner Zeit bei Radio Quer war das viertägige Open Ohr Festival, eines der größten Musikfestivals der Region, von dem wir live berichteten. Da ich aus mir unerfindlichen Gründen der einzige war, der sich bei Radio Quer wirklich für das Festival interessierte, wurde ich prompt zum Sendeleiter ernannt. Bis zu 10 Stunden am Tag musste ich nun Programm liefern. Wie ich das machte, das lag völlig in meiner Hand, die anderen hatten offenbar wichtigere Dinge zu tun. Nur zu den wirklich nutzerunfreundlichen Zeiten wurden Beiträge aus der Reserve gesendet, etwa der Lagebericht einer mongolischen Volksmusiktruppe oder Kochrezepte der Oma des Freundes unserer Praktikantin, vorgetragen von ihrer sprachbehinderten Freundin. Und natürlich die Nachrichten, die ich nun stets behandelte wie ein rohes Ei. Der Sprecher René hatte mir meinen Fauxpas wohl mittlerweile verziehen, aber mir war die Sache lange unangenehm. Immer wenn er, stets gut gekleidet, in meine Nähe kam, versuchte ich, meiner Sendung vorübergehend einen zivilisierten Anstrich zu verpassen. Doch dieser Versuch war von vornherein zum Scheitern verurteilt und das wusste ich genauso gut wie er.

Unsere Sendezentrale auf dem Festival war ein klappriger Bauwagen, den man gegenüber der Hauptbühne geparkt hatte. Er diente mir für die Dauer des Festivals zugleich als Unterkunft. Mit ein paar Wechselklamotten und 4 Koffern voller CDs im Gepäck zog ich zu Beginn des Spektakels in den mobilen Kubus mit nur einem Fenster ein und machte es mir gemütlich. Unsere Nachbarn rundherum, ein Haufen sehr netter Alternativer, waren überaus hilfsbereit und ich konnte mich darauf verlassen, immer mal wieder von irgendwem etwas zu essen oder einen Kaffee kredenzt zu bekommen. Da das Festival insgesamt eher alternative Leute anzog, gab es an den Ständen ringsum viele gute und günstige Sachen zu essen.

Alles in allem durchzog die Tage vor Ort ein sehr positives Gefühl, ich war viel beschäftigt und guter Dinge. Ich saß inmitten eines großen Knotens aus Kabeln, Programmheften und CDs und spielte den lieben langen Tag meine Musik. Dazwischen gab ich den neuesten Klatsch und Tratsch vom Festival zum Besten und empfahl den Festivalbesuchern verschiedene Programmpunkte. Vormittags führte ich ein paar Interviews mit Bands. So sprach ich etwa mit dem Gitarristen von Tito & Tarantula, der gegen die Strahlung von Mikrowellen eine Pyramide aus Aluminiumstäben auf dem wuscheligen Kopf trug und ins Schwärmen geriet, als ich die Zusammenarbeit der Band mit der Schauspielerin Selma Hayek erwähnte.

Mittags dann hängte ich 2 Mikros hoch in die Bäume neben dem Bauwagen und übertrug das eine oder andere Konzert auf diese Weise live. Der Sound war erstaunlich gut und ich war überrascht ob meiner technischen Fähigkeiten. Überhaupt war ich, was das angeht, völlig auf mich selbst gestellt. Man hatte mir den Sender und Strom zur Verfügung gestellt und mich ausreichend mit Kabeln versorgt. Dann hatte sich niemand mehr blicken lassen und es war ganz mir überlassen, was ich aus der Situation machte. Ich empfand diese Bedingungen als Chance mit kompletter kreativer Freiheit und hatte am Ende auch das Gefühl, ein wirklich unterhaltsames Programm abzuliefern.
Ständig besuchten mich Leute in meinem kleinen Container. Eine wollte ein paar Worte zu einer Theateraufführung loswerden, ein Anderer wollte gerne eine Stunde lang alte Dub-Platten auflegen. Mir gefiel die Atmosphäre. Alles musste improvisiert werden, alle halfen einander. Und wenn wir eben mal 10 Minuten nicht sendeten, weil wieder ein Besoffener über das Hauptkabel gestolpert war, dann war auch das kein Weltuntergang. Vorsicht war lediglich geboten, wenn mich mal

wieder einer meiner Bekannten besuchte und mit mir große Joints rauchen wollte, denn ab einem gewissen Bekifftheits-Level verpasste ich ständig das Ende von Songs und wusste in Interviews nichts mehr zu sagen. Und das ärgerte mich sehr, wenn ich eine halbe Stunde später wieder klarer sah. Ich war hier Alleinunterhalter, solche Schnitzer konnte ich mir nicht erlauben.

Abends zog ich mit der Praktikantin los, um bei den Leuten zwischen den Zelten und an den Bierständen noch ein paar O-Töne von Festivalbesuchern einzufangen. Nicht selten sahen wir auf unseren Touren kleine spontane Konzerte oder wurden in einem privaten Zelt köstlich bewirtet. Wir betranken uns mit wildfremden Leuten und zogen mit unserem Minidisc-Gerät durch die Gegend. Unser Mikrofon öffnete uns Türen, die dem normalen Festivalbesucher verschlossen blieben. Man musste sich fast anstrengen, damit man zu einer gewissen Uhrzeit wieder im Bauwagen war, um am nächsten Morgen einigermaßen fit zu sein für die nächste Sendung.

Mit einer Menge Material auf einer Minidisc, diesem Medium, von dem keiner wissen konnte, dass es so schnell wieder verschwinden würde, wie es aufgetaucht war, sowie tollen Eindrücken im Kopf zog ich mich dann irgendwann zurück. Mein kleines Bauwagen-Zuhause musste ich allerdings ab dem zweiten Tag mit der 15-jährigen Praktikantin teilen, die sich dazu entschlossen hatte, mich mit Haut und Haaren zu unterstützen. Sie war zwar nett, aber leider etwas übereifrig, etwas verliebt in mich und zu allem Überfluss mit schrecklichen Käsefüßen ausgestattet. Ein Zusammenschneiden der O-Töne war bei den gegebenen technischen Mitteln nicht möglich. Ich benutzte daher den Crossfader des Mischpults, um langweilige Passagen einfach auszublenden. Meine Sendung war eine einzige Improvisation. Ich hatte eine Menge Spaß und wollte den Bauwagen gar nicht mehr verlassen, als das Festival schließlich zu einem Ende kam. In den Wochen danach hörte ich tatsächlich einige Male an der Uni von Leuten, dass sie meinen Sendungen gefolgt waren. Das schlagende Argument für ein Hören von Radio Quer war wohl gewesen, dass die Hörer die Chance bekommen hatten, viele der Konzerte in voller Länge und ohne Werbeunterbrechungen zu verfolgen. Offenbar hatte man meine abenteuerliche Mikrofonaufhängung an den Empfangsgeräten nicht heraushören können. Mich erfüllte ein gewisser Stolz

Radio Quer versucht tatsächlich noch heute, mehr als zehn Jahre später, an eine dauerhafte Sendefrequenz zu kommen. Unterdessen senden die Aktivisten immer mal wieder auf der Frequenz eines anderen freien Senders. Einige der alten Leute scheinen noch dabei zu sein, aber ich habe zu niemandem mehr Kontakt. Radioübertragungswagen sehe ich seit meiner Zeit bei Radio Quer wohl für immer mit anderen Augen.

Bezahlung:	**Keine.**
Arbeitsaufwand:	**Ausgesprochen gering.**
Gelernt fürs Leben:	**Mikros haben einen Ein/Aus-Schalter.**
	Improvisation ist alles.

55. Pflegeproduktverteiler beim Christopher Street Day

Das waren noch Zeiten, als man mich mit der Aussicht auf magere 50 Euro dazu bewegen konnte, an einem Samstagnachmittag das Haus zu verlassen. Nun gut, wir würden die Kohle in bar bekommen und die Sonne strahlte. Außerdem hatte ich dem Christopher Street Day, der großen Schwulenparade, ohnehin einen Besuch abstatten wollen. Und so fand ich mich pünktlich am vereinbarten Treffpunkt direkt am Großen Stern ein.

Es waren bereits eine Menge Leute unterwegs, viele davon aufwändig kostümiert. Der CSD ist eines der größten Ereignisse in Berlin und wird von Schwulen und Lesben nicht nur gerne besucht wegen seiner politischen Message, sondern natürlich auch, weil es eine Menge Musik, Drinks und nackte Haut gibt und die alljährliche Feier fast schon Volksfestcharakter hat. Auch viele Heteros machen sich in der Regel auf zum großen Umzug, vielleicht, um ihre Neugierde zu befriedigen, vielleicht, um unterdrückte Neigungen auszuleben. Vielleicht aber auch nur, um sich ebenfalls für die Rechte von Homosexuellen stark zu machen und einfach bei dieser riesigen Party eine gute Zeit zu haben.

Am Kreisverkehr an der Siegessäule stand ein großer LKW mit offener Heckklappe. Ich gesellte mich zur Gruppe von etwa 70 jungen Männern, die dort auf ihren Einsatz warteten. Wie bei einem Hilfstransport nach einer Naturkatastrophe warf man uns nun vom LKW aus kleine Päckchen zu. Es handelte sich hierbei aber nicht um Nahrungsmittel, sondern um T-Shirts in verschiedenen Größen, blau und mit einem großen Nivea-Logo auf der Front versehen. Als wir diese alle übergestülpt hatten und schließlich alle identisch aussahen, bekam jeder von uns die erste Ration an Tüten voller Tuben und Döschen in die Hände gedrückt. Man teilte uns noch schnell in ein paar Gruppen auf und diese wurden dann in unterschiedliche Richtungen losgeschickt. Von nun an mussten wir uns alleine durchschlagen. Die Aufgabe war dabei denkbar einfach: Die Tüten wurden verteilt an alle Männer, die wir am Rand der Demonstrationsstrecke sahen, und die scharf waren auf eine bunte Mischung von Pflegeprodukten aus dem Hause Nivea. Sobald man keine Tüte mehr in der Hand hatte, sollte man zurück zum LKW kommen und Nachschub holen. Eine leichte Übung. Niemand kontrollierte, wie oft man zum Wagen zurückkehrte und niemandem schien wichtig, dass man in der Gruppe zusammenblieb. Aber wir wussten, dass das Ende der Aktion offiziell erst erreicht war, wenn es im LKW keine Tüten mehr gab. Ein Grund mehr also, diese großzügig zu verteilen oder auch mal einen ganzen Schlag davon einfach irgendwo abzustellen.

Ich wuselte durch die Masse an grell kostümierten Leuten, begutachtete das bunte Treiben und erfreute mich am Wetter und an der ausgelassenen Stimmung. Die kosmetikaffinen Männer rissen mir die Tüten förmlich aus den Händen, sie kannten die Aktion bereits aus den letzten Jahren. Von allen Seiten wurden mir Avancen gemacht, man gab sich ausgesprochen flirty. Die Sonne knallte, alle trugen nur wenig am Leib und überall sah man vom Schweiß glänzende, gestählte Körper. Sex lag in der Luft.

Mitten im Gewühl nahe des Nollendorfplatzes traf ich dann unerwartet Richie, einen Freund aus Neuseeland, der gerade in der Stadt weilte. Manchmal wundert man sich, wie klein die Welt tatsächlich ist. Von da an wurde ich komplett in die Party involviert und hatte so meine Mühe, meinen Pflichten nachzukommen. Ich teilte mir mit ihm und seinen halbnackten, speed-gedopten Freunden zwei Flaschen Prosecco, die in der Nachmittagssonne einschlugen wie eine Granate.

Die paar Tüten, die ich noch bei mir trug, deponierte ich kurzerhand auf einer Parkbank und konzentrierte mich fortan aufs Tanzen. Die Wagen mit den riesigen Soundsystemen zogen an uns vorbei und beschallten die ekstatische Menge mit gutem Techno. Richie und seine Freunde verlor ich in der Menge zwar schnell, bekam aber in der Folge von immer neuen Feierwütigen Getränke geschenkt und tanzte dann einfach mit diesen weiter. Die Stimmung war fantastisch. Alle feierten gemeinsam, ungeachtet ihrer sexuellen Orientierung, Nationalität oder ihres Alters. Ich lief Gefahr, völlig zu vergessen, aus welchem Grund ich hier vor ein paar Stunden aufgelaufen war. Nur ab und an sah ich mal jemand Anderen im Getümmel, dessen Nivea-Schriftzug mich an meinen Job gemahnte. Ich war offenbar nicht der einzige, der sich ablenken ließ. Als ich gerade dabei war, mit ein paar Transen, die mich alle um einen ganzen Kopf überragten, Ringelrein zu tanzen, fiel mir wieder ein, dass ich ja für meine harte Arbeit noch nicht mal entlohnt worden war. Also kämpfte ich mich noch einmal zurück zum LKW, riss mich noch mal kurz zusammen und bekam gegen Rückgabe meines Shirts die versprochenen 50 Euro. Ein guter Deal, wie ich fand. Ich bedankte mich höflich und machte dann umgehend dort weiter, wo ich soeben aufgehört hatte.
Am frühen Abend kehrte ich nach stundenlangem Tanzen nach Hause zurück. Ich war völlig erledigt. In meinen Taschen fand ich eine Probepackung Feuchtigkeits-

lotion und in etwa denselben Betrag an Geld, mit dem ich am Morgen aufgebrochen war. Den ganzen Rest hatte ich direkt verfeiert.

Auf dem Christopher Street Day war ich seit diesem Einsatz kein weiteres Mal. Aber im Fernsehen habe ich einmal gesehen, dass die Nivea-Tüten während des wilden Umzugs nach wie vor zum Straßenbild gehören. Richie habe ich ein paar Jahre später tatsächlich ein zweites Mal zufällig getroffen, diesmal in einer Bar auf einer thailändischen Insel, aber in mehr oder weniger derselben derangierten Verfassung.

Bezahlung:	€ 50.
Arbeitsaufwand:	Gering.
Gelernt fürs Leben:	Toleranz bringt einen in die außergewöhnlichsten Situationen.

56. Schauspieler in einem Kurzfilm

Ich spürte es ganz deutlich. Das war es, das Sprungbrett nach Hollywood. Scheiß' auf die Musik, auf das Auflegen, das Schreiben, all die beknackten Jobs. Und auf den bescheuerten, nutzlosen Abschluss meines Studiums schon mal ganz und gar. Ich würde einfach Schauspieler werden!

Ich kannte Martin schon eine Weile. Ich wusste, er arbeitete im Filmbusiness. Für gewöhnlich war er für die Organisation von Drehs verantwortlich. Nun aber wollte er sein Regiedebut geben und hatte sich hierfür ausgerechnet mich als Hauptdarsteller ausgeguckt. Er sagte, dass mir die Rolle wie auf den Leib geschrieben sei. Dabei sei es sogar egal, dass ich nicht über ein Fünkchen an Erfahrung in der Schauspielerei verfügte. Keines meiner Bedenken ließ er gelten, er hatte sich in den Kopf gesetzt, dass ich den Bon Vivant Leo verkörperte.

Gut, das Drehbuch war kein Geniestreich: Leo geht aus. Er trinkt, kifft und flirtet im Club mit einer fremden Frau, die mit einem unscheinbaren Begleiter aufgetaucht ist. Nach langem Herumschäkern und gemeinsamer Intoxikation an der Bar sowie ein wenig Knutscherei und Herumgefummel in einer dunklen Ecke landet er schließlich mit ihm statt mit ihr im Bett, was er aber erst feststellt, als er am nächsten Morgen verkatert die Bettdecke zur Seite zieht. Happy End! Der Film spielte mit den homophoben Seiten des Publikums. Und servierte zum Ende eine Pointe, die zumindest bei mir keine Lachanfälle hervorrief. Aber wer war ich, dass ich mir die Drehbücher hätte aussuchen können?!

Ich sagte also zu. Text zu lernen gab es keinen, denn alles wurde über die Bilder und zu einem Song von ‚Bran Van 3000' erzählt werden. Wir mussten nicht sprechen, und das kam meinen schauspielerischen Fähigkeiten doch sehr entgegen. Ich blickte zwar auf eine sechsmonatige Mitgliedschaft in einer Theatergruppe zurück, hatte mich dieser aber als Siebzehnjähriger nur angeschlossen, da ich mit der vier Jahre älteren Leiterin der Gruppe ins Bett wollte. Weder das hatte geklappt, noch hatte man mir in dieser Zeit irgendetwas an Schauspielkunst vermitteln können.

Wir drehten am ersten Tag in Martins Wohnung. Er hatte sich aus Freunden und Bekannten tatsächlich eine komplette Crew rekrutiert. Alle arbeiteten ohne Bezahlung, doch darüber wunderten sich angehende Filmschaffende in Berlin in der Regel nicht sonderlich. Nichtsdestotrotz hatte Martin einen Kameramann verpflichten können, der auch schon für Tatorte gearbeitet hatte, und auch sonst gab es in der illustren Gruppe kaum wirkliche Amateure.

Ich sollte ungewaschen und ungekämmt aussehen, da wir die Schlussszene im Bett zuerst drehten. Das war mir ein Leichtes gewesen. Deutlich schwerer fiel es mir da schon, die Regieanweisungen in korrespondierende Gesichtsausdrücke zu verwandeln. Während meiner mimischen Bemühungen auch noch von zwölf Leuten gleichzeitig angeglotzt zu werden, war dabei zusätzlich gewöhnungsbedürftig und machte die Sache nur noch schwerer. Doch alles in allem schlug ich mich wacker an meinem ersten Tag als Jungschauspieler.

Nach etwas Pizza und Bier, eigentlich die typische Umzugsverpflegung, drehten wir ein paar Szenen auf der Straße. Hierzu musste ich mit Martins altem Ostmoped Simson durch die City cruisen, während man mich aus einem Transporter heraus filmte. Es war Dezember und schweinekalt, und ich musste schmerzhaft lernen, dass ein Take einer Szene nie genug ist, sondern man diese immer und immer wieder von vorne beginnen muss. Und das, selbst wenn der Regisseur noch ein absolutes Greenhorn ist.

Am nächsten Tag jedoch kam dann die wahre Herausforderung. Nun sollten die Szenen mit den anderen Schauspielern sowie die Kuss- und Fummelsequenzen gedreht werden. Hierfür hatte Martin tatsächlich den Mudd Club als Location gewinnen können, dessen Betreiber man damals nachsagte, er wäre zwei Dekaden früher auch Mitbetreiber des legendären New Yorker ‚Studio 54' gewesen. Der Mudd Club jedenfalls war berühmt für ausgefallene Lesungen, ausschweifende Parties und sein insgesamt recht schimmliges Inventar. An seinem heruntergekommen Look musste man für unseren Film nichts ändern, was Martin die Kosten für die Set-Requisite sparte.

Wir drehten zunächst die Barszenen. Hierfür hatten wir in unseren Schnapsgläsern jedoch keine Wasserattrappe, sondern echten Wodka, was von Martin sicherlich nett gemeint gewesen, im Rückblick jedoch ausgesprochen unprofessionell war. Zwar mussten wir auch hier viele Takes machen, aber mit zunehmendem Alkoholgenuss wurde die Sache zusehends leichter. Leider wurde unser Spiel auch stetig ungenauer. Um uns herum schwirrte eine Handvoll Komparsen, denen man gemeinerweise weder Geld noch echte Drinks gab. Vermutlich waren sie alle gerade zugezogene Studenten, denen es schon Bezahlung genug war, abends in ihrer WG vom Dreh erzählen zu können. Mir gefiel es, im Mittelpunkt dieses ganzen Gewusels zu stehen und ich genoss sogar die einzelnen Takes. Wenn dieser Job so aussah, dann konnte ich mich tatsächlich daran gewöhnen. Zwischendurch wurden wir nachgeschminkt oder durften uns mal kurz am bescheiden bestückten Buffet bedienen. Dann ging alles wieder zurück auf Ausgangsposition.

Als es draußen längst dunkel geworden war, wurden die Komparsen nach Hause geschickt und wir kamen endlich zu den schlüpfrigen Szenen. Ein wenig graute es mir vor diesen, ein wenig erregte mich jedoch auch die Vorstellung, minimale sexuelle Handlungen vor laufender Kamera vorzunehmen. Und jemand Neues zu küssen, das war ja eigentlich fast immer aufregend.

Mittlerweile waren wir drei Hauptdarsteller dermaßen angesoffen, dass wir die Kameras kaum mehr bemerkten. Außer mir war da noch Nicole, die damalige Freundin des Regisseurs und wie ich gänzlich unbeleckt in der Schauspielerei, sowie Gabriel, ein junger Schauspielschüler, der es wenigstens zu ein paar kleinen Auftritten in berüchtigten Vorabendserien gebracht hatte. Alle im Raum wussten, ich würde mit beiden knutschen müssen. Zunächst spielten Nicole und ich die Hetero-Kussszene, bei der sie mir erst die Augen mit einem ihrer Strumpfbänder verband, und sich sodann in ihrem kurzen Rock lasziv über mich beugte. Zwar hatte ich schon besser geküsst, aber wie Arbeit fühlte sich das Ganze nun wirklich auch nicht an. Ich hatte von vornherein gesagt, dass ich auch richtig knutschen wollte, wenn es schon so im Drehbuch stand. Ich fand, dass es nichts Schlimmeres gab als gestellte Filmküsse, denen man ihre Falschheit ansah. Wer küssen wollte, der musste auch Speichel austauschen.

Als Nicole und ich uns genug verausgabt hatten und Martin mit den Aufnahmen zufrieden war, kam Gabriel dran. Ich hatte bis dato noch keinen Mann geküsst, aber er war mir sympathisch, roch gut und wir waren betrunken. ‚Sei's drum', dachte ich mir. Martin verwies gar in leicht übertriebener Diskretion alle Leute des Sets, die nicht unbedingt erforderlich waren, um dieser pikanten Erweiterung meines sexuellen Horizonts und der letztendlich wichtigsten Szene des Films nichts in den Weg zu stellen. Nun ja, ein weiterer großer Schluck aus der letzten Wodka-Flasche und dann knutschten wir auch schon, als gäbe es kein Morgen. Auch von seiner Kusstechnik war ich nicht begeistert, aber zumindest musste ich eingestehen, dass es sich mit geschlossenen Augen und unserem Alkoholpegel nicht viel anders anfühlte als mit einem Mädchen. Durch die Bartstoppeln vielleicht ein bisschen rauer, aber im Grunde doch anatomisch dieselbe Sache. Gut, dass ich das endlich geklärt hatte. Während unseres Zungenspiels verharrte die Crew um uns herum regungslos. Es lag eine aufgeladene Stimmung in der Luft. Als Martin dann die Bilder hatte, die er wollte, und das finale ‚Cut' rief, brachen alle in etwas übertriebenen Beifall aus.

Nachdem diese letzte Szene endlich im Kasten war, fuhr die gesamte Crew zu einer Drehschlussparty, aber wir drei Darsteller konnten uns nach den zwei Flaschen Wodka nicht mehr lange auf den Beinen halten. Zwischendurch musste ich schmunzeln über das Geschehene und über die Tatsache, dass ich aus dem Nichts zum Schauspieler in einem Kurzfilm geworden war. Das Leben hielt doch immer wieder Überraschungen bereit!

Ein paar Monate später war der Film dann fertig geschnitten und wurde vor einem kleinen Publikum sowie großen Teilen der Crew in einer Bar in Mitte an die Wand projiziert. Durch die gute Kameraführung und die gekonnten Schnitte wirkte das Ergebnis tatsächlich ausgesprochen vorzeigbar und man hatte die wenigen Lichtblicke unserer Schauspielerei kunstvoll so zusammengeschnitten, dass unsere Leistung geradezu professionell wirkte. Das Publikum applaudierte und ich wurde von allen Seiten für meinen Part beglückwünscht und wegen meines gleichgeschlechtlichen Kusses geneckt.

Dank der homoerotischen Anspielungen des Films fand er in den folgenden Jahren besonders großen Anklang bei schwulen Filmfesten. In Deutschland platzierte er sich einmal bei einem kleinen Kurzfilmfestival in Bayreuth. Man lud Martin und mich ein und finanzierte uns sogar zwei Übernachtungen in einem Hotel mit einer tollen Badelandschaft. Leider spielte bei der Vorführung des Films der DVD-Player jedoch nicht richtig mit, sodass man auf der Leinwand eigentlich fast nichts erkennen konnte. Dementsprechend mussten wir am Ende des Festes ohne Trophäe nach Berlin zurückkehren.

Der Mudd Club ist heute längst Geschichte, verranzte Läden wie diesen findet man in Berlin immer seltener. ‚Good morning life' ist bis heute der einzige im Œuvre von Martin geblieben. Meines Wissens nach läuft er noch heute auf kleinen Festivals in den USA. Auf die Zusendung neuer Drehbücher warte ich jedoch seither vergebens.

Bezahlung: Keine.
Arbeitsaufwand: Mittel.
Gelernt fürs Leben: Kuss ist Kuss.

57. Pressefahrer in Transsilvanien

Gegen Ende meines Zivildienstes bekam ich urplötzlich einen Grund, mir für zwei Wochen Urlaub zu nehmen. Mein Vater kannte jemanden, der bei einer großen Reifenfirma arbeitete, die als Hauptsponsor der laut eigenem Bekunden gefährlichsten Rallye der Welt auftrat, bei der man sich durch die unberührten Wälder der Karpaten im Grenzgebiet von Rumänien und der Ukraine kämpfen musste. Er suchte noch Fahrer für die Pressewagen der Transilvania Trophy. Fragen, ob ich das machen wollte, musste man mich nur einmal.

Im Mai brachen wir mit einem Tross aus etwa zwanzig Geländewagen auf in Richtung Osten und Ungewissheit. Der eiserne Vorhang war erst vor einer halben Dekade gefallen und die Länder der ehemaligen Sowjetunion muteten so exotisch an, wie ein Land das seinerzeit nur tun konnte. Das Abenteuer begann im Prinzip schon kurz hinter Österreich. Ständig passierten wir andere Geländefahrzeuge, die ebenfalls auf dem Weg ins Startcamp der Trophy waren. Manche von ihnen wurden auf Anhängern gezogen, obwohl das Reglement dieses außergewöhnlichen Events vorschrieb, dass nur Fahrzeuge teilnehmen konnten, die über eine Straßenzulassung verfügten.

Nach Übernachtungen in München und dem ungarischen Debrecen erreichten wir am dritten Tag Uschhorod, eine mittelgroße Stadt in der Ukraine, von wo aus der Spaß beginnen sollte. Wir richteten uns in der provisorisch aufgestellten Zeltstadt ein und lernten ein paar der Menschen kennen, die in den nächsten zehn Tagen versuchen wollten, über Pisten zu fahren, die manche Menschen nicht mal zu Fuß bestreiten würden.

Am ersten Tag mussten die einzelnen Teams sich für die Startpositionen qualifizieren. Hierfür wurde ein Parcour absolviert, bei dem man auch beispielsweise ohne Wagenheber einen Reifen wechseln musste. Doch solche Dinge waren für die raubeinigen Teilnehmer offenbar Routine, hier machte nur mit, wer schon eine Menge Zeit mit seinem Geländewagen verbracht hatte. Tags drauf dann begann die Rallye schließlich mit einer etwa hundert Meter langen Passage, die mitten durch ein kleines Waldstück fast senkrecht einen Hügel hinaufführte. Offenbar wollte man den Teilnehmern ohne Umschweife zeigen, was sie in den nächsten Tagen zu erwarten hatten. Es sah so aus, als kämpften einige Teams hier bereits mit der Verzweiflung. Völlig verschwitzte Menschen mit leidenden Mienen kletterten immer ein paar Bäume weiter nach oben, um dort das Seil der Winde anzubringen und ihr Fahrzeug auf diese Weise das nächste Stückchen nach oben zu ziehen. Schon hier kristallisierte sich mein Favorit heraus. Der weiße Suzuki LJ80 nämlich war an dieser Höllenpassage der einzige, der sich nicht mit Hilfe seiner Seilwinde fortbewegte, sondern die Steigung im Schneckentempo unter den staunenden Blicken der Konkurrenten einfach hochkraxelte.

War die Strecke insgesamt kein Zuckerschlecken, so markierte die Startpassage doch tatsächlich eine der größten Herausforderungen. Große Teile der Piste in den darauffolgenden Tagen waren einfach ewige Feldwege durch die ukrainische Steppe. Die Strecke verlief zu großen Teilen auf einem Streifen durch den Wald, den die Ukrainer seinerzeit für eine Pipeline gerodet hatten. Doch immer wieder ging es auch ins feuchte Dickicht, wo Hänge mit halsbrecherischen Steigungen, riesige Schlammlöcher und Flussdurchfahrten gemeistert werden mussten. Jeden Tag waren auf diese Weise einige Kilometer zu bewältigen, bevor sich dann alle wieder im nächsten Camp trafen, das immer direkt neben der Strecke aufgeschlagen wurde. Die Teilnehmer trafen zu sehr unterschiedlichen Tageszeiten am Etappenziel ein und nicht jeder erreichte die jeweilige Zeltstadt auch wirklich.

Meine Aufgabe war es, ein dreiköpfiges Filmteam eines bayerischen Senders zu den spannendsten Plätzen zu kutschieren, um diese mit spektakulären Aufnahmen zu versorgen. Da es oft gar keine alternativen Routen gab, fuhren wir zum Teil ebenfalls auf der Teilnehmerstrecke. Nur die schwierigen Passagen konnte man weitgehend umfahren, was aber nicht hieß, das ich meinen Wagen nicht des Öfteren in hüfthohem Schlamm versenkte. Die Firma Chevrolet hatte das Werbepotential einer solchen Veranstaltung erkannt und für die Pressefahrer eigens 5 nagelneue ‚Blazer' zur Verfügung gestellt. Diese Hybriden aus Stadt- und Landfahrzeug waren zwar keine Geländewagen im herkömmlichen Sinne und riefen bei den Teilnehmern mit ihren modifizierten Boliden nur ein müdes Lächeln hervor, aber sie verfügten doch über genug Kraft und Bodenfreiheit, um am Geschehen dranbleiben zu können. Ich hatte durch meinen Vater bereits einiges an Erfahrung im Offroad-Fahren gesammelt, obwohl ich erst 20 Jahre alt war. Diese Fähigkeiten kamen mir hier deutlich zugute, denn als jüngster Fahrer der ganzen Veranstaltung wollte ich mir keine Blöße geben.

Die Filmcrew war einigermaßen umgänglich, wenngleich sich manchmal eine gewisse Arroganz in ihr Verhalten einschlich und sie mich bis zum Ende unserer Reise eigentlich nicht für voll nahmen. Lediglich meine Fahrkünste wussten sie zu schätzen und beteuerten nicht selten, dass sie ohne mich vermutlich aufgeschmissen wären. Hatten wir einen guten Punkt zum Filmen gefunden, verbrachten wir dort meist mehrere Stunden und bannten so einige der Fahrzeuge auf Film.

Die Teilnehmer qualifizierten sich durch ihr abendliches Eintreffen am Tagesziel für die Startposition des darauffolgenden Tages. Die knapp 100 Fahrzeuge wurden dann morgens im Abstand von jeweils ein paar Minuten auf die Piste geschickt, um das Unfallrisiko zu minimieren. So war es nahezu unmöglich, an einem Tag alle Teilnehmer zu zeigen. Meine Leute konzentrierten sich daher darauf, die Favoriten möglichst oft vor die Linse zu bekommen, waren aber natürlich auch immer dankbar, wenn sich an einer besonders schwierigen Passage jemand bis zum Dach festgefahren, sich überschlagen oder seinen Wagen sonstwie zerstört hatte, denn das lieferte letztendlich die drastischen Bilder, nach denen das Publikum gierte.

Oftmals mutete die ukrainische Landschaft sehr außergewöhnlich an. Man fühlte sich wie in einem der tschechischen Märchenfilme, die damals immer an Weihnachten liefen. Manchmal fuhren wir kilometerlang geradeaus durch eine karge und doch bezaubernde Wildnis, weit und breit sah man weder Mensch noch Tier. Wir durchquerten Flussläufe und passierten kleine Gebirgsgruppen. Mehrmals kamen wir an alten sowjetischen Militärgeländen vorbei, die völlig geplündert und verlassen dalagen. An einer Stelle, an der die Teilnehmer ein sumpfiges Tal zwischen zwei Hügeln durchqueren mussten, fand ich hinter jedem Gebüsch Trümmer zweier Kampfflugzeuge, die über diesem Areal vor einiger Zeit miteinander kollidiert waren. Ich hatte mir das ja alles exotisch vorgestellt hier, aber so exotisch hatte ich mir die Landschaften hinter dem eisernen Vorhang nicht ausgemalt. Wir durchquerten kleine Dörfer, in denen uns die Leute mit großen Augen hinterherblickten. Ausländer verirrten sich nicht oft hierher, und so ausgefallene Fahrzeuge bekam man schon gar nicht zu sehen.

Abends schlugen wir unser Lager inmitten der herrlichen ukrainischen Natur auf, auf Wiesen, in Wäldern und auf ausgedienten Truppenübungsplätzen. Eine Catering-Crew in einem riesigen Militär-LKW schaffte es tatsächlich, auch an den entlegensten Plätzen einigermaßen schmackhaftes Essen zuzubereiten. Für jeweils nur eine Nacht errichteten wir unser kleines Dorf und packten tags drauf alles wieder in die Fahrzeuge. Da es im Zelt oft empfindlich kalt wurde, schlief ich nicht selten auf dem Fahrersitz meines Chevy, den ich im Fußraum mit einer Kiste verlängerte und zu einem einigermaßen bequemen Bett machte. Sobald alle gegessen hatten, ging es für die Teilnehmer daran, die Schäden an ihren Autos zu beheben, die zum Teil erheblich waren. Jeden Tag mussten einige zum Etappenziel geschleppt werden, immer mal wieder schied auch jemand komplett aus, da er seinen Wagen zu Schrott gefahren hatte. Und so sah man den größten Teil der Nacht über Menschen unter Fahrzeugen liegen und mit Scheinwerfern, Werkzeugen und Schweißgeräten hantieren. Es war dabei egal, ob es regnete oder stürmte. Diese Aufgaben konnten nicht warten. Mein Vater, ich, die anderen Pressefahrer sowie einige der Journalisten konzentrierten sich nun eher darauf, die vielfältigen Ausprägungen ukrainischen Wodkas ausgiebigen Qualitätstests zu unterziehen.

Das Camp wurde nachts von einer Gruppe Ukrainer bewacht, die allesamt Maschinenpistolen trugen und auch nicht aussahen, als würden sie lange zögern, diese zu benutzen. Wie das Organisationsteam aus der Steiermark an diese Gestalten gelangt war, blieb mir ein Rätsel. Die bärigen Österreicher waren allesamt recht einsilbig und mich als Jungspund nahmen sie schon gar nicht ernst. Doch man war sich offenbar einig, dass man unsere Ansammlung an Fahrzeugen und Material nachts in dieser Region nicht alleine lassen konnte.

Man durfte jedoch auch nicht zimperlich sein, wenn man eine solche Rallye organisierte. Zwar hatte das Team fast das ganze Jahr in die Vorbereitungen gesteckt. Nichtsdestotrotz hielt in jedem noch so kleinen Kaff jemand die Hand auf, um Bestechungsgelder zu kassieren. Niemand wollte sich die paar Extra-Dollar entgehen lassen. Das Land hatte seinerzeit eine Menge Leute, die so gut wie gar kein Geld hatten. Eine Szene wiederholte sich daher regelmäßig. Die Straße, auf der wir fuhren, wurde urplötzlich von einer Schranke unterbrochen, neben der eine Handvoll grimmiger Gestalten stand, die verlangte, mit den Organisatoren zu sprechen. Dann stellte man sich einander vor und scherzte ein bisschen herum. Danach gab es dann erst mal Wodka. Jedes Klischee bestätigend trank man diesen nicht aus Schnaps-, sondern aus Wassergläsern. Dann kam es zur Verhandlung über das Bestechungsgeld, das dem Feilschen auf einem Bazar glich. Zu guter Letzt wechselte ein Bündel Scheine den Besitzer und die Schranke verschwand so plötzlich, wie sie aufgetaucht war. Ich fragte mich oft, welche Summe die Bestechungsgelder im Budget der Organisatoren ausmachten.

Zwar hätten die Österreicher oft auch einfach den starken Mann markieren und die Sache notfalls mit Fäusten regeln können. Sie waren massige, grobschlächtige Typen und wir waren zumeist in einer großen Überzahl. Sie hatten jedoch genug

Verstand um zu realisieren, dass man sich so in einem fremden Land nicht aufführte, schon gar nicht in einem Land der ehemaligen Sowjetunion. Man wäre seines Lebens nicht mehr sicher gewesen.

Mein Vater fuhr ebenfalls einen Pressewagen und er hatte es noch besser erwischt als ich. Bei ihm fuhr ein holländisches Team mit. Zum Einen war da Fred, ein sehr lauter, riesiger Typ, der gerne Leuten auf die Schulter klopfte, bis sie fast umfielen, und sich jeden Morgen brandneue Klamotten von einem seiner Sponsoren anzog, um jene des vorangegangenen Tages kurzerhand in den Müll zu werfen. Abends trank er gerne mal einen über den Durst, aber das schien auch das große verbindende Element unter den Journalisten zu sein, egal, für wen sie schrieben oder woher sie kamen. Das zweite Mitglied der Crew im Wagen meines Vaters aber war eine entzückende junge Frau, die auch in Expeditionshosen und Weste noch dermaßen heiß aussah, dass alle Männer nach ihr lechzten. Sie genoss es sichtlich, ihre Reize zur Schau zu stellen unter all den Männern, die an jedem Tag, der verging, nur noch ausgehungerter wurden. Einige Male hatte ich das Gefühl, mit ihr könnte was laufen, aber ich war wohl einfach zu jung, um meine Chancen optimal zu nutzen. Später dann glaubte ich eines Morgens zu beobachten, wie sie aus dem Zelt des holländischen Hünen kroch, was mir dann doch einen Seufzer der Enttäuschung entlockte.

Mein Job war klar umrissen. Jeden Tag legten wir einige Kilometer zurück und suchten immer nach den besten Punkten, um das Geschehen beobachten zu können. Zwischendurch aber bekam ich Spezialaufgaben. Da musste man mal am späten Abend in die nächste größere Stadt, um nach einem seltenen Ersatzteil zu suchen. Oder aber es war jemand irgendwo aus der Wildnis abzuholen. Ich genoss diese abenteuerlichen Aufgaben und jede Fahrt ins Ungewisse. Immer umwehte uns alle ein Gefühl, dass hierzulande alles möglich sei. Regeln schien es hier nicht zu geben, wenn man nur genug Geld hatte. Das veranlasste leider auch einige Leute dazu, alle Verkehrsregeln zu missachten und nachts mit hundert durch die Dörfer zu brettern. Dabei überfuhren die Leute den einen oder anderen Hund.

An einem Tag gab das Organisationsteam dem drängenden Wunsch der Journalisten nach, die Szenerie auch einmal von oben filmen zu können und besorgte über Bekannte von Bekannten einen uralten Armeehubschrauber, der offenkundig auf dem letzten Loch pfiff. Trotzdem stiegen wir zu zwanzigst in die alte Rübe und überflogen die Wälder und die Pipeline. Die großen Türen standen während des Fluges offen und wir waren nur notdürftig gesichert. Es gab keinerlei Sicherheitsbestimmungen und der Motor klang nicht gerade vertrauenerweckend. Der Pilot wirkte, als wäre er schon sehr lange nicht mehr geflogen und habe sein Leben stattdessen hauptsächlich dem Genuss von Hochprozentigem gewidmet.

An einem anderen Tag passierten wir ein Dorf voller Kinder, die barfuß im Schlamm spielten. Wie es der Zufall wollte, bekamen wir mit, wie ein betrunkener Einheimischer in seinem Haus gerade seine Frau verprügelte. Dies nahmen zwei der Orga-Österreicher zum Anlass, ihren Mercedes G kurzerhand vor der Tür zu parken, das Haus zu stürmen und ihrerseits den Typen windelweich zu schlagen. Bevor das gesamte Dorf zum Lynchen anrücken konnte, machten wir uns schnell wieder aus dem Staub. An diesem Abend bat man die bewaffneten Aufpasser, noch ein paar mehr Leute zu engagieren und darauf zu achten, dass die Waffen auch wirklich geladen waren.

Insgesamt hatte alles einen sehr abenteuerlichen Charakter. Morgens krochen wir aus unseren Schlafsäcken, suchten uns zum Kacken ein ruhiges Plätzchen im Wald und wuschen uns dann in einem eiskalten Bach den Dreck des Vortages vom Körper. An Rasieren war nicht zu denken, die Temperatur der Gebirgsflüsschen lag knapp über dem Gefrierpunkt. Den ganzen Tag über verbrachte man im Wald und im Schlamm und von Tag zu Tag erweckten wir alle immer mehr den Eindruck von Wilden. Mittags campierten wir oft auf bildhübschen Wiesen und labten uns an den rustikalen Lunchpaketen. Der Frühling ließ die letzten Schneefelder schmelzen und überall blühte und sirrte es in dieser unberührten Natur.

In den letzten Tagen dann regnete es anhaltend und heftig und die ganze Sache wurde für die Teilnehmer noch etwas ungemütlicher, als sie ohnehin schon war. Der Fluss, an dem die letzten Etappen entlang führten, schwoll gewaltig an und verschlang Teile des Weges. Nachdem ein paar Fahrzeuge weggeschwemmt worden waren und die Fahrer und Beifahrer es nur gerade so aus den Fluten heraus geschafft hatten, änderte man aus Sicherheitsgründen die Strecke. Leider hatte der Fluss auch meinen Favoriten, den weißen Suzuki erwischt, der sonst gute Chance gehabt hätte, unter die ersten fünf zu kommen. Die Strömung hatte ihn aufs Dach geworfen und völlig zerstört. Glücklicherweise hatten sich die Fahrer dabei nicht verletzt.

Zum Abschluss der Tour veranstaltete man ein kleines Fest auf einer alten Festung, von der man munkelte, es sei die Burg des Grafen Dracula höchstpersönlich. Ich holte hierfür aus dem eine Stunde entfernten Städtchen die fünfköpfige Kapelle, die mit ihren traditionellen Instrumenten für das passende Ambiente sorgen sollte. Nach der Show fuhr ich sie dann wieder zurück. Die Musiker entpuppten sich als unglaublich nett und gastfreundlich und ließen mich nicht gehen, ohne mich vorher noch zu verschiedenen regionalen Spezialitäten eingeladen zu haben. Wir verständigten uns mit Händen und Füßen.

Die letzte Etappe der Trophy fand nachts statt. Wer sein Auto bisher noch nicht kaputt gemacht hatte, bekam nun noch mal alle erdenklichen Möglichkeiten dazu. Es war schweinekalt und es nieselte leicht. Tatsächlich hatte ich nun auch ein wenig die Schnauze voll von der Wildnis. Seit Tagen war ich nicht mehr wirklich trocken geworden und der Dreck hatte sich auch noch bis in die letzte Ecke meines Autos und meines Körpers vorgearbeitet. Glücklicherweise konnte ich schon gegen Mitternacht abhauen. Zusammen mit ein paar anderen Fahrzeugen bildeten mein Vater und ich die Vorhut in Richtung Ungarn. Alle waren völlig erschöpft und schliefen mir im Auto direkt ein. Ich versuchte mich wachzuhalten und hielt mich an die Rücklichter des vor mir Fahrenden, während wir durch die bergige Grenzregion preschten. Als wir plötzlich an der slowenischen statt an der ungarischen Grenze ankamen und merkten, dass wir über den falschen Pass gefahren waren, konnte ich wirklich nicht mehr und musste einen der Journalisten bitten, die letzte Etappe für mich zu übernehmen.

Im hübschen ungarischen Städtchen Debrecen dann hatte man für alle Hotelzimmer reserviert und ich verbrachte erst mal zwei geschlagene Stunden im Bad, um mir den Schlamm aus allen Ecken und Ritzen zu waschen. Am Abend dann gab es die große Siegerehrung und das abschließende Besäufnis, das alle bisherigen in den Schatten stellen sollte. Gewonnen hatte ein Bruderteam aus Bayern, das den Sieg nicht zum ersten Mal einfuhr. Aber jeder, der es überhaupt bis hierher geschafft hatte, fühlte sich zu Recht wie ein Sieger. Selbst ich konnte einen gewissen Stolz nicht verhehlen.

Am Morgen danach dann zerschlug sich die Gruppe und jeder machte sich auf den Rückweg in Richtung Zivilisation. Ich schämte mich etwas, als ich meinen Wagen wieder bei Chevrolet abgab. Als ich ihn übernommen hatte, war er nagelneu gewesen. Jetzt, 10 Tage später, sah er so aus, als würde man ihn wohl besser wegwerfen. Das Automatikgetriebe war hinüber, die Lenkung funktionierte nur noch mit großem Kraftaufwand und alles war voller Schlamm und Kratzer. In einer schwierigen Passage war ich zum Ende der Strecke auch noch seitwärts gegen einen Baum gerutscht und hatte mir die ganze Fahrerseite eingedrückt. Ich parkte den Wagen mit der Beifahrerseite zum Autohaus, um die Enttäuschung ein wenig zu mildern. Die anderen vier Fahrzeuge sahen wahrlich nicht besser aus. Doch das sollte letztendlich auch nicht meine Sorge sein.

Mein Vater begleitete die Tour noch zwei weitere Male, aber mir genügte diese eine Erfahrung. Heutzutage findet die Trophy im rumänischen Teil Transsilvaniens statt und wird auch von Rumänen organisiert. Chevrolet ist heute pleite, aber das lag sicherlich nicht an uns.

Bezahlung: Unterkunft und Verpflegung.
Arbeitsaufwand: Gering.
Gelernt fürs Leben: Nicht der Westen ist wild, es ist der Osten.

58. Fixer

Auch wenn ich die Bezeichnung dieses Jobs noch nie vorher gehört hatte, so hatte ich doch große Lust auf diese neue Herausforderung und war auch einigermaßen zuversichtlich, den Kunden nicht zu enttäuschen. Im Prinzip verband der Job einige jener Fähigkeiten, über die ich von Natur aus verfügte, mit jenen, die ich mir in den unterschiedlichen Jobs der letzten Jahre angeeignet hatte. Eine Produktionsfirma aus Wales wollte im Rahmen einer Serie über die großen Flüsse der Erde einen Film über den Rhein machen. Sie brauchten jemanden, der sie dabei an die Hand nahm, da sie sich auf dem Festland nicht auskannten und mit Englisch nicht weit kamen. Im Englischen nannte man das einen ‚Fixer‘, also im Grunde jemanden, der Sachen festmachte. Da momentan alle beschäftigt waren, die sich normalerweise die Finger nach einer solchen Aufgabe geleckt hätten, kam ich zum Zug. Drei Wochen lang recherchierte ich von meinem Wohnzimmer aus für den Film und trat jeden Abend mit der Produktionsassistentin per Skype in Kontakt, um ihr über den aktuellen Stand der Dinge zu berichten. Ich suchte besondere Attraktionen entlang des Rheins, trat mit potentiellen Interviewpartnern per email in Verbindung, erkundigte mich über Hotels und machte mir Notizen über alle Dinge, die es für den Dreh noch zu organisieren galt. Zu Anfang gab man mir eine ganze Liste mit teilweise bereits gut recherchierten Grundlagen, sodass ich mit meinen Nachforschungen hauptsächlich auf diesen Informationen aufbauen konnte. Kamen mir jedoch bei der Recherche noch weitere Geschichten unter, so nahmen die Waliser diese gerne mit auf.

Dann begann der vorerst beste Part des Jobs. Ich besorgte mir einen Mietwagen, reiste damit von Berlin nach Rotterdam und fuhr dann gemächlich zwei Wochen lang den gesamten Rhein von seiner Mündung in Holland bis fast zu seinen Quellen in den Schweizer Alpen ab. Ich sollte möglichst gute Punkte zum Filmen finden, viele Fotos machen, die ausgewählten Interviewpartner zu Vorgesprächen treffen und insgesamt die komplette Tour einmal zur Probe abfahren, damit wir später wussten, womit wir zu rechnen hatten. Ich empfand den Job als wahres Geschenk. Es war früher Herbst, die Natur bot ein wundervolles Bild und ich begab mich auf eine gutbezahlte kleine Reise. Wo ich hielt, war meine Sache, wo ich schlief genauso. Nur der Zeitraum für meine Expedition war grob vorgegeben, ansonsten unterlag alles meiner eigenen Einschätzung. Die Kommunikation mit den Walisern lief ebenso unkompliziert ab. Ich hatte den Eindruck, sie fühlten sich bei mir in guten Händen und so ließen sie mich größtenteils einfach gewähren.

Ich genoss die Fahrten in meinem Toyota Kombi, während derer ich viel Musik hörte. Schöne Ecken für gute Fotos zu finden fühlte sich kaum wie ein Job an, denn daran hatte ich auch ein persönliches Interesse. Da ich wusste, dass ich für meine Aufgabe fürstlich entlohnt werden würde und ich auch den ganzen Sommer über bereits stetig in Lohn und Brot gewesen war, hatte ich vor Beginn des Trips noch in eine neue Spiegelreflexkamera investiert und konnte meine kleine Reise nun dazu nutzen, mich in ihre Funktionen einzuarbeiten.

Es war interessant, auf meiner Tour die regionalen Unterschiede zu beobachten. Reist man alleine, so ist man viel offener dafür, diese auch wahrzunehmen. Ich versuchte zudem immer, regionale kulinarische Spezialitäten zu probieren, eine der besten Möglichkeiten, um sich einen Eindruck von einer Gegend zu verschaffen. Mit einem kleinen Umweg konnte ich sogar noch einen Besuch bei meiner Familie in Hessen einbauen, der den Walisern nicht mal wirklich auffiel.

Fast auf meiner gesamten Reise hatte ich viel Glück mit dem Wetter und spätestens, als ich in die Schweiz kam, wurde es dann richtig schön. Der große Fluss wurde mir über die Tage zu einem treuen Begleiter und ich mochte besonders jene Passagen, während derer ich direkt am Wasser entlang fahren konnte. Die Bäume begannen gerade, sich in herbstlich bunte Farben zu hüllen und nicht selten staunte ich darüber, welch malerische Gegenden Deutschland zu bieten hat.

Da ich ein festes tägliches Spesen-Budget erhielt, konnte ich mir immer noch etwas hinzuverdienen, wenn ich bei den Hotelausgaben unter der vereinbarten Summe blieb. Aber auch für wenig Geld hatte ich zum Teil sehr nette Unterkünfte gefunden. Abends ging ich dann meistens noch mal für ein Bier raus, aber manchmal wohnte ich auch dermaßen abgelegen, dass ich mit der Badewanne in meinem Hotelzimmer vorlieb nehmen musste. Auch für meine Verpflegung bekam ich noch mal einen Betrag obendrauf und manchmal konnte ich kaum glauben, dass ich für etwas Geld bekam, das sich wirklich und wahrhaftig wie Urlaub anfühlte.

Zurück in Berlin galt es dann, meine gemachten Erfahrungen in unseren Drehplan einzuarbeiten, wofür ich natürlich ebenfalls bezahlt wurde. Die Regisseurin suchte sich unterdessen anhand meiner Fotos jene Orte raus, an denen sie gerne filmen wollte. So konnte ich unsere Strecke nun konkreter planen. Ich wusste, wo sich was befand und wie lange man von einem Punkt zum nächsten benötigte. Es machte mir dabei großen Spaß, die Termine zu vereinbaren und alles Organisatorische unter Dach und Fach zu bringen.

Zwei Wochen später ging es dann los und ich machte mich ein zweites Mal auf den Weg nach Holland. Wieder kam ich bei einer Bekannten in Rotterdam unter, die ich auf Reisen kennengelernt hatte und die sich auch über meinen zweiten Besuch in kurzer Zeit freute. Wieder hatte ich von der Autovermietung einen großen Kombi bekommen, der sich sehr geschmeidig fuhr. Mit mir war noch ein Bekannter mit einem ebenfalls gemieteten Van in Berlin aufgebrochen, in dem die Crew Platz finden sollte. Nun waren wir ganze zweieinhalb Wochen unterwegs und für mich war der Besuch einiger Orte fast schon wie ein Nachhausekommen.

Insgesamt bewegte sich alles, was wir sahen und auf Film bannten, zwischen Altem und Neuem und gab mir so nicht selten Nachhilfeunterricht in deutscher und europäischer Geschichte. Auch deswegen hatte die Produktionsfirma dem Rhein nach reiflicher Überlegung den Vorzug vor der Donau gegeben, obwohl diese allein von den Maßen her der größere Fluss von beiden ist. Der Rhein jedoch war es, der über die Jahrhunderte kulturell und geschichtlich stets eine größere Bedeutung gehabt hatte. Hinzu kamen die ganzen Sagen, die sich um ihn rankten sowie seine symbolische Bedeutung für die verschiedenen Epochen. Für einen Film eignete er sich definitiv besser als die Donau.

Schon der Tag im Rotterdamer Hafen war ausgesprochen beeindruckend. Ich war überwältigt von der Größe der Kanäle und der uns im Zeitlupentempo passierenden Containerschiffe. Um an die nördlichste Spitze des Hafens zu gelangen, musste man erst mal 13 Kilometer zwischen Containern, Schleusen und riesigen Frachtern zurücklegen. Wir drehten dann mitten im Gelände mit Feuerwehrleuten, die dort speziell für Industriebrände mit Öl und Chemikalien ausgebildet wurden. Hierzu mussten wir selbst in Feuerschutzanzüge schlüpfen, da wir zum Teil inmitten der Flammen filmten.

Im Laufe unserer Tour besichtigten wir riesige Industrieruinen in Duisburg, moderne Architektur in Düsseldorf und innovative Wohnformen in Basel. Wir sahen Reste von im Krieg weggebombten Brücken ebenso wie Hightech-Kläranlagen und hochmoderne Fischtreppen, auf denen die Lachse Schleusen umschwimmen konnten. Wir interviewten einen Biologen zum Tierbestand im Fluss und einen Historiker, der uns die Bedeutung des deutschen Ecks in Koblenz erläuterte. Wir besuchten Naturschönheiten wie die Burgen am romantischen Rhein rund um die Loreley, aber eben auch jene Chemiefabriken, die den Rhein in den 80ern verseucht und auf ganzer Länge rot gefärbt hatten. In Mannheim trafen wir einen türkischen Poeten, der den Rhein bereits mit zahlreichen Gedichten bedacht hat, in Worms sahen wir uns das Leben der jüdischen Gemeinde, in Ludwigshafen das der örtlichen Muslime an. Wir porträtierten auf einem Lastenkahn im Rheingau das Leben einer Familie, die seit Jahren den Rhein auf und ab fährt und trafen uns mit einem charismatischen Winzer in den Vogesen, der jedem von uns bei unserer Abreise noch eine Flasche vorzüglichen Muscatels schenkte. Und natürlich filmten wir auch inmitten des beeindruckenden Rheinfalls bei Schaffhausen. Zwischen unseren festen Terminen arbeiteten wir uns Stück für Stück den Fluss hinauf, immer darauf bedacht, kein schönes Fleckchen zu verpassen. Jeden Ort, der repräsentativ genug war, versuchte die Crew abzulichten.

Die Abfolge unserer Reise war nicht zufällig entgegen der Fließrichtung des Flusses gewählt worden. Denn am Ende stand das Thema, das die von Mythen und Anekdoten getragene Geschichte über den Rhein letztlich tragisch machte. Da die Gletscher sich mehr und mehr zurückziehen, ist mittlerweile nicht mal mehr gewiss, ob der Fluss überhaupt für immer Wasser haben wird, zumindest aber nicht, ob es für die momentane Schifffahrt im großen Stil weiterhin ausreichen wird. Ein Gespräch mit sehr herzlichen alten Leuten in einer Hütte in den Bergen verdeutlichte uns, wie dramatisch die Lage bereits war. Die Beiden zeigten uns auf Postkarten, wie der Gletscher früher ausgesehen hatte und wir mussten nur aus dem kleinen Fenster der Stube nach draußen blicken, um den Unterschied zu heute schmerzhaft vor Augen geführt zu bekommen.

Jeder Tag bot neue Überraschungen und meistens war die Arbeit aufregend. Nur zwischendurch galt es geduldig zu warten, wenn bestimmte Szenen immer und immer wieder gedreht werden mussten. Ein befreundeter Filmschaffender hatte mir gesagt, dass ein Dreh umso entspannter war, je mehr man im Vorfeld alle Eventualitäten berücksichtigt hatte. Ich war seinem Rat gefolgt, das hatte sich ausgezahlt. Die Crew bestand aus der quirligen Regisseurin, der eleganten Moderatorin, der jungen und witzigen Produktionsassistentin sowie dem Kameramann und dem Tonmann. Dazu kamen dann noch unser Fahrer und ich. Wir verstanden uns auf Anhieb alle gut; wieder einmal bestätigte sich mein Eindruck, dass Briten und Deutsche eigentlich keine gar so unterschiedliche Art von Humor haben. Auch wenn sich das Kamera-Ton-Team, die Damen sowie unsere deutsche Delegation zunächst einmal optisch voneinander unterschieden, so wuchsen wir doch schnell zu einer homogenen Truppe zusammen.

Zwar war unsere Arbeit manchmal anstrengend, denn um die kurzen Tage optimal zu nutzen begannen sie immer sehr früh. Gerade zu Anfang unserer Reise starteten wir unseren Arbeitstag zudem mehrfach bei Minusgraden. Oft mussten wir das ganze Equipment weit von den Autos wegtragen und nicht selten hielt ich stundenlang einen Reflektor in die Sonne, um die Moderatorin optimal auszuleuchten. Dafür waren die Abende umso netter. Immer wurde großer Wert darauf gelegt, dass wir gut aßen und dass auch eine ordentliche Menge Wein auf den Tisch kam. Selbst wenn es mal etwas teurer wurde, verzogen die Waliser keine Miene. Sie vertraten die Ansicht, dass, wer hart arbeitete, auch gut essen sollte und ich war der letzte, der ihnen in diesem Punkt widersprochen hätte.

Ich war für alle unsere Termine der Organisator. Ich legte fest, wann wir abfahren mussten, um einen Ort rechtzeitig zu erreichen und ich machte die Absprachen mit Leuten, die wir trafen. Ich checkte uns in den Hotels ein und wieder aus. Außerdem war ich natürlich der Ansprechpartner für alles, was mit den Menschen vor Ort besprochen werden musste, besonders die Kommunikation mit den Deutschen. Zwar sprach die Moderatorin ein wenig deutsch, aber für ein echtes Gespräch reichte das nicht.

Der Umgang miteinander war fair und nett, das hatte ich schon sehr anders erlebt. Hier gab es keine großen Egos und niemand nahm sich wichtiger als er war. Man behandelte einander auf gleicher Augenhöhe, beispielhaft hierfür stand die Tatsache, dass die Crew auch unseren Fahrer Clemens als vollwertiges Mitglied des Teams akzeptierte.

Der vermutlich einzige Wermutstropfen bei diesem rundum fantastischen Job war, dass weder für die Produktionsassistentin noch für Clemens und mich genug Platz an Bord des Helikopters war, mit dem die Crew zu jenem Gletscher flog, wo ein Arm des Rheins entspringt und die Geschichte des Films schließlich enden sollte. Aber viel mehr konnte ich von dem Job nun auch wirklich nicht mehr verlangen. Ich war wochenlang auf Reisen gewesen, hatte fürstlich gespeist und getrunken und hatte dabei ganz nebenher in dieser Zeit auch noch knapp 10.000 Euro verdient.

Als ich die Crew zu guter Letzt am Flughafen in Zürich verabschiedete, wurde ich regelrecht sentimental. Aber es hatte auch etwas Gutes, dieses Projekt zu einem Abschluss gebracht zu haben, um nun wieder frei für Neues zu sein.

Jahre später bestellte ich mir die Serie mit allen Filmen über Rhein, Mississippi, Nil, Yangtse, Ganges und Amazonas über das Internet. Den Film über den Rhein schaue ich mir immer wieder gerne an, auch wenn ich finde, dass er vom Schnitt her leicht verwirrend gestaltet ist. Einmal hätte es fast geklappt, dass ich Kamera- und Tonmann bei einem späteren Job untergebracht hätte. Ich für meinen Teil warte noch heute darauf, dass es ein zweites Mal ein Job-Angebot dieser Art gibt.

Bezahlung: € 250/ Tag.
Arbeitsaufwand: Mittel.
Gelernt fürs Leben: ‚Don't ever let the truth stand in the way of a good story!'
                    (Regisseurin)

59. Promille-Tester auf der Fanmeile der WM

Wie hatte ich diesen seltsamen Job eigentlich wieder gefunden? Ich kann es beim besten Willen nicht mehr rekonstruieren. Ausgestattet mit einer Polizistenmütze, weißen Handschuhen und einer Kelle in der Hand blickte ich ins amüsierte Gesicht meiner Bekannten Caro, die identisch ausgerüstet war und diesen Abend zusammen mit mir bestreiten wollte. Sie war ähnlich abenteuerlustig und flexibel wie ich, und ich hatte sie kurzfristig als Politesse gewinnen können. An ihrem Gürtel baumelten ein paar Spielzeughandschellen.

Die Idee war simpel: Die Polizeiutensilien waren uns geliehen worden, genauso wie ein funktionstüchtiger Alkoholmesser samt austauschbarer Gummihütchen für die Hygiene. Nun sollten wir auf großen Festen herumziehen und die Leute dazu animieren, doch mal eben zu testen, wie derangiert sie eigentlich bereits waren. Denn man täuschte sich da ja mitunter gewaltig. Dafür mussten die Getesteten uns jeweils fünf Euro geben, wovon wir dann wieder einen Prozentsatz an jene Leute abtreten würden, die sich das alles ausgedacht hatten. Die Zeit für eine solche Aktion war nicht ohne Bedacht gewählt. Die Fußball-WM war in Deutschland zu Gast und die Menschen drehten kollektiv am Rad.

So weit, so gut. Wir zupften uns noch mal die Handschuhe zurecht und probten den strengen Blick eines Gesetzeshüters. Dann betraten wir die Fanmeile am Brandenburger Tor, die zu dieser Zeit vermutlich größte Ansammlung von Bekloppten weit und breit. Zu Anfang hatte ja noch keiner geglaubt, dass da jemals viel los sein würde. Aber im Laufe der letzten Wochen hatte sich das Ganze verselbständigt und nun fanden sich im Prinzip zu jeder beliebigen Partie Abertausende auf der Straße des 17. Juni ein, um gemeinsam die Spiele auf einer riesigen Leinwand zu verfolgen, herumzugrölen und sich dabei zu betrinken. ‚Public Viewing' war der Anglizismus der Stunde und die Deutschen hatten plötzlich ihren Sinn für gemeinsames Feiern entdeckt. Das Wetter war wie immer während dieses außergewöhnlichen Sommers vom Feinsten und nun, kurz vor Sonnenuntergang, hatten einige der Gäste schon ordentlich getankt. Ein idealer Moment für unser Erscheinen.

Caro und ich ernteten eine Menge Blicke, denn man konnte natürlich erkennen, dass wir keine echten Polizisten waren und stattdessen etwas Seltsames im Schilde führten. Dennoch fanden wir niemanden, der seinen Alkoholgehalt im Blut von uns testen lassen wollte. Die Leute wollten ihren Rausch nicht verifiziert haben. Schon gar nicht, wenn sie hörten, wie viel wir dafür berappen wollten. Unser Auftraggeber hatte sich das natürlich schön ausgemalt. Als Argumentationshilfe sollten wir einfach sagen, dass es ja einem Jeden zugute käme, wenn er wüsste, wie betrunken er eigentlich ist. Nur so könne man ja auch abschätzen, wie viel man wohl noch trinken sollte, ob man noch fahren konnte und so weiter. Diese Argumentation hakte natürlich gewaltig, denn letztendlich waren die Menschen hier, um einfach eine unbeschwerte Zeit zu verbringen. Und im Prinzip war den Leuten ebenso wie uns selbst klar, dass da lediglich jemand versuchte, auf ihre Kosten ein Geschäft zu machen.

Als wir etwa eine halbe Stunde durch die Gegend gezogen waren, hatten wir zwar mit einer Menge Leute gesprochen und herumgealbert, aber leider immer noch niemanden für einen Test gewinnen können. So langsam begannen uns die Volleulen auf die Nerven zu gehen, die uns lange und breit ihr gesamtes Leben erzählten. Betrunkenen kann man wahrlich nur für längere Zeit Gehör schenken, wenn man selbst nicht ganz nüchtern ist. Wie konnten wir die Fußballfans nur zum Schweigen und stattdessen dazu bringen, dass sie unseren Test über sich ergehen ließen?

Da sprach uns plötzlich ein Ordner an und fragte uns nach unserer Genehmigung. Ich musste passen. Weder wir noch unser Auftraggeber hatte sich da offenbar Gedanken drüber gemacht. Es leuchtete mir zwar ein, dass wir eine Genehmigung brauchten für das, was wir taten. Immerhin war das hier trotz aller Ausgelassenheit Deutschland, hier brauchte man bekanntlich für alles eine Genehmigung. Ich kam jedoch nicht mit der Art klar, mit welcher der Wachmann uns behandelte. Ganz wie man es von einem Vertreter seines Berufsstandes erwarten würde, schien der bullige Hüne weder mit viel Hirn noch mit viel Mitgefühl gesegnet zu sein.

Als er ziemlich schnell ziemlich unhöflich wurde, schoss ich zurück und versuchte ihm mit dem Argument zu kommen, dass dies doch ein freies Land sei. Das natürlich wirkte wie ein rotes Tuch auf ihn und resultierte darin, dass er mit seinem Funkgerät Verstärkung rief. Ein freies Land?! So hatte er das auf der Wachschutz-Akademie aber nicht gelernt.

Ich wusste gar nicht so genau, ob ich lachen oder weinen sollte. Eine gewisse Komik konnte ich der Situation nicht absprechen. Zur gleichen Zeit aber fühlte ich mich extrem ungerecht behandelt. Noch ehe wir uns irgendwie rechtfertigen konnten, wurden wir von jeweils einem Gorilla buchstäblich am Schlawittchen gepackt, in Richtung Ausgang geschleift und sehr unsanft dazu aufgefordert, das Gelände zu verlassen. Da ich mich dort noch weiter echauffierte, nicht auf diese Art und Weise behandelt werden zu wollen, nahm einer der Gorillas dann auch noch meine Personalien auf und erteilte mir doch allen Ernstes auf der Stelle Hausverbot für die Fanmeile bis zum Ende der WM. Ich war fassungslos.

Der Job war damit jedenfalls wohl gestorben. Das aber fanden wir beide nur bedingt schlimm. Caro und ich tranken vor dem Bundeskanzleramt ein kühles Bier und lachten uns erst mal halb tot. Noch viel schlechter hätte es wohl kaum laufen können. Wir hatten nicht einen Cent verdient und ich war sogar für alle Zeit von den WM-Feierlichkeiten ausgeschlossen.

Am nächsten Morgen brachte ich den leicht zwielichtigen Gestalten, die sich das halbseidene Konzept ausgedacht hatten, ihre Utensilien zurück. Erst nach einer ausführlichen Schilderung der Geschehnisse vom Vorabend glaubte man mir endlich, dass wir wirklich kein Geld eingenommen hatten und ließ mich wieder gehen. Die Jungs durchschauten dabei wohl selbst, dass man mir keine neuen Termine anbieten musste.

Das Hausverbot auf der Fanmeile erfüllte mich noch tagelang mit einem gewissen Stolz. Wer, außer vielleicht ein paar Hooligans, konnte das schon von sich behaupten? Mit Sicherheitsmännern bin ich nur noch ein weiteres Mal aneinandergeraten, als ich bei einer Studentenparty nicht ganz versehentlich in einen Aufsteller der Sponsorfirma fiel. Caro leitet heute Ikea-Filialen in Finnland.

Bezahlung: Keine.
Arbeitsaufwand: Gering.
Gelernt fürs Leben: Polizeiuniform schützt vor Strafe nicht.

60. Rechercheur für eine Travel-Website in Thailand

Was für ein Job! Ich auf meiner Lieblingsinsel Thailands und dafür auch noch Geld bekommen. Alles, was ich zu tun hatte, war auf meinem Moped herumzucruisen, und das hatte ich schon bei sämtlichen meiner letzten Besuche sehr gerne getan. Nun sollte ich dabei so viele Details wie möglich in Erfahrung bringen, um diese Tipps dann an die Leser einer Travel-Website weiterzugeben.

Der Job war wieder einmal durch einen Zufall zustande gekommen. Ein Freund von mir hatte bei einem kurzen Trip an die burmesische Grenze, um sein Thai-Visum zu verlängern, ein Mädel kennengelernt, das für eine Reiseseite schrieb und ihm erzählte, dass im Süden Thailands noch Autoren fehlten. Nach langem Hin und Her hatte ich über sie dann einen Kontakt zum Macher der Seite herstellen können. Richard hatte mich direkt eingeladen, nachdem ich ihm ein paar meiner Texte zugeschickt hatte.

Richards Idee war es, den Leuten einen Reiseführer anzubieten, den man sich online selbst zusammenstellte. So schleppte man dann am Ende nicht 300 Seiten mit sich herum, die man ohnehin nicht las. Stattdessen hatte man komprimierte 30, die man noch dazu alle selbst ausgewählt hatte. Auf seiner Website fand man alle erdenklichen Informationen zu den einzelnen Destinationen in Thailand und musste diese nur noch nach Gusto kombinieren. Der Ausdruck des personalisierten Guidebooks erfolgte kostenlos, die Seite lebte von Werbung und Verträgen mit ausgewählten Gastronomen und Hoteliers. So weit die Theorie. Richard verfügte bereits über ein paar Leute, die in ganz Thailand unterwegs waren und alles an Informationen sammelten, was für Touristen von Interesse sein konnte. Jeder bearbeitete dabei eine bestimmte Region und ich konnte mir gar nicht genau erklären, warum niemand sonst auf meine Insel gewollt hatte.

Doch ich musste zunächst nach Khao Lak, das an der genüberliegenden Küste Thailands lag. Als ich an einem Januarmorgen um 7 Uhr früh in seinem Büro aufgeschlagen war, hatte Richard umgehend damit begonnen, wie ein Wasserfall auf mich einzureden. Ich wusste kaum, wie mir geschah. Gerade erst war ich aus einem Übernachtbus herausgefallen, und ich hatte wegen der obligatorischen Thai-Karaoke-Videos in voller Lautstärke nicht viel Schlaf gefunden. Richard kam vom Hundertsten ins Tausendste und dann ging es sofort wieder von vorne los. Nicht nur, dass er viel redete, er redete auch noch rasend schnell. Immer wieder schaltete ich auf Autopilot, da ich merkte, dass nicht mal ein Bruchteil dessen, was er mir erzählte, für meine Aufgabe vor Ort wirklich wichtig war. Und doch musste ich bei in regelmäßigen Abständen erfolgenden Stichproben zugeben, dass alles, was er von sich gab, tatsächlich irgendwie Sinn machte. Er war offensichtlich ein intelligenter Mann, leider schien es ihm jedoch etwas an Systematik zu mangeln. Nachdem er mich - abgesehen von den paar Momenten, in denen er hastig seine Mittagssuppe löffelte - etwa 12 Stunden lang nonstop zugetextet und mich dann im kleinsten Bungalow seiner Anlage einquartiert hatte, spielte ich tatsächlich kurz mit dem Gedanken, einfach schnell wieder das Weite zu suchen. Das konnte doch kein Mensch aushalten!

Doch ich blieb. Und stellte erleichtert fest, dass Richard in den nächsten Tagen andere Aufgaben hatte, sodass seine Redeattacken mich immer nur mal punktuell erwischten. Mittlerweile hatte ich mit ein paar seiner Thai-Angestellten geredet, die einhellig mit einem gequälten Gesichtsausdruck befanden: ‚Richard talks so MUCH!‘ Ich war zu einer sehr unpassenden Zeit im Hauptquartier meines neuen Arbeitgebers angekommen. Richard hatte gerade erst vor ein paar Tagen einen schweren Autounfall mit zwei Mopedfahrern gehabt, bei dem einer der jungen Thais gestorben war. Man wollte Richard die Schuld dafür in die Schuhe schieben, obwohl er laut eigener Aussage nichts falsch gemacht hatte. Gemäß thailändischer Sitte versuchte er, der Familie zum Ausgleich Geld zu zahlen und sich damit als so guter Mensch wie möglich darzustellen, obwohl es aus seiner Sicht klar war, dass die beiden Jungs auf dem Moped die alleinige Schuld an dem Unfall trugen. Doch nach dem perfiden System des Gesichtwahrens, das im Prinzip alle zwischenmenschlichen Belange in Thailand regelt, wäre es das Unvernünftigste gewesen, nun auf seine Unschuld zu pochen und den Toten und seine Familie damit noch mehr zu belasten. So war er jedenfalls gerade rund um die Uhr beschäftigt und ich übernahm aus Mitgefühl noch schnell einen Job, bei dem eigentlich er als Tourguide gebucht war. Vier Tage lang begleitete ich zusammen mit einer thailändischen Fahrerin ein älteres Schweizer Ehepaar von Bangkok nach Khao Lak. Zwar entpuppte sich dieser Road Trip als eher langweilig, dafür aber war er gut bezahlt. Zudem gab es alles Essen umsonst und davon viel, und ich sah Orte, die man sonst nur als Thai zu Gesicht bekam.

Als wir zurück in Khao Lak waren, fädelte ich es so ein, dass ich schon am nächsten Tag in Richtung meiner Insel Ko Pha Ngan aufbrechen konnte. Ich hatte genug vom kleinen Büro inmitten von Bananenstauden, genug von Richards Redeexzessen und vor allem auch genug vom Ort Khao Lak. Alles hier erinnerte auch nach sechs Jahren noch an den Tsunami und ich musste an vielen Ecken des Ortes an den einen Tag denken, an dem ich seinerzeit Särge mit aufgedunsenen Leichen durch die Gegend getragen hatte. Ta, die Fahrerin, brachte mich noch am selben Mittag zur Ostküste, wo ich ein Nachtboot bestieg. Nachtboote sind alte Holzkutter, in deren offenen Innenbereich die Thais Matratze an Matratze gelegt haben. Ich hielt diese schwimmenden Matratzenlager schon immer für die spannendste und abenteuerlichste Überfahrt zum Samui-Archipel.

Als ich am nächsten Morgen auf der Insel ankam, war es fast wie ein Nachhausekommen. Ich war bereits zwei Mal dort gewesen, beide Male hatte ich auf dem idyllischen Eiland gleich mehrere Wochen am Stück verbracht. Ich quartierte mich in einer sehr billigen Herberge in der Hafenstadt Thongsala ein und besuchte noch am selben Abend die Full Moon Party, jenes monatlich stattfindende Riesenevent, dem die Insel einen Großteil ihrer Popularität verdankt. Ich war kein großer Fan der Party, es gab auf der Insel weitaus bessere Möglichkeiten zu feiern. Aber da ich sie lange nicht besucht hatte und gerade eine mehrwöchige Abstinenz zu Ende ging, verbrachte ich am Strand zwischen Tausenden von Bekloppten wieder einmal eine witzige Nacht.

Am frühen Morgen wurde ich in meinem Bett von einer großen Kakerlake geweckt, die ich früher am Abend zu töten versucht hatte. Als wollte sie sich für den Mordversuch rächen, krabbelte sie mehrmals in meinen Haaren herum und versteckte sich dann jedes Mal geschickt unter dem Kopfkissen, wenn ich davon erwachte. Das war für mich Grund genug, am nächsten Tag direkt mein Quartier zu wechseln, auch wenn man sich auf der tropischen Insel an keinem Ort vor all den Insekten sicher fühlen konnte. Ich fand eine nette Hütte am Rande des Dorfes und hier blieb ich für eine Weile. Meine Aufgabe war es eigentlich, jede Unterkunft, jede Bar und jedes Res-

taurant zu besuchen, mir Notizen zu meinen Beobachtungen zu machen und zu guter
Letzt über all diese Orte zu schreiben. Doch ich merkte schnell, dass mich diese Aufgabe deutlich mehr als 6 Wochen kosten würde. Ich ging daher zu Stichproben über.
Ich hielt es für deutlich wichtiger, jeweils mindestens einen Tag an den verschiedenen
Stränden und Ecken der Insel zu verbringen, um dort die jeweilige Stimmung einzufangen. Die einzelnen Orte der Insel unterschieden sich von der Atmosphäre und den
natürlichen Gegebenheiten her drastisch voneinander, obwohl die Insel mit knapp 10
Kilometern Durchmessern überschaubare Maße hatte. Ich hatte mir für knapp 2 Euro
am Tag ein uraltes klappriges Moped geliehen, das ich liebevoll auf den Namen Emma
taufte. Emma und ich waren nonstop unterwegs auf dem kleinen Eiland.

Ko Pha Ngan hatte viel mehr zu bieten als seine berüchtigten Parties, wegen derer ein
Großteil der Gäste in den Süden Thailands reiste. Jede Bucht bot andere Attraktionen
und jeder Charaktertyp konnte hier auf seine Kosten kommen, ob er nun feiern oder
baden wollte, an Wassersport oder Meditation interessiert war, Leute kennenlernen
wollte oder einfach im tiefsten Dschungel seine Ruhe suchte. Die Insel war von einer
ursprünglichen Schönheit und zog eine Menge Paradiesvögel an. Da ich selbst ein
großer Fan dieses Ortes war, fiel es mir natürlich nicht schwer, die Insel unter zukünftigen Besuchern anzupreisen. Welch seltsame Kapriolen das Wetter zum Ende der
Nuller-Jahre schlug, konnte ich in meinen ersten 3 Wochen auf der Insel recht gut
beobachten. Obwohl es Januar war, regnete es ständig, oft begleitet von Sturmböen.
Auch noch die ältesten Thais vor Ort bezeugten, dass sie noch nie so viel Regen außerhalb der Monsun-Zeit gesehen hatten. Es war seltsam, und diese außergewöhnlichen
Wetterbedingungen ließen mich meinen Job zunächst nur schleppend beginnen. Immer wenn der Regen mal nachließ, schwang ich mich auf Emma und brach zu einer
Erkundungsfahrt auf. In meiner Umhängetasche hatte ich meinen Notizblock, Landkarten sowie ein paar Blanko-Formulare, die ich von allen Befragten zu den Ausstattungen ihrer Unterkünfte und Restaurants ausfüllen ließ. Doch oft überraschte mich
der nächste Guss schon wenige Kilometer die Küste rauf und so musste ich nicht selten stundenlang in einem Café sitzen und auf den verregneten Strand blicken, bis ich
meine Tour fortsetzen konnte.

Immer wieder trat ich per email oder Telefon mit Richard in Kontakt, um ihn über
den verzögerten Fortschritt meiner Bemühungen zu unterrichten. Doch schnell
merkte ich, dass ihn ein paar Tage mehr oder weniger nicht sonderlich juckten. Er
schien froh zu sein, dass überhaupt jemand meine Aufgabe übernommen hatte. Er
konnte mir erst mal nicht viel bezahlen und es war keineswegs gewährleistet, dass sein
Projekt jemals Erfolg haben würde. Nicht viele Leute außer mir waren dazu bereit,
unter diesen Vorzeichen überhaupt mit der Arbeit zu beginnen.

Richard selbst war wirklich ein schräger Typ. Über mehrere Dekaden hatte er selbst
Reiseführer für die Region geschrieben und hatte hierfür das ganze Land mehrfach im
Wohnmobil abgeklappert. Er kannte Thailand bis in seinen letzten Winkel und hatte
noch für jede kleinste Ecke Geheimtipps parat. Ursprünglich aber war er zum Informatiker ausgebildet worden. So kam nun die Idee zustande, eine eigene Informations-Website über Thailand ins Leben zu rufen, als man ihn nach einer Dekade als Autor
aus dem Reiseführer-Verlag geschasst hatte. Ich hatte schnell das Gefühl, dass er sich
mit der Website auch an seinem ehemaligen Arbeitgeber rächen wollte, der ihn nach
so langer Treue ziemlich unhöflich aus seiner Position gedrängt hatte. Nebenbei be-

trieb Richard ein kleines Resort in Khao Lak. Nach drei Wochen auf Ko Pha Ngan ließ der Regen allmählich nach und ich erschloss mir die Insel nun Bucht für Bucht. Ich hatte diesen Ort schon seit meinem ersten Besuch gemocht, jetzt aber lernte ich das Fleckchen wirklich lieben. Nach einer Weile hatte ich mir für jede Gemütslage einen Lieblingsort ausgeguckt. War mir nach Abenteuer zumute, so fuhr ich über die schlecht ausgebauten Schotterpisten in Richtung Nordosten, wo es spektakuläre Ausblicke und guten Eiskaffee gab. War ich verkatert, fuhr ich in den Norden, wo ich für ein paar Stunden unter den Palmen vor mich hin döste. Wieder aufgewacht konnte man sich dann einfach eine Weile lang im brühwarmen Wasser treiben lassen. Wollte ich ein Gefühl von Zivilisation oder war mir nach Unterhaltung zumute, dann fuhr ich ins eigentlich schreckliche Had Rin, das erschlossenste Dörfchen der Insel, in dem die Full Moon Parties stattfanden. Schon bald hatte ich überall meine Lieblings-Cafés, -Strände, und -Essensstände an der Straße. Man kannte mich und grüßte mich, Thais genauso wie Westler, die den Ort zu ihrer Heimat gemacht hatten. Fast jeden Abend labte ich mich stundenlang an Delikatessen auf dem Markt in der Hafenstadt Thongsala, der für mich der faszinierendste Ort auf der Insel war. Trotz meines tägli-chen Besuchs fand ich im Gewirr der Stände immer wieder etwas Kulinarisches, das ich noch nicht gekostet hatte. Zudem trafen sich hier alle, die auf der Insel überwin-terten, oder zumindest länger hier waren als die kurzfristigen Partytouristen. Und die Preise der Speisen waren unschlagbar. Meistens absolvierte ich mehrere Gänge durch die Stände und bastelte mir auf diese Weise ein leckeres Menü zusammen. Dazwischen saß ich inmitten des bunten Treibens und führte mir immer wieder vor Augen, wie viel besser das alles war als der kalte Winter in Deutschland. In den leicht kühleren Abendstunden hatte ich im Korb meines Moped noch ein Hemd dabei, ansonsten trug ich nie mehr als eine Schwimmshorts und Flip Flops. Wie viele Jobs gab es, in denen das möglich war?

Das Nachtleben auf der Insel war vielfältig und ausschweifend. Ich rechtfertigte mei-ne fast täglichen Partybesuche damit, dass unsere Leser ja schließlich auch hierüber informiert werden mussten. Zwar gab es selten auch mal eine Party in geschlossenen Räumen, aber der Clou auf der Insel waren natürlich all jene Feiern, die mitten im Dschungel oder direkt auf einem der bildhübschen Strände, immer aber unter freiem Himmel stiegen. Ich musste dabei aufpassen, dass mir diese Orte nicht schon bald allzu normal erschienen. Immer wieder ermahnte ich mich, objektiv zu betrachten, wo ich mich gerade befand, und mir darüber im Klaren zu sein, was für ein außergewöhn-licher Ort die gesamte Insel war. Im Grunde war ich meinem Traumjob ganz schön nah gekommen. In den letzten 3 Wochen vor Ort entdeckte ich meinen neuen Lieb-lingsstrand und wurde dort heimisch. Ich residierte in einer sehr simplen Hütte direkt am Wasser, in der gleich am ersten Tag das Waschbecken abbrach und es immer mal wieder galt, große Spinnen oder Echsen zu vertreiben. Der Strand schien irgendwie unter dem Radar der Touristen zu fliegen, denn nur wenige Leute fanden ihren Weg hierher. Man begegnete immer wieder denselben Gesichtern, die im ,Cookies' ihre Tüten rauchten oder im ,Beach 99' das beste Müsli der Insel genossen. Hier ging es im-mer sehr gemächlich zu. Außer den im Wind knisternden Segeln der Kitesurfer hörte man fast nichts. Ein sehr netter Typ, dem ich jeden Tag begegnete, machte nichts als Kitesurfen und abends Biertrinken. Er wohnte in einem Zelt am Strand und trug im-mer dieselbe Hose. Keiner konnte genau sagen, wie lange er eigentlich schon da war.

Ich lag in meiner Hängematte, las, schrieb oder musizierte. Manchmal beobachtete ich auch einfach stundenlang, wie die Blattameisen sich vom Geländer meiner Veranda in die Palmen am Strand hangelten. Ich entdeckte die Langsamkeit.

Bei Flut blieben zwischen der halb zerfallenen Treppe an meinem löchrigen Bungalow und dem Wasser gerade mal zwei Meter, bei Ebbe gab das Meer einen sauberen kleinen Strand frei. Wurde mir zu heiß, dann legte ich mich einfach kurz ins sehr salzige Wasser oder unternahm eine kleine Spritztour auf Emma.

Am frühen Abend saß ich dann oft im Café meiner Bungalowanlage, das auf große Felsen in den Hang gebaut war. Hier ließ ich mir von der netten Besitzerin einen stark gesüßten Eistee zubereiten und übertrug die am Tag gesammelten Informationen in die Website. Manchmal konnte ich kaum glauben, dass mich hierfür tatsächlich jemand bezahlte. Ziemlich traurig trennte ich mich Anfang März von der Insel, die mir sehr ans Herz gewachsen war. Zurück in Deutschland nutzte ich das noch recht kühle Wetter dazu, die Informationen auf der Webseite zu Ende zu schreiben. Die Texte und die Gestaltung der einzelnen Unterseiten mit Fotos nahmen eine Menge Zeit in Anspruch und ich freute mich, dass ich mich noch auf der Insel dazu entschieden hatte, diese Fleißarbeit erst zu Hause zu erledigen und nicht vor Ort, wo stets Sonne, Meer und mein Moped Emma auf mich gewartet hatten. Nach ein paar Wochen hatte ich die deutsche Version fertig, woraufhin mir Richard verkündete, dass zunächst die englische online gehen würde. Da ich aber nun auch mal wieder echtes Geld verdienen musste, blieb mir nicht viel Zeit, um mich um die englische Übersetzung zu kümmern. Ich bastelte immer mal wieder zwischendurch an der Seite, die Qualität der englischen Version kam jedoch nie so ganz an die der deutschen ran. Lange wartete ich gespannt darauf, wie die Seite letztendlich beim Publikum ankam, denn erst dann sollte sich zeigen, ob sich meine Bemühungen auch finanziell auszahlen würden. Mein Gehalt errechnete sich aus den Klickzahlen auf meine Beiträge. Sollte die Sache gut laufen, würde ich mir mit der Seite unter Umständen jedes Jahr ein kleines Zubrot verdienen. Ganz abgesehen davon, dass ich ja auch immer mal wieder hin müsste, um die neuesten Entwicklungen zu beobachten. Doch nun, drei Jahre später, sieht es schwer danach aus, als wäre die Seite eine Totgeburt gewesen. Richard war vermutlich einfach etwas spät dran mit seiner Idee, andere waren ihm zuvor gekommen. Außerdem verbiss er sich in Details wie etwa Satellitenbildern, die bis auf zwei Zentimeter genau waren, und verlor so das große Ganze aus den Augen. Sollte sich niemand für die Seite interessieren, wonach es momentan aussieht, wäre das Ganze viel Arbeit für nichts gewesen. Dafür aber hatte ich wenigstens eine Rechtfertigung gehabt, mich für ein paar Wochen im Paradies herumzutreiben. Ich bin gespannt, ob der zeltende Kitesurfer noch immer vor Ort ist, wenn ich das nächste Mal auf die Insel komme. Richard sollte ich wohl demnächst mal wieder kontaktieren. Wer weiß, was er jetzt wieder ausheckt.

Bezahlung: € 500 für insgesamt sicher ebenso viele Stunden.
Arbeitsaufwand: Vor Ort gering, zuhause mittel.
Gelernt fürs Leben: No shirt, no shoes, no problems!

61. Bierzapfer bei einem Festival

Wir waren guter Dinge. Mit zwei Autos, vollgepackt bis an die Decke mit Proviant, Zelten und acht Leuten fuhren wir von Berlin Richtung Süden, wo wir beim Festival ‚Rock im Park' arbeiten wollten. Einer meiner Freunde kannte jemanden, der jemand anderen kannte, so waren wir an diesen Job gekommen. Wir alle waren Studenten, hatten also mehr Zeit als Geld, und es war Frühsommer. Die ersten Pflanzen sprossen und mit ihnen die alljährliche Lust auf ein Festival, jene Art der Freizeitgestaltung, bei der man sich tagelang hemmungslos zuschüttete, mit Wildfremden im Schlamm tanzte und auch mal Salami über der Flamme eines Gaskochers grillte und danach mit Marmelade bestrich.

Diesmal jedoch wollten wir den Spieß umdrehen und statt während eines solchen verlängerten Wochenendes eine Menge Geld auszugeben sogar noch welches verdienen.

Für den dicken, schmierigen Typen, der sich uns vor Ort als unser Chef vorstellte, war das Ganze ein Wahnsinnsgeschäft. Außer uns hatten sich noch rund 50 andere junge Leute dazu bereit erklärt, den Getränkegroßhändler beim Abverkauf seiner flüssigen Ware zu unterstützen. Der Typ konnte es sich erlauben, uns mit einem recht schmalen Stundenlohn abzuspeisen, da wir uns im Prinzip schon damit zufrieden gaben, umsonst auf dem Festival weilen und zwischendurch das eine oder andere Konzert anschauen zu können. Er wusste das nur zu gut und fand sicherlich jedes Jahr aufs Neue ein paar Dumme, die für ihn zum Minimaltarif malochten.

Doch keiner von uns hatte damit gerechnet, wie anstrengend das Ganze im Endeffekt sein könnte. Wir waren auf Spaß gepolt und nicht auf körperliche Anstrengung. Am ersten Tag liefen wir gemeinsam mit dem Chef die einzelnen Stände auf dem Gelände ab. Diese waren strategisch auf den Freiflächen und vor den überdachten Bühnen platziert. Da die 80.000 Leute, die im Besitz von Tickets für das Spektakel waren, sich bisher nur auf den Campingplätzen aufhalten durften, war es auf dem Gelände noch ruhig und angenehm. Der Chef wies uns an den einzelnen Verkaufsstationen ein und erklärte uns Grundsätzliches. Mit jedem Satz, den er sprach, wurde er mir unsympathischer. Damit nicht genug, dass er Profitgier aus allen Poren seines dicken Körpers ausdünstete, seine Mama hatte es ganz offensichtlich auch verpasst, ihm ein Mindestmaß an Manieren angedeihen zu lassen. Nach seiner Ansprache waren die Teams verteilt und wir waren frei für den Abend. Meine Leute und ich nutzten das natürlich sogleich für ein schauerliches Besäufnis.

Doch am nächsten Morgen wurde es dann ernst. Man stelle sich mehrere Tausend Menschen in einem Zelt vor. Dazu denke man sich ohrenbetäubende Musik, von Schweiß nur so triefende Luft und durch die Bank betrunkene Gäste. So sah die Sache am ersten Stand aus, an dem man mich eingeteilt hatte. Immer sechs Stunden lang verbrachte man an einem Ort, dann hatte man ein paar Stunden Zeit um sich zu rehabilitieren. Danach ging es an einem anderen Verkaufsstand auf dem Gelände weiter.

Es konnte im Prinzip nur besser werden. Ich hatte das Gefühl, wirklich den schlechtesten Standort von allen erwischt zu haben. Während andere bei bestem Wetter irgendwo draußen an der frischen Luft standen und relativ wenig zu tun hatten, schmorte ich in dieser Hölle aus Bierdunst, Rauch und Nebel und kam vor lauter Arbeit nicht mal dazu, mit meinen hübschen Kolleginnen anzubandeln. Aber meine Taktik, mich absichtlich blöd zu stellen, schien hier wieder einmal ganz gut aufzugehen. Da es sowieso für alle denselben mageren Lohn gab, sah ich irgendwie nicht ein, warum gerade ich mich dafür auch noch kaputt machen sollte. Und so stellte man mich nach nur kurzer Beobachtungszeit an die Bierzapfanlage, da für diese Aufgabe wirklich nur minimale Fähigkeiten von Nöten waren. Von nun an zapfte ich Bier, sonst nichts. Doch das tat ich tatsächlich ohne Unterbrechung. So etwas hatte ich noch nie erlebt. Pausen gab es tatsächlich nur dann, wenn ein Fass ausgewechselt werden musste. Ansonsten legte man nicht ein einziges Mal den Hebel nach hinten, das Bier lief und lief und lief. Mit rechts griff ich nach den leeren Plastikbechern, die zum Teil recht notdürftig ausgespült worden waren, mit der linken Hand stellte ich den gefüllten Becher dann zu den anderen. Dort wurden sie von den etwa zehn Bedienungen sofort an die Festivalbesucher weitergereicht. Ich konnte kaum glauben, wie viel Bier diese Menschen trinken konnten und wagte nicht mir auszumalen, welch astronomische Gewinne der Fettsack einfuhr.

Leider wollten viele der Besoffenen nicht einsehen, dass nicht ich ihr Ansprechpartner für ein kühles Getränk war, sondern die Bedienungen. Mit ungeduldigen Blicken beobachtete mich ständig eine Menge grenzdebiler Trunkenbolde, während ich das Bier in die Becher beförderte. Sie wollten nicht eine Sekunde länger auf ihr Getränk warten. Immer wieder wurde ich aus dieser Menge heraus angeschrien und wild beschimpft, was ich aber einfach geflissentlich ignorierte. Ich hatte mir die Ohren wohlweislich mit Oropax abgedichtet, sodass die Geräusche nur gedämpft zu mir durchdrangen. Mehrfach wurde ich daraufhin jedoch von hinten mit leeren Bechern beworfen, einmal traf mich gar ein halbvoller direkt am Hinterkopf. Dieser Job erwies sich als große Probe in Geduld und Vergebung.

Alle Thekenarbeiter wohnten zusammen auf einem gesonderten Campingplatz, wo es viel beschaulicher zuging als dort, wo die Besucher hausten. Wir Berliner hatten uns ein gemütliches kleines Zeltdorf errichtet, wo wir zwischen und nach unseren Einsätzen herumlagen, uns sonnten und uns betranken. Die sechsstündigen Einsätze schlauchten ziemlich und nach einem ganzen Tag war man wahrlich mitgenommen.

Doch der Job hatte auch seine guten Seiten. Tatsächlich konnte man es fast immer so einrichten, dass man die Bands seiner Wahl live sehen konnte. Wir mussten uns nur untereinander darauf verständigen, wer von uns was sehen wollte. Und Getränke gab es für uns natürlich auch kostenlos, schließlich saßen wir direkt an der Quelle. Und diese versiegte nie. Ich beobachtete mehrmals, wie reihenweise LKW voller Nachschub unsere Stände belieferten. Tatsächlich verhielt es sich so, dass wir nach einem dermaßen erschöpfenden Tag am Bierstand gerade mal ein, zwei Biere trinken mussten, um völlig neben der Spur zu sein. Wie Teenager, die zum ersten Mal gekifft hatten, kicherten wir dann herum und lagen einander in den Armen. In den nächsten Tagen war ich an wechselnden Standorten eingeteilt. An die Arbeitsbedingungen gewöhnte ich mich und nicht überall war es so schlimm wie am ersten Stand. Doch egal wo ich war, ich ärgerte mich maßlos über die Profitgier unseres Chefs. Dass ein Bier 4 Euro kostete, konnte man vielleicht gerade noch

akzeptieren, aber dass er auch für simples Mineralwasser denselben Preis verlangte, war eine bodenlose Frechheit. Das war ein Reingewinn von etwa 1.000 %. Und dafür ließ er Jugendliche zahlen, die sich das Festival vom Taschengeld zusammengespart hatten und die nach einem durchtanzten Konzert und völlig verschwitzt gar keine andere Wahl hatten, als Wasser an unseren Ständen zu kaufen. Sehr oft gab ich das kostbare Nass daher kostenlos heraus und nahm von den Kids nur das Pfandgeld, damit mich das später nicht in Probleme bringen konnte. Mein Kumpel Alex hingegen kompensierte seine Unzufriedenheit rigoroser. Er präsentierte mir am letzten Abend ein kleines Bündel Scheine. Diese müssten auf mysteriöse Art und Weise aus der Kasse in seine Tasche gelangt sein. Ich wünschte mir, ebenso skrupellos vorgegangen zu sein.

Die Zeit vor Ort verschwamm, die einzigen Konstanten waren der Geruch von Bier, den wir alle schon bald in den Klamotten und Haaren trugen und das Grundrauschen der Musik aus den monströsen Soundsystemen, das einen noch bis in den letzten Winkel des Geländes verfolgte. Nach vier Tagen, die wir entweder schuftend oder feiernd verbracht hatten, fuhren wir wieder nach Berlin. Ein paar meiner Freunde hatten sich zum Abschluss noch bei einem griechischen Imbiss eine Salmonellen-Vergiftung eingefangen, aber auch wir anderen gaben ein ziemlich trostloses Bild ab. Nichtsdestotrotz waren wir guter Dinge. Wir hatten gefeiert, gute Bands gesehen, mit Freunden herumgealbert und für den ganzen Spaß nicht nur kaum etwas ausgegeben, sondern auch noch einiges an Geld bekommen.

Noch heute, wenn ich an die Gewinne des Dicken denke, ziehe ich oft in Erwägung, Gastronom zu werden. Aber vermutlich muss man dafür ein solches Schwein sein wie er. Die großen Festivals wie ‚Rock am Ring' hatten im letzten Jahr zum ersten Mal einen Rückgang der Besucherzahlen zu verzeichnen. Mit den Headlinern, die zum Teil jedes Jahr aufs Neue aufgewärmt werden, kann man heute nicht mehr so viele Menschen hinter dem Ofen hervorlocken. Die Musiklandschaft hat sich in unzählige Subgenres aufgespalten, die man bei einem solchen Massenevent nicht alle bedienen kann. Will ich heutzutage Bier trinken und mich dazu im Schlamm suhlen, so suche ich mir ich hierfür Orte, an denen sich deutlich weniger als 80.000 Menschen aufhalten.

Bezahlung: € 10/ Stunde.
Arbeitsaufwand: Hoch.
Gelernt fürs Leben: Bierzapfen, schneller als mein Schatten.

62. Verkäufer von Anleihen an Geldautomaten

Alles begann mit dem Eintrag eines Bekannten auf Facebook. Ich hatte Martyn vor einigen Jahren in den Bergen Guatemalas kennengelernt und seit ein paar Monaten nun war er bei Facebook einer jener Menschen, von denen man nicht so genau sagen konnte, warum man eigentlich mit ihnen befreundet war. Ich hatte immer mal wieder Einträge von ihm gesehen, die darauf schließen ließen, dass er sich mit Motivationsseminaren beschäftigte, auch auf seinen Profilfotos wirkte er ausgesprochen agil und dynamisch. Gebürtiger Brite, lebte er nun in Singapur und war in seinem Beruf offenbar recht erfolgreich. Und nun das: ‚Do you also wanna make quick cash? I only started this job and I have made $ 4500 in the last 3 weeks.' Eigentlich kennt man diese Dinge ja. Wenn etwas zu gut klingt, um wahr zu sein, dann kann man eigentlich davon ausgehen, dass es am Ende auch nicht wahr ist. Und doch hatte er mit diesen paar Zeilen sofort meine ungeteilte Aufmerksamkeit. Zwar stand ich eigentlich gerade recht dauerhaft in Lohn und Brot, aber ich hatte mich in der Idee eines kleinen gebrauchten Sportwagens festgebissen. Zusätzliche Penunzen konnten also nicht schaden. Ich wurde das Gefühl nicht los, dass ich nun endlich kapitalistisches Blut geleckt hatte. Obwohl ich eigentlich bereits täglich von 10 bis 17 Uhr arbeitete, traute ich mir noch einen zweiten Job zu. Ich ertappte mich dabei, ins westliche 08/15 Karrieredenken zu verfallen: Jetzt viel Geld verdienen und in ein paar Jahren dann einfach zurücklehnen. Ich musste aufpassen, dass ich nicht ein ganz normaler Deutscher wurde!

Martyns Antwort auf meine email brachte noch nicht ganz die erhofften Einsichten, was es denn wohl für das schnelle Geld zu tun gäbe. Er wollte erst einmal grundsätzlich abklären, wer ich eigentlich genau war, was ich so machte und wie es denn so um meine Organisation, Motivation und Selbstdisziplin stand. Das konnte ich ihm nicht verdenken, wusste ich doch genauso wenig über ihn, wie er vermutlich über mich. Als ich all seine Fragen offenbar befriedigend beantwortet hatte, schickte er mir eine Art Kurzbeschreibung des Jobs. Es ging um Geldautomaten.

So seltsam es auch zunächst klang, so sollte ich doch tatsächlich Firmen sowie Privatkunden eine Investition ins ATM-, also Geldautomatengeschäft nahelegen. In unsicheren Zeiten wie diesen – wir schrieben das Krisenjahr 2009 – garantierte ein Investment in Geldautomaten offenbar eine Rendite von 12%. Wer hätte das gedacht? Da ich zudem vorher noch nie auch nur im Ansatz davon gehört hatte, dass man überhaupt in Geldautomaten investieren konnte, recherchierte ich ein wenig. Und tatsächlich handelte es sich hier nicht um einen verspäteten Aprilscherz. Doch um das Ganze noch skurriler zu machen, sollten sich meine Verkaufsaktivitäten an Menschen in Australien richten. Das hatte sich ja alles mal wieder interessant entwickelt.

Ich sollte mich also mal wieder als Verkäufer probieren. Und das mit einem Produkt, von dem ich nicht die geringste Ahnung hatte. An Menschen, die sich in einer anderen Muttersprache verständigten als ich und auf der anderen Seite des Planeten lebten. Doch all dieser Widrigkeiten zum Trotz sagte ich zu, denn abblasen konnte ich die Sache später immer noch. Es war einfach ein zu seltsamer Job, um ihn nicht wenigsten einmal auszuprobieren.

Martyn war ganz begeistert von meiner Motivation. Wir telefonierten auf die Sekunde genau eine halbe Stunde über Skype, damit er mein Englisch begutachten, sowie mir noch einige Verkaufstipps von Mann zu Mann geben konnte. Alles, was er sagte, wirkte wie geplant. Man merkte, dass bei ihm ein Termin auf den nächsten folgte, sein Leben war minutiös durchgeplant. So stellte er sicher, dass er in der halben Stunde, die er sich für das Gespräch mit mir aus den Rippen geschnitten hatte, alle Eventualitäten abhakte.

Es lag ihm am Herzen, dass ich meine Sache gut machte. Denn das Ganze funktionierte nach einem Pyramidensystem. Je mehr ich verkaufte, desto mehr verdiente auch er. Er konnte und wollte sich keinen sogenannten ,underachiever' ins Team holen, jemanden, der die Sollwerte nicht erreichte.

Nach unserem Gespräch setzte ich mich im Park in die Sonne und las mich immer und immer wieder durch das zehnseitige Pamphlet, das Martyn mir nach unserem Gespräch per email geschickt hatte. In diesem stand geschrieben, wie genau eine Investition in Geldautomaten in der Realität aussehen würde und wie ich diese am Besten an den Mann brachte. Doch so oft ich mir das alles auch zu Gemüte führte, so richtig schlau wollte ich daraus nicht werden.

Tags drauf legte ich los. Wenn ich um 6 Uhr morgens mit meinen Telefonaten begann, rief ich in Australien genau zur richtigen Zeit an und konnte dann ab 10 meinem eigentlichen Job nachgehen. Das hatte ich mir zwar alles gut zurechtgelegt, doch als ich dann tatsächlich halbwach mit einer großen Tasse Kaffee vor meinem Laptop saß und Skype startete, war ich mir der ganzen Sache bereits nicht mehr ganz so sicher.

Und tatsächlich lief das alles nicht so gut, wie ich es mir zu Anfang erhofft hatte. Zunächst einmal merkten die Angerufenen immer, dass ich kein englischer Muttersprachler war und wurden daher umgehend argwöhnisch. So viel Mühe ich mir auch gab, es wurde doch immer klar, dass ich von der anderen Seite des Planeten anrief und das gab den Menschen erst mal zu denken. Und dabei war es nicht mal das Problem, als Deutscher erkannt zu werden. Ein Brite wäre vermutlich auf ähnliche Vorbehalte gestoßen. Man stelle sich nur mal vor, man würde selbst unangekündigt angerufen und bekäme von einem völlig fremden Menschen mit seltsamem Akzent eine Investition in Geldautomaten nahegelegt. Ich für meinen Teil hätte da vermutlich sofort aufgelegt.

Wenn mir dann aber doch mal jemand zuhörte, verstrickte ich mich schnell in Widersprüche, die ich dann nur schwerlich wieder ausbügeln konnte. Trotz des mittlerweile fast auswendig gelernten Pamphlets konnte ich die Vorzüge der von mir angebotenen Investitionen einfach nicht in eine kongruente Argumentationslinie bringen. Das konnte letztendlich durchaus auch daran liegen, dass ich vom gesamten Investitionsgeschäft nicht die leiseste Ahnung hatte. Sicher gab es in diesem wie in jedem anderen Metier Schlüsselbegriffe, die mir Türen geöffnet hätten. Diese aber hatte ich leider noch nie gehört und somit nicht parat.

Drei Tage lang probierte ich in den Morgenstunden mein Glück. Tag für Tag quälte ich mich aus dem Bett und sprach mit Menschen, die weiter nicht hätten entfernt sein können. Ich erntete nichts als Ablehnung. Wenn ich dann um 10 Uhr meinen eigentlichen Job begann, war ich nicht nur ziemlich müde, sondern noch dazu sehr unmotiviert, da ich mir die Absagen zu sehr zu Herzen genommen hatte.

Das würde nichts werden. Warum hatte ich überhaupt daran geglaubt?

Ich schickte Martyn eine kurze email, in der ich ihm offen darlegte, warum ich nicht der Richtige für den Job war, und mich dafür entschuldigte, seine Zeit verschwendet zu haben. Er schätzte meine Offenheit und so trennten wir uns im Guten.

Das Letzte, was ich von ihm gehört habe, ist, dass er gemeinsam mit einem Kollegen aus dem Motivationsbusiness den südamerikanischen Kontinent der Länge nach auf dem Fahrrad durchquert.

Immer, wenn ich Geld abhebe, frage ich mich, ob wirklich irgendjemand auf dieser Welt sein Geld in diese Automaten investiert. Ich jedenfalls würde es sicher nicht tun.

Bezahlung: Keine.
Arbeitsaufwand: Hoch.
Gelernt fürs Leben: Nicht alle Dinge lassen sich von jetzt auf gleich lernen.

63. Promoter für die Financial Times

Diesen Job nahm ich in einer Zeit an, in der ich im Prinzip fast nur nachts lebte und tagsüber schlief. Ich wohnte in einer Studentenbude in Mainz, es war Winter und wir waren eigentlich rund um die Uhr stoned. Die Uni hatten weder mein Mitbewohner noch ich in den letzten Wochen zu Gesicht bekommen, außer vielleicht, um in der Mensa ein preiswertes Essen zu ergattern und uns am Salatsaucenspender mit neuem Vorrat für Zuhause einzudecken. Als der Anruf für den Job kam, befand ich mich vermutlich in einer Art Wachkoma und sagte zu, ohne zu verstehen, worum es überhaupt ging.

Widerwillig ging ich am Abend vor meinem ersten Einsatz etwas früher ins Bett und hielt mich bei den Joints zurück, die in unserer kleinen Wohnung fast so zahlreich kreisten wie die Fruchtfliegen über den halb vergammelten Zwiebeln in der Küche. Tags drauf ging es per Bahn nach Frankfurt, wo das Ganze steigen sollte. Noch immer war ich mir nicht ganz im Klaren darüber, wie ich mir diesmal ein kleines Zubrot verdienen würde. Ich war dazu übergegangen, mich diesbezüglich einfach überraschen zu lassen und mich ganz dem Flow hinzugeben. Immer mal wieder meldete sich eine Agentur und so hatte ich in unregelmäßigen Abständen die Möglichkeit, ein bisschen Geld zu machen.

In der Metropole angekommen, klärte man mich schnell auf. Die ganze Sache war recht simpel und lief unter dem Label ‚Sampling‘, was letztendlich nichts anderes bedeutete als kostenloses Verteilen. Vor den großen Bankgebäuden sollten wir Exemplare der aktuellen Financial Times Ausgabe verteilen. Natürlich galt es hierbei, noch ein paar Details zum neuen Layout und den Abonnement-Vergünstigungen loszuwerden, aber erwartungsgemäß hörte bei dieser Stelle der Ansprache ohnehin schon keiner meiner Kollegen mehr zu.

Wir waren knapp zehn Leute und es gab tatsächlich ein paar, die noch unausgeschlafener aussahen als ich selbst. In vier Autos verteilten wir uns auf die Stadt und mir schwante Schreckliches. Die Kofferräume waren voller druckfrischer Zeitungen. Draußen war es kalt und nieselte leicht. Frankfurt war noch nie meine Stadt gewesen. Und dazu hatte ich auch noch große Probleme, überhaupt erst mal aufzuwachen. Ich wünschte mich zurück in unser Mainzer Slacker-Nest - eine kleine Parallelwelt und eine wahre Oase der Entspannung.

Doch es sollte anders kommen. Ich hatte nicht mit der Kaltschnäuzigkeit meiner Kollegen gerechnet, allen voran des Teamleiters, der ganz offensichtlich noch viel weniger Lust darauf hatte, sich für die paar mageren Kröten in den Regen zu stellen. Er hatte einige Erfahrung mit Jobs dieser Art und hätte seine Oma darauf verwettet, dass der Kontrollbesuch der Agentur nur genau zwei Mal stattfinden würde, nämlich am Anfang und am Ende der Aktion. Er sagte, er habe mit dieser Agentur bereits ein paar Mal gearbeitet und er wüsste, wovon er redet. Damit war unsere neue Strategie geboren, die es an Effizienz durchaus mit der Idee der Agentur aufnehmen konnte. Von 9 bis 9.30 Uhr verteilten wir hochmotiviert Zeitungen an vorbeieilende Bänker. Schon bald erspähten wir den Praktikanten der Agentur in der Menge, der überprüfte, ob unser Gehalt auch gut investiert war. Kaum war er hinter der Glaswand des Commerzbank-Gebäudes verschwunden, stiegen wir alle wieder in den Wagen, fuhren zum nächstgelegenen Altpapiercontainer und entsorgten alle Stapel der Finanzzeitung bis auf einen. Die nächsten Stunden verbrachten wir dann in Cafés und Klamottenläden, auf jeden Fall aber an Orten, an denen es warm war und wir nicht wildfremde Leute ansprechen mussten. Um 12.30 Uhr dann kehrten wir mit dem letzten Stapel auf dem Arm zurück an den uns zugedachten Ort. Nun war zwar etwas weniger los, aber es gab doch eine Handvoll Leute, die uns auf dem Weg zum Lunch eine Zeitung abnahmen. Wieder bemerkten wir den Kontrolleur, der sichtlich Mühe hatte, seinen Kontrollbesuch unauffällig zu gestalten. Vielleicht hätte er bei der Vorbesprechung nicht dabei sein sollen, dann hätten wir sein Gesicht nicht gekannt. Wir winkten ihm freundlich zu, was ihm die Schamesröte ins Gesicht trieb.

Tatsächlich wiederholten wir unsere Choreographie noch drei weitere Tage in Folge. Ich konnte unsere Dreistheit dabei manchmal kaum glauben, vor allem aber nicht, dass diese tatsächlich nicht aufflog. Aber da schließlich niemand persönlichen Schaden davontrug, ging das Ganze moralisch irgendwie schon klar. Wir waren ohnehin alle gegen Banker, und ihre Zeitungen gleich mit. Und den Agenturen gegenüber, die sich Leute wie uns für ein Taschengeld hielten und den Großteil des Gewinns solcher Aktionen in die eigenen Taschen lenkten, hatte man auch nicht gerade den größten Respekt.

Diese jeweils einstündige Arbeit pro Tag ließ sich durchaus auch bewältigen, wenn man nicht im Vollbesitz seiner geistigen Kräfte war. So konnte ich schon am Abend des ersten Einsatzes zu meinem normalen Lebenswandel zurückkehren.

Erst später verstand ich, dass der Zeitung letztendlich auch mit unserer progressiven Arbeitsweise geholfen war, denn zu einem großen Teil ging es darum, durch die zusätzlich losgeschlagenen Exemplare die Auflage zu erhöhen, was im Endeffekt höhere Werbeeinnahmen bedeutete. Das hätten die Leute von der Agentur uns ja im Prinzip gleich dazu sagen können, so hätte man sich die ganze Scharade gespart.

Von der Agentur hörte ich nach dieser Aktion nie wieder etwas, was aber auch an einer vorübergehenden Unerreichbarkeit meinerseits gelegen haben konnte. Mein Mitbewohner hatte wohl die Telefonrechnung nicht bezahlt.

Frankfurt mag ich auch heute noch nicht besonders, auch und wegen der ganzen Menschen, die sich der Finanzindustrie verschrieben haben. Eine Zeitung wie die Financial Times ist nie wieder durch meine Finger gegangen.

Bezahlung: DM 12/ Stunde.
Arbeitsaufwand: Gering.
Gelernt fürs Leben: Wer das System durchschaut, der kann es für sich nutzen.

64. Rezeptionist in einer Jugendherberge

Jenem Menschen zu begegnen, der mir anvertraute, dass eine Zivildienststelle in einer Jugendherberge das non-plus-ultra des Kriegsersatzdienstes sei, war ein Segen. Denn er sollte in jeder Hinsicht Recht behalten.

Während sich meine Freunde zuhause nun, 4 Monate nach dem Abitur, damit herumplagten, alten Männern vor Operationen die schrumpeligen Hoden zu rasieren oder zeternde Seniorinnen mit minderwertigen, lauwarmen Mahlzeiten zu füttern, vergnügte ich mich ein Jahr lang in einer Jugendherberge im malerischen Allgäu. Wie man allen Ernstes Wehrdienst leisten konnte, war mir von jeher ein Rätsel gewesen. Meine Tätigkeiten jedoch trieben den daheimgebliebenen Freunden, die ebenfalls Zivildienst leisteten, in der Regel dermaßen den Neid ins Gesicht, dass ich schon bald dazu überging, nicht mehr viel zu erzählen.

Zu dieser Zeit musste man noch 13 Monate Zivildienst ableisten, wobei man sich bei uns in der Jugendherberge gerne mal darüber beklagte, dass die Zeit ruhig etwas länger hätte sein können. Es war einfach zu nett alles. Wir waren ein bunt zusammengewürfelter Haufen aus allen Ecken Deutschlands, dessen kleinster gemeinsamer Nenner eine große Affinität zu Outdoor-Aktivitäten und alkoholischen Getränken jeder Art war.

Ich hatte mich schon ein halbes Jahr zuvor bei verschiedenen Jugendherbergen beworben und mich dann in Garmisch und in Füssen persönlich vorgestellt. In Füssen hatte ich schon kurz nach meiner Ankunft die Ehre gehabt, den guten Geist des Hauses kennenzulernen. Hausmeister Michi war mit seinem Verstand, gelinde gesagt, nicht ganz auf der Höhe, zudem konnte man weder genau bestimmen, wie alt oder welchen Geschlechts er wohl war. Als er mir einen Kaffee gebracht hatte, war er dermaßen aufgeregt gewesen, dass er zu sabbern begonnen hatte. Wie in Zeitlupe hatte ich beobachtet, wie ein langer Speichelfaden aus seinem Mund meinen Kaffee nur um Millimeter verfehlte. Nichtsdestotrotz hatte ich Füssen den Zuschlag gegeben. Die Jugendherberge in Garmisch war einfach zu weit vom Schuss gewesen und ich musste gestehen, dass ich mich tatsächlich ein wenig ins Schloss Neuschwanstein verguckt hatte.

Nun ging es also los. Zu Anfang war ich nicht viel mehr als eine Putzfrau. Morgens mussten die 140 Betten gemacht und die Zimmer alle gereinigt werden. Schnell entwickelte man hierbei eine Routine und durch das Rumalbern mit den Kollegen verging die Arbeit wie im Flug. Dann galt es, den gesamten Müll zu sortieren, den die Gäste zurückgelassen hatten. Die Bayern taten dies noch gewissenhafter als der Rest der Republik. So wurde beispielsweise Plastik noch in drei Unterkategorien sortiert, die man zum Teil nur an ihrer unterschiedlichen Elastizität erkannte. Oder aber am Geräusch, das ein Zerreißen verursachte. So ergab sich meist ein schönes Bild, wenn man inmitten der Sortiertonnen stand und mit fragendem Gesichtsausdruck kleine Stücke Plastik neben seinem Ohr zerriss. In den Mülltonnen fand man außer dem Plastik oft Dinge, die man nicht unbedingt sehen wollte. Halb vergammelte Pausenbrote rangierten dabei noch am unteren Rand des Ekligkeits-Spektrums. Daher ging ich schon bald dazu über, die Sortierung nicht mehr ganz so pedantisch auszuführen.

Abends fand die Arbeit der Zivis komplett in der Küche statt. Stundenlang schnitt ich zunächst Tabletts voller Wurst und Käse für den nächsten Morgen, dann halfen wir gemeinsam der Köchin bei den Vorbereitungen und bei der Ausgabe der Essen an die Gäste. Danach musste die Großküche noch gereinigt werden und es galt, die letzten Vorbereitungen für das Frühstück zu treffen.

An jeweils einem Sonntag im Monat wurde man dazu verdonnert, die Toiletten sauberzumachen, denn sonntags war die Putzfrau nicht im Haus. Das war vermutlich die einzige unangenehme Tätigkeit in unserer Position, aber der Einsatz konnte unterschiedlich gut laufen. Hatte man Glück, so musste man nur mal eben durchwischen und einfach schnell eine ordentliche Menge des sehr intensiven Reinigungsmittels in die Ecken kippen, damit alles gut roch. War man nicht ganz so glücklich, so hatte sich in der Nacht zuvor eine Gruppe pubertierender Mädchen eine Schlacht mit benutzten Tampons geliefert, von denen nun einige auf dem Boden lagen und andere an den Wänden klebten. Oder aber es hatte mal wieder einer der vielen japanischen Gäste das System missverstanden und statt in ein Klobecken in die Dusche fäkaliert.

Doch schon bald kehrte ich den Haushaltsaufgaben komplett den Rücken und übernahm den Job des Rezeptionisten, den nur zwei von uns bekleideten. Ich verstand gar nicht so genau, warum jemand diesen Job nicht machen wollte. Bettenmachen und japanischen Kot entfernen, schön und gut. Aber war es nicht viel netter, an einem Computer zu sitzen, stattdessen mit seinem Kopf zu arbeiten und mit Gästen aus aller Welt zu sprechen? Zwar waren die Arbeitszeiten etwas anders, ich saß nun zwischen 7 und 9 und zwischen 17 und 22 Uhr in meinem gläsernen Kasten, also morgens kürzer und dafür abends länger. Und statt mit den anderen Zivis rumzualbern, verbrachte ich nun die meiste Zeit alleine. Aber alles in allem gefielen mir meine neuen Aufgaben doch wesentlich besser.

Die Jugendherberge lag nur ein paar Kilometer entfernt von König Ludwigs Märchenschloss Neuschwanstein, das es nicht zuletzt durch seinen Nachbau in Disneyland zu Weltruf gebracht hatte. Daher hatten wir ständig ausländische Gäste, in der Saison sehr viele davon. Zum Einen gab es bei uns natürlich die Schulklassen und Sportvereine, für deren Besuch eine solche Jugendherberge nun mal hauptsächlich konzipiert ist. Aber gerade im Sommer verlagerte sich unser Kerngeschäft auf die sogenannten ‚Einzelwanderer‘, allein oder in kleinen Gruppen reisende ausländische Gäste, auf deren kurzer Europareise Neuschwanstein und damit Füssen immer recht weit oben auf dem Plan stand. Am Beliebtesten war das Schloss bei japanischen und koreanischen Gästen, aber es gab auch immer wieder Australier, Amerikaner und Reisende aus ganz Europa. An schönen Sommertagen checkte ich bis zu hundert, meist asiatische Einzelgäste in ihre Zimmer ein. Dass diese sich ihr Zimmer mit bis zu acht anderen Reisenden teilen mussten, schien dabei niemanden zu stören. In Windeseile bauten die meisten mitten im Zimmer erst mal einen Gaskocher auf, auf dem sie sich sodann ein paar Nudelsuppen zubereiteten. Der Herbergsvater war aus verschiedenen Gründen kein Freund dieser Sitte, aber wer war ich, dass ich ein paar Asiaten vom Genuss ihrer Lieblingsspeise abgehalten hätte?

Beim Einchecken galt es den Gästen zu erklären, warum sie eine Touristenpauschale bezahlen mussten, wie das Frühstücksbuffet ablief, und dass sie von mir Bettwäsche mieten mussten, selbst wenn sie einen Schlafsack dabei hatten. Die Erklärung dieser Handvoll essentieller Punkte war nicht selten nahezu unmöglich, da viele der Asiaten nicht ein Wort Englisch, geschweige denn Deutsch sprachen. Und so vermittelte ich die nötigen Informationen oft mit Händen und Füßen, was manchmal ziemlich lange dauern konnte und für mich eine nicht zu unterschätzende Lektion in Geduld darstellte. Denn während ich gestikulierte, stand nicht selten eine zwanzig Meter lange Schlange von Leuten bis nach draußen in den Hof. Am nächsten Morgen verlief die Sache dann jedoch deutlich einfacher, weshalb ich da auch nur zwei Stunden zu tun hatte. Pfandauszahlung bei Schlüsselrückgabe, noch ein paar Tipps fürs Schloss und die Altstadt und spätestens um 9 war der ganze Laden leer. Gerade die Asiaten verließen die Herberge nicht selten schon, bevor überhaupt das Frühstück begann. Sie hatten oft gerade mal eine Woche für ganz Europa, da mussten sie das meiste aus jedem Tag rausholen. In den wirklich eng gestrickten Reiseplänen nahm Deutschland ganze eineinhalb Tage ein. ‚Romantische Straße' war hier das Zauberwort.

Zwischen 9 Uhr morgens und 17 Uhr abends war ich von nun an komplett frei, was fantastisch war. Das Allgäu hatte zu jeder Jahreszeit etwas zu bieten und so konnte es nie langweilig werden. Wir verbrachten die freie Zeit mit Mountainbiken, Klettern und Wandern im Sommer und mit Snowboarden und Schlittschuhlaufen im Winter. In nur wenigen Minuten war man mit dem Rad über die Grenze nach Österreich gefahren und so konnte man an nur einem Tag ein regelrechtes Urlaubsgefühl inhalieren. Zum Schloss Neuschwanstein konnte ich so oft fahren, wie ich wollte, es büßte nie etwas von seiner außergewöhnlichen Schönheit ein.

Besonders im Sommer, wenn wir abends nach Dienstschluss noch mal schnell zu fünft bis auf die Brücke oberhalb des Schlosses radelten, die um diese Zeit frei von Touristen war, und uns von dort oben den Sonnenuntergang anschauten, wurde man sich bewusst, in was für einer außergewöhnlichen Umgebung wir uns befanden.

Schon im November kauften wir uns die Saisonkarten für die Skilifte in der Gegend, die wir als Zivis sogar noch zum Vorzugspreis bekamen. Jede freie Minute verbrachten wir sodann im Schnee. Einer meiner Kollegen hatte schon einige Snowboard-Rennen gewonnen und brachte mir in nur wenigen Wochen alle seine Tricks bei. Wenn das Wetter einmal zu schlecht war, um auf die Piste zu gehen, lungerten wir den ganzen Tag im Fitnessstudio und der dazugehörigen Sauna rum. Auch hierfür bezahlten wir nur einen Bruchteil des Normalpreises.

Im Sommer lockte neben den ganzen sportlichen Aktivitäten auch einfach die Schönheit der Allgäuer Natur. Eine Fahrt in die unmittelbare Umgebung, vorbei an all den Käsereien und malerischen Kirchen auf grünen Hügeln, war ein echtes Erlebnis. In unmittelbarer Nähe der Jugendherberge gab es malerische Bergseen, wo es sich wunderbar ganze Nachmittage rumliegen und bayerisches Bier trinken ließ.

Meine Kollegen waren allesamt Unikate und im Prinzip alle liebenswerte Menschen. Es gab da etwa einen norddeutschen Draufgänger, der mit seinem Downhill-Bike die örtliche Skischanze hinabsprang und sich dabei jedes einzelne Mal zerlegte. Es gab den bayerischen Snowboarder, der sich auch als DJ verdingte. Es gab einen verschrobenen Augsburger, der im Keller unsere Fahrräder zusammenschraubte und dabei australische Indie-Bands hörte. Und es gab zwei Berliner mit großem Sinn für Humor sowie einen etwas älteren Hessen, der uns über unsere Ernährung beriet.

Wir verstanden uns gut mit der Köchin und mit der Putzfrau, die unsere Bemühungen nicht ohne ein Augenzwinkern koordinierte. Doch Michi, der schräge Hausmeister, wuchs uns allen wahrlich ans Herz. Er machte und sagte dermaßen unerwartete Dinge, dass jedes Zusammentreffen mit ihm eine helle Freude war. Musste man etwas mit ihm gemeinsam reparieren, so konnte das einen großen Unterhaltungswert haben.

Wir arbeiteten immer drei Wochen durch, dann konnte man eine Woche in der Heimat verbringen. Durch diese zeitlich versetzten ‚Freiwochen' ergaben sich immer wieder unterschiedliche Kombinationen der Zivis. So lagen in einer Woche die Prioritäten auf dem Klettern, während wir uns in der nächsten vielleicht tagelang im Keller verschanzten und musizierten. Jede Woche war anders und alle Zivis waren voller Tatendrang und Erlebnishunger.

So war auch abends immer für Unterhaltung gesorgt. Es gab im kleinen Städtchen tatsächlich ein paar gute Bars und sogar einen Club. In diesem legte fast jede Woche unser Bayer auf, sodass wir uns für gewöhnlich dort die Nacht um die Ohren schlugen.

Unsere Zeit in Füssen bot in jeder Hinsicht paradiesische Zustände. Jeden Montag kamen neue Busladungen mit hübschen Mädchen und die Küche war immer voller Essen, an dem wir uns zu jeder Tageszeit frei bedienen konnten. Bier gab es nach bayerischer Tradition nur in Maßkrügen und es war abgesehen von den Skipässen im Prinzip das einzige, wofür wir wirklich unseren Monatslohn anrühren mussten. Wir wohnten umsonst, wir aßen umsonst und die Natur kostete ohnehin nichts.

Im Keller hatten wir einen stinkenden Raum, der über einen Fernseher mit Video-rekorder und einen großen Kühlschrank verfügte. Hier verbrachten wir oft halbe Nächte mit immer wechselnden Gästen. Ging uns mal das Bier aus, so musste man sich nur nach oben schleichen, um den Schlüssel für den Lehrerraum zu ergattern, denn in diesem stand der einzige Bierautomat, den ich bis zum heutigen Tage je gesehen habe. Versiegte wieder Erwarten auch diese Quelle, so konnte man immer noch den Weißwein aus den Zweiliterflaschen trinken, den die dicke Köchin Renate zum Kochen verwendete. Sie durchschaute uns jedoch nach einiger Zeit und mischte dem ohnehin schon fast ungenießbaren Getränk noch eine ordentliche Portion Salz bei.

So verbrachten wir unsere Tage zwischen Sport, Natur, japanischen Touristen und ausgelassenen Nächten. Man musste im Prinzip nur aufpassen, dass man tagsüber nicht vom Mountainbike fiel und nachts nicht von einem Lehrer im Zimmer der Zwölftklässlerinnen erwischt wurde. Dann konnte man eigentlich gar nicht anders, als eine gute Zeit zu haben.

Als im Hochsommer meine Zeit in Füssen endete, packte ich meine Sachen schweren Herzens. Mein Zimmernachbar hatte sein Engagement freiwillig um drei Monate verlängert. Aber das ging mir dann auch eine Spur zu weit und mein Nachfolger hatte seinen Dienst bereits angetreten. Ich hielt mich an die Weisheit, das man gehen sollte, wenn es am Schönsten ist und begab mich zurück in mein altes Leben. Noch einige Zeit lang dachte ich, dass ich diesen Job auch für immer hätte machen können. Doch das wäre vermutlich auch nicht das Gelbe vom Ei gewesen.

Alle paar Jahre zieht es mich zurück ins Allgäu, aber die Besuche werden zusehends seltener. Die Herbergseltern sind nun im gesetzten Alter und das Gebäude ist nach einigen Umbauten kaum mehr wiederzuerkennen. Letztes Jahr wurde die Abschaffung des Wehrdienstes samt Zivildienst beschlossen. Ich empfinde Mitleid mit den Abiturienten von heute, denen eine Chance auf ein solches Jahr damit entgeht.

Bezahlung: DM 800/ Monat plus Unterkunft und Vollverpflegung.
Arbeitsaufwand: Mittel.
Gelernt fürs Leben: Die Tatsache, dass Japaner und Koreaner sich sehr
                      ähnlich sehen. Geduld. Und Snowboarden.

65. Darsteller in einem Werbespot

Ich war gerade mit dem Fahrrad in der Stadt unterwegs, als mich meine Bekannte Nicole anrief, die bei einer Produktion mit winzigem Budget die Produktionsassistentin mimte. ‚No Budget ist das neue Low Budget' war eine Weisheit, die sich 2008 in Berlin immer öfter zu bewahrheiten schien. So hatte auch sie mir keinen finanziellen Anreiz für den Job anzubieten. ‚Wir brauchen einen jungen, bärtigen Typen, Berlin-Style. Der Darsteller ist uns abgesprungen. Hast DU Zeit?' Auch wenn es mir leicht zuwider war, das momentane Klischee des hippen Berliners offenbar bis hin zur Gesichtsbehaarung exakt zu erfüllen, ließ mich meine Neugierde doch zustimmen. Ich hatte ohnehin gerade nichts Besseres zu tun und vielleicht könnte ich wenigstens einen Kaffee abstauben.

In einem Café auf der prestigeträchtigen Kastanienallee angekommen, konnte ich am Grad der Selbstprofilierung sofort ablesen, wer am Set welche Position bekleidete. Auf diese Weise stellte ich mich beim Regisseur vor, der seinem Aussehen nach zu urteilen zu viele französische Filme gesehen hatte. Fahrig musterte er mich kurz von oben bis unten und widmete sich dann wieder seiner filterlosen Zigarette. Alle anderen Crewmitglieder boten ein Bild konzentrierter Geschäftigkeit. Lediglich der Kameramann schien noch ruhiger, als es Kameramänner ohnehin schon meistens sind. Er wirkte ein wenig wie auf Valium. Aber um 15 Uhr war es ja auch noch früh an diesem Berliner Morgen. Es gehörte schon fast zum guten Ton, immer mal wieder ins Gespräch einzustreuen, dass man sonst nicht um diese Uhrzeit aufstehe.

Nachdem man noch schnell eine Szene zu Ende gedreht hatte, erläuterte mir Nicole die für mich wichtige Passage des Drehbuchs und damit war meine Aufgabenstellung schnell umrissen: Die Protagonistin des Spots, eine gerade nach Berlin gezogene junge Frau wartet vergeblich auf ihren schon lange bestellten Latte Macchiato, und blickt sich hilfesuchend im minimalistisch eingerichteten Café um. Da trete ich als netter und zugleich erfahrener Berliner auf den Plan. Verwegen lächelnd biete ich ihr selbstlos meinen Kaffee an und demonstriere damit nicht nur Hilfsbereitschaft, sondern zugleich, dass ich alle Zeit der Welt habe, um mir einen anderen Kaffee zu bestellen. Damit erfülle ich eines der etwa fünfzig Klischees zum Leben in Berlin, die in diesem Spot bemüht werden.

Drei Takes und eine halbe Stunde später waren bereits alle zufrieden und ich bekam meinen eigenen Latte Macchiato. Die Crew schämte sich ein bisschen, dass sie mich nicht besser entlohnen konnte, aber ich hatte ja gewusst, worauf ich mich einlasse. Der Regisseur hingegen schien das Gefühl zu haben, dass ich dankbar sein sollte, unter seiner Leitung mitwirken zu dürfen. Er schien sich sicher zu sein, dass man von ihm noch viel hören würde.

Die Hauptdarstellerin tat mir leid, denn vor ihr lagen an diesem Nachmittag noch etwa sieben weitere Drehorte und eine Menge weiterer Klischees. Ich konnte mir vorstellen, dass auch sie außer Kaffee und Wohlwollen nicht viel für ihren Einsatz bekam. Aber was tat man nicht alles, wenn man berühmt werden wollte.

Drei Wochen später holte ich eine Kopie des kleinen Filmchens, das letztendlich um zukünftige Mieter einer Wohnungsbaugesellschaft buhlte, beim Kameramann zu Hause ab. Dieser wirkte noch deutlich sedierter als während des Drehs, selbst seine Katze eierte nur so in der Gegend herum. Ich wollte ihn noch darauf hinweisen, seine Wände vielleicht mal auf Schimmelbefall kontrollieren zu lassen, sah jedoch davon ab und verdrückte mich mit der DVD in der Hand. Zum Abschied bedankte ich mich, als wäre nicht ich derjenige gewesen, der für ein Glas Milchkaffee die gesamte Produktion gerettet hatte und dem der eigentliche Dank gebührte. Der Film jedoch war dermaßen schlimm, dass die Szene mit mir noch fast zu den Highlights gezählt werden konnte. Und das, obwohl ich wieder einmal feststellen musste, dass meine schauspielerischen Fähigkeiten doch leicht zu wünschen übrig ließen. Ich konnte mir kaum vorstellen, dass sich auch nur irgendjemand die kompletten drei Minuten des Internet-Spots ansehen würde, die in puncto Langeweile ihresgleichen suchten. Die Liebe des Regisseurs zu französischen Filmen hatte dem Spot leider nicht zum Vorteil gereicht.

Nicole ist heute Mutter und arbeitet nicht mehr viel. Der Kameramann ist in eine andere Wohnung gezogen, seine Lethargie hat sich jedoch nicht maßgeblich gebessert. Wohnungsbaugesellschaften finde ich heute, da sie mitunter tausende an Wohnungen verwalten, seltsamer als je zuvor. Meine etwa wundert sich jedes Mal, wenn ich anrufe, darüber, dass mein Haus überhaupt in ihren Verantwortungsbereich fällt. ‚Ach, dit jehört ooch uns?!'

Bezahlung: Ein Milchkaffee.
Arbeitsaufwand: Sehr gering.
Gelernt fürs Leben: Stets offen bleiben für alles, auch wenn mal nur
                    ein Latte Macchiato dabei herausspringt.

66. Stadtführer zu Filmdrehorten

Endlich gab es mal richtig Kohle. Und noch dazu für einen Job, der längst nicht so erniedrigend war wie einige andere, deutlich schlechter bezahlte, die ich in letzter Zeit so gemacht hatte. Ein Bekannter eines Freundes, seines Zeichens Location Scout, hatte sich zur Berlinale, dem großen Berliner Filmfest, etwas Besonderes ausgedacht. Interessierte würden zu den Drehorten der wichtigsten in Berlin produzierten Filme gefahren und bekämen vor Ort jeweils von einem Guide ein paar Anekdoten erzählt. Dieses Konzept hatte den Sponsor Volkswagen überzeugt und so finanzierte der Autohersteller die ganze Chose großzügig. Ich hatte über meine Beziehungen einen der Guidejobs ergattert.

Beim Vortreffen, ein paar Wochen vor Beginn der Berlinale erklärte uns der Organisator Thomas die Route, welche die Vans fahren würden und listete uns jene Filme auf, zu denen wir auf jeden Fall etwas sagen sollten. Wer noch mehr wisse, könne natürlich auch zu anderen Filmen seine Geschichten loswerden. Zudem sei es immer gut, ein paar generelle Fakten über die turbulente Vergangenheit der Stadt und besonders natürlich die Mauer einzustreuen. Wir lieferten uns hierfür gegenseitig ein paar Ideen. Nach unserem Treffen hieß es jedoch erst einmal Hausaufgaben machen, denn einige der Schlüsselfilme hatte ich selbst noch nicht gesehen. Da es draußen Winter war und ich ohnehin gerade nichts zu tun hatte, kam mir der Stapel Filme sehr gelegen, den ich von unserem Treffen mitgenommen hatte. Glotzen im Dienste des Broterwerbs, das war neu und wahrlich nach meinem Geschmack.

Ende Januar dann schließlich öffnete das Film-Festival seine Pforten und es war wie jedes Jahr gut besucht. VW hatte im Sony Center einen geräumigen gläsernen Raum angemietet, in dem sich die Leute für die Filmtouren anmelden konnten. Die anderen fünf Guides und ich saßen unterdessen in einem Aufenthaltsraum im ersten Stock und warteten auf unsere Einsätze. Diese wurden dann einigermaßen gerecht verteilt, sodass alle etwa dieselbe Anzahl von Touren pro Tag fuhren. Hatten sich genügend Leute angemeldet und ich wurde für eine Tour ausgewählt, hieß es Zeitschriften beiseite legen und den letzten Rest Kaffee austrinken, um dann die Gruppe im Foyer zu begrüßen. Dann lief ich mit den bis zu sieben Leuten zu einem der Vans mit Fahrer und los ging es. Für die Teilnehmer war das Ganze eine rundum gute Sache, denn für die zweistündige, kurzweilige Fahrt mussten sie nicht mal etwas bezahlen. Wer sich wirklich für Filme interessierte, der kam hier voll auf seine Kosten. Ich saß während der Fahrt vorne im Bus und gab über ein Mikrofon meine Geschichten zum Besten. Die Leute ließen sich von den Informationen berieseln.

Jeder von uns fuhr drei bis vier Touren pro Tag, das hieß dementsprechend bis zu 8 Stunden quatschen, und das fast ohne Pause. Am Abend merkte man das doch sehr. Der Hals schmerzte und der Kopf fühlte sich an, als seien alle Worte aus ihm herausgesaugt worden. Da es Januar und geradezu sibirisch kalt war, musste man zudem aufpassen, dass man sich nicht nebenbei noch einen Schnupfen einfing.

Auf unseren Fahrten erzählten wir auch einiges über Berlin-typische Dinge, besonders wenn die Gruppe nicht aus Einheimischen sondern aus von weiter angereisten Berlinale-Besuchern bestand. Aber der Fokus lag natürlich auf den einzelnen Filmdrehorten. Man merkte auch oft, dass die Leute nur deshalb dabei waren, viele waren Filmfans.

Insgesamt hatten wir es mit einem intelligenten, belesenen Publikum zu tun, was den Job nur noch angenehmer machte.

Auf der zweistündigen Tour durchstreiften wir in einer ausschweifenden Runde einige Bezirke Berlins und besichtigten die Drehorte von ‚Himmel über Berlin', ‚Bourne Identity', ‚Eins, Zwei, Drei', ‚Octopussy', ‚Good bye, Lenin', ‚Lola rennt', ‚In 80 Tagen um die Welt', ‚Emil und die Detektive', ‚Mission Impossible', ‚Knallhart', ‚Resident Evil', ‚Paul und Paula', ‚Das Leben der Anderen', ‚Christiane F.', ‚Equilibrium' sowie einigen kleineren Independent-Produktionen. Meine Lieblingspunkte der Tour waren die Straße in Mitte, in der man ‚Das Leben der Anderen' gedreht hatte und die noch immer exakt wie zu Ostzeiten aussah, sowie die Kreuzberger Kneipe aus ‚Herr Lehmann', in der wir auch immer eine kleine Pause einlegten und uns mit den Passagieren über das bisher Gesehene austauschten. Aber auch die vielen Drehorte von ‚Bourne Identity' erklärte ich gerne und ich versuchte mit meinen Erzählungen, ein paar Szenen aus ‚Eins, zwei, drei' am Anhalter Bahnhof wieder auferstehen zu lassen.

Der Job machte wirklich Spaß. Die Tatsache, dass vermutlich nur die anderen Guides und ich die Tour dermaßen detailliert mit Informationen unterfüttern konnten, verlieh der ganzen Angelegenheit einen Touch von Professionalität. Und so bekam man für gewöhnlich auch von den Passagieren Respekt gezollt. Insgesamt fühlte ich mich einigermaßen wichtig, auch wegen der geradezu feierlichen Atmosphäre, die in unserem Glaskasten herrschte. Im Foyer hatte man sich mit der Deko große Mühe gegeben und auf einem Monitor lief ein gut produzierter Trailer, der den Gästen die Tour schmackhaft machte. Um den Anmeldetresen herum schwirrten immer ein paar hübsche Hostessen, und kostenlose Getränke und Snacks gab es obendrein auch noch. Der Moment, in dem mir eine Gruppe übergeben wurde, weckte jedes Mal die Motivation in mir und tatsächlich freute ich mich auch auf die meisten Touren. Vor allem aber wurden diese natürlich immer besser, da ich selbst oft neue Informationen dazulernte, mit denen die Teilnehmer aufwarten konnten. Diese Zusatzinformationen baute ich auf der nächsten Tour dann gleich mit ein, sodass die Tour von Tag zu Tag noch ein wenig detaillierter wurde.

Als die Berlinale beendet war, verbrachten alle Fahrer, alle Guides sowie die Hostessen noch einen witzigen Abschlussabend im bayerischen Restaurant des Sony Centers bei deftigem Essen und sehr viel Bier. Dann schnappte ich mir die ganze Kohle und meine Freundin und wir verabschiedeten uns erst mal vom harten Berliner Winter.

Thomas verprasste die nicht gerade kleine Summe, die er sich mit seiner Idee verdient hatte, in kurzer Zeit vollständig, seine Firma ging nur zwei Jahre später pleite. Seine Versuche, die Tour dauerhaft anzubieten waren ebenfalls nicht von Erfolg gekrönt. Jemand anders allerdings schaute sich die Idee ab und führt heute regelmäßige Filmtouren in seinem Sortiment. Bei der riesigen Menge an Filmen, die in den letzten Jahren in Berlin gedreht wurden, müsste die Tour aber heute sicherlich noch eine Stunde länger dauern.

Bezahlung: € 2000 für die gesamte Woche.
Arbeitsaufwand: Mittel.
Gelernt fürs Leben: Nach hinten schauend im Auto fahren, ohne dass einem davon übel wird.

67. Bildungsbeauftragter bei einer Jugendmesse

Mit einer Mischung aus Faszination und Abscheu hatte ich diesen Job angenommen. Ich sollte für die komplette Zeit der YOU, der laut eigenem Bekunden größten Jugendmesse Europas einen Stand betreuen, und das auch noch in einer der Haupthallen. Hätte man versucht, mich für die Bravo oder etwa einen Tamponhersteller zu verpflichten, hätte ich definitiv nicht zugesagt, egal welche Summe man mir auch dafür geboten hätte. Aber ich sollte einen Verlag repräsentieren, und das ließ ich mir gerade noch gefallen. Ja, vielleicht konnte ich ja sogar der verrohten Jugend wieder zu etwas mehr Lektüre verhelfen.

Außerdem hatte man in der Jobbeschreibung ausnahmsweise mal nicht die geradezu inflationär gebrauchte Floskel 'proaktiv auf den Kunden zugehen' gebraucht, was ich sympathisch fand. Was sollte proaktiv überhaupt heißen? War aktiv nicht schon dynamisch genug als Wort, musste da unbedingt noch der Prefix pro dran? Selbst die Rechtschreibprüfung von Word befindet dieses Wort für falsch, während ich es hier eingebe. Gut, ich hatte mich mittlerweile ohnehin damit abgefunden, dass in den Promotionagenturen nicht gerade die hellsten Köpfe arbeiteten. Ich verweigerte persönlich aus Prinzip den Gebrauch des Promotion-Standard-Vokabulars wie ‚technikaffin‘, ‚verkaufsorientiert‘ oder eben ‚proaktiv‘.

Die Messe für Jugendliche war eigentlich nichts anderes als eine riesige Werbeveranstaltung für die kaufkräftige junge Generation. Von allen Seiten wurden die armen Heranwachsenden zugeballert mit Informationen und Coolness versprechenden Produkten. Als junger Mensch musste man hier notgedrungen das Gefühl bekommen, minderwertig zu sein, denn an jeder Ecke wurde einem aufgezeigt, was man noch nicht besaß und welchem Trend man sich noch nicht angeschlossen hatte. Und dabei wollte doch jede der Firmen letztendlich nur ans Taschengeld der Kids. Hat man diese Messe einmal von innen gesehen, wundert man sich auch nicht mehr über die ständig steigende Zahl von Kindern mit ADHS. Eine solche Fülle von Eindrücken kann einfach nicht jeder folgenlos wegstecken. Für einen bereits etwas älteren Menschen wie mich war der Lärmpegel und die Aufregung kaum zu ertragen.

Der Stand des Verlages fungierte daher wie eine Art Schutzbastion inmitten einer von Hysterie, Banalität und jugendlichem Übermut nur so triefenden Umwelt. Zusammen mit drei anderen Verdammten stand ich dort, nur durch einen schmalen Tresen getrennt vom um uns herum grassierenden Wahnsinn. Zu tun gab es eigentlich nichts.

Wie man es nicht anders erwarten würde, hatten die Kids eine Aufmerksamkeitsspanne von wenigen Millisekunden. Da war nichts mit der Übermittlung von Informationen oder kleinen geistreichen Unterhaltungen. Kaum hatten die pickeligen jungen Menschen mit ihrer hektischen Körpersprache sich ein paar Prospekte in die Taschen geschaufelt, schweiften ihre Blicke auch schon zum nächsten Stand. Nichts verpassen, alles gleichzeitig erleben, das war das Gebot der Stunde. YOLO. Daher war es auch für unsereins völlig unnötig irgendetwas zu sagen. Wir standen dort im Prinzip nur für den Fall, dass mal jemand etwas fragte. Was nicht passierte. Fragen schien hier wirklich keiner zu haben, zu nichts eigentlich. Zwischendurch fragte ich meinerseits mich, ob wir von den Teenies überhaupt als Menschen wahrgenommen wurden. Oft beobachtete ich ihre Gehetztheit mit Unglauben und konnte mich eines Schmunzelns nicht erwehren.

Zu unserer linken Seite befand sich der Informationsstand der Bundeswehr. Hier versuchten ein paar adrett gekleidete Herren, junge Männer zu einer Laufbahn als Soldat zu überreden. Hierzu zeigte man Videos von Panzern und Flugzeugen, von Kameradschaft und Abenteuer. Alles war dermaßen auf das jugendliche Gehirn zugeschnitten und verhehlte so dreist die wahre Natur des Soldatenberufs, dass ich mich fast übergeben musste. Die Kinder hingegen nahmen alle Informationen vorbehaltlos an und füllten sich auch hier die Tüten mit Broschüren. So lange etwas umsonst war, wurde es erst mal mitgenommen. Ein Trend, den man auf Messen durchaus nicht nur beim jugendlichen Publikum beobachten kann.

Zu unserer anderen Seite hatte man einen bombastischen Stand aufgebaut, an dem die Kids Karaoke singen konnten, einmal die kompletten Charts rauf und runter. Alles am Stand war hochglanzpoliert und farbenfroh und schnell konnte man vergessen, dass der Stand für die Intimhygiene der gerade sexuell erwachenden jungen Dame warb. Das sah man erst, wenn man mal genauer hinschaute oder sich die Mühe machte, das Logo auf den Giveaways zu entziffern. Ich war schockiert darüber, wie hier Menschen, die noch nicht zur Reflektion fähig waren, systematisch unterwandert wurden. Um der Perversion die Krone aufzusetzen, mussten die Kids auch noch Eintritt für diese Messe zahlen, um sich all diesen perfiden Beeinflussungen aussetzen zu dürfen.

Überall dort, wo sich keine Stände mit unfassbar großen Soundsystemen befanden, standen einzelne Verkäufer, die ihre jeweils eigene Art ohrenbetäubenden Lärms feilboten. Es gab nicht eine Ecke, in der einem nicht die Ohren klingelten. Doch den Höhepunkt der Lärmbelästigung bildete die Hauptbühne, auf der im Stundentakt Musiker auftraten, von denen ich noch nie gehört hatte und die allesamt zu Playback ihre Münder und Instrumente bewegten. Als würden sie ohnehin nur das erfüllen, was von ihnen erwartet wird, fielen die kleinen Teenager-Mädchen schon nach den ersten Klängen brav in Ohnmacht und gaben so auch den am Rande der Bühne warteten Sanitätern etwas zu tun.

In regelmäßigen Abständen wagte ich mich heraus aus unserem Stand und erkundete die gesamte Messe. Ich war angeekelt und fasziniert zugleich. Meist kehrte ich nach meinen Expeditionen geradezu verstört zu unserem Stand zurück. Man konnte fast an unserer Zivilisation zweifeln. In einer der anderen Hallen hatte man einen riesigen Skatepark aufgebaut sowie eine Anlage, auf der die Kids Parkour üben konnten, jene neue Trendsportart, bei der man möglichst akrobatisch durch urbane Landschaften springt und klettert. Es war interessant zu sehen, wie den Jugendlichen an jeder Stelle detailliert suggeriert wurde, was cool ist, was sie in ihrer Freizeit zu tun hatten, was sie dabei zu tragen hatten und was sie dabei trinken und essen sollten. Hier wurde wirklich nichts dem Zufall überlassen.

Etwa einmal pro Stunde holten wir aus unserem Lager ein paar Kisten mit Ringbüchern, Notizblöcken und sonstigem Papierkram. Diese stellten wir auf den Tresen und rissen sie auf. Mehr musste man nicht tun, die Kids überfielen unseren Stand schon nach wenigen Sekunden wie eine Horde hungriger Hyänen. Wir nannten es die Raubtierfütterung. Jedes einzelne Mal beobachtete ich fasziniert, wie sich auf Knopfdruck eine große Traube Menschen um unseren Stand sammelte und sich auf die kostenlosen Sachen stürzte, als hinge davon ihr Leben ab. Es wurde gedrängelt, geschlagen, gebissen und gekratzt und man ließ erst vom Tresen ab, als auch das letzte Exemplar weggerissen war.

Den dritten Tag Dauerlärm und hormongeschwängerte Luft hielt ich schon kaum mehr durch. Ich beschränkte mich nun auf Ausflüge in die Nähe unseres Standes, lediglich um etwas Fettiges zu essen oder etwas sehr Süßes zu trinken. Ich hatte genug gesehen. Wir alle hatten festgestellt, dass unser kleines Lager hinter einer massiven Tür der vielleicht friedlichste Ort auf der ganzen Messe war und gewährten uns immer wieder gegenseitig Kurzurlaube in diesem kargen Raum.

Kaum war ich nach dem Ende der Messe zuhause angekommen, war ich auch schon erkältet. Noch tagelang träumte ich im Fieberwahn von XXS Tampons und Tokio Hotel.

Die Generation C mit ihrer ununterbrochenen Vernetztheit hebt die permanente Gleichzeitigkeit von Ereignissen heutzutage vermutlich auf noch höhere Ebenen als ich es bei dieser Messe erlebt habe. Im Prinzip ist heute ja selten noch jemand mit seinem Geist dort, wo er sich gerade physisch aufhält. Vielleicht komme ich aber auch langsam in jenes Alter, wo man es für nötig erachtet, die Lebensweise der Jugend zu verunglimpfen. Sollte ich jedenfalls irgendwann selbst Kinder haben, werde ich ihnen den Besuch dieser Messe bei Androhung von Hausarrest verbieten. Und ein Smartphone bekommen sie auch erst zur Volljährigkeit.

Bezahlung: €14/ Stunde.
Arbeitsaufwand: Physisch gering, emotional hoch.
Gelernt fürs Leben: Man ist älter, als man sich fühlt.

68. Talk(show-Gast)-Hunter in Großraumdiskos

Es ist doch einfach faszinierend, wie durchschaubar die Menschen in der Regel sind. Wenn mein Kollege Matthias und ich am frühen Abend in einer Großraumdiskothek einliefen, fühlten wir uns schon kurz hinter der Kasse wie Stars. Und das lag einzig und allein am großen weißen Schriftzug ‚Casting‘, der vorne auf unseren eng geschnittenen blauen Shirts prangte.

Während wir sodann gemächlich durch die Menge jugendlicher Vergnügungssuchender aus der Provinz schlenderten, konnte man deutlich beobachten, wie sich Mädels durch die Haare fuhren, hektisch ihre Klamotten zurechtzupften und möglichst unauffällig eine besonders laszive Körperhaltung einnahmen. Man versuchte uns beeindrucken. Ganz ohne es zu wollen, nahm auch ich jedes mal eine etwas andere, ein wenig arrogantere Körperhaltung und einen deutlich überheblicheren Gesichtsausdruck an, sobald ich mit meiner Schicht begann. Doch das machte die Sache dann nur noch schlimmer.

Und dabei konnten die solariumgebräunten Mädels mit den falschen Fingernägeln und den blondierten Haaren gar nicht ahnen, dass wir weder auf der Suche nach neuen Supermodels noch nach Nachwuchsdarstellern für Soft-Pornos waren. Nein, wir suchten Exhibitionisten anderer Art.

‚Kein Tropfen mehr für mich – trockene Trinker‘

‚Du bist nicht mehr meine Mutter – Streit in der Familie‘

‚Scheiß auf Arbeit – jugendliche Verweigerer‘

Diese und weitere 30 skandalöse Themen waren die Eckpunkte für die Charaktere, die Matthias und ich in der Masse zu finden trachteten. Wir waren auf der Suche nach Gästen für die Ende der 90er-Jahre völlig unübersichtliche Flut an Talkshow-Sendungen. Wir waren gewissermaßen postmoderne Kopfgeldjäger und jagten Frischfleisch für den täglichen Talk-Wahnsinn, jene Sendungen mit bedauernswerten Protagonisten für größtenteils bedauernswerte Zuschauer.

Beide hatten wir eine ganze Liste mit zukünftigen Themen einstecken, und man konnte sich beim Durchlesen jener Schlagworte bereits sehr genau ausmalen, auf welchem Niveau die entsprechenden Sendungen dann später ablaufen würden.

Regeln für unseren Job gab es im Prinzip keine, wir arbeiteten erfolgsorientiert. Wir konnten unsere Opfer suchen, wo wir wollten und wann wir wollten. Hauptsache war, dass man am Ende der Woche ein paar Leute vorweisen konnte, die zu einem oder am Besten gleich mehreren der hochspannenden Themen etwas zu sagen sowie bereits unterschrieben hatten, dass sie auch im Ernstfall wirklich auftauchen würden. Bezahlt wurden wir mit einer Art Kopfgeld. Es gab 100 Mark für jeden Menschen, der zum Seelenstriptease bereit war und sein Innerstes tatsächlich vor laufenden Kameras nach außen kehren wollte. Hatte ich keine Leute gefunden, dann gab es auch kein Geld. Und genau da lag auch bereits das Problem.

Ich hatte den Job über Matthias bekommen, den ich an der Mainzer Uni in einem meiner wenigen Seminare kennengelernt hatte, und der sein Soziologie-Studium zum größten Teil mit diesem skurrilen Job bestritt, von dem viele Leute noch nie etwas gehört hatten. ‚Talk-Hunter‘, das hatte mich sofort neugierig gemacht. Matthias war ein hochgewachsener Typ, der eher zurückhaltend und intellektuell rüberkam. Ich fragte mich oft, was er eigentlich wirklich über all das dachte, was wir da machten. Er redete jedoch nicht gerne über Persönliches.

Jedenfalls schien er ein deutlich besseres Auge dafür zu haben, wer wirklich für eine der Sendungen in Frage kam. Und, nicht weniger wichtig, wer sich später nicht doch noch aus der Affäre stehlen würde.

Er war es auch, der darauf schwor, dass Großraumdiskotheken wirklich den höchsten Ertrag an menschlichem Material liefern würden. Je weiter draußen in der Provinz, desto besser. Er hatte viele Orte ausprobiert, aber diese außergewöhnlichen Biotope zogen exakt jene Menschen an, nach denen wir suchten. Daher fuhren wir jedes Wochenende von Mainz aus kilometerweit in die Wallachei, um jene Vergnügungstempel zu besuchen, um die man sonst besser einen großen Bogen machte.

Doch ich war nicht gut in diesem Job. Ich war zu schnell geblendet von den ins Auge springenden Charaktereigenschaften jener Menschen, die ich ansprach oder die sich gar selbst vertrauensvoll an mich wendeten. Jede dieser Personen hätte in meiner Fantasie in gleich zehn verschiedenen Sendungen auftreten können. Weder war diesen Menschen irgendetwas peinlich, noch schienen sie die vorgeschlagenen Themen so befremdlich zu finden wie ich selbst. Immer, wenn man bereits dachte, dass nun wirklich alle Skurrilitäten aufgelistet waren, fügten diese Menschen noch schnell hinzu, dass man ja auch ein Kind vom eigenen Vater habe, sich hauptsächlich von Flugzeugbenzin ernähre, oder die Tante mit 100 streunenden Katzen auf einer Insel im Gartenteich lebe.

Ich kam kaum mit dem Schreiben auf meinem Klemmbrett hinterher, so schossen aus diesen Menschen all ihre privaten Sorgen und Nöte heraus.

Tatsächlich musste ich dann aber oft feststellen, dass die Wahrheit ein wenig gedehnt wurde mit dem einzigen Zweck, es endlich einmal selbst ins Fernsehen zu schaffen. Es war eine Zeit, in der die Privatsender noch nicht lange im Rennen, und die Leute noch fasziniert von all den neuen Möglichkeiten der Selbstdarstellung waren. Endlich auch mal das eigene Gesicht über die Mattscheibe flimmern zu sehen, schien eine Sehnsuchtsfantasie der Massen zu sein, besonders in den unteren Bildungsschichten. Und dann auch noch gleich zu Hans Meiser oder Arabella, die beide zu jener Zeit geradezu vergöttert wurden? Dafür konnte man schon mal Fünfe gerade sein lassen.

Nicht selten überlegten es sich die Beichtenden später dann noch mal anders. Wieder zurück zu Hause, und ohne die ganzen verbilligten Bacardi-Cola im Blut, bekamen sie plötzlich kalte Füße. Offenbar war es einigen von ihnen zudem genug gewesen, mit mir über ihre Probleme zu sprechen. So gesehen fungierte ich als eine Art Beichtvater. Gewissermaßen war ich der Hans Meiser des Untergrunds, jedoch deutlich unpopulärer und definitiv schlechter bezahlt.

Nichtsdestotrotz genoss ich diesen Job sehr, bot er einem doch einen intimen Einblick in eine Welt, die man sonst nicht zu Gesicht bekam. Und ich erhielt diesen Blick hinter den Vorhang nicht als Außenstehender oder fremdes Element in einer feindlichen Umgebung, sondern durch all die intimen Gespräche mit den Leuten fast schon als einer von ihnen.

Die Diskothekenbetreiber ließen uns natürlich immer umsonst rein und der eine oder andere Freidrink sprang dabei meistens auch noch heraus. Und so hatte ich oft das Gefühl, dass ich hier tatsächlich Unterhaltung geboten bekam. Das ließ mich eine Zeit lang darüber hinwegsehen, dass ich noch nicht mal einen Pfennig verdient hatte.

Nach ein paar Wochen jedoch realisierte mein Arbeitgeber, dass ich im Prinzip noch nichts erreicht hatte. Man legte mir nahe, vielleicht doch das Betätigungsfeld zu wechseln, und so nahm ich meinen Hut.

In Zeiten von Internet und maximaler Individualisierung des Einzelnen dürfte die Suche nach skurrilen Talkgästen heute deutlich leichter sein. Das Phänomen Talkshow hat sich verblüffenderweise über all die Jahre gehalten, offenbar gibt es auch heute noch Menschen, die sich diese Sendungen ohne jegliches Niveau antun. Einige der Talkmaster von damals jedoch finden sich heute im ‚Dschungelcamp' wieder, um ihre sogenannte Karriere noch einmal zum Leben zu erwecken.

Ich war nie wieder in einer Großraum-Diskothek, aber beim Schreiben dieser Zeilen denke ich, ich sollte vielleicht mal wieder hin.

Bezahlung: DM 100 pro gefundener und verpflichteter Person.
Arbeitsaufwand: Gering.
Gelernt fürs Leben: Wer zuhören kann, hat dem Großteil der Menschen etwas
                      voraus und kann diese Fähigkeit produktiv nutzen.

69. Plakat-Double bei einer Biermesse

Irgendwie musste ich in die Kartei dieser Agentur geraten sein. Vermutlich hatte eine der zahlreichen Promotionagenturen meine sogenannte Sedcard einfach weitergereicht. Jedenfalls rief mich eines Tages im Herbst eine nette Dame an und teilte mir ohne weitere Einleitung mit, dass ich einem der Typen auf der Plakatwerbung für Berliner Pilsner ja doch recht ähnlich sähe. Und da wären wir auch schon beim Punkt. Für eine Biermesse würden sie gerne die einzelnen Plakate nachstellen. Unnötig zu erwähnen, dass man sich die echten Models dafür nicht leisten konnte. Und so suchte man nun gewissermaßen nach Doubles.

So weit hatte ich das verstanden, auch wenn ich überrascht war zu hören, dass so etwas wie eine Biermesse tatsächlich existierte. Doch noch erstaunter war ich über die Tatsache, dass man Plakatmodels doubeln ließ.

Aber was genau musste ich tun? Das sei eigentlich ganz einfach, erwiderte man mir. Ich solle nur etwa 3 Stunden auf der mir zugeteilten Position sitzen, aussehen wie der Typ vom Plakat und dabei Bier trinken, in gemäßigten Mengen versteht sich. Das klang doch nun wirklich mal nach einem Job nach meinem Geschmack! Ich sagte zu.

Ich recherchierte noch mal die Plakatwerbung. Die Kampagne warb mit den spezifischen Besonderheiten im Lebensgefühl der unterschiedlichen Berliner Bezirke. So sah man auf einem Plakat ein adrettes Paar in Charlottenburg gesittet am Berliner Pilsner nippen, auf den anderen aber auch ein paar Technoleute in Friedrichshain sowie eine Gruppe hippiemäßig anmutender junger Leute in Prenzlauer Berg mit Fahrrädern und Gitarren. Ich sollte einen der Typen aus dem Prenzlauer Berg Plakat verkörpern. Das schien mir in Anbetracht meines Lebenswandels der letzten Jahre eine Menge Sinn zu machen.

Voller Vorfreude traf ich am späten Nachmittag in den Hallen des Clubs ,Arena' ein. Ich lernte die anderen Leute kennen, die man für diesen Job angeheuert hatte, und im Backstageraum des sonst für Konzerte genutzten Clubs wurden wir dann alle noch mal schnell auf unser Aussehen geprüft. Die Verantwortlichen von der Agentur hatten noch ein paar Accessoires dabei, aber im Großen und Ganzen war man bereits mit uns zufrieden. Ich meinte, auch bei meinen Kollegen eine gewisse Ungläubigkeit ausmachen zu können ob der Tatsache, dass wir nun tatsächlich fürs Biertrinken bezahlt werden sollten.

Dann wurden wir am Berliner Pilsner Stand platziert und auf unsere Positionen verteilt. Bier gab es für uns zunächst keines, denn die Besucher der Messe waren noch nicht in die Hallen gelassen worden. Meine Kollegen waren allesamt nett und witzig. Wir scherzten rum und vertrieben uns die Zeit. Einen Job dieser Art hatte noch keiner von uns erlebt. Hinter vorgehaltener Hand erzählte jemand einen grenzwertigen Witz, der mir aber doch ein Schmunzeln entlockte: ,Was ist der Unterschied zwischen Berliner Pilsner und der Klitoris? - Die Klitoris schmeckt nur kurz nach Urin!' Gut, dass unser Gelächter schon einigermaßen abgeebbt war, als die Agenturleute zurückkamen. Nun gehe es los, die Besucher der Messe hatten die heiligen Hopfen-und-Malz-Hallen betreten. Man reichte uns eiskalte Biere. Sie schmeckten dem Witz zum Trotz eigentlich recht gut, aber das tun kostenlose

Dinge ja tendenziell immer.

Die Zeit verflog nur so. Wir saßen rum, wurden von den Messebesuchern angeglotzt, tranken Bier und hatten einfach eine gute Zeit. Ab und an kam mal jemand
von den Verantwortlichen und ordnete uns in leicht abgeänderten Positionen neu
an. Unsere Flaschen waren nie leer.

Als die Sache dann nach nur knapp drei Stunden gegessen war, bekam jeder sogar
noch ein paar Biere als Proviant mit auf die Heimreise. Zufrieden und angetrunken fuhr ich mit der S-Bahn nach Hause.

Noch heute muss ich jedes Mal grinsen, wenn ich das Plakat irgendwo sehe, das
wir nachgestellt haben, und mit dem Berliner Pilsner einfach jedes Jahr aus Neue
die Wände beklebt. Die tschechischen und bayerischen Biere haben den einsti-
gen Marktführer im Berliner Nachtleben heutzutage jedoch ganz schön zurückge-
drängt und in einem Test landete Berliner Pilsner kürzlich auf dem letzten Platz.
Eventuell hatte in dem unanständigen Witz doch ein Fünkchen Wahrheit gesteckt.

Bezahlung: € 80.
Arbeitsaufwand: Sehr gering.
Gelernt fürs Leben: Es gibt eine Biermesse.

70. Werbefigur für ein zuckerfreies Getränk

Ich hatte mich in nur einem arbeitsamen Sommer in die Crème de la Crème der Promotionjobs vorgearbeitet, nun hatte man mich endlich auch mal zum Teamleiter ernannt. Zwar sollte ich schon bald herausfinden, dass dies eigentlich nur deutlich mehr Arbeit bei geringfügig mehr Geld bedeutete. Aber wenigstens musste ich nun nicht mehr mit Bechern voller Saftproben in einem Ostberliner Supermarkt stehen oder ahnungslosen Menschen Handzettel dubioser Fitnessketten andrehen. Von nun an sollte alles besser werden.

Wie groß diese Aktion für Coca Cola war, realisierte ich erst beim Casting in einem Kreuzberger Hinterhof. Der Name des Produkts hätte mir eigentlich schon sagen müssen, dass hier mehr Geld im Spiel war als üblich. Es ging um die Einführung von Coke Zero, einer neuen Variante des bekanntesten Getränks der Welt, das komplett ohne Zucker auskam. Zero Zucker eben. Eigentlich unterschied sich dieses Produkt nur unwesentlich von der seit Jahren gut laufenden Coke Light, lediglich die Zielgruppe war hier eine andere. Unsere Aktion sowie das Getränk selbst richtete sich explizit an ernährungsbewusste Männer, während die Damenwelt ruhig bei der Light Variante bleiben sollte. Die Promotion umfasste einige Guerilla-Aktionen sowie eine riesige Gruppe von Promotern, die das Zeug deutschlandweit in großen Märkten einfach an die Kunden verschleudern sollten. ‚Guerilla-Aktion' war überhaupt das Zauberwort der Stunde, mit dem die Agentur-Leute offenbar gerade jede Firma dazu bewegen konnten, ihnen den Zuschlag zu geben. Im Prinzip bedeutete diese Wortschöpfung nichts anderes als unangemeldete Aktionen, die sich den Überraschungseffekt zunutze machten. Die Agentur nahm dabei eventuelle Strafen des Ordnungsamtes in Kauf und addierte sie vermutlich als Posten im Budget. Wahrscheinlich fühlten sich die zuständigen Leute in den Auftraggeberfirmen damit ganz am Puls der Zeit. Im Grenzgebiet des Legalen, wild und ungeplant, endlich passierte mal etwas Aufregendes!

Die Coke Zero Leute sollten auf belebten Kreuzungen in deutschen Großstädten auftauchen, offensiv auf dem Gehweg parken, die Stereoanlage aufdrehen und dann kleine Fläschchen des neuen Getränks an die verdutzten Passanten verschenken.

Das erinnerte doch sehr an MTV in den 90er Jahren, sollte mich aber auch nicht weiter kümmern, denn ich war Teil des riesigen Heers aus EH-Promotern. EH steht in diesem Fall für Einzelhandel. Unsere Aktionen waren angemeldet und weniger offensiv. Da das im Endeffekt auch deutlich weniger Stress für uns bedeutete, war mir das nur recht. Ich war zudem etwa 10 Jahre älter als die meisten meiner Kollegen und war nur froh darum, wenn ich in meiner Position von so wenig Menschen wie möglich gesehen wurde.

Die Schulung musste man wirklich als spektakulär bezeichnen und ich konnte mir förmlich vorstellen, wie die Verantwortlichen in der Agentur sich darauf tagelang einen runterholten. In einer alten Lagerhalle hatte man viel Kleinkram aufgefahren, sodass wir das Gefühl bekamen, uns in einer Kirche zu befinden. Der Ort des Geschehens wirkte fast wie ein detailliert ausstaffiertes Filmset. Ein Gospelsänger pries die Werte des neuen Getränks auf der Bühne in einer Art Predigt, an jeder Ecke gab es Merchandise-Artikel, die auf das Gesamtkonzept zugeschnitten waren.

In ebenfalls ungewöhnlichen Spielchen stärkte man die Gruppendynamik und be-absichtigte damit, uns alle zu einer riesigen Coke-Familie zusammenzuschweißen. Es war erstaunlich zu sehen, welchen Unterschied ein großes Budget machte. Alle 150 zukünftigen Promoter schienen verzückt. Wie schon bei anderen Jobs be-merkte ich, dass der Großteil der Leute die Prostitution für einen großen Konzern nicht eine Sekunde lang kritisch betrachtete.

Dann ging es los. Unsere Einsätze fanden immer am Wochenende statt, was den Vorteil hatte, dass man nicht nur Geld verdiente, sondern während dieser Zeit auch keines in irgendwelchen Clubs ausgeben konnte. Immer freitags holte ich aus einer riesigen Halle der Berliner Messe meinen Sprinter, beladen mit Kisten voller Eiswürfeln, unseren Outfits sowie ein paar Werkzeugen wie Putzlappen und Besen. Nun holte ich meine beiden Kolleginnen ab, die wöchentlich wechselten und fast immer junge, hübsche Dinger waren. Und dann steuerten wir jedes Wo-chenende neue Ziele in der ganzen Republik an. Tatsächlich ließen sich die Touren offenbar logistisch nicht anders organisieren, sodass man uns mitunter von Berlin aus bis nach Südbayern schickte. Es hieß also mal wieder viel Autofahren. Doch das machte ich immer gern. Und mit zwei hübschen Mädchen an Bord durchs Land cruisen, das war doch sehr nach meinem Geschmack!

Wir hatten immer drei große Märkte oder Einkaufszentren, die wir auf unseren Touren ansteuerten, jeweils einen Markt pro Tag. Vor Ort am Supermarkt ange-kommen, galt es zunächst, die Kühltruhe aufzubauen und mit Eis zu bestücken. Dann bekamen wir vom jeweiligen Marktleiter eine Palette voller Coke Zero Kis-ten. Jeder von uns wusste, dass der Tag erst vorbei sein würde, wenn alle Flaschen verteilt waren. Unsere Aufgabe war schnell umrissen: Wir sollten die Flaschen an jeden verschenken, der interessiert war. Zwar war die Zielgruppe der junge, ernäh-rungsbewusste Mann, wir aber sollten die Getränke an jeden raushauen, der eines wollte. Natürlich waren wir dazu angehalten, auch noch Hintergrundinforma-tionen zum Getränk zu liefern und eventuelle Fragen zu beantworten. Fakt war jedoch, dass in den Mega-Supermärkten, in die man uns schickte, fast niemand irgendwelche Fragen hatte. Ja, viele der hier verkehrenden Leute wären vermutlich nicht einmal in der Lage gewesen, eine Frage zu artikulieren, so sie denn eine zu irgendeinem Thema gehabt hätten.

Und so lief es darauf hinaus, dass die Mädels und ich einfach nur unseren Bestand dezimierten so schnell es eben ging. Kurz hatte ich geglaubt, unseren Fortschritt deutlich beschleunigen zu können, indem ich selbst so viele Flaschen wie möglich trank. Doch dieser Plan ging nicht auf und vom ganzen Koffein wurde man nach einer Weile fast bescheuert.

Jugendliche, die immer wieder kamen, um ihren Vorrat an Gratisflaschen aufzu-stocken, waren von der Agentur nicht gern gesehen. Uns erschienen sie fast als Heilsbringer, denn sie brachten uns in eine klare win-win-Situation. Leider musste man jedoch immer damit rechnen, dass jemand von der Agentur incognito zum Checken kam. Wir entwickelten da schon fast so eine Art Verfolgungswahn und beäugten jede Person kritisch, die länger als nötig um unseren Stand herumschlich. So mussten wir immer eine Balance finden und nicht jedem gleich eine ganze Kiste mitgeben. Konnte man aber doch mal wieder eine ganze Tüte auf einen Schlag loswerden, umso besser.

Die Orte, an denen wir standen, waren nicht gerade ein Hort für Hirn und Verstand. Und so gewöhnte ich mir schon bald vollständig ab, irgendetwas zum neuen Produkt zu sagen. Spätestens jedoch, als mich eine Frau mittleren Alters fragte: ‚Was ist denn dieser Zero Zucker? So eine Art Traubenzucker?‘

Das Schleppen der Ware blieb natürlich immer an mir hängen. Und so hatte ich am Ende eines Tages bis zu 50 volle Getränkekisten getragen. Das merkte man abends ganz gut in den Knochen. Es blieb oft ein Gefühl zurück, meinen Körper leicht überfordert, meinen Geist aber deutlich unterfordert zu haben. Ein nachhaltiges Zukunftsmodell war dies sicher nicht.

Oftmals zogen sich die Stunden wie Kaugummi. Es gab immer wieder Wellen von Leuten, die einem die Flaschen aus der Hand rissen, dann aber auch wieder wahre Flauten, in denen einem nichts Anderes übrigblieb, als dem Treiben in diesem Biotop namens Supermarkt zuzuschauen. Oft stellte sich das Gefühl ein, dass man sein intellektuelles Niveau nach und nach dem der anderen Anwesenden anglich. Zwischendrin jedoch gab es viele schöne Momente. Auf den langen Fahrten hatten wir eine Menge Zeit Musik zu hören und über Gott und die Welt zu quatschen. Und wenn ich die Wahl habe, ziehe ich es doch immer vor, meine Zeit mit Frauen zu verbringen, da sie einfach entzückend sind und einem praktisch im Minutentakt eine komplett neue Sicht auf die Dinge präsentieren. Ich nutzte die gemeinsamen Stunden in der Fahrerkabine, um das Mysterium Frau ein wenig weiter zu ergründen. Unterwegs hielten wir dann manchmal spontan an und picknickten auf spätsommerlichen Wiesen im Nirgendwo. Abends sahen wir immer zu, dass wir günstig, aber doch einigermaßen gut gemeinsam essen gingen. Wenn wir uns in einem Ort befanden, der groß genug war, machten wir noch einen Abstecher ins örtliche Nachtleben, ansonsten glotzten wir im Hotel gemeinsam Fernsehen. Wir waren wie eine kleine Familie auf Zeit. Oft mussten wir uns aus Kostengründen einen Raum teilen, was aus meiner Perspektive immer einen gewissen Zauber mit sich brachte. Waren die Mädchen tagsüber geschminkt und zurechtgemacht, sah ich sie abends im Nachthemd und mit strubbeligen Haaren. Diese Intimität brachte fast alle meine Kolleginnen dazu, mir danach noch viel interessantere Details aus ihrem Leben anzuvertrauen.

Als die Aktion schließlich zu Ende ging, konnte ich Coke Zero nicht mehr sehen. Ich hatte mir aber während der paar Wochen einen guten Vorrat an Geld erwirtschaftet und mein Verständnis der weiblichen Psyche durch die stundenlangen Gespräche im Auto auf ein neues Level heben können. Und so trinke ich heute, wenn mir dann doch mal nach Cola zumute ist, allein schon aus Loyalität mit dem weiblichen Geschlecht lieber eine Coke Light, obwohl Coke Zero mittlerweile ein fester Bestandteil des Sortiments geworden ist.

Bezahlung: € 150/ Tag.
Arbeitsaufwand: Mittel.
Gelernt fürs Leben: Eine Menge über Frauen.

71. Freiwilliger Helfer nach dem Tsunami 2004

Diesem Kapitel möchte ich voranstellen, dass es nicht wie die anderen Kapitel in diesem Buch in erster Linie der Unterhaltung dient. Denn so sehr ich mich auch bemühte, es wäre unmöglich, meine Erlebnisse als Freiwilliger in Thailand nach dem Tsunami 2004 als unterhaltsamen Text zu formulieren. Ich habe lange überlegt, ob diese Geschehnisse in ein Buch wie dieses gehören. Ich denke aber, dass ich sie dem Leser nicht vorenthalten sollte, und möchte in diesem Kapitel daher meine Berichte von damals unbearbeitet und ungekürzt veröffentlichen.

Ich befand mich nach einem Job in den USA auf einer einjährigen Weltreise und war gerade zwei Wochen vorher in Südostasien angekommen, als die Naturkatastrophe passierte. Zum Zeitpunkt des Tsunami weilte ich auf der thailändischen Insel Ko Pha Ngan, die an der von der Welle nicht betroffenen Ostküste des Landes liegt. Zwei Tage nach dem Unglück entschloss ich mich, per Bus an die Westküste zu reisen, um dort meine Fähigkeiten als freiwilliger Helfer anzubieten. Ich verbrachte insgesamt vier Tage in Phuket, die ich vermutlich nie wieder vergessen werde. Die nun folgenden Berichte verschickte ich damals per email. Sie wurden an viele Bekannte meiner Freunde weitergeleitet und in diversen Foren und Tageszeitungen veröffentlicht.

Tag 1

Am Dienstag Abend beschliessen der Schwede Max und ich, dass wir nicht weiter auf Koh Pangan so tun wollen, als sei nichts geschehen, und buchen ein Ticket nach Phuket für den nächsten frühen Morgen.

Gegen fünf am Nachmittag des nächsten Tages kommen wir auf der Insel an. Phuket City wirkt völlig normal, geradezu idyllisch. Sobald wir unseren Fuß jedoch in das zum Hilfszentrum umfunktionierte Rathaus setzen, wird schnell klar, dass die Ereignisse noch immer in vollem Gange sind. Auf einer Wiese hat man Zelte aufgebaut, in denen Helfer den Menschen verschiedener Nationalitäten dabei behilflich sind, neue Papiere oder einen kostenlosen Flug nach Hause zu arrangieren. Daneben betreiben verschiedene Fernsehsender Übergangslager unter Zeltplanen. In einem großen Saal haben alle Länder der Betroffenen jeweils einen Tisch mit Botschaftsmitarbeitern. Papierschilder und hingekritzelte Aufkleber weisen den Weg.

Vor diesem Gebäude stehen mehrere Plastiktafeln, auf die verzweifelte Angehörige die Fotos vermisster Personen geklebt haben. Viele davon sind aus anderen Ländern gefaxt worden. Man starrt auf die Gesichter und empfindet pure Trauer, da die Zahlen der Vermissten nun ein Gesicht bekommen. Viel schlimmer jedoch trifft mich der Schock bei den Tafeln direkt daneben. Hier haben die Thais die Bilder aller bisher gefundenen Toten aufgehängt. Auf die Körper hat man Nummern gelegt, um eine spätere Zuordnung zu erleichtern. Es ist nur schwer vorstellbar, wie sehr die Menschen durch die Wucht der Welle, die Hitze und das Meerwasser entstellt sind. Eine Identifikation scheint völlig unmöglich. Mehrere der Fotos zeigen kleine Kinder und Säuglinge.

Ständig kommen neue Menschen an, viele davon direkte Augenzeugen der Katastrophe. Paralysierte Personen sitzen auf provisorischen Sitzgelegenheiten und kauen teilnahmslos auf dem kostenlos zur Verfügung gestellten Essen, ihren Blick ins Leere gerichtet.

Nachdem wir ein Zimmer in einem geräumten Internat am Stadtrand zugewiesen bekommen und uns kurz geduscht haben, geht es wieder zurück ins Hilfszentrum. Gerade ist der Premierminister Thailands angekommen, und bereitet sich auf eine Ansprache vor. Vom Moment meiner zweiten Ankunft an bin ich komplett involviert. Im Telefonzentrum rufen auf sechs Leitungen Menschen aus aller Welt an, um nach vermissten Freunden oder Familienmitgliedern zu fragen. Nur wenige der Thais sprechen Englisch, niemand deutsch oder spanisch. Ich haste von einem Telefon zum anderen, rufe Leute über große Megaphone aus, biete völlig abwesend dreinblickenden Menschen Tee an. Viele der Ankommenden lassen sich direkt für einen der kostenlosen Heimflüge registrieren. Man muss keine Papiere vorzeigen, die meisten haben ohnehin keine mehr. Ausnahmezustand.

Zwischen den umherirrenden Menschen und den Kamerateams mit den grellen Lampen kommen nonstop Hilfsgüter in Säcken, Kisten, Kanistern an. Sobald etwas gebraucht wird, gibt es hier eine Durchsage auf allen Radiosendern. Ein paar Minuten später kommen die ersten Privatleute und bringen die benötigten Dinge, die auf grossen Bergen im Innenhof gesammelt werden.

Die Thais sind sehr freundlich und hilfsbereit. Sie strahlen eine Unbeschwertheit aus, die angesichts der katastrophalen Lage für viele Menschen sehr beruhigend wirkt. Überall gibt es Essen und Getränke umsonst, die thailändischen Telefongesellschaften haben an vielen Orten Telefone aufgestellt, an denen man kostenlos in jedes gewünschte Land telefonieren kann.

Auf Din-A4-Blättern trage ich den Namen und den letzten bekannten Aufenthaltsort der vermissten Personen, sowie die Telefonnummern und Namen der Anrufer ein. Das Wort ‚Khao Lak' wiederholt sich wie ein grauenvolles Mantra. Zunächst bemühe ich mich noch, auch besondere Kennzeichen der Personen aufzunehmen, merke jedoch bald, dass alle anderen hier das bereits aufgegeben haben. Ein Ire, der bereits seit drei Tagen an den Leitungen sitzt, öffnet mir resigniert die Augen: Wer sich jetzt noch nicht zu Hause gemeldet hat, ist aller Wahrscheinlichkeit nach bei dem Unglück umgekommen. Ich verdränge den Gedanken und konzentriere mich auf die kleine Chance, dass die gesuchte Person in einem der Krankenhäuser ist, vielleicht bewusstlos und daher nicht in der Lage zu Hause anzurufen. Nur so kann ich allen Anrufern zumindest mit einem positiven Ton in der Stimme gegenübertreten. Denn keiner ist bereit, diese schonungslose Tatsache zu akzeptieren. Niemand erwähnt auch nur die Möglichkeit.

Auch zwischen den Telefonaten: persönliche Tragödien überall. Ein Schwede sagt, er habe seine Frau verloren, und blickt zu Boden, sein Gesicht von Schürfwunden übersät. Ein englisches Mädchen sucht ihren Bruder und ist fest davon überzeugt, dass er noch lebt. Sie ignoriert in ihrem Schock vollkommen, dass er sich seit drei Tagen nicht gemeldet hat. Eine Familie aus Südafrika hat alle ihre vier Kinder verloren. Eine Gruppe blasser Deutscher mit bewegungslosen Minen diskutiert mit einem Thai über die Beschaffung eines Sarges. Ich könnte auf der Stelle heulen, entschliesse mich aber, den Leuten stattdessen meine Kraft zukommen zu lassen. Am Telefon: Verzweifelte, Gefasste, Ungläubige, Menschen auf Beruhigungsmitteln. Zwischendrin Menschen, die helfen wollen, und mich - ihre Koffer gepackt - fragen, wo sie hinfliegen sollen. Urlauber, die mich fragen, ob sie in dieser Nacht ungefährlich am Strand sitzen können. Woher soll ich all diese Dinge wissen? Niemand hat mir hier auch nur irgendetwas erklärt. Das Telefon läutet ohne Unterlass, die Listen, die von 1 bis 30 numeriert sind, füllen sich unaufhaltsam an allen Tischen. Ich frage mich, wie viele im Endeffekt gestorben sein müssen. Nach jedem Anruf muss ich schlucken. So viel Kummer.

Soldaten gehen ein und aus, um sich heißes Wasser für Tee zu holen. Auf dem Fernseher läuft der Lokalsender. Minutenlang wird gezeigt, wie der Körper eines jungen Mannes an einem Seil an einer Baggerschaufel pendelt. Er trägt Schwimmshorts, was mir augenblicklich so schmerzhaft klar macht, dass er nicht im Traum daran gedacht hat, an diesem Morgen zu sterben. Helfer tragen Gesichtsmasken gegen den Gestank und laden halb zerfledderte Körper in große Plastiksäcke. Früher am Abend hat man mich gefragt, ob ich heute mit zum Helfen nach Khao Lak komme, aber das bringe ich nicht. Zudem scheinen mich die Anrufer hier mehr zu brauchen. Es scheint, als sei ich dafür bestimmt, in dieser Nacht im Telefonzentrum von Phuket zu sein. Haben in den Nächten zuvor kaum Deutsche angerufen, stehen die Telefone diesmal kaum still. Fast ausschliesslich Deutschsprachige. Und alle sind sichtlich erleichtert, ihre eigene Sprache benutzen zu können. Ich verbringe die ganze Nacht dort, erst um 9 Uhr morgens kommt Ablösung.

Draußen werden jetzt die Säcke und Kisten auf die Hilfs-LKW verladen, während die Fernsehteams im Freien an ihren Berichten schneiden. Im Fernsehgerät des Büros läuft die nonstop-live-Berichterstattung über deutsche Rotkreuz-Spezialisten, die versuchen, Überlebende unter den Trümmern der Ferienanlagen in Khao Lak herauszuschneiden. Ich nage abwesend an undefinierbaren Snacks, die die Thais hinterlassen haben, bevor sich alle schlafen gelegt haben. Ich halte alleine die Stellung, und frage mich, wer wohl hier sitzen würde, wäre ich nicht aufgetaucht. Gegen Morgen werden die Anrufe etwas seltener, und ich nicke zwischendurch ein. Trotz des starken Thai-Red Bulls, der nun endlich mal einem guten Zweck dient.

Bevor ich gehe, begrüße ich Max, der die Tagschicht im schwedischen Zelt übernimmt. Vierzig Helfer werden gebraucht, er scheint der Einzige. Wir sind beide froh, hergekommen zu sein. Ich schleppe mich zum Ausgang, auf dem Sozius eines Mopedtaxis fahre ich zurück ins Internat. In wenigen Minuten beginnt alles von vorne. Wenn ich mich wieder so nützlich fühle, halte ich auf jeden Fall noch mehrere Nächte durch.

Tag 2

Die Amerikanerin Debbie nimmt mich am frühen Abend auf ihrem Moped mit, es geht zurück nach Phuket City. Wir stoppen in einem Krankenhaus, da sie einem Deutschen eine Nachricht überbringen will, und mich dabei für nützlich hält. Auch hier: Überall Fotos von Vermissten, kostenlos Internet und Telefon für die Opfer, Tische mit freiwilligen Helfern und Berge von gespendeten Klamotten. Obwohl das Unglück schon drei Tage her ist, liegen noch immer Patienten auf den Gängen, da das Krankenhaus wie alle anderen komplett überlastet ist.

Nach kurzer Suche finden wir das Bett des Deutschen. Ich erfahre, dass er in der Welle seine Frau und seine beiden Töchter verloren hat. Die Verzweiflung steht ihm ins Gesicht geschrieben. Sein Körper ist von oben bis unten zerkratzt. Die Nachricht der Amerikanerin hat sich erübrigt; eine Handvoll Leute steht um sein Bett und versucht, ihm Mut zu machen. Ich bin froh, dass ich nicht mit ihm reden muss. Ich hätte nicht gewusst, was ich sagen soll.

Vor dem Krankenhaus überqueren wir im dichten Verkehr die Straße, ein Wagen hält und lässt uns rüber. Debbie sagt, das sei ihr in einem halben Jahr in Thailand noch nicht passiert. Es braucht erst ein Unglück wie dieses, damit die Leute einfach mal nett zueinander sind.

Eine weitere Nacht im Telefonzentrum. Es ist entschieden ruhiger. Und doch nehme ich wieder einige Namen vermisster Personen auf, diesmal Franzosen, Schweden, Iren, sowie auch wieder ein paar Deutsche. Heute ist die unterschwellige Verzweiflung noch stärker zu spüren. Der Anruf, der mich am Härtesten trifft, kommt von einem Norweger. Er sucht nach seinem zweijährigen Sohn. Wie den anderen Menschen schlage ich ihm vor, seinen Namen aufzunehmen. Sollte er in einem der Systeme auftauchen, würde der Computer ihn finden, sage ich. Er antwortet, das würde in diesem Fall nichts bringen, denn niemand könne seinen Namen kennen. Der Kleine könne noch nicht sprechen. Mir fehlen die Worte.

Danach helfe ich ein paar jungen Deutschen, die gerade erst eingeflogen sind, um ihre Eltern zu finden, bei den ersten Schritten. Ich stelle fest, dass die Registrierzettel für Vermisste wiederverwendete Ausdrucke der schrecklichen Bilder unbekannter Leichen sind, und kann es kaum fassen.

Um Mitternacht soll Ablösung kommen, doch niemand taucht auf. Ich bleibe. Später lege ich mich auf eine Liege, und schlafe so wenigstens zwischen jenen Anrufen, die nicht von Thais kommen.

Der Freitag fühlt sich anders an. Weniger Überlebende des Tsunami laufen auf dem Gelände rum, ebenso weniger Angehörige auf der Suche nach Verwandten. Dafür entschieden mehr Freiwillige. Lange Schlangen von Thais werden registriert, und dann auf Pickups und in Bussen nach Khao Lak geschickt. Schon zu diesem Zeitpunkt weiß ich, dass ich diesen Namen wohl nie wieder vergessen werde. Man hat mittlerweile eine Zentrale für ausländische Freiwillige eingerichtet. Die Koordination funktioniert jedoch noch nicht besonders gut. Ich frage, was ich tun kann. Man sagt mir, ich solle zum Flughafen fahren, Mitglieder von Hilfsorganisationen empfangen und an die richtigen Orte weiterleiten, jedoch erst am Nachmittag. Sonst gebe es erst mal nichts zu tun. Das wollte ich geklärt haben, denn ich treffe mich mit einem Team vom Hessischen Rundfunk. Man will einen Beitrag für die Hessenschau mit mir drehen.

Wir fahren zum berüchtigten Patong Beach und ich sehe die Verwüstung zum ersten Mal mit eigenen Augen. Der Strand sieht erstaunlicherweise vollkommen jungfräulich aus; türkisblaues Wasser, feiner weißer Sand. Das lässt die Zerstörung noch fataler erscheinen. Noch 100 Meter von der Wasserlinie sind komplette Gebäude einfach vernichtet, nur große Schutthaufen zeugen noch von ihrer Existenz. Straßenlaternen sind umgeknickt wie Zahnstocher, massive Betoneinfassungen wurden mehrere Meter weggeschwemmt. Die Bäume nahe des Wassers zeigen ihre Wurzeln. Dazwischen liegen tatsächlich Touristen mit Bieren in der Hand, einige spielen Volleyball.

Nach ein paar Stunden Dreh mit den Journalisten widme ich mich wieder den Telefonaten sowie ein paar Durchsagen für Notfallmaschinen nach Europa. Man versucht jetzt, wirklich alle Opfer möglichst schnell nach Hause zu bekommen. Die Thais an den Telefonen kennen mich inzwischen alle, und sind zuvorkommend wie immer. Ihrer Freundlichkeit ist es vermutlich zu verdanken, dass die Leute hier überhaupt die Fassung bewahren können.

Der Flughafenjob hat sich zerschlagen. Stattdessen soll ich mit drei anderen Freiwilligen an einen Strand in der Nähe fahren. Niemand weiß, was unsere Aufgabe sein wird, es ist vom Tragen schwerer Gegenstände die Rede. Zusammen mit Tüten voller Essen, Wasser und Schutzmasken nehmen wir auf der Pritsche eines Pickups Platz. Nach etwa einer Stunde erreichen wir einen Strand, den die Welle nur wenig verwüstet hat, da er sehr steil ist. Es gibt hier nichts für uns zu tun, außer den an der Wiederherstellung der Hütten arbeitenden Thais etwas Wasser dazulassen. Nach einigen Verständigungsproblemen verstehen wir, dass wir noch weiterfahren werden. Die Fahrt dauert am Ende mehr als zwei Stunden.

Es ist dunkel und wir sind in Khao Lak. Wo ich nie hin wollte. Man fragt, ob wir eventuell drei Tage bleiben können, es gebe Unmengen Arbeit. Wir verneinen das unisono. Nachdem wir die Hilfsgüter abgeladen haben, bleibt noch eine Stunde bis zur Rückfahrt. Da hier alles drunter und drüber geht, erklären wir uns bereit, wenigstens für diese Zeit zu helfen. Ehe wir uns versehen, stülpt man uns Schutzhauben über und gibt uns zwei Paar Gummihandschuhe, die wir übereinander ziehen müssen. Wir schnuppern an Mentholfläschchen und schmieren uns eine geruchsdämpfende Salbe um die Nasenlöcher. Bei den Gesichtsmasken aus Papier trägt man zwei oder sogar drei übereinander. Unsere Schuhe werden gegen Gummistiefel getauscht. Danach strecken wir unsere Arme nach vorne, und man zieht uns jeweils zwei Ganzkörperschutzkittel an. Mir ist flau beim Gedanken an das, was mich nun erwartet, ich bewege mich in Zeitlupe. Mit fragenden Blicken stolpern ein weiterer Freiwilliger und ich geradewegs in die Hölle.

Soldaten bringen auf blutverschmierten Stofftragen Trockeneis in den buddhistischen Tempel, der seit ein paar Tagen als Sammellager für die Opfer des Infernos dient. Ich blicke nach rechts und sehe in Plastiksäcke gehüllte Körper. Hunderte, feinsäuberlich aufgereiht. Schnüre um Hals und Beine geben den Säcken genügend Kontur um zu erkennen, dass es sich um Menschen handelt. Blöcke von Trockeneis liegen auf den Säcken. Der daraus entstehende Nebel, der über der ganzen Szenerie wabert, macht den erschreckenden Anblick noch gruseliger. Zu meiner Linken befindet sich eine große offene Halle. Hier stehen unzählige Särge aus Holz, die Deckel geöffnet. Man sieht Ärzte und Spezialisten der Forensik mit großen Skalpellen. Schweiß auf der Stirn, dem einzigen unbedeckten Körperteil.

Sobald die DNA-Probe entnommen ist, tragen sechs bis acht Leute den Sarg ins Freie und heben die darin liegenden Überreste auf eine große Plastikplane, von wo der Körper dann in einen Leichensack gerollt und entfernt wird. Ich lasse mir sagen, dass tote Thais den Schritt der Identifikation überspringen und direkt für immer verhüllt werden.

Trotz der Anwesenheit relativ vieler Leute ist der Geräuschpegel sehr gedämpft. Alles geschieht im Eiltempo und wirkt wie ein präzises Uhrwerk. Man sieht den Helfern - hauptsächlich Thais - an, dass sie bereits genügend Gelegenheit hatten, ihre Bewegungen zu üben.

Einige Särge stehen offen vor der Halle. Die Körper bieten einen grauenhaften Anblick. Schwarz gefärbte Arme und Beine stehen steif aus den Holzkisten. Die Leichen sind aufgedunsen, die Gliedmaßen verzerrt. Gesichter kann man nicht mehr erkennen; die Haut ist eine breiige Masse. Zum Teil hat man noch vorhandene Kleidungsstücke beiseite gezogen, um das Geschlecht der Person zumindest erahnen zu können.

Der Untergrund ist matschig vom Trockeneis und den sich zersetzenden Körpern. Überall auf dem Boden kleine weiße Maden. Die Särge sind über und über mit Blut und Schlamm beschmiert. Sie werden offenbar wiederverwendet. Ich helfe den vermummten Leuten, sie an den Rand des Platzes zu tragen. Der Gestank ist unbeschreiblich. Nichts, was ich jemals zuvor gerochen habe. Die Mentholsalbe um die Nasenlöcher hilft so gut wie nicht.

Nachdem wir hier und dort mitangefasst, den größten Teil der Zeit aber lediglich versucht haben zu verstehen, was um uns herum vor sich geht, brechen die Thais und die anderen Helfer urplötzlich in Applaus aus. Dieser wirkt fehl am Platz, ist aber verständlich, da man soeben den letzten Körper für heute verpackt und weggebracht hat. Der Kanadier Nishan und ich sind erleichtert, als wir wieder Richtung Ausgang gehen. Wir passieren große Container, die im Schein gleißender Flutlichter von Gabelstaplern auf LKW gehievt werden. Sie sind voller menschlicher Körper. Selbst hier tragen die Thais ein Lächeln im Gesicht. Trotzdem beschließe ich für mich, auf keinen Fall an diesen Ort zurückzukehren. Nishan schließt sich mir mit dieser Entscheidung an.

Der Rückweg auf der Pritsche verläuft ohne viele Worte. Wir sind erschöpft und hängen unseren Gedanken nach, während das bildhübsche nächtliche Thailand an uns vorbeizieht.

Als wir spät zurück ins Hilfszentrum kommen, ist auch Max da. Wir beschließen, zumindest ein Bier zusammen zu trinken. Schließlich ist ja Silvester. In der Nähe des Rathauses finden wir eine kleine Bar mit Thai-Country-Musik. Wir trinken und reden. Jeder von uns hat seine eigenen Erlebnisse aus den letzten Tagen. Um zwölf Uhr prosten sich die Thais zu, und wir schließen uns an. Kein Feuerwerk, nirgends. Währenddessen flimmere ich zu Hause über hessische Fernsehschirme. Nachdem wir Familien und Freunde angerufen haben, endlich mal eine komplette Nacht Schlaf.

Heute hat sich die Situation wieder gewandelt. Fast alle verletzten Touristen sind nun ausgeflogen. Die Botschaftszelte sind jetzt in Zelte für die psychologische Betreuung von Angehörigen und Überlebenden des Unglücks umfunktioniert worden. In der Telefonzentrale gibt es einen Tisch für die DNA-Identifikation der Angehörigen. Jemand hat am Fernseher den Sender gewechselt, die Thais schauen sich ein englisches Fußballspiel an. Vor der Tür kommen und gehen nach wie vor Berge von Hilfsgütern. Kleine Imbissstände geben fast ohne Unterbrechung kostenlos Essen aus.

Für heute sind 1600 neue Leichen im Sammelzentrum von Khao Lak angekündigt. Keine Ahnung, wo all die Körper noch immer herkommen. Ich ziehe es vor hierzubleiben, und mache mich mit Anrufen bei Angehörigen in deutschsprachigen Ländern nützlich. Inzwischen gibt es mehrere Datenbanken für Vermisste, und die Koordination erfordert viel Aufwand. Jedoch scheint langsam aber sicher alles etwas ruhiger zu werden. Morgen werden wir wohl gespendete Klamotten an Thai-Opfer verteilen, oder als Übersetzer fungieren. Und dann werde ich wohl bald mal hier abhauen Richtung Nordthailand.

Tag 3

Der Samstagabend endet mit einem Telefongespräch, das ich mit dem ZDF führe. Auch dieser Sender möchte nun einen Bericht über mich machen. Langsam beginne ich mich zu fragen, ob ich der einzige Deutsche im ganzen Land bin.

Jeden Morgen lässt sich im Hilfszentrum die Veränderung der Dynamik deutlich beobachten. Am Sonntag scheinen die Helikopter, die seit Beginn der Hilfsaktionen auf dem angrenzenden Fußballfeld ohne Unterlass gelandet sind, zum ersten mal für längere Zeit still zu stehen. Wieder hat sich die Zusammensetzung der Menschen verändert, die auf dem Gelände des Rathauses gehetzt hin- und herlaufen. Man sieht jetzt mehr Männer in Uniformen, Militär, Polizei, sowie technische Hilfsdienste aus verschiedenen Ländern. Einige der Essensstände sind bereits abgebaut, selbst der Vorrat an Trinkwasser neigt sich dem Ende entgegen. Sogar mich als nicht Betroffenen durchfährt ein Schauer, als ich sehe, dass die Tafeln mit den Fotos der Vermissten entfernt worden sind. Das wirkt auf mich wie ein drastisches Eingeständnis dessen, was in den letzten Tagen immer offensichtlicher geworden ist. Kurz später sehe ich jedoch, dass man die Tafeln lediglich an einen überdachten Ort gebracht hat, da es in der Nacht zuvor geregnet hat.

Drei Leute vom ZDF interviewen mich. Sie schießen ähnliche Aufnahmen wie zwei Tage zuvor der HR. Daraufhin gehe ich zum Stand der ausländischen Helfer, muß allerdings erfahren, dass es im Moment nichts zu tun gibt. Ich bekomme einen Zettel in die Hand gedrückt, der mir erklärt, dass es freiwilligen Helfern - Ausländern wie Thais - ab sofort untersagt ist, mit Leichen zu arbeiten. Wenn ich es richtig verstehe, fürchtet man um unsere Gesundheit und lässt nun ausschließlich Polizei und Militär diese Aufgaben erledigen.

Am Zelt der Schweden treffe ich Max und Nishan, meine Weggefährten der letzten Tage. Im Zelt nebenan, das die Koordinierungsstelle für Vermisste beherbergt, hat sich einiges getan. An jedem Tisch stehen nun Laptops, Telefone und große Ordner. Eine Menge Leute verschiedener Herkunft schwirrt rastlos umher.

Die Schweden scheinen mehr helfen zu wollen als alle anderen, was angesichts der Opferzahl unter ihren Landsleuten verständlich ist. Ein Privatmann hat tausende schwedische Kronen in der thailändischen Währung Baht in seiner Geldbörse, und händigt jedem, der Geld braucht, ein Bündel Scheine gegen eine Quittung aus. Alles, was er verlangt, sind Fotos, die die sinnvolle Verwendung des Geldes dokumentieren. Tags zuvor sind 40 Pakete mit brandneuen schwedischen Markenklamotten angekommen. Die Verteilung dieser ist das Hauptziel für heute und wir haben uns bereit erklärt, dabei zu helfen. Da alle Schweden bereits das Land verlassen haben, will man sich nun ausschließlich auf die Versorgung der einheimischen Opfer konzentrieren.

Nach langem Warten aufgrund logistischer und organisatorischer Probleme beginnen wir, einen Pickup mit Tüten voller Lebensmittel und anderer nützlicher Gegenstände zu beladen. Zuvor haben wir an der Sammelstation einen Bogen ausfüllen müssen, woraufhin man uns die fertig gepackten Tüten ausgehändigt hat.

Zu guter Letzt laden wir noch zwei große Säcke Medikamente auf. Die Kamera verfolgt jeden meiner Schritte.

Auf der Pritsche fahren wir mehrere Stunden Richtung Norden, das Ziel ist ein kleiner Ort, der angeblich noch nicht viel von der Hilfe gesehen hat. Einer der Schweden ist mit einer Thailänderin verheiratet, die ihm von diesem Dorf erzählt hat. Unterwegs halten wir an verschiedenen Sammelstationen. Große Berge Klamotten sind umrahmt von Kisten mit Lebensmitteln. Niemand scheint die Hilfe jedoch in Anspruch zu nehmen; abgesehen von der Anwesenheit der dort Arbeitenden wirken die Lager außerordentlich verlassen.

Kurz vor Khao Lak staut sich der Verkehr. Unter die Armee-LKW und die Fahrzeuge von Hilfsorganisationen hat sich eine Menge Thailänder gemischt, die ganz offensichtlich lediglich die Zerstörung mit eigenen Augen begutachten wollen. Und dann tauchen die Strände von Khao Lak auf, die ich bisher noch nicht gesehen habe. Ich kann nun verstehen, wie die Zahl der Opfer diese astronomischen Höhen erreichen kann. Noch fast einen Kilometer vom Wasser sind die Häuser bis über das Erdgeschoss hinaus zerstört. Autos und sogar LKW liegen deformiert im Schlamm, manche sind auf die Seite oder das Dach geschleudert worden. Es herrscht Hochbetrieb. Bagger schaufeln den Schlamm zwischen den Häusern weg. Elektriker versuchen, die stark mitgenommenen Telefonmasten wiederherzustellen. Auf den Straßen wird Wasser versprüht, um den Staub zu mindern. Privatleute tragen ihre zu Müll gewordenen Habseligkeiten auf große Haufen, die zum Teil in Brand gesetzt worden sind und dicke Rauchschwaden über die gespenstische Szenerie schicken. Während wir nur langsam vorwärts kommen, sehe ich am Straßenrand die Namen aller Resorts, die ich in den letzten Tagen am Telefon gehört habe. Es jagt mir einen Schauer über den Rücken.

Schließlich kommen wir in Ban Nam Khem an. Man verweigert uns zu unser aller Verblüffung die Einfahrt, und so laden wir alle Lebensmittel auf ein anderes Fahrzeug, bevor wir die Medikamente zu Fuß ins Dorf tragen. Ich erfahre von einem Journalisten, dass dieser kleine Fischerort erst seit zwei Tagen überhaupt Hilfe erhält. Offenbar ist es hier gewesen, wo man erst tags zuvor noch Hunderte Leichen gefunden hat. Ein weiteres Mal frage ich mich, inwieweit die Vorwürfe verschiedener Journalisten wahr sind, es handele sich hier um eine Zwei-Klassen-Hilfe, intensiv und schnell für Touristen, unzureichend und reichlich verspätet für die Einheimischen.

Wir tragen nun Schutzmasken, denn der Gestank nimmt stetig zu. Und plötzlich passieren wir völlig unvorbereitet die Reste der Polizeistation, neben der man die an diesem Tag gefundenen Leichen an den Straßenrand gelegt hat. Es scheint eine ganze Familie zu sein, zwei Erwachsene und vier oder fünf Kinder, darunter zwei Säuglinge. Wir pressen uns unsere Masken ins Gesicht, und zwingen uns, in die entgegengesetzte Richtung zu schauen. Keiner von uns hat noch mehr tote Menschen sehen wollen.

Ban Nam Khem sieht aus wie nach einer Bombenexplosion. Kein Stein sitzt mehr auf dem anderen. Fischerboote von beachtlicher Größe sind von der Welle in die Häuser geworfen worden wie Spielzeug und liegen dort noch immer. Vor den Häusern liegen die traurigen Überreste der Besitztümer der Menschen, als hätten diese fensterlosen Mauerreste alles voller Ekel ausgespien. Große Seen aus Schlamm, aus denen hier und dort Trümmer herausragen, liegen still und stinkend zwischen den Ruinen. Die Menschen wissen gar nicht, wo sie anfangen sollen. Zudem müssen sie sich durch Unmengen von Leuten kämpfen, die im Weg stehen und gebannt auf die Verwüstung starren.

Und doch braucht man unsere Lebensmittel hier nicht. Alle Verletzten sind offenbar bereits geflohen oder evakuiert worden. Da man nicht einmal weiß, wie viele Menschen hier vor der Katastrophe gelebt haben, lässt sich über Opferzahlen ohnehin nur spekulieren.

Mit einer Fähre, die von einem völlig verwüsteten Steg ablegt, fahren wir die 300 Meter zur Golden Island, da man uns sagt, man benötige unsere Hilfe eventuell dort. Doch im Grunde weiß niemand etwas Genaues. Zudem gibt es keine Hierarchien, die eine organisierte Hilfe möglich machen. Diesen Eindruck habe ich bereits am Morgen in Phuket gehabt. Und so müssen wir auch hier unverrichteter Dinge abziehen. Alle sind erschöpft und frustriert, es scheint alles verschwendete Zeit gewesen zu sein. Auch die holländischen und französischen Krankenschwestern, die aus Bangkok angereist und mit einem anderen schwedischen Pickup hierher gekommen sind, fühlen sich fast fehl am Platze.

Wir finden schließlich noch eine Sammelstelle für die Lebensmittel, an der sich jedoch dasselbe Bild bietet wie an den vorigen. Daraufhin bringen wir die Medikamente in ein örtliches Krankenhaus, wofür wir zumindest mit vielen lächelnden Gesichtern, Händeschütteln und aufgeregten Worten in Thai belohnt werden. Dann treten wir unseren Rückweg nach Phuket an, inzwischen sind wir schon neun Stunden unterwegs. Alle sind körperlich und moralisch völlig am Ende und dösen im kalten Fahrtwind auf der Pritsche vor sich hin.

Nishan, Max und ich beschließen, eine Nacht komplett auszuschlafen. Ich kann den beiden ansehen, dass sie das genauso nötig haben wie ich.

Gestern Nachmittag fahren wir zurück ins Hilfszentrum. Mehr denn je scheinen nun viel zu viele Helfer vor Ort zu sein. Hinzu kommt, dass jeder auf eine gewisse Art versucht, am meisten zu tun und sich anstrengt, die Entscheidungen an sich zu reißen. So wird die Koordination immer schwieriger. Zudem werden mittlerweile Spezialisten mehr als alle anderen gebraucht, insbesondere Bauarbeiter für die Wiederherstellung der Gebäude und Straßen.

Die thailändische Verwaltung reagiert auf die chaotischen Verhältnisse unter den Freiwilligen und gibt bekannt, dass sie den Helfern danke, ihre Hilfe aber erst einmal nicht mehr benötige. Zudem lässt sie verlauten, dass alle Überlebenden mittlerweile ausreichend versorgt seien. Man solle sich und seine Fähigkeiten auf Listen eintragen, bei Bedarf komme man auf den einen oder anderen zurück.

Vor dem Gelände des Rathauses hat ein thailändischer Künstler verschiedene Grafiken zu Erdbeben und Plattenbewegungen mit Wasserfarben in anschauliche Kunstwerke verwandelt. Er hat jedoch kein Interesse an deren Verkauf. Sein Ziel ist es, die Thais aufzuklären über das, was letzte Woche passiert ist. Viele haben das noch immer nicht im Ansatz verstanden, was den Schrecken natürlich noch deutlich intensiviert. Ich sage ihm, dass ich die Idee toll finde.

Max wird nach einem weiteren Tag am Stand der Schweden nach Malaysia weiterziehen. Nishan hat unerwartet einen Job als Hilfslehrer bekommen – in jenem Internat, das uns als Asyl gedient hat, denn alle vorigen Hilfslehrer haben das Weite gesucht.

Mich hat man nach einer live-Schaltung zum ZDF-Morgenmagazin nun kostenlos in einer Militärmaschine für Helfer und Journalisten nach Bangkok geflogen. Die aufgestellten Betten und Ärztestationen im Flughafen stehen mittlerweile leer. Die Thais versuchen jedoch noch immer alles Erdenkliche, den Abreisenden einen guten letzten Eindruck zu hinterlassen, und servieren ungefragt Essen und Getränke mit einem Lächeln.

Ich warte nun auf einen Nachtzug nach Chiangmai im Norden Thailands, wo ich mich etwas ausruhen möchte. Nach wie vor bin ich froh, hergekommen zu sein. Aber die Eindrücke und der Schlafmangel zollen ihren Tribut.

Solltet Ihr die Möglichkeit haben zu spenden, bitte ich Euch hiermit, das zu tun. Nachdem ich die Verhältnisse hier gesehen habe, kann ich mir nur vorstellen, wie schlimm es wohl in Sri Lanka oder Indonesien sein muss.

Wenn mir diese Katastrophe eines gezeigt hat, dann ist es, wie schnell alles vorbei sein kann. So kitschig es klingen mag: Tut alles, was Ihr macht, mit Leidenschaft, und folgt Euren Herzen!

In den darauffolgenden Wochen schien es mir so, als würde ich ständig für meine Zeit vor Ort mit guten Erlebnissen entschädigt. Ich verbrachte ein paar Tage im Dschungel des nördlichen Thailand, um meine Gedanken zu ordnen, dann widmete ich mich wieder meiner Reise. Trotz verschiedener Aufforderungen meiner Familie, nach Deutschland zurückzukehren, verbrachte ich weitere fünf Monate in Asien. Immer wieder traf ich unterwegs Menschen, die in der Welle Freunde und Angehörige verloren hatten. Noch Monate später erreichten mich emails von wildfremden Menschen, die mir in ungewohnter Offenheit ihren Respekt und ihre Unterstützung bekundeten.

Die Erlebnisse während meiner Zeit als Freiwilliger haben mir besonders zu Thailand und seinen Menschen eine sehr enge Bindung beschert, die bis heute anhält.

Bezahlung: Keine.
Arbeitsaufwand: Hoch, aber es fühlte sich zu keiner Zeit wie Arbeit an.
Gelernt fürs Leben: Tue Gutes und Gutes wird Dir widerfahren.

72. Set-Aufnahmeleiter

Ich hatte auf dem Weg zu diesem Posten, der etwas weiter oben in der Hierarchie der Filmschaffenden anzusiedeln war, mal wieder ein paar Stufen übersprungen, guten Kontakten sei Dank. Man warf mich bereits ins kalte Wasser, als ich im Grunde kaum über echte Set-Erfahrung verfügte. Ohne weitere Einleitung machte mich mein Freund Hendrik zum Set-Aufnahmeleiter (Set-AL) für einen dreitägigen Marathon-Werbedreh mit unzähligen Drehorten, viel zu wenig Zeit, einer ganzen Menge egomanischer Mitwirkender und katastrophalen Wetterbedingungen. Dies war sozusagen meine Feuertaufe. ‚Schaffst Du schon', hatte er mir vorher versichert, aber nach dem ersten halben Tag war ich mir da nicht mehr so sicher. Wir drehten morgens ab 6 im Berliner Schneegestöber eine Szene, die in Spaniens Frühling spielen sollte. Das hieß für mich und meine Leute Schneekehren, bis sich keine Spur von Winter mehr erkennen ließ. Doch als dieser absurde Befehl mich erreichte, den es wie üblich in Rekordzeit auszuführen galt, war ich bereits seit einigen Stunden vor Ort. Mein Tag hatte damit begonnen, dass ich gegen 4 Uhr und bei minus 7 Grad am Drehort eingetroffen war, die Polizei gerufen und alle Fahrzeuge hatte abschleppen lassen, die in unseren Halteverboten standen. Denn mit dieser Handlung beginnt für einen Set-AL traditionell der Tag.

Ein Set-AL bei Film- und Fernsehdrehs hat wahrlich keine dankbare Aufgabe. Er ist für eine kaum zu überblickende Anzahl an Dingen verantwortlich und oft weiß er dabei nicht genau, wo sein Verantwortungsbereich anfängt und aufhört, da sich das von Produktion zu Produktion bisweilen deutlich unterscheidet. Läuft alles bei einem Dreh gut, so schenkt fast niemand dem Set-AL auch nur die geringste Beachtung. Läuft irgendetwas schief, kann man davon ausgehen, dass er seinen Kopf dafür hinhalten muss.

Die Hierarchien an einem Set sind mitunter schwer zu durchschauen und deutsche und internationale Crews unterscheiden sich hierbei noch einmal voneinander. Als Set-AL jedenfalls hält man sich am Besten immer in der Nähe des Regie-Assistenten auf, der nach dem Regisseur im Prinzip der wichtigste Mensch am Set ist. Alles, was der Regisseur sich in seiner Fantasie so ausmalt, teilt er dem Regieassistenten mit. Dieser ist derjenige, der diese Ideen in Befehle umsetzt, die Zeit so einteilt, dass alles zu schaffen ist und dafür sorgt, dass alle am Set zu jeder Zeit das Richtige tun. Für solch banale, aber durchaus entscheidende Aufgaben hat der Regisseur selbst keine Zeit, zudem stünden Beschäftigungen dieser Art vermutlich seinem kreativen Fluss im Wege. In der Hierarchie kommt hinter dem Regieassistenten der Set-AL, dem die Fahrer und Runner unterstehen und der grundsätzlich dafür verantwortlich ist, dass am Set alles dort steht, wo es muss, gegebenenfalls an Wasser und Strom angeschlossen ist und funktioniert. Zudem koordiniert er die einzelnen Fahrten und Abholungen. Gewissermaßen sichert man als Set-AL die Infrastruktur, damit die Anderen sich nach Herzenslust austoben können.

Erst eine gewisse Größe an Crew und Equipment rechtfertigt die Bezahlung eines Set-ALs. Wird man für diese Position gebucht, kann man daher davon ausgehen, dass man es mit einer einigermaßen aufwändigen Produktion und mit einem dementsprechend riesigen logistischen Aufwand zu tun bekommt.

Kommt man morgens ans Set, so muss man entscheiden, welche Autos in den eigens eingerichteten Parkverbotszonen man abschleppen lässt, um einen runden Ablauf zu gewährleisten. Stehen die Fahrzeuge schon bei der Schilderaufstellung, die 72 Stunden vor Drehbeginn zu erfolgen hat, so muss die Produktionsfirma die Abschleppkosten übernehmen, ansonsten zahlt der Fahrzeughalter dafür selbst. Um Aufgaben dieser Art zu bewältigen, ist man als Set-AL immer der erste am Set, die restliche Crew taucht dann nach und nach auf. Die Ankunftszeit eines jeden ist minutiös in einer sogenannten Dispo festgelegt, einer Art Fahrplan für jeden Drehtag mit allen Informationen, Wetterdaten, Anfahrtsplänen und Kontaktdetails. Wenn der Rest der Crew eintrudelt, ist man meistens schon stundenlang vor Ort.

Sobald die reservierten Parkflächen dann frei sind, gilt es, alle Fahrzeuge der Crew auf diesen unterzubringen und zum Teil mit Strom zu versorgen. Es gibt in der Regel mehrere LKW sowie Aufenthalts- und Maskenbusse und natürlich das Catering. Je größer der Aufwand an einem Set und die Anzahl der Komparsen, desto größer ist auch der Fuhrpark. Doch auch bei kleineren Projekten ist man nicht selten überrascht, wie viele Fahrzeuge am Drehtag plötzlich auftauchen. Der Strom für das Catering ist essentiell. Gibt es bei Ankunft der Beleuchter keinen heißen Kaffee und ein paar Snacks, kann man als Set-AL eigentlich schon einpacken. Diese Enttäuschung in der Crew lässt sich später kaum mehr ausbügeln, nicht mal mit einem extra Tablett voller Brote mit rohem Schweinemett, am Set gemeinhin unter der Bezeichnung ‚Beleuchtermarmelade‘ geläufig.

Wenn erst mal alles steht, kann man kurz verschnaufen. Aber auch beim Trinken seines Kaffees am Catering-Buffet sollte man geschäftig wirken, da beim Rest der

Crew sonst direkt Sorge aufkommt. Nun wartet man im Prinzip auf die ersten Fehlermeldungen, Umbauten und sonstigen Herausforderungen, die eine Zusammenarbeit von Leuten, die einander kaum kennen, an einem Ort, den sie in der Regel gar nicht kennen, mit sich bringt. Entweder - und das ist die bessere Variante – es kommt ein Funkspruch auf dem Walkie Talke an, in dem mein Name fällt. Oder aber mein Telefon vibriert in der Hosentasche. Dieses Vibrieren lässt meistens auf größere Probleme schließen, da jemand anruft, der sich nicht am Set befindet. Dazu kommen natürlich noch all jene Leute, die sich mit den noch so kleinen Sorgen und Nöten direkt an mich wenden.

Der Set-AL koordiniert seine Fahrer, die zugleich auch als sogenannte Runner fungieren, im Großen und Ganzen also Mädchen für alles sind. Auch ich hatte diese Position schon einige Male hinter mir und wusste daher, worauf es ankam, wenn ich meine Anweisungen machte. Denn die Art und Weise, wie ich meine Ansagen formulierte, hatte entscheidenden Einfluss darauf, ob und wie diese dann umgesetzt wurden. Abgesehen davon gibt es natürlich immer mal wieder Menschen, mit denen man einfach nicht harmoniert, was die Sache dann noch komplizierter macht. Im besten Fall hat man eine Crew von Leuten, mit denen man bereits gearbeitet hat, denn ein Set-AL ist letztlich immer nur so gut wie seine Runner und Fahrer und auch nur so gut, wie er diese im Griff hat. Oft ist den Runnern eigentlich alles egal, was man ihnen bei ihrem Tagessatz, den Arbeitsbedingungen und den Einsatzzeiten kaum verdenken kann. Trotzdem muss man es schaffen, dass sie Anweisungen ausführen, und das bestenfalls schnell. Es gibt hier unterschiedliche Ansätze. Es gibt Set-ALs, die ausschließlich Anweisungen brüllen und selbst nicht einen Finger krumm machen. Das kann unter Umständen funktionieren. Andere, und dazu gehörte ich am Anfang, sind eigentlich nur mehr der Rädelsführer der Runner/Fahrer, aber letztlich doch einer von ihnen. Das bedeutete im Endeffekt, dass man die ganzen körperlichen Aufgaben der Runner mit erledigte und zusätzlich dazu noch die Organisation zu verantworten hatte. Das waren dann nicht selten zu viele Aufgaben auf einmal und auf diese Art und Weise war der Job nicht tragbar. Im Laufe der Zeit ging ich daher dazu über, einen Mittelweg zu finden. Tatsächlich verhalten sich die Runner/Fahrer nicht kollegialer, wenn man ihnen bei allem hilft, sondern werden der Erfahrung nach immer fauler und aufmüpfiger. Man sollte jedoch immer mal wieder mit anfassen, um die Moral hochzuhalten. Das Ganze ist ein nicht gerade simples Psychologie-Spielchen.

Während gedreht wird, muss man hauptsächlich dafür sorgen, dass es im Zelt, wo bei einem Werbespot die Agentur und der Kunde und beim Film mitunter wichtige Schauspieler sitzen, immer warm ist und genügend Essen auf den Tischen steht. Man muss sich mit dem Catering absprechen und die Blocker koordinieren, die Fußgänger und manchmal Fahrzeuge davon abhalten, sich ins Bild zu bewegen. Man muss Abholungen organisieren, denn oft kommen später noch andere Crewmitglieder oder Komparsen hinzu oder fallen weg. Alles ist immer in Bewegung und nicht selten werden Ansagen binnen weniger Minuten komplett revidiert. Genauso kann es sein, dass von einer Minute auf die andere etwas am Set benötigt wird. Hinzu kommen unvorhersehbare Aufgaben wie etwa das Vertreiben von Zigeunern, die sich am Catering bedienen, die Besänftigung einer Horde betrunkener Jugendlicher, die sich vor die Kamera drängen, oder das Suchen zweier Komparsen, die sich knutschend auf der Toilette verschanzt haben.

Die stressigsten Drehs sind zweifelsohne jene, bei denen an einem Tag gleich an mehreren Orten gedreht wird. Ist eine Szene abgedreht, muss man einen Umzug des gesamten Fuhrparks, aller Crew-Mitglieder und Komparsen zum nächsten Drehort so organisieren, dass so wenig Zeit wie möglich dabei verloren geht. Die ganzen Eventualitäten, die ein solcher Umzug mit sich bringt, lassen sich nur bis zu einem gewissen Grad planen, besonders, da bei fast allen Drehs nicht nur am Personal, sondern auch an der Anzahl der Fahrzeuge gespart wird.

Im Laufe der Jahre absolvierte ich einige Einsätze als Set-AL, fast alle bei Drehs für Werbefilme. Die Regisseure und die Marken, für die geworben wurde, unterschieden sich, gleichbleibend aber waren lange Arbeitszeiten und viel Stress.

Ich musste ganze Straßenzüge von Autos freihalten, ohne eine Genehmigung dafür zu haben, lediglich bewaffnet mit ein paar Pylonen. Ich musste meine Leute komplette Brunnen mit Kleenex trocken legen lassen, damit sie im Bild wie eine Treppe aussahen. Ich musste ein mittelgroßes Zelt mit Heizung, Strom, Essen und Zeitschriften für den Kunden innerhalb einer Stunde drei Mal auf- und wieder abbauen lassen, da sich der Regisseur nicht entscheiden konnte, wo denn nun sein Bildausschnitt war. Der Runner, der hierbei den größten Teil der Arbeit hatte, war nur noch wenige Worte davon entfernt das Handtuch zu schmeißen und es kostete mich all meine Überredungskunst, ihn zum Bleiben zu bewegen.

Während eines Einsatzes wurde mir fast zum Verhängnis, dass ich bei unseren Umzügen gleich zwei Mal die Make-Up-Künstlerin am alten Set vergaß. Das wäre wegen der verzögerten Vorbereitung der neuen Komparsen ja schon schlimm genug gewesen. Bei dieser aufmüpfigen Italienerin aber handelte es sich zu allem Überfluss auch noch um die Freundin des egomanischen Regisseurs. Zwei Stunden lang wurde mir nach dem zweiten Fauxpas nahegelegt, einen großen Bogen um ihn zu machen, bis dieser sich wieder auf wichtigere Dinge konzentrierte.

Bei einem anderen Dreh war der Regisseur weniger schlimm als der Ruf, der ihm vorauseilte. Man hatte sich vor Ankunft des Koreaners im Büro erzählt, dass er bei seinem letzten Besuch am ersten Drehtag morgens aus einem Casino, am zweiten aus einem Edelbordell abgeholt werden musste. Damit nicht genug, sollte er wohl stets einen Assistenten bei sich haben, dem er in die hohle Hand aschte. Glücklicherweise erwies sich zumindest Letzteres in diesem Fall als falsch, nichtsdestotrotz war der Dreh eine wahre Tortur. Es regnete durchgehend, was nicht nur bedeutete, dass man nach 4 von 14 Stunden bereits nass bis auf die Haut war, sondern auch, dass wir den Samsung-Wagen, der beworben wurde, nach jedem Take aufs Neue trockenreiben und ihm eigens ein mobiles Dach aufbauen mussten. Auf der Haben-Seite lässt sich hier wohl verbuchen, dass ich die Ehre hatte, mit Hilfe von 10 Blockern in Warnwesten die gesamte Friedrichstrasse in Intervallen vollzusperren. Wer kann das schon von sich behaupten?

Ein anderer Einsatz erschien im Vorfeld sehr einfach. Hat man dieses Gefühl, sollte man immer bereits hellhörig werden. Das Projekt war ein Fotoshooting eines dänischen Teams in den Ruinen der alten Heilstätten von Beelitz und ich sollte eigentlich nur dabei sein, da der Verwalter diesen Drehort nicht vermietet, wenn nicht jemand als Set-AL mit vor Ort ist. Zu Anfang war auch alles tatsächlich sehr entspannt, wenngleich die verhärmte Producerin sich immer wieder neue Probleme ausdachte.

Vermutlich musste sie mich in Action sehen, um ein besseres Gefühl zu haben, da sie mich ja schließlich auch bezahlte. Am zweiten Tag jedoch wuselten auf dem eigentlich riesigen Gelände noch zwei weitere Teams herum. Eines drehte einen Dokumentarfilm für das ZDF, ein anderes machte wie wir Fotos in diesem außergewöhnlichen Ort mit seiner Weltuntergangsstimmung. Mit dem ZDF einigten wir uns kollegial, doch der Fotograf des anderen Teams machte schnell klar, dass er glaubte, der Macker vom Acker zu sein. Er wollte Aufnahmen mit einer knapp 80-jährigen Dame machen, die in den 60er Jahren offenbar die erste Frau gewesen war, die das Vogue-Cover zierte. Sie verlangte pro Tag 20.000 Euro an Gage und man musste für dieses Shooting eigens ihre Managerin aus der Schweiz sowie ihren Make-Up Künstler aus LA einfliegen. Der Fotograf glaubte, dass das Grund genug sei, einen Raum der Ruine von uns einzufordern. Dieser sah zwar aus wie wahrscheinlich 267 andere Räume auf dem schier endlosen Gelände, er war dummerweise aber gerade jener, in dem wir seit zwei Stunden fotografierten. Doch genau den wollte er und er gebärdete sich dabei wie ein Kind an der Supermarkt-Kasse. Was nun folgte, war ein einstündiger Streit, bei dem ich als diplomatischer Vermittler agierte. Schnell wurde klar, dass der arrogante Münchner unsere Producerin auch noch persönlich gekränkt hatte, in dem er sie beiläufig ‚baby' genannt hatte. Ich schloss aus ihrer völlig übertriebenen Verärgerung, dass sie vermutlich lange nicht mehr so angeredet worden war. Und so musste ich dann letzten Endes zwei erwachsene Menschen zueinander führen, den einen bitten sich zu entschuldigen und der anderen schonend beibringen, dass wir einen Kompromiss brauchten, wenn wir hier alle ungestört weiterarbeiten wollten. Ich konnte mir das Lachen dabei nicht ganz verkneifen, denn ich fühlte mich wie ein Kindergärtner. Jedenfalls einigte man sich mit meiner Hilfe schließlich und die beiden Teams koexistierten für die nächsten Stunden einigermaßen harmonisch. Als die Diva eingetroffen war, mussten sich alle noch ein paar mehr Spleens antun. Sie selbst war schon anstrengend genug, aber ihre Managerin sprang für die komplette Zeit ihrer Anwesenheit zwischen den arbeitenden Menschen herum und machte völlig unnütze Fotos mit ihrem ipad. Ich dachte mehrmals bei mir, dass die Dinge so einfach sein könnten, wenn sich einfach alle rational und wie vernünftige Menschen benähmen. Die Dänen jedenfalls versuchten noch Wochen nach dem Dreh, aufgrund der Ereignisse den Preis zu drücken. Nicht alles, dass sie verlauten ließen, durch das Verhalten des Bayern seelischen Schaden genommen zu haben.

Doch ein wiederum anderer Job setzte allen Erlebnissen wirklich die Krone auf. Ich hatte als Scout in einer Aprilnacht nach einer Wiese für diesen Werbespot gesucht und im Produktionsbüro dann mitbekommen, dass es zu wenig Personal für den Dreh gab und man händeringend einen Set-AL suchte. Die Produktion geriet gerade völlig ins Trudeln, aber es ließ sich weit und breit niemand für die nun zusätzlich geschaffene Position finden. Trotz meiner geringen Erfahrung bot ich mich an, da ich schon lange gemerkt hatte, dass man sich einfach wichtig machen musste, wollte man etwas erreichen. Und nur ein paar Stunden später war ich tatsächlich dabei. Einen Stress diesen epischen Ausmaßes hatte ich noch nicht erlebt. Es gab sogar außer mir noch einen Motiv-Aufnahmeleiter, der die Pferde beisammenhalten sollte, aber trotzdem lief in den nächsten Tagen alles permanent aus dem Ruder.

Wir drehten an bis zu fünf Orten pro Tag, für die Hälfte davon gab es nicht mal Genehmigungen. Der Regisseur war ein charismatischer, aber auch geradezu psychopathischer Typ, der einfach grundsätzlich machte, was er wollte. Die ganze Crew schien ihn zu verehren und zur selben Zeit zu fürchten wie der Teufel das Weihwasser. Jedermann tanzte komplett nach seiner Pfeife. Ich ließ mir sagen, dass er eine Ikone der Werbefilmerei war. Einige betrachteten es als Ehre, für ihn arbeiten zu dürfen, und hätten dies eventuell sogar ohne Gage gemacht. Mir schien er zunächst mal nicht mehr als ein Tyrann, der eine komplette Crew in Atem hielt.

Wir drehten auf einem Hausboot, im Pool des Badeschiffes und im Hof des Produktionsbüros. Wir drehten aber auch inmitten des Görlitzer Parks, wo auf Kommando säckeweise eingefärbte Federn und Farbpigmente in die Luft geworfen wurden, die man noch Tage später im ganzen Kiez wiederfinden konnte. Es war nahezu unmöglich, die Menschen im Park davon abzuhalten ins Bild zu laufen und so wurden Zuschauer schnell zu Darstellern. Das wiederum hieß für uns, dass wir all jene Leute eine Abfindungserklärung unterzeichnen lassen mussten, um die Bilder später verwenden zu können.

Direkt von diesem Drehort, den wir wie ein Schlachtfeld zurückließen, zogen wir im kompletten Tross mitten in die 1.Mai-Demo, die mir der Aufhänger für das ganze Konzept dieses Drehs zu sein schien sowie der Hauptgrund, warum sich die amerikanische Firma für Berlin als Drehort entschieden hatte. Mir war klar, dass der Regisseur die Gewalt in der Demo auf seinen Bildern einfangen wollte. Er war berüchtigt dafür, kompromisslos zu filmen. Tatsächlich hatte uns der Produzent zu Beginn dieses Tages dazu geraten, einfach wegzulaufen, sollte es tatsächlich brenzlig werden. Was ich erst vor Ort realisierte, war, dass unser Ausstatter allen Ernstes ein paar Rauchbomben an der Polizeikontrolle vorbeigeschmuggelt hatte. Für den Fall, dass es nicht so knallte, wie der Regisseur sich das vorstellte, konnte man auf diese Weise etwas nachhelfen. In meinen Augen war das nicht nur ein bisschen kriminell. Doch glücklicherweise sollte es auch nicht dazu kommen.

Denn kaum waren wir ganz vorne in der Demo angekommen, flogen auch schon die Fetzen. Und die Steine. Die Polizei schlug mit Gummiknüppeln auf die Demonstranten ein, diese schlugen zum Teil zurück oder versuchten panisch aus dem Kessel zu fliehen, den der Hermannplatz nun bildete. Unsere fünfzehnköpfige Gruppe aber stand zwischen allen Stühlen. Die Polizei hielt uns für Demonstranten und beim Zuschlagen war man bekanntlich nicht wählerisch. Die Demonstranten wiederum hatten längst mitbekommen, dass wir ihre Veranstaltung für unser Produkt instrumentalisierten. Mehrmals sah es so aus, als bekämen wir auch von dieser Seite demnächst Schläge. Als es dann richtig knallte, zog mich der Producer gerade noch am Ärmel in einen Hauseingang, bevor die Polizei den ganzen Straßenabschnitt stürmte. Um uns herum gab es bereits einige blutige Nasen, unsere Models jedoch sahen nach wie vor aus wie aus dem Ei gepellt. Und das, obwohl der Regisseur sie dazu angewiesen hatte, die Polzisten von Angesicht zu Angesicht zu beschimpfen. Ich hielt mich an die Ansage der Produktion und machte mich vom Acker. Ich wollte mir für das bisschen Geld nicht auch noch die Nase brechen lassen.

Dann wurde eine Party gedreht, bei der alle 150 Gäste eigens für diesen Zweck gecastet worden waren. Diese kleidete man dann vor Ort komplett in die Klamotten der Firma ein. Jeder Neuankömmling musste seine eigenen Klamotten in einer großen Tüte zusammen mit seinem Ausweis an einer Art Garderobe abgeben, und bekam sodann eines der Outfits aus dem riesigen Lager. Im Hof spielte eine Band nach der anderen und die Deko war opulent. Schnell wurde die Party so wild, wie man es vorgesehen hatte. Jeder einzelne der Anwesenden hatte ein Ego, das es mit dem des Regisseurs locker aufnehmen konnte. Auch wenn ich mit keinem dieser Menschen auch nur ein Wort wechseln wollte, so kam ihre Attitüde der Grundstimmung doch tatsächlich zugute. Das Gerücht machte die Runde, dass man in die Bowle etwas hineingemischt hatte, etwas Chemisches, und das zumindest würde die Derangiertheit der Menschen erklären, die schon bald in jeder Ecke miteinander rummachten und sich im Keller des Hauses in Ekstase tanzten. Das und die Hoffnung jedes Einzelnen, vielleicht tatsächlich am Ende ein paar Sekunden lang in diesem Spot zu sehen zu sein, der weltweit ausgestrahlt werden sollte.

Meine Aufgabe bei der Party war es, die kleine Gruppe jener Darsteller zusammenzuhalten, die etwas besser aussahen als der Rest und dafür auch deutlich mehr Geld bekamen. Und das war gar nicht mal so leicht. Die ganze Regie-Riege blieb eine Zeit lang unauffindbar, man widmete sich wohl entweder illegalen Substanzen oder aber den jungen Models, die für ein wenig Popularität wirklich alles getan hätten. Doch plötzlich waren sie zurück und der Regisseur wollte nun unbedingt noch eine Szene draußen drehen. Es war mittlerweile 4 und ich kam mir vor, als wäre ich der einzige Mensch auf der Feier, der noch klar denken konnte. Als ich das Model seiner Wahl gefunden hatte, musste ich feststellen, dass dieses sich vermutlich nicht mal an ihren eigenen Vornamen erinnern konnte. Gemeinsam mit ihrem Begleiter schleifte ich das Häufchen Elend nach draußen, wo der Regisseur aber glücklicherweise schon ein anderes Mädel gefunden hatte, dessen Arsch ihm gefiel.

Als nur noch wenige Leute übrig waren, deren Zustand sich mittlerweile am Rande des Wahnsinns bewegte, filmten wir noch einen armen Kerl, der bei 0 Grad und nur mit einem T-Shirt bekleidet auf einem umgedrehten Wohnzimmertisch mit Außenborder über die Spree schippern musste. Danach hatte ich wirklich keine Lust mehr und gemeinsam mit der Regieassistentin beschloss ich zu meutern. Der Regisseur beteuerte, dass er die Situation auch mit seinen eigenen Leuten im Griff habe. Während er uns das sagte, fokussierte er seine Kamera gerade auf den Schritt einer jungen Schwarzen, die sich ausgezogen hatte und es sich gerade vor allen Leuten selber besorgte. Ich fragte mich noch kurz, ob das auch eine Szene für den Werbefilm oder eher für den privaten Gebrauch des Regisseurs werden würde, dann verließ ich den Ort des Geschehens, um wenigstens noch ein paar Stunden Schlaf zu ergattern.

Nach drei Tagen, an denen jeweils von 15 Uhr bis ins Morgengrauen des folgenden Tages gedreht wurde, ließen sich in der Crew deutliche Ermüdungserscheinungen erkennen. Doch der Spaß war noch nicht zu Ende. Unser letzter Drehort war ein Hügel am Rande der Stadt, eine ehemalige Mülldeponie. Wieder war es klirrend kalt und wir verbrachten dort die ganze Nacht. Meine Anwesenheit war kaum mehr von Nöten, da es hier weder groß etwas zu organisieren gab noch etwaige Schaulustige, die vom Geschehen fern gehalten werden mussten. Aber ich wagte nicht zu fragen, ob ich mich aus dem Staub machen konnte und so musste ich mir die Misere bis zum bitteren Ende mitansehen.

Die selbstverliebten Models taten mir nur bedingt leid, als sie in kurzen T-Shirts im eisigen Wind stehen mussten. Eher bedauerte ich die beiden Modellbauer, die den Gyrocopter, einen ferngesteuerten Hubschrauber, gebaut hatten und ihn nun immer und immer wieder über die Models fliegen mussten, um ein paar Aufnahmen aus der Vogelperspektive zu bekommen. Der Regisseur erinnerte mittlerweile vom Aussehen und Gebärden her an einen Geisteskranken, den nur noch wenige kleine Ereignisse von einem Amoklauf trennten. Dementsprechend schrie er die Modellhubschrauber-Piloten am laufenden Band an und ich wusste intuitiv, das würde nicht lange gut gehen. Und tatsächlich verunsicherte er die beiden introvertierten Typen dermaßen, dass sie das etwa 10.000 Euro teure Gerät schließlich mit voller Wucht in den Hang steuerten. Die Einzelteile flogen den mittlerweile am ganzen Körper zitternden Darstellern nur so um die Ohren.

Statt Bedauern äußerte der Regisseur jedoch pure Schadenfreude. Er tat sich kurz in einer kleinen Gruppe mit seinen engsten Vertrauten und dem Producer zusammen und sie lachten sich zusammen fast tot. Interessanterweise entbrannte nur zwei Stunden später, als die letzte Szene endlich im Kasten und die Sonne bereits im Begriff aufzugehen war, ein bitterer Streit zwischen dem Producer und dem Regisseur, die sich gerade noch gemeinsam in Schadenfreude ergangen hatten. Als der Producer schließlich wutentbrannt und mit erhobenem Mittelfinger den Hang in Richtung Stadt hinablief, bedachte ihn der Regisseur fünf Minuten lang mit den schlimmsten Beleidigungen, die ihm einfielen. Alle Umstehenden hatten keine Worte mehr, geschweige denn die Kraft zu sprechen.

Der Spot wurde ein paar Wochen später weltweit ausgestrahlt. Nur in England nahm man ihn direkt vom Markt, da der gewaltverherrlichende Part in diesem Moment nicht so gut auf die britischen Inseln passte, wo jugendliche Randalierer gerade im Begriff waren, Teile von Londons Innenstadt in Stücke zu zerlegen und danach anzuzünden.

Der Job als Set-AL ist immer aufregend, aber vor kurzem habe ich mal bewusst überlegt, wie alt die älteste Person war, die ich je in dieser Position gesehen habe. Ich schätzte das Alter auf Mitte 30 und ich denke tatsächlich, dass man einem Job wie diesem weder körperlich noch geistig gewachsen ist, wenn man diese Marke überschritten hat. Der große Reiz dieses Jobs, wie im Prinzip jeden anderen Jobs an einem Filmset, besteht darin, dass man Unmögliches möglich macht und für kurze Zeit eine eigene Realität erschafft. Man tut das zusammen mit teils wildfremden Menschen und nicht selten unter dem Einsatz all seiner Kräfte. Fast alle Menschen in diesem Metier sind Freigeister und blicken auf ein buntes Leben zurück.

Ich kann mir kaum einen stressigeren Beruf vorstellen. Man ist mitunter 16 Stunden auf den Beinen. Man muss permanent seinen Verstand beisammenhalten und ständig Entscheidungen treffen. Dazu legt man meistens große Wegstrecken zu Fuß zurück und verausgabt sich auch noch körperlich bis zum Limit. Das Stresslevel ist konstant hoch und seinen Stundenlohn sollte man sich besser auch nicht ausrechnen. Und doch werde ich beim nächsten Anruf sicherlich wieder ja sagen, wenn man mir einen Posten als Set-AL anbietet. Ich sehe es als sportliche Herausforderung.

Bezahlung: € 200 – € 350/ Tag.
Arbeitsaufwand: Sehr hoch.
Gelernt fürs Leben: Wie man ein Hochspannungs-Aggregat erdet.
                    Und ein paar andere Dinge.

73. Kreditkarten-Andreher am Flughafen

Die Versprechen waren rosig gewesen: Wenig Aufwand, überdurchschnittliche Bezahlung und Kontakt ausschließlich mit zivilisierten Menschen. Und wenn es gut lief, dann konnte man denselben Job auch am Flughafen auf Mallorca machen. Nicht dass mich Mallorca sonderlich gereizt hätte, aber das Argument mit den zivilisierten Menschen hatte schließlich gezogen. Denn das wäre nun wirklich mal eine Ausnahme gewesen. Warum nur musste ich immer erst mal alles glauben, was man mir erzählte?

Widerwillig zwängte ich mich in den einzigen schwarzen Anzug, den ich besaß. 40 Euro, maßgeschneidert aus Vietnam, endlich kam das Ding mal zum Einsatz. Dann machte ich mich auf den langen Weg zum Flughafen Berlin Schönefeld.

Der Stand meiner Firma war mitten in der Abflughalle des schmucklosen Flughafens aufgebaut und mich erwarteten bereits drei Leute, denen die Motivation und der Ehrgeiz nur so aus den strahlenden Gesichtern zu springen schienen. Ein Typ mit einer akkuraten Frisur und einem Gewinnerlächeln im Gesicht begrüßte mich, stellte mich den Anderen vor und erläuterte den Job. Die beiden Mädels in ihren knappen Business-Outfits grinsten derweil debil um die Wette.

Und schon begann einer der längsten Tage meines Lebens. Der Deal war mal wieder eine Bezahlung auf Provisionsbasis. Bei diesem Job jedoch gab es nicht mal ein sogenanntes Fixum, ein erfolgsunabhängiges Grundgehalt. Verkaufte ich nichts, dann verdiente ich auch nichts, so einfach war die Sache. Gönnerhaft hatte der Typ, der mich ein paar Tage zuvor eingestellt hatte, mir aber mitgeteilt, dass dafür die Provisionen höher seien als irgendwo sonst. Und ein Fixum, das sei doch ohnehin etwas für Loser, hatte er spöttisch bemerkt. Ich hatte verstanden, worauf er hinaus wollte. Ich bekam also nur dann Geld, wenn ich jemanden davon überzeugen konnte, ein Jahr lang diese spezielle Kreditkarte zu testen. Sie bot zusätzlich zu den Standardfunktionen Rabatte in bestimmten Läden sowie einen exklusiven Club, der offenbar zahlreiche weitere Vorteile mit sich brachte. Gut, die Leute kauften hier mit ihrer Unterschrift nicht gleich zusätzlich ein Reihenhaus und der Vertrag wurde auch nicht automatisch auf Lebenszeit verlängert, wenn man die Kündigung vergaß. Alledem zum Trotz gab es natürlich Kleingedrucktes. Ich kann mich nicht erinnern, worum es ganz am Ende des auszufüllenden Zettels ging, aber das Lesen eben dieser Zeilen führte mit verlässlicher Regelmäßigkeit dazu, dass die wenigen Leute, deren Interesse ich mit meinen Lobpreisungen geweckt hatte, im letzten Moment dann wieder absprangen. Wenn ich überhaupt mal jemanden so weit bekam, mit mir zum Stand zu laufen und sich die ganze Chose erklären zu lassen. Interessanterweise beobachtete ich, dass meine Mitstreiter da durchaus mehr Erfolge verbuchen konnten. Sehr sorgfältig falteten sie die Durchschriften der unterzeichneten Verträge und verstauten sie wie einen Schatz in einem eigens dafür vorgesehenen Fach des Plastikstandes. Denn die Verträge waren am Ende des Tages bares Geld.

Zur Mittagszeit und nach etwa drei Stunden Arbeit, die leider keinerlei Früchte getragen hatten, entschuldigte ich mich und verdrückte mich nach draußen zu einem Currywurst-Stand, der in einem alten S-Bahn Waggon untergebracht war. Schlechtgelaunt schob ich mir ein paar in altem Fett frittierte Pommes hinter die Kiemen und versuchte dabei, mir nicht auch noch den guten Anzug zu ruinieren. Was für ein trostloser Ort. Was mussten eigentlich Touristen denken, die noch nie in Berlin gewesen waren und dann plötzlich hier landeten? Mit Sicherheit hatte schon mal der Eine oder Andere nachgefragt, ob sich der Pilot nicht etwa verflogen hatte. Das konnte doch unmöglich der Flughafen der deutschen Hauptstadt sein, hier sah es doch vielmehr so aus, wie man sich ehemalige Mitgliedsstaaten der Sowjetunion vorstellte. Ich schweifte ab. Die Frage war doch eigentlich: Was machte ich hier? Warum trug ich einen Anzug und machte hier einen auf motivierter Verkäufer? Wer hatte mir eigentlich jemals irgendetwas abgekauft außer haarsträubende Geschichten? Was sollte das eigentlich alles?

Nach langem Hadern mit mir selbst gab ich dem Job dann nach dem ungesunden Mittagessen noch eine zweite Chance und testete die Grenzen meiner Disziplin und meiner Leidensfähigkeit. Exakt drei weitere Stunden wollte ich probieren, wenigstens einen Menschen dazu zu bewegen, seine Unterschrift unter den heilbringenden Vertrag zu setzen. Irgendjemand musste doch diese fantastische Kreditkarte brauchen. Irgendjemand musste doch das nötige Kleingeld dafür übrig haben. Ich meine, wir waren hier ja nicht in Friedrichshain oder Marzahn, sondern an einem internationalen Flughafen, auch wenn dieser nicht danach aussah. Im Grunde war mir aber bereits klar, dass es nichts werden würde. Ich war in Gedanken schon bei meinem DJ-Gig in einer Bar am Abend und sehnte mich nach normalen Menschen ohne Anzüge, nach guter Musik, Gesprächen über wichtigere Dinge als Kreditkarten und einem starken Drink.

Und so verstrichen auch diese Stunden letztlich völlig ergebnislos. Ich hätte sie mir vermutlich sparen können. Denn wenn man nicht hinter einer Sache steht, dann kann man diese in der Regel auch nicht zum Erfolg führen. Wieder einmal hatte ich also einen Job gefunden, den ich sicherlich kein zweites Mal machen würde. Das war doch durchaus auch ein befriedigendes Ergebnis.

Bei der Verabschiedung hörte ich so etwas wie Bedauern für meine Unfähigkeit heraus. Ja, ich tat dem souveränen Gewinnertypen offenbar leid. Wie rührend. Was sollte nur aus mir werden bei diesen unzulänglichen verkäuferischen Fähigkeiten? Mallorca jedenfalls würde ich ja auf diese Weise wohl nicht so bald zu Gesicht bekommen. Mallorca. Das war nun wirklich ein Ort, den ich mir gern sparte.

Kreditkarten-Andreher am Flughafen haben seit meinem kurzen Intermezzo in dieser Branche offenbar Hochkonjunktur, vielleicht ist es aber auch nur der selektiven Wahrnehmung geschuldet, dass ich fast jedes Mal welche erblicke, sobald ich irgendwo ein Terminal betrete. Ich bin dazu übergegangen, mich taubstumm und halb blind zu stellen, denn diese Hyänen akzeptieren kaum eine andere Ausflucht. Der Flughafen Schönefeld wird nun bald geschlossen, dafür eröffnet der prestigeträchtige Berlin-Brandenburg-International seine Pforten. Trotz aller Verunglimpfungen in diesem Text werde ich ihn vermutlich vermissen.

Bezahlung: Keine.
Arbeitsaufwand: Hoch.
Gelernt fürs Leben: Kein Job ist eine Insel.

74. Rikscha-Fahrer

Schon als ich die neuartigen Plastik-Rikschas, die auf den Namen ‚Velotaxi' hörten, zum ersten mal durch Berlin rollen sah, wusste ich, dass ich diesen Job machen wollte. Das war ein Hauch von Indien mitten in der Hauptstadt, das war ein sinnvoller Schritt in Richtung mehr Umweltbewusstsein, das war Sport während der Arbeit. Es war um mich geschehen!

Und so fragte ich mich bei den am Dom auf Kunden wartenden Fahrern durch, wie ich wohl an diesen Job kommen würde. Sie gaben mir eine Adresse. Schon tags drauf stellte ich mich dort vor und wurde umgehend angestellt. Bei Antritt des Jobs in der darauffolgenden Woche bekam ich lange und kurze Hosen sowie ein Regencape vom Sponsor ausgehändigt. Zuvor hatte man meinen Personalausweis kopiert, wohl für den Fall, dass mir irgendwann mal einfallen sollte, mit einem der Gefährte nach Südeuropa durchzubrennen. Danach konnte ich mich an einem der beiden Computer für meine Wunschtermine eintragen. Die Fahrer, die schon länger dabei waren, hatten jedoch das Vorrecht auf die Terminvergabe. Und so waren die Feiertage sowie die meisten Samstage und Sonntage bereits vergeben. Doch egal, ich hatte als Student genügend Zeit, um auch an Wochentagen zu arbeiten und ich konnte es kaum erwarten, zum ersten mal vom Lager im Prenzlauer Berg bergab in Richtung Brandenburger Tor zu rollen und meine ersten Kunden aufzugabeln. Also trug ich mich einfach wahllos an einigen noch freien Tagen ein.

Der Computer spuckte mir für jeden dieser Tage eine Nummer aus, die mir sagte, welche Rikscha ich nehmen würde. Da ich vor Neugierde fast platzte, hatte ich mir gleich am selben Tag noch einen Einsatz geschnappt. Mit meiner Nummer lief ich sodann in die große Halle im Nachbargebäude, wo die knapp 100 Rikschas platzsparend verstaut waren, die man hier Velotaxis nannte. Hier bekam ich vom Lager- und Werkstattmeister mein entsprechendes Gefährt ausgehändigt. Nach seiner Gesichtsfarbe zu urteilen bekam er selten Tageslicht zu Gesicht.

Schon hier bemerkte ich, dass einige Fahrer den Job deutlich ernster nahmen als das nötig gewesen wäre. Dies war ein Phänomen, das ich bei vielen meiner unterschiedlichen Jobs erkennen konnte: Selbst wenn die Arbeit nicht viel mehr war als eine Verlegenheitslösung, so identifizierten sich doch viele Menschen schon bald vollständig mit ihr und gingen zudem völlig in der Dynamik der sie umgebenden Gruppe auf. Eine Art ungeplante Corporate Identity, die den Arbeitgeber sicherlich freudig stimmte, da er dafür nicht einmal etwas bezahlen musste. Die Personenbeförderung per Rikscha war einigen Fahrern zu einer Art Religion geworden und sie taten alles, um ihr gebührend zu huldigen. Blutige Anfänger wie ich, die noch dazu kein Bandana im Haar, keine Fahrradschuhe mit Klicksystem an den Füssen und keinen Leatherman am Gürtel trugen, wurden keines Blickes gewürdigt. Ich war ja nicht mal im Besitz einer selbstgebastelten Kühltruhe, die mit dem kleinen Elektromotor betrieben wurde, mit dem die Velotaxis für Steigungen und besonders schwere Passagiere ausgerüstet waren.

Egal, ich war ja nicht hier, um neue Freunde zu finden. Ich konzentrierte mich ganz auf meine erste Fahrt mit dem ungewöhnlichen Gefährt. Man saß auf einem bequemen Sitz wie in einem Liegerad. Vorne hatte ich ein Rad, hinten zwei und ich rollte auf herkömmlicher Fahrradbereifung. Die Kabine war vorne und hinten mit einer Scheibe versehen, die Seiten waren offen. Die Rikscha verfügte über 6 Gänge, mit denen es möglich war, das doch recht schwere Gefährt in Fahrt zu bringen. Es gab Blinker, kräftige Scheibenbremsen und den Schalter, der den Elektromotor aktivierte, den man an steilen Passagen auch trotz der geringen Übersetzung der Gänge tatsächlich brauchte. Hatte man sich einmal an die Breite des Geräts gewöhnt, konnte man der Sache einiges an Fahrvergnügen abgewinnen. Schnell wurde man aber nur, wenn es steil bergab ging.

Die erste Euphorie des Fahrgefühls wurde jedoch schon bald gedämpft von den harten Fakten. Denn schließlich hatte ich ja vorgehabt, hiermit auch noch Geld zu verdienen. Schnell musste ich jedoch feststellen, dass sich zum Einen die erfahreneren Piloten gleich morgens alle touristenstarken Plätze unter den Nagel rissen und buchstäblich die Zähne fletschten, wenn man die Verfrorenheit besaß, sich zu ihnen zu gesellen. Zum Anderen musste ich erkennen, dass die meisten Touristen die Velotaxis offenbar nicht ganz so überzeugend fanden wie ich selbst. Fotografieren und sich über das schräge Erscheinungsbild freuen, das wollten sie alle. Aber mitfahren? ‚Ach nein, lieber nicht.‘

Der Job funktionierte aber leider nun mal so, dass ich morgens bei der Abholung des Gefährts eine Tagesmiete von 5 Mark berappen musste. Alles, was ich dann im Laufe des Tages einnahm, war mein eigenes Geld. Eigentlich ein fairer Deal. Nahm ich aber nichts ein, hatte ich mir letztendlich für 5 Mark ein witziges Fahrrad gemietet. Und darauf lief es leider nur zu oft hinaus. Ab und an chauffierte ich schon mal jemanden, aber das ewige Warten auf einen Passagier in der Nähe einer der Sehenswürdigkeiten war nicht so ganz mein Fall. Zumal es sich auch dann kaum auszahlte, wenn das Warten einmal ein Ende hatte. Der grobe Richtwert, an den wir uns halten mussten, waren 2 Mark pro gefahrenem Kilometer. Das hört sich so lange nicht schlecht an, bis man einmal einen Kilometer mit diesem klobigen Gefährt und zwei beleibten Passagieren an Bord zurückgelegt hat. Dann re-evaluiert man die Kosten-Nutzen-Rechnung noch einmal aufs Neue.

Nach ein paar Einsätzen sah mein Arbeitstag daher nicht selten wie folgt aus: Rikscha abholen und sich dabei nicht von den Leatherman-Trägern abdrängen lassen. Gemächlich unter den Linden langcruisen und Röcken hinterher schauen. Keinen Kunden finden. Kaffee und Kuchen holen und dabei das umweltfreundliche Gefährt selbstgerecht im Parkverbot abstellen. In den Tiergarten fahren und dort fünf Stunden lang auf der Rückbank ein Buch lesen, bis die Tauben bereits in Erwägung ziehen, in den Radkästen zu nisten. Das Gefährt sodann widerwillig zurück in das am Hügel gelegene Lager bringen.

Im besten Fall fand ich auf dem Rückweg noch einen Fahrgast, sodass ich wenigstens die Miete für das Velotaxi wieder drin hatte. Wie es das Schicksal wollte, waren dies dann aber oft dermaßen adipöse Gestalten, dass ich selbst mit Hilfe des Elektromotors Mühe hatte, überhaupt von der Stelle zu kommen. Gönnerhaft zahlten Leute dieser Art dann meist ein mickriges Trinkgeld, nachdem sie ihre Riesenärsche wieder aus dem Fond geschält hatten. Hatte mich der Tag im Park zu sehr entspannt, sah ich es nicht mal ein, diese letzten Kröten zu verdienen. Mehrmals fuhr ich starren Blickes an mir winkenden Amerikanern vorbei. Sollten sie sich doch selbst eine Rikscha mieten!

Leider hat sich das Velotaxi auch mehr als ein Jahrzehnt später nicht wirklich im Straßenverkehr durchgesetzt. Segways haben die Gefährte als außergewöhnlichstes Fortbewegungsmittel abgelöst. Ich sehe jedoch immer mal wieder Rikschas im Einsatz, viele Fahrer haben sich mittlerweile eigene, individuelle Gefährte zusammengeschraubt und arbeiten auf eigene Faust. Ich meine oft, in diesen ein paar der überambitionierten Fahrer von damals wiederzuerkennen, die heute nicht selten graue Haare, dafür aber recht beeindruckende Waden vorzuweisen haben.

Bezahlung: Pro Fahrt, je nach Verhandlung.
Arbeitsaufwand: Sehr gering.
Gelernt fürs Leben: Wer sich zu sehr in seinen Job hineinsteigert, kommt
                    eventuell nicht mehr von ihm los.

75. Überlebender als Beruf

Auch wenn dies am Ende kein wirklicher Job wurde, so hatte ich mir doch mal kurz ausgemalt, wie es wäre, mit einem Auftritt bei der reißerischen Reality-Soap ‚Survivor' so viel Geld zu verdienen, dass ich mich zur Ruhe setzen konnte. Ich war Mitte 20, so langsam wurde es Zeit dafür. Anderen, deutlich hohleren Menschen war das gelungen, warum also nicht auch mir?

In der Serie sollten zehn Menschen gemeinsam auf einer einsamen Insel ausgesetzt werden und dort versuchen, ganz nach Robinson-Crusoe-Manier ein paar Wochen lang zu überleben. Natürlich sollten auch die sich notgedrungen einstellenden zwischenmenschlichen Probleme nicht zu kurz kommen. Der Zuschauer wollte schließlich was zu glotzen haben. Die erste Staffel von Big Brother lag bereits knapp zwei Jahre zurück und von nun an sollten sich die Produzenten immer abwegigere, ekligere und gewagtere Konzepte ausdenken, um mit einer Reality-Soap noch jemanden hinter dem Ofen hervorzulocken.

Ich lebte seit kurzer Zeit in Berlin und zog mein Studium immer weiter in die Länge. Das Nachtleben und all die neuen Bekanntschaften in der Hauptstadt machten es nicht gerade leichter, sich zum Schreiben von Hausarbeiten und dem Auswendiglernen trockener Theorie zu disziplinieren. Ich sehnte mich nach etwas Anderem. An einem besonders abenteuerlustigen Tag schickte ich daher nach reiflicher Überlegung endlich meine Survivor-Bewerbung samt eines eigens für diese Zwecke modifizierten Lebenslaufes raus, der dem Adressaten etwas mehr Welterfahrung vorgaukelte als ich wirklich vorzuweisen in der Lage war. Und tatsächlich bekam ich vier Wochen später in einem Anruf mitgeteilt, dass ich in der engeren Kandidaten-Auswahl sei. Das bedeutete in diesem Fall, dass ich einer von 300 Finalisten war, die aus etwa 30.000 Bewerbungen ausgefiltert worden waren. Kein schlechter Anfang. Man bat mich zum Casting nach Kreuzberg und ich konnte eine gewisse Aufregung nicht verhehlen.

Nachdem man mich lange in einem Warteraum hatte sitzen lassen (ich war darauf eingestellt, dass bereits dies gefilmt wurde und überdachte daher jede meiner Bewegungen), wurde ich in einen kargen Raum gebeten. Dort stellte mir eine Gruppe aus drei Leuten ziemlich viele Fragen, von denen ich manche doch reichlich indiskret fand. Ich merkte so langsam, worauf ich mich hier eingelassen hatte. Vom Begriff der Privatsphäre konnte ich mich verabschieden, wenn das Ganze klappen sollte. Und das war sicherlich erst der Anfang.

Je mehr Zeit verging, desto mehr zweifelte ich daran, dass dieses Interview schon alles sein konnte. Wie wollte man denn anhand dieser paar Fragen wirklich feststellen, ob ich mich in freier Wildbahn gegen ein Krokodil behaupten konnte, ob ich in der Lage war, die Gallenblase fachgerecht aus einem Fisch zu schälen, und wie mein Körper beispielsweise auf drei Tage ohne Süßwasser reagieren würde?

Ich hatte mich nicht getäuscht. Als die Fragen alle beantwortet schienen, bat mich die Interviewerin, doch mal meine Hand in den dafür präparierten Schuhkarton unter meinem Stuhl zu stecken. Ich tat wie mir geheißen. Auf der Oberseite des Kartons hatte man eine Art Schlauch montiert, durch den man zwar seine Hand stecken, nicht aber ins Innere des Kartons hineinblicken konnte. Zunächst fühlte sich der Inhalt der Box an wie kalter Sand, doch nach ein paar Sekunden merkte ich, dass sich alles zwischen meinen Fingern bewegte. Ich konnte im Gesicht meines Gegenübers lesen, dass dies nun ein Schlüsselmoment im Gespräch werden würde. Sie bat mich, die Schachtel zu öffnen und erwartete neugierig meine Reaktion.

Als ich tat wie mir geheißen blickte ich in ein Meer kleiner, weißer Maden. Aber das ließ mich nun wirklich kalt wie Eis. Ich hatte zwar zu dieser Zeit noch nicht die Ehre gehabt, ein paar Exemplare jener possierlichen Tierchen zu verspeisen, aber die Maden waren nicht sonderlich groß, schneeweiß und wirkten alles in allem recht sauber. Und mit Würmern aller Art hatte ich noch nie ein Problem gehabt, hatte ich doch früher nicht selten meinen Bus verpasst, da ich auf dem Weg dorthin noch alle Regenwürmer von der Straße rettete. Ich sah, wie die Interviewerin wohlwollend ein Häkchen auf ihrem Zettel machte. Dann fragte sie mich, ob ich denn solche Maden auch essen würde, wenn ich mich schon so wenig davor ekelte. Ich erwiderte, dass ich das auf jeden Fall tun würde, so es denn sonst nichts Anderes gäbe, um meinen Magen zu füllen.

‚Na, dann iss doch jetzt mal eine‘, sagte sie keck. Ich entgegnete, dass ich nicht fände, das sei nötig, denn ich habe gerade zu Mittag gegessen.

Damit war mein Vorgespräch beendet. Auf dem Heimweg fragte ich mich noch, ob ich vielleicht doch eine der kleinen Maden hätte essen sollen. Doch eine Woche später stellte sich heraus, dass gerade meine Entscheidung, dies nicht zu tun, mich wieder einen Schritt weitergebracht hatte. Vielleicht war das psychologisch so gewertet worden, dass es für meine Charakterstärke und Unabhängigkeit sprach. Vielleicht passte ich mit meiner Weigerung aber auch einfach nur gut ins noch benötigte Profil. Schließlich wollte man auf der Insel sehr unterschiedliche Kandidaten haben, denn das würde für mehr Konflikte garantieren. Schon bald jedenfalls wollte man bei mir mit ausführlichen körperlichen und psychologischen Tests fortfahren. Ich war hin- und hergerissen zwischen Freude und Schockstarre. Nach wie vor hatte ich große Lust auf das (Über)leben auf der Insel. Ich hatte das Gefühl, dass ich die Prüfungen, die ein solches Leben bereithalten würde, eher genießen als durchleiden würde. Was mich aber mehr und mehr abschreckte, war der mediale Teil des Abenteuers. Das hatte ich zu Anfang offenbar einfach nicht zu Ende gedacht. Man würde mich voraussichtlich schlecht darstellen und man würde definitiv alles zeigen, was mir unangenehm war. So war dieses Format nun mal konzipiert, damit es Quote brachte. Nur zwei Jahre nach Big Brother wusste das eigentlich jeder. Zudem würde man mit Sicherheit alles daran setzen, mir den Spaß auf der Insel zu verderben. Niemand wollte mir dabei zusehen, wie ich eine gute Zeit hatte. So funktionierte dieses System einfach nicht.

Ich war mir nicht mehr so ganz sicher, ob ich hierfür wirklich meine Seele verkaufen sollte. Vielleicht sollte ich mich stattdessen einfach auf eigene Faust auf eine Insel begeben und dort eine Weile leben, ohne auf Schritt und Tritt von Kameras verfolgt zu werden. Dafür jedoch würde es leider keine halbe Million Euro geben. Mit der ich aber, zumindest auf der Insel selbst, ohnehin nichts würde anfangen können. Doch nur eine weitere Woche später erwiesen sich meine Grübeleien als unbegründet. Am Telefon teilte man mir mit, dass nun doch ein anderer vor mir das Rennen gemacht hatte. Der Anrufer begründete die Entscheidung vage mit einer Änderung im Konzept, die nun doch eine abgeänderte Zusammensetzung der

Kandidaten erforderte.

Ich konnte mir nicht helfen, aber schon während des Anrufes machte sich große Erleichterung breit. Ich würde zwar weiterhin arm bleiben. Das fühlte sich aber nun deutlich angenehmer an als noch vor meiner Bewerbung! Jedes Mal, wenn ich in den darauffolgenden Jahren wieder einmal verfolgte, wie Menschen sich in so gearteten Shows blamierten, es dann eventuell zu kurzem Ruhm brachten und daraufhin schon bald fallen gelassen wurden wie heiße Kartoffeln, merkte ich, wie knapp ich dieser Demütigung entgangen war und freute mich, dass dieser Kelch an mir vorübergegangen war. Das Essen von Maden scheint im Privatfernsehen heutzutage fast zum guten Ton zu gehören.

Bezahlung: Keine.
Arbeitsaufwand: Ausgesprochen gering.
Gelernt fürs Leben: Weniger ist manchmal mehr.

76. Sportevent-Ausrichter

Ich weiß nicht mehr genau, wo ich den Aquaskipper zuerst gesehen hatte. Aber ich war sofort begeistert gewesen, als ich das seltsame Sportgerät entdeckt hatte. Man konnte mit ihm per Muskelkraft übers Wasser gleiten, ich musste so ein Ding haben. Dass daraus ein Job entstehen würde, ahnte ich nicht im Traum.

Wie es der Zufall wollte, kamen mehrere Dinge zusammen, die es mir ermöglichten, diesen ausgefallenen Sport zu erlernen. Ich entdeckte bei ebay ein falsch gekennzeichnetes Aquaskipper-Exemplar, das für ein Fünftel des Ladenpreises über den Tresen ging. Und ich hatte gerade mit ein paar Freunden ein Seegrundstück in einem kleinen brandenburgischen Ort gepachtet. Kaum war der See warm genug, durchlief ich mein dreitägiges Trainingsprogramm, an dessen Ende ich den Aquaskipper tatsächlich beherrschte. Da es zu komplex wäre, die Funktionsweise dieses Gerätes, das auf der Bewegungstechnik von Delphinen basiert, hier zu schildern, sei nur gesagt, dass man sich auf einem Aquaskipper sehr schnell auf dem Wasser fortbewegen kann und dass man dabei ausgesprochen bescheuert aussieht.

In mir keimte schon bald ein Plan. Meine Recherchen zu diesem seltsamen, noch wenig bekannten Sportgerät hatten mir gezeigt, dass es außer einem kleinen Turnier in Bosnien keinerlei Wettbewerbe gab, bei denen man sich mit anderen Enthusiasten messen konnte. Ich persönlich hatte noch nie jemand Anderen auf diesem Gerät gesehen. außer vielleicht bei Youtube. Daher beschloss ich, die erste Deutsche Meisterschaft auszurichten, und zwar direkt auf unserem See.

Ich wusste, ich bräuchte zunächst die Zustimmung des Dorfes. Daher verfasste ich ein zehnseitiges Exposé, welches alle Vorzüge einer Aquaskipper-Meisterschaft hervorhob. Da ich gerade das Buch ‚The magic of thinking big' las, war ich schon bald dazu übergegangen, nicht mehr eine deutsche, sondern gleich eine Europäische Aquaskippermeisterschaft zu planen. Was sollte der Geiz!

Mein Portfolio in drei Ausführungen bei mir tragend wurde ich beim Bürgermeister vorstellig. Dieser betrieb seine Funktion ehrenamtlich und war ein netter älterer Herr. Tatsächlich hatte ich ihn schon bald mit meiner doch recht außergewöhnlichen Idee überzeugt und er versprach mir, den Vorschlag bei der Gemeindeversammlung vorzulegen. Er sehe jedoch überhaupt keine Probleme bei der Bewilligung, zumal er schon jetzt ein großer Fan sei.

Letztendlich würde auch tatsächlich das ganze Dorf von meinem Event profitieren. Ich ging von einer stattlichen Anzahl an Besuchern aus, die Geld in die klammen Kassen des Kurortes spülen würden. Die Sportler mussten zudem alle in einem der Hotels unterkommen. Örtliche Gastronomen könnten sich an der Ausgestaltung und Verpflegung der Gäste beteiligen. Und nicht zuletzt würde ein solches Event dem kleinen Ort eine ganze Menge Aufmerksamkeit bescheren.

Da ich außer dem bosnischen Verein keinen weiteren fand, schrieb ich nun in jedem Land, in dem ich Aquaksipper-Aktivitäten erkennen konnte, den jeweiligen Händler an. Ich hatte mein Exposé auf Englisch übersetzt und schickte es gleich mit, mit der Bitte an alle, die Neuigkeiten an die jeweiligen Kunden weiterzuleiten. Jetzt war es nur noch eine Frage der Zeit, bis die ersten Bewerbungen eintrudelten, dachte ich. Doch da hatte ich mich wohl getäuscht.

Denn zunächst einmal passierte gar nichts. Ich saß auf unserem Steg und drehte Däumchen. Morgens trainierte ich auf dem Aquaskipper, da ich ja am Ende nicht nur Ausrichter des Wettbewerbs, sondern zugleich natürlich auch Gewinner sein wollte. Dann checkte ich wieder meine emails, aber eine ganze Zeit lang meldete sich überhaupt gar niemand bei mir.

Dann plötzlich kontaktierte mich eine kleine Firma aus Bayern, die den Alleinvertrieb des Aquaskippers für Deutschland übernommen hatte, und signalisierte ihre Kooperationsbereitschaft. Auch aus Bosnien bekundete man ein paar Tage später Interesse, es handelte sich ebenfalls um eine Vertriebsfirma. Wer sich leider nicht meldete, waren potentielle Teilnehmer.

Es wurde Frühling und auch einige weitere emails sowie eine Menge zusätzlicher Adressen in meinem Verteiler hatten so gut wie nichts bewirkt. Ich hatte mir den Mai als kritischen Zeitpunkt auserwählt, um zu entscheiden, wie ich weiter verfahren wollte. Zu diesem Zeitpunkt gab es ganze drei Interessenten aus Deutschland, wovon jedoch keiner eine hundertprozentige Zusage machen wollte, sowie zwei aus Bosnien, die tatsächlich gewillt waren, für das Turnier den langen Weg auf sich zu nehmen. Hinzu kam noch ein Pole, der völlig auf eigene Faust dabei sein wollte, wenn ich seine emails richtig verstand. Aus Ländern wie Frankreich, Holland und England, aus denen ich regen Zuspruch erwartet hatte, kam summa summarum rein gar nichts. Der englische Vertriebspartner hatte offenbar sogar bereits ganz das Handtuch geworfen, die Engländer ließen sich anscheinend nicht für das seltsame Gerät begeistern.

Ich beschloss, dass das so alles nichts werden würde. Der Aufwand wäre beim Stand der Dinge kaum geringer als bei der angepeilten Teilnehmerzahl gewesen, der Ertrag jedoch sehr wohl. Die Anzahl an Bewerbern taugte gerade mal für ein halbstündiges Event. Ich hätte die Teilnehmer und ihre Entourage vermutlich in unserem Garten unterbringen können. Offenbar war die Zeit noch nicht reif für ein solches Event und für mich als Veranstalter.

Schweren Herzens stattete ich dem Bürgermeister einen zweiten Besuch ab. Es war mir sehr unangenehm, erst so ein großes Fass aufgemacht zu haben und die Sache nun komplett auf Eis legen zu müssen. Ich versicherte ihm jedoch, an der Idee dran zu bleiben und es im nächsten Jahr auf ein Neues zu versuchen. Vielleicht mussten einfach erst noch mehr Menschen auf den Aquaskipper aufmerksam werden. Er hatte Verständnis, schien aber auch leicht enttäuscht.

Kurz nachdem ich eine email an alle geschickt hatte, die sich interessiert gezeigt hatten, erreichte mich eine Nachricht aus den USA. Der amtierende Weltrekordhalter persönlich fragte an, wann es denn nun losgehe und ob er als Amerikaner bei einer europäischen Meisterschaft überhaupt teilnehmen konnte. Ich schrieb ihm, dass die ganze Idee leider abgeblasen war und beglückwünschte ihn zu seinem Weltrekord. Er war unfassbare 1,06 Stunden ohne Unterbrechung ‚geskippt‘ und fest entschlossen, seinen eigenen Rekord schon bald zu toppen. Ich war in der Regel bereits nach fünf Minuten dermaßen am Ende, dass ich erst mal eine Viertelstunde lang auf dem Steg liegend wieder zu Luft kommen musste. Es war mir ein absolutes Rätsel, wie er 13 mal so lang auf dem Gerät durchhalten konnte.

Leider sah die Situation im folgenden Jahr noch schlechter aus. Im Laufe des Jahres hatten sich noch ein paar Händler zurückgemeldet, die nun aber, im Krisenjahr

2009, allesamt über stagnierende Absatzzahlen klagten. Niemand hatte mehr Geld für solche Sperenzchen. Die Bosnier hatten sich dazu entschieden, lieber wieder eine eigene Veranstaltung auf die Beine zu stellen, da mussten sie nicht so weit fahren.

Im Jahr darauf unterhielt ich mich mit einem Eventorganisator, der mir versicherte, dass ich mit meinem Vorhaben definitiv rote Zahlen geschrieben hätte. Offenbar musste man so etwas doch anders aufziehen. Ich hatte die Idee nun auch komplett verworfen. Selbst meinen eigenen Aquaskipper fuhr ich kaum noch, nachdem ich eine gebrochene Lenkstange selbst repariert hatte und das Gerät sich nur noch selten in die gewünschte Richtung lenken ließ.

Traurigerweise verstarb der kooperative Bürgermeister im darauffolgenden Jahr. Der amerikanische Weltmeister hingegen fragt alle paar Monate mal nach, ob es nicht doch noch was würde mit meiner Veranstaltung. Gerade kürzlich hat er mir per email einen Weihnachtsgruß übermittelt mit einem Foto, auf dem er im Weihnachtsmannkostüm einen Aquaskipper fährt und dabei so entspannt aussieht, als tränke er gerade eine Tasse Tee.

Bezahlung: Keine.
Arbeitsaufwand: Mittel.
Gelernt fürs Leben: Auch gute Ideen können scheitern.

77. Pizza-Kurier

Wie ich an diesen Job geraten war, weiß ich rückblickend beim besten Willen nicht mehr. Bevor ich dort zu arbeiten anfing, war mir die kleine Pizzeria nicht mal ein Begriff gewesen. Ich absolvierte gerade eher sporadisch ein journalistisches Grundstudium im nahe gelegenen Gießen. So verfügte ich über eine Menge freier Zeit, in der ich ein paar zusätzliche Penunzen gut gebrauchen konnte.

Meine Aufgabe lässt sich schnell umreißen. An mehreren Abenden in der Woche fuhr ich die zehn Kilometer ins benachbarte Dörfchen, in dem sich zwei lebenslustige Araber beharrlich als Italiener ausgaben und die örtliche Gourmet-Riege mit ihrer ganz persönlichen Interpretation von Pizza und Pasta versorgten, in der

ständigen Hoffnung, niemand vom Gesundheitsamt möge jemals zur Kontrolle vorbeikommen. Die Jungs begrüßten mich immer überschwänglich, dann setzte ich mich in das völlig verqualmte kleine Lokal, dessen Inneneinrichtung stilistisch ihresgleichen suchte. Ich tat es den Beiden gleich, indem ich mich mit der Lektüre verschiedener Boulevardzeitungen vergnügte. Abgesehen davon gab es meistens auch nicht viel zu tun. Es lief stets eine CD mit italienischen Schlagern in der Dauerschleife. Das und ein verblichenes Foto von Venedig an der vom Rauch bereits gelblichen Wand waren so ungefähr die einzigen Dinge, die diese Kaschemme als italienisches Restaurant qualifizierten.

Sobald dann doch mal jemand anrief, sprangen die beiden Besitzer in ihren meist völlig besudelten Schürzen hinter den selbstgebauten Tresen und schufen aus Dosenmais, Fertigteig und in dicke Scheiben geschnittenen Resten alten Kochschinkens wahre Kunstwerke des guten Geschmacks. Ich suchte unterdessen die Adresse des Bestellers auf einer Landkarte, die schon ein paar Jahre auf dem Buckel hatte. Damals gab es noch keine Navigationssysteme, es gab noch nicht mal Mobiltelefone. Ich musste mir daher im Voraus ziemlich genau einprägen, wo ich hin wollte. Denn einmal aufgebrochen, war ich auf mich selbst gestellt. Sobald die Pizzen dann fertig waren, zwinkerten mir Abu und Kalil zu und schickten mich wild gestikulierend auf meinen Weg. Geradezu feierlich übergaben sie mir die abgewetzte grüne Plastikbox, welche die Pizzen auf Temperatur halten sollte.

Dann begann der gute Part des Jobs, denn über Landstraßen fuhr ich auch in meiner Freizeit für mein Leben gern. Nun hatte ich zusätzlich eine Mission und wusste, dass ich für diese auch noch Geld bekam. Nicht gerade viel, aber doch ein paar Mark und diese natürlich auch noch schwarz und in bar. Ich drehte das Radio auf, drückte einen Mitschnitt der letzten hr3-Clubnight mit den neuesten Techno-Tracks ins Kassettenfach und startete in Richtung Ungewissheit.

Der rückblickend vielleicht überraschendste Part dieses Jobs war, dass ich die Pizzen doch tatsächlich mit meinem eigenen Wagen ausfuhr. Und das, soweit ich mich erinnern kann, ohne dafür zusätzliches Geld zu bekommen. Zu dieser Zeit fuhr ich einen weißen Opel Kadett, den ich gerade erst von meinem Opa geerbt hatte. Kofferraum auf, Pizza rein, Kofferraum zu. Und dann ging es mit 60 PS und Automatikgetriebe durch die hessische Walachei. Nicht selten übermannte mich dabei die Fahrfreude und ich schmetterte die Familienkutsche nur so in die Kurven der fruchtbaren Region. Einmal kam ich nach einer solch halsbrecherischen Fahrt bei einer ausgelassenen Kindergeburtstagsfeier an, zu der man fünf Familienpizzen bestellt hatte. Alt und Jung erwarteten mich bereits sehnsüchtig. Als die Mutter des Geburtstagskindes jedoch die Kartons öffnete, während eine Schar hungriger kleiner Menschen an ihr vorbeilugte, fand sie in jedem nur noch eine Art Pizzarolle auf jeweils einer Seite der Schachtel vor. Die Pizzen hatten sich auf der 20-minütigen Fahrt vor Schreck offenbar eingerollt. Vielleicht hatte das Ganze jedoch auch etwas mit der Fliehkraft zu tun. Die Partygäste jedenfalls weigerten sich standhaft, die Ware anzunehmen, geschweige denn aufzuessen. Und so düste ich zurück zu meinen bärtigen Freunden und erzählte dort aufgeregt, mir sei ein junges Reh vors Auto gelaufen. Nur knapp hätte ich Bambi verfehlt und dabei sogar verhindern können, gegen einen Baum zu fahren, deshalb möge man mir doch bitte die Verformung der zweifelsohne schmackhaften Teigfladen nachsehen.

Abu und Kalil glaubten mir kein Wort. Zähneknirschend machten sich die Beiden daran, drei der Pizzen in mühsamer Bastelarbeit wieder einigermaßen ansehnlich zu machen, und diese sodann in der Mikrowelle erneut aufzuwärmen. Die anderen beiden hatte ich wirklich nachhaltig zerstört. Es führte kein Weg daran vorbei, zwei neue Pizzen zu backen. Da man mit den alten sowieso nichts mehr anfangen konnte, verzehrte ich sie in der Wartezeit auf zwei neue Exemplare unter den skeptischen Blicken meiner Chefs. Als ich knapp eine Stunde später ein zweites Mal bei der Feier auftauchte, wirkten die Kinder deutlich weniger ausgelassen und die Mutter nahm die Pizzen wortlos in Empfang. Ich hatte nicht mit Trinkgeld gerechnet.

Außer kleinen Anekdoten wie dieser hielt der Job nicht gerade viele Überraschungen bereit. Jemand bestellte Pizza, jemand buk Pizza und jemand fuhr die Pizza aus. Letzterer war ich und ich hatte es mir in dieser Welt aus Landstraßen und minderwertigen Zutaten recht behaglich eingerichtet. Interessant waren stets die sehr intimen Einblicke in die Lebenswelt von Menschen, deren Wohnung ich sonst sicherlich nie von innen zu Gesicht bekommen hätte. Viele Leute, die mir die Türe öffneten, sahen tatsächlich so aus, als sollten sie nicht zum Essen vor die Tür gehen. Einige entpuppten sich dabei aber als ausgesprochen nett und verabschiedeten mich mit einem saftigen Trinkgeld. Geschichten meiner Kollegen von Parties, zu denen man kurzerhand eingeladen wurde sowie alleinstehenden Damen, die nicht nur auf Pizza scharf waren, fand ich jedoch unbestätigt.

Zum Ende eines Abends boten mir Abu und Kalil jedes Mal ein Gericht zum Mitnehmen an, kostenlos natürlich, wie sie immer wieder gönnerhaft und mit recht unitalienischem Akzent verkündeten. Da die Beiden die fleischgewordene Gastfreundlichkeit darstellten und ich zudem noch nie sonderlich gut darin gewesen war, Dinge abzulehnen, die umsonst sind, nahm ich wirklich jedes Mal ein Gericht mit nach Hause oder zu meiner damaligen Freundin. Da, wenn man ehrlich war, eine der Kreationen schlimmer war als die andere, nahm ich meistens das skurrilste Gericht, das die ausgefallene Karte zu bieten hatte, die Pasta Mexicana. Diese war eine Art Nudelgericht, das gleichzeitig auch ein Taco-Gericht war und mit dermaßen viel billigem Käse überbacken war, das man im Grunde nur diesen schmeckte, selbst nachdem man sich durch die zentimeterdicke Schicht zum Rest des Potpourris durchgegraben hatte. Ein wahrer Gaumenschmaus!

Schon nach ein paar Monaten fuhr ich meinen Wagen kaputt, was zugleich das Ende dieses Jobs markierte. Es brauchte einige Jahre, bis man mich dazu überreden konnte, mal wieder Pizza zu bestellen. Ich schätze, dass Abu und Kalil heute eine gut gehende Restaurantkette betreiben. Vielleicht haben sie mittlerweile italienische Pässe.

Bezahlung: DM 8/ Stunde.
Arbeitsaufwand: Gering.
Gelernt fürs Leben: Die Zutat macht das Essen.

78. Erster Aufnahmeleiter

Dass es so kommen würde, war schon einige Zeit klar, im Prinzip wartete ich nur darauf, dass mir jemand endlich eine Chance gab. Ich hatte unzählige Jobs in unterschiedlichen Positionen bei Drehs aller Art hinter mir und war immer auf der Produktionsseite eingesetzt gewesen, also der unkreativen Seite, die sich um die Organisation kümmerte. Als ich dann endlich meinen ersten Job als 1. Aufnahmeleiter bekam, musste ich doch kurz grinsen. Ich hatte es auf diesen verantwortungsvollen Posten, ohne jemals überhaupt eine Karriere in diesem Business angestrebt zu haben.

Das Grinsen gefror mir jedoch schon bald im Gesicht, als ich merkte, wie umfangreich meine Aufgaben waren, an wie vielen Stellen ich Fehler machen konnte und welche Folgen diese Fehler mitunter für den ganzen Dreh hatten. Mein erster Einsatz in dieser Position war ein Projekt, das sich über gar nicht mal so viele Ecken auf Steven Spielberg zurückverfolgen ließ, was nicht einer gewissen Ironie entbehrte. Erster Job und dann gleich beim Hollywood-Übervater. Wir drehten den Trailer zu einer Serie, die demnächst in Deutschland anlaufen sollte und bei welcher Mr. Spielberg seine Finger mit im Spiel hatte.

Eine Werbeagentur hatte sich etwas Besonderes einfallen lassen, um die Zuschauer auf die neue Serie einzustimmen. Man hatte für den Spot einen portugiesischen Künstler verpflichtet, der gerade in aller Munde war. Ich hatte erst ein paar Tage vorher gelesen, dass er auch Levi's ihn gerade für eine große Kampagne verpflichtet hatte. Der Mann mit dem Namen Vhils arbeitete mit Explosionen. Zunächst meißelte er in mühsamer Kleinarbeit Motive in Wände, versah diese sodann mit Sprengladungen und deckte die gemeißelten Parts zu guter Letzt mit Beton ab. Diesen ließ er dann vor der Kamera detonieren und so wirkte eine Aufnahme der Explosionen, als würden die Motive direkt aus der Wand gesprengt. Für unseren Spot sollten zwei Motive des Comics, der für die Serie Pate gestanden hatte, in Wandmalereien umgesetzt werden. Auf zwei gegenüberliegenden Wänden standen sich ein brutaler Außerirdischer und ein Kämpfer für die Gerechtigkeit gegenüber.

Ich hatte nach einigem Suchen ein altes Heizkraftwerk ausfindig gemacht, das uns erlaubte, ein paar Wände in die Luft zu jagen. Ich konnte kaum glauben, wie selbstverständlich man uns auf dem Gelände gewähren ließ. Als man das Kraftwerk vor knapp hundert Jahren gebaut hatte, waren dessen gesamtes riesiges Areal sowie die unzähligen Räumlichkeiten genutzt worden. Heutzutage, wo Maschinen die meisten Arbeiten der Menschen übernommen hatten, stand ein Großteil der Räume leer und auch auf dem Gelände traf man nur selten einen Arbeiter. Wir mussten uns nur beim Pförtner anmelden, dann konnten wir im Grunde schalten und walten, wie uns der Sinn stand.

Nun galt es, den Drehtag zu organisieren. Neben den ganzen Crew-Mitgliedern und Dingen wie Catering und Miettoiletten gab es eine Menge Sachen zu bedenken, die ich zunächst nicht berücksichtigt hatte. Wir brauchten einen Sanitäter und wir mussten gewährleisten, dass der Künstler und seine Leute ungestört arbeiten konnten. Es mussten Equipment angemietet und Warnhinweise geschrieben werden. Ständig kamen neue Aufgaben hinzu. Zum Glück hatte Hendrik, der mir diesen Job vermacht hatte, stets ein offenes Ohr für mich und so konnte ich dem Kunden gegenüber mit einem Pokerface zumeist vorenthalten, wie wenig Erfahrung ich auf diesem Gebiet eigentlich hatte.

Der enge Kontakt mit dem Producer und dessen Vertrauen in den Aufnahmeleiter ist essentiell bei einem solchen Projekt. In diesem Fall wurde das Filmchen von einer Frau meines Alters produziert, die man schnell für ein süßes, harmloses Ding halten konnte. Doch sie hatte es faustdick hinter den Ohren und den gnadenlosen Tyrannen genauso in ihrem Repertoire wie das unschuldige Mädchen, was ich zum Glück schnell durchschaute.

Als wir merkten, dass die Wände im Kraftwerk zu instabil waren, man die Sache aus zeitlichen Gründen nun aber unbedingt an diesem Ort durchziehen musste, entschloss sich die Produktion zu einem radikalen und nicht gerade billigen Schritt. Man engagierte zwei Bühnenbauer mitsamt zehnköpfiger Bauarbeitertruppe aus Rumänien und ließ diese kurzerhand zwei neue Wände vor die alten stellen, die wir dann bedenkenlos wegsprengen konnten. So langsam durchschaute ich, wie ein solches Projekt finanziell ablief. Gerade was Personal anging, machte man gerne mal auf klein-klein. Aber wenn es dann eng wurde, zeigte sich, wie viel Puffer noch im Budget vorhanden sein musste. Allein für diese Mauern galt es nun 16.000 Euro zu berappen.

Der Drehtag lief alles in allem ziemlich gut, nichtsdestotrotz war ich für mehr als 16 Stunden permanent am Rotieren. Wir filmten auf den Tag verteilt an verschiedenen Orten im Kraftwerk knapp ein Dutzend Explosionen. Der Vorteil war, dass man immer nur einen Versuch hatte, denn waren die Sprengladungen einmal explodiert, dann war die Chose eben gelaufen. Das wiederum bedeutete natürlich auch, dass die Vorbereitungen hundertprozentig ausgeführt werden mussten und wir drehten nichts, bevor nicht alles fünffach überprüft worden war.

Da ich vor Ort keinen Set-Aufnahmeleiter hatte, übernahm ich auch diesen Posten. So musste ich ständig von administrativen Dingen, die mein Telefon sowie eine Menge Zettel beinhalteten, umschalten auf komplett physische Aufgaben wie etwa das Bewegen von 40 Säcken Zement. Die Herausforderung glich fast einem Schachbox-Duell, bei dem sich die Kontrahenten zwischen zwei Partien Schach im Faustkampf messen mussten. Meine Runner hatte ich zum Glück selbst wählen können und so machten diese wenigstens ungefragt das, was ich ihnen sagte, wenngleich ich den Einen ein paar Mal vom Buffet der Agentur wegholen musste.

Direkt nach dem Lunch nahm unser Produktionsassistent, der den Stress des Tages nicht ganz so gut verkraftet hatte, einem Fahrradfahrer direkt am Eingang des Geländes die Vorfahrt. Dieser fuhr ihm ungebremst in die Seite und blutete stark am Kopf. Nun erwies es sich als Vorteil, dass wir unseren Sanitäter vor Ort hatten. Nachdem der Fahrradfahrer abtransportiert war, wurde schnell klar, dass auch unser Fahrer Steffen ins Krankenhaus musste, da er einen schweren Schock erlitten hatte. Meine Aufgabe war es hierbei auch, diesen ganzen zusätzlichen Stress von der Crew fernzuhalten, denn diese sollte die Szenen abhaken, die auf dem Drehplan standen. Das alles klappte ganz gut und kurz vor Mitternacht hatten wir alle endlich Drehschluss.

Doch am folgenden Tag zog die portugiesische Crew des Künstlers meine nahezu tadellose Bilanz noch in den Dreck, als sie morgens früh entdeckte, dass ein paar

Sprengladungen nicht hochgegangen waren. Offenbar ohne zu überlegen zündeten sie die Ladungen einfach, ohne das bei mir oder dem Kraftwerk anzumelden. Wenige Stunden später wurde ich zum Kraftwerksleiter zitiert und musste dort zu Kreuze kriechen. Es erforderte eine Menge Diplomatie, ihn davon zu überzeugen, weiterhin Drehs in seinem Kraftwerk zu genehmigen.

Als der ganze Rückbau dann nach ein paar Tagen endlich erledigt war, war ich wirklich froh. Ich fand aber, ich hatte mich für meinen ersten Einsatz alles in allem recht gut geschlagen. Dem Ausstatter hingegen hatte das Projekt einen Burnout beschert, der ihn erst mal lahmlegte.

Der zweite Job in dieser Position umfasste ebenfalls nur einen Drehtag, stand dem ersten Job in puncto Stress jedoch in nichts nach. Wir drehten eine Konzertsituation für einen Werbespot. Unser Drehort war ein Club, der viel Platz und die gesamte Infrastruktur bot und ließ mich dem Irrglauben erliegen, dass das wirklich eine ganz leichte Nummer werden würde.

Doch zwei Hauptgründe verhinderten, dass dieser Fall eintrat. Viele Dinge waren von meinem Vorgänger nicht richtig organisiert und abgesprochen worden und die Producerin war nicht nur von Natur aus schon unfassbar anstrengend, sondern zu allem Überfluss auch noch schwanger. Und so wurden die drei Vorbereitungstage, der eine Tag im Club und sogar der Nachbereitungstag zu einem wahren Spießrutenlauf.

Leider trug meine Unerfahrenheit nicht gerade zur Entspannung der Situation bei. So hatte ich beispielsweise nicht auf dem Schirm gehabt, dass ich in den ersten Stunden des Drehtages viel mehr Leute gebraucht hätte. Meine Runner, die zugleich als Fahrer fungierten, waren alle ewig unterwegs, um alle Beteiligten aus den Hotels zum Club nach Kreuzberg zu karren. Alle anderen, die ich im Geiste eingeplant hatte, um mir zu helfen, waren mit der Betreuung der 150 Komparsen beschäftigt. Schnell realisierte ich, dass mir mindestens drei Leute fehlten. Und das just zu jener Zeit der Vorbereitung, wo jede Minute zählte. Doch es war zu spät, was sollte ich nun auf die Schnelle noch machen? Ich handelte. Für drei Stunden machte ich in jeder Sekunde mindestens 3 Dinge gleichzeitig, kümmerte mich um alles und jeden und legte dabei innerhalb des weitläufigen Clubs einige Kilometer zurück. Ich versuchte dabei, der Regiegruppe und der bissigen Producerin aus dem Weg zu gehen, die den von mir organisierten Engpass durchaus mitbekommen hatten. Ich wurde das Gefühl nicht los, das die Producerin jeden Moment meiner Pein auskostete. Wir waren einander bereits unsympathisch gewesen, als wir uns zu Beginn des Drehs auf der Dachterrasse des hippen Soho House kennengelernt hatten. Ich würde sogar so weit gehen zu sagen, sie war ein boshafter Mensch.

Als nach ein paar Stunden alles einigermaßen lief und auch meine Runner zurückgekehrt waren, die gar nicht ganz nachvollziehen konnten, warum ich so gestresst war, konnte ich endlich durchatmen. Es war noch nicht mal zehn und ich war eigentlich bereits körperlich am Ende und bis auf die Knochen durchgeschwitzt.

Jedenfalls lief auch dieser Dreh nach den ersten Schwierigkeiten ziemlich rund und diesmal gab es auch keine völlig planlosen Portugiesen, die im Nachhinein noch irgendetwas in die Luft jagen konnten. Ich ließ der Producerin kommentarlos ihre Schikanen durchgehen, teils aus purer Erschöpfung, teils, weil ich glaubte, sie jedes Widerwort von mir nur noch mehr anstacheln würde. Diesen Triumph wollte ich ihr nicht gönnen. Und nachdem sie zum Abschluss des 14-stündigen Drehs von allen Fahrern verlangt hatte, noch mal zum Hotel zu kommen, um die Crew ins gerade mal 500 Meter entfernte Restaurant zu fahren, fiel offenbar auch ihr nichts mehr ein, womit sie uns tyrannisieren konnte.

Hendrik sagte mir später, dass man bei diesem Job eines nie vergessen dürfe: Das Ganze sei letztendlich nur eine Werbung. Selbst wenn alles schief ginge, würde nichts weiter passieren, als dass diese Werbung entweder mehr Geld als geplant kostete oder einfach nicht gedreht wurde. Es hing kein Menschenleben davon ab, ob alles rund lief, eher im Gegenteil. Das müsse man sich immer vor Augen führen und ich nahm mir vor, diese Weisheit beim nächsten Einsatz zu berücksichtigen.

Bezahlung: Unterschiedlich. Die gängige Rate ist € 380/Tag.
Arbeitsaufwand: Hoch. Mit mehr Erfahrung vermutlich geringer.
Gelernt fürs Leben: Je höher der Lohn, desto größer die Verantwortung.

79. Tabakverführer am unteren Rand der Gesellschaft

Da hatte ich gedacht, ich wäre endlich raus aus dieser ganzen Promotion-Marketing-Akquise-Kacke und müsste mich nicht mehr mit solch niederen Jobs herumschlagen. So konnte man sich täuschen. Wir erlebten einen weiteren finsteren Winter in Berlin, ich wollte in die Ferne und anspruchsvolle Jobs gab es gerade nicht. Dann musste ich wohl noch einmal in den sauren Apfel beißen.

Zur Schulung ging es mit meiner zukünftigen Kollegin Franzi nach Hamburg, wo man uns alles über unsere Aufgaben erklärte. Wir sollten einen Stopftabak bewerben und hierbei gezielt bei jenen Leuten ansetzen, die sich erfahrungsgemäß für diese günstigste Variante des Rauchens entschieden. Um diese Menschen mit sehr geringem, wenn überhaupt vorhandenem Einkommen zu erreichen, sollten wir in Videotheken stehen und in Schnäppchen-Centern. Doch damit nicht genug, mussten wir auch noch eine Menge Eckkneipen abklappern, wo die findigen Werbetypen ihre Zielgruppe vermuteten. Diese war der untere Rand der Gesellschaft, das sogenannte Prekariat. Das Ganze entbehrte nicht einer gewissen Perversität.

Unseren Mietwagen bis an die Decke vollgepackt mit Equipment und Produktproben machten wir uns nach 48 Stunden auf den Weg zurück nach Berlin. Ich konnte diese Schulungen mit all ihren Motivationshilfen und Rollenspielchen nicht mehr sehen und hatte nur mit Mühe bis zum Ende durchgehalten.

Die nächsten drei Wochen wurden zur wahren Tortur. Es war Vorweihnachtszeit und Franzi und ich arbeiteten sechs Tage die Woche. An einem Abend der Woche standen wir in wechselnden Videotheken. Das war vermutlich noch der netteste Part des Jobs. Hier konnten wir oft mit den Angestellten Süßigkeiten gegen Tabak tauschen und in der Regel war es in den Läden warm und ruhig. Draußen herrschten mitunter -20 Grad, die einmal mehr verdeutlichten, dass Berlin eigentlich nur im Sommer zu ertragen war. Wir standen drinnen rum und langweilten uns. Oft gab es schlichtweg keine Kunden. Und wenn dann welche auftauchten, hatten diese meistens keine Lust, sich von uns zu Stopftabak beraten zu lassen. Wir waren dazu angehalten, niemandem auf die Nerven zu fallen, und so fielen unsere Beratungsgespräche oft recht kurz aus.

Auch der zweite Part des Jobs war gerade noch erträglich. An zwei Abenden in der Woche cruisten wir durch die Stadt und klapperten verschiedene Spelunken ab, die uns die Agentur auf einer langen Liste vorgegeben hatte. Wir waren aber ausdrücklich dazu ermutigt worden, zusätzlich noch eigene Läden zu entdecken. Und so stoppten wir unseren Kombi, wann immer es danach aussah, als könnten wir in einem Laden Geringverdiener antreffen. Die jeweils zehn Minuten in den Kneipen waren dabei meistens sehr lustig. Nicht selten nahm man uns auf wie alte Freunde, oft wurde uns erst mal Schnaps angeboten. Es schien so, als hätten die Leute nur darauf gewartet, dass in ihrem kleinen Universum endlich mal etwas Anderes passierte. Einige der Leute verbrachten eindeutig zu viel Zeit in der Kneipe, das konnte man ihnen ansehen. Doch an Herzlichkeit mangelte es hier wirklich nicht. Wir fertigten in kleinen Drehmaschinen Zigaretten, was das Zeug hielt, denn diese durften wir zum Ende unseres Besuches einfach verschenken. Das Rauchverbot hatte in Läden wie diesen vermutlich kein Jahr lang Bestand gehabt. Jetzt jedenfalls qualmte man hier um die Wette. In den Kneipen gab es auch immer wieder Leute, die uns eine Dose Tabak oder ein ganzes Set abkauften, das zusätzlich noch eine Drehmaschine beinhaltete. Tatsächlich hatten wir eine unterschwellige Verpflichtung, wenigstens ein paar dieser Dinger an den Mann zu bringen. Um uns zu motivieren, hatte die Agentur einen Wettstreit zwischen den einzelnen Teams ausgerufen. Wer von den Zweierteams in Hamburg, Berlin, Dortmund, Hannover und Dresden am Ende der Aktion die meisten Verkäufe vorweisen konnte, gewann einen Geschenkgutschein bei Saturn. Franzi hatte mir zum Glück gleich zu Anfang zugestimmt, dass uns dieser Gutschein reichlich egal war. Wir hatten also keinen Grund, uns mehr anzustrengen als nötig.

Die schlimmsten Einsätze jedoch waren jene im Schnäppchencenter. Hierfür hatte man uns ein besonders deprimierendes Exemplar im Herzen Neuköllns ausgesucht, das wir schon bald kannten wie unser Zuhause. Drei mal die Woche verbrachten wir hier einen ganzen Tag lang. Erst hier offenbarte sich die Perversion unserer Promotion, denn wir versuchten tatsächlich, den Ärmsten der Armen noch das letzte Geld aus der Tasche zu ziehen. Und sie dabei noch zur Gefährdung ihrer Gesundheit anzustacheln.

Man musste zunächst mal einen riesigen Stand aufbauen und sich beim Center-Chef vorstellen. Selbst dieser wirkte abgerissen und frustriert. Dann begannen lange Stunden der Monotonie. Man kann sich kaum etwas Frustrierenderes vorstellen als dieses Center. Man hatte uns einen Platz zentral im Erdgeschoß zugeteilt, inmitten minderwertiger Produkte aller Art. Um uns herum wuselten zu jeder Tageszeit eine Menge resigniert dreinschauender Leute. Tatsächlich war es so, dass viele der Menschen uns nur ratlos ansahen, wenn wir sie auf das Produkt ansprachen, das uns an diesen trostlosen Ort gebracht hatte. Viele erwiderten nichts, sondern blickten uns nur stumpf an, senkten dann den Kopf wieder und kruschelten weiter in den Warenkisten voller Produkte, die sicherlich unter schlimmsten Bedingungen in einem Dritte-Welt-Land produziert worden waren.

Fast noch unangenehmer stieß es mir aber auf, wenn Leute sich dann doch von uns beraten ließen und uns alles, was wir von uns gaben, uneingeschränkt glaubten. Ich denke, dass dies oft durch fehlende Bildung und nicht selten auch einen Mangel an Intelligenz zustande kam. In manchen Fällen lag es auch schlicht an der Sprachbarriere. Ich wollte jedoch nicht derjenige sein, der diese Menschen dazu brachte, nur die Vorzüge von Stopftabak zu sehen. Ich wollte nicht verantwortlich dafür sein, dass sie noch Jahre später glaubten, sie täten sich damit einen Gefallen. Daher beschränkte ich meine Informationen schon bald auf ein Mindestmaß und betonte oft, dass die Entscheidung am Ende bei ihnen lag.

Der einzige Lichtblick im Center war eine Frau von Ende 50, die an immer wechselnden Kassen arbeitete und stets einen Spruch auf den Lippen hatte, wenn sie unseren Stand passierte. Sie war nicht doof und war vermutlich auch eher unabsichtlich an diesem Ort gelandet. Ihr markant märkischer Name war Katzorke. Jedes Mal, wenn ich sie sah, hob das augenblicklich meine Laune. Doch einmal alle zwei Stunden lief sie zur Höchstform auf. Ganz in der Nähe unseres Standes war unter einem Regal ein Verstärker platziert. Frau Katzorke lief nun mit einem Funkmikro durch die Sonderangebote, also jene Angebote, die noch einmal günstiger waren als all die anderen günstigen Produkte. Hier nun hätte sie vermutlich dem einen oder anderen MC den blanken Neid ins Gesicht getrieben, da sie nun aus dem Stegreif Lobreden und Geschichten zu den einzelnen Produkten erfand. Sie schreckte dabei vor keinem Klischee und keiner Plattitüde zurück und bewies ein überdurchschnittliches Maß an Fantasie. Sie redete ohne Unterlass, und das in einem monotonen, quengeligen Tonfall. In tiefstem Berliner Dialekt. So hatte das Ganze nach nur wenigen Minuten etwas von einer wahnwitzigen Mischung aus einem Sketch und einem Meditations-Mantra. Immer wieder blickten Franzi und ich uns ungläubig an und mussten uns beherrschen, nicht völlig die Contenance zu verlieren.

‚Koofen se doch hier die Armbanduhren. Die sind jut. Hamse sicherlich schon mal jesehen. Trifft man ja ständig jemanden, wo die anhat. Zeit immer akkurat. Auffe Minute. Und dann dit Optische. Eins A. Wie jemalt. Piccobello. Kann man eijentlich jar nüscht falsch machen. Außerdem ham wa die jetze noch mal runterjesetzt. Ist es zu glauben? Ick frag mich ehrlich, wie wir dit eijentlich machen. So ne Preise, wie vadienen wir eijentlich unsa Geld? Ts. Auch schön aber hier die...'

Manchmal schien es mir, als müsste Frau Katzorke selbst ein bisschen lächeln über ihre Darbietung. Interessanterweise schienen wir drei jedoch die einzigen zu sein, denen die ungewollte Komik der Situation auffiel. Der Großteil der Kunden bedachte die Verkäuferin mit ebenso leeren Blicken wie uns und ließ sich robotergleich nicht aus der Ruhe bringen bei der Schnäppchenbegutachtung. Einmal mehr wirkte die Klientel des Ladens auf mich, als bestünde sie ausnahmslos aus Zombies.

Wenn wir abends unsere Sachen zusammenräumten und den Laden verließen, hatte ich stets das Gefühl, einen Teil meines Intellekts im Schnäppchencenter zurückzulassen. Ich hatte tatsächlich Mühe mich zu artikulieren und wollte eigentlich nur noch schlafen. Durch meine unruhigen Träume geisterte Frau Katzorke und pries mir auch nachts noch die absurdesten Produkte an.

Als das Ende der Aktion erreicht war, machte ich drei Kreuze. Ich nahm mir vor, nie wieder einen Fuß in ein Schnäppchencenter zu setzen, außer vielleicht um Frau Katzorke für eine Comedy-Sendung abzuwerben. Außerdem nahm ich mir vor, nie wieder eine Aktion anzunehmen, bei der man Menschen ausnutzte, die nicht denken konnten.

Ohne es darauf abgesehen zu haben, gewannen Franzi und ich am Ende der Aktion sogar noch den zweiten Preis im Team-Wettstreit. Wie wenig mussten die anderen erst verkauft haben? Eine gelungene Promotion jedenfalls sah anders aus.

Tatsächlich habe ich es bis heute geschafft, Promotionjobs seit jenem Einsatz konsequent aus dem Wege zu gehen. Direkt neben unserem Schnäppchencenter hat heute noch ein zweites aufgemacht, offenbar ist die Nachfrage groß. Ich hoffe, Frau Katzorke geht es gut.

Bezahlung:	€ 12/Stunde.
Arbeitsaufwand:	Mittel.
Gelernt fürs Leben:	Der von Herrn Wowereit kreierte Slogan ‚Arm aber sexy' ist eine Kombination von Attributen, die sich auf der Straße nicht verifizieren lässt.

80. Sänger in einer Boygroup

Es begab sich zu einer Zeit inmitten der 90er Jahre, da Bands bestehend aus tanzenden und singenden jungen Männern große Erfolge feierten. Drei junge Männer aus der hessischen Provinz mit einander sehr ähnlichen Vornamen waren fest dazu entschlossen, eine ebensolche Boygroup zu gründen, und mit dieser den steilen Weg des Erfolges zu beschreiten. Einer von ihnen war von der ganzen Idee deutlich weniger überzeugt als die anderen beiden. Dieser eine war ich.

Der Initiator der Band mit dem grandiosen Namen ‚Why not' (Begründung: ‚Ich meine, warum eigentlich nicht?') war ein alter Klassenkamerad. Was seinen Musikgeschmack anbelangte, war er jedoch seit jeher verdächtig gewesen. Mirko kam aus einer Musikerfamilie. Sein Vater besaß Schränke voller CDs und spielte in mehreren Bands. Selbst sein kleiner Bruder hatte es zu diesem Zeitpunkt schon mit einer Grunge-Combo zu regionalem Erfolg gebracht. Das schien an Mirko zu nagen, und nun wollte er es wissen. Statt sich lange mit Nischenmusik rumzuschlagen, wollte er sich lieber direkt an großem Pop probieren, und uns mit seinen hübsch-banalen Melodien und vor Schmalz nur so triefenden Texten quasi direkt aus dem Proberaum in die Charts und damit in die Herzen der jungen Bravo-Leserinnen katapultieren.

Als wäre die ganze Idee nicht schon schlimm genug gewesen, hießen wir auch noch fast alle gleich: Mirko, Marco und Marco. Glück im Unglück nur, dass diese Ähnlichkeit dem Bandnamen nicht Pate gestanden hatte.

Alle drei waren wir bereits zu dieser Zeit Hobby-Sänger. Mirko sang in verschiedenen Coverbands, die von Volksfest zu Hochzeit zu Ladeneinweihung pilgerten, und in der hessischen Provinz für eine rasante Bühnenshow bekannt waren. Was das bedeutete, überlasse ich der Fantasie des Lesers. Marco hingegen brauchte nicht mal eine Band, um sein Publikum zu unterhalten. Er war, neben einer sich gerade abzeichnenden Karriere als Investment-Banker, ganz in die Fußstapfen seines Vaters getreten, und beschallte Familienfeiern mit dem Klang eines Multifunktions-Keyboards und seiner Stimme. Diese Stimme hatte es zugegebenermaßen in sich, mich ließ jedoch nie das Gefühl los, dass er mit der richtigen Einstellung noch viel mehr aus ihr hätte machen können. Auch ich war bereits Sänger. Einigermaßen aus dem Kontext gerissen versuchte ich mich seit ein paar Jahren als Frontmann einer mittelmäßig erfolgreichen Indie-Band, der ich meine nun beginnende Zweitkarriere in weiser Voraussicht beharrlich verschwieg.

Was bewog mich dazu, schnulzige Zeilen zu unzumutbarer Musik von mir zu geben, höre ich den skeptischen Leser fragen. Auch ich suche seit Jahren nach Antworten. Lange Nächte liege ich wach, und versuche mir selbst diese 7-monatige Liaison mit dem Inbegriff der sinnentleerten Popmusik zu rechtfertigen. Rückblickend denke ich, es war schlichtweg die Liebe zur Musik. Das dreistimmige Singen hatte es mir angetan, und wenn wir die Harmonien gut hinbekamen, konnte ich auch über die völlig berechenbaren Texte und die billigen Preset-Sounds des E-Pianos hinwegsehen. Ich war der ‚Cheesiness' erlegen. An Ruhm und Erfolg dachte ich gar nicht. Tat ich es doch einmal, graute mir förmlich davor. Tief in mir drin hatte ich mir schon früh ein Limit gesetzt: Der Tag an dem wir anfingen, Tanzchoreographien einzustudieren, sollte zugleich mein letzter bei der Band werden. Quasi inmitten einer sexy Tanzeinlage wollte ich den Proberaum sodann in einem unbeobachteten Moment verlassen und nie wieder zurückkehren. Aus heutiger Perspektive betrachtet, war dieses Vorhaben recht unkollegial. Doch es sollte am Ende auch nie zu einem derartigen Showdown kommen.

Einmal wöchentlich standen wir im Keller eines dörflichen Hauses inmitten der Instrumentensammlung von Marcos Vater und übten Gesangslinien zum Playback von CD. Jeder hatte ein Mikrofon in der Hand, und Mirko setzte sich immer mal wieder ans Klavier, um neue Harmonien auszutüfteln. Seine Euphorie war groß, und fast jedes Mal brachte er neue Entwürfe zu Songs mit.

Im Laufe der Zeit begannen meine Zweifel an der ganzen Geschichte größer zu werden. Ich hatte nicht damit gerechnet, dass uns irgendwann mal jemand hören sollte außer uns selbst, und war damit eigentlich mehr als zufrieden. Doch ich hatte die Rechnung ohne John Miller gemacht.

John tauchte aus dem Nichts auf und verkündete uns sein ambitioniertes Vorhaben, unsere Band zu managen und zu produzieren. Er war groß, schwarz und stets in Rapper-Kluft gekleidet; Mirko musste ihn in einer der Discos des amerikanischen Militärs kennengelernt haben, von denen es seinerzeit noch ein paar gab. Sehr selbstbewusst und entschlossen eröffnete er uns, wir bräuchten zunächst mal eine Single, damit der ganze Mechanismus in Gang käme. Alles andere würde dann von ganz alleine passieren, wir hätten das Zeug zu großen Stars. Er könne uns zu solchen machen. Ganz der fleischgewordene American Dream ließ er nichts unversucht, um uns glauben zu machen, er habe schon dutzende Bands zum kommerziellen Erfolg geführt. Wir, die naiven Jungs vom Dorf, hinterfragten nichts und überließen uns von nun an ehrfürchtig seinen Geschicken.

Ich war wie paralysiert und suchte fieberhaft nach einer Möglichkeit, aus dieser ganzen Misere wieder herauszukommen. Doch ehe ich mir die Sache noch genauer überlegen konnte, standen wir auch schon für zwei Tage in einem Studio bei Gießen, das man in guter, alter Manier in einem ehemaligen Schweinestall eingerichtet hatte. Ich fragte mich, ob Erfolgsgeschichten wirklich so beginnen. Ich fragte mich, ob ich meinen Verstand verloren hatte. Ich fragte nach der Studiobar.

Spätestens nach der ersten Hälfte des Tages merkte ich, dass ich da in etwas wirklich Untragbares hineingeraten war. Mochte ich auch noch so tolerant sein, irgendwo hörte es auch auf. Ich fühlte mich wie in einem interaktiven surrealen Theaterstück eines Regisseurs mit ausgesprochen schlechtem Geschmack. Auf der einen Seite des in zartem Blau ausgekleideten Raumes stand groß und dominant unser frisch gebackener Manager John. Routiniert gab er uns Gesangstipps, feuerte uns lauthals in schwerem amerikanischen Akzent an, und rappte schließlich zu einem der vier Songs auch selbst noch ein paar Zeilen, in denen er nonchalant gleich auf sämtliche Boygroups dieser Zeit anspielte. Eine Kriegserklärung an die Großen unserer Zunft. Von nun an würden in den Teenager-Zimmern nur noch ‚Why not'-Poster hängen, das konnte man deutlich zwischen seinen Zeilen hören. Ihm gegenüber standen zwei Mädels, die Mirko noch aus seiner Zeit im Jugend-Chor ‚Die Mörler Spatzen' kannte. Die Beiden boten vorurteilslos begeisterte Gesichtsausdrücke dar und wiederholten immer und immer wieder eine Textzeile, die es in der Popgeschichte schon mal gegeben hatte: ‚It's a man's world'. Die beiden türkischen Studiotechniker waren sehr nett, jedoch eigentlich spezialisiert auf die Produktion von Werbejingles, worüber ihre überbordende Begeisterung nicht hinwegzutäuschen vermochte. Hastig drehten sie an den Reglern, während sie zu den kraftlosen Drumsounds aus Mirkos Keyboard dümmlich grinsend mitwippten. Das konnte alles nur ein Alptraum sein.

Plötzlich stand ich dann in der Gesangskabine, und hörte mich Zeilen wie ‚I think of you', ‚Right through your heart' oder ‚I lay down to count the stars' intonieren. Als die versammelte Mannschaft mich anfeuerte, doch bitte noch etwas mehr feeling in meine Stimme zu legen, musste ich mich beinahe übergeben. Doch es war zu spät auszusteigen. Beseelt von der leisen Hoffnung, die Unerfahrenheit der Studiotechniker könnte einen Kabelbrand verursachen und dem Spuk ein jähes Ende bereiten, kämpfte ich mich durch, Zeile um Zeile. Doch der Brand blieb leider aus und wir vollendeten unsere erste Single.

Zwei Wochen später war die Platte dann fertig. Mirko und Marco jubilierten. Die Jungs vom Studio wollten 3000 Mark. John Miller war wie vom Erdboden verschlungen. Er hatte es sich offenbar in letzter Minute anders überlegt. Ein regelrechter Bilderbuch-Abgang.

Gleich zu Beginn unserer Karriere also ein solches Desaster. Wir hatten keinen Schimmer, wie wir die Studiokosten begleichen sollten, und unser Manager hatte sich in Luft aufgelöst. Und dabei hatten wir schon Pressefotos machen lassen, auf denen wir tiefgründig und schmachtend über einen zugefrorenen See blickten. Ich begriff die Situation als Wink des Schicksals und als eine Chance, die eventuell nicht wiederkommen würde. Letzte Haltestelle vor ‚Top of the Pops' gewissermaßen. Mir wurde klar, dass ich die Karten auf den Tisch legen musste. Ich stieg aus. Faule Ausreden, beschwichtigende Entschuldigungen, finaler Abschied. Der Kummer war groß. Nicht jedoch auf meiner Seite. Ich fühlte mich wie von einer schweren Krankheit genesen.

Mit der musikalischen Trennung gingen wir auch privat von da an weitgehend getrennte Wege. Mirko hatte eine Lösung gefunden, um die Platte zu bezahlen, und hatte auch verstanden und akzeptiert, warum ich nicht weiter dabei sein wollte. Wir trennten uns also im Frieden.

Noch Jahre später erzählten mir Leute, dass er wieder einmal unsere CD in einer der wenigen Bars unserer kleinen Stadt gespielt hatte. Ja, die Leute hatten sogar getanzt! Meine Freude hielt sich stets in Grenzen, und ich erwog, meinen Namen zu ändern. Zum Glück gab es in der Gegend einen zweiten Typen mit demselben Namen, einen semi-erfolgreichen Basketballer, dem ich diese Jugendsünde regelmäßig in die Schuhe schob. Ein Glück nur, dass es damals noch keine Fotoapparate mit Videofunktion gegeben hatte.

Meine richtige Band hatte natürlich mittlerweile alles mitbekommen, und zog mich ununterbrochen mit meiner Verfehlung auf. Meine gerechte Strafe, wie ich fand.

Nach weiteren Jahren hörte ich aus dem Klatsch der Leute raus, dass sich Mirko nun mehr auf seine zweite große Leidenschaft konzentrierte: Kneipen. Marco hingegen hatte die Musik gegen eine Vollzeitkarriere und Familie getauscht. John Miller ward nie wieder gesehen. Vermutlich ist er heute Produzent von ‚Maroon 5'. Nach wie vor liebe ich mehrstimmige Gesangsmelodien. Ich spiele Songs auf meiner Gitarre und freue mich, wenn ich jemanden finde, der mitsingt. Aber Zeilen wie damals jagen mir heute Schauer über den Rücken und ich denke, dass man mich mit so einer Art von Musik nie wieder kriegen könnte. Das Alter hat auch gewisse Vorteile.

Bezahlung: Keine.
Arbeitsaufwand: Gering.
Gelernt fürs Leben: Der Ton macht die Musik.

81. Haus-Aufpasser

Nicht selten bekam ich den Satz ‚Mit was man nicht alles sein Geld verdienen kann' zu hören. Und manchmal wunderte ich mich gar selbst darüber. Nun hatte ich wieder einen solchen Job angenommen, der bei den Leuten Verblüffung hervorrief.

Ich hatte als Location Scout für eine dubiose Gerichtsserie auf einem Privatsender Häuser als Drehort gesucht und mal auf gut Glück das Reihenhäuschen eines Bekannten mit ins Rennen geschickt. Wie es der Zufall wollte, entschied man sich für eben jenes Haus. Dummerweise hatte die Produktionsfirma die Rechnung jedoch ohne den Wirt gemacht, denn Ingo war ein alter Hase im Filmbusiness. Die vermeintlich großzügig angebotenen 100 Euro pro Stunde schmetterte er sofort ab und hatte den Produktionsleiter schnell stattdessen bei 2500 für eineinhalb Tage. Doch damit nicht genug: Da Ingo an den Drehtagen samt Familie seinen Urlaub in Masuren verbringen wollte, stellte er die Bedingung, dass man nur bei ihm drehen könne, wenn ich während der ganzen Drehzeit dabei wäre, gewissermaßen als Anstandsdame. Die einzige Anforderung, die dieser Job stellte, war meine bloße Anwesenheit.

Zähneknirschend ließ sich die Produktionsfirma darauf ein. Offenbar hatte man sich längst vom ursprünglichen Budget verabschiedet, denn die von mir angesagten 300 Euro für die beiden Tage nickte der Produktionsleiter ebenfalls ohne Widerworte ab. Das wiederum ließ mich darüber ärgern, nicht noch höher gepokert zu haben. Doch der Job sollte auch wirklich ein Spaziergang werden.

Zu Anfang beobachtete ich aus purer Neugierde den Ablauf des Drehtages. Schon am Morgen offenbarten sich hierbei gewaltige organisatorische Defizite. So kam etwa der Fahrer direkt zum Drehort, während man sich eigentlich im Produktionsbüro hatte treffen wollen. Den Fahrer hätte man dort vermutlich gut gebrauchen können, denn nun musste man für Teile der Crew eine andere Möglichkeit finden, ans andere Ende der Stadt zu gelangen. Nur kurze Zeit später sagte die Hauptdarstellerin ab. Ich fragte nach, ob das denn die Schauspielerin einfach so machen könne. Die Scriptwriterin entgegnete mir barsch: ‚Schauspielerin? Willste mich verarschen? Wenn wir hier mit Schauspielern arbeiten würden, hätte ich mir heute morgen die Haare gewaschen!'. Das war doch mal ne Ansage.

Ich zog mich in ein Zimmer im ersten Stock zurück und widmete mich meinen eigenen Projekten. Zwischendurch machte ich immer mal wieder eine Kontrollrunde mit finsterem Blick, damit sich niemand in der Crew einfallen ließ, etwa eine Wand einzureißen oder Ingos Vorräte wegzufressen. Ich musste schon sagen, ich hatte mein Geld schon härter verdient.

Vor allem aber war ich froh, nicht Teil dieser Crew sein und mich mit Inhalten auf diesem Niveau beschäftigen zu müssen. Die Sendung hieß ‚Du bist keine gute Mutter' und thematisierte mit Laiendarstellern die Probleme prekärer Familiensituationen. Die ohne jeden Zweifel in irgendwelchen Problemvierteln gecasteten Darsteller schienen dabei mehr oder weniger sich selbst zu spielen. Auch das Publikum für eine solche Serie stellte ich mir ganz ähnlich vor. Die Crew hingegen wirkte auf mich ausgesprochen resigniert. Offenbar schlug sich eine solche Arbeit auf Dauer im Gemüt nieder.

Fassungslos beobachtete ich noch den Dreh der ersten Szene, in der es gleich richtig zur Sache ging. Mutter und Tochter schrien einander vor der Haustür die schlimmsten Schimpfworte ins Gesicht. Ich hoffte, dass die Nachbarn gute Fenster hatten. Dabei spielten die beiden Laiendarsteller dermaßen schlecht, dass man sich ständig vor Fremdscham abwenden musste. Ich konnte nun verstehen, wie fertig einen das machen musste, wenn man solchen Szenen tagein, tagaus beiwohnte.

Daher verbrachte ich den Rest der beiden Tage geradezu meditativ in meinem temporären Büro und stattete dem Trauerspiel einen Stock tiefer nur ab und an kurze Besuche ab. Mal musste ich eine Lampe einschalten, mal den Code vom Fernseher herausfinden. Immer zwischendurch schaute ich nach dem senilen Kater Terence, der im Keller hauste, wo er seiner Blasenschwäche freien Lauf ließ. Der Geruch nach Katzenpisse vermischte sich in meiner Wahrnehmung mit den Schauspielkünsten der Darsteller.

Man bot mir an, mich an den Snacks und Getränken zu bedienen, aber ich musste feststellen, dass man auch hier nur das Billigste vom Billigen besorgt hatte. Vielleicht wollte man die Darsteller nicht mit neuen Geschmackserfahrungen überfordern.

Als endlich alle Szenen im Kasten waren und das Häuschen tatsächlich keinerlei Schaden genommen hatte, gab ich Terence noch ein frisches Schälchen Milch, sperrte die Haustür ab und übergab den Schlüssel der Nachbarin. Ingo hatte sich mit diesen beiden Tagen die komplette Reparatur seines Wagens finanziert, den er kürzlich gegen eine Laterne gesetzt hatte. Ich für meinen Teil fühlte mich fast ein wenig schlecht, dass man mir für absolut nichts 300 Euro bezahlt hatte.

Die Produktionsfirma dieser unzumutbaren Sendungen nistet sich heute immer mehr in Berlin ein und macht in den letzten Jahren nur negativ von sich reden. Ingo hat sein Häuschen noch ein wenig ausgebaut und wartet auf weitere Angebote dieser Art. Terence ist leider verstorben.

Bezahlung: **€ 300 für zwei Tage.**
Arbeitsaufwand: **Sehr gering.**
Gelernt fürs Leben: **Ein gutes Arbeitsklima ist nicht zu unterschätzen.**

82. Transkribierer

Ich befand mich mal wieder ‚zwischen zwei Projekten‘, wie man in Berlin gerne geschönt sagte, wenn man gerade nichts zu tun hatte. Ein Freund eines Freundes kannte jemanden, der gerade in Hispanistik promovierte und noch dazu ein waschechter Kubaner war. Jedoch hatte Luis seine Doktorarbeit nicht wie jeder andere in Microsoft Word geschrieben, sondern sie komplett und in ganzer Länge auf Minidisc gesprochen. Litt er an einer Sehnenscheidenentzündung, war er Legastheniker? Den Grund dafür habe ich nie in Erfahrung bringen können. An seinen Kenntnissen des Deutschen konnte es jedenfalls nicht liegen, denn diese waren hervorragend. Jedenfalls brachte seine unvorteilhafte Wahl des Mediums mich auf den Plan, denn der zuständige Professor wollte Luis' Thesen nicht über Kopfhörer begutachten, sondern diese schwarz auf weiß auf seinem Schreibtisch sehen.
Meine Aufgabe war es daher, seine Arbeit von der tonlichen Version in eine textliche zu verwandeln. Ich sollte das, was ich hörte, einfach schnell abtippen. Ein Klacks, dachte ich bei mir, so schlimm konnte das ja wohl nicht sein. Doch ich wurde schnell eines Besseren belehrt. Das Thema der Arbeit war etwas wie ‚Kunst in der kubanischen Diaspora Floridas‘ und in etwa so spannend, wie sich das anhört, gestaltete sich das Ganze auch. Immer und immer wieder ging es um dieselben Theorien, von denen mir noch dazu einige gleichermaßen unverständlich wie einigermaßen nutzlos erschienen. Ich fragte mich des Öfteren, wer außer dem prüfenden Professor sich dieses Werk am Ende wohl durchlesen würde, das Luis einige Monate und sogar mich bereits einige Tage meines Lebens gekostet hatte.
Die Arbeit zog sich in die Länge wie ein ordentlich aufgegangener Hefeteig und schien nach ein paar Tagen meinen kompletten Alltag zu bestimmen. Ich hätte mich freuen sollen, da ich ja nach Stunden bezahlt wurde, aber ich versuchte schon bald einfach nur noch, die Sache so schnell es ging hinter mich zu bringen. Den ganzen Tag lang sah ich nichts als meine Tastatur und hörte nichts als Luis' monotone Stimme. Wenn ich am Abend meine Wohnung verließ, fühlte ich mich, als hätte ich ein paar Monate in einer Höhle gewohnt und hatte nicht selten Probleme mich zu artikulieren.
Da Luis mir nervös mitgeteilt hatte, dass er nur begrenzt Geld zur Verfügung hatte, als er merkte, wie lange das Ganze im Endeffekt dauern würde, gab es einen weiteren Grund dafür, so bald wie möglich das letzte Kapitel dieses Trauerspiels zu beenden. Stunde um Stunde verbrachte ich an meinem Schreibtisch, die Kopfhörer auf den Ohren und den Zeigefinger auf der Pausetaste. Ständig musste ich wieder zurückspulen, da ich mir nicht mal einen dieser verschachtelten Sätze mit mir völlig fremdem Inhalt behalten konnte. Draußen schien die Sonne und ich fragte mich, ob ich jemals etwas Langweiligeres gemacht hatte. Nur gar zu langsam wurde der Berg an Minidiscs kleiner. Jedes Mal, wenn ich Luis traf und ihm einen Teil seiner Sammlung zurückgab, wurde mir etwas leichter ums Herz.
Nach drei Wochen Arbeit war es endlich vollbracht und ich schwor mir, nie wieder auf diese Art und Weise mein Geld zu verdienen. Ganz wie ich es erwartet hatte, war das letzte, ewig lange Kapitel nicht viel mehr als eine Zusammenfassung all der belanglosen Ergebnisse und somit eine kaum für möglich gehaltene Potenzierung

der unerträglichen Langeweile.

Man könnte meinen, dass ich als Kunstsammler in Florida heute vermutlich Potential hätte, aber ich habe jedes einzelne Wort der Arbeit verdrängt. Luis ist meines Wissens heute Salsa-Lehrer. Die Arbeit hätte er sich getrost sparen können. Die kubanische Diaspora gibt es noch immer, da die Castros auf der hübschen Insel leider immer noch das Sagen haben.

Bezahlung: € 8/ Stunde.
Arbeitsaufwand: Hoch.
Gelernt fürs Leben: Arbeite nicht für Akademiker, schon gar nicht
                    für angehende.

83. Trucker

Dieser Job passte gut in das neugewonnene Freiheitsgefühl, das mich mit Abschluss der Schule beschlich. Jahrelang hatte ich mich nun durch einen schalen und größtenteils monotonen Job nach dem anderen geschleppt. Aber dies schien nun endlich mal eine Tätigkeit nach meinem Geschmack zu sein: Autofahren und dafür auch noch bezahlt werden!

Ein paar Kilometer von meinem Heimatort entfernt residierte eine Firma, die sich auf die Distribution von Dance-Platten spezialisiert hatte und damit schnell zum Markführer in Deutschland avanciert war. Wir befanden uns in der Mitte der Neunziger, Techno steckte noch in seiner Anfangseuphorie, und die Leute produzierten Platten wie Stubenfliegen Nachwuchs. Die Epizentren dieser neuen Musik, die sich anschickte, ein komplettes Lebensgefühl zu werden, lagen in Berlin und Frankfurt. Die Mainmetropole war von unserem Provinznest in nur einer halben Stunde zu erreichen und die Tentakel der elektronischen Musik erstreckten sich längst bis in die fruchtbaren Ebenen der Wetterau. Ich kannte gleich mehrere Techno-Produzenten, jeder schien nun plötzlich Platten zu machen. DJs, die heute gegen kleine Vermögen in der ganzen Welt auftreten, spielten damals für Freibier in kleinen Diskotheken auf dem Land. Der Gründer der Firma, für die ich nun arbeiten sollte, hatte einen guten Riecher bewiesen. Aus einem kleinen improvisierten Büro war die Firma schon sehr bald umgezogen in eine Halle im örtlichen Industriegebiet. Dort war man dafür zuständig, dass die Platten ihre Besteller erreichten, die nach den neuesten Tracks gierten. Alle ausländischen Importe mussten auf ihrem Weg an deutsche Plattenteller dieses Nadelöhr passieren. Ich für meinen Teil war dafür zuständig, die Scheiben vom Flughafen in diese Halle zu bringen.

Immer sonntags fuhr ich einen blauen Siebeneinhalbtonner, der schon bessere Zeiten gesehen hatte, vom Standort der Firma zum Frankfurter Airport. Dort nahm ich kartonweise neue Schallplatten in Empfang, die ihren Weg dorthin aus der ganzen Welt gefunden hatten. Kaum hatte ich mein eigenes Auto auf dem Firmenparkplatz geparkt und das Cockpit des LKW erklettert, mutierte ich auch schon von Kopf bis Fuß zum Trucker. Mit gemächlichen 90 km/h, einem abgeklärten Gesichtsausdruck und einer Kippe aus dem offenen Fahrerfenster dieselte ich mich gemächlich in Richtung Mainhattan. Es ging immer entlang der A5, die durch satte Felder und am Rande des Taunus verläuft, um dann in einer Kurve überraschend die einzig nennenswerte Skyline Deutschlands zu passieren. Die Wolkenkratzer ließ ich dann aber links liegen, um in Kelsterbach in den Cargo-Bereich des Flughafens zu gelangen, wo ich mir schon bei der Einfahrt immer ausgesprochen wichtig vorkam.

An verschiedenen Hallen auf dem schier endlos erscheinenden Gelände nahm ich nun kleine Lieferungen an Platten entgegen, die mir immer in fast quadratischen Kartons von etwa 5 Kilo übergeben wurden. Mein Vorgänger hatte mich in der Einführung dazu ermutigt, die Scheiben einfach aus der Entfernung von der Laderampe in den LKW zu werfen. Es wäre doch nichts dabei, wenn da mal ein, zwei kaputt gingen. In meinem jugendlichen Verstand ergab das durchaus eine aufrührerische Logik und ich freute mich geradezu, wenn mal wieder eine Papp-box voller White Labels ihren Inhalt preisgab. Rückblickend könnte ich auf diese Weise sogar die Karrierelaufbahn einiger Produzenten mitbestimmt haben, da bei den kleinen Stückzahlen der meisten Platten zwei oder drei fehlende Exemplare prozentual bereits ins Gewicht fielen.

Ich blieb einen Sommer lang bei diesem Job. Es war heiß draußen und ich fuhr grundsätzlich mit offenem Fenster. Der LKW entpuppte sich als wahrer Schrott-haufen, aber ich fuhr ihn außerordentlich gerne. Zwar musste ich für das Schalten in den sechsten Gang all meine Kräfte aufwenden und mitunter kurz mit den Kni-en lenken, um mit der linken Hand nachzuhelfen, aber ich konnte beim Fahren rauchen, meine Tapes auf voller Lautstärke hören, und auf der rechten Spur die Welt an mir vorbeiziehen lassen. Ich freute mich immer schon den ganzen Sonntag auf den abendlichen Job!

Der Cargo-Bereich des Flughafens faszinierte mich jedes Mal aufs Neue. 9/11 war noch ein paar Jahre entfernt und so konnte man auf dem Gelände eigentlich fast überall hin, ohne dafür irgendwelche Genehmigungen zu benötigen. Überall stan-den verpackte Sachen. Die Hallen waren prall gefüllt und zwischen ihnen standen die besonders klobigen Güter. Oft malte ich mir aus, was sich wohl in den Paketen befand. Besonders, wenn es sich um nur teilweise verdeckte Autos handelte, blieb ich nicht selten stehen, um mir den verborgenen Teil des Sportwagens hinzuzu-denken. Eile hatte ich nicht, die Ware musste erst am nächsten Morgen vor der Tür stehen. Und da ich stundenweise entlohnt wurde, zahlte sich ein gemächliches Arbeiten auch noch finanziell aus.

Das Personal am Flughafen empfand ich als steril und auf gewisse Art unnahbar. Diese Leute hinterließen bei mir keine Spuren.   Anders die Kollegen Tru-cker, die zum Teil aus weit entfernten Orten kamen. Sie waren eine mürrische Spezies, die zumeist intensiv nach Achselschweiß roch und sich eher mit Lauten als mit Worten zu verständigen schien. Doch aller Ruppigkeit zum Trotz nahm man mich Jungspund auf in diese testosterongeschwängerte Berufsgruppe mit ihren ausgelatschten Schlappen, ihren humorfreien Cockpit-Aufklebern und den Postern barbusiger Frauen. Zwar hatte ich anfangs so meine Probleme mit dem Er-zählen schmutziger Witze und dem Kommentieren der allgegenwärtigen Pirelli-Kalendergirls an den Wänden, aber ich reduzierte meinen Wortschatz einfach um etwa vier Fünftel, nuschelte die simple Auswahl der Wörter so dahin und tat mein bestes, sehr breitbeinig und angriffslustig zu laufen. Man ließ mich gewähren.

Neben all den zweifelhaften Eigenschaften umwehte die LKW-Piloten nicht zu-letzt auch immer ein Hauch von Freiheit. Und hierfür hatte ich bereits damals sehr feine Antennen.

Einmal machte ich engeren Kontakt mit einem der anderen Fahrer oder, viel mehr, mit seinem Gefährt. Ich fuhr mit offen stehender Hecktür rückwärts, während im Tapedeck auf voller Lautstärke der Mitschnitt einer HR3–Clubnight von Sven Väth hämmerte. So bekam ich nicht mal mit, als eine meiner Hecktüren herum-schwang und dem holländischen Blumenfrachter die komplette Seite aufriss. Kurz dachte ich noch, dass dies wohl das Ende meiner Karriere als Trucker sei. Auch auf die Schmerzen beim Fausthieb in mein Gesicht hatte ich mich bereits mental ein-gestellt. Doch der muskulöse Fahrer blieb überraschend freundlich und die Versicherung meiner Firma zahlte nach einigem Hin und Her den kompletten Schaden. Ein anderes Mal begleitete mich eine damalige Liebhaberin auf meiner Tour. Während der Rückfahrt überkam uns die Lust und sie beglückte mich nach einigem Zureden mit den Fertigkeiten ihres hübschen Mundes. Nie wieder habe ich mich mehr im Einklang mit dem Naturell eines Truckers gefühlt. Auf der Scheibe des Fahrtenschreibers lässt sich gut meine Erregungskurve nachvollziehen, die beim Öffnen meiner Hose mit einer normalen LKW-Geschwindigkeit von 80 km/h beginnt, sich dann langsam aber stetig bis zu über 100 aufschwingt, um danach schlagartig auf die gerade noch gesetzmäßigen 60 abzufallen. Ich hatte mir und dem Leben ,on the road' ein kreisrundes Denkmal gesetzt.

Nach dem Sommer schmiss man mich raus, da die Verkäufe weiter angestiegen waren und die Abholungen nun mit einem wesentlich größeren LKW erfolgten, den ich mit meinem Führerschein nicht bewegen durfte. Mehrmals in den darauffolgenden Monaten versuchte ich, in meinem PKW auf der rechten Spur so dahinzugleiten wie in dem blauen LKW, aber es war einfach nicht dasselbe.

Techno ist allen Gerüchten zum Trotz noch immer nicht tot. Und auch trotz eines Anstiegs der Verkäufe von Tracks in Form von mp3s schlägt sich mein damaliger Arbeitgeber wacker. Der Chef ist nun mit einer ehemaligen Mitschülerin von mir verheiratet und wohnt bereits seit Jahren im Nachbarhaus meiner Eltern. Einige jener Platten, die ich damals mutwillig zerstörte, wären heute sicherlich ein Vermögen wert. Ich bin noch immer im Besitz der Fahrtenschreiberscheibe.

Bezahlung: DM 10 /Stunde
Arbeitsaufwand: Sehr gering.
Gelernt fürs Leben: Zwischengas kann nie schaden.

84. Personenbefrager

Der Zivildienst war geleistet, nun schien der von allen Seiten bereits lange angekündigte Ernst des Lebens endlich an die Tür zu klopfen. Ich wusste nicht so genau, wo es hingehen sollte. Ausbildung? Studium? Oder doch erst mal rumjobben, um die Entscheidung noch ein wenig hinauszögern zu können?

Die Kohle fehlte auch hinten und vorne und über ein paar Ecken war ich an diesen Job in Frankfurt gekommen, bei dem ich mir doch erst mal deutlich fehl am Platz vorkam. Was aber auch daran liegen konnte, dass ich zu immer gleichen Zeiten dort auftauchen und dann auch noch einigermaßen gepflegt aussehen musste. Denn das war ich nicht mehr gewohnt.

Mitten auf der Frankfurter Zeil lag das Büro der Umfragefirma im vierten Stock. Dort gab es einige kleine Räume, die recht mager eingerichtet und in Farben gestrichen waren, deren vertrauensstärkende Wirkung sicherlich vorher statistisch geprüft worden war. Mein Platz war an einem Computer, auf dem man nur ein einziges Programm öffnen konnte, aber die Zeiten von email und Facebook lagen ohnehin noch ein paar Jahre in der Zukunft. Und da saß ich nun und wartete. Wartete darauf, dass die Kollegen unten auf Frankfurts größter Einkaufsmeile wieder jemanden in ihre Fänge bekamen und überredeten, an dieser kurzen Umfrage teilzunehmen.

Ich beneidete meine Kollegen nicht sonderlich und freute mich, im Warmen sitzen zu können. Denn auch wenn es hier nur um computergestützte Befragungen zu Konsumgewohnheiten ging und den Leuten sogar ein kleines Geschenk für ihre kostbare Zeit versprochen wurde, so war es doch recht schwer, jemanden auf der Flaniermeile aus seinem Trott zu reißen. Meine Kollegen quatschten sich den Mund fusselig.

Hatte sich dann ein Proband mir gegenüber an den Tisch gesetzt und aus dem Korb mit kostenlosen Süßigkeiten bedient, begann ich meine Fragen herunterzurasseln, die vor mir eine nach der anderen auf dem Bildschirm aufpoppten. Langweiliger hätten die Fragen nicht sein können, fast alles drehte sich um das Kaufverhalten der Befragten. Brav tat ich wie mir geheißen, und klickte bei jeder Antwort auf das entsprechende Feld. Schon bog die nächste Frage um die Ecke. Außer dem Artikulieren simpelster Fragen sowie einer minimalen Beugung des rechten Zeigefingers verlangte dieser Job also im Prinzip keinerlei weitere Fähigkeiten. Schnell merkte ich jedoch, dass die Einfachheit eines Jobs nur für kurze Zeit ein Grund zur Freude ist. Denn schon bald beginnt man sich schrecklich zu langweilen. Und mitunter gar zu fürchten, dass das Hirn auf diese stetige Unterforderung möglicherweise mit einem Schrumpfen reagieren könnte.

Würde ich aus heutiger Perspektive vermuten, dass dieser Job durchaus meditative Elemente besitzt, empfand ich ihn seinerzeit sehr schnell als unerträglich. Der Stundenlohn war zwar OK, aber ich musste auch immer noch meine Fahrtkosten nach Frankfurt sowie die zusätzliche Zeit hierfür mit einberechnen. Daher strich ich schon bald die Segel und machte mich auf die Suche nach etwas Anderem.

Ich würde vermuten, dass es analoge Befragungen wie diese heute nicht mehr gibt.

Bezahlung: DM 10/ Stunde.
Arbeitsaufwand: Gering.
Gelernt fürs Leben: Die wenigsten Dinge werde interessanter, wenn sie oft wiederholt werden.

85. Reporter

Wieder einmal war mir der Zufall zu Hilfe gekommen. Ein paar Wochen zuvor hatte ich meine Berichte über meine Zeit als freiwilliger Tsunami-Helfer nach Hause geschickt. Diese Tagebucheinträge hatten große Wellen geschlagen. Verschiedene Websites hatten einzelne Passagen veröffentlicht, zwei regionale hessische Tageszeitungen hatten meine Berichte gar in voller Länge abgedruckt. Ich hatte mich geschmeichelt gefühlt, war mir aber auch darüber im Klaren gewesen, dass man über diese schrecklichen Ereignisse vermutlich alles hätte schreiben können. Das Interesse der Leser hatte vielmehr dem eigentlichen Ereignis gegolten als den Worten, die ich darüber verfasst hatte.

Nichtsdestotrotz hatte ich mir mit diesen Berichten, die eigentlich hauptsächlich meiner eigenen Verarbeitung der Ereignisse hatten dienen sollen, offenbar ein neues Territorium erschlossen. Während ich gerade vorübergehend im nordthailändischen Chiangmai sesshaft geworden war und die Leute in Europa vermutlich längst wieder zum normalen Tagesgeschehen übergegangen waren, kontaktierte mich eine regionale Tageszeitung aus Hessen und bot mir meine erste und einzige Tätigkeit als Schreiberling auf Honorarbasis an. Die Vermutung lag nah, dass es in der Region schlichtweg gerade niemand Anderen gab, den man beauftragen konnte, zumindest aber niemanden, den sich das Regionalblatt leisten konnte. Aber was sollte der falsche Stolz? Man wollte mir Geld für diesen Artikel zahlen und dieses konnte ich gut gebrauchen, zumal es in Südostasien etwa fünf mal so viel wert war wie Zuhause. Natürlich sagte ich sofort zu.

Und so gondelte ich nur wenige Tage später an einem sonnigen Morgen nach Lamphun, seines Zeichens Gießens Partnerstadt und von dieser großzügig für ihre Umweltprojekte unterstützt. Vor einiger Zeit war eine Delegation aus Gießen vor Ort gewesen und man hatte sich über Umwelttechniken ausgetauscht und Spendengelder überreicht. Nun wollten die Menschen in Deutschland sehen, ob ihre finanziellen Hilfen im entfernten Thailand auch Früchte trugen.

Bereits der Weg von Chiangmai ins eine Stunde entfernte Städtchen Lamphun war den Ausflug wert. Ich passierte auf meinem Mietmoped malerische Reisfelder, auf denen noch der Morgendunst waberte, sowie kleine Dörfer, die Touristen sonst nicht zu Gesicht bekamen. Die Tempel am Wegesrand, die glänzenden Wasserbüffel in den kleinen Gräben, aber auch der ganz normale Straßenverkehr des ländlichen Thailand entzückten mich und ich ließ mir eine Menge Zeit für die Strecke.

Vor Ort dann begrüßte mich die Projektleiterin in der gewohnt ungezwungen Art der Thais. In den nächsten Stunden führte sie mich auf dem Gelände herum, stellte mir wichtige Leute des Programms vor und erklärte mir nicht ohne Stolz einige der bereits umgesetzten Innovationen. Wir besichtigten eine Müllsortieranlage, ein Klärwerk sowie das Hauptquartier der Initiative, wo man gerade im Begriff war, Fahrradwege für das Stadtzentrum zu planen, ein absolutes Novum in Thailand. Man hatte mir schon im Voraus geschrieben, dass Lamphun außergewöhnlich fortschrittlich sei, was die Umweltbestrebungen anging.

Die Besichtigung sowie die Gespräche liefen sehr entspannt und freundlich ab. Wie es bei den Thais üblich ist, wurden immer wieder kleine Witzchen in den sonst eigentlich trockenen Stoff eingestreut, um die Situation aufzulockern. Alle lächelten um die Wette. Ich machte mir unterdessen Notizen und knipste ein paar Fotos.

Zum Abschluss meines Besuchs dann wurde ich noch zum Essen eingeladen. Zu dieser Zeit verfügte ich noch nicht über genügend Kenntnisse der Gepflogenheiten des Landes um zu wissen, dass im Prinzip keine Zusammenkunft ohne ein gemeinsames Essen endet. In diesem Fall nahm sich sogar der Bürgermeister höchstpersönlich die Zeit, um sich beim Mittagsmahl zu uns zu gesellen. Auch die anderen Mitarbeiter ließen es sich nicht nehmen, den exotischen Besuch zu begutachten. Man merkte allen deutlich an, dass sie bei mir einen guten Eindruck hinterlassen wollten.

Man tischte unserer Gruppe eine Vielzahl leckerer Speisen auf und allen schien sehr daran gelegen, dass ich auch wirklich von jedem Gericht probierte. Wir speisten eine ganze Weile, bis ich mich kaum mehr bewegen konnte und alle mit der von mir vertilgten Menge zufrieden schienen. Auch als ich mehrfach betonte, dass ich für das Essen sicher Spesen geltend machen konnte, bestand der rundliche Bürgermeister, der ein schelmisches Lächeln im Gesicht trug, vehement darauf, die Kosten für das Essen zu übernehmen. Dann verabschiedete man mich herzlich. Rund und glücklich machte ich mich auf den Heimweg.

Zu jener Zeit nannte ich ein Moskitonetz auf der Dachterrasse eines sehr netten Hostels mein Zuhause. Da es vor ein paar Tagen eigentlich keinen Platz mehr für mich gegeben hatte, man mich aber aus Sympathiegründen nicht rauswerfen wollte, hatte mir einer der Angestellten kurzerhand das Netz über eines der Gemeinschaftssofas gespannt und man ließ mich dort zum Spezialpreis von 2 Euro die Nacht campieren.

Dort in meinem Lager zwischen meinen wenigen Habseligkeiten sitzend komplettierte ich sodann meine Notizen. Laptops waren zu jener Zeit noch nicht erschwinglich, Smartphones noch nicht mal erfunden. Daher schrieb ich, heute kaum mehr vorstellbar, meinen Artikel mit einem Stift auf ein Blatt Papier. Eine größere Herausforderung als das Schreiben selbst jedoch war es, sich nicht direkt wieder den ganzen anderen Travellern anzuschließen, die es sich traditionell ab dem späten Nachmittag auf dem Dach mit Bier und Thai-Whisky gemütlich machten und gemeinsam quatschten, lachten und musizierten.

Als ich den Text schließlich trotz der Ablenkungen fertiggestellt hatte, begab ich mich ins Internetcafé in der Nachbarstrasse, einen klimatisierten Raum mit alten Rechnern im Erdgeschoss eines schmucken Bambus-Hauses. Dort schrieb ich dann alles, was ich mir zusammengereimt hatte, noch einmal ab und schickte den fertigen Artikel direkt per email auf die andere Seite der Welt.

Alles in allem hatte ich nun doch einen kompletten Tag von früh morgens bis weit in den Abend mit dem Job zugebracht. Lediglich das Abtippen meines Artikels aber hatte sich wirklich wie Arbeit angefühlt. Noch dazu war ich mir bewusst, dass ich gerade an einem Tag so viel Geld verdient hatte, wie die Menschen um mich herum nicht in einem Monat erarbeiteten.

Mein Honorar überwies man mir nur kurze Zeit später. Der Artikel wurde vermutlich gedruckt, ich habe ihn jedoch nie zu Gesicht bekommen, da ich meine Reise noch um ein paar weitere Monate ausdehnte.

Von der Zeitung habe ich nie wieder etwas gehört, ich hatte damals wohl doch lediglich von meiner geographischen Position profitiert. Thailand hingegen habe ich noch einige weitere Besuche abgestattet, doch auch nach Lamphun verirrte ich mich kein zweites Mal.

Bezahlung: € 150.
Arbeitsaufwand: Gering.
Gelernt fürs Leben: Fahren im Linksverkehr.

86. Versicherungsvertreter

Die Anzeige hatte verlockend geklungen. Das aber konnte durchaus auch daran gelegen haben, dass ich erst Anfang 20 und in vielerlei Hinsicht reichlich naiv war. Zwar konnte ich mir beim besten Willen von Anfang an nicht vorstellen, wie gerade ich Menschen Versicherungen andrehen sollte, aber alleine das zu erfahren, war mir Grund genug, zum Vorstellungsgespräch zu erscheinen. Neugierde ist bekanntlich der Katze Tod.

Weltmännisch winkte mich der Chef des Ladens in sein auf mondän gemachtes Büro. Rückblickend betrachtet kann ich sagen, dass ich nicht nur wenig adäquat gekleidet, sondern ebenso unpassend frisiert war, aber das schien den jungen Türken nicht weiter zu stören. Er begann sogleich, Business zu reden. Was für ein tolles Produkt sie hätten, welch eine Win-Win-Situation das doch für alle Beteiligten sei. Denn der Kunde würde ja schließlich mindestens im gleichen Maße von der Versicherung profitieren wie die Firma. Nicht alles, das er mir weismachen wollte, dass seine Arbeit die Welt sicherlich schon bald zu einem besseren Ort machen würde. Schamlos schmiss er mit den Marketing-Fachwörtern nur so um sich, die er sich vermutlich gerade erst in einem Volkshochschulkurs in Betriebswirtschaftslehre angeeignet hatte.

Mehrere Male versuchte ich in Erfahrung zu bringen, gegen wen oder was sich die Leute denn eigentlich versichern würden, aber das spielte offenbar im Unternehmenskonzept eine völlig untergeordnete Rolle. Souverän winkte mein zukünftiger Chef ab und kehrte sofort zu seinem Motivationsmonolog zurück. Ganz der junge, aufstrebende Managertyp, inklusive zurückgegelter Haare und protzigen Schmucks, gab er dem Wörtchen dynamisch eine neue Bedeutung. Fast fühlte es sich unverhältnismäßig an, dass ich da so ruhig auf meinem Stuhl saß, während er sich ereiferte. Ich fühlte mich, als müsse auch ich wild gestikulieren, in großen Schritten durch den Raum stolzieren und meiner Gesichtsmuskulatur wirklich alles abverlangen. Rückblickend betrachtet könnten da bei ihm durchaus auch aktivitätssteigernde Substanzen im Spiel gewesen sein.

Von einem Ohr zum anderen grinsend begann Herr Turac jedenfalls nun, den zweiten Kernpunkt zu beackern, den er mit mir an diesem Frühlingstag besprechen wollte: Das Pyramidensystem. Jung und naiv wie ich war, kamen mir beim Aussprechen dieses Wortes zunächst Bilder aus Ägypten in den Sinn. Hätten doch spätestens hier die Alarmglocken schrillen müssen, machte sich in mir stattdessen ein wohliges Gefühl breit. In meinen Gedanken wurde Cleopatra gerade von unzähligen hübschen Dienerinnen in spärlicher Bekleidung eingeseift, ich schweifte ab.

Turac riss mich aus meinem Tagtraum und erklärte mir, wie man bei Vertragsabschlüssen nicht nur selbst Geld verdienen würde, sondern auch noch davon profitierte, dass angelernte Mitarbeiter einen Teil ihrer Gewinne an den Nächsthöheren abtreten müssten. Ich musste also nur ein paar weitere Leute anheuern und erklomm so schnell eine höhere Stufe der Pyramide.

Langsam aber stetig näherten wir uns dem Vertragsabschluss, der mich schwarz auf weiß zum jüngsten Zugang in der Belegschaft dieser dubiosen Firma machen sollte. So langsam dämmerte mir, dass hier nicht alles mit rechten Dingen zugehen konnte, denn es war Herrn Turac offensichtlich sehr daran gelegen, die Sache gleich hier und jetzt unter Dach und Fach zu bringen, bevor ich es mir später noch einmal anders überlegen konnte. In einer eleganten Bewegung schob er mir den Vertrag über den Schreibtisch und reichte mir den bereits geöffneten Füllfederhalter einer mittelteuren Marke. Dann katapultierte er sich aus seinem Sessel, und schritt erhobenen Hauptes auf meine Seite des Tisches, um mir dort direkt mit festem Griff die Hände auf die Schultern zu legen. Siegesgewiss spielte er seinen letzten Trumpf aus, wobei mir zum ersten Mal sein beißender Mundgeruch auffiel: ‚Wenn die Geschäfte gut laufen, fahren wir einmal im Jahr alle gemeinsam zum Ficken nach Antalya!'

Ich schluckte. Und bat mir einen Tag Bedenkzeit aus.

Noch auf dem Heimweg wurde mir schlagartig klar, dass das alles mit mir nicht laufen würde, und dass ich da in etwas sehr Unangenehmes hineingeraten war. Die Antalya-Puff-Geschichte hatte wie eine Art Notbremse gewirkt. Besser man merkte es spät als nie. Zuhause angekommen, verschwand die Visitenkarte des dynamischen Rattenfängers in meinem Papierkorb. Ich meldete mich nie wieder bei diesem seltsamen Verein. Auch Turac ließ nichts weiter von sich hören. Vermutlich war er an Rückzüge dieser Art gewöhnt und hatte bereits ein neues Opfer im Ledersessel sitzen.

Jedes Mal, wenn mir heutzutage jemand eine Versicherung nahelegt, denke ich an Antalya und werde umgehend sehr reserviert. Pyramidensysteme gerieten schon bald nach diesem kurzen Intermezzo in Verruf, nichtsdestotrotz halten sie sich bis heute wacker.

Bezahlung:	Keine.
Arbeitsaufwand:	Schwer zu sagen.
Gelernt fürs Leben:	Wenn der Chef weniger intelligent, dafür aber skrupelloser als man selbst ist, sollte man auf der Hut sein.

87. Fotograf bei einem Charity-Golfturnier

Wieder einmal hatte ich mich offenbar gut verkauft. Man hatte mir auf ein Neues kurzerhand einen Job anvertraut, den ich bis zum Dienstantritt am darauffolgenden Tag im Prinzip erst noch erlernen musste.

Ein Stückchen außerhalb von Berlin fand ein kleines Golfturnier mit einer Handvoll B-Promis statt. Sie hatten sich irgendeinen obskuren Wohltätigkeits-Gedanken einfallen lassen, um sich mal wieder gemeinsam zu vergnügen. Sehen und gesehen werden, wie man so schön sagte. Und das noch mit dem Anstrich eines hehren Ansinnens. Ich kann mich nicht mehr erinnern, wem genau man am Ende der Veranstaltung einen Bruchteil der Einnahmen spenden wollte.

Aber das sollte meine Sorge auch nicht sein. Denn ich fungierte nicht als moralische Instanz bei diesem Ereignis, sondern gewissermaßen als Haus- und Hofberichterstatter dieser feinen Gesellschaft. Den ganzen Tag über sollte ich, die Spiegelreflex-Kamera gezückt, Schnappschüsse der gut gekleideten, alternden Herren auf dem Rasen sowie der dazugehörigen, für diesen Anlass mit einem ganzen Arsenal an Make-Up auf Vordermann gebrachten Gattinnen beim Cocktailschlürfen und Small-Talk auf der Terrasse einfangen. Auf dass niemand diesen fantastischen Frühsommertag auf dem Lande jemals vergessen möge. Der sportliche Aspekt sollte bei meinen Fotos natürlich im Vordergrund stehen, immerhin war das ja ein Golfturnier. Besonders wichtig sei es aber auch, dass alle Menschen auf den Fotos möglichst gut wegkämen, egal, wie schlimm sie in Wirklichkeit aussahen. Das war doch mal eine Ansage.

Doch damit nicht genug, sollte ich der High Society abends noch eine Diavorführung der von mir geknipsten Bilder servieren. Damit sich alle noch mal an ihrem Erfolg und ihrer Sportlichkeit laben konnten, während sie große Steaks in sich hineinschaufelten oder bei einer Zigarre die letzten Kursentwicklungen ihrer Aktien diskutierten.

Ich machte mich also frühmorgens auf in Richtung Brandenburg, wohlwissend, dass meine Gräser-Allergie im Zenit stand und Golfplätze in aller Regel Heimstatt für ein ganzes Potpourri verschiedener Exemplare der Gräserfamilie sind. Schon auf der Fahrt über die baumbestandenen Landstraßen begann mir die Nase zu jucken. Der Golfplatz war idyllisch am Waldrand gelegen und die ersten Gäste entstiegen bereits ihren dunklen Limousinen, als ich meinen Schrotthaufen unauffällig am Rande des Parkplatzes abstellte. Ich warf mir ein paar Antihistamine ein, strich meinen Kragen glatt und stellte mich kurz bei den Verantwortlichen vor, damit diese schon mal wussten, wer denn der Penner ist, der den ganzen Tag über zwischen den erlauchten Herrschaften herumstreunt.

Der Tag gestaltete sich in der Folge eigentlich zunächst recht angenehm. Sonne, Wiesen und Teiche. Kalte Getränke und kleine Häppchen zwischendurch. Und alles, was ich tun musste, war, ein paar Fotos zu schießen. Dabei ließ man mich komplett in Ruhe und ich konnte immer selbst bestimmen, wo ich nun gerade wen ablichten wollte. Jedoch schlug mein Heuschnupfen schlimmer zu, als ich es ohnehin schon befürchtet hatte, das Allergiemedikament zeigte so gut wie keine Wirkung. Schnell waren meine Augen geschwollen und leicht gerötet, und ich wusste, dass nur ein klitzekleines Reiben mit dem Handrücken alles zu Fall bringen konnte. Hatte man einmal mit dem Reiben angefangen, dann gab es kein Halten mehr und schon bald wären meine Augen nur noch schmale rote Schlitze, juckend, nässend und zum Sehen kaum mehr zu gebrauchen. Ich riss mich zusammen. Was ich jedoch nicht verhindern konnte, waren die immer wiederkehrenden hysterischen Niesanfälle mit bis zu 38 Niesern am Stück. Seit jeher zählte ich zur Heuschnupfenzeit immer mit und in der Regel war ich stolz auf neue Rekorde, hier aber erwiesen sie sich als nicht sonderlich hilfreich. Diese Nies-Stakkati waren außerdem mitunter dermaßen anstrengend, dass ich mich hernach immer kurz sammeln und mich erst mal an einen nahegelegenen Baum lehnen musste. Nicht umsonst kursiert das Gerücht, dass jeder Nieser wie ein kleiner Orgasmus sei. Schön zwar, aber in seiner Folge eben auch ganz schön anstrengend.

Ich wieselte möglichst unauffällig durch die Menge, niemand schien weiter Notiz von mir zu nehmen. Die Herrschaften hatten sich in ihre besten Sommerkleidchen gezwängt und alle versuchten, vor wie hinter der Kamera, stets gut auszusehen. Gut, dass ich sie darauf nicht auch noch hinweisen musste! Meine Mission im Blick, versuchte ich jedoch, Perspektiven zu vermeiden, die Doppelkinne oder Wohlstandsbäuche unnötig hervorhoben.

Da ich schon vor Jahren meinen Fernseher weggeworfen hatte und auch nicht über ein Abo der Gala verfügte, war ich nur mit wenigen Gesichtern der Anwesenden vertraut. Daher hielt ich mich zumeist an jene Personen, denen auch von den anderen Gästen die meiste Aufmerksamkeit geschenkt wurde. So konnte ich relativ sicher sein, dass ich auch wirklich die Wichtigsten unter den Halbwichtigen ablichtete. Wie mir schien, war Uli Hoeneß der Stargast des Tages. Nicht dass ich ihn erkannt hätte, aber ich hatte eine Unterhaltung überhört, in der sein Name gefallen war, als jemand in seine Richtung deutete. Hatte man ihn einmal erblickt, dann konnte man ihn ohnehin nicht mehr übersehen.

In den nächsten Stunden lief alles nach Plan. Die Leute waren ausgelassen und putteten, was das Zeug hielt. Man plauschte, scherzte und sprach einander Komplimente aus. Ich für meinen Teil knipste und knipste, und verdrückte mich in regelmäßigen Abständen für eine Niesattacke hinter einen Baum.

Doch dann passierte das Malheur. Just in dem Moment, als Herr Hoeneß im Begriff war, in höchster Konzentration seinen Ball abzuschlagen, platzte es aus mir heraus und ich musste, keine zehn Meter von ihm stehend, bestimmt vierzehn mal in Folge niesen, woraufhin ich leicht zitternd und mit einseitig bespuckter Kamera wieder zu der kleinen Gruppe um den gewichtigen Fußballtrainer aufblickte. Alle Augen starrten mich ungläubig an, Hoeneß hatte gar seinen Schläger abgesetzt und seinen massigen Körper darauf abgestützt. Höflich, aber bestimmt bat er mich, als er merkte, dass ich wieder ansprechbar war, doch bitte das Feld zu verlassen. Ich tat wie mir geheißen, bevor sich mein Anfall fortsetzen konnte, denn ich fühlte schon ein Nachbeben herannahen. Aus der Entfernung beobachtete ich, wie Hoeneß noch eine ganze Weile brauchte, bis er sich auf ein Neues dem Abschlag widmen konnte und wie die Umstehenden sichtlich verunsichert ihre Münder spitzten.

In Folge dieses etwas unangenehmen Vorfalls hielt ich mich für den Rest des Tages von Höneß und seiner Entourage weitgehend fern. Ich hatte ihn bereits zigfach fotografiert und aufgrund seiner beeindruckenden Statur war er auf mindestens ebenso vielen Bildern irgendwo im Hintergrund noch deutlich zu erkennen. Kein Problem also, wenn ich mich von nun an den weniger wichtigen Menschen widmete.

Als es nachmittags dann fast unerträglich heiß wurde, konzentrierte ich meine ganzen Bemühungen auf die nichtspielenden, weiblichen Familienangehörigen. Denn wo diese sich aufhielten, konnte man davon ausgehen, dass es stets leckere, gekühlte Getränke gab.

Nur wenn mal wieder jemand seinen Ball laienhaft in einem der Teiche versenkt hatte, konnte ich es mir nicht verkneifen, dem Spielfeld noch mal einen flinken Besuch abzustatten.

Nachdem das Turnier beendet war, zog ich mich in den ersten Stock des Golfhauses zurück, wo ich fast zwei Stunden lang vergeblich versuchte, den hauseigenen Projektor zu einer Kooperation zu überreden. Denn mit dem Knipsen der Fotos war der Job ja leider noch nicht getan, diese sollten auch direkt von den Anwesenden in Augenschein genommen werden. Doch die Technik streikte und zu allem Überfluss nervten mich bei meinen Bemühungen auch noch ein paar verzogene Kinder in Lackschuhen und gebügelten Hemdchen. Da sie wussten, dass ich mich in meiner Position mit Sicherheit nicht bei ihren Müttern über ihr Verhalten beschweren würde, pisackten die kleinen Gören mich ohne Gnade. Mit Hilfe eines Kellners gelang es mir dann schließlich, den Projektor doch noch zum Laufen zu bringen und ich sortierte noch schnell all jene Bilder aus, die verwackelt waren oder auf denen jemand zu unelegant oder zu speckig aussah.

Letztendlich fand die Präsentation dann auf einer kleinen Leinwand in der Halle statt, die zur Terrasse führte, auf der sich die Gesellschaft im Sonnenuntergang vergnügte. Ich musste jedoch feststellen, dass sich im Prinzip keiner wirklich für die Bilder interessierte. Was wiederum nur gut für mich sein konnte, denn einige der Fotos waren noch immer unscharf oder gegen die Sonne aufgenommen. Das Werk eines routinierten Fotografen sah wahrlich anders aus.

Uli Höneß schlug mir noch mal versöhnlich mit seiner Riesenpranke auf den Rücken, als ich ihn auf dem Weg zum monströsen Schwenkgrill passierte, an dem ich mir noch schnell ein kostenloses Abendessen einverleiben wollte. Ich lächelte gequält, als er den Beistehenden noch einmal die Geschichte meiner Niesattacke aufwärmte und sich sein gesamter voluminöser Körper dabei schüttelte vor Lachen. Dann fraß ich mich auf sehr diskrete Art am reichhaltigen Buffet voll, nieste zum Abschied noch mal kräftig in Richtung der aufmüpfigen Kinder und machte mich sodann auf den Weg zurück nach Berlin.

Nachdem ich bei meinem nächsten Einsatz wieder ein paar Bilder gegen die Sonne gemacht hatte, was ich für mein gutes Recht auf künstlerische Freiheit hielt, gab man mir keine weiteren Aufträge. Nur kurz später ging die Firma pleite und ich war froh, dass man das zumindest jetzt nicht mehr auf mich zurückführen konnte. Uli Höneß habe ich wissentlich nie wiedergesehen.

Bezahlung: € 250.
Arbeitsaufwand: Ausgesprochen gering.
Gelernt fürs Leben: Golf ist mindestens so langweilig wie es aussieht.

88. Service Producer

Im Prinzip war ich ja ganz zufällig im Film- und Fernsehbusiness gelandet. Ich hatte nie explizit vorgehabt, in diesem Bereich zu arbeiten, nicht zuletzt, da ich eigentlich nie wirklich gewusst hatte, in welchem Bereich ich denn überhaupt gerne arbeiten wollte. Und doch hatte ich mit jedem weiteren Job in diesem Business mehr Gefallen daran gefunden. Man war von interessanten Menschen umgeben, man realisierte außergewöhnliche Dinge, man erschuf Parallelwelten. Und langweilig wurde es wirklich nie.

Doch schnell wurde mir klar, dass ich in den falschen Positionen arbeitete. In diesem Business schien nämlich die Größe des Aufwands eines jeden in einem umgekehrt proportionalen Verhältnis zur Bezahlung zu stehen. Während ich mich als PA oder Runner nicht selten 16 Stunden lang krumm legte, tauchten die Protagonisten der oberen Positionen deutlich später am Set auf als ich, nur um sich deutlich früher wieder zu verdrücken. Dafür bekamen sie dann bisweilen das Dreifache meines Tagessatzes. Ich wurde da nicht ganz schlau draus. Die Tatsache, dass einige Produktionsfirmen meine Unerfahrenheit ausnutzten und mich weit unterhalb des durchschnittlichen Satzes beschäftigten, trug ihren Teil zur Unzufriedenheit bei. Mir wurde klar, dass ich weiter nach oben musste, wenn sich das alles wirklich lohnen sollte.

Und so gründete ich einfach mal schnell eine eigene Firma. Das hieß zunächst einmal nicht viel mehr, als für ein paar Euro eine Internet-Domain zu kaufen, dort von einem befreundeten Web-Designer günstig eine Seite einrichten zu lassen und diese dann möglichst werbewirksam unter die Leute zu bringen. Damit jedoch kam ich meinem Ziel schon etwas näher: Ich wollte derjenige sein, der die Drehs organisiert, Leute anheuert und sich um die gesamte Infrastruktur kümmert. Service Producer, die eingedeutschte Bezeichnung für diesen Job, ist ein Begriff, der sich aus dem Englischen ableitet und der in meinen Ohren eigentlich nicht wirklich einen Sinn ergibt. Aber wollte ich Service Producer werden, dann musste ich wohl auch mit dieser Bezeichnung leben. Ich wollte mich bewusst an internationale Firmen richten und verfasste meine Seite daher ausschließlich auf Englisch. Zum Einen hatte ich während aller meiner Jobs gemerkt, dass ich einigen Menschen in Berlin bei der englischen Sprache ein paar Kapitel voraus hatte und damit oft punkten konnte. Zum Anderen hatte die Erfahrung gezeigt, dass es sich mit ausländischen Firmen meist netter, unstressiger und respektvoller zusammenarbeiten ließ als mit deutschen.

Mein Firmenname war mir während einer der Drehs eingefallen und ich kann noch heute kaum glauben, dass noch niemand vorher darauf gekommen war. ‚It's a wrap' rief man am Set aus, wenn der Dreh nach harter Arbeit abgeschlossen war, und genau dieses Gefühl wollte ich bei meinen zukünftigen Kunden wecken. Ist der Name auch etwas sperrig, so gibt es kaum einen, der besser zu dem passte, was ich anbieten wollte.

Zu meinem ersten Projekt unter dem Namen ‚It's a wrap' kam es durch Zufall. Vor einigen Jahren hatte ich eine Zeit lang in Thailand gelebt. Nach einem halben Jahr vor Ort hatte mich meine Schwester besucht und wir waren ein bisschen auf den Inseln im Süden herumgezogen. Sie hatte an einem Ort mit dem idyllischen Namen ,Shark Bay' ein kleines Techtelmechtel mit dem Franzosen Nicolas begonnen, den ich dann ein paar Wochen nach ihrer Abreise im Norden des Landes wiedertraf. Wir freundeten uns an und wurden nach meiner Abreise auch virtuelle Freunde bei Facebook. Ein paar Jahre später beobachtete ich auf seinem Profil, dass er gerade im Begriff war, mit zwei offensichtlich durchgeknallten Amerikanern in einem schrottreifen Subaru durch ganz Afrika zu fahren. Ich wurde neugierig und hakte nach, was zum Teufel er denn da gerade mache. Er setzte mich mit dem Erfinder dieser wahnwitzigen Idee in Verbindung und nur einige Monate später war ich es, der den Start des ,World Cup Trek' in Berlin organisierte. Denn die Tour, bei der Nicolas mitgefahren war, war lediglich die Vorbereitung auf den wahren Trip gewesen.

Der Wahnsinnige, der auf die Idee gekommen war, mit alten Autos von Berlin bis nach Südafrika zur Fußball-WM zu fahren und diese Reise mit Kameras zu begleiten, hieß allen Ernstes John Lovejoy und war ein charismatischer Typ, den man einfach mögen musste. Abgesehen davon hielt er den Weltrekord im Trabant-Fahren, denn nur ein paar Jahre zuvor hatte er mit zehn Leuten und drei Trabants die Strecke Budapest-Kambodscha zurückgelegt. Statt der erwarteten drei Monate hatten sie letztendlich acht gebraucht und es waren beileibe nicht alle Fahrzeuge und Menschen auch wirklich in Südostasien angekommen. Die Gruppe jedoch hatte den ganzen Trip gefilmt und war seither auf der Suche nach einem Sender, der das Abenteuer ausstrahlen wollte. Durch die große Präsenz im Internet hatten sie einige tausend Dollar Spendengelder generieren können, die sie in Phnom Phen einem Kinderhort überreicht hatten.

Ähnlich war auch das Konzept für ,World Cup Trek', nur sollte es diesmal nach Süden und nicht nach Osten gehen. Statt Trabants wollte man für die Strecke einfach die billigsten Gebrauchtwagen nehmen, die man finden konnte. Die zur selben Zeit stattfindende Fußball-WM in Südafrika war der Garant für eine Berichterstattung und somit den Fluss von Spendengeldern. Tatsächlich hatte man auch ein paar Sponsoren gewinnen können und auch bereits eine provisorische Zusage eines Senders, die Aufnahmen in ihrem Programm zu zeigen. John hatte fünf weitere Fahrer sowie eine fünfköpfige Crew dazu bewegen können, diese Strapazen auf eigene Kosten auf sich zu nehmen. Außer Amerikanern gab es noch einen Engländer, einen Italiener und eine Australierin. John und ich hatten uns per email dermaßen gut verstanden, dass ich nun der Ansprechpartner für alles Organisatorische im Startland Deutschland sein sollte. Auch ich wurde dafür nicht entlohnt, aber für ein solch durchgeknalltes Projekt arbeitete ich nur zu gerne ehrenamtlich. Zudem konnte ich davon später sicher auch noch profitieren.

Ich hatte mit mühsamem Klinkenputzen erreicht, dass alle Beteiligten kostenlos in einem gemütlichen Hostel unterkommen konnten. Dieses wurde für ein paar Tage zu unserem Hauptquartier. John, sein engster Vertrauter Tony, der auf den Treks als Mechaniker fungierte, und ich bildeten die Organisations-Crew und erledigten all jene Dinge, die noch nicht geplant worden waren. Schnell wurde mir klar, dass außer den benötigten Visa eigentlich noch fast gar nichts organisiert war. Wir kauften einen uralten Toyota 4-Runner von einem zwielichtigen Russen. Der Deal ging in einer Mercedes S-Klasse über die Bühne, die der leicht mafiöse

Verkäufer vom Zoll ersteigert hatte. Der ganze Innenraum war aufgeschlitzt, da in diesem Wagen vorher eine Menge Schmuggelware gesteckt hatte. Der Russe und sein Fahrzeug passten dermaßen gut ins Gesamtkonzept der Sendung, dass John nicht mal versuchte, den Preis für den Geländewagen noch zu drücken. Er würde das Begleitfahrzeug werden.

Dann klapperten wir unzählige Gebrauchtwagenhändler in der Stadt ab. Als wir uns alle einig waren, dass die Händler einander in puncto Halsabschneiderei in nicht viel nachstanden, schlugen wir zu und kauften alle Wagen bei derselben Gaunerbande. In die Auswahl hatten es ein Golf 2, ein Suzuki Swift und ein Renault 19 geschafft. Die Kosten für alle zusammen beliefen sich auf 1800 Euro, Exportkennzeichen inklusive.

Dann traf nach und nach die Crew ein und man begann, schon die Vorbereitungen mit der Kamera zu begleiten. Ich hatte allen einen Termin im Impfzentrum organisiert. Der behandelnde Arzt hatte zugestimmt, sich beim Spritzengeben ablichten zu lassen und erfüllte mit seiner deutschen, schenkelklopfenden Steifheit sicher alle Erwartungen des Regisseurs.

Ich hatte zwei befreundete Sprayer verpflichten können, welche die drei Schrotthaufen mit Graffiti in kleine mobile Kunstwerke verwandelten. Ich stellte dabei sicher, dass die Aufkleber meiner Firma auf jedem Wagen werbewirksam angebracht wurden, da das vermutlich der einzige Vorteil bleiben sollte, den ich aus diesem Job ziehen konnte. Ich hatte für die eine Woche Vorbereitungszeit einen netten, sehr jungen Praktikanten engagiert, der damit zufrieden war, dem Spektakel ohne Bezahlung beiwohnen zu dürfen. Er hatte mir auf den letzten Drücker noch ein Logo gestaltet und ich hatte noch mal ordentlich investiert, um dieses auf hochwertige Aufkleber drucken zu lassen, die auch das afrikanische Klima überstehen würden. Ständig fuhren wir während der paar Tage quer durch Berlin, besorgten Dinge und filmten an repräsentativen Orten der Stadt. Ich kümmerte mich hinter den Kulissen um die bürokratischen Probleme einer solchen Aktion, sah zu, dass der großzügige Hostelbetreiber glücklich war und fand über drei Ecken sogar ein Mädel, dass die vermutlich heißeste Schweißerin ganz Berlins war. Ich konnte einen Kontakt eines alten Drehs noch einmal aufwärmen, und so konnten wir kostenlos auf einem brandenburgischen Schrottplatz filmen, wie die Schweißerin vor den Augen der staunenden Amerikaner verschiedene Teile an den Autos anbrachte und andere dafür mit einer Flex entfernte. Auf dem Rückweg in die Stadt gab der Renault bereits das erste Mal seinen Geist auf und wir konnten ihn erst nach zwei Werkstätten und einem weiteren Schrottplatz zu einer erneuten Kooperation überreden.

Ich hatte eine Abschiedsparty im Hostel organisiert, zu der die Betreiber sogar ein Fass Freibier spendierten. Auch sie bauten darauf, dass ihnen die ganze Aktion nur zusätzliche Werbung bescheren konnte.

Zwar war die ganze Bande erst seit ein paar Tagen ein Team. Aber es hatten sich bereits zwei Leute herauskristallisiert, die allen anderen gehörig auf den Sack gingen. Jonathan war ein amerikanischer Fitness-Freak mit Hang zu Wutanfällen, der im Vorfeld angefragt hatte, ob er auf den Trip durch Afrika vielleicht seine Handfeuerwaffe mitnehmen solle. Laura war eine dermaßen lethargische Person, dass man oft Angst hatte, sie würde mitten im Gespräch einschlafen. Sie hatte die USA noch nie verlassen und wenn sie ein paar Sätze im immer gleichen Tonfall von sich gegeben hatte, fragte man sich, warum sie das gerade jetzt und mit einem solchen Trip ändern wollte. Mittels einer leicht fingierten Verlosung richteten wir es so ein, dass die beiden Nervensägen sich einen Wagen teilten.

Am nächsten Tag brach die Truppe dann endlich auf in Richtung Frankreich, schon drei Tage später wollte man per Fähre auf den afrikanischen Kontinent übersetzen. Keine vier Stunden, nachdem der an einen Zirkus erinnernde Konvoi Berlin verlassen hatte, rief Tony mich aus Bayern an. Der Renault hatte das Zeitliche gesegnet. Ich reagierte schnell. In kürzester Zeit machte ich per mobile.de ich eine alte Dame ganz in der Nähe ausfindig, die ein nahezu identisches Auto für gerade mal 200 Euro verkaufte. Die Jungs fuhren dorthin und tätigten den Deal. Man wollte nach Afrika und John hatte durchaus durchblicken lassen, dass man dafür auch mal Fünfe gerade sein lassen musste. Ich war also nicht überrascht, dass man nur schnell das Gepäck umlud und die Kennzeichen umschraubte, um den kaputten Renault einfach am Straßenrand stehen zu lassen und den Weg in Richtung Süden mit dem Ersatzfahrzeug fortzusetzen. Gut, dass mein Name nicht in den Registrierungen auftauchte.

Mir hatte die Woche Arbeit im Endeffekt etwa 200 Euro gebracht, die ich von John als Provision für den ebay-Verkauf der überzähligen gesponserten Autoteile bekam. Das, und einen kleinen Kompressor, mit dem ich in Zukunft meine Luftmatratze aufpumpen konnte.

Von den drei Wagen kam letztendlich nur der unscheinbare Suzuki in Kapstadt an, und auch das lange nachdem die WM bereits vorbei war. Von den Teilnehmern waren nur zwei übrig geblieben. Man hatte eine Menge Geld in Bestechung investieren müssen und fast alle hatten sich unterwegs Malaria eingefangen. John war gleich zwei Mal gegen einen Brückenpfeiler gefahren, aber auf wundersame Weise unverletzt geblieben. Tatsächlich lief die Serie ein Jahr später bei Travel Channel und war bei den Zuschauern recht beliebt. Wegen der zeitlichen Verzögerung hatte man die WM aus dem Titel genommen und einen tatsächlich auch viel passenderen Namen für die Serie gefunden: Wreck Trek. John jedoch sagte, dass er jederzeit lieber ein zweites Mal mit einem Trabi nach Kambodscha fahren würde, als sich noch einmal auf den afrikanischen Kontinent zu wagen.

Auch das zweite Projekt unter eigener Flagge entstand über Freunde von Freunden. Ein entfernter Bekannter arbeitete für die Deutsche Welle und hatte beim Stöbern nach unterhaltsamen Online-Clips einen britischen Komiker entdeckt. Mit diesem wollte man nun 50 Kurzfilme produzieren, die zwischen den Sendungen ausgestrahlt werden sollten. Da David, der Komiker, sich nicht in Berlin auskannte, legte man ihm mich ans Herz. Hieraus entstand eine fruchtbare und sehr angenehme Zusammenarbeit und die Kurzfilme bescherten mir die entspanntesten Arbeitstage, die ich in diesem Metier bis dato erlebt hatte.

Ich suchte Locations und machte Verträge mit Motivgebern. Ich fuhr David und seinen Kameramann durch die Stadt und trug auch mal das Stativ. Ich kümmerte mich um die Abrechnung von Essensquittungen genauso wie um eine Box voller Snacks, die wir im Auto dabei hatten. Aber oftmals hatte ich schlichtweg gar nichts zu tun. Außer David gab es nur den Kameramann Anthony, der sonst vornehmlich Horror- und Pornofilme produzierte. Dementsprechend überschaubar waren meine Aufgaben. Doch auch wenn ich mich manchmal schon fast schlecht fühlte aufgrund der geringen Menge an Arbeit, und meinen Tagessatz aus freien Stücken ständig weiter zurückschraubte, so versicherte David mir doch immer wieder, das mein Posten durchaus gerechtfertigt war. Sowohl David als auch Anthony waren unglaublich freundliche und zurückhaltende Menschen, was die Arbeit nur noch angenehmer gestaltete.

Der Höhepunkt unserer Kooperation waren zwei Filme, die in einer verschneiten Gegend spielen sollten. Ich fand hierfür eine Hütte in den österreichischen Bergen und dort verbrachten wir dann fünf gemeinsame Tage. Nachdem ich die Beiden erst mal vom Münchner Flughafen in die zwei Stunden entfernte Hütte verfrachtet und alle Formalitäten mit dem Vermieter ausgehandelt hatte, gab es im Prinzip nichts mehr für mich zu tun. Schnell mutierte ich daher zur Hausfrau des Drehs. Ich sorgte dafür, dass der Ofen in der Hütte immer brannte, kochte ständig irgendwelche Kleinigkeiten und bot meinen Auftraggebern mehrmals am Tag österreichischen Obstler gegen die Kälte an. Ansonsten baute ich Miniaturschneemänner einen der Filme oder schob die Kamera auf einem Plastikschlitten hin und her. Kein Stress, kein Rumgeschreie; in puncto Entspanntheit setzte dieser Dreh wahrlich neue Maßstäbe. Die Gastfreundlichkeit der Österreicher, speziell jene unseres Vermieters, machte die Sache noch angenehmer. Dieser war ein charismatischer älterer Herr, der als Jäger und Skilehrer, aber auch als Buchautor und professioneller Zitherspieler gearbeitet hatte. Eigentlich immer, wenn man ihn traf, gab er uns erst mal einen Schnaps aus. So hätte ich immer arbeiten können.

Mittlerweile laufen Davids Kurzfilme bei der Deutschen Welle und werden vom Publikum gut angenommen. Leider hat sein Steuerberater jedoch festgestellt, dass er nicht im Ansatz wirtschaftlich arbeitet und ihm nahegelegt, auf Ausgaben wie mich zu verzichten. Daher ist David nun leider dazu übergegangen, seine Filme direkt in England zu produzieren.

Bezahlung: Unterschiedlich. € 0 bis € 350/Tag.
Arbeitsaufwand: Sehr unterschiedlich.
Gelernt fürs Leben: Selbst ist der Mann.

89. Getränkekoordinator beim Sandskulpturenfestival

Es war bereits der zweite Sommer, in dem mein Bekannter Wolli die Bewirtschaftung des Sandskulpturenfestivals übernommen hatte. Der liebenswerte Hippie war vor knapp zehn Jahren nach Berlin gekommen und dann eher zufällig Gastronom geworden. Ganz getreu dem Motto ‚Wer nichts wird, wird Wirt' hatte er damals begonnen, einmal die Woche Leute in seinen Keller einzuladen, den er zu einer provisorischen Bar umfunktioniert hatte. Das Ganze lief nach einer Weile dermaßen gut, dass er sein Studium zwar noch schnell fertig machte, sich dann aber komplett der Gastronomie widmete. Die Bar zog schon bald um und hatte nun täglich geöffnet. Dazu kam ein Club, der immer wieder an neuer Stelle eröffnete, sowie später noch einige Ferienapartments, die er zu saftigen Preisen an Touristen vermietete. Sein Imperium lief ganz gut.

Nun hatte Wolli eine witzige Konstruktion aus Brettern und Bambus mitten ins große Gelände des Festivals ‚Sandsation' gestellt. Bei diesem ungewöhnlichen Event erschufen Sandschnitzer aus aller Welt am Berliner Bahnhof mitunter riesige Skulpturen, die ausschließlich aus Sand bestanden. Das feine Material wurde dafür eigens von der Ostsee angekarrt und dann mit Brettern und Spannbändern für ein paar Tage dermaßen komprimiert, dass daraus ein recht fester Block entstand, den die Künstler nun mit ihren Werkzeugen bearbeiten konnten. Mittendrin in diesem riesigen Sandkasten stand Wollis Hippie-Bar. In diesem heißen Sommer konnte es keinen besseren Arbeitsplatz geben.

Wolli hatte im Prinzip nur Leute aus seinem persönlichen Umfeld angestellt. An der Bar wollte er aus Prinzip nur hübsche Mädchen stehen haben, die Handvoll Jungs waren für das Gröbere zuständig. Ich war im Prinzip Mädchen für alles. Noch bevor das Festival startete, verbrachte ich schon einige Tage auf dem Gelände. Ich half Wolli beim letzten Schliff der Bar, schabte den Dreck vom Vorjahr aus alten Kühlschränken und kümmerte mich mit darum, dass die Anlage lief.

Unser Nachschublager an Getränken und nützlichen Dingen wie Lappen, Bechern und Glühbirnen war in einem Container untergebracht, den man unter einer Brücke abgestellt hatte. Hier verbrachte ich schon vor Eröffnung der Bar viel Zeit, um die Lieferungen des Getränkehändlers in ein System zu bringen.

Dann öffnete die Ausstellung ihre Pforten. Die Idee war, dass die Zuschauer den Künstlern schon während der Wochen über die Schulter blicken durften, in denen diese ihre Skulpturen erschufen. Wir für unseren Teil konnten von der Bar aus täglich den Fortschritt an den Skulpturen begutachten. Das Gelände war mit einem hohen Bambuszaun vor neugierigen Blicken geschützt. Wer etwas sehen wollte, musste durch den Haupteingang und dort die 5 Euro Eintritt bezahlen. Alle Mitarbeiter aber konnten so viele Gäste an der Kasse vorbeischleusen, wie sie wollten.

Wir schrieben den Sommer 06. Die Fußball-WM machte in Deutschland Station und das Wetter war über Wochen dermaßen gut, dass einige Touristen bestimmt noch heute deshalb nach Deutschland zurückkehren, nur um dann einsehen zu müssen, dass dieser fast mediterrane Sommer wohl doch eine seltene Ausnahme gewesen sein musste.

Meine Schichten lagen teils tagsüber, teils abends. Ich war gerade erst aus dem

89. Getränkekoordinator beim Sandskulpturenfestival

Es war bereits der zweite Sommer, in dem mein Bekannter Wolli die Bewirtschaftung des Sandskulpturenfestivals übernommen hatte. Der liebenswerte Hippie war vor knapp zehn Jahren nach Berlin gekommen und dann eher zufällig Gastronom geworden. Ganz getreu dem Motto ‚Wer nichts wird, wird Wirt‘ hatte er damals begonnen, einmal die Woche Leute in seinen Keller einzuladen, den er zu einer provisorischen Bar umfunktioniert hatte. Das Ganze lief nach einer Weile dermaßen gut, dass er sein Studium zwar noch schnell fertig machte, sich dann aber komplett der Gastronomie widmete. Die Bar zog schon bald um und hatte nun täglich geöffnet. Dazu kam ein Club, der immer wieder an neuer Stelle eröffnete, sowie später noch einige Ferienapartments, die er zu saftigen Preisen an Touristen vermietete. Sein Imperium lief ganz gut.

Nun hatte Wolli eine witzige Konstruktion aus Brettern und Bambus mitten ins große Gelände des Festivals ‚Sandsation‘ gestellt. Bei diesem ungewöhnlichen Event erschufen Sandschnitzer aus aller Welt am Berliner Bahnhof mitunter riesige Skulpturen, die ausschließlich aus Sand bestanden. Das feine Material wurde dafür eigens von der Ostsee angekarrt und dann mit Brettern und Spannbändern für ein paar Tage dermaßen komprimiert, dass daraus ein recht fester Block entstand, den die Künstler nun mit ihren Werkzeugen bearbeiten konnten. Mittendrin in diesem riesigen Sandkasten stand Wollis Hippie-Bar. In diesem heißen Sommer konnte es keinen besseren Arbeitsplatz geben.

Wolli hatte im Prinzip nur Leute aus seinem persönlichen Umfeld angestellt. An der Bar wollte er aus Prinzip nur hübsche Mädchen stehen haben, die Handvoll Jungs waren für das Gröbere zuständig. Ich war im Prinzip Mädchen für alles. Noch bevor das Festival startete, verbrachte ich schon einige Tage auf dem Gelände. Ich half Wolli beim letzten Schliff der Bar, schabte den Dreck vom Vorjahr aus alten Kühlschränken und kümmerte mich mit darum, dass die Anlage lief.

Unser Nachschublager an Getränken und nützlichen Dingen wie Lappen, Bechern und Glühbirnen war in einem Container untergebracht, den man unter einer Brücke abgestellt hatte. Hier verbrachte ich schon vor Eröffnung der Bar viel Zeit, um die Lieferungen des Getränkehändlers in ein System zu bringen.

Dann öffnete die Ausstellung ihre Pforten. Die Idee war, dass die Zuschauer den Künstlern schon während der Wochen über die Schulter blicken durften, in denen diese ihre Skulpturen erschufen. Wir für unseren Teil konnten von der Bar aus täglich den Fortschritt an den Skulpturen begutachten. Das Gelände war mit einem hohen Bambuszaun vor neugierigen Blicken geschützt. Wer etwas sehen wollte, musste durch den Haupteingang und dort die 5 Euro Eintritt bezahlen. Alle Mitarbeiter aber konnten so viele Gäste an der Kasse vorbeischleusen, wie sie wollten. Wir schrieben den Sommer 06. Die Fußball-WM machte in Deutschland Station und das Wetter war über Wochen dermaßen gut, dass einige Touristen bestimmt noch heute deshalb nach Deutschland zurückkehren, nur um dann einsehen zu müssen, dass dieser fast mediterrane Sommer wohl doch eine seltene Ausnahme gewesen sein musste.

Meine Schichten lagen teils tagsüber, teils abends. Ich war gerade erst aus dem

89. Getränkekoordinator beim Sandskulpturenfestival

Es war bereits der zweite Sommer, in dem mein Bekannter Wolli die Bewirtschaftung des Sandskulpturenfestivals übernommen hatte. Der liebenswerte Hippie war vor knapp zehn Jahren nach Berlin gekommen und dann eher zufällig Gastronom geworden. Ganz getreu dem Motto ‚Wer nichts wird, wird Wirt' hatte er damals begonnen, einmal die Woche Leute in seinen Keller einzuladen, den er zu einer provisorischen Bar umfunktioniert hatte. Das Ganze lief nach einer Weile dermaßen gut, dass er sein Studium zwar noch schnell fertig machte, sich dann aber komplett der Gastronomie widmete. Die Bar zog schon bald um und hatte nun täglich geöffnet. Dazu kam ein Club, der immer wieder an neuer Stelle eröffnete, sowie später noch einige Ferienapartments, die er zu saftigen Preisen an Touristen vermietete. Sein Imperium lief ganz gut.

Nun hatte Wolli eine witzige Konstruktion aus Brettern und Bambus mitten ins große Gelände des Festivals ‚Sandsation' gestellt. Bei diesem ungewöhnlichen Event erschufen Sandschnitzer aus aller Welt am Berliner Bahnhof mitunter riesige Skulpturen, die ausschließlich aus Sand bestanden. Das feine Material wurde dafür eigens von der Ostsee angekarrt und dann mit Brettern und Spannbändern für ein paar Tage dermaßen komprimiert, dass daraus ein recht fester Block entstand, den die Künstler nun mit ihren Werkzeugen bearbeiten konnten. Mittendrin in diesem riesigen Sandkasten stand Wollis Hippie-Bar. In diesem heißen Sommer konnte es keinen besseren Arbeitsplatz geben.

Wolli hatte im Prinzip nur Leute aus seinem persönlichen Umfeld angestellt. An der Bar wollte er aus Prinzip nur hübsche Mädchen stehen haben, die Handvoll Jungs waren für das Gröbere zuständig. Ich war im Prinzip Mädchen für alles. Noch bevor das Festival startete, verbrachte ich schon einige Tage auf dem Gelände. Ich half Wolli beim letzten Schliff der Bar, schabte den Dreck vom Vorjahr aus alten Kühlschränken und kümmerte mich mit darum, dass die Anlage lief.

Unser Nachschublager an Getränken und nützlichen Dingen wie Lappen, Bechern und Glühbirnen war in einem Container untergebracht, den man unter einer Brücke abgestellt hatte. Hier verbrachte ich schon vor Eröffnung der Bar viel Zeit, um die Lieferungen des Getränkehändlers in ein System zu bringen.

Dann öffnete die Ausstellung ihre Pforten. Die Idee war, dass die Zuschauer den Künstlern schon während der Wochen über die Schulter blicken durften, in denen diese ihre Skulpturen erschufen. Wir für unseren Teil konnten von der Bar aus täglich den Fortschritt an den Skulpturen begutachten. Das Gelände war mit einem hohen Bambuszaun vor neugierigen Blicken geschützt. Wer etwas sehen wollte, musste durch den Haupteingang und dort die 5 Euro Eintritt bezahlen. Alle Mitarbeiter aber konnten so viele Gäste an der Kasse vorbeischleusen, wie sie wollten. Wir schrieben den Sommer 06. Die Fußball-WM machte in Deutschland Station und das Wetter war über Wochen dermaßen gut, dass einige Touristen bestimmt noch heute deshalb nach Deutschland zurückkehren, nur um dann einsehen zu müssen, dass dieser fast mediterrane Sommer wohl doch eine seltene Ausnahme gewesen sein musste.

Meine Schichten lagen teils tagsüber, teils abends. Ich war gerade erst aus dem

Ausland zurückgekehrt, bei einer der Barfrauen im Kinderzimmer untergekommen und hatte bisher kaum Verpflichtungen. So kam es, dass ich auch oft auf dem Gelände herumhing, wenn ich gerade nicht im Einsatz war. Diese 3000 Quadratmeter Sand waren bei einer solchen Witterung einfach eine wahre Oase im Großstadtdschungel. Die ganze Gegend um den neuen Hauptbahnhof versprühte seinerzeit noch ein Gefühl vom Ende der Welt.

Bei den Tagschichten spannte ich die Sonnenschirme auf, sammelte Eisstielchen aus dem Sand und füllte die Planschbecken der Kids mit frischem Wasser. Bei den Abendschichten kümmerte ich mich um Kerzen und auch darum, die letzten Besucher vom Gelände zu bekommen, bevor die Securities, die allesamt Alkoholiker zu sein schienen, das Gelände abschlossen.

Meine Hauptaufgabe aber war die Logistik an der Bar. Es musste in den Kühlschränken immer von allen Getränken genügend Nachschub geben, Obst musste geschnitten bereit liegen, leere Kästen platzsparend verstaut werden. Ständig legte ich den Weg von der Bar zum Lager zurück, meistens trottete ich dabei barfuß durch den feinen Sand. Dabei passierte ich immer das improvisierte Büro, das sich in einem uralten VW-Bus befand, dem man den wohlklingenden Namen ‚Ficker‘ gegeben hatte. Ich fragte nie nach der Geschichte zu diesem Namen.

Fast alle, die hier arbeiteten, waren angenehme Leute und viele von ihnen kannte ich schon jahrelang. Und so fühlte ich mich stets, als sei ich mit ein paar Freunden bei einer Strandparty. Es blieb immer genügend Zeit zum Quatschen, oder um zwischendurch die Arbeit der Künstler zu begutachten. Da man ständig in der Sonne war, wurden alle immer brauner, und schon bald hatten wir uns optisch an den karibisch anmutenden Ort angeglichen.

Besonders abends versammelten sich viele Bekannte an der Bar. Von hier aus konnte man perfekt den Sonnenuntergang beobachten und den heißen Tag stilecht ausklingen lassen. Wenn es dann dunkel war, machten wir oft ein Lagerfeuer, aber auch ohne herrschte immer eine tolle Stimmung. Rundherum war zu dieser Zeit noch nichts und so konnte man die Musik laut machen oder auch selbst musizieren. Nebenan stand noch ein ausgebauter doppelstöckiger Bus, der ebenfalls eine Bar beherbergte, welche die etwas feineren Cocktails zubereitete. Nicht selten wurden zu späterer Stunde dann aus zwei kleinen Parties eine große.

Essen bekamen wir am befreundeten Nachbarstand vergünstigt. Hier gab es Klassiker wie Currywurst, Pommes und Buletten. Getränke gab es bei Wolli für die Mitarbeiter ohnehin immer umsonst, eine Politik, die er in allen seinen Läden radikal durchsetzte, auch wenn ihn das schon mal an den Rand des Ruins gebracht hatte. Tagsüber verzehrte ich immer eine ordentliche Menge an Eis, am Nachmittag war Radler und abends Wodka mit Club Mate das Getränk der Stunde.

Oft fanden auf dem Gelände Veranstaltungen statt oder auch große Parties. Und natürlich wurden alle WM-Spiele auf einem Fernseher übertragen, der mitten im Sand aufgebaut war. Alles in allem suchte der Ort seinesgleichen, da er gerade in Kombination mit diesem unglaublichen Wetter eine geradezu südländische Atmosphäre versprühte. Ungefragt zogen viele Leute schon am Eingang die Schuhe aus, denn sofort fühlte man sich hier wie am Strand. In einer Ecke standen alte Sofas, hier konnte man stundenlang rumliegen. Nebenan ließ sich beobachten, wie der neue Berliner Hauptbahnhof die Zielgerade in Richtung Fertigstellung beschritt.

Ab und an stand ich mit Kolleginnen im Regierungsviertel und verteilte Flyer, um noch ein paar mehr Leute in unser beschauliches kleines Paradies zu locken.

Nach ein paar Wochen waren die Skulpturen dann alle fertig. Die Künstler blieben jedoch, da immer mal wieder etwas ausgebessert werden musste, besonders nach einem Regenguss. Sie kamen von überall her und waren ein bunter Haufen, der den Ort zusätzlich bereicherte.

Der Sommer plätscherte gemütlich dahin und diese sandigen paar Quadratmeter wurden zum zweiten Zuhause. Einmal die Woche legte ich auf der nicht immer funktionierenden Anlage meine Lieblingsmusik auf. Leute, die ich auf Reisen kennengelernt hatte, kamen vorbei, tanzten und jonglierten mit Feuer.

Nach einer Weile verschwommen zusehends die Grenzen zwischen den Barfrauen und den Jungs, und so bediente ich oft ganze Abende lang durstige Touristen. Als dann auch noch mein Bandkolllege Max in Berlin auftauchte, band ich ihn gleich noch mit ins Konzept ein. Mehrmals die Woche spielten wir am Vorabend unsere Songs mit zwei Gitarren auf kleinen Verstärkern in der Sofaecke. So kam auch er zu seinen Freigetränken.

Mit die schönsten Momente waren jene mit wenigen offiziellen Gästen, dafür aber vielen Bekannten aus dem Dunstkreis der Bar. Dann wurde musiziert, getrunken, gemeinsam im Sand herumgelegen, geknutscht, getanzt und gefeiert. Mehrmals machten wir auch das Haupttor zu später Stunde einfach dicht und feierten dann noch lange für uns alleine weiter. Das Festivalgelände war wie eine in sich abgeschlossene Welt.

Als das Festival und die Bar schließlich im September ihre Pforten schließen mussten, wurden wir alle etwas wehmütig. Der Sommer war vorbei und das Strandspielen war es auch. Um den Abschluss gebührend zu feiern, gab es ein großes Feuerwerk. Es stand leider bereits fest, dass es kein nächstes Mal geben würde. Das Festival würde umziehen, die Organisatoren für das nächste Jahr waren nun andere. Auch wenn das zunächst schmerzte, so war es doch vermutlich besser. Hatte ich im Laufe der Jahre eines gelernt, dann, dass man gute Dinge nur selten wiederholen kann.

An der Stelle, wo unsere Utopie für diesen einen Sommer damals gestanden hat, befindet sich nun ein Park, der für meine Begriffe etwas zu aufgeräumt wirkt. Gerade der Bereich, wo seinerzeit die Bambusbar stand, ist nun betoniert und mit ein paar langweiligen Bänken versehen. Wie an so vielen Stellen in Berlin kann man sich auch hier nur noch schwer vorstellen, wie anders es dort vor nur wenigen Jahren ausgesehen hat. Menschen habe ich dort noch keine gesehen.

Wolli hat mittlerweile seinen Club und ein Restaurant in den sprichwörtlichen Sand gesetzt, seine Bar hält sich hingegen wacker. Ich habe ihn lange nicht gesehen, genauso wenig wie viele meiner alten Kollegen.

Bezahlung: € 8/ Stunde.
Arbeitsaufwand: Gering.
Gelernt fürs Leben: Ein Job, den man barfuß ausführt, ist fast immer ein guter.

90. Wahrsager beim Burning Man Festival

Das Schicksal schien uns diese Erfahrung zu gönnen. Meine Begleiterin Mo und ich waren auf gut Glück zum Burning Man Festival gefahren, dieser schrägen Versammlung von Künstlern und Freaks in der Wüste Nevadas. Es gab zwar offiziell keine Tickets mehr und wir wussten das, doch tatsächlich hatte eine Frau im provisorischen Container-Büro offenbar Gefallen an uns gefunden. Sie hatte uns spontan auf die Gästeliste gesetzt, womit wir auch gleich noch die 300 Dollar pro Person sparten. Kaum waren wir auf dem riesigen Areal angekommen, wurden wir auch schon von einer zwanzigköpfigen Gruppe adoptiert, nachdem wir im Dunkeln versehentlich unser Zelt in der Mitte ihres Camps aufgeschlagen hatten. Von da an versorgten sie uns mit Essen, Getränken und Ratschlägen, und wir durften sogar ihre eigens konstruierte Fußdusche mitbenutzen, die dafür sorgte, dass unsere Sohlen nicht vom Sand aus jahrhundertealten Fischfäkalien verätzt wurden.

Die Grundidee dieses einwöchigen Spektakels ist die völlige Abwesenheit von Geld, alles basiert auf dem Tauschen von Waren und Dienstleistungen. Da wir beide jedoch zum ersten Mal vor Ort waren, hatten wir nicht wie viele Andere zusätzliche Lebensmittel mit, um uns bei Menschen erkenntlich zu zeigen. Daher lief für uns alles darauf hinaus, dass wir am laufenden Band beschenkt wurden. Wo es nur ging, versuchten wir uns mit nichtmateriellen Dingen zu revanchieren. Eine Nackenmassage hier, ein Song auf der Gitarre dort.

Nichts beim Burning Man lief wie bei anderen Festivals, das wurde schon bei den natürlichen Gegebenheiten klar. Das Festivalgelände bestand aus einem Kreis mit 4 Kilometern Durchmesser und dieses Playa genannte Areal hatte man inmitten einer Wüste abgesteckt. So wurde es tagsüber meist unerträglich heiß, während die Temperaturen nachts in Richtung Gefrierpunkt gingen. Immer wieder kam es zudem zu Sandstürmen, die auch mal einen ganzen Tag lang anhalten konnten und die Sicht auf knapp einen Meter begrenzten. Und selbst das nur, wenn man im Besitz einer Taucher- oder Fliegerbrille war.

Auf der einen Hälfte des Geländes waren die Zelte und Wohnmobile der Teilnehmer aufgebaut, auf der anderen fand man weiträumig verteilt riesige Kunstwerke sowie einen bombastischen Tempel, den einige Freiwillige in wochenlanger Arbeit komplett aus Holz gebaut und detailverliebt verziert hatten. In der Mitte des Kreises thronte stumm der hölzerne Mann, der traditionell zum Ende des Festes mitsamt dem Tempel verbrannt wurde. Es gab auf dem Gelände Clubs und Bars, Yogaschulen und Rollschuhbahnen, es gab Jodelkurse, Massagen, Vorträge und sogar eine Gruppe von Menschen, die während der gesamten Zeit im Schatten des Tempels meditierten. Jeder wurde dazu ermutigt, etwas für seine Mitmenschen anzubieten und ein Großteil der Gäste ließ sich das auch nicht nehmen. So vielseitig die Möglichkeiten waren, auf dem Gelände seine Zeit zu verbringen, so unterschiedlich waren auch die Menschen, die das Fest anzog. Es gab Hippies und Raver, Esoteriker und Rocker, Existenzialisten und Frat-Boys. Und alle schienen irgendwie miteinander auszukommen.

Alles auf der Playa war wilder, exzessiver und freier als auf jedem anderen Festival, das ich bisher gesehen hatte. Es gab keine Sponsoren und keine Werbebanner. Es gab auch kein großes Lineup. Und doch konnte man mit Glück etwa ein Konzert der Beastie Boys sehen, die überraschend und ohne Ankündigung vor einer Handvoll Leute aufspielten. Viele Menschen waren nackt, viele zelebrierten freie Liebe. Einige experimentierten mit Feuer und Strom, wieder andere schienen das Szenenbild des Filmes Mad Max wieder aufleben zu lassen. Es gab eine Menge Leute, die sich das ganze Jahr auf das Spektakel vorbereitet hatten und nun in fantastischen Kostümen erschienen. Einige hatten in nur kurzer Zeit aufwändige Clubs oder Restaurants in die Wüste gezimmert. Andere hatten in mühsamer Kleinarbeit Autos zu Piratenschiffen oder fliegenden Teppichen umgebaut und cruisten damit in Schrittgeschwindigkeit über den Sand. Jeder konnte aufspringen, an Bord so lange feiern, wie er wollte, und sich dann irgendwo am anderen Ende des Geländes absetzen lassen.

Das Beste aber war der Spirit. Man fühlte sich permanent in einer gehobenen Stimmung, alles konnte passieren. Es gab keine Auseinandersetzungen und ausschließlich positive Interaktionen zwischen den Gästen. Jeder passte aufeinander auf und jeder neue Kontakt wurde zelebriert. An jeder Ecke boten Menschen kostenlose Umarmungen oder Küsse an. Auch wenn man nicht spirituell orientiert war, so musste man sich doch eingestehen, dass hier etwas Außergewöhnliches vor sich ging. Genauso behutsam wie miteinander gingen die Gäste mit der Natur um. Jeder nahm tütenweise Müll mit nach Hause, das Gelände war auf fast unheimliche Weise sauber.

Natürlich waren auch eine Menge Drogen im Spiel, unsere Nachbarn etwa schienen im Grunde nonstop auf LSD zu sein. Doch bei vielen dieser Freigeister, die das Spektakel anzog, waren Drogen gar nicht weiter nötig. ‚Naturstoned' war ein Begriff, den ich mal aufgeschnappt hatte, und der hier wie die Faust aufs Auge passte. Ein kurzer Rundgang über das Festival genügte bereits um zu glauben, man habe etwas genommen.

Eine Woche lang ließen Mo und ich uns durch dieses Wunderland treiben. Wir hatten zwar etwas miteinander am Laufen, gewährten einander aber jegliche Freiheit. Beide völlig unabhängig und hungrig nach Erfahrungen, erlebten wir die unglaublichsten Dinge auf dem Gelände. Oft verloren wir einander und zogen stundenlang alleine durch die Wüste. Unsere Basis aber blieb das kleine Camp der Leute aus San Francisco, die uns unter ihre Fittiche genommen hatten. Zwar spülten wir ständig und halfen, wo wir nur konnten, aber ich hatte immer das Gefühl, gerne noch etwas mehr zurückgeben zu wollen für ihre bedingungslose Gastfreundschaft und Fürsorglichkeit.

Meine Chance, mich bei der Gruppe und generell bei den Gästen des Festes zu revanchieren, ergab sich an einem der letzten Tage. Direkt an einer der sternförmig ausgerichteten Straßen, die durch das Camp führten, hatte eines der Gruppenmitglieder seine selbstgezimmerte Hütte aufgestellt. Bei Derek war ich oft und gerne zu Gast. Das Häuschen gewährte Schatten, wenn die Sonne herunterbrannte, und klare Luft, wenn der nächste Sandsturm anrückte. Derek selbst war ein wirklich lieber Typ und wir verstanden uns auf Anhieb gut. Er war ein trockener Alkoholiker, der es sich zur Aufgabe gemacht hatte, bei jedem Burning Man den ganzen Tag über Leuten ihre Zukunft vorauszusagen. Das war seine Art sich dafür zu bedanken, dass er irgendwann die Kurve gekriegt und seine Sucht zu kontrollieren gelernt hatte. Er war ein dermaßen herzlicher und positiver Typ, dass er mir gleich am ersten Tag ein

Fahrrad für Touren in den weitläufigen Kunstbereich der Playa geliehen und mir dieses tags drauf dann sogar geschenkt hatte.

An meinem vielleicht fünften Tag vor Ort stattete ich Derek mal wieder einen Besuch ab. Als ich die liebevoll gestaltete Hütte betrat, äußerte er erleichtert, es sei sehr gut, dass ich komme, denn er müsse dringend etwas erledigen. Da er aber nicht wollte, dass Menschen seine spirituelle Hütte umsonst aufsuchten, bat er mich kurzerhand, den Leuten an seiner Statt die Zukunft zu lesen. Ich schluckte, denn etwas dieser Art hatte ich noch nie gemacht. Nicht einmal ansatzweise. Er bemerkte meine Zweifel und ermutigte mich, das sei gar nicht so schwer. Tatsächlich hatte ich ihm schon einige Male bei seinen Sessions über die Schulter geblickt und mir war schon grundsätzlich klar, was ich zu tun hatte. Noch dazu hätte ich Derek im Prinzip keinen Wunsch abschlagen können. Er klopfte mir zuversichtlich auf die Schulter und reichte mir noch einen kleinen Interpretationszettel. Und schon war ich der alleinige Herr der Hütte.

Die nächsten drei Stunden lang fungierte ich tatsächlich als Wahrsager. Und es herrschte eine Menge Betrieb. Die meisten Menschen, welche die Hütte betraten, wurden erst mal ehrfürchtig durch den Geruch des Weihrauchs und die vielen buddhistischen und hinduistischen Embleme an den Wänden. Wie auch ich selbst bei meinen ersten Besuchen sprachen sie gedämpft und bewegten sich wie in Zeitlupe. Tatsächlich war auch das ein Grund, warum ich diesen Ort so sehr mochte. Doch viele meiner Gäste waren zudem dermaßen auf Drogen, dass sie fast mehr Geistwesen als Menschen glichen. Ich wünschte mir, dass ich selber etwas genommen hätte, um auf ihrer Ebene kommunizieren zu können.

Ein paar suchten nur Schutz vor dem Sand, andere wollten einfach etwas Gesellschaft oder die Atmosphäre im Raum genießen. Doch die meisten baten mich tatsächlich schon kurz nach ihrer Ankunft darum, ihnen die Zukunft vorauszusagen. Immerhin war es das, was das handgeschriebene Schild an der Außenseite der Hütte nun schon seit Tagen anpries.

Ich schüttelte also den Stoffbeutel mit den Steinen und ließ meine Kunden dann jeweils zwei Steine aus dem Beutel holen. Ich hatte Derek schon die ganze Zeit über fragen wollen, ob es sich hierbei um ein indianisches Ritual handelte, hatte es aber leider stets versäumt. Nun jedenfalls musste ich mir die Steine genau anschauen und auf dem Zettel nachsehen, in welchem Verhältnis diese zueinander standen. Anhand der kryptischen und mitunter substanzlos erscheinenden Aussagen des Infoblatts galt es nun, ein paar Prognosen für die Zukunft abzugeben. Ich fragte mich, ob echte Indianer hierfür auch einen solchen Zettel gebraucht hätten.

Zwar waren alle Informationen auf dem Zettel positiv gehalten, es gab aber durchaus trotzdem eine Menge Gelegenheiten zur Fehlinterpretation. Besonders, wenn jemand bis zur Schädeldecke voller LSD war oder sich seit drei Tagen ausschließlich von Meskalin ernährte. Ich wusste, wie gefährlich das sein konnte. Ich hatte einmal einem Freund fantasiereich von der Apokalypse erzählt, als dieser gerade die mexikanischen halluzinogenen Pilze zu spüren begann, die er vor einer halben Stunde mit ein wenig Honig hinuntergewürgt hatte. Meine Geschichten hatten ihn fast in den Wahnsinn getrieben und ich hatte fünf mal so lange damit zu tun, ihn vollends davon zu überzeugen, dass ich mir die Weltuntergangsgeschichten nur ausgedacht hatte und ihn so von seinem Horrortrip herunterzubringen. Ich

wusste also, was eine ungute Schlussfolgerung bei Menschen mit einem zweifelsfrei erweiterten Bewusstsein auslösen konnte.

Ich gab mir daher alle Mühe, die Zukunft meines jeweiligen Gegenübers in den rosigsten Farben zu zeichnen und unterstützte meine Prognosen mit aufgelegten Händen, Umarmungen und einer einschmeichelnden Stimme. Ich zog alle Register, damit unser Zusammentreffen meine Kunden auf einen rundum positiven Trip schickte. Ich hatte in den letzten Tagen gesehen, wie positive Menschen auch Andere positiv stimmten und was für eine außergewöhnliche Atmosphäre daraus entstehen konnte. Und tatsächlich verließen alle nach unseren Sessions wie verzaubert meine temporäre Wirkstätte und bedankten sich sehr emotional bei mir.

Als Derek am späten Nachmittag zurückkam, war ich komplett in meiner Rolle aufgegangen und hätte vermutlich noch stundenlang weitermachen können. Er blickte mich mit einem Lächeln von Ohr zu Ohr an und sagte, er habe genau gewusst, dass ich die Leute glücklich machen würde. Wir tranken noch gemeinsam einen Chai, dann überließ ich ihm wieder das Feld, nicht aber ohne mich für diese außergewöhnliche Erfahrung zu bedanken.

Tatsächlich ließ dieses Erlebnis auch mich selbst in einem deutlich entrückten und euphorisierten Geisteszustand zurück. Noch Stunden später waberte ich ätherisch durch die Menge und grinste dümmlich vor mich hin.

Ich habe mich kein zweites Mal am Wahrsagen versucht und auch zum Burning Man Festival habe ich es seit damals leider nicht wieder geschafft. Mo ist heute Autorin und Schauspielerin. Leider habe ich mir von Derek nie eine Kontaktinformation geben lassen, aber ich bin mir sicher, es geht ihm gut.

Bezahlung: **Ein Fahrrad.**
Arbeitsaufwand: **Sehr gering.**
Gelernt fürs Leben: **Eine bessere Welt ist möglich.**

91. Buchautor

Bei einer Feier sagte nach ein paar Bieren mal jemand zu mir, dass er noch nie jemanden getroffen hatte, der auf dermaßen viele Arten sein Geld verdient hatte. Ich solle doch einfach ein Buch darüber schreiben.
Also setzte ich mich hin und schrieb ein Buch. Schon war ich Buchautor.

Bezahlung: Bisher keine.
Arbeitsaufwand: Deutlich höher, als man erst mal denkt.
Gelernt fürs Leben: In der Kürze liegt die Würze
                      (Beherzige ich beim nächsten Buch).

Ausland zurückgekehrt, bei einer der Barfrauen im Kinderzimmer untergekommen und hatte bisher kaum Verpflichtungen. So kam es, dass ich auch oft auf dem Gelände herumhing, wenn ich gerade nicht im Einsatz war. Diese 3000 Quadratmeter Sand waren bei einer solchen Witterung einfach eine wahre Oase im Großstadtdschungel. Die ganze Gegend um den neuen Hauptbahnhof versprühte seinerzeit noch ein Gefühl vom Ende der Welt.

Bei den Tagschichten spannte ich die Sonnenschirme auf, sammelte Eisstielchen aus dem Sand und füllte die Planschbecken der Kids mit frischem Wasser. Bei den Abendschichten kümmerte ich mich um Kerzen und auch darum, die letzten Besucher vom Gelände zu bekommen, bevor die Securities, die allesamt Alkoholiker zu sein schienen, das Gelände abschlossen.

Meine Hauptaufgabe aber war die Logistik an der Bar. Es musste in den Kühlschränken immer von allen Getränken genügend Nachschub geben, Obst musste geschnitten bereit liegen, leere Kästen platzsparend verstaut werden. Ständig legte ich den Weg von der Bar zum Lager zurück, meistens trottete ich dabei barfuß durch den feinen Sand. Dabei passierte ich immer das improvisierte Büro, das sich in einem uralten VW-Bus befand, dem man den wohlklingenden Namen ,Ficker' gegeben hatte. Ich fragte nie nach der Geschichte zu diesem Namen.

Fast alle, die hier arbeiteten, waren angenehme Leute und viele von ihnen kannte ich schon jahrelang. Und so fühlte ich mich stets, als sei ich mit ein paar Freunden bei einer Strandparty. Es blieb immer genügend Zeit zum Quatschen, oder um zwischendurch die Arbeit der Künstler zu begutachten. Da man ständig in der Sonne war, wurden alle immer brauner, und schon bald hatten wir uns optisch an den karibisch anmutenden Ort angeglichen.

Besonders abends versammelten sich viele Bekannte an der Bar. Von hier aus konnte man perfekt den Sonnenuntergang beobachten und den heißen Tag stilecht ausklingen lassen. Wenn es dann dunkel war, machten wir oft ein Lagerfeuer, aber auch ohne herrschte immer eine tolle Stimmung. Rundherum war zu dieser Zeit noch nichts und so konnte man die Musik laut machen oder auch selbst musizieren. Nebenan stand noch ein ausgebauter doppelstöckiger Bus, der ebenfalls eine Bar beherbergte, welche die etwas feineren Cocktails zubereitete. Nicht selten wurden zu späterer Stunde dann aus zwei kleinen Parties eine große.

Essen bekamen wir am befreundeten Nachbarstand vergünstigt. Hier gab es Klassiker wie Currywurst, Pommes und Buletten. Getränke gab es bei Wolli für die Mitarbeiter ohnehin immer umsonst, eine Politik, die er in allen seinen Läden radikal durchsetzte, auch wenn ihn das schon mal an den Rand des Ruins gebracht hatte. Tagsüber verzehrte ich immer eine ordentliche Menge an Eis, am Nachmittag war Radler und abends Wodka mit Club Mate das Getränk der Stunde.

Oft fanden auf dem Gelände Veranstaltungen statt oder auch große Parties. Und natürlich wurden alle WM-Spiele auf einem Fernseher übertragen, der mitten im Sand aufgebaut war. Alles in allem suchte der Ort seinesgleichen, da er gerade in Kombination mit diesem unglaublichen Wetter eine geradezu südländische Atmosphäre versprühte. Ungefragt zogen viele Leute schon am Eingang die Schuhe aus, denn sofort fühlte man sich hier wie am Strand. In einer Ecke standen alte Sofas, hier konnte man stundenlang rumliegen. Nebenan ließ sich beobachten, wie der neue Berliner Hauptbahnhof die Zielgerade in Richtung Fertigstellung beschritt.

Über den Autor:

Marco Buch ist ein neugieriger Mensch und viel unterwegs. Er liebt es Erfahrungen zu sammeln und später Anderen davon zu erzählen. Die Tradition des Geschichtenerzählens am Lagerfeuer versucht er mit seinem Blog ins digitale Zeitalter hinüberzuretten: **www.life-is-a-trip.com**
Marco Buch nimmt sich selbst nicht so wahnsinnig ernst und denkt, dass die Welt eine bessere wäre, würden einige Menschen diesem Beispiel folgen.

Außerdem vom Autor bereits erschienen:

Making Moves - Ungewöhnliche Arten von A nach B zu gelangen
13 Arten der Fortbewegung, 20 verschiedene Länder - Menschen, Momente, Orte, Begegnungen und Eindrücke.

Erhältlich unter:
ISBN-13: 978-1494320218
ISBN-10: 1494320215

Hier kann man sich eintragen, wenn man über zukünftige Bücher und Neues auf dem Blog informiert werden möchte:
www.life-is-a-trip.com/newsletter